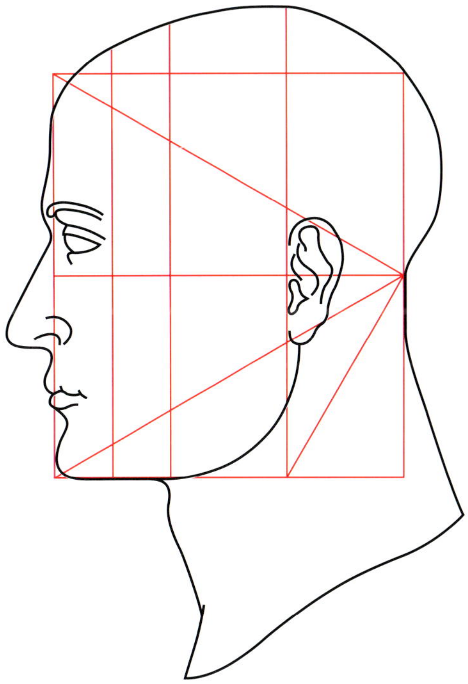

Bauen nach der Natur –

PALLADIO

Die Erben Palladios in Nordeuropa

HAMBURG MUSEUM
Museum
Für Hamburgische
Geschichte

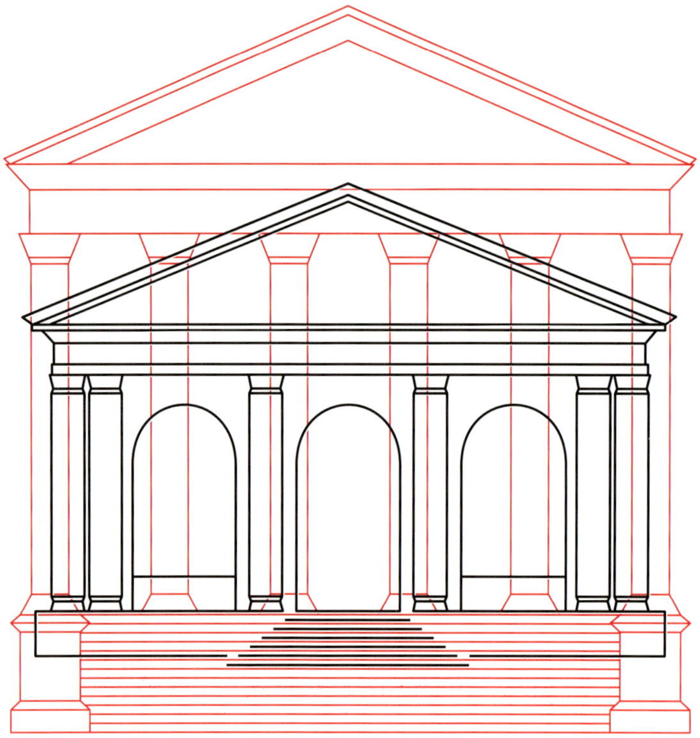

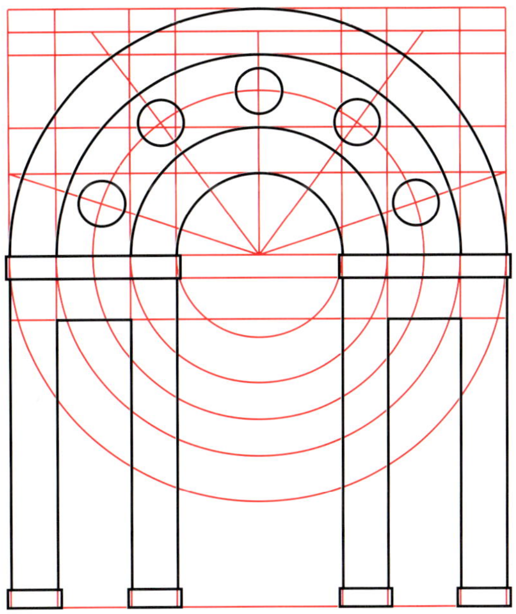

Für Jürgen Bach

Konzept und Herausgeber:
Prof. Dr. Jörgen Bracker, Hamburg

Redaktion:
Dr. Gisela Jaacks, Hamburg
Dr. Ralf Wiechmann, Hamburg

Grafische Gestaltung:
Walter-Andres Jahnke, Hamburg

Übersetzungen:
Dr. Katja Amato, Hamburg
(aus dem Italienischen)
Ann-Sophie Lehmann, Amsterdam
(aus dem Niederländischen)
Juliane Marquard-Twarowski, Berlin
(aus dem Polnischen)
Uda Strätling, Hamburg
(aus dem Englischen)

Gesamtherstellung
Dr. Cantz'sche Druckerei, Ostfildern bei Stuttgart

Erschienen im
Verlag Gerd Hatje, Senefelderstraße 9, 73760 Ostfildern-Ruit
Tel. (0)711/44 99 30
Fax (0)711/4 41 45 79

ISBN 3-7757-0694-1
Printed in Germany

Die Deutsche Bibliothek – CIP-Einheitsaufnahme

Bauen nach der Natur – Palladio : die Erben Palladios in Nordeuropa ; Begleitband zur Sonderausstellung im Museum für Hamburgische Geschichte, 30. Mai bis 31. August 1997 / hrsg. von Jörgen Bracker. [Übers.: Katja Amato ...]. – Ostfildern : Hatje, 1997
ISBN 3-7757-0694-1

Bauen nach der Natur –
PALLADIO
Die Erben Palladios in Nordeuropa

Begleitband zur Sonderausstellung im
Museum für Hamburgische Geschichte
30. Mai bis 31. August 1997
Herausgegeben von Jörgen Bracker

Verlag Gerd Hatje

Inhalt

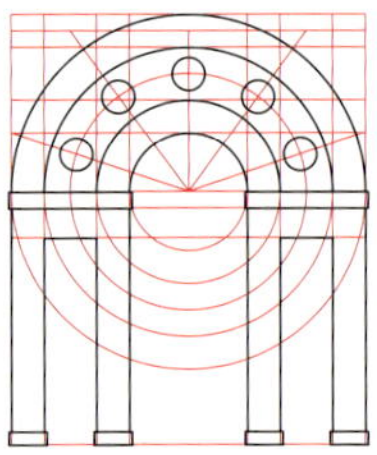

Wege zu Palladio

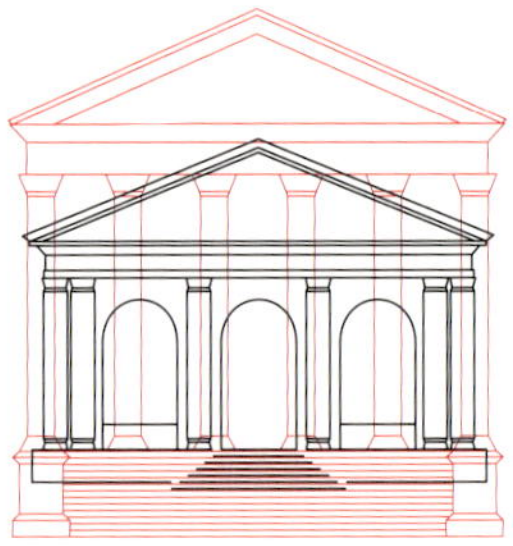

Das Vorbild Palladio

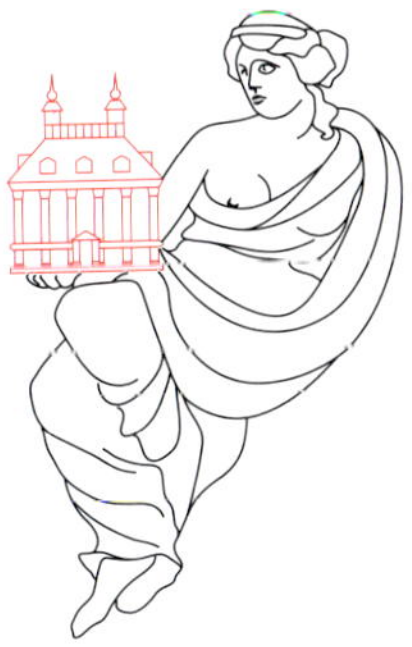

Die Folgen für die Baukunst im Norden Europas

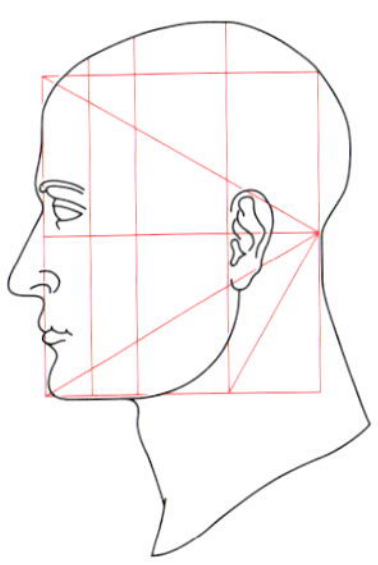

Ideologische Aspekte

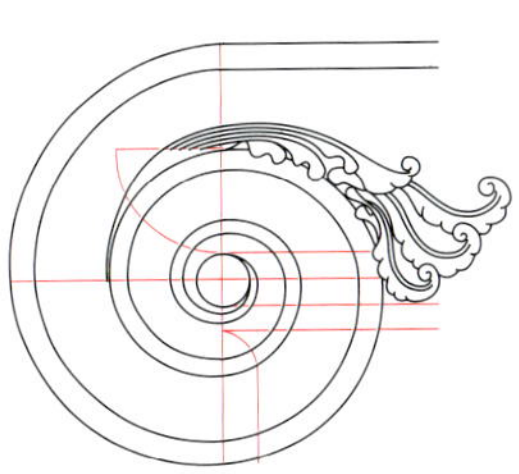

Anhang

Eine Ausstellung zum Geburtstag

Gegen Ende des Zweiten Weltkrieges wurde das größte und bedeutendste Steindenkmal im Besitz des Museums für Hamburgische Geschichte durch Bombeneinwirkung schwer getroffen – das von Georg Baumann 1603 an der Südseite der St. Petrikirche errichtete Renaissanceportal. Seine frühe Entstehung, seine Geschichte, aber auch der reiche Reliefschmuck und die rundplastische Ausstattung mit Evangelistenfiguren von beachtlicher Qualität lassen dieses Kunstwerk sowohl im Hinblick auf das historische Zeugnis als auch auf den kunstgeschichtlichen Rang besonders wertvoll erscheinen. Dank der tatkräftigen Unterstützung geschichtsbewußter Bürger unserer Stadt gelang es, trotz fehlender staatlicher Mittel nach jahrelangem Zuwarten das Portal zu restaurieren und zu öffnen.

Mit der Wiederherstellung des Portals rückte ein lang gehegter Wunsch der Erfüllung näher, die bisher noch nie ausreichend beleuchtete Geschichte der Baukunst und Stadtbildentwicklung Hamburgs vom 16. bis ins 18. Jahrhundert im nordeuropäischen Vergleich zu zeigen. Besonders reizvoll mag es erscheinen, daß zum ersten Mal die nach dem bedeutendsten Baumeister der italienischen Architekturgeschichte bezeichnete palladianische Baukunst von ihren Vorbildern in der römischen Antike ausgehend bis zu ihrer Verbreitung über ganz Nordeuropa hin vorgestellt werden kann.

Der ständigen Ermutigung in vielen schönen Gesprächen und einzigartigen Hilfsbereitschaft Jürgen Bachs ist es in erster Linie zu danken, daß dieser immer wieder der fehlenden Mittel wegen zurückgestellte Traum endlich Wirklichkeit werden konnte. Seit mehreren Jahren haben wir in engster Fühlungnahme mit dem »Centro di Studi Internazionali di Architettura Andrea Palladio« in Vicenza und dem »Royal Institute of British Architects« in London die Ausstellung vorbereitet. Der Titel »Bauen nach der Natur – Die Erben Palladios in Nordeuropa« und das Konzept reiften in arbeitsintensiven Kolloquien heran, zu denen das Museum für Hamburgische Geschichte eingeladen hatte. Zusammen mit den Kolleginnen und Kollegen des In- und Auslandes wurden Ausstellungs- und Exponatvorschläge gefunden, sowie die Themen für die Beiträge zu dieser Begleitveröffentlichung festgelegt. Die nunmehr vorliegende Publikation spiegelt ersichtlich die wissenschaftlichen Leistungen früherer Generationen wider, bringt darüber hinaus aber auch zahlreiche Neuentdeckungen zur Geltung.

Es ist dem Herausgeber ein ausgesprochenes Bedürfnis, allen an diesem Ausstellungsunternehmen Beteiligten für die ergebnisreiche Zusammenarbeit herzlich zu danken – insbesondere den Leihgebern für ihre Großzügigkeit und die mit jeder Ausleihe verbundenen Mühen. Ohne die Hergabe ihrer kostbaren Originale wäre der schönsten Ausstellungsidee kein Erfolg beschieden gewesen. Hinzuzufügen wäre noch, daß zum Gelingen des Ganzen neben der mäzenatischen Förderung durch Privatpersonen und Firmen, Sponsorenleistungen und uneigennützige Hilfeleistungen auf praktischem und technischem Gebiet unentbehrlich waren.

Alle Genannten haben schließlich zu dem größten Geschenk beigetragen, das dem Museum für Hamburgische Geschichte zu seinem 75. Geburtstag in diesem Jahre überreicht werden kann – eben die Ausstellung »Bauen nach der Natur – die Erben Palladios in Nordeuropa«.

Prof. Dr. Jörgen Bracker
Direktor des Museums für Hamburgische Geschichte

Hamburg, im Mai 1997

Die Ausstellung
steht unter der Schirmherrschaft
des Präsidenten der Republik Italien
Oscar Luigi Scalfaro

Ehrencomité

Jürgen Bach
Prof. Giuseppina Dal Santo
Gianni Furiani
Walter Kießling
Prof. Volkwin Marg
Peter Möhrle
Nikolaus Schües

Ehrentafel der Sponsoren

Die Ausstellung wurde mäzenatisch gefördert durch
Jürgen Bach

Namhafte Einzelspenden wendeten der Ausstellung zu:
Lorenz von Ehren
Peter Möhrle
Hamburger Vereinigte Wohnungsbau-Genossenschaft
REYHER F. Nchfg. GmbH & Co.
Bürgel Wirtschaftsinformation

An der Spendenaktion des Vereins der Freunde des Museums für Hamburgische Geschichte beteiligten sich:
Cornelia Ahlering Verlag
Beate Backhaus
Werner Blinckmann
Eberhard Bode
Dr. Martin Burk
Herbert Cords
Horst Dittmer
Wolfgang Ehrensberger
Richard Firch
Oldwig von Fischer
Walter A. Gleich
Hamburger Feuerkasse
Maike Harder-Ingwers
Dr. Eckart van Hooven
Friedrich-Wilhelm John
Dr. Horst Keiser
Peter F. Kemna
Klaus Koch
Gerhard Koop
Friedrich Carl Lampert
Irmgart von Lehsten
Marwede & Cie.
Uwe Radbruch
Dr. Horst R. Rohardt
Walter Sandkamp
Birgit Schwarz
Dieter von Specht
Hans Stieglitz
Dr. Jürgen von Storch
Hans Stromsdörfer
Dr. Conrad von Sydow
Christine van Tienhoven
Marion Wachs
Gertrud Ziebarth

Durch Spenden, den Einsatz technischen Equipments und praktische Hilfeleistung unterstützten die Ausstellung:
Baumschule Lorenz von Ehren
Philips Consumer Electronics
Philips Media System
AVT Audio Video Technik GmbH
Sharp Electronics GmbH
Trax-Matthies
Systematics GmbH

Arbeitskreise »Hamburger Restauratoren im Handwerk« und »Alte Handwerkstechniken«
Rudolf Gregersen
Horst Greiser
Andreas Jaretzke
Horst Karsten
Volker Kummernuß
Hans Peter Meuthin
Ernst Mundt
Günter Rarreck
Ulrich Scheerans
Rudi Schmidt
Hans-Hermann Steinke
Erhard Urbeinz

Verzeichnis der Mitarbeiter

Konzeption und Projektleitung:
Prof. Dr. Jörgen Bracker

Ausstellungssekretariat:
Elisabeth Fedtke
Dorothee Frehrking
Dr. Ivana Paonessa Friedrich
Gudula Mayr
Dr. Ida Christine Riggert-Mindermann
Frank Schlichting M. A.
Dr. Arne Steinert

Ausstellungsarchitektur und -gestaltung:
Maximilian Johannsmann

Wissenschaftliche Mitarbeiter:
Prof. Dr. Franco Barbieri, Vicenza
Prof. Dr. Guido Beltramini, Vicenza
Prof. Dr. Jörgen Bracker
Prof. Dr. Howard Burns, Vicenza
Prof. Dr. Renato Cevese, Vicenza
Dr. Hans-Joachim Giersberg, Potsdam
Silke Großer M. A., Potsdam
Dr. Gisela Jaacks
Prof. Dr. Lars Olof Larsson, Kiel
Dr. Hakon Lund, Kopenhagen
Prof. Volkwin Marg
Prof. Dr. Stanislaw Mossakowski, Warschau
Prof. Dr. Konrad Ottenheym, Utrecht
Dr. Renate Paczkowski, Kiel
Dr. Ortwin Pelc
Dr. Carsten Prange
Prof. Dr. Wolfgang von Stromer, Altdorf
Dr. Lucrezia Ungaro, Rom
Dr. Thomas Weiss, Wörlitz
Dr. Ralf Wiechmann
Dr. Giles Worsley, London

Übersetzungen:
Dr. Katja Amato (aus dem Italienischen)
Ann-Sophie Lehmann, Amsterdam (aus dem Niederländischen)
Juliane Marquard-Twarowski, Berlin (aus dem Polnischen)
Dr. Ivana Paonessa Friedrich (ins Italienische)
Uda Strätling (aus dem Englischen)

Filme zur Palladio-Ausstellung:
Stefan Canham
Lutz Homann

Film zum Salomonischen Tempel:
Dr. Gisela Jaacks
Maximilian Johannsmann

Werbung:
Walter-Andres Jahnke
Larissa Maier
Stefan Taubitz

Fotoarbeiten:
Foto-Studio Fischer-Daber

Beschriftung, Repros, Graphik:
Thomas Möller

Verwaltung:
Reinhard Kirmse
Hella Möller
Monika Sichard

Bibliothek:
Helmut Glagla
Christine Griem
Wiebke Müller

Technische Ausstellungsleitung:
Dieter Sendrowski

Restaurierungsarbeiten:
Gerhard Ahrens
Silke Beiner-Büth
Karl-Heinz Budweit
Dr. Charlotte Klack-Eitzen
Susanne Kolditz
Elisabeth Leve
Shura Zuschke

Steinmetzarbeiten:
Jens Gothmann

Objektverwaltung:
Rita Hoitz
Hannelore Koslowski

Technische Werkstätten:
Peter Brick
Alois Kwasny
Dieter Meyer

Hausverwaltung:
Günter Kadach
Karl Neumann

Verzeichnis der Leihgeber

Dänemark

Hillerød

Det Nationalhistoriske Museum
på Frederiksborg
Dr. Mette Bligaard, Dir.;
Steffen Heiberg

København

H. M. Dronningens
Handbibliotek
Dr. Klaus Kjølsen

Det Kongelige Bibliotek
Jesper Düring Jørgensen
(Handschriftenabteilung)

Kunstakademiets Bibliotek
Dr. Hakon Lund

Nationalmuseet
Afd. Oldtid og Middelalder
Niels-Knud Liebgott

Statens Arkiver, Rigsarkivet
Peter Buntzen, Dr. Johan Peter
Noack

Statens Museum for Kunst,
Kgl. Kobberstiksamling
Dr. Chris Fischer

Dr. Hakon Lund

Lyngby

Nyere Tid Nationalmuseet
John Erichsen (Dir.)

Deutschland

Altdorf bei Nürnberg

Stromer'sche Kulturgutstiftung,
Burg Grünsberg
Prof. Dr. Wolfgang von Stromer

Berlin

Abgußsammlung antiker Plastik
Dr. Hans Günter Martin

Staatl. Museen zu Berlin – Preuß.
Kulturbesitz, Kupferstichkabinett
Renate Kroll

Staatl. Museen zu Berlin – Preuß.
Kulturbesitz, Münzkabinett
Dr. Wolfgang Steguweit

Braunschweig

Herzog Anton Ulrich-Museum
Dr. Jochen Luckhardt (Dir.)

Schloß Breitenburg

I.I.H.H. Graf und Gräfin Breido
zu Rantzau

Bremen

Kunsthalle Bremen
Dr. Wulf Herzogenrath (Dir.)
Dr. Dorothee Hansen

Bückeburg
Fürst von Schaumburg-Lippe

Dessau

Anhaltische Gemäldegalerie
Schloß Georgium,
Graphische Sammlung
Dr. Norbert Michels (Dir.)

Anhaltische Landesbücherei
Dessau
Dr. Annette Gerlach (Leiterin
Wiss. Bibl.)

Museum für Stadtgeschichte
Dr. Barbara Czerannowski (Dir.)

Eichenzell bei Fulda

Hessische Hausstiftung,
Archiv und Bibliothek
Christine Klössel

Göttingen

Staats- und Universitätsbibliothek
Göttingen

Hamburg

Hauptkirche St. Petri
Herr Martin Karnick
(Kirchenvorsteher)
Frau Brigitta Gente

Hochschule für Bildende Künste
Prof. Lambert Rosenbusch

Staatsarchiv
Joachim Frank

Staats- und Universitätsbibliothek
Hamburg – Carl von Ossietzky
Dr. Richard Gerecke

Kiel

Antikensammlung in der
Kunsthalle zu Kiel
Prof. Dr. Joachim Raeder

Kirchensittenbach

Schloß Kirchensittenbach
J. F. Tetzel'sche Familienstiftung

Köln

Kölnisches Stadtmuseum
Dr. Werner Schäfke (Dir.);
Dr. Reiner Dieckhoff, Graph. Abt.

Lemgo

Weserrenaissance-Museum
Dr. José Kastler

Lübeck

Museum für Kunst und
Kulturgeschichte der Hansestadt
Lübeck
Dr. Gerhard Gerkens (Dir.)

München

Bayerische Staatsgemälde-
sammlungen, Alte Pinakothek
Dr. Peter Eikemeier
(Landeskonservator)

Münster

Universitäts- und
Landesbibliothek
Dr. Bertram Haller
(Leiter Altbestand)

Nürnberg

Germanisches Nationalmuseum
Dr. G. Ulrich Großmann
(Generaldirektor); Dr. Hermann
Maué (Münzkabinett)

Stadtmuseum Fembohaus
Dr. Franz Sonnenberger (Dir.)

Stadtarchiv
Matthias Mende

Potsdam

Stiftung Preußische Schlösser
und Gärten Berlin-Brandenburg
Prof. Dr. Hans-Joachim
Giersberg (Dir.); Silke Großer

Solingen

Deutsches Klingenmuseum
Dr. Barbara Grotkamp-Schepers

Stuttgart

Württembergisches
Landesmuseum
Prof. Dr. Volker Himmelein (Dir.)

Wörlitz

Kulturstiftung Dessau-Wörlitz
Dr. Thomas Weiss (Dir.);
Uwe Quilitzsch

Wolfenbüttel

Herzog August Bibliothek
Christian Hogrefe

Niedersächsisches Staatsarchiv
Dr. Ulrich Schwarz

Frankreich

Paris

Musée du Louvre
Michel Laclotte
(Directeur général)

Straßburg

Musée des Beaux-Arts –
Palais Rohan
Jean-Louis Faure (Cons.)

Großbritannien

Cambridge

Trinity College Library
D. J. McKitterick (Librarian);
Alison Sproston (Sub-Librarian)

Chatsworth

Chatsworth House Trust,
Derbyshire
Peter Day (Keeper of Collections)

Edinburgh

National Monuments Record of
Scotland
Ian Gow (Curator of Collections)

Gressenhall

Norfolk Rural Life Museum
Frances Collinson

Knutsford

Tabley House Collection, Cheshire
Dr. Peter Cannon-Brookes

London

The National Trust
Simon Gervis (Historic Buildings
Secretary); Dudley Dodd (Deputy
Historic Buildings Secretary)

Royal Academy of Arts
Freda Matassa

Royal Institute of British
Architects
Charles Hind

Sir John Soane's Museum
Helen Dorey

Victoria and Albert Museum

Oxford

Ashmolean Museum of Art and
Archaeology
Vera Magyar; Prof. C. White

Queen's College Library
Helen Powell; W. J. Blair

Worcester College
Dr. J. H. Parker

Windsor

Windsor Castle
The Royal Collection
Kathryn Barron

Irland

Dublin

Irish Architectural Archive
Colin O'Reardon

National Gallery of Ireland
Marie McFeely

Italien

Firenze

Gabinetto Disegni e Stampe degli
Uffizi
Dr. Lucia Monaci Moran

Parma

Galleria Nazionale di Parma
Dr. Orazio Grilli (Dir.)

Soprintendenza ai Beni Artistici
e Storici di Parma
Dr. Lucia Fornari Schianchi
(Soprintendente)

Roma

Accademia Nazionale di San Luca

Sovraintendenza ai Beni Culturali,
Comune di Roma
Prof. Eugenio La Rocca

Venezia

Archivio di Stato di Venezia
Paolo Selmi (Dir.)

Museo Correr e Quadreria Correr
Prof. Giandomenico Romanelli

Soprintendenza ai Beni Artistici e Storici del Veneto
Dr. Filippa Aliberti Gaudioso (Soprintendente)

Vicenza

Bibliotheca Bertoliana
Dr. Giorgio Lotto

Centro Internazionale di Studi di Architettura »Andrea Palladio« di Vicenza
Prof. Dr. Guido Beltramini

Pinacoteca di Vicenza, Musei Civici

Niederlande

Amsterdam

Gemeentearchief, Historisch topografischer Atlas
J. Grünfeld

Rijksmuseum

Rijksprentenkabinet
Drs. P. Schatborn

Stichting Koninklijk Paleis te Amsterdam
Drs. E. J. H. P. Goossens

Theater Instituut Nederland
Joke van Pelt

's-Gravenhage

Haags Historisch Museum
Dr. J. Michiel van der Mast

Koninklijke Bibliotheek
Theo Vermeulen

Haarlem

Archiefdienst voor Kennemerland, Kennemer Atlas
Frans Tames

Leiden

Drs. B.A.M. Rysbergen

Rijksuniversiteit, Universiteitsbibliotheek

Middenbeemster

Museum Betje Wolff
Alie Vis-Best

Rotterdam

Gemeentelijke Archiefdienst
Vanderburgh H. Brouwer

Maritiem Museum Prins Hendrik
Sjoerd de Meer

Utrecht

Gemeentelijke Archiefdienst, Topografische Atlas

Prof. Dr. Konrad Ottenheym

Universiteitsbibliotheek Utrecht
Drs. Hans Mulder

Polen

Kielce

Muzeum Narodowe
Dr. Krzysztof Urbanski

Kórnik

Biblioteka Kórnicka P.A.N.
Prof. Dr. hab. Jerzy Wislocki

Kraków

Muzeum Narodowe

Warszawa

Biblioteka Narodowa
Joanna Pasztaleniec-Jarzynska

Muzeum Narodowe
Kazimierz Stachurski

Biblioteki Universyteckiej w Warszawie
Wanda M. Rudzińska;
Halina Mieczkowska

Schweden

Bålsta

Skokloster Slott
Dr. Karin Skeri (Dir.)

Stockholm

Kungl. Akademien för de fria konsterna
Intendent Eva-Lena Bengtsson

Kungl. Husgeradskammaren
Dr. Bo Vahlne (Dir.)

Nationalmuseum
Dir. Olle Granath

Skråarkivet in Nordiska Museet
Maria Maxen

Riddarhuset
Dr. Lars Wikström

Kungl. Biblioteket
Kristina Marian

Stadsarkivet, Ritningssamlingen Stockholm

Uppsala

Uppsala universitetsbibliotek, Handskriftsavdelningen
Bibliotekarie Anna Maria Albrektson

USA

Boston

Massachusetts Historical Society
Joice Himawan

Wege zu Palladio

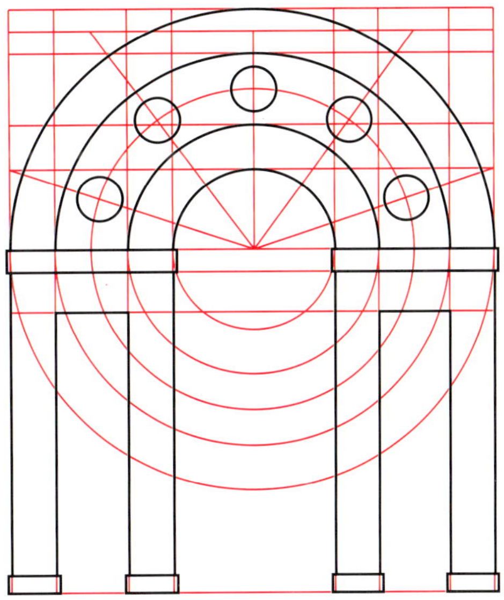

Vom Veneto in den Norden

Jörgen Bracker

Ob London, Amsterdam, Hamburg, Kopenhagen, Stockholm, Warschau, Potsdam oder Wörlitz: Allenthalben im Norden Europas ist die Nachwirkung Andrea Palladios, des großen norditalienischen Architekten (1508–1580), in bedeutenden Schöpfungen der Baukunst oder doch wenigstens in Spuren nachzuweisen. Seit dem Ende des 16. Jahrhunderts begeisterte sich die gebildete Welt für die Wiederbelebung der antiken Architektur, die sie vor allem in den theoretischen Schriften Palladios und seiner Schüler begründet und dargestellt fand.

Besonders ein Gedanke prägte sich ein und wurde gleich einem Leitmotiv immer wieder neu gewendet, den als erster Marcus Vitruvius Pollio (ca. 84–10 v. Chr.), der berühmte Techniker und Baumeister im Feldlager des Caius Iulius Caesar und später am Hofe des Kaisers Augustus, in seinen *Zehn Büchern über die Architektur* ausgesprochen hatte. Hiernach sollte die Baukunst den in der Natur geltenden Gesetzen nacheifern. Palladio aber mußte diesen Grundsatz nicht erst bei Vitruv wiederentdecken. Er fand ihn bereits bei allen Übersetzern und Kommentatoren, die sich seit der Mitte des 15. Jahrhunderts mit dem schriftlichen Erbe des großen Römers auseinandergesetzt hatten, wiederholt und – oftmals sogar übertrieben – ausgebeutet. Der menschliche Körper, Sinnbild für die Krone der Schöpfung, füllte da nicht mehr nur einen Kreis oder ein Quadrat und bestimmte so die vitruvianische Geometrie (Abb. 1). Man fand ihn – so bei Francesco di Giorgio Martini (1439–1501) – in Auf- und Grundrissen von Kirchen, sah ihn in die Idealkonstruktionen von Stadtplänen eingezeichnet, begegnete Kapitellen und ganzen Gebälkstücken, die bald aus den Umrissen des Kopfes oder gar einer vollständigen Büste herausentwickelt worden waren[1].

Mit der Abklärung dessen, was an Palladio unverwechselbar und vorbildhaft sei, haben sich bis heute Generationen von Reiseschriftstellern, Architektur- und Kunsthistorikern beschäftigt. Diese alle wollten herausfinden, wodurch er sich in den Augen der Nachwelt vor den älteren Kollegen Alberti (1404–72), Bramante (1444–1514) und Raffael (1483–1520), die sich doch ebenfalls auf das Studium der römischen Antike eingelassen hatten, auszeichnen konnte. Fra Giocondo hatte bereits im Jahre 1500 in Paris eine Vorlesung über Vitruv abgehalten und 1511 eine Vitruvausgabe realisiert. Ab 1512 waren Albertis *10 Bücher*, ebenfalls in Paris, in französischer Sprache zu kaufen. Sobald der Betrachter unserer Ausstellung sich diesem Komplex widmet, wird sich ihm die Frage aufdrängen, warum die Namen so mancher gleichaltriger Architekten, die in ähnlicher Richtung tätig waren und schon lange vor Palladio europaweit geschätzt wurden, so schnell hinter dem über Vicenza auf-

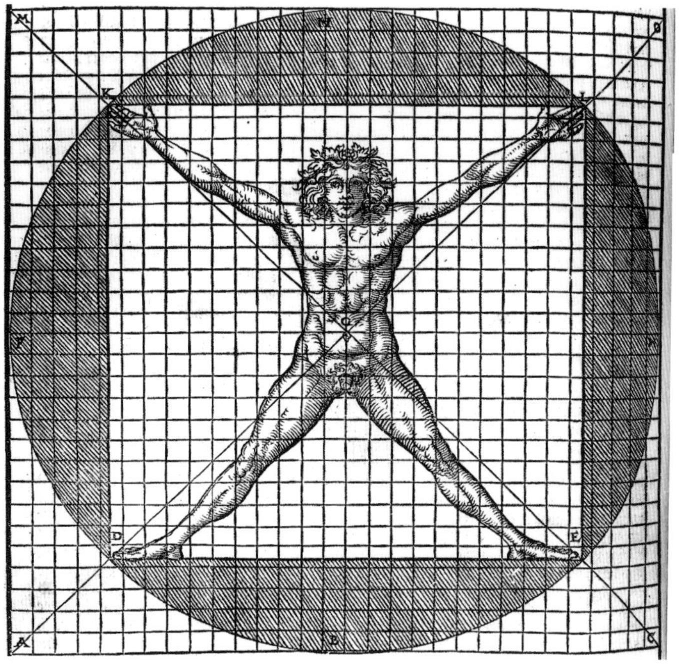

Abb. 1: Vitruvianische Figur. Aus: Rivius, Vitruvübersetzung (1548) S. 102.

gehenden Stern verblassen konnten und dabei an Giacomo Tatto, gen. Sansovino (1497–1570), und Jacopo Barozzi, gen. Vignola (1507–1573), denken, den seit 1541 an San Petronio zu Bologna tätigen Dombaumeister. Das von ihm herausgegebene Buch über die fünf antiken Säulenordnungen sollte nach einer Erstausgabe im Jahre 1562 noch 515 mal neu aufgelegt werden. Im Rahmen der hier vorgelegten Veröffentlichung versucht Renato Cevese alle diese Fragen durch Würdigung der künstlerischen Einmaligkeit Palladios zu beantworten, während Howard Burns die Lebensleistung im ganzen betrachtet und gliedert. Gleichwohl sei es erlaubt, einige wenige Bemerkungen zum historischen Umfeld vorwegzunehmen.

Bereits zu seinen Lebzeiten ließen sich charakteristische Erscheinungen und günstige Konstellationen nachweisen, die der beruflichen Entwicklung Palladios förderlich waren und seinen Nachruhm begünstigten. In diesem Sinne sind die hier vorausgeschickten skizzenhaften Bemerkungen zu Herkunft und Werdegang des jungen Andrea zu verstehen. Mit der Geburt im Jahre 1508 zu Padua als Sohn des Müllers Pietro della Gondola begann diese Karriere keineswegs großartig. Jedoch mögen die frühe Neigung zur Baukunst, von der Palladio selber erzählt, und das durch andere Quellen bezeugte Interesse für mathematische Wissenschaften schon durch den Taufpaten, einen Freund des Vaters, gefördert worden sein. Die Rede ist von Vincenzo de Grandi, selbst Angehöriger einer angesehenen Kunsthandwerkerfamilie aus Vicenza, die 1507 nach Padua umgezogen war. Die Vermutung liegt nahe, daß der Pate und dessen Familie bei der Suche nach einer für den jungen Andrea geeigneten Lehrstelle gegebenenfalls durch Fürsprache beteiligt waren. Immerhin gelang es, Cavazza da Sossano, einen Paduaner Handwerksmeister, dahin zu bringen, den nicht immer folgsamen, dreizehnjährigen Knaben 1521 in seine Werkstatt aufzunehmen[2]. Was ihn in der neuen Umgebung erwartet haben mag, ist schon der Darstellung wert.

Der Meister war für eine äußerst strenge Handhabung bei der Auswahl seiner Lehrlinge bekannt. In Cavazzas Werkstatt, die übrigens auch größere Bauaufträge auszuführen pflegte, dürfte Andrea eine ebenso gründliche wie vielseitige Ausbildung vom Steinmetz bis zum Bildhauer mit hervorragenden Materialkenntnissen erfahren haben. Im Jahre 1523 brach er jedoch, wohl damals schon ein Feuerkopf, den für sechs Jahre geschlossenen Lehrvertrag und floh nach Vicenza. Zwangsweise in seine Lehrstelle zurückbefördert, hielt er es dort noch ein weiteres Jahr aus, ehe er endgültig seiner Vaterstadt den Rücken kehrte. Zu Vicenza fand er in der angesehenen Werkstatt Pedemuro Arbeit, die im Rahmen von Bauaufträgen aller Art die zugehörigen dekorativen Skulpturen sowie die bauplastische Ausstattung übernahm.

An seiner neuen Arbeitsstelle arbeitete er nicht nur mit dem Bildhauermeister Girolamo Pittoni zusammen. Vielmehr nahm ihn der Baumeister Giovanni di Giacomo da Porlezza unter seine Fittiche, der denn auch für Andrea die Beiträge zur Zunft der Maurer, Steinmetzen und Steinhauer entrichtete[3]. Die Pedemuros waren mit ihrem jungen Schützling wohl soweit zufrieden, daß er, allmählich im Betrieb aufsteigend, genau zweiundzwanzig Jahre mit ihnen zusammmen arbeiten durfte. Es ist anzunehmen, daß der zunächst nur dürftig gebildete junge Mann sich mit allmählich wachsendem Interesse Einblicke in die architekturkritischen Strömungen seiner Zeit und die theoretische Auseinandersetzung mit der antiken Baukunst zu verschaffen suchte.

Wie hätte er davon unberührt bleiben sollen, daß wenigstens die interessierten unter den gleichaltrigen Gesellen sich über die Wundertaten der Baukunst von Brunelleschi (1377–1444) mit seiner Riesenkuppel über Santa Maria del Fiore zu Florenz (Abb. 2) bis Michelangelo (1474–1564) unterhielten, wie den Namen Bramante überhören können, der doch gerade deswegen gerühmt wurde, weil er als erster *»die gute und schöne Architektur ans Licht«* gezogen, *»die seit der Antike verborgen lag«*? Für die Auferstehung der Antike in neuer Schönheit kannte er wenigstens ein Beispiel, das in ganz Italien schon lange hochberühmt war (Abb. 3), bevor er es selbst einmal zeichnen und veröffentlichen sollte – den Rundtempel Donato Bramantes auf dem Gianicolo in Rom, bei San Pietro in Montorio[4] aus dem Jahre 1502.

Im Laufe der nun folgenden vierzehn Jahre lernte er alle Feinheiten der venezianisch-traditionellen Arbeitsweise im Stile Michele Sanmichelis von Verona (1484–1559) sattsam kennen. Wenn wir auch sonst nicht viel über

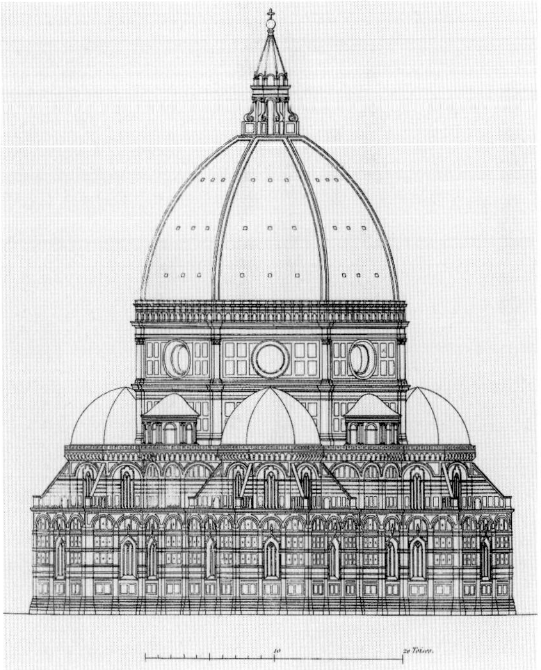

Abb. 2: Santa Maria del Fiore, Florenz.
Aus: DE QUINCY 1831, Bd.. I, Taf. gegenüber S. 45.

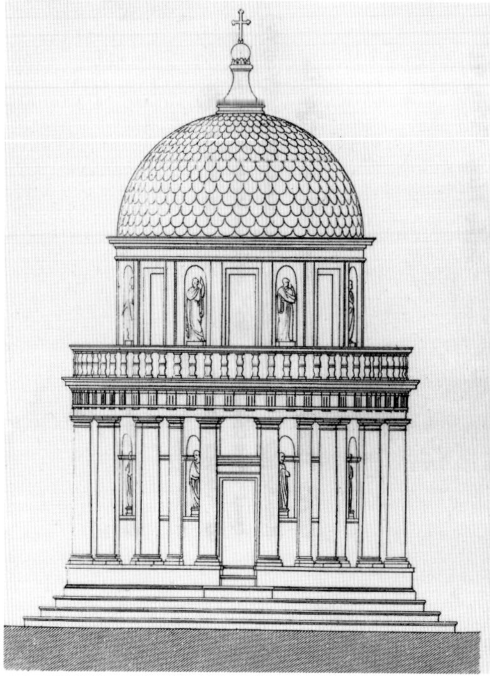

Abb. 3: Rundtempel Bramantes bei S. Pietro in Montorio.
Aus: DE QUINCY 1831, Bd. I, Taf. gegenüber S. 101.

seine weitere Entwicklung erfahren, so dürfen wir doch wenigstens mutmaßen, daß man in den Kreisen der Kunsthandwerker Vicenzas lange vor und nach dem 24. Februar 1530 über ein ganz ungewöhnliches Ereignis sprach, nämlich über die Krönung Kaiser Karls V. durch Papst Clemens VII. in Bologna und über den Aufwand der Festarchitektur sowie die bauplastische Dekoration – dies schon deswegen, weil ein Auftrag daraus hätte werden können. Vielleicht stand Andrea – gerade in diesem Jahr trug er sich mit dem Gedanken einer eigenen Werkstattgründung – unter den Zuschauern, die das Empfangszeremoniell für die beiden hohen Herren in der Stadt Bologna unbedingt miterleben wollten. Immerhin – die prachtvolle Inszenierung sollte sich bis zu den Ratsherren im fernen Hamburg herumsprechen, die sogar zwei in Kupfer gestochene Abbildungen von der Veranstaltung bestellten, um sich für die Durchführung eines Herrscherempfangs (1538) von weit geringerer Bedeutung inspirieren zu lassen. Der angehende Meister sog alles Wissenswerte in sich auf und sammelte alle im Berufsleben überhaupt denkbaren Erfahrungen und Erkenntnisse, die mit jedem Auftrag von privater oder öffentlicher Seite, ob es sich nun um profane oder sakrale Aufgaben handelte, ständig wuchsen.

Inzwischen selbst im Hause Pedemuro beinahe in die Rolle eines Nachfolgers hineingewachsen[5], geriet er spätestens hier an die Grenzen seiner Wirkungsmöglichkeiten. Ein Mehr an beruflicher Erfüllung war für den knapp Dreißigjährigen aus dieser Existenz kaum herauszuholen. Da traten glücklicherweise am Rande eines längerfristigen Auftrages des Conte Giangiorgio Trissino (1478 bis 1550), der die Werkstatt Pedemuro über Jahre hin mit der Gestaltung einer Loggia und weiteren Änderungsbauten für die Villa Cricoli (1531–1538) beschäftigte, Ereignisse ein, die nicht eben nur geeignet waren, ihm über diesen toten Punkt hinwegzuhelfen.

Im Gegensatz zur weniger ausfüllenden Alltagsarbeit muß Andrea – immer noch mit bürgerlichem Namen »di Pietro della Gondola« geheißen – seine eigentliche Bestimmung mit allmählich zunehmender Klarheit darin gesehen haben, *»dem Wohle der Menschheit zu dienen«*. Er sei eben *»nicht nur um seiner selbst willen geboren, sondern zum Wohle auch der anderen«*, äußerte er sich später. Gelegenheiten, auf der Suche nach seinen Vorstellungen ent-

Abb. 4: Villa Godi in Lonedo di Lugo. Foto: Privatbesitz.

sprechenden neuen Aufgaben, mit dem Grafen allmählich ins Gespräch zu kommen, boten sich wohl häufiger – etwa am Rande von Baubesprechungen. Dort fühlte er sich ohnehin am wohlsten – mitten im Arbeitsgeschehen, eben auf der Baustelle. Den Titel eines Architekten durfte er seit dem 26. August 1540 tragen. Zu den ersten selbständig ausgeführten Bauten gehörte die noch stark an Trissinos Vorstadtvilla erinnernde, 1537 entworfene und 1540 fertiggestellte Villa Godi in Lonedo di Lugo (Abb. 4)[6].
Auffällig war wohl an dem jungen Andrea ein gewisser missionarischer Eifer, eine ideelle Triebkraft, zur Verbesserung der Baukunst in seiner Zeit beitragen zu wollen. Auf die Dauer konnten der feste Charakter und das Talent des beinahe ständig auf dem Gelände der Villa tätigen Bauleiters der Aufmerksamkeit des Grafen Trissino, der ja selber in der Baukunst dilettierte, kaum entgehen. Jedenfalls führte er den trotz seiner beinahe dreißig Jahre offenkundig noch lernfähigen wie formbaren Praktiker vom Bau in einen Kreis von ihm persönlich zur Weiterbildung bestimmter junger Aristokraten ein. Daß er den gelehrigen Schüler späterhin zusätzlich auszeichnete, indem er ihn in seinem hymnischen Epos *L' Italia liberata dai Goti* (1545) – mit Widmung an Kaiser Karl V.! – als einen Götterboten namens »Palladio« apostrophierte[7], muß schon von den Zeitgenossen als außergewöhnliche Geste empfunden worden sein. Der durch die Dichtkunst Trissinos gleichsam neu in die Welt der Humanisten Hineingeborene wurde durch diesen Taufakt den aristokratischen Freunden ziemlich enthusiastisch als Vorkämpfer für die neue Architektur empfohlen. Auf dem Wege bis zur Erfüllung dieses humanistischen Heldenprofils standen dem Auserwählten, wie er selber bezeugt hat, unausweichlich harte Prüfungen bevor, nämlich durch intensives Erlernen der lateinischen Sprache die wichtigste Vorausetzung für das Studium antiker Autoren zu erwerben. Beginnend mit der Lektüre der *Decem libri*... Vitruvs, erhielt er im Hause Trissinos alles Wesentliche, was er über Architektur, Konstruktion, alte Topographie und Militärtechnik wissen mußte. Die Beschäftigung mit derart zeitraubenden Studien wurde ihm gewiß dadurch ermöglicht, daß er inzwischen zum Führungspersonal seiner Firma gehörte und sich seine Arbeit weitestgehend selbst einteilen konnte. Gewisse Einschränkungen im Hinblick auf seine bisherige Berufstätigkeit ließen sich leicht kompensieren, zumal sich im gleichen Moment Aussichten auf höherwertige Aufgaben eröffneten, wie sie ihm Zug um Zug aus den aristokratischen Kreisen Vicenzas angetragen wurden[8].
Als Graf Trissino sich 1538 genötigt sah, für drei Jahre Vicenza in Richtung Padua zu verlassen, hielt Palladio auch dort Kontakt mit ihm. Hier lernte er den experimentierfreudigen, mehr der Praxis als der Bücherweisheit zuneigenden Amateurarchitekten Alvise Cornaro kennen, der sich vor allem mit Gartenarchitektur befaßte. Cornaro trat für die Urbarmachung sowie die landwirtschaftliche Nutzung der Morastgebiete im Flußdelta ein. Ferner wurde Palladio mit dem Maler Giovanni Maria Falconetto (1458–1534) bekannt, der Cornaro bei der Ausstattung seiner Villa behilflich war[9]. Zugleich versäumte er nicht, die theoretischen Schriften Sebastiano Serlios (1475–1553/54) aus Bologna sofort nach ihrem Erscheinen zu lesen. Serlio, der jahrelang mit seinem Lehrer Baldassare Peruzzi in Rom zusammengearbeitet hatte, war – 1527 durch den »Sacco di Roma«, die Plünderung Roms durch kaiserliche Söldner verschreckt – von dort nach Venedig ausgewichen. Wenigstens boten sich dort die besten Möglichkeiten an, sein auf sieben Bände geplantes Architekturwerk nach und nach in Druck zu geben. So erschienen 1537 der vierte und 1540 der dritte Band[10]. Hier konnte Palladio finden, was ihn mittlerweile am meisten interessierte, nämlich die Kupfer von Zeichnungen der in

Rom aufgenommnenen Antiken. Sebastiano Serlio (1475–1553/54), Jacopo Sansovino (1486–1570), Michele Sanmicheli (1484 bis 1559) und Giulio Romano persönlich zu treffen, bestand zumindest 1539 Gelegenheit, als diese sich zur Begutachtung des Basilikaumbaus in Vicenza aufhielten. Serlio war zudem beauftragt worden, im Innenhof eines Stadtpalastes einen amphitheatralischen Versammlungsraum für eine Festversammlung sämtlicher Vertreter der herrschenden Klasse herzustellen, die im gleichen Jahre zusammenkamen, um den Willen zur Neugestaltung des Stadtzentrums nachhaltig zu unterstreichen[11]. Wie stark gerade Serlios Einfluß auf Palladio sich entwickelte, zeigt nicht allein die häufige Verwendung von Serlio-Motiven, sondern letztlich auch die Orientierung seiner Hauptveröffentlichung, der *Quattro Libri*..., am Aufbau jener *Sieben Bücher*... des gerade seiner Wissenschaftlichkeit wegen allgemein hoch geschätzten Kollegen Serlio.

Den weitaus stärksten Impuls erfuhr Palladio auf einer ersten Romreise im Jahre 1541 als Begleiter Trissinos (gest. 1550) durch das unmittelbare Erleben der Antike. Die Ruinen zu durchstreifen, neue Entdeckungen zu zeichnen und so die römische Architektur wirklich von Grund auf genauer kennenzulernen und die ihr innewohnenden Gesetzmäßigkeiten aufzuspüren, dazu dienten weitere Romaufenthalte, welche in die Zeit 1545 bis 1547 fielen[12]. Die liebevolle zeichnerische Aufnahme von Werkstücken, Figuralkapitellen und Schmuckbasen verrät das ganze Ausmaß seiner Antikenbegeisterung. Die Gegenüberstellung des Bauschmucks aus der Cella des Mars Ultor-Tempels und der von Palladio gefertigten Zeichnungen wird dem Besucher unserer Ausstellung für einen Augenblick lang diesen Enthusiasmus vermitteln und ein wenig von dem Erstaunen darüber in ihm wieder wachrufen, wie hoch die Ansprüche an sorgfältige Durchführung im Detail und an künstlerische Qualität im Ganzen gewesen sein müssen, welche die Römer bei der Gestaltung der Tempel für ihre höchsten Gottheiten gelten ließen.

Auf Abstechern lernte er damals auch Tivoli, Palestrina und Albano kennen. Es entstanden – und hierin unterschied er sich grundsätzlich von Serlios »malerischer« Anschauung der Architektur, wie jener sie in seinen Perspektiven darbot – viele Zeichnungen in geometrischer Projektion. Die wichtigsten sollten späterhin in die *Vier Bücher über die Architektur* einfließen. Freilich war es nicht allein die Baukunst der Alten, die ihn immer wieder nach Rom lockte. So lernte er, als er dort nochmals mit seinem bereits kränkelnden Gönner im Jahre 1549 zusammen weilte, einen der engsten Freunde Trissinos bei der Arbeit kennen: Michelangelo auf der im päpstlichen Jubiläumsjahr 1500 in Gang gesetzten Großbaustelle St. Peter[13]. Wir dürfen mit Gewißheit annehmen, daß er sich in einem solchen Augenblick besonders zweier großer Vorgänger Michelangelos an diesem Platz erinnerte, Bramantes (gest. 1514) und Raffaels (gest. 1520), in jedem Falle aber an Alberti.

Mittlerweile war am 11. April 1549 in Vicenza nach zehnjähriger Beratung und zeitweiligem Stillstand endlich mit überwältigender Mehrheit die Entscheidung gefällt worden, Andrea Palladio als Hauptarchitekten mit der Ummantelung des Palazzo della Raggione durch Loggien nach Maßgabe jener Pläne zu beauftragen, die er noch zusammen mit Giovanni da Pedemuro am 6. März 1546 dem Großen Rat präsentiert hatte. Obwohl die Baustelle bereits wenige Tage später am 1. Mai eröffnet wurde, sollten sich aufgrund finanzieller Engpässe und anderer Schwierigkeiten die Bauarbeiten so weit hinschleppen, daß die Fertigstellung erst Jahrzehnte nach dem Tode Palladios am 14. März 1617 erfolgen konnte. Allerdings war für jedermann bereits nach Vollendung des Arkadenkranzes rund um das Erdgeschoß um 1565 feststellbar, wie schön das Ganze nach Vollendung aussehen würde[14].

Man kann sich des Eindrucks nicht erwehren, als ob Palladio trotz immer stärkerer Inanspruchnahme seiner Person als Architekt und Bauleiter mit um so größerer Hartnäckigkeit die eigene theoretische Basis für dieses Tun vor allem durch Studienreisen zu verbreitern getrachtet hätte. Im Jahre 1552 folgte er einer Einladung des Fürstbischofs Kardinal Christoforo Madruzzi nach Trient und schloß einen Aufenthalt in Innsbruck an.

Die Ergebnisse seiner planmäßigen Streifzüge durch Rom faßte er in einem Büchlein zusammen, das er auf seiner letzten Romreise im Jahre 1554 nochmals ergänzen und überprüfen wollte. Um jeden Irrtum auszuschließen, suchte er, wie man annimmt, bei gleicher Gelegenheit in

Rom den gründlichsten Kenner und phantasievollsten Rekonstrukteur der römischen Topographie, Pirro Ligorio, auf. Außerdem traf er sowohl Vignola als auch wiederum Michelangelo. Nach vielen Mühen entstand so ein Führer, der dem Romreisenden erstmals unter dem Titel *Le antichità di Roma* eine topographisch verläßliche Übersicht der in Rom vorhandenen antiken Hinterlassenschaften bot[15]. Allerdings betrieb er selbst nicht ihr Studium, um sich etwa nur eine Grundlage für theoretische Erörterungen zu schaffen. Auch sah er sich wohl kaum in der Reihe jener, die – einem Papstbefehl vom Beginn des Jahrhunderts folgend – sich an einer denkmalpflegerischen Aufnahme der Urbs Roma beteiligen wollten[16]. Er sah und deutete die antike Baukunst als die eigentliche und zeitlose Architektur, empfand sie als eine bleibende Herausforderung. Sich an ihr zu messen, ohne sie nachzuahmen, schien ihm erstrebenswert, um auf diesem Wege Teilhaber *»der Kraft und der moralischen Stärke der Römer«*[17] zu werden. Der Romaufenthalt des Jahres 1554 wirkte sich übrigens noch auf eine zweite Veröffentlichung förderlich aus, die er zusammen mit seinem damaligen Reisegefährten, dem Patriarchen von Aquileja, Daniele Barbaro (1513–70), betrieb. Ihn hatte Palladio kurz vor oder nach 1550 kennengelernt.

Es entstand die berühmte und später in viele Sprachen übersetzte, sorgfältig kommentierte Neuausgabe der *Decem Libri...* Vitruvs (1556), zu welcher Daniele Text und Kommentar lieferte und Andrea nicht nur die Zeichnungen, sondern auch sachkundige Hinweise beisteuerte[18]. Vierzehn Jahre gingen dann noch einmal ins Land, bevor Palladio sein eigenes Hauptwerk, die schon mehrfach erwähnten *Quattro libri dell'architettura* herausbringen konnte (1570). In einem ersten Band berichtete es über Baumaterialien und Bauschmuckarten, Raumcharakteristika und Zugänglichkeit, in einem weiteren gab es Auskunft über eigene Bauten, bespielsweise über Raumaufteilungen, ob in Stadtpalais oder Villen, im dritten über Straßen, Brücken, Markthallen etc. sowie im vierten über antike Vorbilder, nämlich die sich in Tempeln, Thermen etc. widerspiegelnde römische Architektur. Bevor er diese Arbeit abschließen konnte, raffte er sich 1566 noch einmal zu einer Reise auf, und zwar zu einem Besuch bei Herzog Emanuele Filiberti von Savoyen in Turin. Von hier aus fand er Gelegenheit, mit einem weiteren Abstecher die Provence kennenzulernen und besonders in Nîmes ein besonders gut erhaltenes Beispiel römischer Tempelarchitektur, das berühmte *maison carrée*, zu studieren[19]. Das Reisen wurde ihm nach eigenem Bekunden in den späteren Lebensjahren recht beschwerlich.

Die *Quattro libri...* geben darüber Aufschluß, wie Palladio, ausgehend von der maßstabsetzenden Antike, die Erneuerung der Baukunst verstand und begreiflich machen wollte. Das Motiv für die Veröffentlichung erläuterte er im Widmungstext. Zunächst war ihm die Feststellung wichtig, daß die Ruinen der antiken Stadt Rom in erschütternder Weise die *»Roheit barbarischer Völker«* bezeugten, das heißt die Zerstörungswut der von ihnen auch so genannten *»Goten«*. Vor allem aber seien die römischen Bauten, *»selbst in ihren großen Ruinen, unzweifelhafte und berühmte Zeugen der römischen Tugend und Größe«*. Leider habe er erkennen müssen, *»wie weit unsere allgemeine Bauweise von dem, was ich bei Vitruv, Leon Battista Alberti und in den Werken anderer hervorragender Schriftsteller, die nach Vitruv kamen, entfernt«*[20] sei. An anderer Stelle fügte er noch weitere Namen der von ihm geschätzten Baumeister hinzu: Michelangelo Buonarotti, Jacopo Sansovino, Baldassare Peruzzi, Antonio da Sangallo, Michele Sanmicheli, Sebastiano Serlio, Giorgio Vasari, Jacopo Barozzi da Vignola und Leone Leoni. Von diesen Architekten seien in Rom, Florenz, Venedig, Mailand und in anderen italienischen Städten wunderbare Gebäude zu sehen. Gemeint waren die auch damals schon gefeierten, geradezu kanonisierten Glanzleistungen italienischer Baukunst – darunter Bramantes genialer Versuch, das Pantheon auf die Constantinsbasilika zu türmen und auf diesem Wege den neuen Petersdom zu schaffen, ferner in der »Ewigen Stadt« der von Michelangelo gestaltete Capitolsplatz, der von Sangallo erbaute Farnese-Palast und seine Kirche »Il Gesù«[21]. Man muß schon auf diese Vorbilder verweisen, um zu verdeutlichen, wie anspruchsvoll das Bestreben Palladios war, der von seinen Vorgängern und Zeitgenossen vertretenen Linie endlich zum Durchbruch zu verhelfen.

Darum habe er in seinen Büchern aufgeschrieben, welche Regeln er beim Bauen befolgt hätte, damit der interessierte Leser anwenden könne, was ihm daran gut dünke, und freundlicherweise die doch wohl zahlreichen Stellen verbessern möge, »an denen ich gefehlt habe«[22]. Diese Bemerkung ist nicht etwa als Versuch zu werten, durch Schmeichelei das Wohlwollen des Lesers zu erkaufen, sondern zeigt die Grundhaltung des für fremde Kritik empfänglichen und für jeden Fortschritt dankbaren Wissenschaftlers. Anders als die von ihm bewunderten Theoretiker von Alberti bis Serlio, wünschte er allerdings nicht, den vielen Traktaten über antike Säulenordnungen nur noch ein weiteres hinzuzufügen, zumal seine Vorstellung von der wahren Architektur sich niemals in antikischer Dekoration angenommener Fallbeispiele erschöpfte, sondern immer – sei es in der Antike oder der Gegenwart – den Gesamtzusammenhang des Bauwerks als Resultat der unter bestimmten örtlichen Voraussetzungen funktionsgerecht gelösten Bauaufgabe im Auge behielt. Abgesehen von den knapp gehaltenen Einleitungen zu den einzelnen Büchern, finden sich nirgendwo theoretisch übergreifende Zusammenfassungen. Seine einfach und nüchtern geschriebenen und für den Baumeister leicht verständlichen Texte erläutern mit Präzision ausschließlich die im Zentrum seiner Arbeit stehenden Holzschnitte. Hinsichtlich seiner Bauerfahrungen wagte er gerade soviel zu sagen, daß diese ihm erlaubt hätten, einige Probleme der Architektur so zu erhellen, *»daß jene, die nach mir kommen, an meinem Beispiel die Schärfe ihres eigenen Verstandes übend, die Herrlichkeit ihrer eigenen Bauten leicht zur wahren Schönheit und Anmut der antiken Gebäude führen können«*. Es zeichnet ihn aus, daß er auf diese Weise sein eigenes Werk als Stufe zur Vervollkommnung der von ihm angestrebten Baukunst betrachtete. Voller Selbstbewußtsein gab er einige Sätze später der Hoffnung Ausdruck, *»lange in großem Ruhm zu leben und in der Erinnerung derer, die nach mir kommen, geehrt zu werden«*[23].

Zum Spätwerk des Meisters gehörten bereits die beiden großen Kirchenbauten in Venedig, »San Giorgio Maggiore« (1565) und die Wallfahrtskirche »Il Redentore« (1576). Die letzten zehn Lebensjahre war er als beratender Architekt der Stadt Venedig tätig, nachdem Sansovino 1570 gestorben war. Es war ihm vergönnt, dies erfüllte Leben mit zwei besonders bemerkenswerten Gebäuden abzuschließen – mit dem 1579 begonnenen Teatro Olimpico in Vicenza und der Familienkapelle für den Freund Marcanton Barbaro bei der Villa Barbaro in Maser. Palladio starb am 19. August 1580.

Schon zu Lebzeiten des Meisters versuchte man, das Bemerkenswerte seiner Arbeitsweise herauszustellen. Im Jahre 1573 erschien das Werk des Freundes Sylvio Belli, wie Palladio Gründungsmitglied der Accademia Olimpica. Die Schrift befaßte sich mit der *Proportion und Proportionalität*. Bei ihm stand die Proportion als Kardinaltugend obenan: *»die wahre Quelle der gerechten Verteilung, der Schönheit und der Gesundheit«*, das heißt *»die Übereinstimmung aller an ihrem angemessenen Ort angeordneten Teile«*. Sie gehöre zu den wohlbegründeten arithmetischen Prinzipen, nach denen Palladio arbeite. Hierin unterschied er sich tatsächlich von all den früheren Renaissancearchitekten, daß für ihn die Klärung der Proportionsverhältnisse die wichtigste Voraussetzung seiner Konstruktionen bildeten. Die landschaftliche Umgebung, Lage und Größe des Grundstücks bestimmten sehr wesentlich die Festlegung eines den ganzen Bau beherrschenden Moduls, das sich schon beim Entwurf der für ihn so charakteristischen »triadischen« Kompositionen auswirkte. Die richtigen Proportionsverhältnisse legten von vornherein das für Stadtpaläste ebenso wie für seine Villen gültige Architekturschema fest – so beispielsweise die Gewichtung eines um die Zufahrts- bzw. Mittelachse angeordneten Mittelrisalits gegenüber den symmetrisch hierzu angeordneten flankierenden Baukörpern. Gleiche Ordnungsvorstellungen beherrschten den axial-symmetrisch wie den radial-symmetrisch konstruierten Grundriß[24].

Eigentlich waren es jene Vitruvianer, soweit sie sich philologisch oder auch architekturtheoretisch mit den *Zehn Büchern*... des römischen Baumeisters befaßt hatten, die dem Nachwirken Palladios den Weg bereiteten, wie hier nur in wenigen Stichworten angedeutet werden kann. Eine erste gedruckte Ausgabe war 1487 von Giovanni Sulpicio da Veroli besorgt worden. Eine handschriftliche Kopie – vermutlich hiernach – gelangte noch vor dem Ende des 15. Jahrhunderts in eine polnische Bibliothek. Zwei weitere Editionen erschienen in Florenz (1595/96) und Venedig (1597), denen die Ausgabe des Bramante-

Schülers Fra Giocondo da Verona (1511) und die *Annotationes* zu Vitruv des Franzosen Guglielmus Philander in Rom (1544) folgten. Beinahe ebenso schnell wie die Neuausgaben wurden Übersetzungen über ganz Europa verbreitet. Besonderer Beliebtheit erfreute sich als Vorbild für weitere Editionen Cesarianos italienische Ausgabe, die, versehen mit Kommentar und Illustrationen – vorwiegend aus Fra Giocondo übernommen – 1521 in Como herauskam. Das 360 Seiten umfassende Werk wurde gleich in einer Auflagenhöhe von 1.300 Exemplaren gedruckt.

Ins Spanische übertrug den Vitruv erstmals 1542 Diego di Sagredo zu Toledo, ins Deutsche Walter Ryff im Jahre 1548 zu Nürnberg, der sich an Cesariano orientierte. Inzwischen hatte 1542 die von Kardinal Bernardino Maffei in Rom gegründete Vitruvianische Akademie, wenn auch nur für kurze Zeit, ihre Arbeit aufgenommen. Ihr gehörte der mehrfach erwähnte Vignola an[25].

Auch Serlios Schriften gingen bereits, wie wir gesehen haben, in die Welt hinaus, bevor diese von Palladio überhaupt Notiz nahm. Und ab 1540 – im gleichen Jahr erhielt Palladio das Recht, den Titel eines Architekten zu führen – arbeitete Serlio als Perspektivmaler und Architekt bereits am Hofe König Franz' I. von Frankreich in Fontainebleau. Vier Jahre zuvor war Philibert de l'Orme (1514–1570), gebürtig aus Lyon, nach längerem Studienaufenthalt in Rom nach Frankreich und in seinen Geburtsort zurückgekehrt. Er sollte unter König Heinrich II. von Frankreich 1547 zum Hofarchitekten und Bauleiter in Fontainebleau avancieren und den bereits existierenden Säulenordnungen noch eine »französische« und die sogenannte »Baumstammsäule« hinzufügen – Sonderformen, die in Nordeuropa keine Berücksichtigung finden sollten[26].

Als Sohn des Zimmermanns und Baumeisters Giovanni Domenico Scamozzi wurde Vincenzo Scamozzi (1548 bis 1616) vierzig Jahre nach Palladio in Vicenza geboren. Man kann ihn nicht gerade als Schüler, eher als Nachahmer des großen Meisters bezeichnen. Das notwendige Rüstzeug mag er im Hause seines Vaters erworben haben, der sich mit dem Bau einiger Stadt- und Landhäuser in der näheren Umgebung Vicenzas bereits einen Namen gemacht hatte. Um es vorweg zu sagen: Vincenzo Scamozzi hat gewiß mehr, als er dies je beabsichtigt haben könnte, zum Nachruhm Palladios beigetragen. Er selbst wurde einer größeren Öffentlichkeit erstmals durch eine Ingenieurleistung bekannt, und zwar die Lösung eines Beleuchtungsproblems in der Kirche S. Salvatore zu Venedig, indem er die drei Kuppeln im Dach öffnete und Laternen darauf setzte. Gerade zwanzig Jahre alt, lieferte er die ersten Architekturzeichnungen – und zwar für den später tatsächlich hiernach erbauten Palazzo Godi in Vicenza. Vier Jahre später siedelte er sich 1572 in Venedig an.

Es ist hier nicht der Ort, die Karriere des Baumeisters Scamozzi weiter zu verfolgen, soweit sie nicht eben die Nachwirkung Palladios berührt. Im Jahre 1575 entstand in Vicenza der Palazzo Caldogno, das erste Beweisstück für den nicht immer geglückten Versuch, Palladio nachzuahmen. In der Tat »abgeschrieben« hat er im Falle der Villa Rocca Pisana (Abb. 6) oberhalb des Ortes Lonigo (1576), die sich als akademisch trockene Kopie der Villa Rotonda (Abb. 5) Palladios, vor den Toren Vicenzas gelegen, erweist. Zum Schicksal wurde ihm das große Vorbild, als er 1583 in die Accademia Olimpica aufgenommen wurde und im Laufe der nächsten beiden Jahre das von Palladio begonnene Teatro Olimpico vollenden durfte. Sogar bei Scamozzis Hauptwerk, den Procuratie Nuove an der Piazza San Marco zu Venedig (Abb. 7), war Palladio im Geiste beteiligt, weil in dessen Stil das dritte Geschoß gestaltet wurde, während die unteren beiden an der Libreria Sansovinos orientiert schienen. Das 1602 in Gang gesetzte Bauwerk der Kirche S. Nicolò in Venedig kann ebensowenig seine Abkunft von der Redentore-Kirche Palladios leugnen[27].

Der ebenso fleißige wie erfolgreiche Baumeister existierte wesentlich, wie hinlänglich erkannt, durch Kopieren und Ausschöpfen von Bauideen und Stilmitteln Serlios, Sansovinos und Palladios, ohne daß er seine Ideengeber preisgegeben hätte. Der Spielraum für eigene Einfälle war gering geworden. Dieser spürbare Mangel ließ den Praktiker zum Eklektiker werden, den er denn auch als Theoretiker konsequent unterstützte. Um so köstbarer erschien ihm die Gnade Gottes, der den Menschen seine Schöpferkraft in der Architektur übertragen hatte. Griechenland habe wie eine Hebamme die Architektur zur Welt beför-

Abb. 5: Villa Rotonda des Andrea Palladio. Foto: Privatbesitz.

Abb. 6: Villa Rocca Pisana, erbaut von Vincenzo Scamozzi. Foto in Privatbesitz, mit Darstellung der Villa in dem für die Gegend häufig eintretenden Nebel.

dert und Rom zur höchsten Entfaltung geführt. Als ob man von ihm erwarte, daß er sein eigenes Verhältnis zur schöpferischen Leistung definieren müsse, sagte er einmal: *»Man sieht also, daß die Erfahrung mehr der Kunst dient als die Erfindung: letztere aber ist schließlich doch der vornehmste Teil der Kunst«*[28].

Zur Entstehung des Palladianismus hat denn auch der von den großen Bauideen seiner Vorgänger faszinierte Scamozzi weit mehr durch die Nachahmung bestimmter Teile oder ganzer Bauten Palladios beigetragen, indem er diese wie im Falle der Villa Rotonda im Sinne kopierfähiger Typen deutete. Im Rahmen unserer Ausstellung lassen sich die Folgen dieser neuartigen typologischen Sichtweise aneinanderreihen, indem wir beispielsweise neben den Villen Rotonda und Rocca Pisana Lord Burlingtons Chiswick Villa (1725) zeigen. Wir können aber ebenso, um ein zweites Beispiel anzuführen, die bei Wilton House erstmals 1736 verwirklichte, ehedem von Palladio entworfene, aber im Wettbewerb gegenüber da Pontes Vorschlag[29] unterlegene Rialto-Brücke im Modell präsentieren (Abb. 8) und diesem Abbildungen weiterer Kopien in Prior Park 1735–1748, Stowe' (1745) und Zarskoje Selo (1774) an die Seite stellen. Antonio Canale, genannt Canaletto (1697–1768), sollte schließlich seine Verehrung für den großen Baumeister dadurch zum Ausdruck bringen, daß er mit Künstlerhand seine Vision von einem klassizistisch erneuerten Venedig (Tafel 1), aus den in Vicenza verwirklichten Entwürfen sowohl für den Palazzo Chiericati als auch den Palazzo della Ragione auf beiden Flußufern des Canal Grande zusammensetzte und den Brückenschlag mit Hilfe des nicht gebauten Entwurfs von der Rialto-Brücke erreichte[30].

Die außerordentliche Gelehrsamkeit des Architekturtheoretikers Scamozzi, der sich ab 1580 *»studiosus architecturae«* nannte, wird hinreichend durch Umfang und Inhalt seiner Schriften erwiesen. Durch intensive Lektüre Vitruvs und aller ihm erreichbaren Architekturtraktate übertraf er bald alle Zeitgenossen an theoretischem Wissen. So vollendete er 1584 einen mit dem Vater zusammen begonnenen Index zum Gesamtwerk Serlios. Sein Hauptwerk, *L' idea dell' architettura*, an welchem er nach eigenen Angaben 25 Jahre gearbeitet hatte, erschien 1615 in sechs Büchern in Venedig. In zahlreichen Übersetzungen verbreitete sich das vor allem der beigefügten Tafeln wegen nützliche Werk während des 17. Jahrhunderts über ganz Nordeuropa: holländisch schon 1640 und 1662 in Amsterdam mit zwei Auflagen – deutsch in Nürnberg 1664, 1678 und 1697 in drei Auflagen – englisch in London 1690 und 1708 – französisch in Leyden 1713 und im Haag 1736.

Abb. 7: Procuratie Nuove in Venedig, erbaut von Vincenzo Scamozzi. Aus: DE QUINCY 1831, Taf. gegenüber S. 76.

Auf seinen Reisen nach Rom und Neapel (1578–1580, 1585, 1598), Sabbioneta und Polen (1588), durch Ungarn, Böhmen, Polen, Deutschland, Frankreich und die Schweiz (1599), besonders in die neuen Kunstzentren Paris und Prag, knüpfte er Kontakte und vertiefte sein Wissen nicht nur im Hinblick auf die Antike sowie die Architektur der Renaissance. Erstmals und ohne jeden Vorbehalt nahm er die Baukunst der »Barbaren« im »stilo todesco« – so noch bezeichnet bei Palladio – nämlich gotische Bauten, ihre Fassaden und Innenräume, in Zeichnungen auf.

Gegen Ende seines Lebens sollte Scamozzi noch einmal einen sehr wesentlichen Beitrag zur Verbreitung des Wissens über Palladio leisten. In Vicenza besuchte ihn auf seiner zweiten Italienreise Inigo Jones (1573–1652), dem er eine Reihe von Zeichnungen Andrea Palladios aus seinem persönlichen Besitz übergab. Der junge Engländer ließ sich offenkundig weniger von den Werken seines Gastgebers als von denen des Vorbildes Palladio zu ganz neuen Bauideen inspirieren und sollte nach seiner Rückkehr in sein Heimatland eine Welle der Begeisterung für seine ersten palladianischen Bauten auf britischem Boden

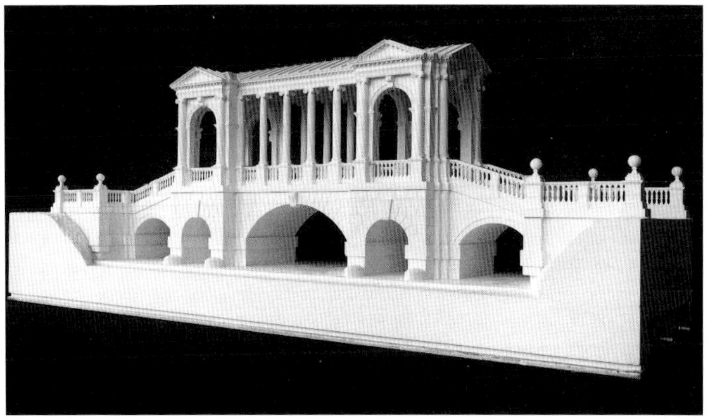

Abb. 8: Architekturmodell von der Wilton House Bridge (1992) von Oliver Schneider und Claus Peter Singer in der Klasse Prof. Rosenbusch an der Hochschule für Bildende Künste Hamburg gefertigt.

auslösen[31]. Nicht ohne Auswirkungen blieb ferner ein Architekturstipendium, durch welches Scamozzi sein Vermögen in Ermangelung eigener Erben entsprechend begabten jungen Architekturstudenten zukommen lassen wollte. Bedingung war, daß die auserwählten Nutznießer seinen Namen annehmen sollten. Hiervon profitierte im Jahre 1761 Ottavio Bertotti Scamozzi, der 1776 bis 1783 die Bauprojekte und verwirklichten Bauten Palladios bearbeitete und herausgab.

Man kann eine solche Einführung in unser Ausstellungsthema nicht fortsetzen, ohne auf drei süddeutsche Persönlichkeiten hinzuweisen, welche sowohl indirekt als auch unmittelbar zu Wegbereitern des Palladianismus geworden sind. Der Stuttgarter Baumeister Heinrich Schickhardt (1558–1634) reiste mehrfach nach Norditalien, wobei er in Zeichnungen Bauten, Maschinen und andere Dinge festhielt. Seine erste Reise 1598/99 führte ihn durchs Veneto und nach Vicenza, wo er die Architektur Palladios bestaunte und ausdrücklich das Teatro Olimpico voller Begeisterung schilderte. Auch der Augsburger Elias Holl (1573–1646) weilte ab 1600 mehrfach im Veneto, doch lassen sich palladianische Einflüsse in ihren Bauten kaum nachweisen[32].

Ähnliches wäre von Wolf-Jacob Stromer (1561–1614), dem Stadtbaumeister der Reichsstadt Nürnberg zu sagen – seine Bedeutung als Baumeister wird im Rahmen dieser Veröffentlichung durch Wolfgang von Stromer eingehend gewürdigt. Stromer hatte noch früher als Holl und Schickhardt Norditalien während seines Studienaufenthaltes in Bologna 1579 und Venedig 1582 kennengelernt. Soviel sei hier nur skizzenhaft vorweggenommen: Der hellwache Student hat sich mit Gewißheit ein Urteil über die Auseinandersetzungen um den Stil zur Vollendung der Fassade an San Petronio zu Bologna gebildet, in deren Verlauf sich Palladio verächtlich über die gotische Architektur schlechthin geäußert hatte. Anders als die Bologneser, welche ihren Dom in gotischem Stil vollenden wollten, schlug Palladio eine an der antiken Tempelfront orientierte Fassade vor. Stromer erlebte mit, wie der Streit gerade im Jahre 1579 – ein Jahr vor dem Tode Palladios – einem neuen Höhepunkt zutrieb. Die Leistungen der italienischen Renaissance interessierten ihn schon, worauf das aus seinem Besitz stammende Werk des Antonio Lafreri, *Speculum Romanae Magnificentiae* (1773) verweist. Aus diesem Werk kopierte er später den Kupferstich mit Darstellung des durch Michelangelo gestalteten römischen Kapitols für den ersten Band seiner Baumeisterbücher. Es versteht sich von allein, daß er als der Hauptverantwortliche für den Aufbau der Ehrenpforte für den festlichen Einzug des Kaisers Matthias im Jahre 1611 sich an die imperiale Gestik hielt, wie sie Serlio nach dem Vorbild der römischen Triumphalarchitektur entwickelt hatte. Die schwierigste Bauaufgabe stellte sich ihm mit der Erneuerung der Fleischerbrücke (1597/98). Um den gefährlichen Eisstau vor Brückenpfeilern zu vermeiden, plante er eine einbogige Brücke über die Pegnitz. Ein ähnliches Problem hatten zuvor der Ingenieur Antonio da Ponte und der Architekt Vincenzo Scamozzi mit ihrer berühmten Rialto-Brücke (1588) glänzend gelöst. Wie selbstverständlich hielt sich der Ingenieur Stromer lieber an dieses Beispiel (Abb. 9), als daß er dem mit Recht verworfenen Entwurf Palladios, einer dreibogigen, in Venedig dem Gondelverkehr nur hinderlichen Brücke, gefolgt wäre. Palladios Architektur war eben seine Sache nicht. Im Gegenteil: dem alten Scamozzi ähnlich, der auf seiner Mitteleuropareise um die Jahrhundertwende die Gotik für sich entdeckte, so entwickelte Stromer nachgotische Bauelemente, die in seinen Baumeisterbüchern ihren Niederschlag gefunden haben. Alle diese bisher kaum bekannten Einzelheiten können dank der sorgfältigen Aufarbeitung durch Wolfgang von Stromer und der von ihm zur Verfügung gestellten Exponate erstmals in einer größeren Ausstellung gezeigt werden[33].

Abb. 9: Architekturmodell der Rialtobrücke von Antonio da Ponte. Foto: Wolfgang von Stromer.

Wie über Scamozzi im Süden und in Mitteleuropa so wurde dem Palladianismus in Nordeuropa über den Architektur- und Ornamentzeichner, Maler und Dekorateur Hans Vredeman de Vries[34] (1527–1606) der Weg bereitet. In Leeuwarden geboren und dort fünf Jahre lang zum Glasmaler ausgebildet, strebte der junge Künstler noch weitere Vervollkommnung an, indem er noch einmal zwei Jahre bei dem Stadtmaler in Kampen in die Lehre ging. Anschließend tat sich Hans Vredeman de Vries in Mecheln und Antwerpen um und kam damals wohl mit Cornelis Floris in Kontakt, als dessen bedeutendster Schüler er gilt. Nachweislich nahm er hier die Chance einer Beteiligung an den Vorbereitungsarbeiten für den Einzug Karls V. wahr, die üblicherweise in der Herstellung von Ehrenbögen nach klassischem Vorbild und allen erdenklichen Dekorationen bestand. Wieder in seiner friesischen Heimat zurück, lernt er in Kollum die von Coecke (gest. 1551) niederländisch herausgegebenen Schriften Serlios und Vignolas kennen. Im Hinblick auf seine Ambitionen in der Architektur- und Perspektivmalerei konnte ihm die wie ein Lehrbuch aufgebaute Schrift Vignolas *Le due regole della prospettiva pratica* am ehesten weiterhelfen.

Mit eigenen Stichfolgen trat er erstmals 1555 hervor. 1563/64 erfüllte sich sein sehnlichster Wunsch, von jetzt an in Antwerpen zu leben. Die Stadt zog damals viele Künstler, Humanisten und Vertreter der neuen Glaubensrichtungen an, deren streitbare Diskussionen in aller Öffentlichkeit viel Zulauf fanden. Und was man dachte, wurde auch gleich gedruckt. Übersetzungen des Neuen Testaments konnte man in allen Sprachen erwerben, sogar zum Verdruß der Inquisition in Spanisch[35]. Antwerpen war mittlerweile dank seines beträchtlichen Wirtschaftswachstums zum bedeutendsten Zentrum des kulturellen und geistigen Lebens in Westeuropa aufgestiegen. Das neue Rathaus, geschaffen von Cornelis Floris, war zum großartigen Symbol dieses Aufstiegs geraten.

Diese Stadt mußte Hans Vredeman de Vries 1570 zusammen mit den Seinen für fünf Jahre in Richtung Westdeutschland verlassen, als Graf Alba mit Hilfe eines Erlasses vom 29. April des gleichen Jahres alle des Protestantismus verdächtigen Personen zu verfolgen begann. Ab 1575 wieder in Antwerpen und von 1577 an dort als Festungsbauingenieur tätig, hielt er sich noch bis zur Übergabe der Stadt an den Prinzen von Parma (1585). Auf Umwegen gelangte er nun zu Herzog Julius von Braunschweig nach Wolfenbüttel. Nach dessen Tode (1589) zog es ihn nach Hamburg, wo seine Tätigkeit 1591 nachgewiesen werden kann. Dort hatte sich trotz heftiger Widerstände der lutherischen Orthodoxie während des letzten Jahrhundertviertels eine große Menge niederländischer Glaubensflüchtlinge versammelt, Reiche und Arme, portugiesische Juden und Anglikaner, Lutheraner und Calvinisten. Sie brachten ein Stück Heimat aus Antwerpen mit – ihre Geschäftsbeziehungen, ihre Ansprüche an Mode, Architektur und Wohnkultur, aber auch ihr Kapital, mit dessen Hilfe sie sogar als Fremdgläubige die Hamburger Behörden leichter als die Geistlichkeit der Stadt liberal stimmen konnten. Wie Hamburg – und dies will die Ausstellung vor allem sichtbar machen – sollte ganz Nordeuropa auf lange Zeit von der in Westeuropa ausgelösten Flüchtlingswelle kulturell profitieren.

Ein Jahr später lebte Hans Vredeman de Vries – wieder Festungsbaumeister – in Danzig. 1594 scheiterte er bei dem Versuch, zusammen mit seinem Sohn Paul dort ein Maleramt zu gründen. Nachdem Hans sich vorübergehend zu befreundeten Auftraggebern in Hamburg begeben hatte (1595), ließ Paul, der sich inzwischen am Hof Kaiser Rudolfs II. umgesehen hatte, den Vater nach Prag kommen. Der residenziale Glanz und die durch kaiserliche Aufträge geförderte rudolfinische Kunstblüte besaßen zu jener Zeit eine mächtige Anziehungskraft für Kulturschaffende in ganz Europa.

Größerer Aufträge wegen ging Hans 1598 wieder nach Hamburg, wo er – abgesehen von einem Abstecher nach Holland – bis zu seinem Lebensende blieb. Dem lebensklugen, weitgereisten Mann sind zahlreiche Veröffentlichungen zu verdanken, in welchen er ebenso viel theoretisches Wissen wie praktische Erfahrungen niedergelegt hat. Wenn er – so der Titel eines bedeutsamen Traktats des Jahres 1581 – aus einer *Architectura der Bauung der Antiquen auss dem Vitruvius* Konsequenzen für die Erneuerung der Baukunst in der Gegenwart ableitet, fordert er zugleich die Berücksichtigung regionaler beziehungsweise klimatisch-geographischer Unterschiede, so für seine Heimat: »*...aber in dissen Niderlanden hatt man ain andren condition, zuvvissen in Stoetten vonn grosser negotsen, da die ortt khlein und theur sein so meuss es man allss inn die hoeche suechen umb fuil geriffs zu iben, mitt ful liechts zu suechen inn der hoeche*«. Er wußte um die grundsätzliche Problematik, daß es in den noch mittelalterlich geprägten Städten an Akzeptanz für radikale Neuerungen fehlte, und stellte seine Beweglichkeit unter Beweis: »*Denn es schickt sich nicht übel, wenn man das alte mit dem newen maeßiglich schmücket*«[36].

Nicht allein seine Schriften, auch die zahlreichen erhaltenen Zeichnungen und Bilder unterstreichen die fruchtbare Reisetätigkeit des Meisters. So bewahrt die Bibliothek Wolfenbüttel von ihm Geschützzeichnungen. Gemälde für das Rathaus und den Artus-Hof in Danzig zeigen, daß er dort in der Tat nicht nur an Festungsbauwerken tätig war. Und in Prag war er an einem Altar für Kaiser Rudolf II. beteiligt. Unter den verlorenen, wenigstens literarisch überlieferten Werken aus Architektur und bildender Kunst, soweit im Vorhergehenden noch nicht angesprochen, seien hervorgehoben ein Triumphbogen für Anna v. Österreich von 1570, Festungsbauten in Antwerpen nach 1575, zwischen 1582 und 1584 Arbeiten am Genter Rathaus, ein Gemälde in Privatauftrag in der

Petrikirche in Hamburg im Jahre 1591, 1594 Arbeiten im Danziger Rathaus und das Danziger Stadtwappen auf Schiffsflaggen, die Deckenbemalung eines kleinen Saales in Prag um 1597 und schließlich zwei Gemälde für die Petrikirche in Hamburg von 1598. Es darf vermutet werden, daß er über die bekannten Arbeiten hinaus mit eigenen oder weiter vermittelten Ideen und Vorschlägen hilfreich tätig gewesen ist.

In zahlreichen Gemälden hat Hans Vredeman de Vries zum Ausdruck gebracht, wie er, persönlich doch nur an bescheideneren Objekten beteiligt, sich wirklich große Architektur dachte: lichtdurchflutete Säulenhallen öffentlicher Gebäude, von denen breite Treppen zu Wasserspielen und Bädern hinabführten, dann wieder wohlgeordnete städtische Plätze, von Loggien eingefaßt. Diese Motive erlaubten ihm, die durch Vignolas Schriften nach Norden getragene Kunst der Perspektive zu höchster Meisterschaft zu entwickeln. Wir deuteten es bereits an, wofür ihm die Architekturgeschichte am meisten zu danken hat. Auf seinen Reisen von Antwerpen über Westdeutschland bis an die Elbe, durch seine Tätigkeit als Künstler und Berater in Danzig, Prag und Hamburg hat er wie kein anderer nach ihm dem Palladianismus in Nordeuropa den Weg bereitet.

1 Kruft 1991, 60– 64, vgl. bes. 61, Abb. 15–20. Vgl. bes. Germann 1987, 80–93 mit Abb. 16.
2 Ackerman 1980, 10; Puppi 1977, Bd. I, 7 f. mit Anm. 7 und weiteren Nachweisen.
3 Puppi 1977, Bd. I, 8.
4 Palladio 1991, 347–349 mit Abb. 162.
5 Ackerman 1980, 10.
6 Puppi 1977, Bd. I, 41, Abb. 19–22; Bd. II, 238–240.
7 Ackerman 1980, 11.
8 Puppi 1977, Bd. I, 14.
9 Ackerman 1980, 12; Puppi 1977, Bd. I, 12 Anm. 62.
10 Germann 1987, 113–118.
11 Puppi 1977, Bd. I, 14.
12 Ackerman 1980, 15 f.
13 Puppi 1977, Bd. I, 14 Anm. 78.
14 Ebd. 1977, Bd. I, 70–79 mit Abb. 55–66; Bd. II, 266 f. Nr. 26.
15 Ackerman 1980, 16 f.
16 Germann 1987, 94–113 zum »Brief über Denkmalpflege«.
17 Palladio 1991, 15.
18 Ackerman 1980, 17.
19 Palladio 1991, 402–408.
20 Ebd. 17.
21 Ebd. 347.
22 Ebd. Zum wissenschaftlichen Impetus vgl. Puppi 1977, Bd. I, 14.
23 Palladio 1991, 16.
24 Ackerman 1980, 135 ff.
25 Germann 1987, pass.
26 Germann 1987, 120–131 mit Abb. 16.
27 Das Verhältnis zu Palladio beleuchten Milizia 1781, Bd. II, 104 f., sowie auch de Quincy 1831, Bd. II, 77–103
28 Zitiert nach Germann 1987, 162 f.
29 Milizia 1781, 139–141, bes. 140.
30 Puppi 1977, Bd. II, 303 mit Abb. 390.
31 Milizia 1781, Bd. II, 174–183; de Quincy 1831, Bd. II, 121–131 mit Abb. gegenüber S. 120 Fassade von White Hall. Germann 1987, 167, 170. Kruft 1991, 259, 260, 262, 266f., 269f., 591, 593.
32 Zu Schickhardt vgl. Günther 1988, 25, 186. Kruft 1991, 124, 193, 553, 169 u. Abb. 192. Zu Elias Holl vgl. ebd. 193, 569 und Abb. 192.
33 Thieme Becker, s.v. Stromer von Reichenbach, Jakob Wolfgang. Stadtbaumeister von Nürnberg. Weiterhin von Stromer 1988; Günther 1988, 25. Weitere Literaturhinweise siehe im Beitrag von W. v. Stromer
34 Kruft 1991, 110, 188–190, 192, 198, 253, 568 mit Abb. 103–104.
35 Sillem 1883, 481–598, vgl. bes. 484.
36 Zitiert nach Kruft 1991, 189 mit Anm. 35.

Das Augustus-Forum: Materialien und Strukturen im nachantiken Zeitalter

Lucrezia Ungaro

Es ist hier nicht der Ort, um die Suche nach den Gründen des raschen Verfalls des Augustus-Forums in Angriff zu nehmen. Gewiß wurde der Tempel des Mars Ultor[1] nicht allein durch Umwelteinflüsse in nachantiker Zeit regelrecht zerstört; bereits im 9. Jahrhundert n. Chr. wurde sein Podium von dem Gebäudekomplex des Klosters und der Kirche von S. Basilio eingenommen. Der Zugang zur Halle des Kolosses wurde wahrscheinlich schon früher teilweise oder ganz mit einer Mauer verbaut, in der Dekorationsfragmente der damals offensichtlich schon im Verfall begriffenen Halle selbst verwendet wurden. Im übrigen ist der Erhaltungszustand der Überreste aus dem Augustus-Forum besonders bemerkenswert, wenn man berücksichtigt, in wie viele Fragmente hunderte von Architektur-teilen zerschlagen wurden, offensichtlich, um in einem Kalkofen »geopfert« zu werden.

Das Forum, das nach einer weitverbreiteten Ansicht bald versumpfte, senkte sich in Wirklichkeit bis ungefähr zum Ende des 12. Jahrhunderts nur leicht. In diesem Zeitraum stieg aber das Bodenniveau in verschiedenen Bereichen der Kaiserforen gleichzeitig erheblich an und dies scheint nicht einfach durch Naturereignisse oder Verfall verursacht worden zu sein. Bemerkenswert schnell verlieren die Anlagen jedenfalls ihre eigene Identität. Das Augustus-Forum wird mit den nahegelegenen Nerva- und Trajansforen verwechselt, deren Anlagen besser erhalten sind; die erhaltenen Säulen des Tempels werden oft für jene des Nerva-Forums gehalten, und das Gebiet wird nach dem es mittlerweile beherrschenden religiösen Baukomplex »Forum von S. Basilio« benannt.

Trotz dieser teilweisen Zersetzung der Anlage stellten die Reste der imposant aufragenden Umfassungsmauer und die Architekturteile des Tempels gemeinsam mit den Fragmenten, die von der Dekoration noch sichtbar geblieben waren, für die Künstler und Verfasser von Traktaten des ausgehenden 15. Jahrhunderts einen Gegenstand von großem Interesse dar. Zwei Elemente, die in diesem Zusammenhang von besonderer Bedeutung sind, bilden vor allem für das 16. Jahrhundert eine Art Leitfaden: das Pegasus-Kapitell und die Basis einer Säule der inneren Ordnung des Tempels, Fragmente, die oft in Verbindung mit dem Versuch, der augusteischen Anlage Form und Gehalt wiederzugeben, Erwähnung finden.

Das Kapitell mit den geflügelten Pferden, das heute durch die ausgestellte Version eines Lisenenkapitells wohl bekannt ist, wurde bereits von Baldassare Peruzzi gezeichnet, und es ist nicht auszuschließen, daß dieser möglicherweise auch Fragmente gesehen hat, die zu entsprechenden Säulenkapitellen gehörten (Abb. 1). Peruzzi hat gleichzeitig auch eine Basis einer Kompositsäule der inneren Ordnung dargestellt und eine Rekonstruktion der inneren und äußeren Säulenordnungen des Tempels unternommen.

Von Baldassarre Peruzzi könnten – zumindest teilweise – andere Verfasser von Traktaten abhängen, unter anderem auch Andrea Palladio selbst, der sich durch die präzise Wiedergabe der Reste des Forums auszeichnet und berichtet: *»non se ne vede vestigio alcuno«* (es sind keine Spuren mehr sichtbar), außer die *»alle di muro«* (die Mauerflügel) zu Seiten des Tempels, die sicherlich einen Teil von diesem ausmachten, da sie Nischen für Statuen haben (*Quattro libri,* Tafel I). Was die innere Säulenordnung des Tempels betrifft, so bestätigt Palladio, daß von ihr gar nichts erhalten ist. Tatsächlich mußten noch Reste in dem Raum zwischen der Apsis der Kirche von S. Basilio und der noch heute erhaltenen Cella-Wand selbst sichtbar gewesen sein, aber wir wissen nicht, ob und wie dieser Zwischenraum zu erreichen war, besonders nachdem die Dominikanerinnen der Santissima Annunziata sich 1568 in der Anlage niedergelassen und die Basilianermönche und die Johanniterritter (der Orden der Rhodeser- und Malteserritter) abgelöst hatten. Der Ver-

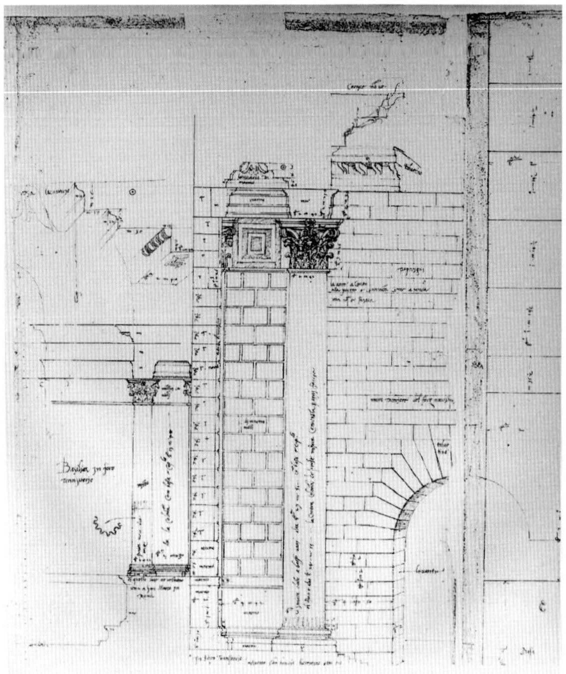

Abb. 1: Baldassare Peruzzi, Rekonstruktion der äußeren Säulenordnung des Mars Ultor-Tempels und der inneren Ordnung der Cella mit Pegasus-Kapitell. Aus: Bartoli 1914–1922, 632 v.

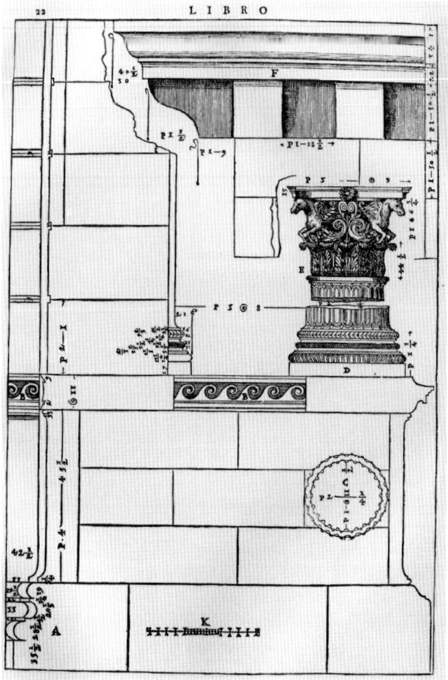

Abb. 2: Andrea Palladio, Rekonstruktion von Details der inneren Ordnung der Cella im Mars Ultor-Tempel. Aus: Palladio 1570, Buch IV, Taf. 7.

fasser erklärt, dennoch seine »invenzione« (Erfindung) dazu wiedergeben zu wollen, die in der Abbildung *Quattro libri,* Tafel IV, mit vollplastischen Skulpturen auf freistehenden Säulen zu sehen ist; auf *Quattro libri,* Tafel VII, zeigt er ein Säulenkapitell mit mehreren Versionen des Pegasus, wobei er die uns bekannten Elemente recht frei bearbeitet, während der Aufriß der Kompositbasis und ein Detail der Cella-Wand (und zwar der durchgängige Kranies) vollkommen wahrheitsgetreu wiedergegeben werden (Abb. 2). Auf den Tafeln V und VI (*Quattro libri)* gibt er, als für uns wichtigen Beleg, die Kassetten der Kolonnaden des Tempels sowie ein an der Abakusblüte gut erkennbares Kapitell der äußeren Ordnung wieder.

Palladio unterscheidet korrekt zwischen dem Augustus-Forum und dem nahegelegenen Flavius-Forum, wenn er den Tempel Mars *»Vendicatore«* (dem Rächer) zuordnet. Von den von Peruzzi und Palladio gelieferten Modellen hängen später die Wiedergaben von Labacco und Serlio ab, welche für das Innere der Cella eine Ordnung mit einer doppelten Säulenstellung aus Lisenen vorgelagerten Säulen mit Pegasus-Kapitellen vorschlagen.

Zwischen dem 16. und dem 19. Jahrhundert bildet das Gebiet des Forums weiterhin einen geschlossenen viereckigen Block, der nur durch die Via Bonella (dem Ergebnis der radikalen städtebaulichen Eingriffe vom Ende des 16. Jahrhunderts) durchquert wird. Einzelne Grabungen, die zum Teil auch von den Nonnen widerrechtlich durchgeführt werden, sind zu belegen. Doch erst im 19. Jahrhundert werden systematischere Forschungs- und Untersuchungsaktivitäten wieder aufgegriffen, die teilweise, aber nicht allein, dem Engagement der Academie de France der Villa Medici und seinen Architekten zu verdanken sind. Von den Erhebungen des Louis-Sylvestre Gasse (1803–1805) ist hier besonders jene von Bedeutung, die das Pegasus-Kapitell einer Lisene in seinem heutigen Erhaltungszustand, daß heißt mit abgeschlagenen Vorderläufen, wiedergibt: Gasse ist es gelungen, in dem Kloster Zutritt zu jenem Raum zu erhalten, in dem das wunderbare Stück aufbewahrt wurde. Im Jahre 1825 werden von Francesco Saponieri wichtige Studien durchgeführt, die bedeutende Ergebnisse über den Tempel erzielen. Gemeinsam mit ihm liefert François-Joseph Tous-

Abb. 3: Augustus-Forum, Mars Ultor-Tempel, Fragmente in der Stützmauer der Cella, Foto von 1925.

saint Uchard in den Jahren 1840 bis 1843 weitere Erkenntnisse über die genaue Ausdehnung des Tempels. Bereits zu dieser Zeit müssen die späteren Anbauten an den Säulen (besonders an der äußersten) entfernt und eine Stützmauer, auf der einige Fragmente, wie auch unser Lisenenkapitell »ausgestellt« wurden, errichtet worden sein. Eine Photographie von 1925 zeigt die fragliche Stützmauer kurz vor ihrem Abbruch (Abb. 3), der im Rahmen der 1924 begonnenen radikalen Eingriffe durch Grabungen und »Befreiungen« der römischen Anlagen von nachantiken Bauten vollzogen wurde. Rasch kommen erstaunliche Strukturen und bewundernswerte Materialien des Augustus-Forum wieder zum Vorschein. Glücklicherweise ist ein Grundriß von 1927 erhalten, auf dem die ersten zweihundert wiederentdeckten Fragmente aus Marmor eingezeichnet und durchnumeriert sind. Diese Zahlen entsprechen einer hilfreichen Liste, welche die Anordnung der einzelnen Elemente in bezug auf die antiken Gebäude erleichtert. Unter anderem werden Fragmente eines *»testa di leone«* (Löwenkopfes) erwähnt, die an der Nordseite des Podiums gefunden wurden.

Die Wiederentdeckung des Augustus-Forums erweckt aufgrund der Monumentalität der architektonischen Anlage und der Komplexität des Dekorationsprogramms großes Interesse. Eine Rekonstruktion des Aufrisses wird umgehend von Italo Gismondi angefertigt und in das berühmte, hier ausgestellte Modell umgesetzt. Von diesem Werk Gismondis wird die »klassizistische Deutung« der augusteischen Anlage für einige Jahrzehnte ausgehen, bis die Untersuchungen in den siebziger Jahren wieder aufgegriffen werden. Das Bild, das sich über die Jahre herauskristallisiert hat, wird dann sowohl in bezug auf die skulpturale Dekoration als auch auf die architektonischen Lösungen in den achtziger und neunziger Jahren nach und nach hinterfragt. Gute Ergebnisse sind schließlich von der systematischen Katalogisierung der in den dreißiger Jahren ausgegrabenen Fragmente zu erwarten, die nie veröffentlicht wurden, und die sich auf dem Gebiet des Forums und in dem Depot der Kaiserforen befinden, auch wenn die außergewöhnliche Zerstückelung der Fragmente eine korrekte Rekonstruktion der Architekturteile gewagt erscheinen läßt.

Im folgenden sollen einige Objekte erläutert werden, die schlaglichtartig die Geschichte und Überlieferung des Augustus-Forums beleuchten.

Das Augustus-Forum: das Modell von Italo Gismondi (1940)

Der Plan zur Ausführung des Modells (Abb. 4 u. 5) stammt von einer herausragenden Persönlichkeit in der Geschichte der Grabungen und Vermessungen der antiken Städte Rom und Ostia, dem Architekten Italo Gismondi. Es wurde nach seinen Erhebungen und jenen von so bedeutenden Mitarbeitern dieser Zeit wie dem Architekten Mascanzoni (der in dem Giornale dei Lavori der Zeit erwähnt wird) angefertigt. Dabei wurde ungefähr der ergrabene Bereich rekonstruiert: Die mächtige Struktur der Umfassungsmauer aus Pietra Gabina und Tuffstein aus Grottaoscura erweitert sich in den beiden zweigeschossigen Exedren, die gegen die eingeschossigen Kolonnaden gewandt sind. Diese werden von Attiken überhöht, die abwechselnd mit Karyatiden und Schilden, die Darstellungen des Zeus Ammon tragen, verziert sind.

Abb. 4: Augustus-Forum, Modell von Italo Gismondi, 1940.

An den Rückwänden der Exedren und der Kolonnaden befinden sich Nischen, die die Statuen der »summi viri« (höchsten Männer) und die beiden wichtigsten, Aeneas und Romulus gewidmeten Skulpturengruppen aufnehmen sollen. Zum Abschluß des schmalen Platzes erhebt sich der Tempel auf monumentale Weise zwischen zwei mit dem gleichen Belag wie der Platz ausgestatteten Durchgängen, die den Tempel von den Kolonnaden trennten. Zu seinen Seiten führen Treppen von den Durchgängen zu der *»Subura«* (verrufenes Viertel des antiken Roms, das sich hinter den Foren erstreckte, A. d. Ü.), auf der einen Seite mit drei Bögen und auf der anderen mit vier. Die nördliche Kolonnade endet in einem kleinen Raum von großer künstlerischer Bedeutung, der heute Halle des Kolosses genannt wird, während die südliche Kolonnade in ein Treppenhaus mündet, das ebenfalls mit dem dahinter verlaufenden Weg, der *»Porticus absidiata«*, verbindet.

In diesem Zusammenhang ist es nicht möglich, die komplexen Untersuchungen über den Aufbau des Forums und die ihm zugrundeliegende Ideologie auch nur annähernd darzulegen. Als anschauliches Beispiel sei hier nur ein Aspekt hervorgehoben, der unserer Meinung nach einer der bedeutendsten der neueren Überarbeitung von Gismondis Rekonstruktion ist. In dem Modell zeigt Gismondi die Kolonnaden mit einer flachen Decke unter einer durch Hängewerk getragenen Überdachung. Die Exedren ragen aus dieser mit einer durchgehenden, aber durchfensterten Mauer heraus und sind ihrerseits mit einem kegelförmigen Dach eingedeckt. Von Heinrich Bauer stammt die abweichende These, nach der die Kolonnaden mit einer vom Dach hängenden Decke aus Holz und Stuck abgeschlossen wurden, was die Attika mit den Karyatiden erklären würde. Für die Exedren rekonstruiert Bauer ein gegen die Kolonnaden geneigtes Dach und wiederum eine Decke aus Holz und Stuck. Die sich daraus ergebenden Konsequenzen für die Dekorationselemente der Architektur sind sehr komplex und werden noch untersucht, besonders was die Fassade der Exedren zu den Kolonnaden hin und die Komposition der zweiten Ordnung derselben betrifft.

Kapitell mit geflügelten Pferden (Pegasus)

Das Kapitell (Abb. 6 u. 7) stellt eine Abwandlung des korinthischen Typus' dar, bei welchem dem korinthischen Schema weitere Dekorationselemente hinzugefügt wurden. Der Blattkelch (Kalathos) ist in zwei Ebenen unterteilt: die untere, recht steife weist drei Akanthusblätter auf, die wiederum ähnliche, dazwischenliegende überdecken. Auf ihren eingerollten, hervorspringenden Spitzen ruhen die Dekorationselemente des oberen Teils des Kapitells, wo die üblichen Seitenvoluten, die den Abakus tragen, durch zwei geflügelte Pferde ersetzt sind. Diese scheinen aus den vegetabilen Auswüchsen eines Triebes hervorzuwachsen. Dieser ist mit Akanthusblättern bedeckt, die sich ihrerseits ebenfalls aufrollen und in einer

Abb. 5: Augustus-Forum, Modell von Italo Gismondi, 1940.

stark von Grund abgehobenen Rosette enden. Die Flügel der Pferde, die in verfeinerter Ausführung gearbeitet sind, verwandeln sich auch in Akanthusblätter mit aufgerollter Spitze, während die Mähnen am Kopfe der nervös und angespannt erscheinenden Tiere auf archaische Weise modelliert sind. Oberhalb der Triebe heben sich von dem Grund Überreste der Bänder ab, die in den Spiralen endeten und die den mittleren Stengel der heute kaum mehr sichtbaren Abakusblüte verdecken sollten.

Im Antiquarium, das sich im ehemaligen Priorat der Malteserritter befindet, werden weitere Fragmente von Kapitellen der Lisenen und Säulen (welche gut durch die unterschiedliche Ausarbeitung der Tiere auseinanderzuhalten sind) aufbewahrt und gerade restauriert. Sie bestätigen die Existenz einer doppelten Ordnung von aufeinander bezogenen Säulen und Lisenen. Vom künstlerischen Aspekt her gesehen, bildet das Pegasus-Kapitell das ausgereifte Ergebnis einer römischen Werkstatt, die ihre ersten Erfolge im Tempel des Apoll *»in circo«* (dem Tempel des Apollo Sosiano) und in den Werken aus den »Horti Sallustiani« (heute in den Kapitolinischen Museen aufbewahrte Tafeln) erzielte und die mit ihrer außergewöhnlichen Qualität die Bestätigung des augusteischen Zeitalters im künstlerischen Bereich festigte.

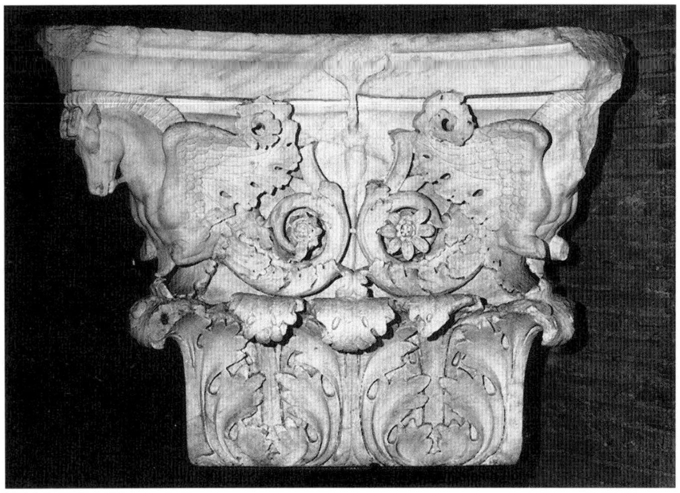

Abb. 6: Augustus-Forum, Lisenenkapitell mit Pegasusmotiv.

Abb. 7: Augustus-Forum, Lisenenkapitell mit Pegasusmotiv, Detail.

Was die Ikonographie betrifft, so darf die Wahl des Pegasus nicht verwundern. Das geflügelte Pferd taucht in der griechischen und römischen Mythologie immer als Zugpferd für außergewöhnliche, göttliche Wagen auf, wie den von Mars und Venus oder jenen, mit dem Romulus – jene Figur zwischen Geschichte, Tradition und Mythos, mit der sich Augustus als eine Art Garant für die eigene göttliche Bestimmung in Beziehung setzte – nunmehr als Gott in den Himmel hinauffährt.

Basis einer Lisene

Die Basis (Abb. 8) im perfekten Erhaltungszustand entspricht dem Komposittypus der klassischen attischen Basis. Sie weist zwei Hohlkehlen zwischen zwei Wülsten auf, von denen der untere weiter hervorkragt und größer ist als der obere. Die Hohlkehlen sind durch Leisten und Rundstäbe getrennt; die untere wird darüber hinaus von einem weiteren Rundstab eingefaßt, der sie von dem Wulst trennt. Die Plinthe, auf der die Basis ruht, ist aus einem einzigen Block gehauen.

Basis einer Säule

Die Basis (Abb. 9) gehört vom Typus wie die vorhergehende zur Kompositordnung, mit dem Unterschied, daß die beiden Wülste und Rundstäbe zwischen den Hohlkehlen verziert sind.

Die Rekonstruktion aus Gips verweist in der Behandlung der abweichenden Partien auf die Originalteile, die bei der Rekonstruktion verwendet wurden. Der obere Wulst trägt ein doppeltes Flechtband, während der untere einen überkragenden Eierstab aufweist, die Rundstäbe tragen das gleiche Flechtband, das hier jedoch andersherum läuft. Wie bereits erwähnt wurde, ist dieser Basentypus weitgehend von einem Exemplar übernommen, das in San Marco als Spolie wiederverwendet wurde, vielleicht aber auch von einem Fragment vor Ort. Heute sind wenige Fragmente, die zu Basen von Säulen und Lisenen gehören, erhalten.

Wasserspeier in Form eines Löwenkopfes

Wasserspeier in Form von Löwenköpfen (Abb. 10) verzierten die Abflüsse der Traufleiste (Sima), die im Forum oberhalb des Gebälks der Gebäude angebracht waren. Diese Version, die mit einem Teil der Wasserrinne erhalten ist, befand sich an der Traufleiste des Tempels und weist in der Mähne mit den breiten, eingedrehten Locken, dem Mittelscheitel und der präzisen Wiedergabe

Abb. 8: Augustus-Forum, Basis einer Lisene.

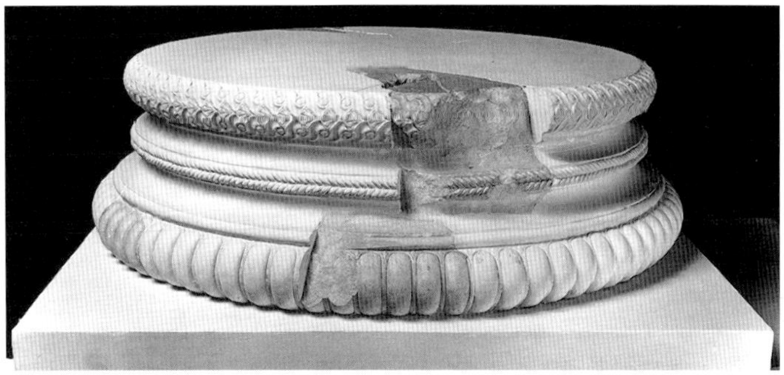

Abb. 9: Augustus–Forum, Basis einer Säule.

Abb. 10: Augustus–Forum, Wasserspeier in Form eines Löwenkopfes.

der Härchen an der Schnauze und den aufgeblähten Nüstern die charakteristische Bearbeitungsweise auf. Die weit aufgerissenen Augen in den leicht tiefliegenden Augenhöhlen mit den eingemeißelten Pupillen betonen den starren Blick, der für ein Tier mit apotropäischer Funktion typisch ist. Stilistische Vergleiche können mit Vorläufern aus dem ausgehenden 6. und dem beginnenden 5. Jahrhundert v. Chr. angestellt werden. Eine besondere Nähe besteht zu einer Version vom Tholos (Rundtempel) in Epidauros, wo ähnliche Merkmale eingesetzt werden, um die Aggressivität des Tieres hervorzuheben.

1 Die wichtigste Literatur zu diesem Thema lautet: Saponieri 1826; Bartoli 1914–1922; Barroero u. a. 1983; Kockel 1983; Anderson 1984, 65–100; Zanker 1984; Arnaud 1985, 110–139; Bauer 1985, 229; Ganzert 1988; Ganzert u. a. 1988, 149–199; Kockel 1995; La Rocca 1995; Ungaro u. Milella 1995, 19–97.

Andrea Palladio (1508–1580): Die Entwicklung einer systematischen, vermittelbaren Architektur

Howard Burns

Aus unserer heutigen Warte am Ende des Jahrtausends gehört Palladio zu den bekanntesten und ganz sicher einflußreichsten Architekten aller Zeiten. Sein Ruhm überdauerte den Barock ebenso wie die sich zum Zeitstil aufschwingende Neugotik, die Anwürfe Ruskins und selbst noch die Moderne, die sich unter dem Einfluß der Schriften Rudolf Wittkowers und Colin Rowes am Ende mit dem Erbauer rational durchdachter, harmonisch proportionierter Villen versöhnte. In jüngster Zeit zu beobachtende, oft wenig subtile palladianische Zitate – zu nennen wäre etwa die Loggia der Villa Poiana – halten Namen und Lehre des Architekten lebendig und sie schulen darüber hinaus den Blick für den feinen Unterschied zwischen der palladianischen Architektur, in der das Konstruktive untrennbar mit dem Ornamentalen, die Form mit der Funktion verbunden ist, und der Sucht des Zuckerbäckers nach weiterem Guß.

Die Bewertung des mal verfemten, mal hochgelobten Renaissancebaumeisters war stets Schwankungen und Fehldeutungen ausgesetzt; den einen galt er als Urheber goldener Regeln und Garant guten Geschmacks, den anderen als Feind jeder integren und reinen Baukunst (ob modern oder neugotisch). Die hier präsentierte Ausstellung bietet einen Querschnitt durch die Wirkungsgeschichte von Schaffen und Schriften Palladios. Der Teil der Ausstellung, der dem Architekten selbst gewidmet ist, sucht uns dem schöpferischen Geist Andrea Palladio näherzubringen und zugleich die Unterschiede zwischen dem Vicentiner und jenen aufzuzeigen, die zu einem späteren Zeitpunkt und an anderen Orten seine Ideen und Entwürfe als Ausgangspunkt für eine Architektur nutzten, welche oftmals ganz anderen Erfordernissen zu genügen und Baumaterialien gerecht zu werden hatte als die, mit denen Palladio arbeitete.

Wer war Palladio? Was hatte er für Vorstellungen von der Architektur und wie war er zu diesen gelangt? Worin bestand sein Beitrag zur Entwicklung einer neuen Formensprache und Baukultur? Unterscheidet er sich von anderen großen italienischen und europäischen Baumeistern seiner Zeit, übertrifft er sie gar? Das sind Fragen, die in der Flut der Publikationen über den großen Vicentiner Architekten immer wieder auftauchen. Meine Aufgabe kann hier, zum Auftakt einer Ausstellung, die vor allem der Frage gewidmet ist, in welcher Weise nachfolgende Architekten und Auftraggeber in Nordeuropa die Entwürfe und Ideen Palladios verarbeiteten, nur darin bestehen, einige mögliche Antworten anzudeuten.

Palladio und seine Zeit

Es wäre sicherlich gewagt, behaupten zu wollen, Palladio übertreffe an Originalität und Können sämtliche anderen Architekten der Jahre zwischen 1420 und 1580. Die Periode ist insofern von Bedeutung, als man zu dieser Zeit in der Architektur eine bedeutende Form kulturellen Ausdrucks zu sehen begann, die eng mit Faktoren wie Macht, Wohlstand und Ansehen verknüpft und als Instrument der Ordnung, Beherrschung und Verbesserung der Lebensverhältnisse einzelner wie der Allgemeinheit zu betrachten war. Brunelleschi (1377–1446) bewies in der Planung der Domkuppel von Santa Maria del Fiore in Florenz großen technischen und konstruktiven Neuerungsgeist. Mit anderen Schöpfungen gelang es ihm, eine architektonische Formensprache teils wiederzubeleben, teils neu zu erfinden, die für die damalige Baukunst epochemachend wurde. Leon Battista Alberti (1404–1472) leistete noch mehr, indem er nämlich die Bedeutung der Baukunst als eigentlichen »Raum« gesellschaftlichen und religiösen Lebens erfaßte und begriff, daß die Antike die Architektur als systematisches Gedanken- und Wissensgebäude verstanden hatte, das rationale Entscheidungen in allen Fragen der baulichen Gestaltung und Ordnung der bewohnten Welt möglich machte. In seiner Abhandlung *De re aedificatoria* (Niederschrift bis 1452, erste Drucklegung 1485) unternahm er den Versuch, aus Texten und anhand erhaltener Baudenkmäler alle Aspekte der antik-römischen Wissenschaft und Kunst des Bauens zu erfassen und zu zeigen, wie diese den Erfordernissen der Gegenwart anzupassen seien. Alberti war keineswegs nur Gelehrter und Altertumsforscher; sein lebhaftes Interesse an Bautechniken und -materialien hatte durchaus pragmatische Wurzeln: Gespräche mit Handwerkern, direkte Anschauung, eigene Experimente und Bauprojekte. Und Alberti wußte als systematischer Denker nicht nur mit großer Geistesschärfe seine Beobachtungen und Forschungen theoretisch zu ordnen, sondern war zudem ein großer Stilist und ein auf dem Gebiet der Malerei und Bildhauerkunst bewanderter und mit den bedeutendsten florentinischen Schöpfergenies seiner Zeit – Brunelleschi, Ghiberti, Donatello und Masaccio – bekannter Künstler. Albertis breites Wissen, seine Geistesgröße und künstlerische Begabung kamen auch den eigenen architektonischen Projekten zugute, die zur Konkretisierung und in gewisser Weise zur Illustration der in seiner Abhandlung dargelegten Auffassungen dienten, eines Lehrbuchs, das er möglicherweise ganz bewußt nicht mit Tafeln ausstattete, um nicht von der eigentlichen Botschaft abzulenken. Albertis Werk galt Palladio neben dem Vitruvs als architektonisches Vademecum.

Auch Bramante stützte sich während seiner Rom-Jahre (1499–1514) auf die Lehren Albertis und er folgte Albertis Empfehlung an den Baumeister, er möge die Bauwerke seiner antiken Vorgänger ebenso intensiv studieren, wie die Gelehrten die römischen Schriften lasen. Bramante setzte als erster die klassischen Säulenordnungen als gestalterisches Mittel ein, das je nach Art und Dimensionen eines Bauwerks zu handhaben war. So kam für sein Tempietto von San Pietro in Montorio und den unteren Hofraum des Cortile del Belvedere des Vatikans nur die dorische Ordnung in Frage – im Falle des bescheideneren Tempietto allerdings mit eher zierlichem, glattem Kranzgesims, bei der weiträumigen Hofanlage des Belvedere hingegen mit vorkragendem, auf schweren Mutuli ruhendem Kranzgesims. Der unbedingte Gestaltungswille und die beachtlichen Mittel, die Papst Julius II. für seine Bauvorhaben aufwandte, gestatteten Bramante gestalterische Experimente in großem Stile. Am Belvedere, dem Palazzo dei Tribunali und an der Peterskirche zeigte sich Bramante auch der Gestaltung ganzer Bauensembles gewachsen. Als Inspirationsquellen dienten ihm römische Bäder, das Pantheon und andere bedeutende Baudenkmäler der Antike, bei denen ein übersichtlicher Gesamtentwurf durch die Ausgestaltung der Details um so stärker zur Geltung gebracht wurde. Eine ebenfalls auf genauem Studium antiker Vorbilder beruhende, ähnlich ganzheitliche Konzeption läßt Raffaels Entwurf für die Villa Madama erkennen (ca. 1518–20), die Palladio, wie Bramantes Tempietto und seinen Kirchenbau San Biagio auch, genau kannte und zeichnete.

In der architektonischen Landschaft des 16. Jahrhunderts ist Palladio eine Ausnahmeerscheinung. Er stammte nicht, wie alle bedeutenden Architekten, an denen er sich orientierte, von Geburts wegen oder der Ausbildung nach aus Mittelitalien, sondern aus Venetien. In Padua geboren, hatte er seit seinem sechzehnten Lebensjahr in Vicenza gelebt und gearbeitet. Ungewöhnlich ist auch, daß Palladio nicht etwa (wie Bramante, Raffael, Peruzzi und Giulio Romano) als Maler oder (wie Sansovino und Michelangelo) Bildhauer, sondern als Steinmetz ausgebildet worden war. Und sehr wahrscheinlich wäre er, hätte sich nicht der Vicentiner Aristokrat und Dichter Giangiorgio Trissino (1478 bis 1550) Mitte oder Ende der fünfziger Jahre seiner angenommen, ein tüchtiger, gescheiter Handwerker geblieben, durchaus imstande, Portale und Grabmonumente zu gestalten, doch ohne die Kultur und Geistigkeit, die von einem wahren Architekt erwartet wurden. Ganz sicher aber wäre aus *»maestro«* Andrea di Pietro nicht der berühmte Architekt *»messer«* Andrea Palladio geworden, dem der von Trissino erdachte vornehme Zuname wohl anstand.

Trissino spielte in vieler Hinsicht eine wesentliche Rolle in der Entwicklung Palladios: Er selbst zeichnete als begabter Amateurarchitekt die Pläne für den Umbau seines Stadtpalais und war auch Mitte der dreißiger Jahre bei der Neugestaltung seines vor den Toren Vicenzas in Cricoli gelegenen Landhauses federführend, die ganz nach dem neuesten, in Rom geltenden architektonischen Stand vorgenommen wurde. Als einer, der zum engsten, elitären Kreis um den Medicipapst Leo X. gehört und mit

Raffael verkehrt hatte, muß Trissino die von ihrem Besitzer Lorenzo de' Medici gemeinsam mit seinem Baumeister Giuliano da Sangallo konzipierte Villa Poggio a Caiano gekannt haben. Dort wird Palladios hierarchische Gruppierung von Räumen unterschiedlicher Größe um einen zentralen Kuppelsaal bis zu einem gewissen Grad vorweggenommen und dort wird auch zum erstenmal die Fassade eines Profanbaus der Renaissance mit einer Tempelfront versehen. Trissino wandte schon in Cricoli ein System von Räumen unterschiedlicher Größe mit aufeinander bezogenen Maßverhältnissen an und führte damit ein Prinzip ein, das zu einem Schlüsselelement der Architektur Palladios werden sollte.
Trissinos Einfluß war noch in anderer Weise entscheidend. Ganz konkret betätigte er sich höchstwahrscheinlich als Förderer, indem er Palladio zu Beginn seiner Laufbahn seinem patrizischen Bekanntenkreis empfahl. Und Trissino war auch derjenige, der Palladio in den vierziger Jahren nach Rom mitnahm, wo er den antiken wie zeitgenössischen Städtebau aus eigener Anschauung kennenlernte, der ihm zuvor nur von Darstellungen oder aus Serlios *Quarto Libro* (1537) und *Terzo Libro* (1549) vertraut gewesen sein konnte. Dreißig Jahre später sollte Palladio einräumen, er habe die antiken Baudenkmäler *»eingehenderer Betrachtung für würdiger [befunden], als ich zunächst angenommen«* (*Quattro Libri*, Buch I). Diese Bauwerke, die er erst im Mannesalter und dann mit offenem Blick sah, prägten ihn nachhaltig und lieferten ihm einen reichen Fundus an Ideen und Motiven, die er oft unmittelbar auf die eigenen Bauprojekte übertrug. Auf die Anregung Trissinos geht wahrscheinlich auch Palladios intensive Lektüre und vor allem sein Studium Vitruvs zurück. Ob Palladio Latein las, ist nicht bekannt, doch selbst wenn dies nicht der Fall gewesen sein sollte – und wir dürfen nicht von vornherein ausschließen, daß er der Sprache so weit mächtig war –, lagen um 1540 bereits viele der wichtigsten lateinischen und griechischen Texte in italienischer Übersetzung vor (Albertis Abhandlung erschien beispielsweise bereits 1546 auf italienisch). Für Palladio dürfte sich das in seinem Bemühen, sich zu bilden, und beim Studium anspruchsvoller Quellen, die selbst den Gelehrten Schwierigkeiten bereiteten, als äußerst hilfreich erwiesen haben.

Trissino und der linguistische Charakter der Architektur Palladios

Wenn wir uns erneut der Frage zuwenden, in welcher Weise Palladio seinen Zeitgenossen vergleichbar ist und in welcher Hinsicht er sich von ihnen unterscheidet, und hierbei die »neuzeitlichen Klassiker« berücksichtigen, die er in Rom und anderswo studierte, dann wird bald deutlich, worin das größte Verdienst von Palladios Gönner Trissino bestand. Bramante, Raffael, Peruzzi, Antonio da Sangallo d. J., Giulio Romano, Falconetto, Sanmicheli und Sansovino – sie alle übten beträchtlichen Einfluß auf den jungen Palladio in seinen Dreißigern aus. Sie alle verwendeten die klassischen Ordnungen und das in einer Weise, die als relativ konsequent und als Kompromiß zwischen den Vorgaben Vitruvs und dem tatsächlichen Vorgehen antik-römischer Baumeister zu betrachten ist. Sie alle integrierten in ihre Baugestaltung sowohl Grund- als Aufrißmodelle der Antike. Hierin sind sie alle Palladio vergleichbar.
Was Palladio jedoch grundlegend von diesen Architekten unterscheidet, ist, daß sich der Vicentiner etwa ab Ende der vierziger Jahre wiederkehrender Grundformen bedient, seien es Raumtypen, seien es die Säulenordnungen. Palladio faßt beispielsweise das Interkolumnium als wichtigen Bestandteil der jeweiligen Ordnung auf, also die $2^{1}/_{4}$ Säulendurchmesser Abstand der ionischen und die 2 der korinthischen Ordnung. Damit wird in der Renaissancearchitektur erstmals die Säulenordnung zum Ausgangspunkt zwei- wie dreidimensionaler Planung. Palladios Entwürfen liegt eine neue Systematik zugrunde, die sich durch eine Formen- und Proportionslehre und ein festgelegtes Vokabular an Motiven auszeichnet. Im Vergleich gehen seine unmittelbaren Vorgänger und älteren Zeitgenossen deutlich weniger planvoll vor. Dafür gibt es Gründe: Sie erfanden und änderten ihre Regeln sozusagen unterwegs, sie entwickelten ihre Architektur von Bauwerk zu Bauwerk weiter, einfach weil sie sich oft vor derart neuartige und ungewohnte Aufgaben gestellt sahen (Bramante bei der Peterskirche, dem Cortile del Belvedere und dem Tempietto; Raffael im Falle der Villa Madama; Giulio bei der Arbeit am Palazzo del Tè; Michelangelo mit der Neuen Sakristei und der Biblioteca Laurenziana; Sansovino im Falle der Libreria), daß keine

Regeln, Normen oder zeitgenössischen Idealtypen zu einem befriedigenden Entwurf wesentlich hätten beitragen können.
Auch Palladio sah sich gelegentlich mit »Sonderproblemen« konfrontiert, so bei den Arkadenreihen der sogenannten Basilica in Vicenza und dem Palazzo Chiericati, beim Teatro Olimpico und seinen beiden großen venezianischen Kirchen ebenso wie bei der Rialtobrücke. Doch der Großteil seiner Aufträge – und dieser war beachtlich – bestand in der Konzipierung von Stadtpalästen und vor allem Villen für eine recht einheitliche Klientel. Kein Architekt vor ihm, nicht einmal Antonio da Sangallo d.J., war derart mit Aufträgen für Villen und Palazzi überschüttet worden.
Das begünstigte beinahe zwangsläufig die Entwicklung eines kanonischen Grundvorrats an Idealformen und -proportionen, nicht zuletzt, um den Arbeitsaufwand, den der Entwurf jedes einzelnen Hauses mit sich brachte, zu verringern. Schon bald erkannte Palladio, daß es nicht erforderlich war, in jedem Fall neu zu entscheiden, wie breit und wie hoch die Innentüren sein müßten, welche Form die Treppe haben solle oder welche Profile und Proportionen den dorischen Säulenkapitellen angemessen wären. Es genügte ein »Bausatz« standardisierter Formen, die sich – bei Bedarf – selbstverständlich abwandeln ließen, die in der Regel aber doch für jedes Bauwerk geeignet waren. Die Architektur Palladios beruht daher weit mehr als die jedes anderen Renaissancearchitekten auf einem Formenkanon reflektierter, gedanklich vorgefertigter Elemente, die dann, wie anhand seiner Zeichnung (R.I.B.A. XI 22 v.) ersichtlich, auf sehr einfallsreiche und flexible Art gehandhabt werden und im Nu eine Serie von zwanzig verschiedenen Entwurfsskizzen für den Grundriß eines Palazzo ergeben.
Bei der Entwicklung dieses Systems kam sicherlich eine gute Portion gesunder Menschenverstand ins Spiel, aber nicht unwesentlich waren auch die Arbeitsmethoden von Handwerkern und Steinmetzen in Venedig und dem Umland. Venezianische Steinmetze waren es seit jeher gewohnt, Quader bestimmter, vorgegebener Größen aus den Steinbrüchen zu ordern und Türen, Fenster und Säulen nach feststehenden Maßen zu fertigen. Doch deutlicher noch äußert sich in dem Bestreben Palladios, eine an den Regeln der harmonischen Proportion orientierte Architektur mit wiederkehrenden Formen und Gestaltungsprinzipien zu schaffen, eine bewußte Absicht, und diese reifte vermutlich langsam im ständigen Austausch mit Trissino. Trissino war einer der bedeutendsten Grammatiker, Sprach- und Literaturtheoretiker seiner Zeit. Wie andere Literaten auch, bewegte ihn – zu einer Zeit, die mit Ausnahme des von Dante, Petrarca und Boccaccio verwendeten toskanischen Dialekts keine einheitliche Schriftsprache kannte – die Frage, welches die angemessene Sprache der italienischen Dichtkunst sei. Trissino beschäftigte allerdings nicht allein die »korrekte« Form des Italienischen, sondern ihm ging es um den Zusammenhang zwischen sprachlicher Wirkung und grammatischen Strukturen beziehungsweise Wortwahl. Möglicherweise stieß daher zunächst Trissino auf die Parallelen zwischen linguistischen Strukturen und einem geregelten Vorgehen bei der architektonischen Gestaltung, oder aber es war umgekehrt Palladio, der kraft intellektueller Osmose und begünstigt noch durch sein Studium Vitruvs und Albertis, Trissinos Überlegungen zum Zusammenhang zwischen Stil und linguistischen Regeln auf die Architektur übertrug. Auf jeden Fall nahm seine Architektur einen linguistischen, einen grammatischen Charakter an, der – bewußt oder nicht – von Humanisten wie seinem Freund und Förderer Daniele Barbaro verstanden und gutgeheißen wurde. Insofern konnte Palladio dem gebildeten Barbaro und seinesgleichen etwas bieten, was nicht einmal der überaus phantasiebegabte Sansovino ihnen bieten konnte: eine wahrhaft rationale Architektur, die nicht nur (ganz im Sinne Albertis) auf Vernunftprinzipien und aus der Natur abgeleiteten Gesetzen aufbaute, sondern die darüber hinaus nach den Regeln der humanistischen Sprachlehre geordnet war. Barbaros Vorliebe für den systematischen Ansatz Palladios bewog ihn, dem Vicentiner etwa seit Ende der fünfziger Jahre eine Reihe großer sakralbaulicher Aufträge in Venedig zu sichern (Fassadengestaltung von San Francesco della Vigna, Refektorium und Kirche von San Giorgio Maggiore, Neugestaltung des Klosters S. Maria della Carità), die sonst wohl dem ältlichen, aber immer noch hochangesehenen Sansovino zugefallen wären.

Palladios Anfänge als Architekt

Wie genau der mit der Ausführung kunstvoller Details wie Kapitelle und vielleicht der selbständigen Gestaltung kleinerer Baukörper betraute Steinmetz Palladio dazu kam, zunächst gelegentlich und bald ausschließlich als Architekt zu wirken, also dazu, das Werkzeug des Steinmetzes gegen das geistige Instrumentarium der Ideen, Bücher und Rekonstruktionen antiker Bauwerke, gegen Stift und Lineal auszutauschen, liegt im dunkeln. Die Quellen verzeichnen einen Entwurf für die Villa Godi im Jahre 1540, doch kann Palladio daran eigentlich nur bescheidenen Anteil gehabt haben, denn im wesentlichen dürfte die Anlage der stattlichen Villa bereits festgelegt gewesen sein, und sie entspricht auch nicht dem von Palladio bevorzugten Villengrundriß mit (meist drei) Zimmerfluchten unterschiedlicher Maße und Formen. Substantieller war dann schon sein Beitrag zur Gestaltung des Palazzo Civena (für vier wohlhabende Brüder ohne bedeutenden gesellschaftlichen Rang), von dem mehrere Zeichnungen erhalten sind. Das Haus hatte ursprünglich dem mit Trissino bekannten Aurelio Dall'Acqua gehört, und man darf annehmen, daß Palladio und Trissino bereits Pläne zeichneten, ehe der Palast 1540 an die Familie Civena verkauft wurde.

Um 1542 macht sich in den Vorstellungen Palladios für die Villa Pisani in Bagnolo – die allerdings nie verwirklicht wurden – und auch in anderen Villenentwürfen aus diesen Jahren erstmals der Niederschlag der Eindrücke seines ersten Rombesuches bemerkbar. Plötzlich taucht eine Fülle enthusiastischer Anklänge an die Thermen, an den Cortile del Belvedere, an die Villa Madama auf. In den endgültigen Entwürfen werden diese Anregungen zugunsten der Wohnräume zurückgenommen und vereinfacht, wohl auch, um den Geldbeutel der Auftraggeber zu schonen. Doch ein Entwurfstypus, der sich um 1542 abzuzeichnen beginnt und für den zunehmend stattliche Säle mit Tonnen- oder Kreuzgewölbe sowie großzügige Loggien und Säulenvorbauten charakteristisch sind, ist von nun an fester Bestandteil der Architektur Palladios und harrt einer geeigneten Entfaltungsmöglichkeit, die schließlich mit den Kirchenbauten San Giorgio Maggiore und Il Redentore in Venedig gegeben ist. Selbst die Villa Pisani in ihrer zuletzt verwirklichten Form beeindruckt durch die Großartigkeit ihrer apsisähnlich abschließenden Loggia und der gewaltigen zentralen Kuppel, deren Höhe und Erhabenheit Zeitgenossen zuvor nur vom Dombau her vertraut gewesen sein und viele zunächst überwältigt oder gar schockiert haben dürfte.

Villenarchitektur

1550 schon bildeten die von Palladio entworfenen Villen eine eigene Werkgruppe, wobei jeder Bau seinen Dimensionen und der Ausgestaltung nach dem Vermögen und Ansehen des Besitzers angepaßt wurde: So wurden der vornehmen, mächtigen und äußerst wohlhabenden Bankiersfamilie Pisani gewaltige Deckengewölbe und eine als Loggia gestaltete Fassade mit massiven Pfeilern und rustizierten dorischen Pilastern zugestanden, während der (vorübergehend) prosperierende Salzsteuerpächter Taddeo Gazzotto aus dem niederen Adel sich beim Bau seiner Villa in Bertesina mit gemauerten Pilastern begnügen mußte und nur die Kapitelle und Basen in Stein gehauen wurden. Für Biagio Saraceno entstand in Finale eine Loggia mit drei Bögen, jedoch ohne Säulenordnung. Hier wie auch bei der Gestaltung der Villa Poiana erwies sich Palladio als Meister der Kunst, einer Fassade allein durch die Anordnung und das Zusammenspiel von Fenstern, Gesimsen und Arkadenloggien Statur und Würde zu verleihen. Weniger vermögende Auftraggeber dürften gerade um die Möglichkeit, sich selbst ohne allzu großen Material- und Bearbeitungsaufwand Denkmäler zu setzen, froh gewesen sein.

Palladios Ruf gründete sich gleich zu Beginn wie auch posthum auf die Vorbildlichkeit seiner Villenentwürfe. Im Zuge des Krieges gegen die Liga von Cambrai (1509–1517) hatten die ländliche Architektur und Infrastruktur einigen Schaden erlitten. Die Region erholte sich nur langsam, und erst in den vierziger Jahren nahmen mit dem Anstieg der heimischen Agrarproduktion und dem entschiedenen politischen Willen, Venedig und Venetien von der Getreideeinfuhr – vor allem der Einfuhr aus dem stets bedrohlichen ottomanischen Reich – unabhängig zu machen, die Investitionen in die Landwirtschaft und eine entsprechende Infrastruktur zu. Unter der stabilen venezianischen Herrschaft konnten die Grundbesitzer ihre Ländereien nicht nur beständig durch den Zukauf kleine-

rer Besitze, sondern zusätzlich durch den Tausch beachtlicher Landgüter untereinander konsolidieren. Die mächtigsten unter ihnen mehrten ihren Wohlstand noch durch Irrigations- und Landgewinnungsmaßnahmen.
Palladios Villen, das heißt die Wohnstätten der Grundbesitzer, kamen dem Wunsch nach einem neuen Typ von Gutshaus entgegen. Seine Entwürfe trugen unausgesprochen der Tatsache Rechnung, daß es auf dem Lande nicht mehr erforderlich war, sich – wie dies Ende des 15. Jahrhunderts noch gang und gäbe war und wofür die gewaltige Villa da Porto in Thiene ein klassisches Beispiel ist – durch einen dem Stadtpalais nachempfundenen Prunkbau zu legitimieren. Zur Verwaltung der Ländereien, die im Regelfall die Haupteinnahmen des Besitzers erbrachten, und um Pächtern wie Nachbarn zu imponieren, genügte ebenso wie zum Empfang bedeutender Gäste eine bescheidenere Anlage mit oftmals nur einem Wohntrakt. Diese Landhäuser, obwohl meist kleiner als frühere Villen, erfüllten durchaus ihren Zweck, nämlich, neben der Bereitstellung eines Refugiums zur Erholung, zur Jagd und ganz allgemein der Flucht vor der latent ungesunden Stadt, der sozialen und politischen Behauptung der eigenen Position auch auf dem Lande. Fassaden, an denen üblicherweise die mit dem Wappen des Besitzers geschmückten Gesimse besonders hervorgehoben wurden, kündeten in meist ebener Landschaft auch ohne die bei einem Stadtpalais erforderliche Höhe weithin sichtbar von dessen Machtfülle. Die Loggien boten einen angenehm schattigen Ort zum Speisen, Parlieren und Musizieren, Formen des Zeitvertreibs, wie sie beispielsweise die Fresken der Villa Caldogno thematisieren. Im Inneren ordnete Palladio den Funktionen ihre Bereiche sowohl vertikal wie horizontal zu: Küchen- und Vorratsräume, Waschküchen wie auch Keller lagen im unteren Geschoß, der Dachboden wurde zum Lagern des wertvollsten Gutes genutzt, des Getreides, welches übrigens auch zur Isolierung des Wohnbereichs diente. In dem von der Familie und Gästen bewohnten Hauptgeschoß bildeten die repräsentativen Räume (Loggia, Saal) die Mittelachse, während, von dieser links und rechts symmetrisch angeordnet, die übrigen Zimmer abgingen, zunächst große rechteckige, dann mittelgroße viereckige und schließlich kleine rechteckige Räume, die den Besitzern gelegentlich als Bibliotheken oder Verwaltungszimmer dienten.
Das Haupthaus war oft nicht der einzige Baukörper, für dessen Gestaltung Palladio verantwortlich war. Schließlich standen die Villen, trotz des Fehlens erkennbarer Befestigungen und der offenen Loggien, in der direkten Nachfolge der früheren Burganlagen, und es gab immerhin den eingefriedeten Kernbereich, der zumindest notdürftig Schutz vor Räubern und Plünderern bot. Innerhalb der umgebenden Mauern (»cortivo«) waren die Nebengebäude untergebracht: Unterkünfte für Faktoren und Bedienstete, Stallungen, Käserei, Kelterei, Backstuben, Hühnerställe, Taubenhäuser. Bereits im 15. Jahrhundert war es üblich gewesen, vor dem Haus einen von den in diesen Wirtschaftsgebäuden untergebrachten Scheunen mit Vieh und Dreschboden getrennten Hof zu schaffen, in dem noch innerhalb der Haupteinfriedung um einen Brunnen herum die Zier-, Gemüse- und Kräutergärten, Fischteiche und fast immer auch ein weitläufiger Obstgarten (»brolo«) angelegt wurden.
Palladio bemühte sich also, in seine Entwürfe Bereiche zu inkorporieren, denen in früheren Anlagen ihr Standort nicht etwa unter Berücksichtigung von Aspekten wie Symmetrie, Himmelsrichtung oder architektonischer Rang zugewiesen worden war, sondern allein aufgrund des zur Verfügung stehenden Platzes, der in der Regel durch Wege und Wasserläufe bestimmt war. Auch die Ausrichtung der Gebäude erschien Palladio bedenkenswert. In den *Quattro Libri* heißt es, Scheunen sollten möglichst nach Süden blicken, damit das Heu hübsch trocken bleibe und es nicht zur Selbsterwärmung und womöglich -entzündung komme. Palladio ließ sich hierbei von großen antiken Anlagen inspirieren, die dank eines Ensembles an Wirtschaftsgebäuden entweder Ähnlichkeit mit Landgütern besaßen oder die er tatsächlich für Latifundien hielt – etwa den Herkulestempel in Tivoli, den er aufgenommen hatte. Unübersehbar gehen zum Beispiel die konkav schwingenden und den stolzen Mittelbau der Villa Badoer flankierenden Barchessen auf die Anlage des Augustus-Forums zurück. In seinem Lehrbuch zeichnet Palladio antike Villenentwürfen zumeist symmetrisch; es muß ihm jedoch bekannt gewesen sein, daß solche Gebäudeensembles keineswegs immer spiegelgleich ange-

ordnet waren, es sei denn, die links und rechts an das Haupthaus anschließenden Wirtschaftsgebäude zeigten, wie im Falle der Villa Barbaro in Maser, gen Süden. Als Beispiel kann die Villa Poiana angeführt werden, deren mit wunderschönen dorischen Kapitellen versehenes großes Nebengebäude mit Sicherheit auf einen Entwurf Palladios zurückgeht. Es ist nach Süden ausgerichtet, und dennoch fehlt ein spiegelbildliches Pendant am anderen Ende. Es sei im übrigen an dieser Stelle der Hinweis erlaubt, daß Wirtschaftsgebäude, Einfriedungsmauern und andere zur Villenanlage gehörende Baukörper heute viel stärker vom Verfall bedroht sind als die Haupt- und Wohnhäuser. Wir haben den Sinn für die Gesamtkonzeption der ursprünglichen Villenentwürfe verloren, und da Wirtschaftsgebäude, selbst wo sie von Palladio gestaltet wurden, oft nicht weiter beachtet und schon gar nicht amtlich registriert werden, wären dringend Maßnahmen zum Erhalt dieser Baudenkmäler geboten. Palladios dorisches Nebengebäude der Anlagen der Villa Poiana ist ein solches erhaltenswertes Objekt.

Palazzi

Zwischen 1542 und 1550 war Palladio mit der Gestaltung dreier bedeutender Stadtpaläste in Vicenza befaßt: des Palazzo Thiene, des Palazzo Porto und des Palazzo Chiericati, die an anderer Stelle in diesem Katalog behandelt werden. War die Quelle des Wohlstands der führenden Familien Venetiens auf dem Lande zu suchen, so spielte sich das politische Leben in der Stadt ab, deren Geschicke ein Großteil der Palasterbauer und -besitzer als Stadtherren lenkte. Der Adel zerfiel in Städten wie Vicenza und Verona entsprechend der politischen Großwetterlage meist in zwei gegnerische »Lager«, ein auf seiten der Franzosen und Venezianer stehendes und ein spanienfreundliches. Diese Fraktionen sind in gewisser Weise als Vorläufer der politischen Parteien zu sehen, wenn sie auch in allererster Linie natürlich Ausdruck geschäftlicher Bande und Verbindlichkeiten waren und nicht selten durch die Vendetten und Rivalitäten zwischen einzelnen Geschlechtern zusätzliche Brisanz erlangten. Es drängte die ersten Familien beider Lager, die Thiene und Porto auf der einen wie die pro-spanischen Valmarana auf der anderen Seite, ihre bedeutende Stellung durch große, einander an Prunk überbietende Palazzi zu unterstreichen. Palladio stand in solch hohem Ansehen, daß führende Vertreter beider Fraktionen von ihm Entwürfe erheischten.

Der erste der wichtigen Paläste, die Palladio schuf, war der Palazzo Thiene, 1542 im Auftrag Marcantonio Thienes und seines Bruders, der wohlhabendesten Vicentiner der Epoche, begonnen. Stilistische Eigenheiten, die Darstellung Inigo Jones' und die engen Beziehungen der patrizischen Thiene zu den in Mantua herrschenden Herzögen Gonzaga sprechen dafür, daß der ursprüngliche Entwurf vom Hofarchitekten der Gonzaga, Giulio Romano, stammte, der 1542 in Vicenza weilte. Palladio hatte sich zu diesem Zeitpunkt noch keinen großen Ruf erworben und würde demnach zunächst nur der ausführende Architekt gewesen sein, der die Vorgaben des vielbewunderten Giulio Romano umsetzte. Giulios Tod im Jahre 1546 jedoch verschaffte Palladio Gelegenheit, eigene Ideen und Motive in die Realisation eines Baus einfließen zu lassen, den er in den *Quattro Libri* als ausschließlich eigenes Werk präsentierte. Die Zusammenarbeit mit Giulio war für die Entwicklung Palladios vermutlich von entscheidender Bedeutung: Sie brachte ihn mit einem hochgebildeten und sehr erfahrenen Architekten in Berührung, der noch Zeuge der letzten Schaffensjahre Raffaels gewesen war. Wahrscheinlich zeigte Giulio dem jungen Palladio die eigenen Entwürfe, einschließlich derer für den kurz zuvor abgeschlossenen »Italienischen Bau« der Stadtresidenz in Landshut, eines herrlichen, durch einen gemeinsamen Hof mit dem unmittelbar zuvor von Herzog Ludwig X. begonnenen »Deutschen Bau« verbundenen Stadtpalais. Dieses regte Palladio zu seinen Plänen für Doppel-Palazzi an, die achsensymmetrisch um einen gemeinsamen Hof angeordnet sein sollten. Eine solch ungewöhnliche Anlage schlägt Palladio für den Palazzo Porto und später den Palazzo Valmarana vor. Ein unverwirklichter Entwurf für die Fassade des Palazzo Porto aus der Zeit zwischen 1542 und 1544, bei dem die Pilasterordnung sowohl die Hauptfenster des Piano nobile als auch ein Mezzanin miteinbezieht, erinnert ebenfalls an die Hoffassade der Landshuter Residenz.

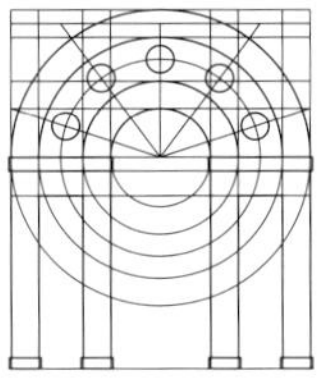

Das Hervortreten eines eigenen Stils

Die Entwürfe für den Palazzo Porto, die Villa Poiana, die sogenannte Basilica und den Palazzo Chiericati markieren das Ende der »Lehrzeit« Palladios bei zeitgenössischen Meistern. Er überwindet den Eklektizismus der frühen vierziger Jahre und dringt zu einer eigenen, unverwechselbaren Formensprache vor. Er beweist nun auch architektonisches Genie. Bei der Basilica verleiht er beispielsweise dem bestehenden Baukern (mit Marktzeilen im unteren und den gewaltigen Gerichtssälen im oberen Geschoß) durch seine stolzen Arkadenreihen eine gewisse feierliche Würde. Trotz des römischen Gestus aber mutet der Steinbau durch die Kombination von Eleganz und Kraft fast gotisch an. Nach dem Vorbild der Amphitheater in Arles und Nîmes werden die Halbpfeiler und das darüber vorkragende Gesims sehr geschickt zur Verstärkung und Entlastung der tragenden Elemente genutzt, die dem Druck des dahinterliegenden Gewölbes standhalten müssen – die frühere Loggienkonstruktion, die Palladio durch diese Lösung ersetzte, hatte es nicht vermocht. Zu den kräftigen und doch anmutigen Pfeilern paßte das von Palladio gewählte Serliomotiv, das Sansovino bereits für die Libreria und Giulio Romano mehrfach (so im Innern der Abteikirche von San Benedetto Po) verwendet hatten, ausgezeichnet. Es ließ die größtmögliche Lichtmenge ins Innere des Bauwerks (verstärkt noch durch die Oculi in den Bogenzwickeln) und gestattete es Palladio zugleich, die unvermeidlichen Unregelmäßigkeiten im Aufriß diskret zu kaschieren und fast unmerklich in die Zwischenräume zwischen kleinen Säulen und Halbpfeilern abzuleiten, so daß markante Gliederungselemente wie Pfeiler und Bögen regelmäßig und ausgewogen erscheinen. Die Raffinesse des Entwurfs Palladios, der hier funktionale, konstruktive und ästhetische Belange in Einklang brachte, zeigt sich noch in kleinsten Details wie der Wahl zylindrischer (das heißt vitruvianisch toskanischer) Basen für die kleinen dorischen Säulen anstelle der üblichen attischen. Die Entscheidung hat praktische Gründe, denn die zylindrischen Basen ohne Plinthe ragen nicht hervor und können daher bei Betreten oder Verlassen des Gebäudes nicht zum »Stolperstein« werden, während zugleich die Vereinfachung der Basenform (die auch im oberen Geschoß durchgehalten ist) vor allzu großer Detailverliebtheit bewahrt und der Wirkung der großen attischen Basen nichts nimmt. Am Rande sei noch vermerkt, daß Palladios Formwille sich nicht allein auf das Äußere beschränkte: Ursprünglich waren die Kreuzgewölbe über den breiten Galerien mit reinweißem Stuck überzogen, dem Steinmehl untergemengt worden war. Damit wurde selbst der Farbgebung und Textur nach das Innere zu einer Fortsetzung des Äußeren – zum großen römischen Marktplatz, der Markthalle des Trajansforum vergleichbar, mit einer stattlichen Serliana als Ausblick an ihrem Ende. Der gegenwärtig verdreckte Zustand des unverputzten Backsteingewölbes verwehrt uns das von Palladio angestrebte Raumerlebnis.

Es kann nicht Ziel dieser kurzen Einführung sein, das gesamte langjährige und produktive Schaffen Palladios nachzuzeichnen, sondern nur einzelne Stationen seines Werdegangs und Grundzüge seiner Architekturauffassung anzudeuten. Ein chronologischer Bericht seiner weiteren Entwicklung nach 1550 müßte der Erweiterung gerecht werden, die seine Architektur in den fünfziger Jahren durch die enge Beziehung zu einem weiteren großen Geist der Zeit erfuhr: dem venezianischen Patrizier Daniele Barbaro. Palladio steuerte fast alle Illustrationen zu Barbaros monumentaler Vitruv-Übersetzung (mit ausführlichem Kommentar) bei. Diese Aufgabe veranlaßte ihn wiederum zu einer Präzisierung der eigenen Formensprache und sie rückte bestimmte Motive stärker in den Mittelpunkt, die Palladio fortan immer wieder in seinen Entwürfen verwenden sollte, etwa die durch Gesimse gegliederte Tempelfront für seine Villen oder die zweigeschossige Kolossalordnung mit freistehenden Säulen, die er von seiner eigenen Rekonstruktion der vitruvianischen Basilica in Fano ableitete. Palladio setzte diese eindrucksvolle Lösung beim Bau der Villa Sarego in massivem Stein um.

Auf das Neuartige an Palladios sakraler Architektur wird an anderer Stelle in diesem Katalog eingegangen, und Beispiele aus weiteren Werkgruppen wie die schlichte und doch wunderschöne und zudem konstruktiv elegante Holzbrücke von Bassano können hier nicht berücksichtigt werden. Noch reicht der Platz, um eines der letzten Bauwerke Palladios zu würdigen, das Teatro Olimpico in Vicenza, eine hochreflektierte, aber deswegen nicht minder vitale Wiederbelebung des Plans des antiken römischen Theaters.

Die *Quattro Libri* und die große Resonanz Palladios

Erwähnung muß allerdings noch eine der eindrucksvollsten Leistungen Palladios finden, die in dieser Ausstellung eine zentrale Stellung einnimmt: die *Quattro Libri* (Venedig 1570), Palladios architektonisches Vermächtnis, sein Regelwerk zur Berechnung der Ordnungen und Raumproportionen, zur Anlage von Treppen ebenso wie zur Ausgestaltung von Details. Mit dem *Vierten Buch* legte Palladio Rekonstruktionen derjenigen römischen Tempel vor, die er am gründlichsten studiert hatte, die zwei vorausgehenden Bände boten – das hatte vor ihm noch kein Architekt versucht – eine Art Retrospektive der eigenen Entwürfe für Palazzi, Villen, öffentliche Gebäude und Brücken. Präzise, in verständlicher Sprache verfaßt und durch die klare Zuordnung von Text und Tafeln sehr erfolgreich in der Vermittlung selbst komplexer Zusammenhänge, wurde mit den *Quattro Libri* das beste illustrierte architektonische Lehrwerk vorgelegt, das es bis zu diesem Zeitpunkt gab. Damit wurde es weniger Vademecum als »Schnittstelle«, und zwar von einer »Funktionstüchtigkeit«, die sich besser ermessen läßt, wenn man Palladios Werk mit den ab 1537 erschienenen Architekturtraktaten Serlios vergleicht. Während Serlio seine Bildtafeln nicht mit Maßen versieht, sondern diese umständlich in den sehr klein gedruckten Text eingliedert, befreit Palladio das Schriftbild von solchem Ballast und notiert die Maße direkt auf Plänen und Aufrissen. Anders als Serlio präsentiert Palladio zudem Bauten und Details in einheitlicher Weise, überträgt Zeichnungen, die auf Entwürfen anderer Architekten beruhen, neu und gibt alle Maße in vereinheitlichter Form an, nämlich in vicentinischem Fuß (0,357 m).

Es ist daher mit dem rationalen Charakter der Architektur Palladios, die mit ihrer verständlichen Grammatik für den Profanbau wie geschaffen schien, nicht allein zu erklären, daß sein Stil eine so ungeheure Wirkung innerhalb der nordeuropäischen und später nordamerikanischen Architektur entfaltete, sondern hierzu trug in nicht unerheblichem Maße auch deren sehr gelungene Vermittlung durch sein Buch bei.

Dabei hat Palladio in den *Quattro Libri* natürlich nicht – was beispielsweise Inigo Jones klar erkannte – alles verraten. Er hat nicht im einzelnen offengelegt, wie nach einem System zu entwerfen war, ohne sich zu wiederholen oder zu langweilen, er hat nicht verraten, wann und in welcher Weise man gegen die eigenen Regeln verstoßen mußte, nicht, wie eine einzige Ausgangszeichnung zur Quelle mannigfaltiger Ideen und Entwürfe gemacht werden konnte, noch, weshalb es wichtig war, stets mehrere Versionen eines Entwurfs zu erstellen. Und er hat nicht das Geheimnis preisgegeben, wie Details so zu gestalten waren, daß sie perfekt paßten – nicht überall, sondern zu einem ganz bestimmten Bauwerk, so wie die Fenster der Villa Poiana genau für diese richtig waren und die der Rotonda für die Rotonda. Mit seinen *Quattro Libri* wollte er zweifellos weiterbilden, wollte das allgemeine Niveau architektonischer Gestaltung heben. Doch wie alle guten Lehrer wußte er offenbar (wie es der Meister für den Lehrling weiß), daß es besser ist, den Schüler gelegentlich von selbst auf die Lösung kommen zu lassen.

Das Vorbild Palladio

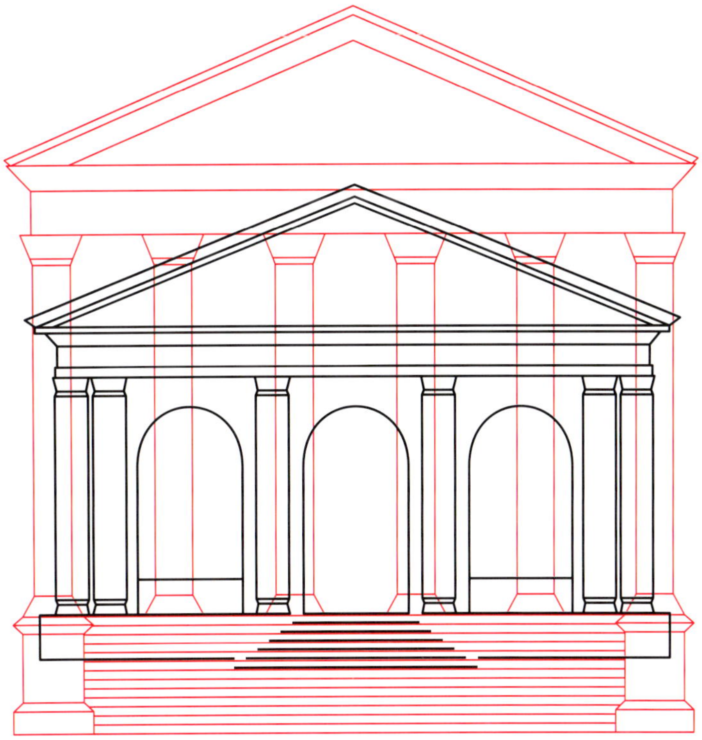

Einführung in die Ideenwelt Palladios

Renato Cevese

Jeder wirklich große Künstler unterscheidet sich von seinen Zeitgenossen durch seine Fähigkeit, vollkommen neue »Dinge« zum Ausdruck zu bringen. Er wird sich nie bewußt gegen das wenden, was ihm vorausgegangen ist; das heißt, er wird sich nie absichtlich in Widerspruch zu dem begeben, was die fernere oder nähere Vergangenheit hervorgebracht hat. Im Gegenteil: er bedient sich aus dem Überbrachten der Vergangenheit, indem er aus ihm – zuweilen bewußt, zuweilen auch unbewußt – als einer nie versiegenden und immer bereichernden Quelle schöpft; er weiß, prägnante Synthesen und originelle Verbindungen zu schaffen, die ihn zu unvorhersehbaren Ergebnissen führen und anregende, erneuernde Kräfte hervorbringen werden. Es wird im Laufe der Geschichte aber auch immer wieder Phasen von vehementer und endgültiger Ablehnung gegenüber dem zuvor Geschaffenen geben. Man denke allein an die ablehnende Haltung der Künstler nicht nur in der frühen, sondern auch in der Hochrenaissance gegenüber der romanischen und gotischen Architektur: Sowohl die eine wie die andere wurde verurteilt, weil sie von der Symmetrie der Komposition ausging und einen der Klassik vollkommen fremden Formenkanon gebrauchte.

Für die Künstler der Renaissance stellten die Symmetrie, das Gleichmaß, der Goldene Schnitt und die formale Stimmigkeit normative Werte da, auf die man auf keinen Fall hätte verzichten können. Man hätte sonst jenes eigene Credo verleugnet, das man nicht unterließ feierlich zu verkünden. Es wurde als dringendes Bedürfnis empfunden, sich den Prinzipien der Antiken anzugleichen, war man doch davon überzeugt, daß das »Schöne« in den drei Künsten – der Architektur, der Skulptur und der Malerei – von den Römern und den Griechen errungen worden war, obwohl man von ihnen nur unklare, indirekte, aus Büchern stammende Kenntnisse besaß. Daher also die unerschöpfliche Suche nach der Kenntnis der Früchte ihrer Kultur, wobei man über Rom hinaus auf Griechenland zurückging; daher also die mehr oder weniger langen Aufenthalte in den Städten der Cäsaren; der Wunsch, auch das zu besichtigen und zu studieren, was die Römer in den entferntesten Provinzen ihres Reiches geschaffen hatten. Besonders die Architekten der fortgeschrittenen Renaissance erreichten das »Schöne« jedoch auch, weil sie als unfehlbaren Führer den großen Vitruv besaßen, welcher nie diejenigen enttäuscht hätte, die seinen Regeln gefolgt wären.

Bei diesem Prozeß der Aneignung und der freien und zuweilen skrupellosen Verarbeitung der Formen war Andrea Palladio aus Venetien einer der Protagonisten. Er war ein scharfsichtiger, unermüdlicher Erforscher des Formenschatzes und der Konstruktionsprinzipien der römischen Architektur, welche er bei wiederholten Aufenthalten in Rom untersuchte und deren Grundriß, Aufriß und Innenansichten er minutiös aufnahm, sei es von Theatern und Amphitheatern, von Basiliken und Tempeln, von Palästen und Häusern usw.

Er war ein gebildeter und genialer Künstler, der architektonische Formen und Zusammenstellungen erfand, so wie etwa die Villa, jene Summe von Teilen unterschiedlicher Bestimmung, welche er derart miteinander verknüpfte, daß sie eine bewundernswert geschlossen wirkende Einheit bilden. In der Mitte befand sich, durch ein Tempelfrontispiz in seiner Bedeutung hervorgehoben, das herrschaftliche Wohnhaus, seitlich erstreckten sich die sogenannten Barchessen (Wirtschaftsflügel) mit einer Abfolge von Pilastern und Säulen in langen Laubengängen, die in Taubenschlägen ihren Abschluß finden konnten und in denen Ställe, Scheunen, die Räume der Bediensteten und Werkzeuglager untergebracht waren. Die Villa bestand demnach aus einem zentralen Mittelbau, in dem der für die Führung des Gutes Verantwortliche seinen Sitz hatte, und den Wirtschaftsflügeln. Diese beiden komplementären Bestandteile sind jedes für sich unabdingbar für das fruchtbare Zusammenspiel, welches wiederum die Grundlage für den höchsten Ertrag aus der umsichtigen Bestellung der Felder ist. Andrea Palladio steht das Verdienst zu, eine neue architektonische Form ins Leben gerufen zu haben, die von ihm nach und nach auch entsprechend der Lage des Bauplatzes variiert wurde. Die Villa mit Vorhalle und Dreiecksgiebel avancierte eben deshalb zum Symbol der wiedergefundenen Klassizität, weil sie auf die antike Tempelfront verwies, sie wurde zum konstanten Bezugspunkt für all jene, die während der Hochblüte des Palladianismus, das heißt vom 18. Jahrhundert bis zum ausgehenden Neoklassizismus, nicht nur auf dem Land, sondern auch in der Stadt bauen wollten. Man war überzeugt, daß Palladio das Höchste erreicht hatte, wonach jeder Architekt streben konnte: die Harmonie der Proportionen und somit »das Schöne« in der Architektur.

Harmonie erkannte man und erkennt man noch heute in der »Schönheit«, und »Schönheit« erkannte man und erkennt man noch heute in der Poesie. Dies sind Begriffe, die ungebräuchlich geworden sind, ja sogar stillschweigend oder auch öffentlich von den heutigen Kunsthistorikern, die anscheinend nur die Geschichte eines Baus und die noch so geringen ihn betreffenden Begebenheiten interessieren, verurteilt werden. Man durchforscht, wie es ja andererseits auch richtig ist, öffentliche Archive und, soweit zugänglich und noch erhalten, auch private und in Ermangelung von Quellen arbeitet man mit Querverweisen und Parallelen. Dies alles ist Aufgabe des Historikers, dessen Verdienst es ist, zu klären, genau zu umreißen, Daten und Namen zu benennen und, wenn er Glück hat, durch das komplexe und oft recht gewagte Spiel der Vermutungen und nach vielleicht Jahrzehnte währenden irreführenden Thesen die historische Wahrheit zu erlangen. Dennoch scheint es, daß man in diesen Zeiten des rohen Positivismus dem ästhetischen Wert eines Bauwerkes keine Bedeutung beimißt. Diesen Eindruck kann man auch aus Beiträgen mancher derzeit vielzitierter Autoren gewinnen. Hinter diesem umfangreichen und sorgfältig erarbeiteten Quellen- und Literaturapparat, der bestimmt von grundlegender Bedeutung ist, scheint das Kunstwerk zu verschwinden und als »poetischer Ausdruck« nicht von Interesse zu sein. Leider sind sehr wenige in der Lage, die »Schönheit« und somit die »Poesie« in der Architektur zu erfassen. Dafür muß Verstand mit Sensibilität verknüpft sein, ein sicherer, ja sogar verfeinerter Geschmack muß ständig bereit sein, Vergleiche aufzustellen. Die Intuition muß mit der Fähigkeit verbunden sein, präzise und tiefgreifend zu analysieren; es muß begriffen werden, auf welche Weise sich die Komposition entspinnt und zwischen den einzelnen Bestandteilen die richtigen Verhältnisse entstehen.

Es ist zu hinterfragen, ob Andrea Palladio immer die Harmonie der Proportionen erreicht hat; ob es ihm immer gelungen ist, harmonische Beziehungen zwischen den einzelnen Elementen und dem Ganzen herzustellen, zwischen den einzelnen Elementen einer Fassade oder eines Hofes; zwischen den Abmessungen von schlichten oder aufwendigen Innenräumen und ihrem jeweiligen Äußeren; ob er mit umsichtiger Genauigkeit zwischen den »Substantiven« und den »Adjektiven« auszuwählen in der Lage war; ob der von ihm festgelegte Rhythmus zu unruhig erscheint oder dem Takt des Gedankengangs entspricht; ob er jene strukturelle und formale Stimmigkeit erreicht hat, welche für die »Schönheit« eines Gebäudes unerläßlich ist oder nicht. Wann immer seine Kompositionen aufgrund von unausgewogenen Größenverhältnissen, von Unsicherheiten in bezug auf die Proportionen oder von Unstimmigkeiten unterschiedlichster Art nicht zu überzeugen vermögen, sollten wir uns jedoch die folgende Frage stellen: Wurde sein Plan möglicherweise von den nicht angemessen überwachten Ausführenden schlecht ausgelegt? Inwieweit griffen die Auftraggeber mit Änderungen ein? Oder wurde der Plan erst nach seinem Tode ausgeführt? Es ist schwierig, wenn nicht gar unmöglich, in Ermangelung von Dokumenten eine überzeugende Antwort darauf zu geben.

Bei der Villa Maser, welche die am wenigsten schöne der von dem Künstler entworfenen, aber neben der Rotonda durch den Freskenzyklus von Paolo Veronese wohl eine der bekanntesten Villen ist, sind eigenmächtige Eingriffe seitens Daniele Barbaros und seines Bruders Marc'Antonio anzunehmen. Der erstere war Übersetzer von Vitruvs Abhandlung ins Italienische (volgare) und als gewählter Patriarch von Aquileia ein Kirchenfürst, der zweite »dilet-

tierte« als Bildhauer und war Gesandter des Dogen beim König von Frankreich.
Auch der glänzendste Künstler ist nicht unfehlbar und kann der »teuflischen Tücke« der falschen Berechnungen erliegen. Wie könnte man sonst das unglückliche Verhältnis zwischen dem Erdgeschoß und dem Piano nobile des Palazzo da Porto Festa in Contra' Porti von Vicenza erklären; wie die Unausgewogenheit der einzelnen Elemente des Proszeniums, der Versurae und der Cavea des Teatro Olimpico, welches kurz vor dem Tod seines Entwerfers begonnen wurde? Wie die unschönen Säulen der halbrund angelegten Kolonnaden der Villa Badoer in Fratta Polesine? Die gewohnte logische Klarheit der Sprache Palladios trübt sich – in seltenen Fällen – ein, die Stimme des großen Sängers scheint brüchig.
Fehler, Versehen, mangelnde Kontrolle, unangebrachte Eingriffe der Auftraggeber, all dies und vieles andere kann durchaus vorkommen, ja es ist sogar sehr wahrscheinlich, daß es vorkommt. Aber die wenigen Mängel vermögen den Wert des Beitrags nicht zu mindern, den Andrea Palladio für die Baukunst aller Zeiten geleistet hat. Am Firmament seines Schaffens strahlen einige Sterne wie wunderbare Botschaften: Palazzo Chiericati, die Loggien der Basilica, das Refektorium von S. Giorgio, das Innere des Redentore, die Villa Rotonda. Wären dies seine einzigen Werke, so stünde ihm dennoch der Ruhm zu, der ihm in der Vergangenheit und auch heute noch zukommt, aber sein Stil hätte sich nicht in derart beeindruckender Weise diesseits und jenseits des Atlantiks verbreitet: ausgehend vom 16. Jahrhundert bis hin zu den Werken des Engländers Inigo Jones und zu den letzten Palladioanhängern des 19. Jahrhunderts, wie etwa die De Bonis aus Feltre, die von unachtsamen und wenig einfühlsamen Kritikern in den letzten Winkel der Architekturgeschichte des Venetos verbannt worden sind.
War Andrea Palladio als Städteplaner einem Biagio Rossetti, einem Bernardo Rossellino oder einem Leonardo da Vinci ebenbürtig? Er hatte weder das Glück, für eine »Signoria« zu arbeiten wie Biagio Rossetti, der für die Familie Este in Ferrara die »Addizione Erculea«, jenes unter Ercole I. neu errichtete Stadtviertel, entwarf, noch jenes, im Dienste eines Landadeligen wie Enea Silvio Piccolomini zu stehen, welcher als Pius II. den Papstthron bestieg und für den Bernardo Rossellino den alten Borgo Corsignano in jene wunderbare, stilistisch einheitliche Renaissanceanlage namens Pienza verwandelte.
Palladio besaß die Klugheit, die Intuition und das Einfühlungsvermögen, welche für einen Stadtplaner unerläßlich sind. Deshalb vermochte er sich immer dem städtischen Kontext anzupassen. Er verwendete Lisenen riesigen Ausmaßes, wie bei der Fassade des Palazzo Valmarana, heute Braga Rosa beim Pozzo Rosso; er griff auf Halbsäulen zurück, wie bei den Fassaden des Palazzo da Porto Festa und des Palazzo Barbaran da Porto; oder auf rundplastische Säulen wie beim Palazzo Chiericati, auf übereinander angeordnete Loggien, als er den gotischen Palazzo della Ragione zwischen der Piazza dei Signori und jener delle Erbe ummantelte. Er verwandte mächtige Halbsäulen riesigen Ausmaßes, als er der Hülle der unvollendeten Loggia del Capitaniato an der Piazza dei Signori Gerüst verlieh und als er die Fassade des Palazzo da Porto bei Porta Castello, von welchem nur zwei Interkolumnien ausgeführt wurden, entwarf.
Er bekam nicht die Gelegenheit, im großen Stile zu entwerfen, indem er neue Viertel bei der Altstadt von Vicenza oder in Fortsetzung derselben jenseits des mittelalterlichen Mauerringes errichtete. Palladio erhielt seine Aufträge von einzelnen Patriziern, die, obwohl sie reich und mächtig waren, doch zum größten Teil im Dienst der Republik Venedig standen. Auch wenn der Standort seiner Bauten zufällig ist, nehmen sie innerhalb des städtischen Kontextes der alten Straßen der Stadt einen sehr hohen Stellenwert ein, da sie eine derart starke »künstlerische Spannung« ausstrahlen.
Auch wenn es ihm durch die historischen Umstände verwehrt geblieben ist, größere stadtplanerische Projekte in Angriff zu nehmen, so konnte er doch im Kleinen – also in der Anlage bestimmter Villen mit Laubengängen und Wirtschaftsgebäuden – seine bemerkenswerte Fähigkeit, aus mehreren zusammengefügten und wechselseitig miteinander eng verknüpften Teilen ein stimmiges Ganzes zu bilden, zur Geltung bringen. An das Wohnhaus des Besitzers und Gebieters fügte er wiederholt die Barchessen, die Wirtschaftsgebäude, in denen jene lebten und arbeiteten, die das Land bestellten. Er verlängerte die Arkaden der Barchessen, wenn er ein Landhaus in der Ebene

(Villa Emo Capodilista in Fanzolo) oder auf halber Höhe eines Hügels plante (Villa Barbaro in Maser); oder er entwarf ein stark gegliedertes Gebilde in exponierter erhöhter Lage wie die Villa für Trissino in Meledo, die er leider nur beginnen konnte. Bei der Rotonda in der unmittelbaren Nähe von Vicenza entfernte er jedoch die seitlichen Ausläufer, indem er das Wohnhaus auf einen einzigen Block konzentrierte, welcher sich in allen vier Himmelsrichtungen in einer Tempelfront öffnet und von einer Kuppel überhöht wird.

Auf den Kanal der Giudecca von Venedig blicken die mit Kuppel gekrönten Kirchen von S. Giorgio und des Redentore und wenden sich gegen das Zentrum der magischen Stadt, so daß ihre imposanten und feierlichen Fassaden schon von weitem sichtbar sind.

Hin und wieder wird Palladio beschuldigt, einseitig zu sein und, besonders bei den Villen, architektonische Entwürfe leicht abgewandelt zu wiederholen. Aus diesem Vorwurf spricht die Unkenntnis seiner Werke und eine schädliche Schlamperei, die um so häufiger anzutreffen ist, je mehr die Kenntnis von Spezialwissen abnimmt.

Zu dieser Anschuldigung kommt jene ebenfalls unbegründete hinzu, nach der Palladio sich allzu eng an den klassischen Formenkanon gehalten habe, dem er *»auf leichtfertige Weise«* nur dann etwas Eigenes hinzugefügt habe, wenn es galt, die Bauwerke den Bedürfnissen seiner Zeitgenossen anzupassen. Dem widerspricht aufs Anschaulichste die Rückfront der Villa Foscari, die sogenannte Malcontenta, in Gambarare von Mira. Auch die Werke großer Genies sind nicht immer makellos, das ist unvermeidbar. Doch sind Mängel Palladios in seinem vielseitigen Werk höchst selten, es ist dem Künstler weitgehend gelungen, seinen Fassaden und Innenräumen das Siegel der vollendeten Schönheit aufzudrücken.

Die »Basilica« in Vicenza

Franco Barbieri

Am 20. April 1496 stürzte *»die ganze Seite zu den Fischhändlern hin«* ein, daß heißt die süd-westliche Ecke der von Tommaso Formenton errichteten Arkaden (1481–1494) um den »Palazzo della Ragione«, Sitz der öffentlichen Verwaltung von Vicenza (Abb. 1 u. Tafel 2). Der Palazzo, welcher während der Amtszeit des Domenico da Venezia als »ingegniere« (Baumeister) der Stadt zwischen 1449 und 1460 errichtet wurde, ersetzte zwei öffentliche Vorgängerbauten, den »Palatium Vetus« und den »Palatium Communis«; vom ersten war das untere Mauerwerk beibehalten und vom zweiten waren die großen unteren Bogenstellungen, abgesehen von der ersten und der dritten im Westen, geschlossen worden, während die oberen Bauteile zu einem geräumigen Saal (52 x 22 x 24 m Höhe) zusammengelegt worden waren, der einen mit Bleiplatten eingedeckten, kielbogenförmigen hölzernen Dachstuhl bekam[1].

Abb. 1: Luftaufnahme des historischen Zentrums von Vicenza mit der Basilica Palladiana.

Der Einsturz der Loggien von Formenton brachte einen Disput über deren Wiederaufbau in Gang, der über ein halbes Jahrhundert währen sollte. Der erste, der zu Rate gezogen wurde, war Antonio Rizzo (1496), ihm folgte noch im gleichen Jahr Giorgio Spaventa; nachdem die Planung durch die stürmischen Ereignisse der »Liga von Cambrai« in Verzug geraten waren, bemühte man Antonio Scarpagnino (1525); nach einer weiteren Phase des Stillstands folgten bedeutendere Persönlichkeiten: Jacopo Sansovino (Februar 1539), Sebastiano Serlio (Februar 1539), Michele Sanmicheli (November 1541 und Januar 1542) sowie als letzter Giulio Romano, der in Begleitung von Valeriano Valle und Palladio selbst aus Mantua direkt nach Vicenza kam (Dezember 1542). Die Vorschläge von Scarpagnino dürften nicht ohne Belang gewesen sein; nichts wissen wir über die Ansichten von Sansovino und Sanmicheli. Was Serlio betrifft, so ist seine *»invenzione«* (Erfindung) von übereinander angeordneten Loggien, die sogenannte »Basilica von Serlio«, beachtenswert und gewiß mit diesem Vicentiner Disput über die Basilica in Verbindung zu setzen[2]. Erhalten sind die allerdings nicht immer klar verständlichen Berichte von Rizzo und Spaventa (Vicenza, Biblioteca Bertoliana, Archivio di Torre) sowie jener recht ausführliche *»circa fabrica podiolorum«* des Giulio Romano, von dem jedoch die beigefügten Zeichnungen heute leider verlorengegangenen sind.

Alle Vorschläge, auch jener des als *»non vulgaris immo celebris et nominati«* hochgeachteten Pippi, der im Grunde zu einen Kompromiß zwischen »Modernität« und den im Kern von ihm geschätzten »spätgotischen« Formen des Palastes mit den Loggien aus dem 15. Jahrhundert riet, wurden abgelehnt. Man hielt sie anscheinend für die auf Repräsentation und Selbstdarstellung bedachten herrschenden Vicentiner Kreise nicht angemessen, Bestrebungen die von reichsfreundlichen und antivenezianischen Empfindungen eifrig geschürt wurden. Am 5. März 1546 wird endlich vom »Consiglio dei Cento« (Rat der

Hundert) einer Zeichnung zugestimmt, die als *»forma conspicuum«* für die neuen Loggien erachtet wird und *»novissime presentatum«* wird, woraus man schließen kann, daß sie das jüngste Werk der Meister Giovanni di Giacomo da Porlezza, welcher gemeinsam mit Girolamo Pittoni da Lumignano für die Steinmetzwerkstatt von Pedemuro S. Biagio verantwortlich zeichnete, und Andrea Palladio darstellte, welcher seit seiner Jugend (1523) bis fast ins Erwachsenenalter hinein (um 1538) in dieser Werkstatt tätig gewesen war. Um das Ergebnis anschaulicher zu machen, wurde von der Zeichnung umgehend eine Bogenstellung (Intercolumnium) der unteren Säulenordnung in ein hölzernes Modell übertragen und öffentlich in den Arkaden desselben Palazzo della Ragione zur Schau gestellt.

Da dieses Mittel die Diskussion, statt sie zu besänftigen, wieder neu entfachte, hielt man es am 6. September 1548 für angebracht, die verschiedenen Lösungsvorschläge in dem Streit wieder aufzugreifen und zu vergleichen. Es wird deshalb drei »provveditori« (Inspektoren), Gabriele Capra, Girolamo Chiericati, Alvise Valmarana, der Auftrag erteilt, unter den bisher gesammelten Entwürfen nicht weniger als drei *»designa sive modella«* (Zeichnungen oder Modelle), daß heißt drei unterschiedliche, hinreichende Projekte auszuwählen, welche der endgültigen Prüfung unterzogen werden sollen. Aus diesem Anlaß werden am 27. Oktober 1548 bei Palladio zur Verdeutlichung seines Entwurfes vom März 1546 vier weitere Zeichnungen des Palastes (*»designa palatii«*) in Auftrag gegeben. Während ihrer Ausarbeitung wird er sicherlich all das berücksichtigt haben, was innerhalb der über zwei Jahre dauernden Diskussion zur Sprache gekommen war.

Bei der abschließenden Debatte im Rat der Hundert am 11. April 1549 wurden nun als Ergebnis der Auswahl der ernannten Inspektoren drei Projekte vorgestellt: als ältestes jenes von Rizzo-Spaventa (1496–1498), jenes von Giulio Romano (1542) und ein *»modellum ligneum Andrae Palladii architecti vicentini«*, ein Holzmodell des Vicentiner Architekten Andrea Palladio, das nach den Angaben der seit Oktober 1548 ausgearbeiteten Entwürfen von dem Zimmermann Mario Dezin, Schwiegersohn des Giovanni da Pedemuro, ausgeführt worden war.

Abb. 2: Vicenza, Basilica Palladiana, Entwurf Palladios für die Loggien. Foto: R.I.B.A. XIII, 9.

Bemerkenswert ist hierbei, daß der letztere bei diesem Wettstreit nicht mehr auftaucht, da sich seine Funktion als Bürge für Andrea wohl erschöpft hatte, eine Funktion, die im März 1546 anscheinend noch notwendig war. Zugunsten von Palladio sprach Valmarana im Rat *»luculentissime«*, auf überaus treffliche Art, ihn bestärkte Chiericati *»elegantissime«*, auf höchst gebildete Weise. Sie unterstützten damit den Triumph von 99 Stimmen für und nur 17 gegen Palladios Entwurf.

Es sei nun erlaubt, eine plausible und auf wenige Schritte beschränkte Rekonstruktion von Palladios einzelnen Entwicklungsphasen der Loggien zu wagen. Das Blatt mit der Nummer XIII, 9 im Royal Institute of British Architects, London, kurz R.I.B.A. (Abb. 2), könnte sich auf die erste frühe Zeichnung vom März 1546 beziehen. Neben Elementen, die sogar auf Falconetto zurückzugehen scheinen, fallen besonders Motive sanmichelischer Prägung auf, aber es fehlen auch nicht Anhaltspunkte, die auf Giulio Romano verweisen. Als zusätzlicher Beweis für diese Feststellung beachte man die Fresken von Marcello Fogolino, einem bedeutenden Vertreter der Renaissance-

Abb. 3: Marcello Fogolino, Detail aus dem Fresko »Die Zerstörung des goldenen Kalbs« mit Ansicht des Palazzo della Ragione in Vicenza, 1547. Foto: Ascoli Piceno, Palazzo Vescovile.

Abb. 4: Vicenza, Basilica Palladiana, Entwurf Palladios für die Loggien. Foto: R.I.B.A. XVII, 22.

malerei in Vicenza, im bischöflichen Palast von Ascoli Piceno, wo der Maler im Hintergrund den Palazzo della Ragione von Vicenza schon mit den »modernen« Loggien ummantelt abbildet, und zwar genau so, wie sie auf der genannten Zeichnung dargestellt sind (Abb. 3). Diese Fresken in Ascoli wurden 1547 signiert und datiert, in jenem Jahr also, in dem man bequem das oben erwähnte ausgestellte hölzerne Modell einer Bogenstellung der Loggien nach der vom Rat angenommenen Zeichnung von 1546 betrachten konnte. Es ist deshalb anzunehmen, daß sich der Künstler von diesem für ihn leicht zugänglichen Modell hat anregen lassen. Man könnte sagen, daß er im Grunde nichts anderes tat, als dieses eine »Modul« ununterbrochen zu wiederholen und in seiner Phantasie auf alle Seiten des von ihm im Fresko dargestellten Palastes zu projizieren.

Auf jeden Fall war Palladios Plan vom Frühling 1546 nicht zufriedenstellend: Die übermäßige Breite der Pilaster zwischen den Arkaden hätte die Loggien zu sehr verdunkelt und indirekt auch den Fenstern des großen Saales zu viel Licht genommen. Der folgende Schritt war eine »offenere« Lösung, die man möglicherweise – und dann auch nur in bezug auf die obere Ordnung der Loggien – in dem Blatt mit der Nummer R.I.B.A. XVII, 22 erkennen kann (Abb. 4), auf dem zwischen den doppelten ionischen Lisenen die »Serliana« eingeführt wird. Die unleugbar schwache graphische Ausführung dieses Entwurfs läßt sich eher durch eine weitreichende Mitarbeit von Gehilfen bei der Zeichnung des Plans begründen, als etwa durch eine Rückdatierung auf die Zeit um 1540, da die damit verbundene Annahme, daß sich Palladio bereits so früh mit dem Problem der Loggien befaßt habe, sehr gewagt erscheint. Dieser zweite Zustand könnte auf jeden Fall ein mögliches Bindeglied zu der letzten Version darstellen, die sicherlich auf den vier Zeichnungen zu sehen war, die Andrea zwischen Oktober 1548 und April 1549 anfertigte und die unglücklicherweise verschollen sind. Es ist jedoch wahrscheinlich, daß die Zeichnung R.I.B.A. XIII, 8 in Anlehnung an diese Entwürfe entstanden ist (Abb. 5). Sie zeigt eine abschließende Bogenstellung und die dazugehörige Ecklösung der oberen Loggia mit nur wenigen, unbedeutenden Abweichungen gegenüber dem ausgeführten Bau.

Es kann kein Zufall sein, daß der zweite, längere Romaufenthalt Palladios vom Herbst des Jahres 1545 bis Ende Juli 1547 gerade in diese drei Jahre währende Planungsphase (1546–1549) fiel und nur im Februar 1546 durch eine kurze Rückkehr nach Vicenza unterbrochen wurde, mit Sicherheit, um den ersten Entwurf der Loggien zu vollenden und im März dann abzugeben. Den folgenden Zeitraum von einem guten Jahr vom Frühling des Jahres 1546 bis zum Sommer 1547 wird er dafür genutzt haben, in eingehenderem Studium der Antike und im wiederholten direkten Kontakt mit der römischen Architektur des 16. Jahrhunderts die Vicentiner Frage zu klären. Diese Frage war wahrhaftig keineswegs einfach, besonders

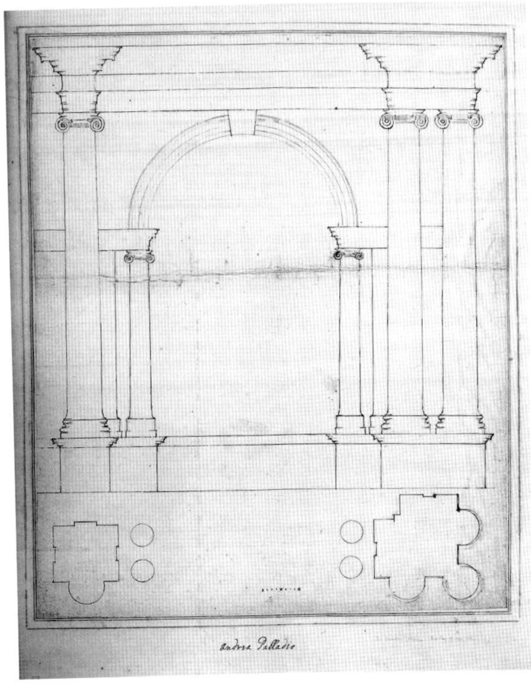

Abb. 5: Vicenza, Basilica Palladiana, Entwurf Palladios für die Serliana im ersten Obergeschoß. Foto: R.I.B.A. XIII, 8.

wenn man die nicht zu unterschätzenden Schwierigkeiten bedenkt, die durch den spätgotischen Vorgängerbau hervorgerufen wurden. Zudem sollten die Loggien – als wahre *conditio sine qua non* – den entschlossenen Willen nach einer klassischen Neugestaltung des Stadtbildes befriedigen, zu dem sich jene engagierteren und entschlosseneren kulturellen Vicentiner Kreise offen bekannten, deren Mentor der gebildete Literat und gewandte »Mann von Welt« Giangiorgio Trissino war. In diesem Zusammenhang kann der überwältigende Sieg, den Palladio im April 1549 davongetragen hatte, als der krönende Abschluß eines von langer Hand eingefädelten Manövers gesehen werden. Der mittlerweile über vierzigjährige Architekt war, obwohl in Padua gebürtig, dennoch fest in Vicenza verwurzelt, wo er sich bereits als Heranwachsender im Viertel Pedemuro S. Biagio nahe bei der Werkstatt von Giovanni da Porlezza und Gerolamo Pittoni (den »Meistern von Pedemuro«) niedergelassen hatte. Zu jener Zeit war er schon bekannt durch die Palazzi Civena, Da Monte und Thiene (1540–1542) und durch die geglückten Villenentwürfe, von der Valmarana in Vigardolo bis zur Gazzotti in Bertesina, von der Pisani in Bagnolo bis zur Thiene in Quinto (1541–1546) und besonders durch seine erwiesene Fähigkeit, die dekorativen Bauten für den feierlichen Einzug des Bischofs Ridolfi in die Stadt zu gestalten. Diese Dekoration stellte trotz ihrer Vergänglichkeit eine wahrhafte Verkörperung der erwünschten klassischen Erneuerung der Stadt dar. Es war deshalb nur folgerichtig, daß das kämpferische örtliche »Establishment« es sich zunutze machte, daß in der umstrittenen Loggien-Frage bisher noch keine Lösung gefunden worden war, und unter dem Deckmantel des alten und anerkannten Meister Giovanni den so vielversprechenden jungen Palladio ins Feld führte, und dies, man beachte, *motu proprio*, ohne daß diesem irgendeine offizielle Ernennung entsprochen hätte.

Die Arbeiten beginnen umgehend nach dem Sieg Palladios, als *»proto«* (Werkmeister) überwacht der Bauleiter und *»taiapiera«* (Steinmetz) selbst die Materiallieferung des harten, weißen Steins aus den Brüchen von Piovene. Nachdem der Erdaushub für die Fundamente am 13. August 1549 an der Nordwestecke begonnen und der Grundstein im September gelegt worden war, errichtete man hier bis zum 5. Januar 1552 die ersten beiden unteren Bogenstellungen; bis zum 27. September 1556 wurden die entsprechenden beiden Interkolumnien in der Nordostecke fertiggestellt, um dann im März 1558 bei jenen der Südwestecke weiterzuarbeiten: dieses Vorgehen zeigt, daß man zunächst die Eckpunkte der Loggia festlegen wollte. Im Juli 1561 ist die untere Ordnung im Norden und Westen vollendet; im März 1564 beginnt man mit der oberen, doch ökonomische Engpässe und der Tod Palladios (1580) lassen die Bautätigkeit erst 1584 wieder in Gang kommen, wobei der neue Bauleiter Giovanni Antonio Grazioli heißt. Nachdem die obere Ordnung im Norden und Osten (Juni 1597) bis 1614 errichtet und auch die beiden Ordnungen im Süden vollendet sind, kann der Bau als abgeschlossen gelten, ein wahrhaft anspruchsvolles Unterfangen, daß die kleine Stadt Vicenza nach offiziellen Angaben gut 60.000 Dukaten, in Wirklichkeit wohl aber noch weit mehr gekostet hat.

Die herauskragenden Halbsäulen toskanischer Ordnung unten und ionischer oben, die kräftigen Pilastern vorgeblendet sind, bilden als Kernpunkt von Palladios Struktur gleichzeitig ganz konkret kräftige Stützpfeiler zur Befestigung des inneren älteren Kerns. Zwischen ihnen bedeckt die Serliana (das sogenannte Palladio Motiv), die in den übereinandergestellten Ordnungen jeweils gut 22mal wiederholt wird, drei Seiten des spätgotischen Palastes in feierlicher Monumentalität. Diese Lösung ist gewiß nicht frei von unterschiedlichsten Einflüssen: außer von Serlio, von Sansovino (die Libreria von S. Marco in Venedig) und in größerem Maße von Giulio Romano (die inneren Serliane und der Umbau von S. Benedetto Po) sowie auch von einer Überarbeitung und freien Interpretation der archäologischen Studien, die Andrea auf den Romreisen betrieb.

Dennoch gelangt er hier zu einer ganz eigenen *»invenzione«* (Erfindung) ohne dabei die Schwierigkeiten, die mit dem inneren Kern aus dem 15. Jahrhundert und seinem leicht trapezförmigen Grundriß verbunden waren, mit einer scheinbar abstrakten formalen Perfektion einfach zu überspielen. Palladio nimmt im Gegenteil die Probleme, wie etwa die geringe Höhe und die Unregelmäßigkeiten bei der Abfolge der Öffnungen und jene im Rhythmus der vertikalen, die Wand überziehenden Elemente, entschlossen in Angriff. Wird in dem Palladio-Motiv der Durchmesser der Bögen immer gleich gehalten, so schwankt dagegen in jedem Joch die Breite der flankierenden, mit einem Architrav abschliessenden Interkolumnien. Diese recht starr wirkende, tatsächlich aber sehr bewegliche Lösung lockert die kompakte Wirkung der Pilaster auf und erlaubt gleichzeitig, die vorgegebenen Unregelmäßigkeiten zu überwinden, ohne die Harmonie des Ganzen zu durchbrechen. Andererseits bestärkt das kräftige Rund der Säulenschäfte, welche die mächtigen Eckpilaster verkleiden, auf günstige Weise diese kritischen Punkte der Struktur, deren Schwäche im übrigen auch den Einsturz der Loggien von Formenton verursacht hatte. Zur größeren Sicherheit werden die Loggien Palladios – deren Palladio-Motive zur Verstärkung und Verbreiterung auf weiteren, in der Tiefe angeordneten Doppelsäulen ruhen – durch ein Kreuzgewölbe aus Backstein eng mit den inneren Wänden verbunden.

Mit berechtigtem Stolz bezweifelt Palladio selbst weder in der vorläufigen noch in der endgültigen Fassung seines Traktats, daß die großartige Vicentiner Anlage zu den *»größten und schönsten Bauten«* gezählt werden könne, die seit *»den Antiken bis heute«* errichtet worden seien, *»auch was das überaus harte und lebendige Material betrifft«*[3]. Zur Bestätigung hebt auch die moderne Kritik besonders die vollendete Geschicklichkeit hervor, mit welcher die gewissenhaften Baumeister die *»mit höchster Sorgfalt verbundenen Steine«* schichteten.

Im Zuge seiner Begeisterung über die durch ihn wiedererweckte Klassik vergleicht Andrea jene gelungene untrennbare Verbindung zwischen dem Gebäude aus dem 15. Jahrhundert mit dem kielförmigen Dach einerseits und den Loggien aus dem 16. Jahrhundert andererseits, die von nun an durch sein Verdienst die allgemeine Vorstellung von dem Bau bestimmen wird, mit entsprechenden Werken der verehrten römischen Epoche und weiht die Anlage mit dem erhabenen Namen »Basilica« (Abb. 6). Nicht, daß ihm die Unterschiede nicht bewußt gewesen wären: Er selbst stellt fest, daß die antiken Basiliken einen großen Saal mit Säulenstellungen im Innern des Erdgeschosses bergen, während die modernen umgekehrt die Arkaden außen, oberhalb des Platzes aufweisen; zudem befänden sich die großen Säle in ihnen *»über den Gewölben, in denen ... Läden unterschiedlicher Händler und Handwerker untergebracht sind ... und man bringt hier auch das Gefängnis und andere öffentliche Einrichtungen unter«* (Abb. 7). Obwohl sich die Anlage als den bereits existierenden Gegebenheiten angemessen erwiesen hat und in der Ausführung den faktischen Anforderungen entsprach, ohne dabei der idealen Vorstellung untreu zu werden, zögert Palladio nicht, auch die Geschichte zugunsten der Rhetorik zu verdrehen, wenn er sich auf das Gebiet der Ideologie begibt.

Demgemäß überliefert die entsprechende Tafel der *Quattro Libri* zur Erinnerung für die Nachfolgenden, *»a futura memoria«*, ein von den tatsächlichen räumlichen und zeitlichen Gegebenheiten, welche das Gebäude innerhalb der Geschichte der Stadt »begründen«, abweichendes idealisiertes Wunschbild. Indem die beiden im Osten sehr nahe stehenden Gebäude, der Palazzo del Podestà und die »Domus Comestabilis«, ausgeklammert werden, wird dem Betrachter ein perfektes, nach allen vier Seiten freistehendes Gebäude präsentiert. Nachdem die Ver-

Abb. 6: Vicenza, Basilica Palladiana, Ansicht von Nordosten.
Foto: Rossi.

kaufsstände, Schreibstuben und Treppen, die sich in und um das Erdgeschoß angesiedelt hatten, entfernt worden sind, erscheint dieses nun wie befreit, nur durch die das Kreuzgewölbe tragenden Pilaster rhythmisiert und zu den umstehenden Loggien hin geöffnet, in Achse mit den äußeren Palladio-Motiven; oberhalb der Loggien vereinheitlichen runde Okuli die Beleuchtung des Saales; auf dem First des kielförmigen Daches thronen drei riesige Statuen. Von dieser »heroischen« Vision bewahren sowohl die Tafeln von Francesco Muttoni, ein Pionier der »Palladio-Renaissance« des 18. Jahrhunderts[4] als auch jene streng aufklärerischen und bereits an der Schwelle des Neopalladianismus entstandenen Tafeln von Bertotti Scamozzi[5] diesen Drang zu Idealisierung. Die moderne, mit naturalistischem Ehrgeiz peinlich genau ausgeführte Fassung[6] berücksichtigt zwar den Niveauunterschied zwischen der Piazza dei Signori und der Piazza delle Erbe, zwischen denen die Basilica emporragt, isoliert sie aber wieder aus dem sie umgebenden baulichen Kontext und zeigt sie aus Blickwinkeln, die in der Realität unmöglich sind.

Auch die skulpturale Dekoration der Loggien ist bemerkenswert; an den Masken und Friesen der unteren Ordnung der Nord- und der Westseite arbeiteten ab 1550 Girolamo Pittoni, sein Sohn Giuseppe und andere nach der Art des Alessandro Vittoria arbeitende Künstler, wie

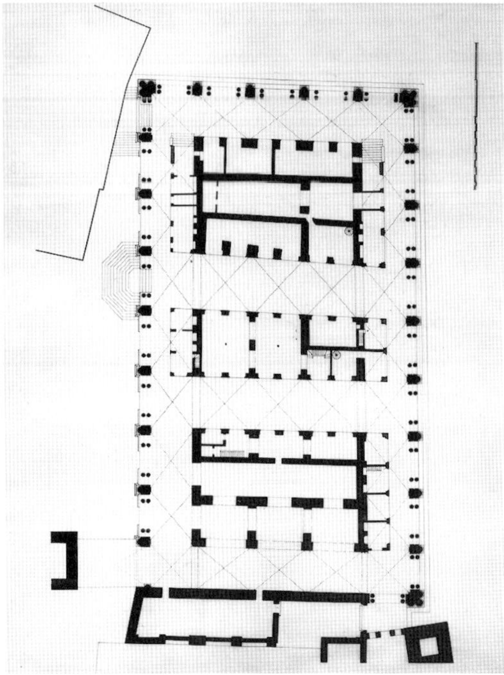

Abb. 7: Vicenza, Basilica Palladiana, Grundriß des Erdgeschosses.
Foto: Tapparo-Trentin.

Lorenzo Rubini und die beiden Marcantonio, Sohn bzw. Neffe von Palladio (Abb. 8). Von Francesco Albanese d. Ä. stammen die Masken an den unteren südwestlichen Eckbögen; wahrscheinlich ebenfalls von ihm oder seiner Werkstatt unter Mitarbeit seines Sohnes Giambattista sind jene an den Nord- und Westseiten der oberen Ordnung: vermutlich erstreckte sich seine Mitarbeit auch über die beiden Ordnungen der Südseite. Die Zuschreibungsfrage der abschließenden Statuen, welche die aus den Pilastern emporsteigende Spannung angemessen auf sanfte Weise, *»in pianissimo«*, auffängt und geradezu in der Atmosphäre auflöst, läßt sich nur aufgrund von Indizien beantworten. Von den achtzehn bekrönenden Statuen im Norden und Westen erinnern einige, darunter die Eckgruppen, an Giambattista Albanese, bei anderen ist der Name Camillo Mariani nicht auszuschließen; von Girolamo Albanese scheint die Gruppe in der Südwestecke zu sein. Bei den acht Statuen der Südseite, von denen wir wissen, daß sie von 1637 bis 1665 errichtet worden sind, wird man auch Girolamo Albanese nennen müssen. Für sie sind Zahlungen an Bartolomeo Muggini

Abb. 8: Vicenza, Basilica Palladiana, Maske an der unteren Ordnung der Nordseite. Foto: Tapparo-Trentin.

und Francesco Albanese d.J. (Francesco Albanese Scamozzi) zu belegen. Bereits 1845 fehlten sechs von ihnen, nur die beiden östlichen sind heute erhalten.

Von 1610 bis 1612 wurde noch eine zweite äußere Treppe im Südwesten in Entsprechung derjenigen aus dem 15. Jahrhundert im Nordwesten errichtet, ab Juni 1670 werden dann die ersten konservatorischen Eingriffe am Bau der Basilica beschlossen; wenig später entstehen schwerwiegende Schäden bei dem Erdbeben vom 25. Februar 1695 (begutachtet von Carlo Borella); weitere umfassende Restaurierungen, die von Enea Arnaldi und Pietro Conti geleitet werden, fallen von 1775 bis 1793 an. Von 1824 bis 1830 ersetzen Giacomo Fontana und Bartolomeo Malacarne einen großen Teil des Dachstuhls und der Bleiplatten. Im Jahre 1858 befaßt sich eine eigens berufene Kommission mit statischen Problemen, welche bereits 1815 festgestellt wurden und sich seit 1836 verstärkt hatten. Man beschränkt sich jedoch darauf, einen »Bericht« von Pietro Selvatico erstellen (1859) und das Gewölbe über der südlichen Treppe ausbessern zu lassen, den Boden im großen Saal und in den Loggien auszuwechseln (1869–1871) sowie einige Baluster und Sockel der Statuen wieder instandzusetzen.

Das schwere Bombardement vom 18. März 1945 verursachte neben dem Brand und dem daraus folgenden Einsturz des Dachstuhles starke Schäden am oberen Mauerwerk mit Rissen besonders an den drei oberen Bogenstellungen der nordöstlichen Ecke. Bei diesem traurigen Vorfall konnte sich zumindest die statisch festigende Wirkung erfolgreich bewähren, die der steinerne Ring aus Pilastern und Serlianen ausübte, den Palladio um den Kern aus dem 15. Jahrhundert gelegt hatte. Den vollständigen Wiederaufbau nahm man von 1947 bis 1949 in Angriff, wobei die Verwendung von Beton zur Stabilisierung des inneren Mauerwerks sehr umstritten war. Eine andere kontroverse Diskussion entbrannte um die Frage, ob man den Loggien zwei oder drei Stufen unterlegen sollte, um ihnen eine angemessenere Wirkung zu erteilen. Als 1950 der Belag der Piazza dei Signori und der Piazzetta Palladio erneuert und dabei um ungefähr dreißig Zentimeter tiefer gelegt wurde, entschied man sich für zwei Stufen (die Tafel in Palladios Traktat sieht drei vor).

1 Da die Basilica nicht nur ein sehr berühmtes Bauwerk, sondern auch eines der am ausgiebigsten erforschten des Gesamtwerkes Palladios ist, enthalten die sich auf dieses Bauwerk beziehenden Literaturangaben einige grundsätzliche Eckpfeiler der Forschung, welche durch weitere, ihnen folgenden Veröffentlichungen vervollständigt werden: Barbieri 1968 (erste Werkmonographie); Cevese 1973 a, 112–117; Puppi 1973, Bd. I, 15–16, Bd. II, 266–271 sowie die Abb. 55–66 auf den S. 70–79 von Bd. I. (deutsche Ausgabe: Stuttgart 1977, Bd. I, 13–14, Bd. II, 266–267 sowie die Abb. Bd. I, 70–71); Burns 1975 a, 27–28; Palladio 1980, 238–240 u. 511–512; Barbieri 1984, 62–75; 1987, 68–72; Tavernor 1991, 31–36; Boucher 1994, 106–125; Beyer 1996, Bd. 23, 861–872. In bezug auf die Zeichnungen zum Loggienprojekt sind noch folgende Titel hinzuzufügen: Burns 1973 a, 1973 b 146; 1980, 118; Lewis 1981, 106–110. Was das Problem des Palladio-Motives, der Serliana, in bezug auf die Loggien der Basilica Vicenzas und dessen »Erfindung« von Palladio betrifft, siehe auch De Jonge 1988, 54. Über die Beziehung Palladio/Giulio Romano sind weitere Erkenntnisse zu gewinnen aus der umfassenden Aufarbeitung des Werkes anläßlich der Giulio Romano gewidmeten Ausstellung in Mantua, 1. September bis 12. November 1989 (Katalog Mantua 1989).

2 Serlio 1619, Bd. IV, c.154 r.

3 Palladio 1988, 97; Palladio 1570, Buch III, 42–43.

4 Palladio 1744, Bd. V, Taf. XIX.

5 Bertotti Scamozzi 1776–1783, Buch I, Taf. XXIX.

6 Cevese 1976, 96–99.

Il Redentore in Venedig

Guido Beltramini

Der Entwurf Andrea Palladios für die Kirche des Erlösers[1] wurde am 17. Februar 1577 vom venezianischen Senat angenommen. Palladio ist zu dieser Zeit 69 Jahre alt und ein berühmter Mann. Sieben Jahre zuvor hat er sein anspruchsvolles und erfolgreiches Traktat *I Quattro Libri dell'Architettura* (Venedig 1570) in den Druck gegeben, das das Ergebnis von tiefgreifenden Studien und Überlegungen über Architekturtheorie und die antiken Bauwerke darstellt, die er seit der Veröffentlichung der Vitruv-Illustrationen von Daniele Barbaro 1556 unternommen hat.

Auf dem Festland sind zahlreiche seiner Bauten abgeschlossen oder werden gerade vollendet. Es sind öffentliche Gebäude, wie die Loggien der Basilica und die Loggia del Capitaniato in Vicenza, Privatpaläste und Villen. In der Hauptstadt Venedig erlaubte ihm ein dichtes Netz an Beziehungen zu einigen der einflußreichsten Patrizier das hohe Ansehen zu erlangen (wenn auch nicht dessen offizielles Amt), das zuvor der 1570 verstorbene Jacopo Sansovino innehatte. Der Auftrag, die Kirche des Redentore zu entwerfen, bestätigt endgültig seinen hohen Status in der Stadt. Es handelt sich nämlich nach unterschiedlichen privaten Aufträgen (die Fassaden von S. Pietro di Castello im Jahre 1558 und von S. Francesco a Vigna 1562) und solchen seitens religiöser Orden (die Lateranensischen Kanoniker für das Konvent von S. Maria della Carità zu Beginn der sechziger Jahre und seit 1560 die Cassinesischen Benediktiner für das Refektorium und die Basilika von S. Giorgio) erstmalig um einen Auftrag vom venezianischen Staat: ein offizieller Auftrag, der jenem zur Erstellung der kurzlebigen Festaufbauten anläßlich des Einzugs des Königs von Frankreich Heinrich III., im Jahre 1574 folgt.

Zu der Entscheidung, dieses Projekt durchzuführen, gelangte man aufgrund einer tragischen Situation, die durch eine große Pestepidemie von 1575 bis 1577 hervorgerufen wurde, welche ein Drittel der Venezianer tötete und am Ende über 50.000 Opfer gefordert hatte. Nachdem das Übel mit menschlichen Kräften anscheinend nicht zu besiegen war, rief der Senat am 4. September die Hilfe Gottes an, indem er das Gelübde ablegte, eine neue, dem Erlöser (»Redentore«) geweihte Kirche zu errichten. Zwei Wochen später werden zwei *»provveditori sopra la fabbrica«* (Bauinspektoren) damit beauftragt, ein geeignetes Baugrundstück auszumachen. Drei Grundstücke an unterschiedlichen Stellen in der Stadt werden für angemessen erachtet und höchstwahrscheinlich wird ihre Eignung anhand von entsprechend den jeweiligen Gegebenheiten erstellten, groben Vorentwürfen überprüft. Sicherlich ist Palladio bereits an dieser Planungsphase beteiligt, auch wenn die Unterlagen nur auf einen Entwurf des Architekten Giovan Antonio Rusconi für die Nonnen von S. Croce hinweisen, dessen Grundzüge wahrscheinlich in der »osella«, einer venezianischen Gedenkmünze, die der Doge Mocenigo 1576 bestellte, wiederzuerkennen sind (Abb. 1). Zwei Monate später entscheidet sich der Senat am 22. November für *»il loco della Zudecca appresso li Capozini et offiziato da loro«*, einem Grundstück auf der Insel der Giudecca, wo die Kapuzinermönche ein kleines Kloster besaßen. Palladio stellt zwei Entwürfe vor, einen mit einem Longitudinalbau und einen mit einem Zentralbau. Am 17. Februar 1577 wird der erste angenommen, während der zweite von Pane in einigen Zeichnungen für einen Zentralbau, der in seinen Ausmaßen mit jenen von Palladio schließlich ausgeführten Entwurf übereinstimmen, richtig identifiziert wurde. Diese Zeichnungen werden in den Sammlungen des Royal Institute of British Architects in London aufbewahrt (R.I.B.A., XIV, 13, 14, 15, 16; Abb. 2–5). Am 3. Mai findet die Grundsteinlegung statt. Am 20. Juli überquert eine stattliche Prozession das Seebecken mit Hilfe einer Brücke aus Booten und erreicht so die Baustelle der Kirche. Dies ist der Ausgangspunkt

Abb. 1: Alvise Mocenigo I. (1570–1577), Venedig, silb. Osella 1576, mit einem nicht ausgeführten Entwurf einer Zentralbaukirche. Foto: British Museum, London.

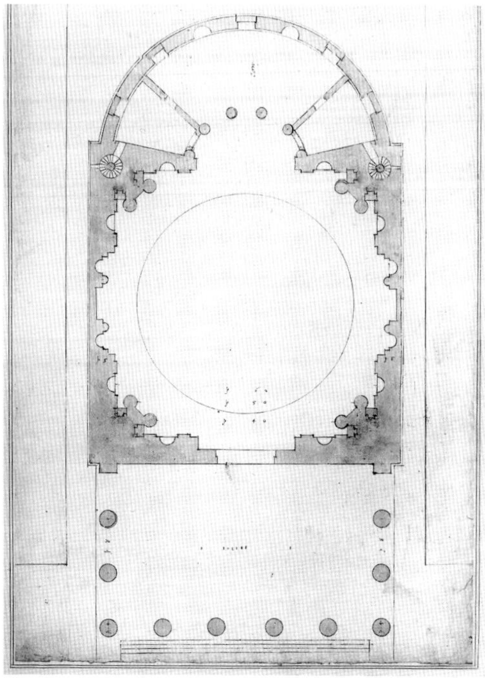

Abb. 2: Andrea Palladio, Entwurf für einen Grundriß einer Kirche als Zentralbau mit Pronaos. Foto: R.I.B.A. XIV, 13.

der traditionellen Prozession, die seitdem jedes Jahr zu Ehren des Gelübdes wiederholt wird. Als Palladio 1580 stirbt, ist der Bau der Kirche recht weit vorangeschritten und wird 1592, allem Anschein nach den Plänen Andreas folgend, vollendet. Die 1576 vom venezianischen Senat erklärte Absicht, einen kargen Bau für nicht mehr als 10.000 Dukaten zu errichten, ohne die Verwendung von Marmor, sondern in schlichter Bauweise, wie es sich für eine Votivkirche gehört, wird nicht eingehalten werden. Trotz der Kunstgriffe Palladios, welche die kostspieligen Steinpartien soweit wie möglich zu reduzieren suchten, werden die Gesamtkosten nach Abschluß der Arbeiten siebenmal höher liegen.

Die Tragweite der offiziellen Bedeutung des Auftrags, die untrennbar mit der emotionalen Beteiligung der ganzen Stadt gegenüber einem feierlichen Gelübde verknüpft ist, stellt für Palladio, der sich auf dem Höhepunkt seines künstlerischen Schaffens befindet, Anforderungen von außergewöhnlichem Ausmaß dar. Auch die Tatsache, daß der Architekt bei der Planung des neuen Gebäudes auf keine, durch einen an dem Bauplatz vorhandenen Vorgängerbau hervorgerufene, einschränkenden Bedingungen Rücksicht nehmen muß, ist an diesem Auftrag außergewöhnlich. Dies bringt jedoch keine vollkommene Planungsfreiheit mit sich, da die Grundtypologie, wie immer im Falle von Ordenskirchen, den liturgischen Anforderungen gerecht werden muß. Im Falle des Redentore entspricht die dem Bau zugrundeliegende räumliche Disposition, wie Burns gezeigt hat, jener der Franziskaner-Observanten, von denen die Kapuziner eine Filiation darstellen. Wie die venezianische Kirche dieses Ordens, S. Francesco a Vigna (für die Palladio ab 1562 die Fassade anfertigt), so ist auch der Redentore einschiffig mit Seitenkapellen und hat eine weiträumige Vierung mit Querschiffen, die in der Breite nicht über das Mittelschiff hinausragen, sowie einen tiefen Chor (Abb. 6). Diese Ähnlichkeit wird in der anderen Kirche der Franziskaner-Observanten, S. Giovanni Battista in Pesaro, die 1543 von Gerolamo Genga begonnen worden war, zu einer regelrechten Übereinstimmung. Diese manifestiert sich in den drei Kapellen mit apsidialem Abschluß zu Seiten des Schiffes, welche voneinander durch eine Art Doppelwandpfeiler mit dazwischenliegender Nische voneinander getrennt sind.

So wie die Richtlinien der Franziskaner-Observanten bestimmend für die Anlage des Baus war, so waren antike Kaiserthermen entscheidend für dessen räumliche Gestaltung. Seit Leon Battista Alberti im Hauptschiff von S. Andrea in Mantua auf die Anlage der Maxentiusbasilika zurückgegriffen hatte, bildete der Bezug auf weite, überwölbte Thermalanlagen bei der Errichtung großer christ-

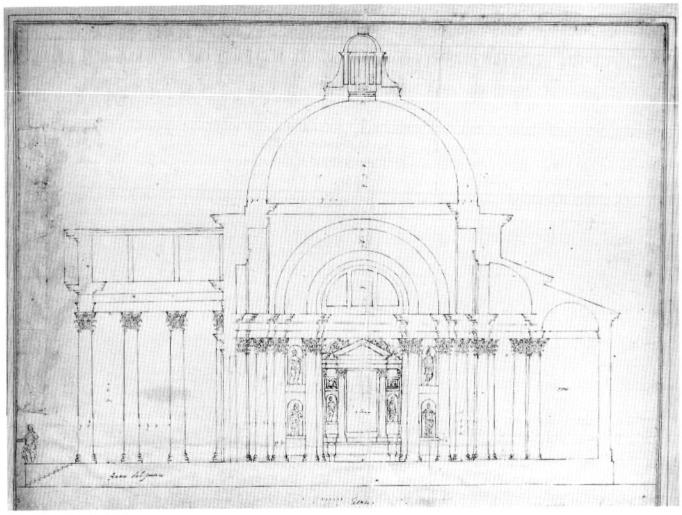

Abb. 3: Andrea Palladio, Entwurf für den Aufriß einer Zentralbaukirche mit Langhausteil. Foto: R.I.B.A. XIV, 14.

Abb. 4: Andrea Palladio, Entwurf für den Haupteingang einer Zentralbaukirche. Foto: R.I.B.A. XIV, 15.

licher Räume eine Konstante des Kirchenbaus der Renaissance. Selbst die Kirche S. Giorgio Maggiore, die Palladio in der Mitte der sechziger Jahre beginnt, geht direkt auf große Thermalräume zurück. Doch nicht nur die volumenbildende Entwicklung des Raums macht den Redentore zu dem reifsten Ergebnis von Palladios Reflexionen des antiken Modells, sondern auch die Disposition der Kirche, in dem die einzelnen Bauteile in einer harmonischen Abfolge ineinanderfließen wie in einem Thermalbau.

Wie Puppi und Timofiewitch richtig bemerkt haben, bietet der Entwurf Palladios für alle Funktionen der Kirche eine Lösung: für die zeremonielle, die votive und die klösterliche. Die Kirche ist als Endpunkt der Votivprozession geplant; im Langhaus müssen deshalb die Gläubigen Platz finden, im von der Kuppel überhöhten Vierungsbereich die Würdenträger der Republik und im Chor die Mönche, denen die Kirche anvertraut ist. In seinem Entwurf bemüht sich Palladio besonders, diese unterschiedlichen Bereiche des Kirchenraums kenntlich zu machen. Das Schiff ist von einem Tonnengewölbe eingedeckt, auf das sich Thermenfenster öffnen und wirkt somit wie ein regelrechtes »Frigidarium« in den Thermen (Abb. 7). Es ist als rechteckiger Raum gut erkennbar, da es in der Höhe durch drei Stufen von den Kapellen und dem Kuppelbereich abgegrenzt ist. In diesem bilden drei gleiche Apsiden eine Dreikonchenanlage, wobei die diagonale Anordnung der Pilaster den Eindruck eines einheitlichen Raumes verstärkt. Die mittlere Apsis, die durch im Halbkreis angeordnete Säulen durchlässig wird, bildet einen Teil dieses Systems, obwohl sie den Blick in den Mönchschor, der sich wie ein dritter Raum entfaltet, freigibt (Abb. 8). Sind die einzelnen Bereiche der Kirche erst einmal definiert, so gelingt es Palladio mit einer entwaffnenden Leichtigkeit, sie zu einer bemerkenswerten Einheit zu verschmelzen. Die Bereiche greifen nämlich, obwohl sie in ihrer spezifischen Eigenart geschlossen sind, ohne sichtbare Anstrengung ineinander über. Bezeichnend dafür ist der Übergang zwischen dem Schiff und der Kuppelzone. Palladio schließt das Schiff ab, indem er das Motiv von Halbsäule-Nische-Halbsäule um neunzig Grad dreht und damit eine recht deutliche Verengung bildet, die fast einer Bühneneinrahmung gleicht. Doch hat man diese Verengung überwunden, so lädt die den Eingang in den Kuppelbereich begleitende Diagonalstellung der Pilaster, welche sich in der Form an St. Peter anlehnen, dazu

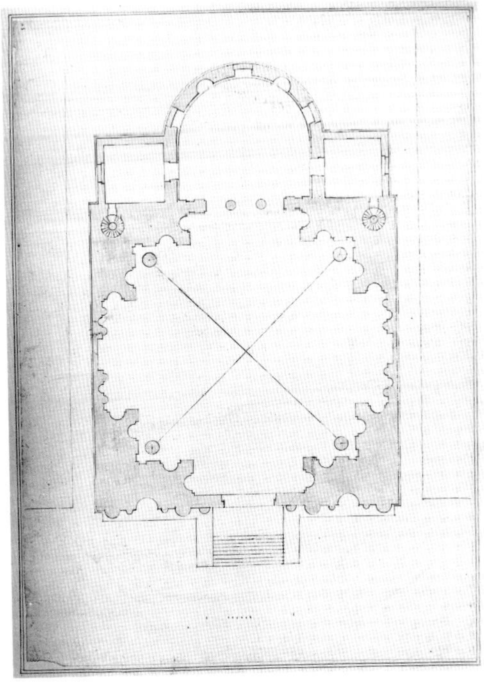

Abb. 5: Andrea Palladio, Entwurf für den Grundriß einer Zentralbaukirche. Foto: R.I.B.A. XIV, 16.

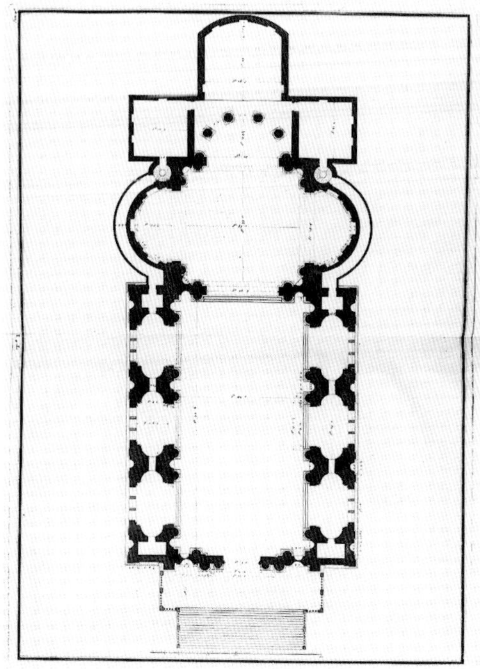

Abb. 6: Venedig, Kirche Il Redentore, Grundriß Palladios. Aus: BERTOTTI SCAMOZZI 1776–1783, Bd. IV.

ein, diese Zäsur zu durchschreiten. Selbst der Entwurf der einzelnen architektonischen Elemente zielt genauestens darauf ab, den Eindruck einer Einheit des gesamten Gebäudes zu verstärken. Man beachte nur das mächtige Gebälk, das die ganze Kirche wie ein Gürtel zusammenhält. Im Gegensatz zu der Kirche von S. Giorgio, wo das Gebälk über den einzelnen Säulen verkröpft ist, verläuft es beim Redentore gerade. Die Abfolge des Motivs Halbsäule-Nische-Halbsäule bewirkt zudem eine elastische Schwingung der Wand des Langhauses, welche sich an den Seitenapsiden abflacht und verlangsamt, um dann in der im Halbkreis stehenden Säulenreihe wieder plastischer zu werden. Wie Wittkower bemerkt hat, entwickelt Palladio den Raum mit einer erstaunlichen Fähigkeit zur Inszenierung, welche von einem beweglichen Blickpunkt ausgeht, der sich mit dem Voranschreiten des Betrachters im Langhaus ändert. Dies ähnelt etwas der erstaunlichen Erfindung im Refektorium des Klosters von S. Giorgio in Venedig, wo zwei nahe beieinander stehende Zwillingsportale den Eintritt in den eigentlichen Raum gewähren.

Es ist dieser zunächst untergliederte und gleichzeitig ohne sichtbare Anstrengung in eine harmonische Abfolge vereinheitlichte Raumfluß, diese Fähigkeit der Formen, ineinander zu fließen, was die reife Frucht von Palladios Rezeption der Thermalanlagen ausmacht. Wie Puppi und Burns richtig bemerkt haben, kann man in einer Zeichnung Palladios von den Agrippathermen (R.I.B.A., IX, 14v) zahlreiche der Elemente vereint finden, die den Grundriß bestimmen: das Langhaus mit den Kapellen in Narthex-Form, die Dreikonchenlösung, der durch die halbrunde Säulenstellung gebildete Raumfilter und die Kombination von unterschiedlichen Ordnungen im Chor. Genauso überraschend ist die fast wörtliche Übereinstimmung zwischen dem Aufriß der Titusthermen (R.I.B.A., II, 6) und der Gliederung der äußeren Flanken der Kirche (Abb. 9). Aber auch der Hinweis auf Anregungen, die von für Palladio zeitgenössischen Bauten ausgingen, welche selbst wiederum auch Ergebnis einer gründlichen Überarbeitung von antiken Bauten darstellten, darf hier nicht fehlen. Dieser Einfluß zeigt sich beispielsweise in dem Vergleich zwischen der Studie von Antonio da Sangallo d.J. für das

Abb. 7: Venedig, Kirche Il Redentore, Aufriß des palladianischen Langhauses. Aus: BERTOTTI SCAMOZZI 1776–1783, Bd. IV.

Abb. 8: Venedig, Kirche Il Redentore, Blick ins Innere nach Osten. Foto: Rossi.

Langhaus von St. Peter in Rom, die heute in den Uffizien aufbewahrt wird (Uffizien, Kupferstichkabinett, A 67) und dem Aufriß der Kirche in Venedig.

Abgesehen von den direkten Bezügen einzelner Motive gibt die Gesamtkomposition des Redentore Anlaß zu weiterreichenden Überlegungen über das Verhältnis Palladios zu der antiken römischen Architektur, die als Quelle seines Formenschatzes angesehen werden kann. Das Thermenmodell wurde von Palladio im tiefsten Wesen begriffen, übernommen und soweit verinnerlicht, daß er in der Lage war, den ihm zugrundeliegenden Kompositionsgedanken auf die Anforderungen eines christlichen Kirchenbaus zu übertragen. Das *»latino architettonico palladiano«* ist, um es mit einer sprachlichen Metapher zu sagen, also keine tote Sprache, kein herauskristallisiertes statisches Gebilde aus feststehenden Regeln. Es ist eher eine lebendige Sprache, die Erneuerungen erlaubt, die es erlaubt, wieder »gesprochen« zu werden, mit antiker Logik neue Gedankengänge auszudrücken und moderne Gebäude nach antiken Regeln zu entwerfen. Oder um es kurz mit einer weiteren Metapher auszudrücken, mit der Pietro Aretino die Kunst des Giulio Romano umriß, sie ermöglicht dem Redentore *»auf antike Weise modern und auf moderne Weise antik«* zu sein.

Entsprechende Überlegungen kann man in bezug auf die Fassade anstellen (Abb. 10). Wie Burns bereits bemerkt hat, stellt die Fassade des Redentore für Palladio den Versuch dar, die Vorderfront von großen, überwölbten Bauwerken der Antike nachzubilden. In ihr verschmilzt er Elemente, die man in seinen, in dem vierten Buch seines Traktates veröffentlichten Rekonstruktionen von antiken Gebäuden wie der Maxentiusbasilika, dem Tempel der Sonne und des Mondes (dem Tempel der Venus und der Roma, A. d. Ü.) und sogar dem Pantheon wiederfinden kann[2].

Was dies betrifft, so ist die Fassade des Redentore im übrigen der Schluß- und Zielpunkt einer lange währenden Suche, der sich die Architekten der Renaissance seit Mitte des 15. Jahrhunderts widmeten, und zwar seit Leon Battista Alberti es sich als erster zur Aufgabe machte, antike Modelle für die Gestaltung der Fassade von S. Francesco in Rimini zu verwenden. Das größte Problem bestand in der Tatsache, daß die als Bezug in Frage kommenden Modelle, die antiken Tempel also, einschiffige Bauten waren und sich ihre Front deshalb schlecht an den mehrschiffigen Aufriß von christlichen Kirchen anpassen ließ. Eine erste in sich stimmige Lösung kam von

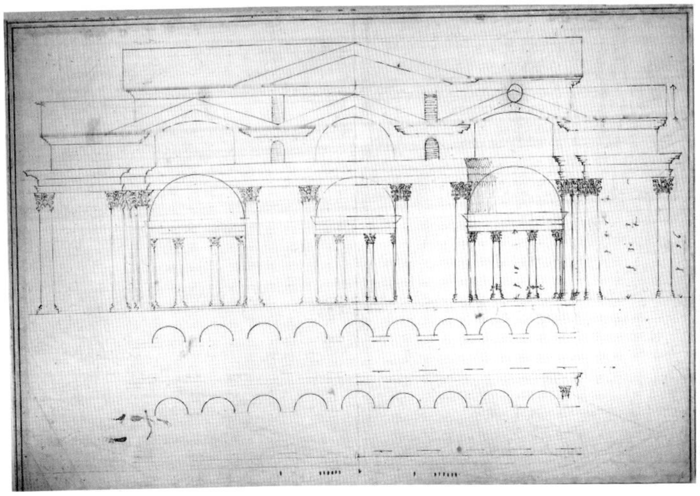

Abb. 9: Andrea Palladio, Rekonstruktionszeichnung der Fassade der Titusthermen in Rom. Foto: R.I.B.A. II, 6.

Abb. 10: Venedig, Kirche Il Redentore, Ansicht der Fassade. Foto: Rossi.

Baldassare Peruzzi, der auf die Erfahrungen von Donato Bramante aufbauend, die Fassade der »la Sagra« genannten Kirche von Carpi gliederte, indem er dem Mittelschiff ein regelrechtes Tempelfrontispiz vorblendete, während er vor die Seitenschiffe zwei kleinere, halbe Tympana setzte. Mittels weiterer Stadien im römischen Bereich, die Palladio alle wohl bekannt waren, gelangt man zu der beeindruckenden Lösung für die venezianische Kirche S. Francesco a Vigna. Auch in diesem Fall projiziert Palladio das Mittelschiff, das von einem großen Dreiecksgiebel auf zwei monumentalen Halbsäulen abgeschlossen wird, und die seitlichen halben Dreiecksgiebel auf eine einzige Ebene. Das kompositorische Problem bestand in der organischen Verbindung der beiden Ebenen und in dem Größenverhältnis der beiden Ordnungen, von denen die größere den zentralen Dreiecksgiebel und die kleinere die beiden Halbtympana trug. Im Falle des Redentore erlangt die Komposition der Fassade eine extreme Komplexität, die mit einer nahezu vollkommenen allgemeinen Folgerichtigkeit einhergeht. Die Front wird von dem mächtigen mittleren Dreiecksgiebel beherrscht, der von Pilastern und Halbsäulen getragen wird, welche wie bei den antiken Tempeln ohne Basis direkt auf der Freitreppe aufruhen. Dem Haupttympanon ist eine rechteckige Attika hinterlegt, die von dem Pantheon übernommen wurde. In ihrem Inneren wird es durch den massiven Tympanon des Eingangsportals widergespiegelt. Die beiden seitlichen Halbtympana, die den Kapellen im Innern entsprechen, liegen auf einer tieferen Ebene und werden ebenfalls von zwei abfallenden Giebeln hinterfangen, welche die Stützpfeiler des Langhauses abdecken. Das Ergebnis ist eine überraschende Tiefenwirkung, auf die einfach nur durch das Spiel mit den verschiedenen Ebenen verwiesen wird, obwohl sich die Fassade im Grunde zweidimensional entwickelt. Wie Burns richtig herausgearbeitet hat, beruht die Kompositionsstruktur der Fassaden der Kirchen Venedigs, wie auch jene der profanen Bauten wie etwa Palazzo Valmarana in Vicenza nicht auf abstrakten geometrischen Konstruktionen, sondern auf Palladios Vertrautheit mit Parallelprojektionen, mit deren Hilfe er die Entwürfe ausführt und die antiken Gebäude wiedergibt.

1 Als wichtigste Literatur zu diesem Thema ist zu nennen: Magrini 1845, 210–216; da Portogruaro 1930; Wittkower 1952; Pane 1961, 297–299 u. 304–305; Zeitler 1964; Sinding Larsen 1965; Forssmann 1965, 111–121; Ackermann 1966, 126–166; Zorzi 1967, 121 141; Timofiewitsch 1968, 54–87; 1969; Isermeyer 1972; Puppi 1973, Bd. II, 419–423; Cevese 1973 b; Burns 1975 a, 113–116, 143–148 u. 248; Niero 1979; Battilotti 1980; Boucher 1994, 194–200.

2 Palladio 1570, Buch IV, S. 13, 37 u. 76–77.

Der Palazzo Chiericati

Franco Barbieri

Nach den Projekten für den Palazzo dei Civena (1540), dem der Gebrüder Marcantonio und Adriano Thiene (1542) und jenem von Iseppo da Porto (1542–1545) stellt der Palazzo Chiericati, was die Stadtpaläste anbelangt, einen der Höhepunkte der ersten Schaffensperiode Palladios dar (Abb. 1 u. Tafel 3)[1].
Mittlerweile ist die Baugeschichte dieser beeindruckenden Anlage einigermaßen sicher geklärt: Ab dem Sommer des Jahres 1550 übergab der Architekt seinem Auftraggeber Gerolamo Chiericati die Entwürfe, für die er 24 Golddukaten erhielt. Bei Chiericati handelt es sich um den gleichen Edelmann, welcher am 11. April des vorhergehenden Jahres in der abschließenden Debatte vor dem »Consiglio dei Cento« (Rat der Hundert) gemeinsam mit Alvise Valmarana erfolgreich Palladios Projekt zur Lösung der seit langem umstrittenen Frage der Loggien des Palazzo della Ragione verteidigt hatte. Die Arbeiten beginnen jedoch erst im darauffolgenden Jahr, also 1551: Ihren Verlauf kann man bis 1557 mit Hilfe des eigens angelegten Rechnungsbuchs verfolgen, in dem Gerolamo von 1550 bis 1557 alle anfallenden Kosten gewissenhaft vermerkt hat. Nachdem am 2. Februar 1551 die gegenseitigen Vereinbarungen zwischen Chiericati und *»Zuane muraro da Venezia«*, dem Maurer Giovanni aus Venedig, abgefaßt waren, bekommt dieser am 13. desselben Monats eine Anzahlung von 72 Lira Tron (venezianische Silbermünze des 15. Jahrhunderts, A. d. Ü.). Am 19. März erhält er die Genehmigung, einen Laubengang, *»lungo la erigenda fazada«*, längs der zu erbauenden Fassade, zu errichten und verpflichtet sich, am 31. März *»zwei alte Häuser dort, wo das neue angefangen werden soll«* abzureißen. Es handelt sich hierbei insgesamt um den Bereich, auf dem der Südflügel des Gebäudes errichtet werden soll; hier hat man in den Kellerräumen das Datum 1552 eingraviert gefunden. In eben diesem Jahr erscheinen ab dem 24. September nicht mehr die regelmäßigen

Abb. 1: Vicenza, Palazzo Chiericati, Fassade. Foto: Rossi.

Zahlungen an Palladio als den Bauleiter, die zuvor gewissenhaft aufgezeichnet wurden. Dies ist ein Zeichen dafür, daß man seine ständige Anwesenheit nicht mehr für notwendig hielt, da die entscheidenden architektonischen Grundlinien für jenen Teil des Baus, den man zu dieser Zeit auszuführen beabsichtigte, bereits vorgegeben waren. Wenig später (15. Oktober 1552) wird *»maestro Zuanmartin«*, Meister Giovanni Martino, dann auch tatsächlich bereits eine Anzahlung für die Eindeckung des Daches erhalten, während in den beiden folgenden Jahren (1552–1554) Alvise da Venezia und Palladios Neffe Marcantonio damit befaßt sein werden, die Triglyphen und Metopen des dorischen Frieses zu hauen.
Nachdem Gerolamo Chiericati im Jahre 1557 verstorben war, sorgte sein Sohn Valerio 1557 bis 1558 für die Aus-

stattung und Einrichtung der Räume in den bereits vollendeten Bauabschnitten, welche er schließlich um 1570 auch bezog.
Bedauerlicherweise wird die Fortführung des Baus bald abrupt unterbrochen, obwohl Valerio 1579 als großzügige Zuwendung hierfür gut vierhundert Dukaten jährlich hinterlassen hatte. Es ist wahrscheinlich, daß ein solches Bauvorhaben in wirtschaftlich recht kritischen Zeiten dennoch zu aufwendig war. Zu berücksichtigen ist aber auch, daß der enthusiastische Impuls einer klassischen Erneuerung der Stadt im Zeichen einer triumphalen Selbstüberhöhung, der im ausgehenden 15. und während des 16. Jahrhunderts für die Kultur der herrschenden Vicentiner Schichten so charakteristisch war, sich nun abschwächte. Wie dem auch sei, die Schätzung im städtischen Kataster von 1563 bis 1564, besonders jene am 23. Mai 1609 anläßlich des Todes von Valerio verfaßten Inventare der Besitztümer der Chiericati sowie glaubwürdige ikonographische Quellen aus dem 16. und 17. Jahrhundert, unter denen sich auch jene entscheidenden von Inigo Jones befinden, erlauben den Zustand des Palastes zwischen dem 16. und 17. Jahrhundert zu rekonstruieren.
Mit Gewißheit vollendet war der südliche Teil, der, wenn man von der heutigen Fassade ausgeht, den drei linken Interkolumnien des Säulengangs und der darüberliegenden Loggia entspricht. Daran schloß sich das erste Interkolumnium des Mittelteils an, ebenfalls bereits mit der unteren und der oberen Ordnung sowie mit dem hier vorgesehenen Fenster versehen. Hinter diesem verband eine einfache Holzgalerie den provisorischen Dachboden mit den bereits bewohnten Räumen des ersten Geschosses auf der südlichen Seite und mit einigen einfachen Häusern, die auch im Besitz der Chiericati waren und noch abgerissen werden sollten, auf der nördlichen Seite. Zur vertikalen Verbindung zwischen den Geschossen stand erst eine der beiden identisch geplanten Treppenanlagen zur Verfügung. Zu dieser gelangte man durch eine Tür mit Rundbogen, die später selbstverständlich zugemauert wurde. Heutzutage ist ihr Rahmen am äußersten linken Ende der westlichen Wand des Atriums wieder sichtbar. Was den Rest betrifft, so scheinen von dem Mittelteil nur die Fundamente gelegt worden zu sein: aus ihnen ragten die Schäfte der Säulen der Fassade ungefähr »zwei Fuß« weit über ihre Basen empor.
Es lassen sich noch einige Bauaktivitäten im Jahre 1626 nachweisen; gewiß waren sie von bescheidenem Ausmaß, da die Chiericati noch 1660 eine Aufforderung dazu erhielten, den öffentlichen Grund von dem für den Palast bestimmte Baumaterial zu befreien, das seit allzu langer Zeit ungenutzt vor dem Palast herumlag. Diese dringende Aufforderung traf jedoch auf recht günstige Umstände, da sie sozusagen mit den ersten Anzeichen einer »Palladio-Renaissance« (dem Palladianischen Klassizismus) zusammenfiel. Vicenza wird im Laufe des 17. Jahrhunderts tatsächlich mit neuerlichem Interesse auf seinen großen Architekten des Cinquecento zurückblicken und damit den Weg bereiten für den aufblühenden »Neopalladianismus«. Dieser wird dank der begeisterten und gleichzeitig freien Interpretation, welcher Francesco Muttoni das Werk des Meisters in seinen Schriften und Bauten unterzog, im bevorstehenden 18. Jahrhundert einen lebenswichtigen Impuls erhalten.
Tatsache ist, daß die Chiericati nicht nur dem Räumungsbefehl nachkamen, sondern auch den Bau ihres Palastes wieder aufgriffen, und das wohl unverzüglich, da noch Muttoni selbst bezeugen kann, daß das Gebäude gegen Ende des 17. Jahrhunderts vollendet ist[2]. Die Verantwortlichen für dieses umfangreiche Unterfangen (Carlo und Giacomo Borella?) scheinen sich, zumindest was die allgemeine Anlage betrifft, genauestens an die zu seiner Zeit gemachten Angaben Palladios gehalten zu haben. Sie sahen sich nur gezwungen, eigenständig eine Lösung für die neue Fassade im Norden zu finden, die sich nun der Hauptverkehrsader der Stadt (dem heutigen Corso Andrea Palladio) zuwendet. Diese Fassade war ursprünglich nicht vorgesehen und auch nicht vorhersehbar, da das Baugrundstück über ein Jahrhundert zuvor, als Palladio seinen Plan entwarf, auf dieser Seite von einigen kleineren Gebäuden eingefaßt wurde und sich somit nicht zur Straße hin öffnete. Der Abriß dieser Häuser wurde Ende des 17. Jahrhunderts eben anläßlich der wieder aufgegriffenen Bautätigkeit beschlossen und war gewiß als Steigerung der beeindruckenden Wirkung des herrschaftlichen Palastes gedacht. Trotz der durch diese Tatsache unerwartet auftauchenden Schwierigkeiten muß

Abb. 2: Vicenza, Palazzo Chiericati, Fassadendetail aus: PALLADIO 1570, Buch 2, 7.

die unbestreitbare Fähigkeit der Bauleiter anerkannt werden, und sei es nur in der kalkulierten Übereinstimmung zwischen der Ummantelung des Mauerwerks und der Verteilung der Öffnungen einerseits und der Anordnung der Innenräume andererseits, welche im übrigen spiegelverkehrt mit jener des Südflügels übereinstimmt. Zu bemängeln sind lediglich eine allzu dichte Massierung der Gesimse und eine zu starke Betonung der Nordfassade, die dadurch hervorgerufen wird, daß man auf der rechten Seite das Motiv der übereinander angeordneten Kolonnaden an der Kopfseite von Laubengang und Loggien Palladios wiederholen wollte und diese hier zwangsläufig vermauert werden mußten.

Abgerundet wurde der Bau durch die Anbringung liegender Statuen von allegorischen Flußgottheiten über den Giebeln der Fenster im ersten Geschoß der Fassade des vorgelagerten Portikus. Dies stellt eine offensichtliche Anspielung auf die nahen Flüsse Bacchiglione und Retrone dar. Eine solche Verzierung war bereits in der entsprechenden Tafel von Palladios Traktat vorgebildet[3], wo jedoch neben den oben genannten Fenstern auch üppige Früchtefestons hängen, die nie ausgeführt worden sind (Abb. 2). Allein dem 17. Jahrhundert zuzuweisen ist dagegen die Idee, über dem Kranzgesims Skulpturen und Fialen zu errichten (die zweiten übernehmen an der Nordfassade auch die Funktion von Schornsteinhauben). Diese Hinzufügung war genaugenommen recht willkürlich, weder die Zeichnungen noch Palladios Tafeln von 1570 weisen im geringsten darauf hin. Dennoch ist diese Lösung recht geglückt, da sie es vermag, die vertikale Spannung der Säulen, die sonst zu abrupt von dem horizontalen Gebälk unterbrochen worden wäre, sozusagen in den umgebenden Himmel überzuleiten. Was die Zuschreibungsfrage betrifft, so scheint es angemessen, die bekrönenden Skulpturen mit den vielen Vicentiner Werken der Künstler aus dem Valsolda (eine Künstlerfamilie namens Paracca aus einem Tal bei Lugano A. d. Ü.) in Verbindung zu setzen, die gerade in jener Phase des 17. Jahrhunderts so zahlreich in der Stadt tätig waren. Man denke nur an die besonders ähnlichen Ergebnisse ihrer Tätigkeit in den Palazzi Leoni Montanari und Barbieri Piovene. In den bewegtesten Flußallegorien läßt sich eine freiere und lebendigere Hand ausmachen, die nicht frei ist von Einflüssen der Errungenschaften, die Giovanbattista Barbieri im Palazzo Trissino Baston jüngst entwickelt hatte (1661–1664). Gleichzeitig wurden prächtige Kaminsimse, Türstürze und Stuckdecken, die wiederum den Meistern des Valsolda anzurechnen sind, verschwenderisch über die gerade vollendeten Säle verteilt, um sie in der feierlichen Ausschmückung den bereits im 16. Jahrhundert verzierten Sälen anzugleichen.

Das 18. Jahrhundert wird Zeuge des schrittweisen Verfalls des Palastes, der einhergeht mit dem unaufhaltsamen Niedergang der Familie Chiericati. Diese verkaufen ihren Familiensitz schließlich 1838/1839 an die Stadt Vicenza. Nach einer unnötigen Phase des Stillstands wird Giovanni Miglioranza beauftragt, die notwendigen Restaurierungen vorzunehmen (1853–1855), um das Gebäude den Bedürfnissen eines städtischen Museums anzupassen. Zu Ehren von strengen »puristischen« Kriterien, die mit der lokalen, ebenso bedingungslosen wie unkritischen Verehrung Palladios zu begründen sind, und von denen man sich leider etwas spät überzeugen läßt, werden nun außen die teilweise aus dem 17. Jahrhundert stammenden Baluster der Loggien und der Fenster vereinheitlicht, wobei man als Vorbild auf jene von Palladios Palazzo für die Gebrüder Thiene zurückgreift. Die Kassettendecke des Laubengangs und der Loggien »erfindet« man in Anlehnung an irgendein zweifelhaftes lokales Vorbild, das sich aus den Zeiten Palladios erhalten hat. In den Laubengängen und Loggien bringt man an den Innenwänden zudem ionische Lisenen an, als eine Art »Gegenpart« zu den Säulen der Fassade.

Im Innern wurden die verhaßten *»arbitrii barocchi«* (barocke Willkürlichkeiten) aus dem 17. Jahrhundert entfernt, indem man die Mauern und Decken bis auf wenige Ausnahmen freilegte, die Fußböden erneuerte und die Supraporten und Kaminsimse entfernte. Speziell für die Belüftung stellte die Vermauerung der Kamine sowie die Schließung der rechteckigen Öffnungen entlang der dem Laubengang unterlegten Sockel einen folgenträchtigen Eingriff dar. Diese Elemente waren äußerst wertvoll zur Bekämpfung der aufsteigenden Feuchtigkeit in den Kellerräumen, welche fast ganz sich selbst überlassen oder sogar mit Schutt und Erde angefüllt wurden.

Die bekrönenden Fialen und Skulpturen und die Figuren über den Fenstergiebeln konnten gerettet werden. Verschollen sind dagegen leider die vier von Angelo Marinali 1693 signierten Statuen der Jahreszeiten, die in den halbrunden Nischen des Atriums aufgestellt waren (heute zugemauert; zwei der Statuen kann man vielleicht in den beiden, eigenhändig von Angelo ausgeführten Jahreszeiten erkennen, die heute in dem Treppenhaus des Palazzo Leoni Cappelletti in Contrà di S. Faustino stehen). Im ersten Stock des Nordflügels sind im mittleren, rechteckigen Saal an der Decke fünf Leinwände in Rahmen aus weißem und goldenem Stuck erhalten geblieben (»Apoll und die Musen«), die man in das letzte Jahrzehnt des 17. Jahrhunderts datieren und Bartolomeo Cittadella zuschreiben könnte. An der Decke des anschließenden, kleineren Saales befinden sich zwischen überreichen Stukkaturen weitere fünf Gemälde (Werkstatt des Carpioni?), unter denen in der Mitte die »Apotheose der Chiericati« mit der Darstellung des frisch vollendeten Palastes hervorsticht (es fehlen nur die Fialen und Statuen). Der Hof ist in seinem Zustand belassen worden. Diesen Hof werden dann die Anbauten unter der Leitung von Giovanni Bellio von 1886 bis 1867 in ein erhebliches Ungleichgewicht bringen. Da man die Ausstellungsfläche des Museums erweitern wollte, riß man einige Häuser im Westen ab und errichtete auf jener Seite einen neuen Flügel, der als Hauptfassade eine leblose Nachahmung der drei mittleren Interkolumnien der Fassade Palladios erhielt. Die daraus folgende Erweiterung des Hofes zerstörte die empfindlichen Raumverhältnisse, die hier ursprünglich hergestellt worden waren.

Es folgten wiederholt Arbeiten, welche die Anpassung und Kräftigung der Statik zum Ziel hatten (1893, 1910, 1948, 1958–1959); am tiefgreifendsten war die gewissenhafte Instandsetzung in den sechziger Jahren unseres Jahrhunderts, die vor allen Dingen darauf ausgerichtet war, die ursprüngliche »Gesundheit« des Mauerwerks wieder herzustellen. Die Schornsteine und Kamine wurden dafür soweit wie möglich wieder errichtet (im Südflügel aus dem 16. Jahrhundert sind heute jene der drei Säle im Erdgeschoß und des kleineren rechteckigen Saal im ersten Geschoß sichtbar), die Kellerräume von Erde und Schutt befreit, die zugemauerten Fenster wieder geöffnet, nach dem günstigsten Putz gesucht und die inneren Dekorationen restauriert (sowie eine elektrische Anlage und eine Heizung eingebaut). Bei weiteren, seit kurzem abgeschlossenen Arbeiten (1989–1993) am Putz und den Decken der Säle im Piano nobile aus dem 16. und 17. Jahrhundert, versuchte man die typische marmorierende Technik wieder anzuwenden. Weitere Untersuchungen zur Abhilfe der durch das aufsteigende Wasser verursachten Schäden sowie zur angemessenen Anlage des unmittelbaren städtischen Umfeldes laufen noch heute.

Die Entstehung von Palladios Projekt für die Familie Chiericati ist gründlich erforscht worden. Als Ausgangspunkt wird die Zeichnung H.T.93 im Worcester College in Oxford angesehen, die von Einigen sogar auf die Jahre 1546 bis 1548 vordatiert wird (Abb. 3). Sie zeigt nur das obere Geschoß der Fassade mit einem großen Dreiecksgiebel über dem Mittelbau und, wie es scheint, ohne seitliche Loggien. Dabei ist keine ionische, sondern eine Kompositordnung vorgesehen. Ein Zwischenstadium ist in dem Blatt des Royal Institute of British Architects in London, kurz R.I.B.A., VIII, 11, zu erkennen, wo bereits

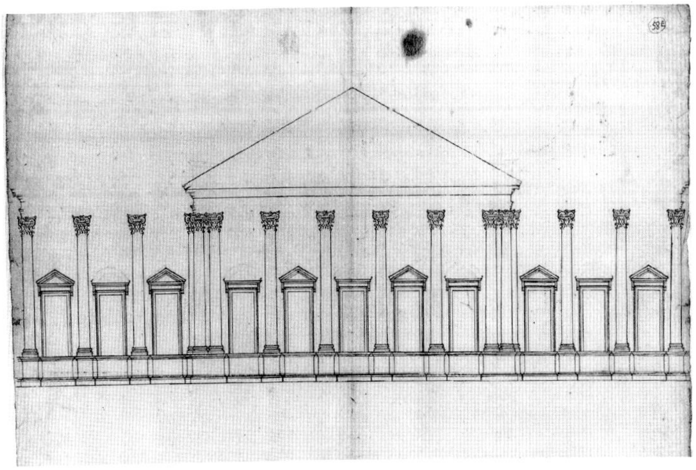

Abb. 3: Vicenza, Palazzo Chiericati, Entwurf Palladios für die Säulenordnung der Fassade. Foto: Worcester College Oxford.

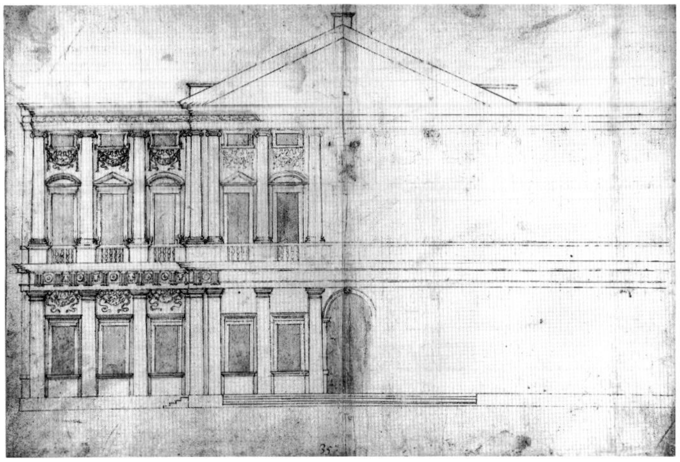

Abb. 4: Vicenza, Palazzo Chiericati, erster Entwurf Palladios für die Fassadengestaltung. Foto: R.I.B.A. VIII, 11.

die übereinander stehenden Ordnungen geplant sind (Abb. 4). Der untere Laubengang wird hier deutlich entwickelt, aber auf den mittleren Bau beschränkt. Der Giebel wird auch noch beibehalten und mit Akroterien besetzt. Damit bildete man einen Portikus, der den beiden kurzen zurückgesetzten Flügeln ohne Laubengang oder Loggien vorgelagert wurde. Kartuschen mit Muscheln und Festons (aus Stuck?) sind oberhalb der Fenster des Erdgeschosses und des ersten Stockwerkes skizziert. Das Portal trägt einen Rundbogen mit einem Keilstein in der Form eines menschlichen Kopfes.

Die Zeichnungen R.I.B.A., XVII, 5 und 8 könnte man auf einen letzten Zustand beziehen. Das Blatt mit der Nummer 5 (Abb. 5) zeigt das untere Geschoß der Fassade im Bereich der ersten fünf linken Interkolumnien und trägt den wahrscheinlich von der Hand von Palladios zweitem Sohn Orazio stammenden Titel *»Fronte della casa de i Chiericati«* (Vorderansicht des Hauses der Chiericati). Der Laubengang erstreckt sich nun über die gesamte Fassade, ist aber nur über eine ausladende vordere Treppe zu betreten, die zwischen zwei Vorsprüngen im Sockel die volle Breite des Mittelbaus einnimmt (die Stufen an den Kopfenden des Laubengangs, die den Fußgängern die Durchquerung des Baus erleichtern, werden erst mit den Umbauten von Miglioranza errichtet werden). Die Form, die der Südflügel später einnehmen wird, ist bereits genau ausgearbeitet, und man erkennt hier zwischen den beiden höheren Fenstern an der Rückwand schon die niedrigere Tür, die in den dahinterliegenden Saal führt. Der Giebel ist dagegen verschwunden, während am Sockel nun die rechteckigen Öffnungen erscheinen, ja, man meint sogar eine Tür zu erkennen, die den Zugang zu den Kellerräumen, in denen sich die Küchen und Diensträume befunden haben, erleichtert hätte.

Die andere Zeichnung mit der Nr. 8 (die nach der Ansicht einiger Forscher wahrscheinlich dem bereits erwähnten Neffen Palladios, Marcantonio, zuzuschreiben ist) zeigt den endgültigen Grundriß des Erdgeschosses, in dem die Länge und Breite der Räume in Vicentiner Fuß angegeben ist (Abb. 6). Auch das Klostergewölbe auf Ecktrompen in den quadratischen Sälen des Erdgeschosses und der Verlauf der kleinen Kreuzgewölbe über den Treppenabsätzen sind eingezeichnet. Einige Einzelheiten unterscheiden sich aber gegenüber dem Ausgeführten. Diese Abweichungen lassen sich wohl eher mit einer eiligen Abfassung der Zeichnung als mit Planänderungen begründen, die noch während des Baus stattgefunden hätten. Die Wände im Treppenhaus weisen gänzlich unerklärliche Vor- und Rücksprünge auf und die Wendeltreppen sind in kleine eckige Vorbauten eingefaßt (und nicht, wie in der Ausführung in runde). Besonders auffallend ist die unangemessene Schließung des Laubenganges an den beiden Kopfenden durch dicke Mauern, die nur von zwei Öffnungen unterbrochen sind, welche

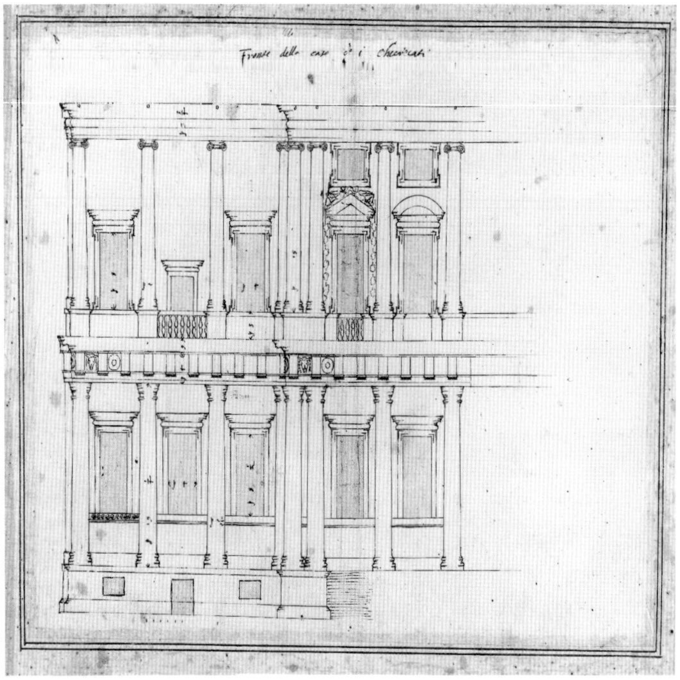

Abb. 5: Vicenza, Palazzo Chiericati, Entwurf Palladios für die Fassadengestaltung. Foto: R.I.B.A. XVII, 5.

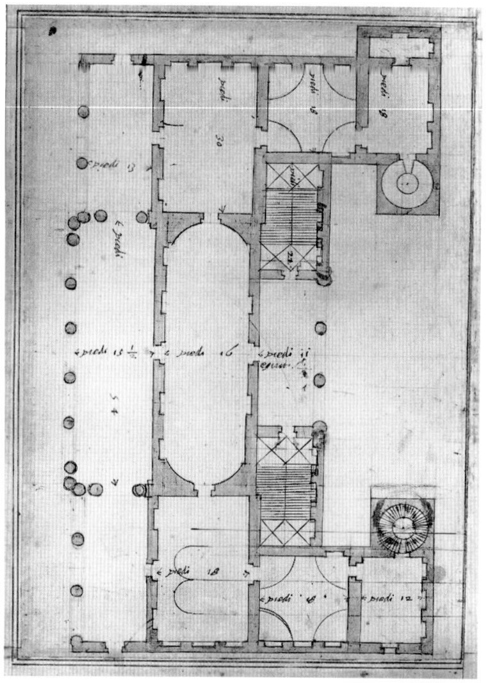

Abb. 6: Vicenza, Palazzo Chiericati, Entwurf Palladios für den Grundriß. Foto: R.I.B.A. XVII, 8.

kaum größer zu sein scheinen als die Türen im Innern des Palastes.

Da die gleichen Abweichungen auch in dem Plan des Palastes, der auf der Tafel des Traktates veröffentlicht wurde[4], wiederzufinden sind (Abb. 7), kann man zusammenfassend annehmen, daß das Blatt R.I.B.A., XVII, 8 eine direkte Vorstudie zu dieser Tafel ist. Das Umgekehrte könnte man von dem Entwurf R.I.B.A., XVII, 5 sagen, der sich viel freier gegenüber den Vorgaben des Traktates entfaltet und auf dem man im übrigen nichts vollkommen mit diesem Übereinstimmendes finden kann. Die dort veröffentlichte großformatige Tafel des Palazzo Chiericati könnte man höchstens als eine Art »Modellierung« des unbekannten Stechers nach dieser Zeichnung ansehen, welche aber bedeutende Abänderungen aufweist.

Von dieser Grundlage ausgehend, hat die Forschung die möglichen Einflüsse überprüft, die die *»invenzione«* (Erfindung) Palladios mitbestimmt haben könnten. Im »archäologischen« Bereich hat man auf das Beispiel der *»Sette Sale«* genannten Zisterne von Severius zurückgegriffen, wo die Idee der beiden übereinander errichteten Ordnungen über einem Sockel wiederzufinden ist. Auf den sogenannten Porticus Octaviae bezog man die Einfügung eines Bogens in die architravierten Kopfenden der Laubengänge und Loggien, auf die Grundtypen der Thermen das Schema der sich gegenüberliegenden, geöffneten Doppelnischen an den Stirnenden des Atriums. Natürlich fehlen auch die Vorläufer der Renaissance nicht, in dieser Hinsicht waren die Einflüsse der orthodoxeren römischen Baumeister des 16. Jahrhunderts einschneidend: Man beachte nur die toskanische und die korrekte dorische Ordnung, die von Werken Bramantes und Raffaels ausgeht, oder die besonders den Hof betreffenden, offensichtlichen Reminiszenzen an Peruzzis Palazzo Massimo alle Colonne, die im Palazzo Chiericati ohne Zweifel wiederzuerkennen sind. Auch die große, belehrende und sich allgemein verbreitende Wirkung, die auch in diesem Fall von Sebastiano Serlios *Regole generali di architettura* und seinen folgenden Büchern ausging, ist nicht zu verkennen; man bedenke nur die unwiderlegbare Übereinstimmung zwischen Serlios Entwürfen eines Palastes mit zwei auf einer Basis übereinander gestellten Säulen-

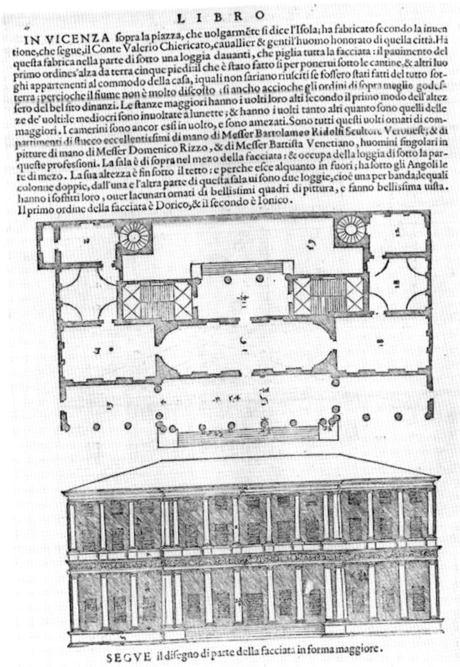
LIBRO

IN VICENZA ſopra la piazza, che uolgarmẽte ſi dice l'Iſola; ha fabricato ſecondo la inuentione, che ſegue, il Conte Valerio Chiericato, cauallier & gentil'huomo honorato di quella città. Ha queſta fabrica nella parte di ſotto una loggia dauanti, che piglia tutta la facciata: il pauimento del primo ordine s'alza da terra cinque piedi: il che è ſtato fatto ſi per ponerui ſotto le cantine, & altri luoghi appartenenti al commodo della caſa, i quali non ſariano riuſciti ſe foſſero ſtati fatti del tutto ſotterra; percioche il fiume non è molto diſcoſto: ſi ancho accioche gli ordini di ſopra meglio godeſſero del bel ſito dinanzi. Le ſtanze maggiori hanno i uolti loro alti ſecondo il primo modo dell'altezze de' uolti: le mediocri ſono inuoltate a lunette; & hanno i uolti tanto alti quanto ſono quelli delle maggiori. I camerini ſono ancor eſſi in uolto, e ſono amezati. Sono tutti queſti uolti ornati di compartimenti di ſtucco eccellentiſſimi di mano di Meſſer Bartolameo Ridolfi Scultore Veroneſe; & di pitture di mano di Meſſer Domenico Rizzo, & di Meſſer Battiſta Venetiano, huomini ſingolari in queſte profeſſioni. La ſala è di ſopra nel mezo della facciata: & occupa della loggia di ſotto la parte di mezo. La ſua altezza è fin ſotto il tetto: e perche eſce alquanto in fuori; ha ſotto gli Angoli le colonne doppie, dall'una e l'altra parte di queſta ſala ui ſono due loggie, cioè una per banda; lequali hanno i ſoffitti loro, ouer lacunari ornati di belliſſimi quadri di pittura, e fanno belliſſima uiſta. Il primo ordine della facciata è Dorico, & il ſecondo è Ionico.

SEGVE il diſegno di parte della facciata in forma maggiore.

Abb. 7: Vicenza, Palazzo Chiericati, Grundriß und Aufriß aus: Palladio 1570, Buch 2, 6.

ordnungen (Buch III) und jenem des Palazzo Chiericati, welcher nur in Anzahl und Anordnung der Interkolumnien abweicht.

Heutzutage beharrt man jedoch zu Recht auf der großen Bedeutung des Bauplatzes für die Festlegung der Grundlinien von Palladios Palast; wir beziehen uns auf den großen Platz, der aufgrund seiner damaligen Lage zwischen den Häusern der Chiericati im Westen und dem Verlauf des Flusses Bacchiglione im Osten allgemein »Insel« genannt wurde (die moderne Bezeichnung ist Piazza Matteotti). Hier wurde zu Palladios Zeit bereits seit Jahrhunderten ein Lebensmittel- und Holzmarkt abgehalten, wobei man die Lage nahe des Binnenhafens unweit des Zusammenflusses mit dem Fluß Retrone im Südosten nutzte. In diesem Zusammenhang kann man den Entwurf Palladios für den Palazzo Chiericati tatsächlich als einen entscheidenden Schritt hin zur weitgreifenden Aufwertung dieser Handelszone begreifen. Hier wird man später (1569) nicht zufällig ein zweites Anzeichen für die besonderen Absichten des Meisters, seinen Palazzo Piovene, der fast dem Hafen zugewandt war und im vergangenen Jahrhundert leider abgerissen wurde, antreffen. 1572 wird Palladio noch weitere Vorschläge zur Anlage dieses Handelsplatzes beim Hafen unterbreiten. Dabei ist schließlich nicht zu vergessen, wie sich das Projekt des Palazzo Chiericati durch seinen Eingriff in einen der Kernpunkte des urbanen Netzes auf aufsehenerregende Weise in das Programm der monumentalen Umgestaltung der Stadt eingliedert, ein Programm, daß von den herrschenden Kreisen Vicenzas mit unerschütterlicher Hartnäckigkeit verfolgt wurde, weil sie unter der Herrschaft der Venezianer verständlicherweise unzufrieden waren und in diese erneuernden Bestrebungen mehr oder weniger unbewußt auch die geheimsten reichsfreundlichen Vorlieben legten.

Es ist auf jeden Fall sinnvoll, einige Aspekte dieser Frage zu vertiefen. Die Fläche, die dem Architekt nach dem Abriß der alten Häuser der Chiericati zur Verfügung gestellt wurde, bildete ein in die Länge gezogenes Rechteck von geringer Tiefe. Von den beiden Längsseiten war die östliche gegen die »Insel« gewandt; ihre westliche Parallele blickte auf einen recht engen Hof; die beiden Schmalseiten wurden dagegen von anderen Gebäuden eingefaßt. Diese Gebäude setzten im Süden die Mauer fort, welche den Platz begrenzte, im Norden säumten sie die Straße ein, und zwar die Hauptstraße, deren Verlauf dem alten römischen Weg folgend, von der kleinen Anhöhe von S. Corona herunterkam und sich dann nach Nord-Osten wandte, wo sie auf die Brücke über den Bacchiglione (Ponte degli Angeli) stieß. Wollte man dem neuen Bau gleichzeitig eine herrschaftliche Würde und günstige Lichtverhältnisse verleihen, so machte diese unabänderbare Beschaffenheit des Baugrundes die Suche nach einer Lösung notwendig, welche tatsächlich aus dem einen großen, freien, nach Osten zum Platz gewandten Raum Nutzen ziehen konnte, wobei man sich dann auf das Bestmögliche in den engen dahinterliegenden Raum hineinwinden mußte. Dies erklärt und rechtfertigt zugleich die ungewöhnliche Abfolge der Innenräume, die entlang der vorherrschenden Quersachse derart angelegt sind, daß sie zwei getrennte Wohneinheiten bilden, die spiegelbildlich auf beiden Stockwerken seitlich des Atriums bzw. des großen Saales angeordnet sind. Gleichzeitig zeichnete sich einerseits die Möglichkeit ab, die Wohnfläche zu erweitern, indem man die Fassade des mittleren Baukörpers im Piano nobile nach vorne verschiebt, eben um genügend Platz für den großen Saal zu schaffen, und andererseits die damit einhergehende Notwendigkeit, zu Seiten dieses Mittelteils die oberen Loggien einzuführen, da nur durch sie die direkt anliegenden Säle Licht erhalten konnten. Weiterhin erlaubte die Verringerung der Raumhöhe in der gegen den Hof gerichteten Rückseite der beiden Flügel dort, im Gegensatz zu den drei des Hauptbaus, fünf nutzbare Geschosse zu schaffen.

Was die schöpferische Gestaltung anbelangt, so werden all diese Gegebenheiten mit gekonnter Fähigkeit zur Synthese in einem vollkommen neuen Gebilde gelöst, welches Spiegel einer eigenständigen und sicheren kreativen Kraft ist. Im Grunde »öffnet« Palladio beim Palazzo Chiericati die architektonische Ummantelung in Laubengänge und Loggien nicht so sehr, es gelingt ihm vielmehr, aus diesen freien, raum- und luftdurchfluteten, ja in ihrer offenen Dreidimensionalität geradezu raumschaffenden Laubengängen und Loggien das Wesen des Baus selbst zu »bilden«. Er entwickelt somit den für die Zukunft folgenreichen Übergang von der geschlossenen architektonischen Form hin zu einer ausdrücklich »offenen« Form. In ihr scheinen darüber hinaus die unüberhörbaren Töne der Jahrhunderte währenden Tradition der venezianischen Malerei mit anzuklingen, wenn sich die leuchtenden Säulenschäfte im regen Kontrast von den dichten Schatten der Kolonnaden abheben und damit eine starke Farbigkeit hervorrufen, die in vieler Hinsicht an die Entdeckungen eines Paolo Veronese erinnert.

Beachtenswert ist, wie die beiden Säulenreihen mittels der Rundbögen, die in die mit einem Architrav gegliederten Kopfenden eingelassenen sind, mit der dahinter liegenden Wand verbunden werden. Diese Seitenwände sind an der Fassade allein durch einen kleinen Mauervorsprung, der gegenüber den Ecksäulen leicht zurückweicht, ablesbar. Dies ist eine der originellsten Lösungen Palladios, deren »Virtuosität« um so deutlicher hervorsticht, wenn man den ursprünglichen Entwurf berücksichtigt, der von der Voraussetzung ausgehen mußte, daß Laubengang und Loggien auf der rechten Seite nicht frei standen, wie es sich später ergab, sondern auf beiden Seiten aus den umstehenden bescheidenen, sie eng umfassenden Gebäuden herausragten. In dieser Hinsicht nimmt die Vollendung des Baus im 17. Jahrhundert durch den Abriß der Häuser zur rechten Seite der eindringlichen Wirkung der Kolonnaden etwas von ihrer Bestimmtheit. Insbesondere die dem nördlichem Kopfende Palladios innewohnende Wirkung wird durch die Umwandlung von einem den Abschluß einer frontalen Sequenz bildenden, präzise ausgewogenen Element zu einem recht unbedeutenden Kern eines sehr viel besser sichtbaren Architekturteils herabgemindert.

Das gleiche gilt für den Hof. Obwohl er auf einem engen Raum eingepaßt werden mußte, gelang es Palladio, dort zwei übereinanderliegende Loggien, die den Eingang für die Treppen bildeten und Luft und Licht in dieselben und in die quadratischen, sonst fensterlosen mittleren Räume der vier Wohnungen brachten, sowie außerdem die Wendeltreppen des Diensttraktes unterzubringen. Palladio verwendet hier eine ebenso komplexe wie neuartige, konzentrierte Anordnung des architektonischen Ganzen. An einigen Stellen erreicht er Töne epischer Resonanz, etwa in dem unerwarteten Verlauf des Baus an der Kante der Seitenflügel, den die an der extremen Längsentwicklung thronenden Abschlüsse bewirken, an anderen vibriert ein Pathos, den man als einen Vorgeschmack auf Piranesi bezeichnen könnte, etwa in den tiefen Einschnitten, in welche die Mauern zwischen den Seitenflügeln und dem Mittelteil wie in einen Strudel hineingezogen werden. Durch die Erweiterung aus dem 19. Jahrhundert, die den ursprünglichen Zustand durcheinanderbrachte, ist es heute gewagt, die Gründe der hier mit soviel Scharfsinn gefällten Entscheidungen des Architekten, der sich in einem regelrechten ungleichen Kampf mit dem Raum befand, ohne ein beträchtliches Maß an Phantasie verstehen zu wollen, und es ist auch nicht leicht, den zerstörten Zauber wiederzufinden.

Der Größe von Palladios Entwurf entspricht die Pracht der dekorativen Ausstattung aus dem 16. Jahrhundert. Wie bereits erwähnt, wurde sie im Mittelbau von Valerio Chiericati von 1557 bis 1558 vorangetrieben. Nach einer Aussage von Palladio selbst sind hier die weißen und goldenen Stukkaturen an den Gewölben der drei Säle im Erdgeschoß Bartolomeo Ridolfi zuzuweisen. In dem ersten befinden sich in den Rahmungen der Decke in der

Mitte der *Wagen der Sonne und des Mondes*; rundherum sind in den größeren Feldern die Symbole der Gestirne dargestellt und bieten damit ein seltenes Bild der damals bekannten Tierkreiszeichen. Die kleineren Felder enthalten monochrome Darstellungen, die von antiken römischen oder griechischen Münzen stammen, welche im übrigen den zeitgenössischen Sammlern Vicenzas wohl bekannt waren. Die Fresken sind alle von Domenico Brusasorzi, der ab November 1558 im Palast arbeitete. Die entzückenden Grotesken entstammen dem Pinsel des Elidori Forbicini. Im mittleren Saal wurde im Zentrum des Klostergewölbes auf Trompen, dessen Schema in dem wertvollen Originalfußboden in zweifarbigen Terrakotta und Bändern aus Stein wiederholt wird, der *Rat der Götter* um 1558 von Battista Zelotti dargestellt. Von ihm sind auch die monochromen ovalen Bilder. Im Tonnengewölbe des dritten Saales folgen wieder Grotesken von Forbicini; für die *Geschichten des Herkules*, die traditionell Brusasorzi zugeschrieben werden, wird neuerdings auch der Name Anselmo Canera genannt. Im ersten Geschoß zeigt der monochrome Fries, der im großen rechteckigen Saal der Loggia gegenüberliegt, Kriegs- und Triumphszenen, die von der Trajanssäule abgeleitet, aber auch von Mantegnas *Trionfi* beeinflußt sind. Sie bilden hier einen deutlichen Verweis auf die ausgeprägten militärischen Ambitionen der Chiericati (ein Valerio Chiericati junior, Oberst der venezianischen Republik, der 1576 als Gouverneur von Kreta sterben wird, war Autor eines Traktates *Della Milizia*). Früher wurde auch dieser Fries Brusasorzi zugeschrieben, heute scheint jene an Battista Franco glaubwürdiger. Entlang des Frieses im anliegenden quadratischen Saal sind die weiblichen allegorischen Figuren der »zivilen Tugenden« zwischen Putten, von denen einige als Karyatiden fungieren, der neueren Forschung zufolge eher Battista Franco zuzuschreiben als Battista Zelotti, wie allgemein angenommen.

1 Als erste umfassende, frühere Literatur aufgreifende Untersuchungen seien folgenden Aufsätze genannt: BARBIERI 1962; 1973. Hinzuzufügen sind: PALLADIO 1980, 446–448 u. 451; BARBIERI 1984, 74 (behandelt besonders die urbanistischen Fragen) und BARBIERI 1987 (mit der Vervollständigung der Literaturangaben bis hin zum Erscheinungsdatum); TAVERNOR 1991, 43–45; BOUCHER 1994, 64–71; BEYER 1996, 864. Zu der Forschung und den Literaturangaben über die Ausstattung des Flügels aus dem 16. Jahrhundert siehe BARBIERI 1992; 1995 (S. 69 zeigt die erhaltene Ausstattung des Flügels aus dem 17. Jahrhundert).

2 PALLADIO 1744.

3 PALLADIO 1570, Buch II, 7.

4 Ebd., Buch II, 6.

Die Villa Pisani in Lonedo bei Vicenza

Guido Beltramini

»Die Stadthäuser sind wahrhaft nobel, glanzvoll und zweckmäßig eingerichtet, muß der Edelmann doch all die Zeit in ihnen wohnen, die er für die Verwaltung der Republik oder für die Erledigung eigener Dinge benötigt. Aber nicht geringeren Nutzen und Erholung wird er vielleicht aus den Villen ziehen, wo er den übrigen Teil seiner Zeit damit verbringt, seine Besitzungen im Auge zu haben und sie zu vervollkommnen sowie mit Fleiß und mit Hilfe der Kunst der Landwirtschaft sein Vermögen wachsen zu lassen. Hier ist auch der Ort, wo der Körper durch die Ertüchtigung zu Fuß oder zu Pferde leichter seine Gesundheit und Widerstandsfähigkeit erhält und wo schließlich die von den Geschäften der Stadt ermüdete Seele Erfrischung und Trost findet und sich ruhig den Studien der Wissenschaft und der Kontemplation widmen kann. Zu diesem Zweck begaben sich die antiken Denker sehr häufig an solche Orte, wo sie von tugendhaften Freunden oder Verwandten besucht wurden. Sie besaßen Häuser, Gärten, Brunnen und andere ergötzliche Orte. Und diese Denker besaßen vor allem eine solche Tugend, daß sie leicht in jener Seligkeit leben konnten, die man hier unten auf der Erde überhaupt erlangen kann«[1].

Ein Ort zur Erwirtschaftung von Erträgen, eine Alternative zum Leben in der Stadt, ein Rückzugsort, wo man Körper und Geist regenerieren kann, so definiert Palladio selbst die Aufgaben der Villa, wobei er nicht alle ihre Bedeutungen erfaßt. Wie in neuesten Untersuchungen gezeigt worden ist, war der herrschaftliche Landsitz in den Landstrichen Venetiens im Cinquecento auch ein politischer Bezugspunkt, um den sich die unterschiedlichen Parteien gruppierten, sowie ein Finanzzentrum, das unter den Bauern die Funktion eines kleinen, inoffiziellen Kreditgebers einnahm. Selbst innerhalb einer Gesellschaft, in der die Macht sich weitgehend in der Stadt konzentriert, ist die Villa – die *»Hauptstadt der Latifundien«*, wie sie treffenderweise bezeichnet worden ist – der Kern, um den sich im Cinquecento das Land entwickelt und der das Leben seiner Bewohner bestimmt.

Andrea Palladio verleiht diesem lebendigen Zentrum eine angemessene Form und verknüpft somit seinen Namen mit einem neuartigen Typus von Villenbau, der in den folgenden Jahrhunderten in seinen englischen und amerikanischen Varianten einen großen Erfolg haben wird. Nicht, daß es vor Palladio keine Villen gegeben hätte. Bereits seit dem Quattrocento hatte der venezianische Adel seine Aufmerksamkeit vom Meer auf das Land gerichtet, als er den Handel zugunsten von Investitionen in große Landgüter im venezianischen Hinterland, besonders in den Provinzen von Padua und Treviso, aufgab. Um solche Investitionen ertragreich zu gestalten, mußten sich die Patrizier zunächst persönlich um die Urbarmachung der Ländereien bemühen und waren deshalb von Beginn an gezwungen, längere Zeiträume auf dem Land in Herrenhäusern, die inmitten der eigenen landwirtschaftlichen Betriebe lagen, zu verbringen. Das Landgut des 15. Jahrhunderts ist eine schlichte Zweckkonstruktion ohne weitere Ansprüche, eine Ansammlung von Gebäuden um einen Hof, die rein funktionalen Kriterien folgt. Palladio greift diese unförmige Ansammlung von Bauten auf und verleiht ihr ein eigenes Gesicht und eine Hierarchie. Indem er sie organisiert und systematisiert, ruft er einen neuen Typus ins Leben, in welchem die praktischen Bedürfnisse der Landwirtschaft sich in neuartigen Formen und in einer neuen, von der antiken Architektur angeregten Sprache ausdrücken.

Der Baugrund, auf dem Palladio die Villa Pisani errichten wird, erstreckte sich entlang des schiffbaren Flusses namens Guà in der Mitte eines weitläufigen Landgutes von ungefähr 1.200 Campi (venezianisches Feldmaß), welches der venezianische Patrizier Giovanni Pisani 1523 erworben hatte. Das Anwesen war durch die Venezianer von dem rechtmäßigen Besitzer Girolamo Nogarola beschlagnahmt worden, um ihn dafür zu bestrafen, daß er sich während des 1509 ausgebrochenen Krieges der Liga von Cambrai auf die der venezianischen Republik feindlich gesinnte Seite geschlagen hatte. Das alte Herrschaftshaus der Nogarola, das von dem Bau Palladios ersetzt werden wird, wird in dem Kaufakt der Pisani als abgebrannt beschrieben. Nach Kubelik kann man dessen ursprüngliches Aussehen anhand einer Karte rekonstruieren, die einen von einem Turm beherrschten Bau mit einer gegen Westen gerichteten Hauptfassade zeigt. Der Auftrag an Palladio ergeht von den Söhnen des 1528 verstorbenen Giovanni, wahrscheinlich anläßlich der Hochzeit des älteren der beiden, Vittore, mit Paola Foscari im Jahre 1542. In der venezianischen Steuererklärung von 1540 erscheint noch kein Herrensitz in Bagnolo, während in jener aus dem Jahre 1545 *»un palazzo ... fato de novo«* (ein neu errichteter Palazzo) auftaucht. Die Jahreszahl 1544, die im letzten Jahrhundert von dem Palladio-Forscher Magrini in den Fresken der Villa entdeckt wurde, sowie einige Ergebnisse der auf Thermoluminiszenz (Datierungsmethode, bei der man die letzte Brennung eines Materials bestimmen kann, A.d.Ü.) beruhenden Forschung bestätigen diese zeitlichen Eckwerte, ohne daß es jedoch gelungen wäre, den Fortgang des Baus, der sich auch sehr in die Länge gezogen haben kann, zu rekonstruieren. Auf jeden Fall zeigt eine Karte von 1562 die vollständige Fassade und eine große, von zwei Taubenschlägen eingefaßte Barchesse (Abb. 1). Dies wurde auch von Vasari in der zweiten Ausgabe seiner Viten bewundert und folgendermaßen beschrieben: *»ricchissimo e gran cortile dorico, con bellissime colonne«* (ein überaus reicher und großer dorischer Hof mit wunderschönen Säulen).

Für den gerade erst 38jährigen Palladio stellt der Auftrag von 1542, die Villa Pisani zu bauen (Tafel 4)[2], ohne Zweifel einen Wendepunkt in der eigenen beruflichen Laufbahn dar. Nach den Entwürfen für die Vicentiner Godi in Lonedo (1537) und Giuseppe Valmarana in Vigardolo (1541) tritt Palladio diesmal mit einer der reichsten Familien aus der Hauptstadt Venedig in Verbindung. Dies ist eine Gelegenheit, die man sich nicht entgehen lassen darf. Wie Lewis angenommen hat, war es wahrscheinlich der Förderer Palladios Giangiorgio Trissino, der den Kontakt zwischen den mächtigen Brüdern Pisani und dem jungen Architekten hergestellt hat. Dafür spricht die Tatsache, daß sich

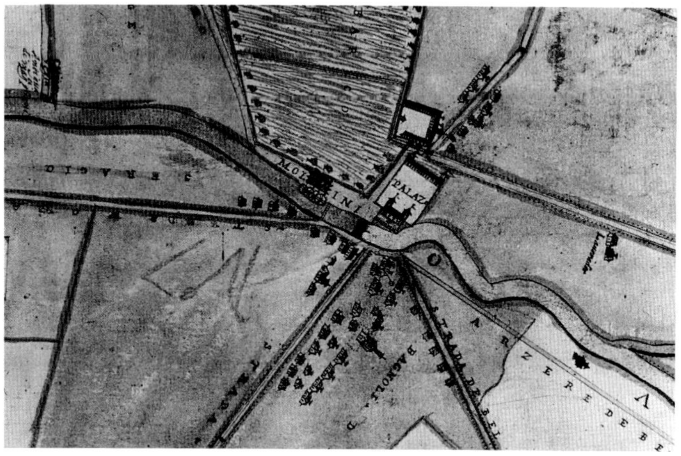

Abb. 1: Andrea Fisaro, Detail aus dem Plan des Besitzes Pisani in Bagnolo, 1569.

Vittore Ende der dreißiger Jahre in Padua befand, zu einer Zeit, zu der auch Giangiorgio seinen Wohnsitz dorthin verlegt und fruchtbare Verbindungen mit dem in Architektur dilettierenden Patrizier Alvise Cornaro geknüpft hatte.

In jenen Jahren unterstützt Trissino eine weitere für Palladios Entwicklung und architektonische Formensprache entscheidende Begegnung. Er konfrontiert ihn mit den antiken römischen Monumenten, indem er ihn 1541 nach Rom begleitet. Der unmittelbare Anblick der großartigen Ruinen stellt für den jungen Architekten eine entscheidende Erfahrung dar, die derart intensiv und überraschend ist, daß er noch dreißig Jahre später auf den ersten Seiten seines Traktates davon berichten wird, daß er sie einer viel größeren Beachtung würdig gehalten habe, als er zuvor gedacht habe (*»di molto maggiore osservazione degne, c'io non mi haueva pensato«*)[3]. Bei derselben Gelegenheit entdeckt Palladio außer den antiken Monumenten auch die Welt der Architektur der großen Meister des frühen 16. Jahrhunderts, wie Bramante, Raffael oder Antonio da Sangallo.

Diese Fülle von Anregungen bricht mit Macht in die laufende Projektierung der Villa Pisani ein, und es ist in den Entwurfszeichnungen der nicht immer einfache Versuch zu erkennen, unterschiedlichste Elemente zusammenzubringen. Die jugendliche Begeisterung für die neuen Entdeckungen verknüpft mit dem Wunsch, sich auf der Höhe des verfeinerten Geschmacks der verwöhnten veneziani-

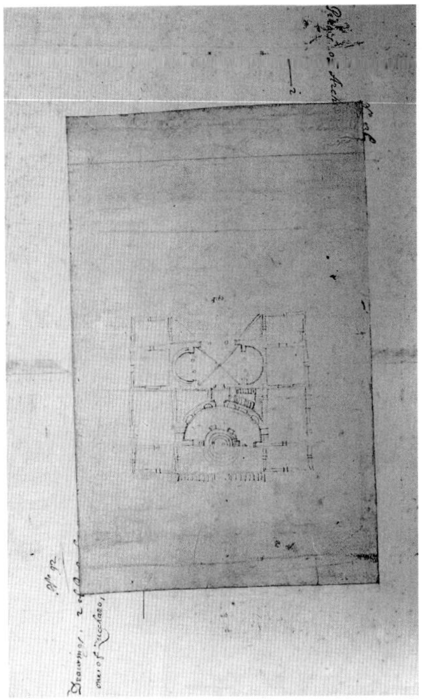

Abb. 2: Villa Pisani in Bagnolo, Grundrißskizze Palladios. Foto: R.I.B.A. XVII, 2 v.

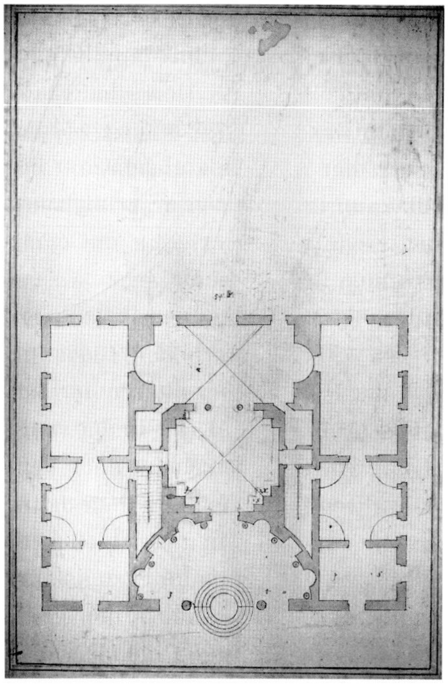

Abb. 3: Villa Pisani in Bagnolo, Entwurf Palladios für den Grundriß. Foto: R.I.B.A. XVII, 18 v.

schen Auftraggeber zu zeigen, läßt zunächst einen ersten komplexen und in gewisser Hinsicht abstrakten Vorentwurf entstehen. Aber die Abfolge der Zeichnungen erlaubt es, den Fortgang von Palladios Projekt in der ihr innewohnenden Kompositionslogik zu rekonstruieren und die Entwicklung vom Eklektizismus der ersten Entwürfe hin zu dem schließlich errichteten harmonischen Gebäude, welches schließlich das Ergebnis einer ausgereiften Sprache ist, in einzelnen Schritten nachzuvollziehen.

Für die Villa sind vier Entwurfszeichnungen erhalten und sie werden alle im Royal Institute of British Architects in London aufbewahrt (R.I.B.A., XVII, 17; XVII, 18; XVI, 7; XVII, 2v). Nach Lewis Meinung gehört noch eine fünfte dazu (XVII, 16), die ihm zufolge ähnliche Eigenschaften aufweist. Die ersten vier Zeichnungen sind unterschiedlich weit ausgearbeitet. Dennoch kann man bei ihnen eine fortschreitende klärende Vereinfachung der Grunddisposition festmachen, die in allen Stadien von einem weiten Halbrund bestimmt wird, das in der Ausführung dann wegfällt. In den Zeichnungen XVII, 2v (Abb. 2) und XVII, 18 (Abb. 3) ist der Grundriß klar in drei Bereiche getrennt: jenen zentralen, der aus einer Abfolge von komplexen Räumlichkeiten besteht, und den beiden seitlichen mit aneinander gereihten Zimmern. Auf den Zeichnungen mit den Nummern XVII, 17 (Abb. 4) und XVI, 7 (Abb. 5) wurde die Trennung der drei Zonen durch einen geglückten Richtungswechsel der großen seitlichen Säle, die nun die beiden Systeme miteinander verknüpfen, überwunden. Die Zeichnung mit der Nummer XVII, 17 entspricht fast genau dem ausgeführten Grundriß, so daß es sich fast um eine unmittelbar davorliegende Version zu handeln scheint. Diese Zeichnungen erlauben es, anhand der Abfolge der Räume, die sich von einem ersten Schema ausgehend über verschiedene Stadien hin formt, Palladios logisches Vorgehen während der Planung zu beobachten.

Gleichzeitig ist es faszinierend, in den Zeichnungen und in der Ausführung eine Anhäufung unterschiedlichster Elemente festzustellen, die den kulturellen Hintergrund von Palladios Ausbildung erkennen lassen. Zweifellos geht bei diesen genau wie bei anderen Zeichnungen Palladios, die sich auf Villen der frühen vierziger Jahre des 16. Jahrhunderts beziehen, der entscheidendste Einfluß auf die großen

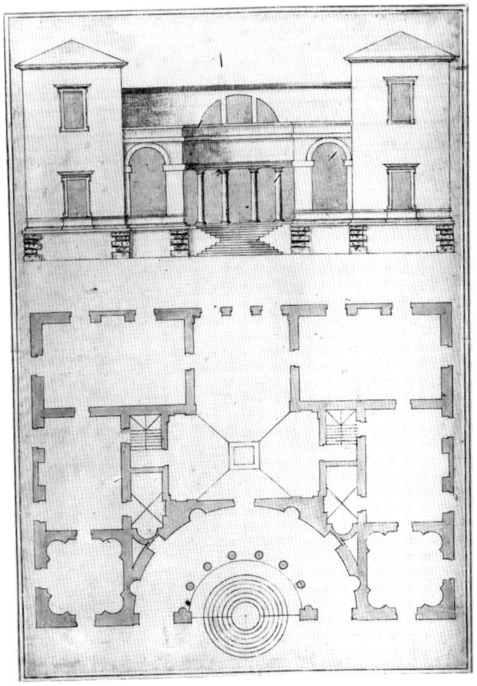

Abb. 4: Villa Pisani in Bagnolo, Entwurf Palladios für den Aufriß und den Grundriß. Foto: R.I.B.A. XVII, 17.

antiken Thermalanlagen zurück. Palladio, der die römischen Monumente in Verona wohl gut kannte, sieht sich 1541 das erste Mal den Kaiserthermen gegenüber, die er bisher nur mittels der Zeichnungen im Traktat von Sebastiano Serlio kannte. Der Eindruck ist so überwältigend, daß solche überwölbten und durch Serliane gegliederten Säle, welche sich derart von den traditionellen Räumen mit flachen Holzdecken der Villen des Venetos unterscheiden, die Entwürfe von zahlreichen Villen dieser Zeit bestimmen. Neben diesen Anregungen, die die Frucht des gerade abgeschlossenen Romaufenthaltes ausmachen, kommen auch Elemente hinzu, die Andrea von der venezianischen Tradition übernimmt. Das System der drei hintereinanderliegenden Räume, die in einem wechselseitigen harmonischen Bezug zueinander stehen, entstammt der Aufteilung der Villa Cricoli von Giangiorgio Trissino in Cornaro sowie von dessen Proportionsstudien für Räume. Ebenfalls aus Cricoli stammt das Motiv der beiden flankierenden Türmchen, die die Loggia bei dem ausgeführten Bau an der dem Fluß zugewandten Fassade einfassen. Die oktogonalen Eckräume auf dem Blatt XVII, 17 sind nach

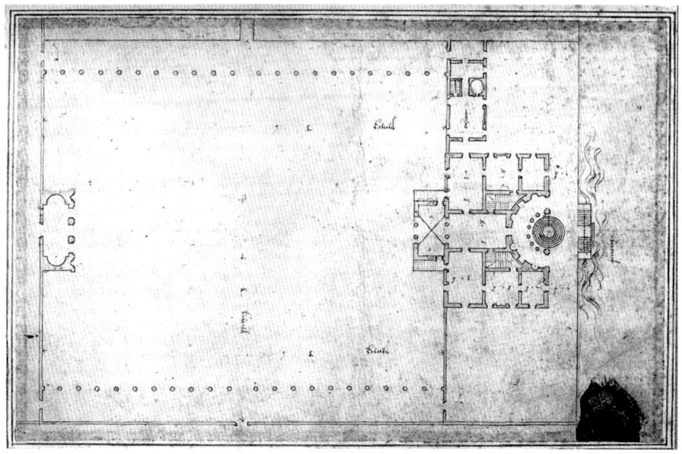

Abb. 5: Villa Pisani in Bagnolo, Entwurf Palladios für den Grundriß der Gesamtanlage. Foto: R.I.B.A. XVI, 7.

dem Vorbild des zentralen Raumes vom Odeon des Freundes Trissinos, Alvise Cornaro, in Padua entworfen. Die Villenzeichnungen von Sebastiano Serlio, der wiederum ein Freund von Trissino und Alvise Cornaro war, waren Ende der dreißiger Jahre im Veneto verbreitet und stellten mit großer Wahrscheinlichkeit eine Quelle für die von einem großen Halbrund bestimmte Grundrißlösung dar (Abb. 6). Ebenfalls aus dem Veneto, genauer aus Verona, ist die Herkunft der von Michele Sanmicheli übernommenen Formen der mächtigen, bossierten dorischen Pilaster der zum Fluß gewandten Loggia herzuleiten, welche mit ihren seitlichen Nischen im übrigen einem entsprechenden Raum in der Villa in Soranza bei Castelfranco viel verdankt, die ebenfalls von dem Veroneser Architekten entworfen worden ist. Neben dem kulturellen Hintergrund aus der Jugend und der antiken Architektur bietet auch das moderne Rom einen ganzen Reigen an Motiven. Die Villa Madama von Raffael hinterläßt mit Sicherheit einen ganz entscheidenden Eindruck auf den jungen Palladio, welcher von ihr für die Villa Pisani auf dem Blatt XVII, 18 die halbrunden Kolonnaden aufgreift. Die dreieckige Treppe auf Blatt XVII, 2v stammt dagegen vom Pantheon. Die große Nische von Donato Bramante im Belvedere des Vatikans bestimmt alle Zeichnungen mit ihren abwechselnd konkaven und konvexen Treppen. Die Cappella Paolina des Vatikans weist die Möglichkeit auf, große Thermalfenster zu verwenden, um den großen zentralen Saal zu beleuchten.

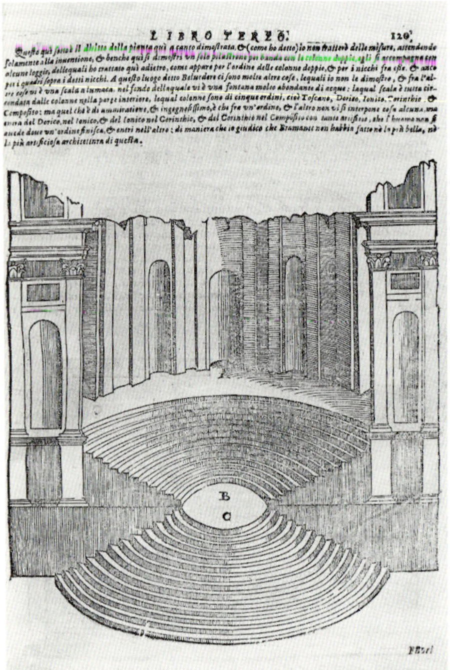

Abb. 6: Sebastiano Serlio, die Treppe des Belvedere im Vatikan. Il terzo libro, Venedig 1540, 143.

Der Übergang von den Vorstudien für die Villa Pisani zu ihrer endgültigen Ausführung schließt den Sublimierungs- und Vereinfachungsprozeß mit Erfolg ab. Die endgültige Anordnung ist von einem großen formalen Gleichgewicht und unzweifelhaft auch wesentlich billiger. Die Stärke der Entwürfe Palladios liegt in der Tat immer in der Fähigkeit, im Rahmen einer figürlichen Ausformung von großer gestalterischer Kraft gleichzeitig Lösungen für konkrete, funktionale Anforderungen zu liefern. Der Sockel, auf dem auch die Villa Pisani emporragt, bietet beispielsweise der Unterbringung der Diensträume Platz und verleiht dem Gebäude gleichzeitig Schwung und Würde. Palladios Aufmerksamkeit gilt immer der Suche nach neuartigen und rationalen Lösungen in bezug auf die Organisation und Raumverteilung, und dies nicht nur beim Grundriß der Villa selbst, sondern beim gesamten Komplex der landwirtschaftlichen Anbauten. Palladio faßt in einen einzigen Entwurf die Ställe, Barchessen und Taubenschläge zusammen und überwindet damit die rein auf den Nutzen zielende Anlage der Villen aus dem 15. Jahrhundert. Dies hat sicherlich Vorläufer aus dem 15. Jahrhundert, wie die Villa Giustinian in Roncade, doch Palladio findet woanders seine Vorbilder, und zwar, wie Burns bemerkt hat, wieder einmal in dem antiken Rom, genauer in den Tempeleinfriedungen wie jene vom Tempel des Herkules in Tivoli, den Palladio für einen Palast mit einem von Laubengängen eingefaßten Hof hielt.

Tradition und Erneuerung, antike Funktionen und neue Formen der Renaissance verbinden sich in den Villen Palladios, um einen neuen erfolgreichen Architekturtypus ins Leben zu rufen.

1 Palladio 1570, Buch II, Kap. 12; Übersetzung aus Palladio 1991, 161.
2 Als wichtigste Literatur zu diesem Thema ist zu nennen: Vasari 1568, Bd. II, 528; Palladio 1570, Buch II, 47; Muttoni 1740, Bd. I, 21; Bertotti Scamozzi 1776–1783, Bd. II, 14–19; Magrini 1845, 79 u. 241; Burger 1909, 40–47; Pane 1961, 224–225; Dalla Pozza 1964–1965; Ackerman 1967, 38–40; Zorzi 1969, 52–60; Barbieri 1970; Cevese 1971, Bd. I, 100–109; 1973 b, 55–56; Puppi 1973, Bd. II, 254–257; Kubelik 1974; Boucher 1975; Berger 1978, 103–108; Pereswet-Soltan 1978; Goedicke u. a. 1980; Rigon 1980, Nr. 4; Lewis 1981, 81–87; Muraro 1981–82 , 33–45; 1986, 182–185; Canova 1985, 86–93; Bödefeld u. Hinz 1987, 108–109; Battilotti 1990, 40–43; Boucher 1994, 89–96.
3 Palladio 1570, Buch I, 5.

Tafel 1: Antonio Canale, gen. Canaletto, »*Fantasia Palladiana*«.
Foto: Galleria Nazionale, Parma.

Tafel 2: Vicenza, Basilica Palladiana.

Tafel 3: Vicenza, Palazzo Chiericati.

Tafel 4: Villa Pisani in Bagnolo di Lonigo.

Tafel 5: Köln, Rathausvorhalle, sog. Zweiter Entwurf von Cornelis Floris, Federzeichnung, 1557. Foto: Rheinisches Bildarchiv, Köln.

Tafel 6: Sir Edward Lovelett Pearce, Parliament House, Dublin, 1729 (Thomas Malton, Aquarell). Mit seinem Parlamentsgebäude gelang Pearce ein palladianisches Meisterwerk, das selbst in England seinesgleichen suchte. Foto: National Gallery of Ireland, Dublin.

Tafel 7: Weesp, Landhaus Driemond, 1642, Philips Vingboons
(Melchior de Hondecoeter, Alte Pinakothek München). Foto: Artothek.

Tafel 8: Gerrit Houckgheest, Architekturphantasie, um 1650, Beispiel der Perspektivmalerei. Museum für Hamburgische Geschichte. Foto: Fischer-Daber.

Tafel 9: Das »Hamburger« Modell des Templum Salomonis, Detail: Blick in einen Hof. Museum für Hamburgische Geschichte. Foto: Fischer-Daber.

Tafel 10: Hamburg, Millerntor um 1700, Öl auf Leinwand, von Chr. Suhr (1771–1842), Museum für Hamburgische Geschichte. Foto. Fischer-Daber.

Tafel 11: Nürnberg, Schloß Kirchensittenbach, 1590–95 von Wolf-Jacob Stromer erbaut; Tafelrunde, bei der Wolf-Jacob Stromer dem Besitzer Jobst Friedrich Tetzel den Willkomm-Pokal überreicht. Miniatur im Stammbuch Tetzels. Foto: Germanisches Nationalmuseum Nürnberg.

Tafel 12: Anton von Maron, Bildnis Leopolds III. Friedrich Franz von Anhalt-Dessau (1740–1817), um 1766, Öl auf Leinwand, Nürnberg, Germanisches Nationalmuseum. Foto: Bildarchiv Germanisches Nationalmuseum.

Tafel 13: Schloß Wörlitz, Ansicht von Süden, erbaut 1769–1763.
Foto: L. Winkler, Leipzig, 1996.

Tafel 14: Wörlitz, »Englischer Sitz« im Schloßgarten der Wörlitzer Anlagen, erbaut Mai bis September 1765.
Foto: Bildarchiv Kulturstiftung Dessau-Wörlitz, Lutz & Löffelbein, Dortmund 1995.

Tafel 15: C. F. Hansen, Landhaus Godeffroy, Elbchaussee, Fassade.
Foto: Kunstakademiets bibliotek.

Tafel 16 a: Volkwin Marg, Messegelände Leipzig, Eingangshalle Ost.
Tafel 16 b: Volkwin Marg, Messegelände Leipzig; Glashalle innen, Konstruktion einer hängenden Glasschale als Kreisbogengewölbe.
Tafel 16 c: Volkwin Marg, Messegelände Leipzig; Eingangshalle Ost, Inneres als Säulenhalle mit Kreuzkapitellen.

Tafel 16 d: Volkwin Marg, Messegelände Leipzig, Kolonnadenumgang mit Gesims.
Tafel 16 e: Volkwin Marg, Messegelände Leipzig; kolossale Ordnung der Säulen im Congress Foyer.
Tafel 16 f: Volkwin Marg, Messegelände Leipzig, Messeturm als freistehender Campanile.

Die Folgen für die Baukunst im Norden Europas

Der Palladianismus in England

Giles Worsley

Einleitung

Als Phänomen ist der englische Palladianismus nicht ganz leicht zu fassen, hat es sich doch nie um eine einheitliche architektonische Schule gehandelt, sondern um ein Mit- und Nebeneinander verwandter und doch deutlich unterscheidbarer Entwicklungsstränge, die zu verschiedenen Zeiten verschiedene Spielarten hervorbrachten[1].

Wenn wir den englischen Palladianismus begreifen wollen, müssen wir daher zunächst die einzelnen Stränge dessen betrachten, was gebündelt den Palladianismus ergibt, um dann zu untersuchen, welche Wandlung dieser erfuhr, als er vom Kontinent nach England ausstrahlte. Eine genaue Definition des Palladianismus bleibt problematisch; am ehesten könnte man ihn umschreiben als sehr stark historischen Vorbildern verpflichtete, durchdachte und gestalterisch strenge architektonische Haltung, die unbedingte Treue gegenüber der klassischen Formensprache verlangte, wie sie die römische Antike hervorgebracht und der bedeutendste römische Architekturtheoretiker Vitruvius sie in seinen Schriften dargelegt hatte und wie sie im Schaffen und in den Betrachtungen bestimmter Baumeister und Theoretiker der Spätrenaissance, allen voran Leon Battista Albertis und – natürlich – Andrea Palladios, ihre herausragenden Interpreten gefunden hatte.

Von absolut zentraler Bedeutung für den englischen Palladianismus ist und bleibt Palladio, doch erschöpfte sich der englische Palladianismus ebensowenig wie der kontinentale in der bloßen Nachahmung der Baukunst des großen Meisters. Eher ist Palladio als Prisma zu sehen, das ein bestimmtes Strahlenbündel architektonischen Denkens in verschiedene Stränge zerlegte. Demnach steht Palladios Œuvre zwar im Mittelpunkt des Interesses, doch entscheidenden Anteil haben auch die, auf deren Werk er aufbaute, und die, die sein Erbe antraten.

Eine wesentliche Voraussetzung der palladianischen Architektur ist das Studium der Baukunst der römischen Antike – konkret in Gestalt der historischen Baudenkmäler des antiken Roms, mit denen sich Palladio eingehend befaßt hatte, geistig in Gestalt ihrer theoretischen Grundlagen, nämlich Vitruvs zehnbändigem Lehrwerk *De architectura libri decem*. Palladio selbst hatte Daniele Barbaros 1556 fertiggestellte Übersetzung des Vitruvius ins Italienische illustriert, und das Werk beeinflußte ihn nachhaltig. Wichtige Schriften waren außerdem solche unmittelbarer Vorgänger Palladios wie Albertis *De re aedificatoria* (1485) und Sebastiano Serlios *L'architettura*, welches zwischen 1537 und 1575 erschien. Eine große Rolle spielten ferner Bauwerke römischer Renaissancevorbilder wie Bramante, Raffael, Giulio Romano, Michele Sanmicheli und Jacopo Sansovino. Ihre architektonischen Schöpfungen sollten sich auch für die englischen Palladianer als sehr wichtig erweisen und dienten diesen gelegentlich direkt als Vorlage.

Nach Palladios Tod lebte sein Stil in den Bauten seines Schülers Vincenzo Scamozzi fort, der die Grundprinzipien palladianischen Bauschaffens 1615 in seinem Werk *Dell'idea dell' architettura civile* darlegte. Obgleich nur mager illustriert und nie vollständig ins Englische übertragen, erwies sich dieses als für die englische Entwicklung recht bedeutsam. Zur wichtigen Inspirationsquelle für nachfolgende englische Palladianer wurden die Bauten Inigo Jones', der den Palladianismus zu Beginn des 17. Jahrhunderts in England einführte, sowie seines Schülers John Webb, und ganz ähnlich ließ sich dann der Nachwuchs der fünfziger und sechziger Jahre des 17. Jahrhunderts von den Bauwerken palladianischer Architekten der zwanziger und dreißiger anregen.

Während das Werk von Palladio selbst von einem enormen Facettenreichtum ist, lassen sich doch einige Kernbereiche ausmachen, die spätere Generationen zu unterschiedlichen Zeiten in unterschiedlicher Weise beschäftigten: seine Lehre von den Säulenordnungen und Proportionen, sein Bauschaffen und schließlich seine Rekonstruktionen antik-römischer Bauwerke. Die Wirkung Palladios ist teils auf seine Baukunst zurückzuführen, deutlicher aber noch auf seine *Quattro libri dell' architettura* (1570), die neben Plänen für eigene Projekte auch antik-römische Entwürfe enthielten. Sie erlaubten auch Architekten, die Palladios Bauten nie gesehen hatten, stilistische Anleihen.

Das Denken und die Bauten Palladios erfuhren ebenso wie die architektonische Stilrichtung, die er begründet hatte, bei ihrer Verpflanzung ins ganz andere geistige und geophysikalische Klima Englands zwangsläufig eine Wandlung – so wie das Bildnis Palladios, welches das Frontispiz von Giacomo Leonis englischer Übersetzung der *Quattro libri* aus dem Jahr 1715 ziert, aus dem Vicenzer des 16. einen englischen Künstler des beginnenden 18. Jahrhunderts macht.

Die *Quattro libri* dürften auch vor der Einführung des Palladianismus durch Inigo Jones, wenn auch nur in bescheidenem Maße, von einzelnen englischen Architekten herangezogen worden sein. In der Folge aber wurden seine Bücher zum grundlegenden architektonischen Lehrwerk des 17. und 18. Jahrhunderts. Trotzdem dürfen nicht alle, die die *Quattro libri* konsultierten, als Palladianer gelten. Angesichts der Vormachtstellung der klassizistischen Architektur im England des 17. und 18. Jahrhunderts wundert es nicht, daß Palladios strenge und in ihrer Ausgewogenheit ansprechende Haltung von zahlreichen Baumeistern aufgegriffen wurde, ohne daß diese sich deshalb weiter für die philosophischen Grundlagen interessiert hätten. Wieder andere waren von der bestechend klaren Proportions- und Stillehre angetan, die Palladios Architektur auszeichnete: der Betonung der Symmetrie, dem gut austarierten Verhältnis von Fenster- zu Wandflächen. Betrachten wir Palladios weniger aufwendige Bauten nebst den zur Planung herangezogenen Zeichnungen Serlios und vernachlässigen wir dann alle Dekorationselemente, tritt eine harmonische, ebenso schlichte wie zweckmäßige Architektur zutage, die wir als »Georgian Style« bezeichnen. Ein Großteil der englischen Baukunst des 17. und 18. Jahrhunderts beruht auf diesem frühen Palladianismus.

Auch allen, die ehrgeizigere Bauvorhaben verfolgten, bot Palladios reicher und vielfältiger Formenschatz einen schier unerschöpflichen Inspirationsfundus – ob sie sich nun einzelner Motive oder ganzer Pläne bedienten oder ob sie insgesamt ausdrücklich palladianische Bauten erschaffen wollten. Sehr deutlich zeigt sich das im Werk von Inigo Jones und John Webb und erneut in den letzten Dekaden des 17. und den ersten des 18. Jahrhunderts. Die zwanziger Jahre des 17. Jahrhunderts erlebten die Verdichtung dieser Anleihen zu einem selbstbewußt palladianischen Gestaltungskanon – auch als Neopalladianismus bekannt –, der bis in die achtziger Jahre des 17. Jahrhunderts hinein in der Profanarchitektur die vorherrschende Stilrichtung blieb.

Palladios Zeichnungen antik-römischer Bauwerke, seine theoretischen Rekonstruktionen etlicher bei Vitruv beschriebener Bauten und seine eigenen Vorschläge für klassische Bauwerke nehmen in den *Quattro libri* breiten Raum ein. Zusammen mit den Studien römischer Überreste bei Serlio und der Behandlung antiker römischer Baukunst in Antoine Desgodets *Les Edifices Antiques de Rome* (1682) regten sie eine Reihe palladianischer Architekten in England, vorwiegend Amateure, zu eigenen antikisierenden Bauwerken an. Ihr Schaffen könnte als palladianischer Neoklassizismus bezeichnet werden.

Inigo Jones und die Einführung des Palladianismus

1615 kehrte Inigo Jones von seiner zweiten und bedeutenderen Italienreise, auf der er die Bekanntschaft Scamozzis gemacht und ein Konvolut mit Zeichnungen Palladios erworben hatte, nach England zurück. Im selben Jahr noch wurde er zum »Surveyor-General of the King's Works« ernannt und hatte als Architekt des Königs die Oberaufsicht über das gesamte königliche Bauwesen. Keine vier Jahre später trat der Palladianismus in England mit der Errichtung des Banqueting House in Whitehall seinen Siegeszug an. Mit seinem Schmuckreichtum setzte das Bauwerk innerhalb der klassizistischen Architektur Englands neue Maßstäbe. Jones sollte noch andere Bauten von ähnlicher klassizistischer Ornamentfülle entwerfen, doch dank vor allem der knappen Mittel, des Krieges gegen Frankreich und Spanien 1624 bis 1630 und des 1642 ausbrechenden Bürgerkriegs blieb es bei nur wenigen Beispielen dieser Spielart.

Ab 1630 entwickelte Jones eine neue, neoklassizistische Variante städtebaulicher Architektur, die Anleihen bei Pal-

Abb. 1: Inigo Jones, St. Paul's, Covent Garden, London, 1631 (Stich nach Wenceslaus Hollar). Für St. Paul's, Covent Garden, diente Jones Barbaros Rekonstruktion von Vitruvs tuskischem Tempel als Vorlage. Foto: Paul Mellon Centre.

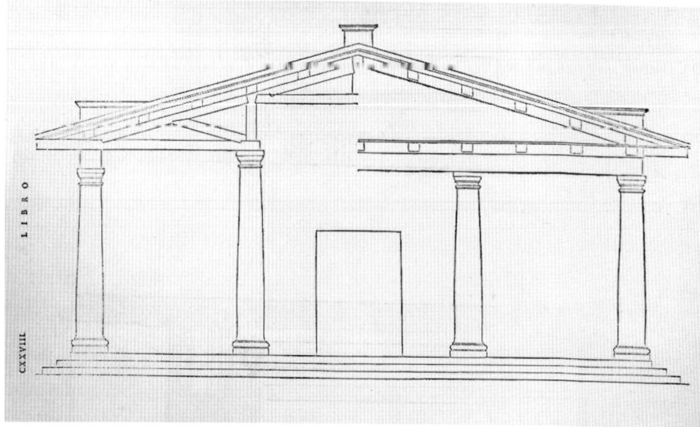

Abb. 2: Rekonstruktion des tuskischen Tempels aus Daniele Barbaros Edition von Vitruvs zehnbändiger Archtitekturtheorie. Foto: Sir John Soane's Museum.

ladios Rekonstruktionen antik-römischer Bauwerke machte. Insbesondere St. Paul's Church am Covent Garden, 1631 (Abb. 1), lehnte sich stark an Palladios Rekonstruktion des tuskischen Tempels aus Barbaros Vitruv-Ausgabe an (Abb. 2) – der Arkadenhof verriet Anklänge an die Arkaden der von Palladio gezeichneten römischen Tempel. Im Rahmen der Erneuerungen an St. Paul's Cathedral in London ab 1635 fügte Jones nach dem Vorbild des Tempels der Venus und Roma in den *Quattro libri* einen gewaltigen Portikus mit gekuppelten korinthischen Säulen an.

Jones machte sich auch für eine allgemeine Anhebung des Niveaus der klassizistischen Architektur in England stark, und so gibt es zahlreiche Belege für Empfehlungen und Verbesserungen an Bauwerken anderer Architekten. Sein größtes Verdienst bestand in der Entwicklung einer schlichten, leicht zu handhabenden und doch klassizistisch anspruchsvollen Formensprache für kleinere Profanbauten – durch Entwürfe wie den für Maltravers House in London, 1638 (Abb. 3). Seiner dekorativen Elemente entkleidet, lebt dieses Konzept von harmonischen Proportionen und dem rechten Verhältnis von Fenster- zu Wandflächen und inkorporiert meist hohe, symmetrisch ins glattverputzte Mauerwerk gesetzte Fenster und ein abgewalmtes, oft mit Gauben bestücktes Dach. Mit diesem Entwurf folgt Jones stärker Serlio (Abb. 4) als Palladio; sein unprätentiöser Stil ohne gliedernde Säulenordnungen wurde oft erst in seiner direkten Nachfolge um Schmuckmotive wie Pilaster, *œil de bœuf*, Serliana und von Serlio übernommene Rundbogenfenstern bereichert. Landhäuser wie Chevening House in Kent und Forty Hall, Enfield, London oder die Anlage von Lincoln's Inn Fields zeigen, daß dieser eher serlianische Stil zur architektonischen Modeströmung der dreißiger und fünfziger Jahre des 17. Jahrhunderts avancierte.

Der Ausbruch des Bürgerkriegs zwang Jones zu einer Schaffenspause, und obwohl sich Hinweise dafür finden lassen, daß er sich nach dem Sieg Cromwells 1649 weiter als Baumeister betätigte, bleibt unklar, in welchem Umfang. Die Architektur der folgenden Dekade entwickelte in der Hauptsache Ansätze der dreißiger Jahre fort. Eine Ausnahme bildet das Werk des Jones-Schülers John Webb, der sich als Architekt eigene Meriten erwarb und den hochentwickelten Palladianismus von Jones' Banqueting House und der Entwürfe für Whitehall Palace beim Bau einiger Landhäuser vorantrieb. Eines davon, The Vyne, Hampshire (1654), stattete er als erstes Privathaus der englischen Baugeschichte mit einem Portikus aus.

Der Durchbruch des säulenlosen Palladianismus

Mit der Wiedereinsetzung der Stuarts 1660 mag Webb auf ein hohes architektonisches Amt gehofft haben. Zwar wurde er tatsächlich mit dem Bau zweier königlicher Schloßanlagen – Somerset House, 1662, und Greenwich Palace, 1664 (Abb. 5), – betraut, doch die höchste Ehre der Ernennung zum »Surveyor-General of the King's Works« blieb ihm versagt. Auch beim Projekt Greenwich Palace war ihm

Abb. 3: Inigo Jones, Entwurf für Maltravers House, London, 1638. Jones' Aufriß verrät den Einfluß Serlios auf sein Schaffen. Säulenlose Entwürfe dieser Art setzten Maßstäbe.
Foto: British Architectural Library.

Abb. 4: Sebastiano Serlio. Entwurf für einen schlichten Haustyp aus seinem siebten Buch zur Architektur.
Foto: Courtauld Institute of Art.

das Glück nicht hold, denn die Arbeiten wurden noch vor Vollendung des ersten Traktes eingestellt. Zudem stieß Webbs üppiger palladianischer Villenstil bei zeitgenössischen Baumeistern nicht unbedingt auf Zustimmung. In seiner Komplexität (und entsprechend seiner Kostspieligkeit) überstieg er offenbar im allgemeinen die Erwartungen der Bauherren und auf jeden Fall wohl das Können der meisten englischen Architekten und Baumeister dieser Epoche. Webb fand keine Anhänger, und so starb Inigo Jones' hochentwickelter Palladianismus mit ihm.

Jones' säulenloser Stil hingegen erwies sich als den Erfordernissen der damaligen englischen Architektur weit angemessener, und er verbreitete sich durch die Vermittlung eines kleinen Kreises Londoner Baumeister und Architekturtheoretiker, unter denen Sir Roger Pratt (der möglicherweise Jones beim Projekt Coleshill House, Berkshire zu Hand ging), Hugh May, John Evelyn und Robert Hooke die größte Bedeutung zukommt, rasch und erfuhr dabei eine gewisse Verfeinerung. Zeitgenössische Quellen, insbesondere Pratts Notizbücher, belegen eindrucksvoll, wie stark diesem Kreise Palladio – und besonders dessen Villenarchitektur – als nachahmenswert galt. Und wie puristisch diese Gruppe dachte, läßt sich daran ermessen, daß das in den dreißiger und fünfziger Jahren des Jahrhunderts noch so beliebte Serlio-Motiv in der Dekade darauf fast durchgehend verworfen wurde.

Angesichts der Tatsache, daß der Klassizismus in der englischen Baukunst keine große Tradition besaß, strebten diese Architekten eine architektonische Revolution im Geiste Palladios an – vor allem in den Köpfen der ausführenden Baumeister und Handwerker. Publikationen waren ein wichtiges Mittel zum Zweck. 1663 veröffentlichte daher Godfrey Richards, der ebenfalls dem Kreis angehörte, die erste englische Übersetzung von Palladios *Erstem Buch zur Architektur*. 1664 folgte John Evelyns englische Fassung der glühend palladianischen Streitschrift *Parallèle de l'architecture antique et de la moderne* von Roland Fréart de Chambray. Richards erwog sogar die Herausgabe einer

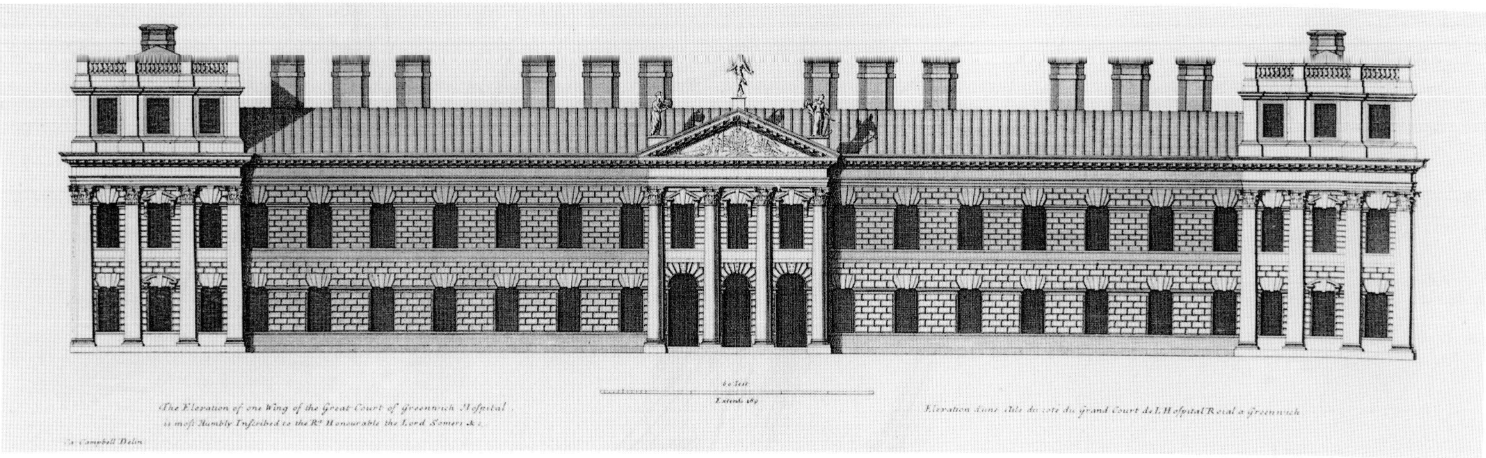

Abb. 5: John Webb, Greenwich Palace, London, 1664. Aus: Colen Campbell: *Vitruvius Britannicus*, 1715. Webbs üppiger palladianischer Baustil fand keine direkten Nachahmer.

englischen Vitruv-Ausgabe. William Fishers Publikation einer gekürzten, speziell auf den Baupraktiker zugeschnittenen Version des Werks Scamozzis unter dem Titel *The Mirror of Architecture* im Jahre 1669 markiert ebenfalls ein wichtiges Datum. Die zweite Auflage enthielt 1671 eine Kurzfassung der ersten englischen Architekturtheorie, nämlich Sir Henry Wottons *The Elements of Architecture*, die ursprünglich 1624 erschienen war. Wotton, der als Abgesandter in Venedig gewesen war und eine Reihe von Zeichnungen Palladios besaß, stützte sich in seinem Werk sehr stark auf die Ausführungen Albertis. Den in einem einzigen Band veröffentlichten Texten war ein enormer Erfolg beschieden; 1750 erlebte das Werk seine neunte Auflage.

Der Einfluß Pratts und seiner Mitstreiter ist nicht zu unterschätzen, besonders, was die Adaption des palladianischen Villenentwurfs für den englischen Landhausstil der Zeit betraf. Für Kingston Lacy, Dorset, 1663 (Abb. 6), sowie eine Handvoll weiterer Landhäuser, die in den Folgejahren entstanden, ging Pratt von Jones' Plänen für bescheidenere Objekte wie Maltravers House aus, integrierte jedoch Giebel in seine Gestaltung der Fassadenmitte. Zwar hatte auch Jones bei den nie realisierten Plänen für Prince's Lodging in Newmarket, Suffolk (um 1619), diese Möglichkeit erwogen, doch ist kein von ihm errichteter Bau dieser Art bekannt. Jedenfalls sollte das Ergebnis, ein kompaktes, dreiteiliges, giebelgeschmücktes Haus ohne Gliederung durch Säulenordnungen, oft seitlich mit Wirtschaftstrakten versehen, in England die Landhausarchitektur bis Ende des 17. Jahrhunderts und noch fast das gesamte 18. Jahrhundert hindurch bestimmen. Der Großteil dieser Entwürfe verzichtete auf Säulen, mit Ausnahme einiger früher Schöpfungen von Hugh May wie Eltham Lodge, Kent (1664). May hatte sich während des Interregnums einige Zeit in den Niederlanden aufgehalten, und seine Pilasterfassaden, gelegentlich noch mit ionischen Kapitellen mit Blütengehängen verziert, lassen Anklänge an die holländische Baukunst dieser Epoche erkennen. Solche Motive konnten sich jedoch in England nach 1660 nicht in breiten Kreisen durchsetzen und wurden bald schon fallengelassen – selbst von May.

Diese schlichte, harmonische Architektur bewährte sich auch besonders im Städtebau. Zunächst von Jones eingeführt, erhielt die Stilrichtung gewaltigen Auftrieb durch das Großfeuer, das 1666 in London weite Teile der City zerstörte und deren Wiederaufbau in Stein nach sich zog. Der 1667 erlassene »Act for the Rebuilding of the City of London« erhob den Grundriß des Londoner Stadthauses zur Norm, und in der Folge modifizierte eine Reihe von Verordnungen bis ins späte 18. Jahrhundert den Grundentwurf des Londoner Hauses zu dem, was wir heute als »Georgian terrace house« kennen. Mit jedem Eingriff, bei dem es im Grunde darum ging, die Brandgefahr möglichst gering zu halten, wurde der Entwurf strenger, und die Erlasse hatten Folgen im gesamten Königreich.

Abb. 6: Sir Roger Pratt, Kingston Lacy, Dorset, 1663 (Umbau). Als Fortentwicklung der säulenlosen Entwürfe Jones' verkörperten Pratts Bauten bis Ende des 18. Jahrhunderts den Prototyp des englischen Landhauses. Foto: Country Life Picture Library.

Auch das Scheitern des Bauvorhabens Greenwich Palace von Webb blieb nicht ohne Auswirkungen für die englische Architektur. Zwar gab es immer wieder Pläne für einen Neubau des Whitehall Palace, und ein neues Schloß wurde in Hampton Court, Middlesex, errichtet (1689), ein weiteres in Winchester, Hampshire, begonnen (1683), aber zum Bau ausgedehnter Schloßanlagen reichten weder Geld noch Ambition. Folglich büßte das Königshaus seine Vorreiterrolle in der Architektur (nicht in der Innengestaltung) ein.

Zugleich zeigte die Church of England auch wenig Interesse an neuen Sakralbauten. Zwar hatte aufgrund des Großfeuers von 1666 in der Hauptstadt London, wo St. Paul's Cathedral wiederaufgebaut und über fünfzig Kirchen ersetzt werden mußten, nach dem »Fifty New Churches Act« von 1711 vorübergehend eine lebhafte sakralbauliche Aktivität eingesetzt. Doch das war die Ausnahme gewesen. Die Rolle des architektonischen Schrittmachers fiel fortan dem Adel zu, der sich seinerseits stärker dem Landhaus- als dem Städtebau zuwandte. Dieser Verlauf erklärt zum Teil die zunehmende Dominanz des palladianischen Stils in England, und auch, wie es zur speziellen englischen Ausprägung des Palladianismus kam.

Das Erstarken des Palladianismus

Pratts schlichtere Version der palladianischen Villa blieb bis zum Ende des Jahrhunderts in der Landhausarchitektur vorherrschend, doch je besser Architekten und Baumeister mit dem Klassizimus vertraut wurden, desto häufiger suchten sie neue Anregungen bei Palladio. Zur Jahrhundertwende schien die »Revolution«, welche sich Pratt und sein Kreis um 1660 zum Ziel gesetzt hatten, weitgehend vollzogen – mit Hilfe insbesondere der unzähligen Baumeister und Handwerker, die der Große Brand nach London gelockt hatte und die dort bei den Erneuerungsarbeiten an St. Paul's Cathedral und anderswo den strengen Vorgaben eines Sir Christopher Wren hatten genügen müssen. Konnte John Evelyn in den Sechzigern noch mit einigem Recht klagen, daß die wenigsten Baumeister und Handwerker der Planung und Ausführung anspruchsvoller klassizistischer Bauwerke gewachsen seien, demonstrierten die Erbauer nun, um 1700, hohes Können. Das führte zu jenem Überfluß an architektonischem Einfallsreichtum, den wir als englischen Barock kennen.

In den Dekaden nach 1660 gab es kaum noch dezidiert palladianische Motive und Nachahmungen palladianischer Vorbilder, aber sie kamen vereinzelt vor, und gegen Ende des Jahrhunderts nahm ihre Häufigkeit wieder zu. Angesichts der jedermann zugänglichen Entwürfe Palladios in seinen *Quattro libri*, von denen die Architekten fleißig Gebrauch machten, überrascht das nicht. Sir Christopher Wren orientierte sich beispielsweise bei der Gestaltung der Hoffassade seines Bibliothekneubaus am Trinity College in Cambridge (1676) an Palladios Stich der Conventa della Carita in Venedig, während William Talman, Wrens Gegenspieler im Office of Works, wiederholt aus seiner umfangreichen Sammlung von Zeichnungen Palladios Vorlagen wählte and heranzog, etwa im Falle seines unverwirklichten Entwurfs für Haughton Hall, Nottinghamshire (1703), der an einen nie realisierten Plan Palladios für den Palazzo Chiericati anknüpfte. Unter den Architekten begann nun als erster Talman schon bestehende palladianische Bauwerke im eigenen Land zu kopieren. So machte er bei der Gestaltung der Ostfassade des von ihm erbauten Chatsworth House, Derbyshire, 1687 (Abb. 7), Anleihen bei Webbs Greenwich Palace. Auch Nicholas Hawksmoor und Sir John Vanbrugh bedienten sich zunehmend bei Pal-

Abb. 7: William Talman, Ostfront Chatsworth House, Derbyshire, 1687 (J.C. Buckler, Aquarell, Privatsammlung, [Ausschnitt]). Talman benutzte Webbs Greenwich Palace als Vorlage.

ladio. Dessen bei der Villa Poiana (Abb. 8) verwendeten unterbrochenen Giebelsims übernahm Hawksmoor beispielsweise bei seinem ersten eigenen Auftrag für die Writing School des Christ's Hospital, London, 1692 (Abb. 9), und Vanbrugh setzte ihn bei den Flügeln seines eigenen Stadtpalais Goose-pie House in Whitehall (1700) ein (Abb. 10). Vanbrugh verwendete in der Folge bei seinem ursprünglichen Entwurf für Eastbury House, Dorset (1716) den Grundriß der Villa Poiana.

In der ersten Dekade des 18. Jahrhunderts verlieh längst der Großteil der bedeutendsten Architekten – mit Ausnahme offenbar von Wren – ihren Bauwerken regelmäßig palladianische Züge, besonders betraf dies Grundrisse und einzelne Motive wie Serliana und diokletianische Fenster oder unterbrochene Giebelsimse. Doch blieb Palladio eine Inspirationsquelle unter vielen, und wir können nicht davon ausgehen, daß einer der namhaften Architekten bewußt auf ein palladianisches Gesamtergebnis abzielte.

Das sollte sich gegen Ende des Jahrzehnts ändern, als einige Architekten im Palladianismus die geeignete theoretische Basis ihres gesamten Schaffens zu sehen begannen. Die englische Architektur erlebte nun Jahre unerhörten Einfallsreichtums, einer Ideenvielfalt, die zusätzlichen Auftrieb noch durch die auf den Frieden von Utrecht 1713 folgende Bauwut erhielt. Die rege Bautätigkeit bot viel Gelegenheit zu architektonischen Experimenten, und diese kamen besonders dem Palladianismus zugute – und mit ihm

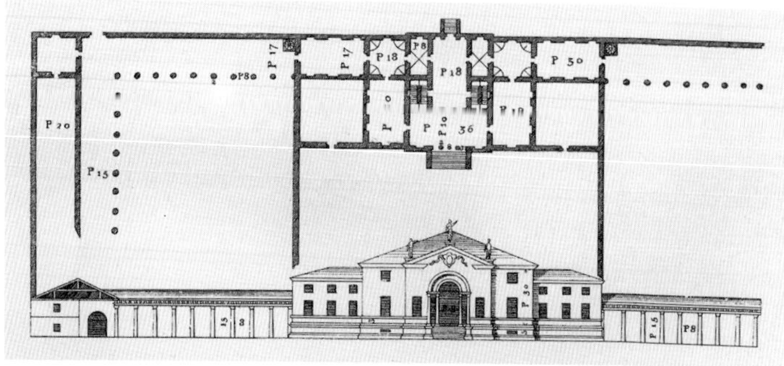

Abb. 8: Andrea Palladio, Villa Poiana, Italien. Aus: *The Four Books of Architecture*, 1738.

einer gestalterisch verwandten, von Sir John Vanbrugh angeführten Bewegung, die sich gegen die Detailverliebtheit und den Eklektizimus des englischen Barock wandte und einen strengen Klassizismus propagierte. Hauptstilelemente waren Portiken und ornamentale Schlichtheit. Es kam zu einer regelrechten, in Europa für die Zeit beispiellosen Portiken-Manie, deren Auftakt Hawksmoor mit seinem Claredon Building, Oxford (1712) machte.

Erste Anzeichen für das wachsende Interesse am Palladianismus nicht nur als Quelle einzelner Motive und Entwürfe, sondern als theoretische Grundlage einer kohärenten und erhabenen Formensprache finden wir um 1707, dem Jahr des ersten Nachdrucks von Evelyns englischer Übersetzung der in ihrer palladianischen Kompromißlosigkeit

Abb. 9: Nicholas Hawksmoor, Writing School, Christ's Hospital, London, 1692 (abgerissen). Den unterbrochenen Giebelsims übernahm Hawksmoor von Palladios Villa Poiana.

Abb. 10: Sir John Vanbrugh, Goose-pie House, Whitehall, London, 1700 (abgerissen). Soane Office, Aquarell. Foto: Sir John Soane's Museum, London. Vanbrughs Seitenflügel sind denen der Villa Poiana Palladios nachempfunden.

Abb. 11: Henry Aldrich, Peckwater Quad, Christ Church, Oxford, 1706. Aldrich ließ sich von seinen großen Vorbildern Palladio und Inigo Jones inspirieren. Foto: AF Kersting.

dogmatisch zu nennenden Schrift Fréarts: *Parallèle de l'architecture antique et de la moderne*. In diesem Jahr nämlich entwarf Henry Aldrich am Christ Church College in Oxford sein Peckwater Quadrangle (Abb. 11), mit einem Plan, der deutlich Inigo Jones beziehungsweise ihm zugeschriebenen Bauten verpflichtet ist. Aldrich konnte Charles Fairfax überreden, Palladios *Antichita di Roma* zu übersetzen. Das Werk erschien 1709, und er selbst verfaßte ein architektonisches Traktat im Geiste Vitruvs und Palladios mit dem Titel *Elementa architecturae civilis*. Leider wurde die Veröffentlichung durch seinen Tod im Jahr 1710 verhindert. Ein weiterer Oxford-Professor, George Clarke, besaß eine umfangreiche Sammlung von Architekturzeichnungen Jones' und Webbs und wurde als leidenschaftlicher Amateurarchitekt während einer Phase emsiger Bautätigkeit zur treibenden Kraft der Neugestaltung etlicher Colleges. Unter Clarkes Anleitung schuf Hawksmoor einige seiner »palladianischsten« Entwürfe, so ab etwa 1708 für das Queen's College und später für die Colleges All Souls, 1708, Worcester, 1717, und Brasenose, 1720 (Abb. 12). Für alle Projekte lagen palladianische Gesamtkonzepte vor, doch keines wurde nach den Vorgaben Hawksmoors realisiert. Ein weiterer Hinweis für die wachsende Resonanz des Palladianismus ist das von dem Autodidakten William Benson 1708 begonnene Wilbury House, Wiltshire, dessen Grundriß auf Palladios Villen zurückging und dessen Aufrisse direkt dem Œuvre Webbs entlehnt waren.

Das gesteigerte Interesse an architektonischen Neuerungen allgemein und an Palladio im besonderen bewog nun auch den venezianischen Baumeister Giacomo Leoni 1715, die erste vollständige englische Übersetzung von Palladios *Quattro libri* zu publizieren. Zur selben Zeit machte der junge schottische Architekt Colen Campbell aus dem ursprünglich nur als Bestandsaufnahme der jüngsten britischen Baukunst gedachten Stichwerk *Vitruvius Britannicus* durch eine einleitende Eloge auf Palladio und Jones und die Beifügung einer Anzahl eigener palladianischer Entwürfe eine palladianische Streitschrift.

Campbells Werk förderte die Sache der palladianischen Architektur sehr, obwohl die ersten beiden Bände, die 1715 beziehungsweise 1717 erschienen, noch deutlich von seinem Ringen um einen schlüssigen palladianischen Stil zeugen. Wie Hawksmoor in Oxford suchte Campbell sich zunächst an Palladios Werkgruppe der Palazzi zu orientieren, und sie lieferten auch die Muster für die palladianischen Entwürfe, die er dem *Vitruvius Britannicus* beifügte. Sie fanden außer bei dem für Lord Burlington 1719 umgestalteten Burlington House, London, kaum einen Niederschlag. Campbells eigene Bauwerke, von denen Zeichnungen in den *Vitruvius Britannicus* aufgenommen wurden, folgten wie schon diejenigen Aldrichs Inigo Jones bezie-

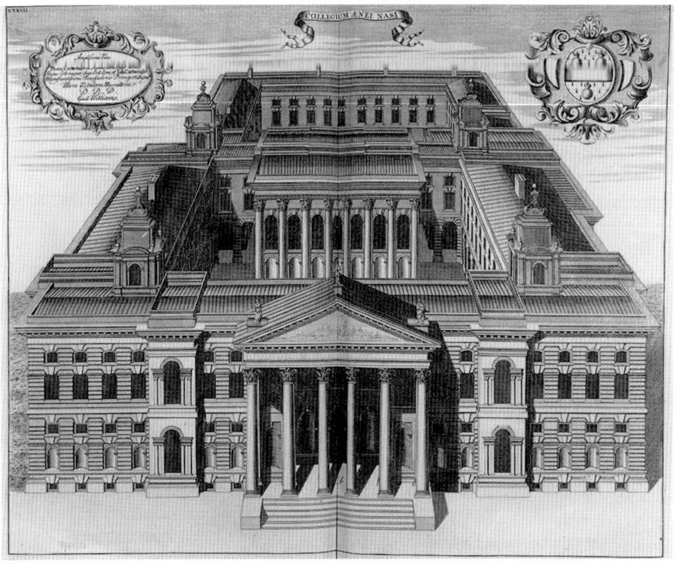

Abb. 12: Nicholas Hawksmoor, nicht ausgeführter Entwurf für Brasenose College, Oxford, 1720. Aus: William Williams' *Oxonia Depicta*, 1732. Mit seinem Brasenose-Entwurf gelang Hawksmoor ein überzeugender palladianischer Bau.
Foto: Yale Centre for British Art.

Abb. 13: Colen Campbell, Wanstead House, Essex, um 1714. Charles Catton, Aquarell (abgerissen). Campbells strenger Entwurf entsprach der Auffassung von zeitgenössischen Architekten wie Vanbrugh. Foto: Paul Mellon Centre.

hungsweise ihm zugeschriebenen Bauwerken wie Chevening House, aber auch, etwa in der Handhabung des Portikus und der Befolgung eines zunehmend strengen klassizistischen Formenkanons, Vanbrugh. Diese Einflüsse zeigen sich am deutlichsten an Campbells erstem bedeutenden Bauwerk Wanstead House, Essex , um 1714 (Abb. 13).

Die Glanzzeit des Neopalladianismus

Es sollte noch bis etwa 1720 dauern, ehe sich aus dem palladianischen Quodlibet des vorausgegangenen Jahrzehnts ein erkennbarer palladianischer Stil herauskristallisierte. Daß es dazu kam, ist zu einem vielleicht nicht unerheblichen Teil das Verdienst des Amateurarchitekten Lord Burlington. Burlington, der 1714–15 und erneut 1719 Italien bereist hatte, verschrieb sich in seiner Heimat einer Erneuerung der Künste, vor allem der Baukunst. Hierzu bedurfte es seiner Ansicht nach einer neuen Würdigung der Villenarchitektur Palladios.

Dem Einfluß Burlingtons war es offenbar zu verdanken, daß sich Campbell nun Entwürfen für Landhäuser zuwandte. Einer der ersten war möglicherweise der Vorschlag einer Adaption der Villa Rotonda Palladios für Burlingtons Landsitz in Chiswick, Middlesex. Er wurde nie verwirklicht, doch Anfang der zwanziger Jahre des 17. Jahrhunderts entwarf Campbell tatsächlich eine Reihe von Landsitzen, die nach Grund- und Aufriß stark an Palladio angelehnt waren: Newby Park, Yorkshire, 1720 (Abb. 14), Stourhead, Wiltshire, um 1720 und Mereworth Castle, Kent, 1722. Nun wurde Burlington selbst als Architekt tätig, entwarf 1721 den Landsitz seines Schwagers Lord Bruce, Tottenham Park, Wiltshire, und schließlich seinen eigenen in Chiswick, 1727 (Abb. 15). Der gleiche Stil prägte das Schaffen eines weiteren Autodidakten aus dem Adel, Lord Herberts, der gemeinsam mit Roger Morris eine Reihe von Landhäusern konzipierte, darunter Marble Hill, Twickenham, Middlesex (1724), und White Lodge, Richmond New Park, Surrey (1727). Morris arbeitete auch allein, und Combe Bank, Kent (um 1725), gilt als sein vermutlich erstes eigenständig entworfenes Landhaus. Die Veröffentlichung einiger dieser Entwürfe im dritten Band des *Vitruvius Britannicus* im Jahre 1725 markierte den Durchbruch der neopalladianischen Stilrichtung.

Der Neopalladianismus war der Versuch, auf der Grundlage des Werks vor allem von Palladio und Inigo Jones ein

Abb. 14: Colen Campbell, Newby Park, Yorkshire, 1720. In: *Vitruvius Britannicus* (1725). Campells Entwurf signalisiert eine zunehmende Verlagerung des englischen Palladianismus auf die Landhausarchitektur.

überzeugendes architektonisches Gesamtkonzept zu entwickeln. Es zeichnete sich durch eine strengere Handhabung der palladianischen Proportionen aus, eine Zurücknahme der Fenster- zugunsten der Wandflächen, die Verwendung palladianischer Grund- und gelegentlich auch Aufrisse, die extensive und strikte Anwendung der Säulenordnungen sowie den regelmäßigen Gebrauch einer Reihe für Palladio besonders typischer Motive wie insbesondere der Serliana und der diokletianischen Fenster, der Rustika und der rustizierten Portal- und Fensterrahmungen. Innerhalb des weitgesteckten neopalladianischen Rahmens entwickelten einzelne Architekten jeweils ihre eigene Spielart. So folgten Campbells Villen sehr getreu dem Vorbild Palladio, während Morris eine Vorliebe für Würfel- und Pyramidendächer besaß.

Die wichtigsten neopalladianischen Architekten der zwanziger Jahre bildeten einen kleinen, überschaubaren Kreis. Burlington engagierte Campbell, der wiederum Herberts Londoner Haus in Whitehall entwarf; Morris arbeitete sowohl für Herbert wie für Campbell. Leonis Bauten erscheinen denen Campbells sehr verwandt. Derselbe Architekt war auch an der Planung für Burlingtons Londoner Domizil beteiligt, und seine Auftraggeber waren oft unter den Verwandten Burlingtons zu finden. Der Kontrakt für Castle Hill, Devon (1729), verrät, wie eng die Beziehungen waren, wenn es dort heißt, das Hauptgesims werde im einzelnen *»entsprechend den Vorgaben des Earl of Burlington oder Lord Herberts ausgeführt; das Schnitzwerk an ... allen übrigen Teilen des vorgenannten Gesimses gemäß der von besagtem Roger Morris unterzeichneten Pläne oder Zeichnungen«.*

Geltung verschaffte dem Palladianismus außerdem die tüchtige Gruppe von Architekten, die Burlington zur Ausführung seiner Entwürfe um sich versammelt hatte. Der bekannteste unter ihnen war William Kent, der in Rom eine Ausbildung als Maler genossen hatte, doch müssen hier auch Henry Flitcroft, Isaac Ware und Daniel Garrett genannt werden. Sie alle machten sich in der Folge selbständig. Burlington gelang es vielfach, seinen Schützlingen einflußreiche Posten im Office of Works zu verschaffen. Zwar lenkte die englische Monarchie längst nicht so konsequent die Bautätigkeit im Lande wie die französische, doch wenn es in England eine Institution gab, die ihrem Einfluß nach mit der französischen Académie zu vergleichen ist, dann das Office of Works, das durchaus Maßstäbe setzte.

Seit 1730 war der Neopalladianismus von einem vorwiegend in der Villenarchitektur angewandten Stil zu einem Ansatz gereift, der sich ebenso bei großen Landsitzen bewährte – etwa dem von Henry Flitcroft erbauten Wentworth Woodhouse, Yorkshire, um 1735 (Abb. 16) – wie bei Repräsentativbauten im Maßstab der von George Sampson entworfenen Bank of England, London (1732). Weniger erfolgreich war man bei Versuchen, eine angemessene sakrale Formensprache zu entwickeln. Flitcrofts St. Giles-in-the-Fields, London (1731), gleicht eher einer von Wren für die City entworfenen Kirche in palladianischer Verkleidung.

Das wohl ehrgeizigste neopalladianische Projekt waren die Pläne Lord Burlingtons zum Wiederaufbau des Regierungsviertels um Whitehall und Westminster. Wiederholt hatten britische Architekten des frühen 18. Jahrhunderts von einer Neuplanung für den 1698 einem Brand zum Opfer gefallenen Whitehall Palace geträumt, Burlington entwickelte in dieser Hinsicht – möglicherweise aufgrund der Lektüre der philosophischen Abhandlungen des Earl of Shaftesbury, insbesondere dessen *Letter on Art and Design* – besonderen Eifer. Jedenfalls ist es wohl kaum ein Zufall, daß die wichtigsten Illustrationen in Kents *Designs*

Abb.15: Earl of Burlington, Chiswick House, Middlesex, 1727. Jacques Rigaud, Aquarell, Chatsworth. Eigener Entwurf Burlingtons.
Foto: Devonshire Collection, Chatsworth.

Abb. 16: Henry Flitcroft, Wentworth Woodhouse, Yorkshire, um 1735. Wentworth Woodhouse mit seinen deutlichen Anklängen an Campbells Wanstead belegt, daß der Palladianismus seit den dreißiger Jahren über die reine Landhausarchitektur hinauswächst.
Foto: Country Life Picture Library.

Abb. 17: Earl of Burlington, Assembly Rooms, York, 1731. Palladios Rekonstruktion des »Ägyptischen« Saales Vitruvs nachempfunden, zeugen die Assembly Rooms von Burlingtons starker neoklassizistischer Ausrichtung. Foto: York City Art Gallery.

of Inigo Jones (1727) um Jones' Vorstellungen für Whitehall Palace kreisen. 1731 restaurierte der Burlington-Protegé Kent die Royal Mews in Charing Cross, im Jahr 1733 folgte der Bau der Treasury in Whitehall. Kent legte außerdem Entwürfe für eine Neugestaltung der angrenzenden Horseguards und für ein neues Parlamentsgebäude in Westminster vor (für das Burlington selbst Pläne zeichnete). 1740 rückte die Verwirklichung dieser hochgesteckten Ziele mit dem Ausbruch des Krieges erstmal in weite Ferne, und Kents Horseguards konnten erst 1748, zu Friedenszeiten, erbaut werden.

Kent und Burlingtons Entwürfe für ein neues Parlamentsgebäude lassen starke Anklänge an römische Bäder erkennen – schließlich spielten die umfassende Kenntnis der römischen Antike und die Wiederanknüpfung an klassische Ideale im architektonischen Schaffen Burlingtons, besonders seiner Profanarchitektur, eine zentrale Rolle. Am deutlichsten ist dies an den von ihm gestalteten Assembly Rooms in York (1731) zu erkennen (Abb. 17), die Palladios Rekonstruktion von Vitruvs »Ägyptischem« Saal nachempfunden wurden. Indem er sich direkt der klassischen Antike als Inspirationsquelle zuwandte und die Baustile der Spätrenaissance ignorierte, machte sich Burlington dieselbe neoklassizistische Haltung zu eigen, die Jones in der Gestaltung von St. Paul's, Covent Garden bewiesen hatte.

Er stand nicht allein. Etliche seiner Zeitgenossen empfanden eine besondere Affinität zur klassischen Antike und entwarfen entsprechend Bauten, die deren Geist beschworen. Mit Ausnahme von Kent, der in Rom Gelegenheit gehabt hatte, eingehend antike Ruinen zu studieren, handelte es sich bei diesen Architekten um Autodidakten, Aristokraten, die eine klassische Bildung genossen hatten, zu der selbstverständlich auch der Besuch Roms gehörte. Für Holkham Hall in Norfolk, 1734 (Abb. 18) beispielsweise erarbeiteten Burlington, Lord Leicester und Kent (ausführender Architekt: Matthew Brettingham) einen Entwurf, der ausdrücklich als Nachbildung eines antik-römischen Hauses gedacht war. Der Grundriß beruhte auf einer Rekonstruktion Barbaros nach Vitruv, den Fassadenaufriß übernahm man von der Rekonstruktion Scamozzis und ein Großteil der Innengestaltung war antiken Vorbildern aus Antoine Desgodets *Edifices Antiques de Rome* nachempfunden.

Ähnlich ging man im Falle von Sir Thomas Robinsons Besitz Rokeby Park in Yorkshire vor (1725), bei dessen Konzeptionierung die Villenbeschreibungen Plinius' herangezogen wurden, oder Thomas Worsleys Hovingham Hall, Yorkshire (1751): hier diente Palladios Rekonstruktion der römischen Stadtvilla Vitruvs als Vorlage. Ein anderes Beispiel ist der Roger Morris zugeschriebene Kirchenbau in Mereworth, Kent (1744), der stark an Barbaros Rekonstruktion einer römischen Basilika angelehnt ist.

Ein wiederkehrendes Merkmal all dieser Bauten und auch anderer palladianischer Architektur der Zeit ist der Einsatz dorischer Säulen ohne Basis nach antik-römischem Vorbild. Während das historisch seine Richtigkeit hatte – die dorischen Säulen der römischen Antike kannten in der Tat keine Basis –, empfanden die meisten Architekten und auch Theoretiker der Spätrenaissance diese Variante de facto als allzu reizlos und schmückten sie mit attisch-ionischen Basen aus. Um so deutlicher signalisiert die Verwendung dorischer Säulen ohne Basis die bewußte Rückbesinnung auf klassische Vorbilder und ist eines der Erkennungsmerkmale des Neoklassizismus.

Abb. 18: William Kent und andere, Holkham Hall, Norfolk, 1734. Holkham hatte antik-römische Vorbilder. Foto: Country Life Picture Library.

Gegen Ende des zweiten Dezenniums schälte sich allmählich eine gültige Auffassung des palladianischen Stils heraus. 1726 erklärte John Molesworth dem italienischen Architekten Alessandro Galilei: *»Hier bevorzugt man den Baustil Palladios ... Sie wären gut beraten, sämtlich die bekannten Bauten Palladios zu kopieren, mit solcherart Entwürfen vermöchten Sie sich hierzulande bestens einzuführen, ein Verzicht darauf machte Ihre Aussichten alsbald zunichte«*. Ähnlich beurteilt auch Lord Hervey 1731 in einem Brief an den Prince of Wales die Lage, wenn er vom *»technischen Jargone der Getreuen Palladios und Vertruvius«* spricht, *»palladianischen Paladinen«* und seiner Hoffnung Ausdruck verleiht, nicht etwa *»zweifelhafter Treu halber einer Burlington-Inquisition unterzogen zu werden«*. Und in der Tat sollte Horace Walpole 1752 Mereworth Castle als *»von vollendetem palladianischen Geschmacke«* würdigen, und Allan Ramsay in *A Dialogue of Taste* 1762 darlegen, daß *»ein Meister durchaus, einzig mit einem palladianischen Konzepte, nicht aber unbedingt Geschmack gerüstet, eine sehr elegante korinthische Säule hervorzubringen vermöchte«*. Das Werk *English Architecture* hingegen warnte 1752 die Architekten vor einer sklavischen Abhängigkeit vom Œuvre Palladios, welches *»von der Allgemeinheit für den Inbegriff von Wahrheit und Vollendung gehalten, ein Fortschreiten in der Kunst verhindert und unseren Bauten eine ermüdende Gleichförmigkeit verleihet«*.

Wie stark der Sog der neopalladianischen Strömung war, läßt sich am Werdegang James Gibbs' verfolgen, der bei Domenico Fontana in Rom gelernt hatte. Obwohl frühe Bauten wie St. Mary-le-Strand, London (1714), deutlich barocke Züge erkennen lassen, sah sich Gibbs gezwungen, seinen Stil der mittlerweile alles beherrschenden palladianischen Mode anzupassen (Abb. 19). Er ging sogar soweit, 1728 anläßlich der Publikation seines *Book of Architecture* viele frühere Entwürfe zu überarbeiten und dem geltenden palladianischen Geschmack anzuverwandeln.

Gibbs' Veröffentlichung darf, nach Erscheinen von William Kents *Designs of Inigo Jones* im Jahr zuvor, wahrscheinlich durchaus als bewußter Versuch gewertet werden, seine Position zu stärken, denn Bücher waren eine wichtige Waffe in den englischen Stilkriegen des 18. Jahrhunderts. Burlington, der seinerseits vermutlich stark von Campbells *Vitruvius Britannicus* beeinflußt war, wußte dies sehr genau, und Mitglieder seines Kreises gaben eine ganze Reihe von Publikationen mit Zeichnungen der Entwürfe Palladios

Abb. 19: James Gibbs, Kelmarsh Hall, Northamptonshire, 1728. Entwürfe wie Kelmarsh belegen eindrucksvoll, wie gut sich der von Sir Roger Pratt geschaffene Landhaustyp im 18. Jahrhundert behaupten konnte. Foto: Country Life Picture Library.

und Jones' – und natürlich Burlingtons und seiner Schützlinge – heraus.

Das Vorhaben, eine mit Zeichnungen aus dem Besitz Burlingtons versehene Vitruv-Übersetzung herauszubringen, scheiterte am Tod des Autors Richard Castell, doch hatte Castell immerhin 1728, vermutlich mit Unterstützung Burlingtons, unter Auswertung klassischer Texte eine gelehrte Studie zur römischen Villenarchitektur mit dem Titel *Villas of the Ancients* veröffentlichen können. Das einzige Werk, das Burlington unter seinem eigenen Namen herausgab, sein *Fabbriche Antiche* aus dem Jahr 1730, widmete sich einem ähnlichen Thema, nämlich Palladios Behandlung römischer Bäder. Andere Publikationen befaßten sich vorwiegend mit zeitgenössischen Bauwerken, so Kents *Designs of Inigo Jones* (1727), Isaac Wares *Designs of Inigo Jones and Others* (um 1733) sowie dessen Übertragung von Palladios *Quattro libri* (1738) und *Complete Body of Architecture* (1756). John Vardys *Some Designs of Mr Inigo Jones and Mr William Kent* (1744) gehört ebenfalls in diese Reihe. Ware fungierte auch als Herausgeber von *The Plans, Elevations and sections of Houghton in Norfolk* (1735), in dem Campbells und Kents Pläne für Sir Robert Walpoles Besitz erschienen. Förderlich für die palladianische Bewegung waren unabhängig von Burlington die neue Ausgabe der Fréart-Übersetzung Evelyns, die 1722 zusammen mit Wottons vollständigem Text *Elements of Architecture* in einem Band erschien sowie Leonis Übertragung von Albertis *De re aedificatoria* (1726).

Bei den Veröffentlichungen aus dem Kreis um Burlington handelte es sich fast ausnahmslos um Sammlungen von Illustrationen ohne nennenswerte Textbeiträge. Eine Ausnahme bildete Wares *Complete Body of Architecture*, das als umfassendes Lehrbuch zur Baukunst konzipiert war. Die einzigen architekturtheoretischen Werke von Bedeutung waren zu dieser Zeit Robert Morris' *An Essay in Defence of Ancient Architecture* (1728) und seine *Lectures on Architecture* (1734 und 1736). In ihnen stützt sich Morris ausschließlich auf Quellen, die zum palladianischen Kanon gehörten: Vitruv, Palladio, Alberti, Fréart, Evelyn, Wotton und Gibbs, doch stärker noch profitierte die Bewegung von den Äußerungen englischer Zeitgenossen – des Earl of Shaftesbury, Joseph Addisons und Alexander Popes. Morris' Hauptanliegen war es, überzeugend darzulegen, daß ein harmonischer Entwurf das Ergebnis einer an der Natur geschulten Begabung, rationaler Grundregeln und des intensiven Studiums der Antike sei. Sein Einfluß scheint allerdings begrenzt gewesen zu sein; seine Traktate werden selten zitiert, und dann nur von Freunden.

Das ist so erstaunlich nicht, bemühte sich der englische Neopalladianismus doch weit weniger als beispielsweise die französische Architektur dieser Epoche um theoretische Grundlagen. Als Stil erschöpfte er sich weitgehend in einer optischen Ästhetik, die sich der Verbreitung gewisser Motive und Vorbilder vor allem mittels der vielen Stiche und Zeichnungen und des genauen Studiums bereits geschaffener Bauwerke verdankte. Hieraus erklärt sich zum Teil das im Gegensatz zu Frankreich auffällige Fehlen grundlegender englischer Werke der Architekturtheorie bei einer gleichzeitigen Fülle architektonischer Musterbücher.

Deren wichtigste stammten aus Burlingtons Kreis, aber weit entscheidender als diese Publikationen war höchstwahrscheinlich der Einfluß, den Gibbs mit *A Book of Architecture* (1728) und seinen 1732 veröffentlichten *Rules for Drawing the Several Parts of Architecture* (die eine einfachere Methode zur Berechnung der klassischen Säulenordnungen vorstellten als die ursprüngliche von Palladio) auf durchschnittliche Architekten und Baumeister ausübte, so daß ironischerweise er derjenige ist, der dem Palladianismus zu seiner eigentlichen Breitenwirkung verhalf. *The Book of Architecture* erwies sich aufgrund einer Fülle von Entwürfen für Häuser, Kirchen, Gartenhäuser, Urnen, Kaminsimse, Denkmäler und Kartuschen als Fundgrube für Architekten und Baumeister auf der britischen Insel wie im gesamten Empire.

Gibbs' Werk war nur das umfangreichste und eindrucksvollste einer breiten Palette von architektonischen Musterbüchern, die seit den zwanziger Jahren und durchs ganze 18. Jahrhundert hindurch in zunehmender Zahl erschienen. Oft waren dabei preiswerte, für Baumeister gedachte Handbücher wie William Halfpennys *The Builder's Pocket Companion* (1728) oder Batty Langleys *The Builder's Director, or Bench-Mate* (1747) in zahlreichen verschiedenen Ausgaben in Umlauf. Doch mit ihrer Hilfe durchdrangen sowohl die Grundprinzipien als auch die Feinheiten palladianischer Baukunst alle Schichten architektonischen Schaffens.

Hierbei traf nun der Neopalladianismus auf den etablierten, von Inigo Jones begründeten, ohne Gliederung durch Säulenordnungen gekennzeichneten und von Pratt speziell für die Landhausarchitektur modifizierten frühen Palladianismus. Letzterer blieb während des gesamten 18. Jahrhunderts die vorherrschende architektonische Strömung, zumal für Stadt-, Farm- und kleinere Landhäuser. Der Neopalladianismus in seiner durch Gibbs und die Musterbücher geprägten Gestalt erweiterte nun diesen frühen Palladianismus durch seinen reicheren Formenschatz, der sowohl bei der Außen- wie Innengestaltung zum Tragen kam: außen in Gestalt von Serliana, diokletianischen Fenstern und giebelgeschmückten Portalumrahmungen, innen durch palladianische Kaminsimse, Türumrahmungen und Vertäfelungen. Während die Motive im einzelnen den wechselnden Moden der Dekaden unterworfen waren, blieb das Grundmuster im wesentlichen unverändert und ergab das, was heute der Georgian Style ist.

Viele im Inneren verwendeten dekorativen Details gehen auf Interieurs von Jones oder dem Burlington-Kreis zurück, die in Werken wie *The Designs of William Kent* abgedruckt worden waren. In der zweiten Dekade des 18. Jahrhunderts entwickelten Campbell und Kent ein architekturbe-

Abb. 20: James Paine, Belford Hall, Northumberland, 1754. Mitte des 18. Jahrhunderts hatte der palladianische Landhaustyp den Höhepunkt seiner Popularität erreicht. Foto: Country Life Picture Library.

tontes Interieur und übertrugen etliche Elemente der äußeren Gestaltung wie giebelgeschmückte Türumrahmungen und voll ausgebildete Hauptgesimse aufs Innere und verbanden sie mit Details der Bauten und Entwürfe Inigo Jones'. Kent und Flitcroft vor allem griffen solche Anregungen auf, gestalteten Innenräume architektonisch durch und akzentuierten beispielsweise im Falle von Chiswick Hall und Houghton Hall eine entsprechend komponierte Ausstattung noch durch architektonisch anmutende Möbel.

Einer der großen Vorzüge der englischen palladianischen Strömung lag allerdings darin, daß man sich nie einer bestimmten Form der Innengestaltung verpflichtete. Ein palladianisches Haus konnte eine Vielzahl verschiedener Einrichtungsstile beherbergen. So wies das typische Haus der Restaurationsperiode nach Pratt und May Ende des 17. Jahrhunderts eine Täfelung mit Hohlkehlabschluß auf, in den vierziger und fünfziger Jahren des 18. Jahrhunderts kamen Rokokointerieurs in Mode, in den Sechzigern und Siebzigern hatte man ein Faible für üppigen Dekor im Stile

Abb. 21: Sir Robert Taylor, Asgill House, Surrey, um 1760 (Aquatinta, nach Thomas Malton). Taylor war einer der einfallsreichsten Palladianer; seine Entwürfe zeichnen sich durch enorme »Bewegung« aus. Foto: Soane Museum.

Abb. 22: Robert Adam, Kedleston Hall und Belvedere, Derbyshire, 1758. (Wahrscheinlich George Cuitt, Öl auf Leinwand, National Trust). Adams Entwürfe waren stark vom herrschenden palladianischen Stil geprägt. Foto: Country Life Picture Library.

Adams und die achtziger Jahre standen verstärkt unter französischem Einfluß. Alle diese Stilrichtungen hatten unter dem Dach des palladianischen Grundentwurfs Platz.
Mitte des 18. Jahrhunderts gab es eine deutliche Zäsur in der englischen Baukunst. Nach den Blütejahren Ende des ersten und während des zweiten Dezenniums hatten die Dreißiger einen wirtschaftlichen Abschwung gebracht, der sich mit dem österreichischen Erbfolgekrieg 1740 bis 1748 zur Depression auswuchs. Bauaktivitäten ließen merklich nach, ja kamen fast ganz zum Erliegen. Mit dem Friedensschluß erholte sich die Wirtschaft wieder, und auch der Siebenjährige Krieg 1756 bis 1763 schadete ihr nicht ernstlich, wenn es auch erst nach dem Frieden von 1763 zu einer ausgesprochen expansiven Phase kam. Diese dauerte bis etwa 1780, als die amerikanische Revolution wiederum zu einem Einbruch führte.
1748 war die erste Generation neopalladianischer Architekten größtenteils entweder gestorben, hatte sich zur Ruhe gesetzt oder aber nur noch wenige Schaffensjahre vor sich. Die rege Bautätigkeit rief jetzt eine neue Generation von Architekten wie Sir Robert Taylor, James Paine, John Carr, Henry Keene und Stiff Leadbetter auf den Plan. Soviel war zu tun, daß bereits in den sechziger Jahren die nächste Architektengeneration nachrückte, zu deren wichtigsten Vertretern Sir William Chambers, Robert Adam, Robert Mylne und James Wyatt gehörten. Unter diesen Architekten erreichte der Neopalladianismus in England in den Fünfzigern und Sechzigern seinen Zenith. Jeder von ihnen setzte andere Akzente. Taylor betonte bei seinen Landhausentwürfen gern durch angeschrägte oder geschwungene Erker Raum und Tiefe. Paine kombinierte besonders geschickt Jones-Motive mit solchen des Kreises um Burlington (Abb. 20). Chambers wiederum orientierte sich stark an den Landhäusern von Campbell. Nach einer Phase eher stockender neopalladianischer Entwurfstätigkeit in den ersten beiden Dekaden des Jahrhunderts zeichneten sich die fünfziger Jahre, nicht zuletzt vielleicht aufgrund des vielfältigen Einsatzes von Säulen und Pilastern und der Vorliebe für Erker, durch ein ausgeprägtes Gefühl für Raum beziehungsweise für »Bewegung« aus. Das ist sehr deutlich am Werk Taylors (Abb. 21), Paines und Keenes zu sehen und beeinflußte auch Robert Adam nach seiner Übersiedlung nach London im Jahr 1758.
Ein Gutteil des Œuvres von Adam, besonders seine Außengestaltung, befolgt sehr verbindlich den neopalladianischen Kanon (Abb. 22). Zwischen seinem Werk und dem des etwas älteren Zeitgenossen Paine gibt es augenfällige Parallelen. Andererseits ist Adam jedoch als Vertreter einer neuen Erscheinung in der britischen Architektur zu sehen, nämlich des Typus des in Rom ausgebildeten Architekten, der von einer tiefen Liebe zur römischen Antike erfüllt in die Heimat zurückkehrte. Zuvor hatte für die mei-

Abb. 23: Robert Mylne, Tusmore Park, Oxfordshire, 1766 (abgerissen). Der Entwurf zeugt von der zunehmend strengen palladianischen Haltung, die als Reaktion auf die »Bewegung« der fünfziger und frühen sechziger Jahre gegen Ende der Dekade eingenommen wurde. Foto: Country Life Picture Library.

Abb. 24: James Wyatt, Dodington Park, Gloucestershire, 1798. Dodington zeigt, wie einflußreich der palladianische Villentyp bis zum Ende des Jahrhunderts blieb. Foto: Country Life Picture Library.

sten englischen Architekten kaum Aussicht bestanden, nach Rom zu gelangen. Gibbs war einer der wenigen gewesen, hatte jedoch Carlo Fontanas strenge Schule zeitgenössischen römischen Barocks durchlaufen. William Kent mit seinem besonderen Hang zur Antike wurde als Ausnahme an anderer Stelle bereits erwähnt. Das sollte sich ab 1750 ändern. Adam, Chambers, George Dance, Robert Mylne – sie alle reisten nach Rom, um dann voller Eindrücke und Ideen heimzukehren. Das Ergebnis war ein wiederaufkeimendes Interesse am Neoklassizismus, das an das Schaffen der älteren Generation von autodidaktischen Architekten anknüpfte und das zusätzlich Nahrung erhielt durch die neue Begeisterung für die Antike auf seiten der Auftraggeber. Das Interesse galt bis kurz vor der Jahrhundertwende vorwiegend, aber nicht nur, Rom; man studierte zunehmend auch die klassische griechische Architektur und die römischen Stätten des Alten Orient.

In den siebziger Jahren des 18. Jahrhunderts schlug sich der Neoklassizismus, als deren herausragendster Vertreter Adam gelten muß, vor allem in architektonischen Details nieder, und hier wiederum vor allem im Innenbereich. Parallel dazu wurde in dieser Dekade die Fassadengestaltung – als Reaktion auf die »Bewegung« der fünfziger und sechziger Jahre – nüchterner, besonders bei Mylne (Abb. 23). Möglicherweise trug hierzu auch die erneute Hinwendung zu den Bauwerken der frühen Neopalladianer bei.

Der Neopalladianismus beherrschte in diesem Jahrzehnt weiterhin die Profanarchitektur, doch häufigeres Reisen, auch auf dem Kontinent, erweiterte den Horizont der englischen Architektur: Aus Frankreich und Italien wurden neue Ideen importiert, und in England selbst stellte man die Vormachtstellung des Palladianismus zunehmend in Frage. Als die Wirtschaft sich nach dem amerikanischen Unabhängigkeitskrieg 1783 erholt hatte und eine lebhafte bauliche Entwicklung einsetzte, wurde der Neopalladianismus auf den Rang einer Stilrichtung unter vielen verwiesen, auch wenn Adam bis in die neunziger Jahre hinein (Abb. 24) palladianische Bauten entwarf. Letztlich jedoch erwies sich der frühe Palladianismus in der Gestalt des Georgian Style als überlebensfähiger und hielt sich bis weit ins 19. Jahrhundert und teils darüber hinaus.

1 Vgl. Worsley 1995.

Der Palladianismus der britischen Peripherie: Schottland, Irland und Amerika

Giles Worsley

Eine Betrachtung des nordeuropäischen Palladianismus wäre unvollständig, wollte sie dessen Niederschlag in Schottland, Irland aber auch den britischen Kolonien in Nordamerika außer acht lassen[1]. Denken wir nur an die Bauwerke Sir Edward Pearces in Irland oder Thomas Jeffersons in Amerika – eindrucksvolle Belege für die lebendige palladianische Entwicklung an der britischen Peripherie. Darüber hinaus verschafft uns ein Vergleich der in vieler Hinsicht ähnlichen und doch sehr unterschiedlichen Länder besseren Einblick in die innere Entwicklungsdynamik des Palladianismus.

Alle drei Länder unterstanden der britischen Krone, und doch gab es entscheidende Unterschiede. Das unabhängige Schottland hatte im 17. Jahrhundert eine eindrucksvolle eigene architektonische Geschichte und Tradition vorzuweisen. Irland dagegen war mit Gewalt unterworfen und massiv von englischen und schottischen Siedlern kolonisiert worden, seine eigene Baukunst lag danieder und seine Bevölkerung stand seinen protestantischen Bezwingern antagonistisch gegenüber. In Amerika wiederum entstanden auf einem von den Engländern im selben Jahrhundert nach und nach besiedelten Kontinent junge Kolonien ohne europäische Architekturtradition. Dennoch läßt sich in allen drei Gebieten eine vergleichbare Wellenbewegung palladianischer Entwicklung beobachten, deren Auf und Ab bestimmt wird von der mal engeren, mal loseren Bindung an das mächtige, auch architektonisch dominierende England.

Ebenso wie dort entfaltete sich der Palladianismus in den drei Peripheriezonen langsam und phasenweise. Der frühe, von Inigo Jones geprägte Palladianismus, als dessen reinster Ausdruck Maltravers House gilt, kam um 1630 auf und wurde dann vom dreiteiligen, auf eine Gliederung durch die Säulenordnungen verzichtenden Landhaustyp abgelöst, den Sir Roger Pratt in den sechziger Jahren vervollkommnete. Dieser wiederum mußte im 18. Jahrhundert dem anspruchsvolleren Neopalladianismus weichen. Und doch verlief diese selbe Entwicklung überall zeitlich wie dem Ergebnis nach etwas anders, und in vielen Fällen sind die Unterschiede aufschlußreicher als die Parallelen.

Am schnellsten setzte sich der frühe Palladianismus von Jones und Pratt in Irland durch. Hier hatten die Kriege der vierziger Jahre den heimischen Adel ausgeblutet und damit den eigenen Bautraditionen die Grundlage entzogen. In dieses Vakuum ergoß sich eine Welle neuer Grundbesitzer und Siedler aus England und Schottland, die dringend nach neuen Stadt- und Landhäusern verlangte. Der Baustil ihrer Wahl entsprach, nicht zuletzt dank des Zustroms englischer Architekten und Baumeister und der engen Kontakte, die viele Grundbesitzer zu England und dortigen Entwicklungen unterhielten, der vorherrschenden Stilrichtung ihrer Heimatländer. Beaulieu, County Louth, und Eyrecourt, County Galway (Abb. 1), liefern den Beweis dafür, daß der frühe Palladianismus von Jones und Pratt bereits in den sechziger Jahren des 17. Jahrhunderts in Irland Verbreitung fand.

Ähnlich wie in England kam die schlichte Strenge des Palladianismus von Jones und Pratt der geschwächten irischen Architektur des späten 17. Jahrhunderts entgegen. In den siebziger und achtziger Jahren war der Stil dank des kräftigen wirtschaftlichen Aufschwungs bereits sehr verbreitet. Doch auf expansive Jahre folgte Stagnation. War das letzte Drittel des Jahrhunderts in England durch wachsendes architektonisches Selbstbewußtsein und größere Experimentierfreudigkeit geprägt, sah die Situation in Irland anders aus. Das hatte zum Teil wirtschaftliche Gründe, denn zwischen 1689 und 1730 erlebte Irland, angefangen mit den Kriegswirren, schwere Zeiten. Hinzu kam, daß es in Irland nicht gelang, dasselbe bautechnische und architektonische Niveau zu erreichen wie in England schon zur Jahrhundertwende. So hielten sich beispielsweise die breit abgewalmten Dächer der postre-

Abb. 1: Erbauer unbekannt. Eyrecourt Castle, County Galway, um 1660 (abgerissen). In Irland setzte sich der von Sir Roger Pratt vervollkommnete Landhaustyp rasch durch.
Foto: Irish Architectural Archive, Dublin.

Abb. 2: James Smith, Newhaile, Midlothian, um 1690. In Schottland dauerte es bis zum Ende des Dezenniums, ehe sich der Prattsche Idealtyp etabliert hatte. Foto: Courtauld Institute of Art.

staurativen Stilperiode Pratts, die in England längst aus der Mode gekommen waren, bis weit in die zwanziger Jahre des achtzehnten Jahrhunderts hinein.

In Schottland wiederum tat sich der frühe Palladianismus von Jones und Pratt zunächst schwer. Dort war der Grundbesitz fest in der Hand des schottischen Adels, und die eigenen Bautraditionen, insbesondere der Turm- und Burgenbau, waren lebendig geblieben. Im Schottland des 17. Jahrhunderts entstand nicht etwa wie in Irland ein plötzlicher Bedarf an neuen Domizilen. Erst als der schottische König James VI. 1603 die Thronfolge antrat und als James I. mit seinem Hofgefolge nach London übersiedelte, büßte die schottische Architektur einiges an Eigenständigkeit ein. Ohne die Impulse, die vom Hofe ausgegangen waren, und angesichts der Abwanderung vieler der wohlhabendsten und mächtigsten Adelsfamilien nach London war es nur eine Frage der Zeit, bis englische Architekturströmungen sich in Schottland Bahn brechen mußten.

Doch erst gegen Ende der siebten Dekade brachte der führende schottische Architekt Sir William Bruce durch Projekte wie Dunkeld House in Perthshire (1676) und Moncreiffe House, ebenfalls Perthshire (1679), den säulenlosen Stil Jones' nach Norden. Pratts Haustypus taucht noch später auf; die allerersten Beispiele sind nach allgemeiner Auffassung die in der letzten Dekade des 17. Jahrhunderts von Bruces großem Rivalen James Smith geschaffenen Bauwerke Newhaile, Midlothian, um 1690 (Abb. 2), und Strathleven House in Dumbartonshire (um 1690) – ganze dreißig Jahre nach dessen Verbreitung in England und Irland. Beide Häuser, Newhaile wie Strathleven, hätten ebensogut in England errichtet worden sein können, und obgleich der Prattsche Landhausentwurf in Schottland Anhänger fand, wurde er nie in dem Maße bestimmend, wie dies in England der Fall war – nicht zuletzt, weil die schottische Neigung, lieber um- als neu zu bauen, klare stilistische Bekenntnisse kaum gestattete.

Smiths Bauten zeugen von seiner genauen Kenntnis des zeitgenössischen englischen Palladianismus, doch eine Reihe unausgeführter Entwürfe offenbart einen fast noch stärkeren Bezug zur Baukunst von Palladio selbst, zu dem möglicherweise eine Italienreise Anlaß gab. Unter seinen Entwürfen sind Häuser, die unverkennbar auf Vorbildern wie der Villa Rotonda, Palladios Werkgruppe der Palazzi oder auch Somerset House in London beruhen. Keiner der Entwürfe wurde realisiert, doch belegen sie, daß die Hinwendung zu Palladio, die sich im späten 17. und frühen 18. Jahrhundert in England beobachten läßt, auch nach Schottland ausstrahlte. Umgekehrt trugen wiederum

Zeichnungen Smiths, die in den Besitz Colen Campbells gelangten und diesem als Vorlage zu einigen palladianischen Vorschläge für den *Vitruvius Britannicus* dienten, zur Entwicklung des englischen Palladianismus bei.
In Amerika, wo es zunächst darum ging, in den Kolonien überhaupt das Überleben zu sichern, wurde die Architektur lange Jahre zwangsläufig hintangestellt. Der von den ersten Siedlern mitgebrachte Baustil der Zeit Jakobs I. hielt sich fast ein Jahrhundert lang. Da es kein entwickeltes Bauwesen gab, waren die Möglichkeiten der Siedler ohnehin begrenzt. Der kühne, 1665 gefaßte Plan der Volksvertreter der Colonial Assembly Marylands, ein zweieinhalbgeschossiges Parlamentsgebäude im englischen Stil mit einer Grundfläche von knapp 150 Quadratmetern und abgewalmtem Dach zu errichten, scheiterte am fehlenden Können des Baumeisters. Man mußte sich mit einem konventionelleren State House begnügen.
Dreißig Jahre später waren dergleichen architektonische Kinderkrankheiten überwunden. Das zeigt beispielsweise der Bau des College of William and Mary in Virginias Hauptstadt Williamsburg 1695. An englischen Maßstäben gemessen, gewiß eine eher bescheidene Anlage, für amerikanische Verhältnisse aber muß der Bau mit seinen dreizehn Erkern, mit Sockel, zwei Vollgeschossen, abgewalmtem Dach und Gauben doch als beachtlich gelten und beweist zudem, daß Jones' früher Palladianismus Ende des 17. Jahrhunderts auch in Amerika angelangt war. Diese Stilrichtung blieb in der ersten Hälfte des 18. Jahrhunderts für repräsentative Stadthäuser – in South Carolinas Hauptstadt Charles Town (heute Charleston) standen 1731 etliche Häuser dieses Typs – wie auch für die Herrenhäuser der Plantagen vor allem Virginias beliebt. Noch der wohlhabendste Plantagenbesitzer schien mit einem solch schlichten Entwurf zufrieden, obwohl auffällt, daß diese Landsitze von imposanterem Maßstab waren als englische Pendants. Die bis zur Mitte des Jahrhunderts anhaltende Popularität des Entwurfs verdankt sich möglicherweise zu einem nicht geringen Teil der Tatsache, daß zu seinen frühesten und stattlichsten Beispielen der Gouverneurspalast in Williamsburg (1705) gehörte (Abb. 3), wodurch er ein Prestige gewann, dessen er in England längst verlustig gegangen war. Das wieder mag dazu geführt haben, daß Pratts dreiteiliges Landhaus, welches in England und in Irland seit 1660 und in Schottland seit 1690 weite Verbreitung fand, in Amerika bis etwa 1740 ohne nennenswerten Widerhall blieb.

Abb. 3: Erbauer unbekannt. Gouverneurspalast, Williamsburg, 1705 (restauriert). In Amerika stieß die in England in den dreißiger Jahren entwickelte säulenlose Stilvariante erst zu Beginn des achtzehnten Jahrhunderts auf breite Zustimmung.
Foto: Colonial Williamsburg Foundation.

Nicht anders als in England war das 18. Jahrhundert sowohl in Schottland als auch in Irland von einer wachsenden Bereitschaft zu architektonischen Neuerungen begleitet, was sich in beiden Ländern allerdings erst ab 1720 deutlich bemerkbar machte. In Schottland läßt sich diese Tendenz am stärksten bei William Adam beobachten, dessen Werk von den Zwanzigern bis zu seinem Tode im Jahre 1748 für die schottische Architektur richtungweisend war. Adam, der eine umfangreiche Bibliothek architekturtheoretischer Werke besaß, wußte sehr wohl um die englische Vorliebe für den Neopalladianismus, und sein Schaffen trägt auch unübersehbar palladianische Züge. Doch Adam zeigte sich wenig geneigt, absolut verbindlich einen neopalladianischen Kanon zu befolgen. Er bediente sich vielmehr ähnlich ungehemmt bei der palladianischen Formensprache, wie er dies bei anderen Stilrichtungen tat, und schuf hieraus seinen kraftvollen und recht eigenwilligen klassizistischen Stil. Selbst sein reinster palladianischer Entwurf – Newliston, West Lothian, um 1723 (Abb. 4) –, der palladianische Elemente wie den vorspringenden Portikus, horizontal gelagerte Rustika, Freitreppen, alternierende Segment- und Dreiecksgiebel der Fenster und

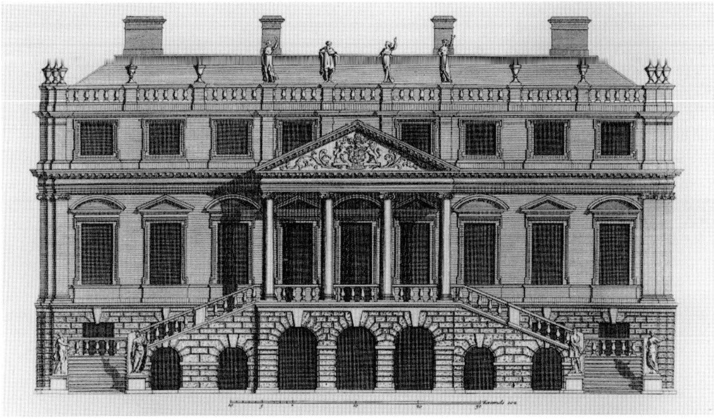

Abb. 4: William Adam, nicht ausgeführter Entwurf für Newliston, West Lothian, um 1723, aus dem *Vitruvius Scoticus* (1812). Adams schmuckreicher Stil verrät eine genaue Kenntnis des englischen Palladianismus, aber auch unbeirrbaren Eigensinn.

den Attikaaufbau inkorporiert – wäre von englischen Neopalladianern als zu verspielt und als dilettantisch abgetan worden. Doch wir dürfen Adam keinesfalls als verhinderten Palladianer betrachten, vielmehr war er Realist. Er erkannte die Möglichkeiten des reichen palladianischen Formenschatzes und er wußte sehr genau, daß es sich auszahlte, architektonisch auf der Höhe der Zeit zu sein, aber es war ihm nicht eigentlich um neopalladianische Ideale zu tun.

Der Stil Adams läßt sich eben nicht mit der reflektierten und kultivierten architektonischen Haltung Burlingtons oder am Hofe vergleichen, sondern eher mit dem kraftvollen, unbekümmerten Klassizismus der britischen Kaufmannsschicht, wie sie etwa in dem von George Dance d. Ä erbauten Mansion House in London (1739) ihren Ausdruck fand. Auf Adam und die schottische Architektur übertragen, wäre der passende Vergleich der mit den Steinmetz-Architekten der obstinat unabhängigen Provinzstädte wie Bristol und Liverpool, wo die neuesten Modemotive und -ideen rasch aufgegriffen wurden, die strenge Botschaft des Neopalladianismus jedoch auf taube Ohren fiel.

Die beherrschende Stellung Adams hatte zur Folge, daß der Neopalladianismus in der ersten Hälfte des 18. Jahrhunderts in Schottland nur schwer Fuß fassen konnte, obwohl der frühe Palladianismus von Jones und Pratt sich anhaltender Beliebtheit erfreute. In Irland gab es eine stärkere Resonanz, oft ausgehend von einzelnen Bänden des *Vitruvius Britannicus*. Das Landhaus Mount Ievers, County Clare (um 1731) ist zum Beispiel eine ziemlich direkte Umsetzung der im *Vitruvius Britannicus* erschienenen Zeichnung für Chevening House, Kent, während sich das Provost's House, Trinity College, Dublin (1759) auf Lord Burlingtons Entwurf für General Wade's House aus dem dritten Band bezieht.

Gerade zu einem Zeitpunkt jedoch, da sich die irische Architektur als anfällig für eine direkte Ansteckung durch den englischen Neopalladianismus hätte erweisen können, wie sie es im Falle des frühen Palladianismus von Jones und Pratt gewesen war, trat mit Sir Edward Lovelett Pearce ein Architekt auf den Plan, der dafür sorgte, daß Irland einige palladianische Wege beschritt. Pearce waren nur wenige Jahre architektonischen Schaffens vergönnt: 1726 etablierte er sich in Dublin, 1730 löste er Thomas Burgh als Surveyor-General ab, 1733 ereilte ihn ein früher Tod. Doch in diesen wenigen Jahren erlebte die irische Architektur eine neue Blüte und zum erstenmal konnte sie sich durchaus mit der englischen Baukunst messen.

Pearces Baustil ist vom zeitgenössischen Neopalladianismus durchdrungen, doch gibt es keinerlei Hinweise dafür, daß er mit Lord Burlington in Verbindung stand. Erkennbar ist zum anderen ein gewisser Einfluß Sir John Vanbrughs, der ein direkter Vetter seines Vaters war, doch es bleibt unklar, ob Pearce zu irgendeinem Zeitpunkt bei diesem gelernt oder gearbeitet hat, obgleich er des Architekten Zeichnungen und einen seiner Bauaufseher »erbte«. Statt nach Belegen für den Einfluß Burlingtons auf das Schaffen Pearces zu forschen, dürfte es sich als ergiebiger erweisen, die Entwurfsskizzen Colen Campbells im *Vitruvius Britannicus* zu studieren, besonders die des dritten Bandes aus dem Jahr 1725. Pearces sparsames Verhältnis von Fenster- zu Wandflächen, seine Vorliebe für Rustizierungen – besonders der Serliana – und seine Plazierung einzelner Rundbogenfenster in der Fassadenmitte, das alles läßt sich bereits bei Campbell finden.

Pearce gelang es allerdings, dank seiner Frankreich- und Italienreisen, wo er antike Stätten besucht und Palladios Villen studiert hatte, und dank des Einflusses Vanbrughs, über seine Vorbilder hinauszugehen. Pearce scheint die Gabe besessen zu haben, ebenso schöpferisch die Modeströmungen seiner Zeit verarbeiten zu können wie das

Abb. 5: Richard Castle, »Ägyptischer« Saal, Powerscourt, County Wicklow, 1731 (durch Feuer zerstört). Castle setzte die Tradition des unbeirrt irischen Palladianismus Pearces fort, doch ohne die stilistische Souveränität seines Vorgängers.
Foto: Country Life Picture Library.

Abb. 6: Erbauer unbekannt. Paxton House, Berwickshire, 1758. Um die Mitte des Jahrhunderts hatte sich die schottische Architektur weitgehend dem englischen Palladianismus anverwandelt.
Foto: Country Life Picture Library.

Kunstwerk zu vollbringen, seine eigene überzeugende Interpretation des Palladianismus zu entwickeln. Damit läßt Pearce seinen Zeitgenossen William Adam weit hinter sich. Sein Meisterwerk schuf Pearce mit dem Parliament Building in Dublin, Baubeginn 1729 (Tafel 6), einem Bauwerk, das in seine Pläne für den Wiederaufbau Whitehalls integrieren zu dürfen sich Burlington als Ehre angerechnet haben würde. Mit seiner gewaltigen Kolonnade, seinem mit einer Kolonnade belebten kuppelüberwölbten achteckigen House of Commons, dem kassettierten, tonnengewölbten House of Lords und seiner strikten Einhaltung der palladianischen Geometrie erreicht das Parlamentsgebäude als gelungene Synthese klassizistischer und palladianischer Vorbilder ein architektonisches Niveau, das man auch in England nur wenigen Architekten der Zeit zusprechen kann.

Pearce früher Tod im Alter von nur 34 Jahren beraubte Irland seines größten Architekten des 18. Jahrhunderts, doch es blieb Pearce immerhin noch die Zeit, der klassizistischen irischen Architektur eine eigene, von der englischen deutlich unterscheidbare Prägung zu geben. Pearces Assistent, der Deutsche Richard Cassels oder Castle, beerbte diesen als Vorreiter der irischen Architektur, der er bis zu seinem Tod im Jahre 1751 blieb. Castles Werk ist unübersehbar Pearce verpflichtet, doch dessen klassizistische Stilvollendung erreichte sein Nachfolger nie. Auch die reine Lehre der englischen Neopalladianer strebte er nicht an (Abb. 5). Überhaupt ist bemerkenswert, wie wenig der puristische englische Neopalladianismus vor 1748 auf Irland abfärbte. So kommt beispielsweise gerade der Portikus selten vor. Nichtsdestotrotz begründeten Pearce und Castle in Irland eine spezielle Spielart des Palladianismus, für die zum Beispiel das Serliomotiv in der Fassadenmitte, halbrunde Erker, ungewöhnlich großzügig angelegte Gebäudeflügel und Höfe, die vielen irischen Häusern eine enorme Stattlichkeit verliehen, charakteristisch sind. Da sich darunter auch Farmhäuser finden, knüpfte man hier im Grunde direkter an das große Vorbild Palladio an als dessen englische Adepten.

War der irische Palladianismus in der zweiten Hälfte des 17. Jahrhunderts dem englischen Vorbild näher als der schottische, um dann in der ersten Hälfte des folgenden Jahrhunderts seine eigene unverwechselbare neopalladia-

Abb. 7: Thomas Cooley, Innenansicht, Royal Exchange, Dublin, 1766. (Patrick Byrne, Aquarell). Die Börse war ein Meilenstein der Dubliner Baukunst der Zeit.
Foto: National Gallery of Ireland, Dublin.

Abb. 8: James Gandon, Four Courts, Dublin, 1786. (Thomas Malton, Aquarell). In Gandon hatte Irland einen Architekten, der es mit den Besten Englands aufnehmen konnte.
Foto: National Gallery of Ireland, Dublin.

nische Stilrichtung zu entwickeln, während Schottland zunächst dem eigenwilligen Klassizismus William Adams verpflichtet blieb, so näherte sich dann in der zweiten Hälfte des 18. Jahrhunderts Schottland stärker England an, während Irland stilistisch seine Unabhängigkeit wahrte.
Trotz der Personalunion unter ein und demselben König blieben England und Schottland das gesamte 17. Jahrhundert hindurch konstitutionell, ökonomisch und kulturell eigenständige Nationen. 1707 wurde dann mit der Realunion das schottische mit dem englischen Parlament vereint, doch die beiden Länder wuchsen nur langsam zusammen. Erst nach 1748 konnte man in Schottland mit einigem Recht von einer Annäherung an englische Sichtweisen sprechen, die hundert Jahre zuvor so nicht denkbar gewesen wäre. Das galt für die Architektur in besonderer Weise. Einerseits könnte man hierein eine englische Usurpation der schottischen Architektur erblicken, denn der Großteil der schottischen Baukunst der zweiten Hälfte des 18. Jahrhunderts fügt sich stilistisch nahtlos in den englischen Neopalladianismus, wie er seit den zwanziger und dreißiger Jahren vorherrschte (Abb. 6). Während sich jedoch englische Ideen und Vorstellungen durchsetzten, so waren die Schotten oft die eigentlichen Nutznießer. Wie die Beispiele Campbells und Gibbs' zeigen, erwarben sich die Schotten einige Verdienste um die englische Architektur – an der Entstehung des englischen Neopalladianismus waren sie sogar maßgeblich beteiligt. Doch vor 1748 mußte ein schottischer Architekt aufgrund der schlechten Verbindungen bei einer Übersiedlung nach London auf sein Wirken im eigenen Land wohl oder übel verzichten. Umgekehrt gab es kaum englische Architekten, die Entwürfe für schottische Bauten erstellten.
Seit den sechziger Jahren aber erlaubten es verbesserte Verkehrsverbindungen einem Architekten ohne weiteres, von London aus Bauprojekte sowohl in England als auch in Schottland zu betreuen. Robert und James Adam, Robert Mylne, James Playfair unterhielten als in England tätige Architekten erfolgreiche schottische Dependancen. Allerdings handelte es sich bei ihnen auch durchweg um Schotten. Englische Architekten verschlug es nur selten nach Norden und keiner ließ sich jenseits der Grenze nieder. Von der Entstehung einer gesamtbritischen Architektur profitierten somit stärker die Schotten, die sich in großem Stil in England etablierten, während sie im eigenen Land weiterhin den Kuchen unter sich aufteilen konnten. Da die führenden schottischen Architekten an ihrem Hauptwirkungsort London ebenfalls zur Elite zählten, darf die Ähnlichkeit zwischen der englischen und der schottischen Bau-

Abb. 9: Erbauer unbekannt. Mathias Hammond House, Annapolis, Maryland, 1774. Im letzten Drittel des 18. Jahrhunderts konnte in Amerika zur englischen Architektur aufgeschlossen werden. Foto: Marrion Warren, Annapolis, Maryland, USA.

Abb. 10: Erbauer unbekannt. Drayton Hall, South Carolina, um 1738. Mit seinem zweigeschössigen Portikus ist Drayton Hall möglicherweise der älteste palladianische Bau Amerikas. Foto: Colonial Williamsburg Foundation.

kunst dieser Periode nicht verwundern. Erst mit der endgültigen Rückkehr Robert Adams nach Schottland zeichnet sich ab 1778, besonders in dessen Schloßarchitektur, erneut eine eigenständige stilistische Entwicklung ab.

In Irland lagen die Dinge anders. Aus Irland wanderten nicht etwa wie im Falle Schottlands Scharen von Architekten nach London ab und Irland stand zuziehenden englischen Architekten offen. Ein Großteil der bedeutendsten Londoner Architekten, darunter Robert Adam, Lancelot Brown, Sir William Chambers, John Soane, James Stuart, Sir Robert Taylor, Isaac Ware und James Wyatt, trotzte der Irischen See und betätigte sich auf der Nachbarinsel. Von ihnen war besonders Wyatt großer Erfolg beschieden, obwohl er das Land nur einmal besuchte. Und trotzdem bewahrte sich Irland im Gegensatz zu Schottland seine architektonische Eigenständigkeit, was nicht zuletzt einer Reihe englischer Palladianer zu verdanken ist, die sich in Dublin niederließen und dort einen speziellen irischen Palladianismus förderten. Während sich also in England und Schottland der Stil in der zweiten Hälfte des 18. Jahrhunderts mehr und mehr anglich, besann man sich in Irland zur selben Zeit auf die eigene Stärke. Vizekönig, Hof und unabhängiges Parlament boten Identifikationsquellen und nährten ein neues irisches Selbstbewußtsein, das um die Mitte des 18. Jahrhunderts dank wirtschaftlicher Prosperität und des Beispiels der amerikanischen Kolonien noch wuchs. Das zeigt sich auch in der irischen Architektur, besonders in einer Reihe ansehnlicher Repräsentativbauten, die in den sechziger, siebziger und achtziger Jahren Dublins Rang als Hauptstadt unterstreichen sollten. Thomas Cooleys Royal Exchange, 1766 (Abb. 7) kann sich ebenso mit jedem Repräsentativbau Londons messen wie das hinsichtlich seines Könnens beeindruckende Bauschaffen James Gandons. Bauwerke wie das Custom House (1781), die Erweiterungen am Parliament House (1785), Four Courts, 1786 (Abb. 8) und King's Inn (1795) legen hiervon Zeugnis ab. Zum erstenmal seit 1730 zeigte sich die irische Architektur der englischen ebenbürtig.

Ein ähnlich erstarkendes Selbstbewußtsein ist nach Beendigung des Siebenjährigen Krieges 1763 in Amerika zu beobachten. In den Kolonien waren die sechziger und siebziger Jahre durch kräftiges wirtschaftliches Wachstum und parallel zu ihm auch eine rege bauliche Entwicklung gekennzeichnet. In den Vierzigern hatte die Errichtung des Amtssitzes des Gouverneurs Bladen in Annapolis, Maryland, den Durchbruch des dreiteiligen, säulenlosen, giebelgeschmückten Pratt-Hauses auch in den Kolonien markiert, und schon in den sechziger Jahren genoß dieser

Abb. 11: Erbauer unbekannt. Miles Brewton House, Charleston, South Carolina, 1765. Seit den sechziger Jahren entstand auch in Amerika anspruchsvolle palladianische Architektur.
Foto: Colonial Williamsburg Foundation.

Abb. 12: Thomas Jefferson, erster Entwurf für Monticello, Virginia, 1768. Jeffersons ursprünglicher Entwurf ist deutlich vom zeitgenössischen amerikanischen Palladianismus beeinflußt, wie er im Miles Brewton House seinen typischen Ausdruck fand.
Foto: Massachusetts Historical Society.

Haustyp eine breite Akzeptanz. Zum erstenmal entstanden in Amerika Häuser – etwa das Mathias Hammond House in Annapolis, Maryland (1774) (Abb. 9) –, die ohne weiteres auch in England hätten erbaut werden können.

Das wachsende architektonische Selbstvertrauen war von dem Wunsch nach größerer architektonischer Verfeinerung und Raffinesse begleitet, und dieser brachte in den Jahren unmittelbar vor dem Unabhängigkeitskrieg von 1776 einen vitalen amerikanischen Neopalladianismus hervor.

Als früher Ausdruck hiervon sind die zweigeschossigen Portiken von Drayton Hall, South Carolina (um 1738) (Abb. 10) zu betrachten; in den fünfziger und sechziger Jahren findet man dann deutlich palladianisch geprägte Bauten überall in den Kolonien.

Wir kennen allerdings keine Entwürfe englischer Architekten für amerikanische Häuser, und zu den Auswanderern vor 1776 gehörten kaum qualifizierte Architekten und Baumeister. Notgedrungen zogen die Kolonisten als Inspirationsquelle sehr stark Zeichnungen und Druckwerke heran. Viele der herausragenden Merkmale des amerikanischen Neopalladianismus lassen sich auf solche Quellen zurückführen. Der zweigeschössige Portikus etwa, der Drayton auszeichnet, aber auch am Miles Brewton House in Charles Town (dem heutigen Charleston), South Carolina, 1765 (Abb. 11) und in Jeffersons erstem Entwurf für Monticello, 1768 (Abb. 12) verwendet wurde, findet sich schon bei Palladio; von englischen Palladianern wurde er jedoch nie aufgegriffen.

Das Schaffen Jeffersons belegt ebenso wie das des unbekannten Erbauers des Miles Brewton House, daß die Amerikaner sich in erster Linie direkt Palladio zuwandten, doch spielten auch neopalladianische Vorbilder eine bedeutende Rolle. Jeffersons Notizbücher aus den sechziger und siebziger Jahren des 18. Jahrhunderts machen deutlich, daß dieser oftmals englische palladianische Bauten als Muster nutzte, so wie es auch Peter Harrison für seine Redwood Library (1748) in Newport, Rhode Island, tat, die auf dem Entwurf eines Gartenhauses von William Kent beruhte. Harrisons Brick Market ist wiederum einer Zeichnung des Somerset House im *Vitruvius Britannicus* nachempfunden. Gelegentlich hatten diese »papiernen« Anleihen zur Folge, daß Entwürfe, die in England nie verwirklicht wurden, in Amerika stilbildend wirkten. Mindestens drei Häuser in Virginia, darunter Tazewell Hall (um 1760), orientierten sich am Entwurf einer Tafel in Robert Morris' 1755 publiziertem Werk *Select Architecture*, der in England nie Nachahmer fand.

Abb. 13: Thomas Jefferson, Monticello, Virginia, 1793. Der endgültige Entwurf verrät deutliche Anklänge an den englischen Palladianismus der Mitte des Jahrhunderts.
Foto: Colonial Williamsburg Foundation.

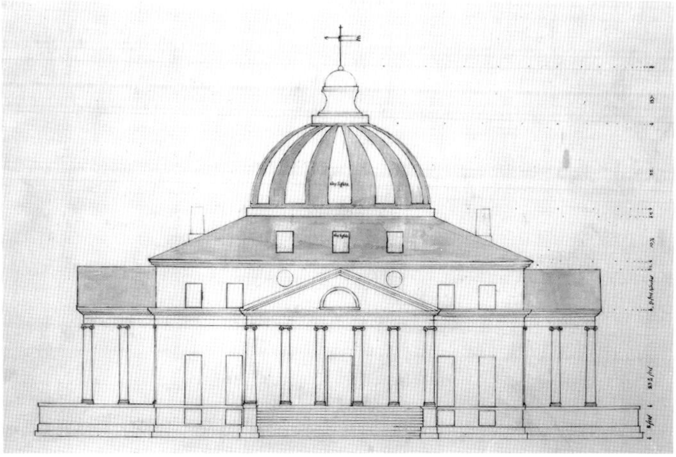

Abb. 14: Thomas Jefferson, nicht realisierter Entwurf für den Sitz des Präsidenten in Washington, 1792. Jeffersons Entwurf hätte sich problemlos in die englische Architekturlandschaft der zwanziger Jahre eingefügt. Foto: Maryland Historical Society.

Nach dem Unabhängigkeitskrieg hielt Thomas Jefferson der amerikanischen neopalladianischen Tradition die Treue (Abb. 13), während sich andere führende Architekten nach der erzwungenen Pause als weit empfänglicher für neue Ideen aus England erwiesen. Jeffersons Nachkriegsarchitektur zeigt wenig Entwicklung, auch wenn er sich nun anderen Größenordnungen gewachsen zeigt, deutlich erkennbar an seinem eigenen Besitz Monticello wie auch den öffentlichen Gebäuden, an denen er mitwirkte. Eckpfeiler seiner Architektur blieben Palladio, der englische Palladianismus und die römische Antike – und diese speziell in der Darstellung Fréart de Chambrays und Antoine Desgodets, beides Inkunabeln der englischen Palladianer.

Einem Repräsentativbau die Gestalt eines römischen Tempels zu geben, wie es in Virginias Hauptstadt Richmond geschah, war eine Idee, mit der Nicholas Hawksmoor bereits 1712 für St. Alfege, Greenwich, gespielt und die Colen Campbell 1715 im *Vitruvius Britannicus* zeichnerisch umgesetzt hatte. Palladios Villa Rotonda, Vorbild des von Jefferson 1803 im Rahmen des Architektenwettbwerbs für den Washingtoner Sitz des Präsidenten eingereichten Entwurfs (Abb. 14), war zuvor in England von Colen Campbell für Mereworth Castle, Kent (1722) kopiert worden. Für sein oktogonales Poplar House, Virginia (1806) griff Jefferson auf die 1727 erschienenen *Designs of Inigo Jones* zurück. Aber auch die palladianischen Modeströmungen der fünfziger und sechziger Jahre, die er in seiner Jugend kennengelernt hatte, fanden Berücksichtigung. Der angeschrägte Erker zum Beispiel, der in England in den Siebzigern aus der Mode kam, wurde in Farmington, Virginia, noch 1802 einbezogen. Der Plan für eine Bibliothek nach einer Rekonstruktion des römischen Pantheon an der University of Virginia (1817) ist ebenfalls nicht ohne Vorläufer: Viscount Hampden hatte 1737 einen entsprechenden Entwurf für Radcliffe Camera, Oxford vorgelegt, und zu den Vorschlägen Ambrose Phillips' für den Place de Peyrou in Montpellier (um 1729) gehörte ebenfalls ein Pavillonbau. Selbst die Idee, ein Musterbuch mit den Ordnungen einzelner Innenräume in Monticello sowie verschiedener Pavillons auf dem Gelände der University of Virginia zu erstellen, wäre einem Thomas Worsely, der eben dieses für Hovingham Hall, Yorkshire (1751) getan hatte, keineswegs neu erschienen. Es gibt insgesamt an der Nachkriegsarchitektur Jeffersons wenig, was stilistisch die Pfade des britischen Palladianismus verläßt.

Als Jefferson 1826 starb, war der reine neopalladianische Stil, dem er bei der Erbauung von Monticello und der University of Virginia noch gefolgt war und der einem Vorgänger wie Lord Burlington anheimelnd erschienen wäre, in Amerika wie in England längst obsolet. Um so mehr empfiehlt sich gerade dieser Stil in seiner Reinheit als würdiger Abschluß unserer Betrachtung des britischen Neopalladianismus.

1 Vgl. Worsley 1995.

»Die Liebe zur Baukunst nach Maß und Regeln der Alten« – Der Klassizismus in den nördlichen Niederlanden des 17. Jahrhunderts

Konrad Ottenheym

»Naest weynigen jaren herwaerts heeft de liefde tot de Bouwkunst op maet en regelen der Ouden, alhier soo toegenomen, dat het wel voor een wonder te achten is, dat in soo korte tijt soo veelen treffelijke wercken zijn toegestelt«.

(Nach nur wenigen Jahren hat die Liebe zur Baukunst nach Maß und Regeln der Alten in diesem Land so zugenommen, daß man es wohl als ein Wunder ansehen kann, daß in so kurzer Zeit so viele vortreffliche Werke entstanden sind). Philips Vingboons, 1648

Einleitung

1648 veröffentlichte der Amsterdamer Architekt Philips Vingboons ein Buch mit seinen Entwürfen aus den vorangegangenen zehn Jahren. In der Einleitung lobt er seine Epoche über alle Maßen, weil es ihr gelungen sei, die *»Liebe zur Baukunst nach den Maßen und Regeln der Alten«* in den Niederlanden zu neuem Leben zu erwecken[1]. Vingboons orientierte sich am Schönheitsideal der italienischen Klassizisten – allen voran Palladio und Scamozzi – welches auf den Maßen und Regeln der Antike basierte. Die Architektur seiner eigenen Zeit, und damit auch sein eigenes Werk, sollte demzufolge als Teil der *»wahren«* Baukunst in direkter Nachfolge der Architektur der Antike und der italienischen Renaissance gesehen werden. Den Maßstab für die *»wahre«* Baukunst nach *»Maß und Regeln der Alten«* setzte das Traktat Vitruvs. In diesem Beitrag soll untersucht werden, wie die holländischen Architekten des 17. Jahrhunderts die Theorien von Vitruv und die Vorbilder der italienischen Renaissance als Grundlagen für ihre architektonischen Entwürfe verwendet haben.

Vorspiel: Die Einführung Vitruvs in den Niederlanden im 16. Jahrhundert

Anders als Vingboons 1648 in der Einführung zu seinem Buch vermuten läßt, waren die Lehre Vitruvs und die Errungenschaften der italienischen Renaissance bereits seit mehr als einem Jahrhundert in den Niederlanden bekannt. Die frühesten Spuren der Renaissancearchitektur findet man bereits um 1500 in den gemalten Architekturdarstellungen im Hintergrund diverser Gemälde. Die ersten dreidimensionalen Bauten waren ephemere Ehrenpforten aus Holz und Stoff, die als Huldigung für in die Stadt einziehende Fürsten aufgestellt wurden. Ein bekanntes Beispiel sind die Triumphbögen, die zwischen 1515 und 1520, anläßlich der *Blijde Inkomsten,* der offiziellen Einzüge Karl V., in verschiedenen niederländischen Städten gebaut wurden.

Die neue Formensprache der Renaissance gelangte auf drei verschiedenen Wegen in die Niederlande. Erstens durch die Verbreitung von Musterblättern mit Ornamenten, zweitens durch die Anwesenheit italienischer Künstler und Ingenieure an den nördlichen Fürstenhöfen und drittens durch die Publikation italienischer Architekturtraktate. Die Ornamentstiche, unter anderem von Raffael und seinen Schülern, wurden bereits in den ersten Jahrzehnten des 16. Jahrhunderts von Malern, Holzschnitzern und Architekten für den Entwurf dekorativer Details verwendet. Was die Architektur betrifft, wurden die Renaissanceornamente zunächst ohne Verständnis für den eigentlichen Ursprung und das Wesen des neuen Stils in die spätgotischen Bauformen integriert. Einige wenige Säulen und Pilaster oder ein triumphbogenähnliches Gebilde waren anfangs genug, um ein ganzes Gebäude als »antik« zu bezeichnen[2].

Italienische Künstler waren seit dem zweiten Viertel des 16. Jahrhunderts auf die Einladung bedeutender Edelleute in die Niederlande gekommen, und man kennt unter anderen die Namen von Tomaso Vincidor da Bologna, der in Breda arbeitete, und Alessandro Pasqualini, der für die Höfe in Ijsselstein, Buren und Jülich tätig war. Diese Künstler sorgten für den direkten Kontakt mit dem neuen

Formengut und in der zweiten Hälfte des 16. Jahrhunderts sollte die Zahl der in den Niederlanden arbeitenden italienischen Ingenieure auf einige Dutzend anwachsen[3]. Es ist an dieser Stelle wichtig darauf hinzuweisen, daß die Italiener auf Bitten Karls V. und seiner Fürsten ins Land gekommen waren. Die Einführung der italienischen Renaissance war darum zunächst von einem stark imperialen Charakter geprägt und sollte der Verstärkung des habsburgischen Ideals von einem neuen europäischen Kaiserreich dienen. Mindestens ebenso relevant für die Verbreitung der neuen Architektur, wie die Baupolitik des Kaisers, waren die italienischen Architekturtraktate. Das ausführliche Bildmaterial lieferte direkte Vorbilder für Steinmetze und Architekten und der begleitende Text erläuterte die historischen Hintergründe. Sebastiano Serlios Traktat über die fachgerechte Anwendung der Säulenordungen, das erstmals 1537 in Venedig veröffentlicht worden war, wurde bereits zwei Jahre später von Pieter Coecke van Aalst in Antwerpen herausgegeben. Coecke hatte das Werk in mehrere Sprachen übersetzen lassen, und die holländische Ausgabe erschien unter dem Titel *Generale Reglen der Architecturen* (Allgemeine Regeln der Architektur). Durch dieses Werk wurden die antiken Säulenordnungen nicht nur gelehrten Architekten, sondern auch jedem Zimmermann, der ein wenig lesen konnte, zugänglich gemacht. Darüber hinaus publizierte Coecke ebenfalls 1539 einen ersten niederländischen Auszug aus Vitruvs Erläuterungen vom Wesen der wahren Baukunst und seine Anweisungen zu den Säulenordnungen unter dem Titel *Die Inventie der Colommen* (Die Erfindung der Säulen)[4].

Von Antwerpen aus gelangten diese Bücher innerhalb weniger Jahre bis in die entlegensten Winkel der Niederlande. So schrieb Carel van Mander 1604 über den Architekten Hans Vredeman de Vries (1527–1606), daß dieser Serlios *Reglen* zum ersten Mal 1545 während seiner Ausbildung in einer Schreinerwerkstatt in Kollum (Friesland) gelesen habe[5]. Durch die Verbreitung des italienischen Stils in Buchform wurden die Formen zum Allgemeingut und verloren ihren streng »habsburgisch-imperialen« Charakter. Nun war die Renaissance auch für den bürgerlichen Stand als Ausdrucksmittel von Bildung und Wohlstand einsetzbar und Antwerpen kann als frühestes Zentrum der niederländischen Renaissancearchitektur gelten.

Abb. 1: Antwerpen, Rathaus, 1561–65, Cornelis Floris de Vriendt.

Dem großen Interesse an den neuen Formen wurde im Bau des Antwerpener Rathauses Ausdruck verliehen (Abb. 1), das von 1561–65 nach einem Entwurf von Cornelis Floris de Vriendt (1514–75) errichtet wurde[6]. Für die Fassadengestaltung des Gebäudes wurden die von Serlio vorgeschriebenen Säulenordnungen in reinster Form und monumentalen Ausmaßen angewendet. Der mittlere Teil der frontalen Fassade wurde allerdings, um das traditionelle Belfort zu ersetzen, mit einem großzügigen und höchst unitalienischen Giebel bekrönt.

Für die Bekanntmachung des Stils von Cornelis Floris außerhalb Antwerpens sorgten die Musterbücher des bereits erwähnten Ingenieurs, Gestalters und Herausgebers Hans Vredeman de Vries. Ab 1565 bis zu seinem Tod im Jahre 1606 publizierte er viele Stichserien und Musterbücher, die in ganz Europa Verbreitung fanden. Vredeman de Vries konzentrierte sich in seinen Bearbeitungen von Serlio nicht in erster Linie auf eine klare Festlegung der Proportionen der Säulenordnungen, sondern vielmehr auf ihre möglichen Variationen, wobei der dekorative und inventive Aspekt der architektonischen Ornamente eine große Rolle spielte. Darüber hinaus veröffentlichte er zahl-

lose Entwürfe für regelmäßig angeordnete, streng symmetrische Paläste, Gärten und Plätze, immer unter Verwendung der Säulenordnungen. Diese reiche Formensprache war um 1600 in den ganzen Niederlanden und darüber hinaus, vor allem entlang der Nord- und Ostseeküste, weit verbreitet[7]. Auftraggeber und Architekten fanden offensichtlich ein großes Vergnügen daran, ihre Fassaden ausgiebig mit Ornamenten zu schmücken. Durch die skulpturalen Verzierungen wurde die Vorderfront zu einem dekorativen Formengeflecht. Innerhalb dieser Gestaltung konnten die Türöffnung und der Giebel einen zentralen Akzent bilden.
Da der Großteil der Wohnhäuser in den Städten auf kleinen, sich in die Tiefe ausdehnenden Parzellen gebaut wurde und die Fassaden darum schmal bleiben mußten, wurde der Giebel zum Hauptträger architektonischer Verzierungen. Um 1600 waren die Vordergiebel zur Freistätte für die Dekorationsphantasien der Architekten geworden: Mit Pilastern versehene Ornamentkompositionen, Hermen, Voluten, Kartuschen und Obelisken wurden in immer wieder neuen Kombinationen auf kleinstem Raum kombiniert. Auch für den Giebelschmuck boten die Musterdrucke von Vredeman de Vries eine reichhaltige Inspirationsquelle und die ursprünglich aus Platzmangel entstandenen üppigen Giebelbekrönungen wurden so beliebt, daß sie auch bei quergebauten Häusern und größeren Verwaltungsgebäuden Verwendung fanden. (Abb. 2).

Palladio und Scamozzi in Holland

Während an vielen Orten die dekorativen Architekturformen in der Art des Vredeman de Vries noch tonangebend waren, entwickelten einige Künstler in Haarlem in den zwanziger Jahren des 17. Jahrhunderts einen neuen Baustil. Das üppige Ornament wurde auf die klassischen Pilasterordnungen beschränkt und an ein streng mathematisches Raster angepaßt, dem auch Fenster und Mauerstruktur untergeordnet wurden. Die Giebeldekoration verlor ihre Selbständigkeit und erhielt einen gleichberechtigten Platz in der gleichmäßigen Gesamtstruktur des Gebäudes. Die Pilaster, die die Fassadengliederung akzentuierten, wurden nicht mehr in freien Variationen, sondern streng nach Anleitung der italienischen Traktate angeordnet.

Abb. 2: Amsterdam, Bartolotti-Haus (Herengracht 170), 1621, Hendrick de Keyser.

Die maßgeblichen Vorbilder für diese neue Bauweise waren die klassizistischen Bauten von Palladio und Scamozzi in Norditalien[8]. Daneben übte auch die parallele Entwicklung in Frankreich und England, wo man sich ebenfalls am italienischen Klassizismus orientierte, einen starken Einfluß auf die holländische Architektur aus.
Der neue Stil der niederländischen Republik wird in der Regel als »klassizistischer Barock« oder auch als »holländischer Klassizismus« beschrieben. Die Entstehung dieses Stils, der strenger und weniger malerisch als der vorangegangener Jahrzehnte war, wird häufig mit dem zunehmenden Wohlstand des holländischen Bürgertums in Zusammenhang gebracht, welcher die Grundlage für einen vornehmeren Lebensstil bildete. Der neue Klassizismus war zwar schlichter und zurückhaltender als die überschwengliche und spielerische Architektur am Anfang des Jahrhunderts, aber gerade diese Eigenschaften machten ihn auch vornehmer und imposanter. Der holländische Klassizismus bot das passende Dekor für das stattliche Leben im »Goldenen Zeitalter«. Er fand schnell in allen höheren Schichten der holländischen Gesellschaft Verbreitung und

kann nicht, wie man annehmen könnte, als Ausdruck bestimmter politischer Haltungen oder Glaubensrichtungen gewertet werden. Die Anhänger des Hauses Oranien bedienten sich seiner ebenso wie ihre in Amsterdam ansässigen politischen Gegner. Protestanten, Katholiken und jüdische Bürger bauten alle im selben Stil, der vor allem als Ausdruck eines hohen sozialen Status gewertet wurde und in angemessener Weise Bildung und Wohlstand demonstrierte.

Die erste Generation klassizistischer Architekten, Jacob van Campen, Salomon de Bray, Pieter Post und Philips Vingboons, hatten ihre künstlerische Laufbahn als Kunstmaler begonnen. In ihrer Architektur stand weniger der Reichtum des Ornaments, sondern vielmehr das Ideal der harmonischen Proportionen im Vordergrund, welches zu einer vollendeten, absoluten Schönheit leiten sollte. Eine Schönheit, die mit jener göttlichen Mathematik verwandt war, mit welcher der Schöpfer Himmel und Erde geordnet hatte. Auch für die italienischen Architekten und Theoretiker des 15. und 16. Jahrhunderts war diese Ästhetik, die auf den einfachen Entwurfsprinzipien arithmetischer und geometrischer Proportionen basierte, der zentrale Ausgangspunkt gewesen[9]. Das Ziel dieser Humanisten war die Wiederherstellung einer idealen Welt gemäß eines mathematischen Harmoniemodells, dem wiederum ein stark idealisiertes Bild der Antike zugrundelag. Insbesondere die römische Antike galt von diesem Standpunkt aus gesehen als Höhepunkt der menschlichen Zivilisation. Das Studium römischer Ruinen und die theoretischen Schriften Vitruvs mußten Einblick in die wahre Art der Baukunst verschaffen, von der man glaubte, daß sie seit dem Untergang des Römischen Reiches verloren sei. Dies galt für die italienischen Architekten der Renaissance ebenso wie für die niederländischen Klassizisten des 17. Jahrhunderts. Die letzteren verwendeten die italienischen Traktate von Serlio, Vignola, Palladio oder Scamozzi nicht ohne weiteres als direktes Quellenmaterial, sondern betrachteten diese als Kommentare und Ergänzungen zu den an und für sich unverständlichen Abhandlungen Vitruvs. Mit Hilfe dieser Bausteine, den Maßen der römischen Bauten, dem schwierigen Text von Vitruv und seinen verständlicheren Interpretationen, nahm die Vision eines niederländischen Klassizismus allmählich konkrete Gestalt an.

In der Art und Weise wie die Idealvorstellung einer Wiedergeburt der Antike zum Ausdruck gebracht wurde, lassen sich drei verschiedene Niveaus unterscheiden. Das erste und buchstäblich oberflächlichste war die korrekte Anwendung der Säulen- und Pilasterordnungen.

Dabei ging es nicht nur um die richtigen Details und Aufmaße, sondern auch um die passende Wahl der hierarchisch gegliederten Ordnungen, die von simpel und plump bis äußerst verfeinert und vornehm variieren. Die Ordnungen unterscheiden sich sowohl in ihrem Äußeren als auch in ihrer gesamten Proportionierung, dem Kanon; und die Wahl der Säulenordnung muß dem Rang des jeweiligen Gebäudes entsprechen[10].

Das zweite Niveau des Klassizismus bezog sich auf die Proportionierung des Gebäudes selbst. Nicht das Ornament, zu dem man seit Alberti auch die Säulenordnungen rechnete, sondern die Harmonie der Proportionen von Mauerwerk mit Fenster- und Türöffnungen, war den klassizistischen Auffassungen zufolge für die eigentliche Schönheit eines Gebäudes bestimmend. Palladio nennt als sieben schönste Grundrißformen den Kreis, das Viereck und Rechtecke mit den Verhältnissen 2:3, 3:4, 3:5, 1:2 und $1:\sqrt{2}$ (das entspricht den Proportionen der Seite eines Vierecks mit der Diagonalen dieses Vierecks). Diese einfachen Maßverhältnisse liegen auch dem holländischen Klassizismus des 17. Jahrhunderts zugrunde. Ein selten authentisches Beispiel für solche Maße ist das Proportionsschema der Fassade des Schielandshauses in Rotterdam, die 1662 von dem Architekten Jacob Lois entworfen wurde (Abb. 3)[11].

Das dritte Niveau, auf dem klassische Vorbilder neu angewendet werden konnten, lag in der Form des Gebäudes: Die traditionellen Formen wurden nicht ohne weiteres übernommen, sondern wenn möglich durch Bauformen, die auf antike Vorbilder basierten, ersetzt. Die antiken Bautypen, so wie sie von Vitruv und den Vermessungen in den italienischen Traktaten überliefert worden waren, konnten mit geringen Veränderungen an die Anforderungen der eigenen Zeit angepaßt werden. Das war natürlich nicht in allen Fällen möglich, aber im Laufe des 17. Jahrhunderts findet man ein derartiges Bestreben in einer Anzahl von Fällen.

Die frühesten Beispiele der neuen holländischen Architektur datieren aus den zwanziger Jahren des 17. Jahrhun-

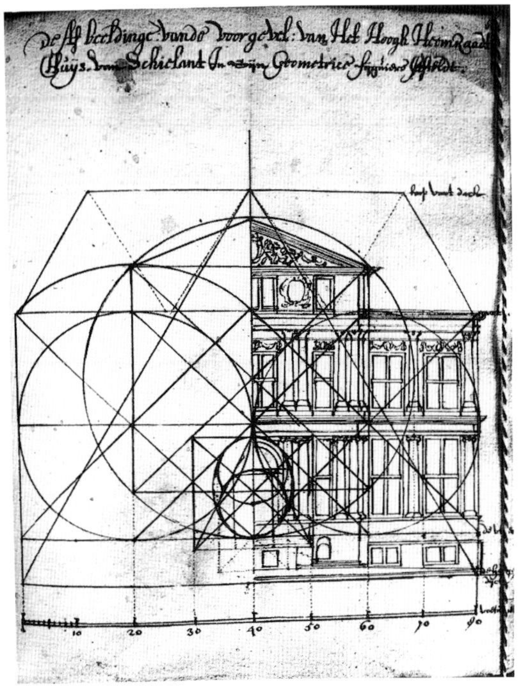

Abb. 3: Rotterdam, Fassadenentwurf von Jacob Lois für das Schieland-Haus 1662 (Jacob Lois, Federzeichnung 1672, Sammlung Hoogheemraadschap van Schieland).

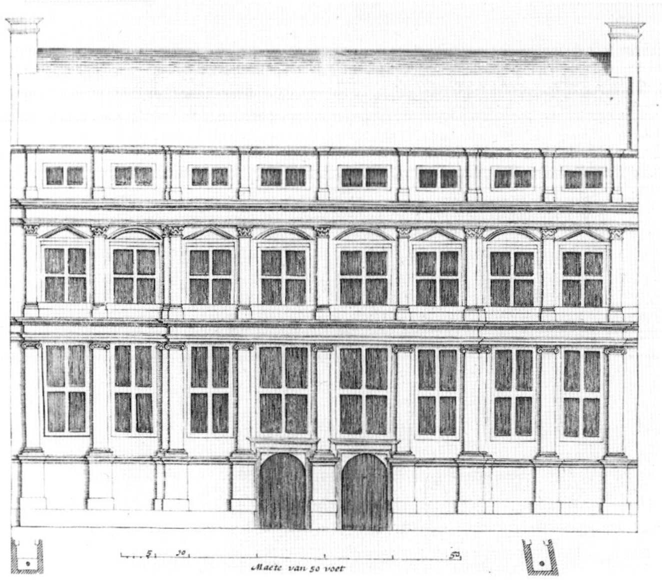

Abb. 4: Amsterdam, Fassadenentwurf für das Coymans-Haus (Keizersgracht 177), 1625, Jacob van Campen (Kupferstich aus: S. de Bray, *Architectura Moderna,* Amsterdam 1631).

derts. 1625 entwarf Jacob van Campen die Fassade des Doppelhauses der Gebrüder Coymans an der Keizersgracht 177 in Amsterdam (Abb. 4)[12]. Er stellte hier, ganz den Anweisungen Scamozzis folgend, Kompositpilaster über eine ionische Pilasterordnung. Scamozzis Traktat, *L' Idea dell' Architettura Universale,* war 1615 publiziert worden und dementsprechend das modernste Handbuch auf diesem Gebiet. Van Campen sollte es seine ganze weitere Karriere lang als Ratgeber für die Wahl der Säulenordnungen verwenden. Anstelle des traditionellen Giebels wurde das Haus an der Keizersgracht 177 mit einem geraden Gesims bekrönt. Nur der flache Mittelrisalit über einer Breite von vier Travéen verleiht der Fassade noch ein Minimum an Reliefwirkung. Sowohl die Wahl der Pilasterordnung als auch die breite, horizontale Anlage der Fassade scheinen in erster Linie von Inigo Jones' Banqueting House beeinflußt worden zu sein, welches 1622, drei Jahre vor van Campens Entwurf, in London eröffnet worden war. 1629 entwarf Salomon de Bray einen neuen Flügel für das Huis te Warmont (Schloß Warmont), ein mittelalterliches Schloß in der Nähe von Leiden (Abb. 5). Dieser Entwurf, der dank einer Kopie von Pieter Saenredam bekannt ist, zeigt ein langgestrecktes, zweistöckiges Gebäude mit einem Mittelrisaliten über den drei mittleren Travéen. Der Mittelrisalit wird im Erdgeschoß durch dorische und im Obergeschoß durch ionische Pilaster gegliedert. Nicht nur der Fassadenentwurf, für den die Zeichnung zwei mögliche Varianten zeigt, sondern auch die Innenausstattung des neuen Flügels, wie Schornsteinverkleidungen, Deckendekorationen, Türrahmen und Wandverkleidungen, sind im Konzept festgehalten. Auch in späteren Entwürfen dieser Gruppe von Architekten wird deutlich, daß sie nicht nur Fassaden zeichnen konnten, sondern nach Möglichkeit ein umfassendes Gesamtkonzept für Haus, Innenausstattung und Garten realisieren wollten.

Das Studium nach Vitruv

Zu Beginn seiner Architektenlaufbahn muß van Campen vor allem als Spezialist auf dem Gebiet des detaillierteren Entwurfs und der Anwendung antiker Pilasterordnungen gegolten haben. In dieser Eigenschaft war er 1634 am Bau des Stadtpalais von Constantijn Huygens in Den Haag be-

Abb. 5: Warmont, Entwurf des Salomon de Bray für den neuen Flügel des Hauses zu Warmont 1629 (vollständig umgebaut 1772). Federzeichnung von Pieter Saenredam 1631.
Foto: Gemeentearchiv Haarlem.

Abb. 6: Den Haag, Huygens-Haus 1634–37, Photographie von vor dem Abriß 1876. Foto: Kunsthistorisch Instituut Leiden.

teiligt (Abb. 6). Zu diesem Zeitpunkt stand der Grundriß nach Anweisungen des Auftraggebers bereits fest, zudem waren die Fundamente gelegt. Der Beitrag van Campens beschränkte sich wahrscheinlich in erster Linie auf die Wahl der Pilaster für die Vorderfassade und die Innenausstattung des Palais.

Die Begegnung mit dem Auftraggeber Huygens sollte allerdings große Konsequenzen für den weiteren Verlauf von van Campens Karriere haben. Constantijn Huygens (1596–1687) war Sekretär des Statthalters Frederik Hendrik, Prinz von Oranje. Außerdem war er ein talentierter Dichter, Musiker und Mittelpunkt eines weit verzweigten Netzes von Gelehrten, Künstlern und Kunstliebhabern[13]. Er unterhielt regen Briefkontakt mit befreundeten Dichtern, Musikern und Erfindern und stimulierte als künstlerischer Berater am Hof junge und talentierte Künstler, wie zum Beispiel Jan Lievens und Rembrandt van Rijn. Gleichgesinnte Kunstliebhaber am Hof des Statthalters, wie Johan Maurits von Nassau-Siegen und Prinz Frederik Hendrik selbst, ließen sich wiederum gerne von Huygens energiegeladenem Eifer anstecken.

Huygens war einer der wenigen in Holland, der die Werke von Palladio und Inigo Jones bereits auf seinen diplomatischen Reisen nach Italien und England in den zwanziger Jahren an Ort und Stelle gesehen hatte. Als er Jacob van Campen in den dreißiger Jahren sein Haus entwerfen ließ, entwickelte sich nicht nur eine Freundschaft mit dem Architekten, sondern vertiefte sich Huygens auch in die Architekturtheorien Vitruvs. Sein Palais in Den Haag sollte die Wiedergeburt der vitruvianischen Baukunst verkörpern und als solches wurde es nach Vollendung des Baus auch tatsächlich beschrieben[14]. Man pries die konsequente Anwendung der klassischen Ordnungen und bezeichnete die Kupferstiche nach dem Haus buchstäblich als »Vitruv-Kommentar«. Ganz in diesem Sinne stellten die drei Allegorien, die ursprünglich auf dem zentralen Giebeldreieck der vorderen Fassade standen, die drei Haupttugenden von Vitruvs Baukunst dar. Ihre Attribute hatte Huygens selbst entworfen: *Firmitas* war mit einem Sockel und einem Wappenschild ausgestattet, *Utilitas* hielt eine Schnecke und eine Schildkröte als Symbole optimaler Funktionalität und *Venustas* war eine menschliche Figur als Verkörperung der vollkommenen Proportionen zugeordnet.

Von den verschiedenen Vitruv-Ausgaben, die erhältlich waren, wurde die von Daniele Barbaro (1556), nicht zuletzt aufgrund ihrer instruktiven Illustrationen von Palladio, bevorzugt. Als Gelehrter wollte Huygens sich aber nicht mit dem Studium nur einer einzigen Textedition begnügen und ließ sich von diversen gelehrten Kollegen verschiedene Vitruv-Kommentare nach Den Haag schicken. Darüber hinaus las er viele Traktate, die auf Vitruv basierten, wie zum Beispiel die Schriften Albertis und das monumentale Werk des spanischen Jesuiten Villalpando (vgl. den Beitrag von Gisela Jaacks).

Jacob van Campen war Huygens bei dessen Forschungen nach den theoretischen Hintergründen des Klassizismus behilflich: *»Le Sr. van Campen, qui m'est venu veoir à ce dessein m'y assiste en Vitruve tres-parfaict«* (van Campen hat mich besucht, einen Blick auf diese Zeichnung geworfen und hilft mir auch vortrefflich beim Studium Vitruvs), schrieb Huygens 1634 an einen Freund[15]. Er machte keinen Hehl daraus, daß sein intensives Studium der Regeln der Baukunst für die Entwurfspraxis nicht unbedingt notwendig war und er es vor allem zu seinem intellektuellen Vergnügen betrieb: *»Je (...) prens plaisir à sçavoir en theorie que la prattique ne me demandera jamais«* (Ich genieße es in einem viel höheren Maße, die Theorie zu studieren, mehr als die Praxis jemals von mir verlangen wird)[16]. Für van Campen hingegen war diese Materie kein überflüssiges Wissen. Er sollte die Lehre Vitruvs im Bau von Huygens Stadtpalais direkt anwenden und auf diese Weise probieren, die antike Baukunst wieder zum Leben zu erwecken.

Abb. 7: Den Haag, Mauritshuis 1633–44, Jacob van Campen.
Foto: Kunsthistorisch Instituut Leiden.

Jacob van Campen (1596–1657)

Obwohl van Campens Karriere mit Aufträgen für Amsterdamer Kaufleute begonnen hatte, erreichte er den Höhepunkt seines reinen Klassizismus erst in den dreißiger Jahren in Den Haag. Gleichzeitig mit dem Bau des Palais für Huygens verfertigte er 1634 die ersten Entwürfe für das Mauritshuis für Johan Maurits von Nassau-Siegen[17] (Abb. 7). Bei beiden Projekten assistierte ihm der ebenfalls aus Haarlem stammende Pieter Post. In den Plänen für das Mauritshuis verwirklichte van Campen zum ersten Mal seine Vision des Klassizismus nicht nur in der Fläche der Fassade, sondern in dreidimensionaler Form. Das freistehende Stadtpalais wurde von allen Seiten mit einer kolossalen ionischen Pilasterordnung geschmückt und die frontale sowie die hintere Fassade erhielten einen mit einem Giebeldreieck bekrönten Mittelrisaliten. Der Grundriß ist symmetrisch und zeigt zwei Reihen Zimmerfluchten entlang der Seitenfassaden. Die Vorhalle, das Treppenhaus und der hintere Saal liegen hintereinander auf der vertikalen Mittelachse. Die erste Etage entspricht dem Grundriß des Erdgeschosses, was zur Folge hat, daß das Haus mit zwei großen Sälen ausgestattet ist. Diese ungewöhnliche Lösung erklärt sich aus der besonders idyllischen Aussicht der hinteren Säle auf den *Hofvijver*, den großen Teich im Zentrum Den Haags. Der Aufbau des Grundrisses und die Fassadengliederung gehen nicht mehr direkt auf italienische Vorbilder zurück, sondern sind eigenständige Entwürfe, die als korrekte Ausführung italienischer Architekturtheorien gelten können. Französische Einflüsse zeigen sich vor allem in der symmetrischen Aufteilung der Appartements. Mit dem Bau des Mauritshuis wurde die italienische Formensprache van Campens als der angemessene Stil für Edelleute, standesbewußte Regenten, reiche Kaufleute und Verwaltungsgremien akzeptiert.

Sein Hauptwerk schuf van Campen wieder in Amsterdam. Das neue Rathaus auf dem Dam (heute das Königliche Palais, Abb. 8) wurde nach langer Vorbereitungszeit, in der auch Entwürfe anderer Architekten eine Rolle spielten, in den Jahren 1648–65 gebaut. Das monumentale Gebäude ist ein rechteckiger Block mit einem Grundriß von 280 x 200 Fuß (ca. 85 x 60 m), mit einem Mittelrisaliten an der Vorder- und Hinterfront und vier monumentalen Eckpavillons. Die Fassaden sind gemäß den Vorschriften Scamozzis rundum mit einer Ordnung von korinthischen über

Abb. 8: Amsterdam, Rathaus 1648–65, Jacob van Campen.
Foto: Jan Derwig.

Kompositpilastern versehen. Der Grundriß wird in seinen groben Zügen durch die Anlage zweier Innenhöfe rechts und links des zentralen, sogenannten Bürgersaales bestimmt (Abb. 9). Die Innenhöfe werden von breiten Galerien gesäumt, die an den Empfangssaal und die vier Treppenhäuser der Eckpavillons anschließen. Die Arbeits- und Sitzungsräume liegen direkt an der Außenfassade. Diese Einteilung sorgt für einen optimalen Ablauf des internen Arbeitsverkehrs und für Tageslicht in allen Räumen und Sälen. In der Hauptetage sind die Räume der verschiedenen Verwaltungsgremien ihrem jeweiligen hierarchischen Rang zufolge angeordnet. Die Bürgermeister residierten im vorderen Mittelrisaliten, flankiert von großen Versammlungsräumen für den Stadtrat. Im Mittelrisaliten der rückwärtigen Fassade, genau gegenüber den Bürgermeistern, waren die Räumlichkeiten des Schultheißes und der Schöffen, die die städtische Rechtsprechung vertraten. In den vier Eckpavillons waren die finanziellen Stützpfeiler der Stadt untergebracht.
Das Programm der Innendekoration war von van Campen zusammengestellt worden und zeigt auf marmornen Supraporten, Friesen von Kaminsimsen und Kamin- und Wandmalereien diverse mythologische und historische Begebenheiten aus der Antike, sowie zahlreiche Personifikationen, die direkten Bezug auf die jeweilige Funktion der Räumlichkeiten nehmen[18]. Die Marmorreliefs und die Giebeldreiecke an der Vorder- und Hinterfront wurden nach

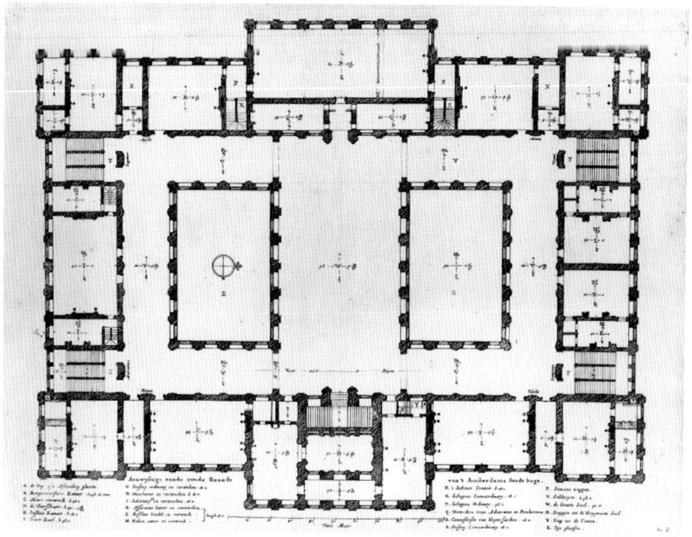

Abb. 9: Amsterdam, Rathaus, Grundriß.
Foto: Kunsthistorisch Instituut Leiden.

Entwürfen van Campens von Arthur Quellinus und dessen Mitarbeitern ausgeführt[19]. Auf die Ausführung der Malereien an Wänden, Decken und Kaminen, die im Laufe der zweiten Hälfte des 17. Jahrhunderts von verschiedenen Künstlern vollendet wurden, hatte van Campen keinen direkten Einfluß mehr, wodurch es teilweise zu Abweichungen vom ursprünglichen ikonographischen Programm kam.
In der Ikonographie der Rathausdekoration kommt die Vorliebe für die literarisch inspirierten Vergleiche von Antike und Gegenwart, die kennzeichnend für den holländischen Humanismus des 17. Jahrhunderts war, deutlich zum Ausdruck: Amsterdam wurde als neues Rom dargestellt, die Bürgermeister als Konsulen und der Stadtrat als Senat. Auch für van Campens architektonisches Konzept des Gebäudes, spielte die Identifikation mit der Antike eine große Rolle[20]. Für ein modernes Rathaus, in dem sowohl die Verwaltung, als auch das Gericht, die Wechselbank und viele andere administrative Ausschüsse untergebracht waren, gab es allerdings kein antikes Äquivalent. Als Inspirationsquelle für van Campens Entwurf kann darum Vitruvs Beschreibung des römischen Forums angenommen werden, welches in der bereits erwähnten Ausgabe Barbaros aus dem Jahr 1556, die van Campen für das Huygens-Palais in Den Haag ausführlich studiert hatte, von Palladio

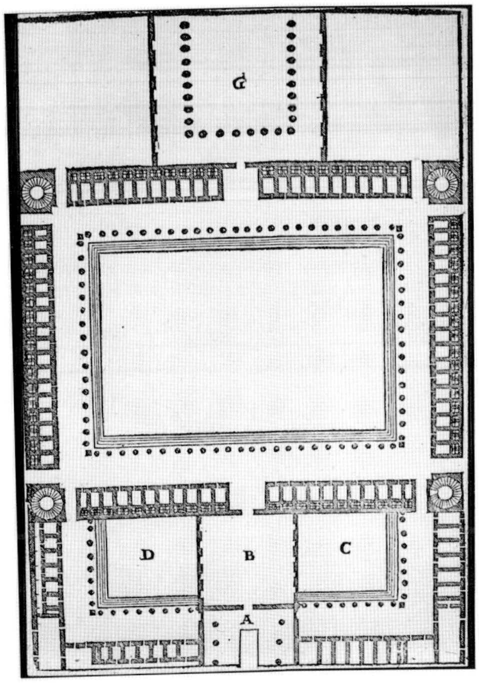

Abb. 10: Das römische Forum nach Vitruv, ed. Barbaro/Palladio 1556.

rekonstruiert worden war (Abb. 10). So stimmt vor allem der Basisaufbau des Gebäudes, die Anordnung der zwei Innenhöfe rechts und links des zentralen Saals und die sie säumenden Galerien, mit der palladianischen Rekonstruktion überein. Vitruvs Beschreibung im fünften Buch der *De Architectura* zufolge, gruppierte sich im antiken Rom der gesamte Komplex von Senatssaal, Gericht, Münzprägestätte, Gefängnis und anderen Regierungsgebäuden auf dem *forum* um einen zentralen Platz. Da diese verschiedenen Funktionen in Amsterdam in einem einzigen Gebäude zusammengefaßt wurden, konnte man das neue Rathaus mit Recht als eine Art neuzeitliches *forum* bezeichnen. Der Empfangssaal (der »Bürgersaal«), dessen Abmessungen sich mit 60 x 120 Fuß und einer Höhe von 90 Fuß exakt an Vitruvs entsprechende Angaben halten, verweist dabei auch ohne Seitenschiffe und Apsis auf eine antike Basilika (Abb. 11). Außerdem findet sich in Palladios Rekonstruktion des römischen Stadtpalastes auf der Mittelachse des Gebäudekomplexes eine an beiden Seiten von Innenhöfen flankierte Basilika, und auch hier entsprechen die Längen- und Breitenmaße einem Verhältnis von 1:2[21]. Für die Ausschmückung der Innenwände des Empfangssaales mit einer Übereinanderschichtung mehrerer korinthischer Pilasterordnungen hat van Campen nicht Vitruvs Anleitungen zum Bau einer Basilika konsultiert, sondern offenbar dessen Beschreibung eines *oecus egypticus,* des sogenannten ägyptischen und am reichsten verzierten Saales der römischen Festarchitektur.

Die Nachfolger Jacob van Campens

Der neue holländische Klassizismus wurde in erster Linie durch die vier ehemaligen Mitarbeiter van Campens, Pieter Post (1608–1669), Philips Vingboons (1607–1678), Arent van s'-Gravesande (ca. 1610–1662) und Daniel Stalpaert (1615–1676) verbreitet, von denen jeder auf einem eigenen Arbeitsterrain tätig war. Post arbeitete als Hofarchitekt vor allem in Den Haag und Umgebung, Vingboons' Auftraggeber stammten aus den vornehmen Kreisen der Amsterdamer Patrizier und Handelsmagnaten, van's-Gravesande war in der Zeit von 1638 bis 1655 Stadtarchitekt von Leiden und Stalpaert arbeitete ab 1648 als Stadtarchitekt in Amsterdam, wo er für die Ausführung des neuen Rathauses und weitere städtische Gebäude zuständig war. Van Campens Schüler beherrschten die Regeln der italienischen Architekturtraktate ebenso vollendet wie ihr Lehrer, und es gelang jedem einzelnen von ihnen, innerhalb der strengen Regeln der klassizistischen Formensprache, selbständige und originelle Bauten von hoher Qualität zu entwerfen. Van Campens besonderes Streben, nicht nur die idealen Formen, sondern ganze antike Gebäudetypen neu zu verwenden, läßt sich jedoch bei ihnen nicht bemerken. Während das klassizistische Ideal für van Campen noch einen besonderen Lebensstil bedeutet hatte, wurde der Klassizismus unter seinen Nachfolgern zum selbstverständlichen Baustil ihrer Zeit. Anhand der Beschreibung einiger Werke von Post und Vingboons soll diese Entwicklung im folgenden verdeutlicht werden.

Pieter Post (1608–1669)

Pieter Post hatte seine Laufbahn als Mitarbeiter van Campens in den dreißiger Jahren in Den Haag begonnen und lernte dort Constantijn Huygens kennen, der ein großer Bewunderer Posts wurde und diesen, wo es ihm möglich war, während dessen gesamter Karriere unterstützen

Abb. 11: Amsterdam, Der Bürgersaal des Rathauses.

sollte[22]. Durch die Vermittlung von Huygens erhielt Post ab 1640 diverse Aufträge des statthalterlichen Hofes, so die Ausführung eines Umbaus des Den Haager Palais am Noordeinde, mit dem van Campen 1639 begonnen hatte, und die Erweiterung des repräsentativen Sommerpalais von Frederik Hendrik bei Naaldwijk im Süden Den Haags, das Schloß Honselaarsdijk. 1646 wurde Post offiziell zum Hofarchitekten ernannt, und so bildeten Paläste und vornehme Landhäuser bereits zu Beginn seiner Karriere einen wichtigen Teil seiner Arbeit und boten ihm wie keinem anderen die Möglichkeit, seine dreidimensionalen Phantasien in einem fürstlichen Maßstab verwirklichen zu können. Das Entwerfen monumentaler Treppenhäuser, Appartements und Säle gehörte dabei ebenso zu seiner täglichen Arbeit wie das Ausarbeiten passender Dekorationen für Wände, Kamineinfassungen, Decken und Böden. Auf Wunsch lieferte er zusätzlich einen vollständigen Entwurf für die Gartenanlagen des Landhauses oder für die Verbesserung der städtebaulichen Struktur rund um das Gebäude.

Ein Vorbild für solch einen integralen Entwurf ist das Landhaus Vredenburg im Beemster-Polder, das 1642–45 im Auftrag des Amsterdamer Kaufmanns Alewijn gebaut wurde (Abb. 12). Zahllose Zeichnungen Posts, die Entwür-

Abb. 12: Beemster-Polder, Landhaus Vredenburg (Kupferstich von Jan Mathijs nach Pieter Post).

fe für das Haus, den Garten und allerlei Details zeigen, sind bewahrt geblieben. Dieses Gesamtkunstwerk, von dem heute nur noch ein kleiner Rest erhalten ist, kann man als eine vollständige Rekonstruktion einer Veneto-Villa in der holländischen Polderlandschaft betrachten. Der Komplex bestand aus einem quadratischen Hauptgebäude mit Pilastern und Seitenflügeln mit Säulen und war eng verwandt mit Palladios Villa Ragona[23].

Post verwendete, ebenso wie seine Zeitgenossen, eigentlich kaum vollständig freistehende Säulen. Der klassische Ordnungsapparat beschränkte sich in den meisten Fällen auf Pilasterordnungen, deren Details ohne Ausnahme aus Scamozzis Traktat übernommen wurden und nur in vereinzelten Fällen stellte Post neue, vereinfachte Kombinationen für Rahmen und Profile aus den verfügbaren Vorbildern zusammen. Die meisten Gebäude Posts aber sind schlichte, aus Backstein gefügte Baublöcke, bei denen der Gebrauch von Pilastern auf ein Minimum beschränkt oder sogar vollständig vermieden ist. Es ist der gleichmäßige Rhythmus von Fassadenfeldern, Nischen, Fenster- und Türöffnungen – akzentuiert mit einigen wohlgesetzten,

Abb. 13: Den Haag, Huis Ten Bosch, 1645–48, Pieter Post. Zeichnung von Jan van Call, 1690. Foto: Gemeentearchiv Den Haag.

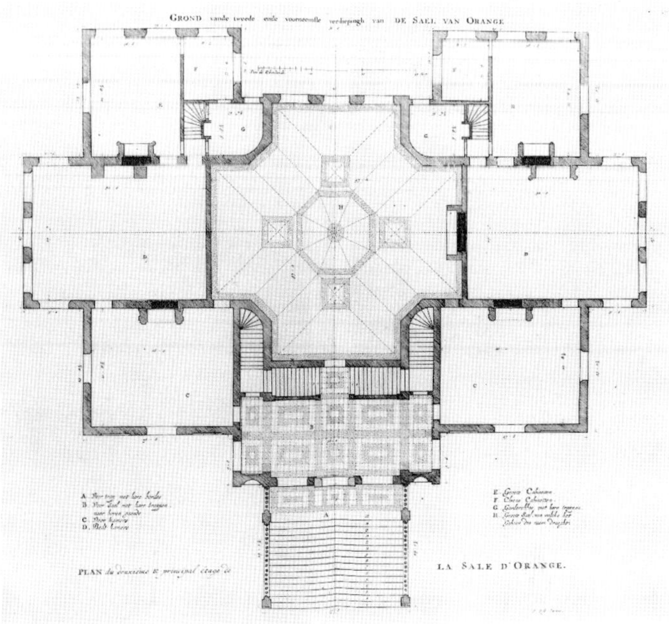

Abb. 14: Den Haag, Grundriß des Huis Ten Bosch, Kupferstich von Jan Mathijs nach Pieter Post.
Foto: Kunsthistorisch Instituut Leiden.

ausdrucksvollen Ornamenten auf dem Mittelrisaliten – der diesen Gebäuden ihre Ausdruckskraft verleiht. Ganz den klassizistischen Ursprüngen zufolge, galt die Dekoration aber ohnehin nur als sekundäre, hinzugefügte Schönheit. Die eigentliche Schönheit verbarg sich in den harmonischen Proportionen[24].

Posts berühmtestes Gebäude, das er für Frederik Hendrik baute, ist das Huis Ten Bosch bei Den Haag, ursprünglich geplant als eine *villa suburbana*, ein Sommerhaus unmittelbar außerhalb der Stadt (Abb. 13 und 14). Er entwarf ein kompaktes Backsteingebäude mit zwei Serien von Zimmerfluchten an den beiden Seiten eines monumentalen kreuzförmigen Saales, der vom Erdgeschoß bis in den Dachstuhl reicht. Außer von den Fenstern der Gartenfassade wird der Saal auch durch die Fenster der achteckigen Laterne, die das Gebäude bekrönt, mit Tageslicht erleuchtet.

Während der Bauarbeiten starb der Statthalter, und seine Witwe Amalia van Solms ließ das Palais als Monument für ihren Gatten vollenden. Der Denkmalcharakter des Gebäudes kommt unter anderem in den Gemälden des sogenannten *Oranjezaals* zum Ausdruck, die die Taten Frederik Hendriks glorifizieren. Das ikonographische Programm war auf Rat von Huygens und van Campens zusammengestellt worden, und so kam es zu einer erneuten Zusammenarbeit Posts und van Campens, aber nun auf den unterschiedlichen Terrains von Architektur und Malerei.

Auf Grund seiner Erfahrung im Entwerfen und Bauen fürstlicher Paläste war Post auch der geeignete Architekt für Adelige, die um die Mitte des 17. Jahrhunderts das Dekorum ihrer Häuser an die mittlerweile gestiegenen Repräsentationsansprüche anpassen wollten. Für die Kreise vornehmer Höflinge und bedeutender Bürger entwarf Post Landhäuser und Stadtwohnungen, für die er verschiedene Elemente der Palastarchitektur auf entsprechende Maßstäbe verkleinerte. So versah er zum Beispiel die Fassade des Hauses von Abraham van Beveren, Bürgermeister von Dordrecht, welches aufgrund eines nackten Puttos in der Giebeldekoration später *De Onbeschaamde* (Der Schamlose) genannt wurde, mit einer kolossalen korinthischen Pilasterordnung (Abb. 15). Für die gleiche Gruppe von Auftraggebern entwarf er auch diverse Verwaltungsgebäude, die mit prunkvollen Fest- und Empfangssälen als vollwertige »Regierungspaläste« gelten konnten und denen der *Oranjes* in nichts nachstanden. Post entwarf aber nicht nur Paläste und stattliche Privathäuser, sondern auch gemeinnützige Bauten. Das absolute Ideal des holländischen Klassizismus wird besonders anschaulich im Rathaus von

Abb. 15: Doordrecht, *De Onbeschaamde* (Wijnstraat 125–27), 1650–53, Pieter Post.

Abb. 16: Maastricht, Rathaus, Entwurf von Pieter Post 1655–56, gebaut 1659–64.

Maastricht, welches er 1656 entworfen hatte und dessen Bau 1659–64 ohne seine direkte Beteiligung ausgeführt wurde (Abb. 16). Das Rathaus ist ein freistehendes, quadratisches Gebäude von 100 x 100 Fuß mit einem zentralen Turm, der hoch über das Dach hinausragt. Es steht in der Mitte eines ebenfalls quadratischen Marktplatzes, wodurch die Wirkung des Zentralbaus besonders effektiv zum Ausdruck kommt. Der Grundriß zeigt eine zentrale Halle, um die sich die verschiedenen Verwaltungsräumlichkeiten in streng symmetrischer Anordnung gruppieren. (Die Symmetrie war in diesem Fall nicht nur ästhetisch motiviert, sondern spiegelte auch die politischen Regierungsverhältnisse, da Maastricht durch die Vertreter zweier Landesherren verwaltet wurde, die des Prinzen-Bischof von Lüttich auf der einen und der Generalstaaten auf der anderen Seite). Die Rückwand der zentralen Halle ist als Triumphbogen ausgearbeitet, und die steinerne Kuppel, die den Saal überspannt, hatte ursprünglich einen offenen *oculus*. Durch die Fenster des sich über der Öffnung erhebenden Turmes sollte Licht in die Kuppelhalle fallen und einen pantheonartigen Effekt kreieren.

Andere reine Nutzbauten Posts sind die Stadtwaagen von Leiden (1656) und Gouda (1667), ein Pulvermagazin bei Delft (1659) und eine Geschützgießerei in Den Haag, 1665 (Abb. 17). Trotz ihrer utilitaristischen Bestimmung hatten diese Bauten auch eine repräsentative Funktion, da sie als staatliche Gebäude einen Teil der Macht und Würde der jeweiligen zuständigen Behörde verkörperten. Wäre man zum Beispiel in Den Haag lediglich an einer praktischen Gießerei interessiert gewesen, hätte man den Auftrag an jeden qualifizierten Baumeister vergeben können. Die Beauftragung des Palästebauers Post aber zeigt, daß die Auftraggeber, in diesem Fall die Provinz Holland, einen Bau wollten, der ihrem Status entsprach. Dementsprechend erinnert die Fassade der Gießerei an einen Palast, während der Innenraum größtenteils als Werkstatt fungierte. Die Diskrepanz von Dekoration und Bestimmung des Gebäudes war für Ausländer ein besonders auffälliges Phänomen, was aus einer Bemerkung des englischen Botschafters William Temple deutlich wird, der über die Gießerei schrieb, sie sei »*rather like a design of a temple of Vanity in their Government than Necessity or Use*«[25].

Abb. 17: Den Haag, Geschützgießerei 1665–68, Pieter Post (1945 zerstört).

Philips Vingboons (1607–1678)

Vingboons war zur gleichen Zeit wie Post für einen gänzlich anderen Kreis tätig. Seine Auftraggeber waren vermögende Amsterdamer Kaufleute und Patrizier, die ihre Häuser am neuen, um die Innenstadt entstehenden Grachtengürtel bauen ließen. 1648 publizierte Vingboons unter dem Titel *Afbeelsels der voornaemste gebouwen* ein Buch mit den erfolgreichsten Entwürfen aus seiner Architektenwerkstatt, die er seit 1637 führte. Dieses Buch machte ihn auch außerhalb von Amsterdam bekannt und sorgte für neue Aufträge. 1674 folgte ein zweiter Band mit einer Auswahl seiner späteren Werke[26].

In seinen Fassaden, die aufgrund der Form der Baugelände in Amsterdam den wichtigsten, da sichtbaren Teil der Häuser ausmachten, ließ Vingboons die vielfältigen Anwendungsmöglichkeiten des klassizistischen Formenguts sehen. Von Anfang an entwarf er gleichzeitig sowohl Fassaden mit klassischen Pilasterordnungen, als auch mit überlangen Pilastern und phantasiereichen Giebeln oder sogar vollständig ornamentlose Wandflächen. Für das jeweilige Design waren dabei nicht so sehr die Art der Gebäude, sondern vielmehr die Wünsche der Auftraggeber und die Maße des Grundstücks ausschlaggebend. Übrigens sollte – ebenso wie bei Post – gerade die letztgenannte Fassadenvariante, kombiniert mit einer klaren, ebenen Gestaltung, nach 1660 stetig dominanter werden.

Obwohl Vingboons mit seinen Amsterdamer Grachtenhäusern berühmt wurde, bildeten seit Beginn seiner Karriere auch Landhäuser eine wichtige Entwurfsaufgabe. Hier wurde er nicht durch die Parzelleneinteilung des Baugrundes eingeschränkt und konnte sein Ideal der klassizistischen Architektur freier umsetzen als in der Stadt. So war im Jahr 1642 das Haus Driemond bei Weesp, das perfekteste und räumlich am besten durchdachte Gebäude von Vingboons (Tafel 7). Es besteht aus einem rechteckigen Baublock mit einem stark akzentuierten Hinterhaus und einer strengen Anordnung von Vorhalle, Flur und Hinterhaus auf der Mittelachse des Gebäudes, ähnlich wie im schon beschriebenen Mauritshuis in Den Haag. In der Stadt hingegen war es weniger einfach, die Formensprache des italienischen Klassizismus, den van Campen in Amsterdam eingeführt hatte, auf Wohnhäuser anzuwenden. Die schmalen, langen Bauterrains zwangen zur Einhaltung der traditionellen Einteilung, die die Anordnung mehrerer Räume und eines Innenhofes hintereinander bedeutete[27]. Bei Häusern, die in dieser Art gebaut wurden, wurde notgedrungen weiterhin der traditionelle Spitzgiebel verwendet, da ein grades Gesims, so wie es die klassizistische Architektur vorschrieb, auf der geringen Breite nicht zu seiner vollen Geltung kommen konnte und darum auch meistens nicht erwünscht war. Um trotz der schmalen Fassaden Pilasterordnungen anbringen zu können, ersetzte Vingboons die altmodischen Treppengiebel durch sogenannte Halsgiebel, wie an einem Wohnhaus am Rokin 145, das in den Jahren 1641–43 gebaut wurde, zu sehen ist (Abb. 18). Die neuen Giebel waren in der Regel in drei Travéen unterteilt, von denen die mittlere bis zum Dachfirst hochgezogen und mit zwei Pilastern gegliedert war. Der so akzentuierte »Hals« wurde von zwei Voluten flankiert, die der Schräge des hinter dem Giebel liegenden Daches folgten. Die Details der Pilaster, wie Sockel, Kapitelle und Gesimse wurden nach den Vorgaben der italienischen Musterbücher ausgeführt. Die Längenmaße der Pilasterschäfte kamen allerdings vollständig unabhängig von jeglichem Traktat zustande und wurden, den jeweiligen Mauerabmessungen entsprechend, nach Belieben verlängert oder gestaucht. Es gab auch die Möglichkeit, zwei aneinandergrenzende Parzellen zu kaufen und ein einziges Haus auf dem gesamten Terrain zu errichten. Die Fassa-

Abb. 18: Amsterdam, Rokin 145, 1641–43, Philips Vingboons.
Foto: Kunsthistorisch Instituut Leiden.

Abb. 19: Amsterdam, Kloveniersburgwal 95, 1642, Philips Vingboons.

den solcher rund 50 Fuß (ca.15 m) breiten Häuser waren breit genug, um mit einem graden Gesims bekrönt zu werden. Hierdurch entstand genug freie Fläche für eine monumentale Pilasterordnung über der gesamten Höhe der Fassade, wie am Kloveniersburgwal 95, gebaut 1642 (Abb. 19), oder auch für eine korrekte Schichtung zweier kleinerer Ordnungen, wie an der Herengracht 412, 1664–67 (Abb. 20).

Die Einteilung solcher breiten Häuser war zunächst weniger streng, als die Fassade vermuten ließ. Hinter der symmetrischen Front verbarg sich in den meisten Fällen ein gut durchdachter, asymmetrischer Grundriß, der die verfügbare Fläche so gut wie möglich nutzbar machte. Neben den gewöhnlichen »bürgerlichen« Räumlichkeiten hatten die Doppelhäuser Vingboons zusätzlich zwei repräsentative Säle, ein Vorzimmer und einen großen Saal, den man als Anleihe beim adligen Prunkappartement interpretieren kann. Erst in der zweiten Hälfte des 17. Jahrhunderts wurde auch der Grundriß einem streng symmetrischen Schema, mit einem zentralen Gang als Mittelachse, unterworfen.

Abb. 20: Amsterdam, Herengracht 412, 1664–67, Philips Vingboons. Foto: Kunsthistorisch Instituut Leiden.

Abb. 21: Amsterdam, Trippenhuis (Kloveniersburgwal 27), 1660, Justus Vingboons.

Das Doppelhaus der Gebrüder Trip am Kloveniersburgwal 29, von Vingboons jüngerem Bruder Justus in den Jahren 1660–62 gebaut, ist das monumentalste Privathaus des 17. Jahrhunderts (Abb. 21 und 22)[28]. Hinter der Fassade aus Naturstein, die mit kolossalen korinthischen Pilastern geschmückt ist, befinden sich eigentlich zwei spiegelbildlich angeordnete, autonome Wohnhäuser. Ihre Grundrisse hatte Justus Vingboons von dem Haus übernommen, welches sein Bruder Philips 1649 in Hamburg für die Gebrüder Borchers gebaut hatte (vgl. den Beitrag von Jörgen Bracker). Der Wunsch der Gebrüder Trip, die Illusion eines Stadtpalais zu kreieren und die daraus folgende absolute Symmetrie führten kurioserweise dazu, daß die Trennwand der beiden Häuser direkt hinter der mittleren Fensterachse anschließt. Das ihnen tatsächlich daran gelegen war, ihrem Haus den Charakter eines Palais zu verleihen, zeigt sich in dem ursprünglichen Plan, das Haus nach dem Vorbild des neuen Rathauses mit einer auf acht Säulen ruhenden Kuppel zu bekrönen.

Auf den letzten Seiten seines ersten Buches bildet Vingboons noch drei Entwürfe für außergewöhnliche Projekte ab: Seinen eigenen Entwurf für das neue Amsterdamer Rathaus (Abb. 23) und zwei Entwürfe für Landhäuser (Abb. 24 u. 25). Die zwei letzteren haben derart unholländische Ausmaße, daß man sie nicht als reale Pläne, sondern eher als theoretische Capriccios auffassen muß, in denen Vingboons seine Auffassung des Klassizismus in idealer Weise, ungehindert durch unvermeidliche räumliche oder finanzielle Einschränkungen, präsentierte. In der Erläuterung dieser Entwürfe schreibt er, daß ihre Größe möglicherweise etwas übertrieben sei, sie aber auch in derselben Schönheit – das heißt mit gleichbleibenden Proportionen – in einem kleineren Format ausgeführt werden könnten.

Vingboons und Post im Ausland

Sowohl Vingboons als auch Post trugen dazu bei, daß der Klassizismus nach holländisch-italienischem Modell über die Grenzen der Niederlande hinaus verbreitet wurde, vor allem in das heutige Deutschland, Polen und Schweden. Vingboons erstes Buch von 1648, das ihm, wie bereits erwähnt, zu einem höheren Bekanntheitsgrad verhalf und ihm auch Aufträge von Adeligen, Regenten und städti-

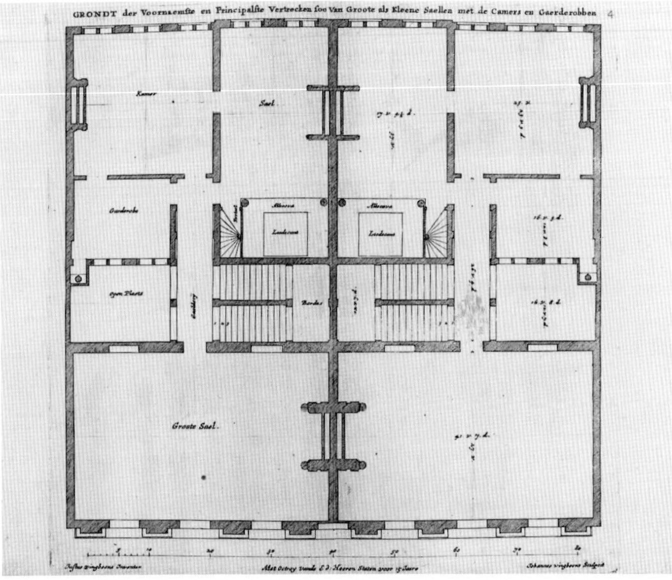

Abb. 22: Grundriß des Trippenhuis, Kupferstich Johannes Vingboons 1664.

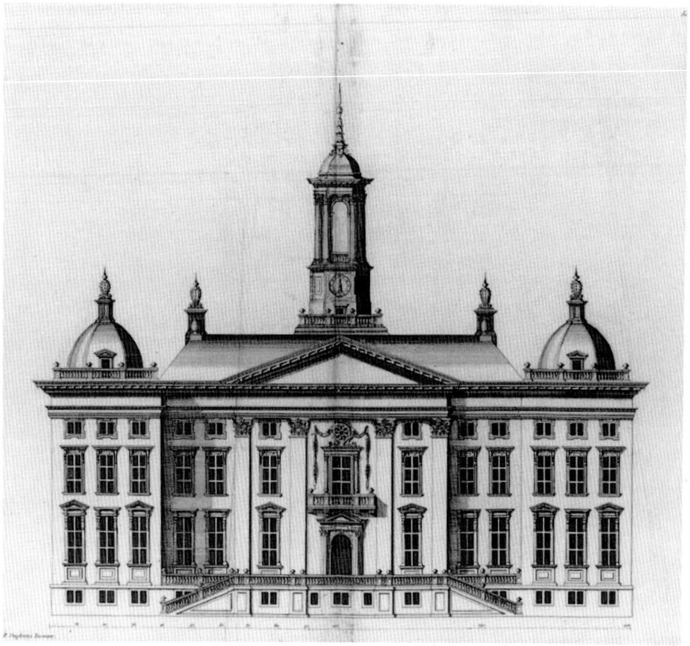

Abb. 23: Entwurf von Philips Vingboons von 1643 für das neue Rathaus van Amsterdam (aus: VINGBOONS 1648).

schen Autoritäten im Osten und Norden der Republik eintrug, muß auf dem Weg der intensiven Handelsrouten relativ schnell nach Hamburg gelangt sein, denn bereits 1649 entwarf Vingboons dort ein Kaufmannshaus für die Gebrüder Borchers. Das Haus lag am Grimm Nr. 25 und wurde 1943 bei einem Bombenangriff zerstört. Die Fassade ist in drei Travéen unterteilt und wird von einer ionischen über einer toskanischen Pilasterordnung gegliedert. Die mittlere Traveé ist hervorgehoben und fungiert als Mittelrisalit. Es ist wahrscheinlich, daß Vingboons lediglich den Entwurf anfertigte und der Bau vor Ort von einem anderen Architekten ausgeführt wurde. Vingboons hatte das Haus mit großem Warenlager und Kontoren an der Straßenseite nach dem Vorbild eines Amsterdamer Kaufmannshauses entworfen. In Hamburg paßte man den Plan an die örtlichen Gewohnheiten an und legte im Hinterhaus eine große Kaufmannsdiele mit Ausblick auf das Nicolaifleet an.

1653 war Vingboons am Wiederaufbau der Wirtschaftsgebäude von Schloß Breitenburg in Schleswig-Holstein für den Grafen Christian von Rantzau beteiligt (Abb. 26). Vier eigenhändige Zeichnungen Vingboons' für dieses Projekt sind erhalten geblieben[29].

Sie zeigen einen U-förmigen Komplex mit einem Pförtnerhaus, Küchen, Ställen, Remisen und Dienstwohnungen hinter strengen, ornamentlosen Backsteinfassaden. Es ist nicht bekannt, ob dieser Plan tatsächlich ausgeführt wurde, aber allein die Tatsache, daß man für den Bau eines so weit von Amsterdam entfernten Gebäudes Vingboons zu Rate zog, ist erwähnenswert. Nach den ausführlichen Beschreibungen zu urteilen, mit denen Vingboons seine Zeichnungen ergänzt hat, ist anzunehmen, daß er das Gebäude entworfen hat, ohne das Schloß jemals selbst gesehen zu haben. Aus den Notizen wird deutlich, daß er den Entwurf in Amsterdam verfertigt und per Post oder mit einem Boten nach Breitenburg geschickt hat. Falls der Auftraggeber Änderungsvorschläge gehabt haben sollte, hätten diese ebenfalls wieder per Post nach Amsterdam zurückgesandt werden können, wo Vingboons sie verarbeitet hätte. Möglicherweise hat er auch ein Holzmodell anfertigen lassen, um eventuelle Mißverständnisse über den Entwurf sicher auszuschließen und so auch ohne seine persönliche Anwesenheit seine Ideen bis ins Detail deutlich machen zu können.

Ungefähr zur gleichen Zeit wie der Ausbau von Breitenburg, suchte man in Stockholm einen geeigneten Architekten für die Bauleitung des »Riddarhus«, den Sitz des ho-

Abb. 24: Entwurf von Philips Vingboons für eine ideale Villa.
Aus: Vingboons 1648.

Abb. 25: Modell für eine ideale Villa
(angefertigt von Bart Rijsbergen und Rianne van Hilten 1989).

hen Rates des schwedischen Adels, an dem bereits seit zwölf Jahren gebaut wurde. Wahrscheinlich dachte man auch hier in erster Instanz an Vingboons; da dieser aber seine Architektenwerkstatt nicht für mehrere Jahre verlassen wollte, empfahl er möglicherweise seinen jüngeren Bruder Justus. Aus den Quellen ist lediglich bekannt, daß der dreiunddreißigjährige Justus von 1653–56 in Stockholm am Entwurf und der Ausführung der Fassaden des monumentalen Baus arbeitete. Es ist anzunehmen, daß Philips seinem Bruder eine Mappe mit Entwurfszeichnungen mitgegeben hat, denn Justus Entwürfe zeigen auffallend viele Übereinstimmungen mit denen seines Bruders Philips für das Amsterdamer Rathaus (vgl. Abb. 23 und den Beitrag von Lars Olof Larsson).

Pieter Post war an einem ähnlich monumentalen Projekt beteiligt und lieferte seine Entwürfe aus Den Haag an den Auftraggeber im Ausland. Johann Maurits von Nassau-Siegen, für den van Campen Anfang der dreißiger Jahre das Mauritshuis gebaut hatte, war 1647 von Friedrich Wilhelm, Kurfürst von Brandenburg, zum Statthalter von Kleve ernannt worden[30]. Johann Maurits ließ sich dort in der mittelalterlichen Schwanenburg nieder, die er in den Jahren 1663–65 von Post modernisieren ließ. Darüber hinaus war Johann Maurits 1652, ebenfalls auf Antrag des Großen Kurfürsten, zum Herrenmeister der Ballei Brandenburg des Johanniterordens ernannt worden. Die Johanniter hatten ihren Sitz in der Sonnenburg, heute Slonsk in Polen, wo Maurits die alte Residenz des Ordens in den Jahren 1662–67, wiederum nach Entwürfen von Post, vollständig erneuern ließ (Abb. 27). Die neue Sonnenburg stellt eine Variante auf das Huis Ten Bosch dar, welches Post Mitte der vierziger Jahre in Den Haag gebaut hatte. Der zentrale Saal, der an die hintere Fassade anschließt, war hier nun zwar rechteckig, aber er reichte ebenso wie der Oranje-Saal bis in den Dachstuhl und sollte ursprünglich ebenfalls mit einer Kuppel bekrönt werden. Während Post bei den Arbeiten in Kleve persönlich anwesend war, entwarf er die Pläne für die Sonnenburg, ohne jemals vor Ort gewesen zu sein. Dennoch blieb der Bau in holländischer Hand, denn ein Bautrupp von zwölf Holländern sorgte unter Leitung des Architekten Cornelis Ryckwaert für die Ausführung. Ryckwaert sollte nach der Vollendung der Sonnenburg als Architekt für den brandenburgischen Adel und den Hof des Kurfürsten in Brandenburg tätig bleiben[31].

Die zweite Generation der Klassizisten

Nach dem Tode von Post und Vingboons wurde in der zweiten Hälfte des 17. Jahrhunderts eine neue Generation tonangebend. Die meisten ihr angehörigen Architekten waren bei den alten Meistern ausgebildet worden, wie zum Beispiel Maurits Post (1645–77), der seinem Vater Pieter als Hofarchitekt nachfolgte, und Jacob Roman (1640–1715), Sohn des Bildschnitzers Pieter Roman, der einer der festen Mitarbeiter Pieter Posts gewesen war. Jacob Roman trat 1689, als Hofarchitekt des Statthalters

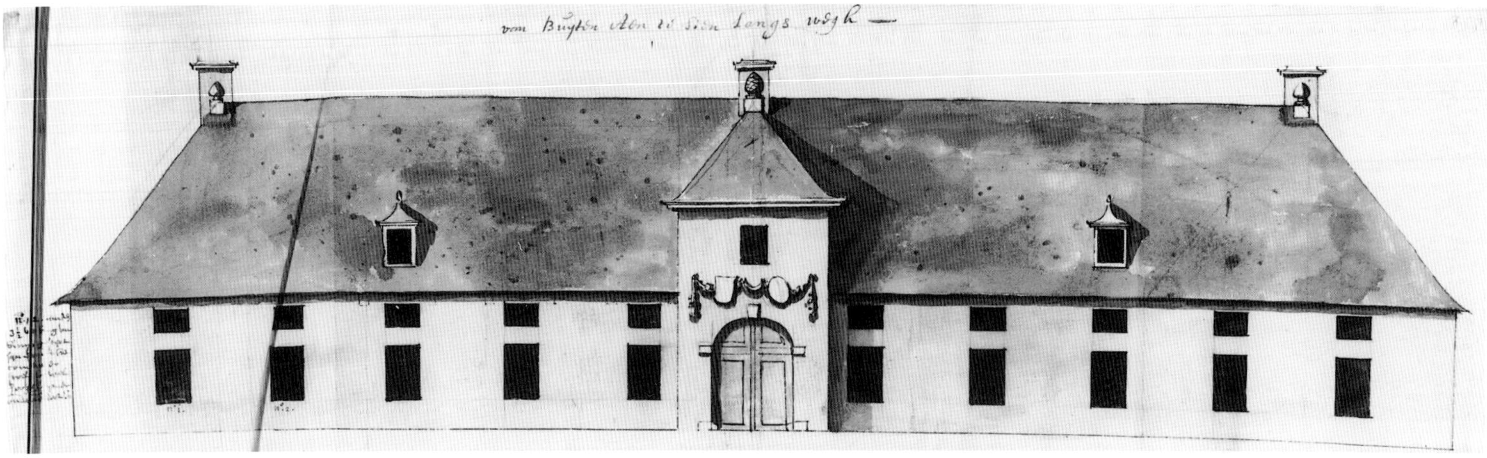

Abb. 26: Breitenburg (Holstein), Entwurf von Philips Vingboons von 1653 für eine neue Festung von Schloß Breitenburg (Rantzau-Archiv). Foto: Landesamt für Denkmalpflege Kiel.

Wilhelm III., in die Fußspuren von Vater und Sohn Post. Der dritte große Architekt dieser Periode war Steven Vennecool (1657–1719), dessen Vater Jacob Vennecool während der Entwurfsphase des Amsterdamer Rathauses als Zeichner für Jacob van Campen gearbeitet hatte. Nur Adriaen Dorstman (1635–82), der ab 1665 in Amsterdam tätig war, stammte aus einer Zimmermannsfamilie in Vlissingen und erhielt seine Ausbildung außerhalb des direkten Einflußbereiches von van Campen.

Jacob Roman entwarf 1695 im Auftrag Willem III. das Landhaus De Voorst in der Umgebung von Zutphen für Arnold Joost van Keppel (Abb. 28)[32]. Dieses Gebäude läßt deutlich sehen, daß auch noch in der zweiten Hälfte des 17. Jahrhunderts die Vorbilder Palladios zum obligatorischen Lehrstoff der Architekten gehörten. De Voorst ist eigentlich die reinste palladianische Villa des Goldenen Zeitalters. Es besteht aus einem zentralen Wohnblock mit einer Fassadengliederung von zwei Pilasterordnungen auf den drei mittleren Travéen, in der Art von Palladios Villa Pisani in Montagnana[33], und halbkreisförmig angeordneten Kolonnaden an beiden Seiten, nach dem Vorbild der Villa Badoer in Fratta Polesine[34]. Ein derart übermäßiger Gebrauch von Säulen und Pilastern war allerdings auch in dieser Zeit eher die Ausnahme.

Kennzeichnend für die gesamte zweite Generation ist ihr strenger, äußerst genügsamer Umgang mit dem klassizistischen Formengut. Seit den dreißiger Jahren entstanden nicht mehr nur Pilasterfassaden, sondern auch Fassaden ohne jeden Pilasterschmuck, deren Gliederung ganz vom Rhythmus der Fensteranordnung bestimmt wurde. In den sechziger Jahren waren vollständige Pilasterdekorationen bereits bei Vingboons und Post deutlich seltener geworden und parallel mit der Zurücknahme klassischer Ornamente wurden auch Gebäude mit ausgesprochen repräsentativen Funktionen mit weitgehend vereinfachten Fassaden versehen. Die einzige Verzierung der schlichteren Mauerfläche konzentrierte sich auf die mittlere Travée, rund um den Haupteingang und das darüberliegende Fenster.

Die späte Phase des holländischen Klassizismus während der letzten dreißig Jahre des 17. Jahrhunderts wird darum auch häufig als der *»strakke stijl«* – der starre oder straffe Klassizismus – bezeichnet. Ein hervorragendes frühes Beispiel ist Dorstmans Entwurf für des Haus des Bürgermeisters Jan Six an der Herengracht 619 in Amsterdam aus dem Jahr 1666 (Abb. 29). Das Wesen dieses Stils war ein neues ästhetisches Formempfinden, das die Verminderung der plastischen Ausarbeitung der Fassade zur Folge hatte und zugleich durch den strengen Rhythmus von betonten Ecken, Eingangspartie und tiefeingeschnittenen Fenstern ohne Umrahmung, für eine größere Monumentalität sorgte. Zeitgenossen sprachen damals tatsächlich über den »Rhythmus der schwarzen Löcher«[35]. In den Landhäusern, die in jener Zeit für den königlichen Statthalter Wilhelm III. und seine adligen Gefolgsleute gebaut wurden, treten

Abb. 27: Slonsk (Polen), Die Sonnenburg, Sitz des Johanniterordens, 1662–67, entworfen von Pieter Post, ausgeführt durch Cornelis Ryckwaert.

Abb. 28: Haus De Voorst, bei Zutphen (Overijssel), 1695–97, Jacob Roman. Foto: Kunsthistorisch Instituut Leiden.

Abb. 29: Amsterdam, Haus von Jan Six (Herengracht 619), Entwurf von Adriaen Dortsman 1666, ausgeführt 1667–69, (Leiden, Kupferstichkabinett der Universität).

Abb. 30: Amerongen, Schloß Amerongen, Umbau 1674–79 unter Leitung von Hendrik Schut.

die mathematischen Grundformen der Entwürfe in den Vordergrund. Überzeugende Vorbilder für diese Backstein bauten sind das Schloß Amerongen, 1673–78 (Abb.30), und das Palais Het Loo in der Nähe von Apeldoorn (1685–92).

Mit diesen kompakten Baublöcken scheint Vingboons' Idealentwurf für ein Landhaus von 1648 doch noch Wirklichkeit geworden zu sein. Das *»Maß und die Regeln der Alten«*, das Arbeiten nach einem strengen Proportionssystem, blieben auch in der zweiten Hälfte des 17. Jahrhunderts Ausgangspunkt für den architektonischen Entwurf. Von den anderen beiden Facetten des Klassizismus, die Jacob van Campen am Anfang des Jahrhunderts eingeführt hatte, war am Ende des Jahrhunderts kaum etwas übriggeblieben. Die Wiederverwendung bestimmter antiker Bautypen hatte keine Nachfolge gefunden, und der klassische Ordnungsapparat war bis auf die Türumrahmung reduziert worden.

So war um 1700 der Freiraum für die Einführung einer neuen Fassadenarchitektur geschaffen. Diese entstand aus den französischen Ornamenten der Baumeister am Hofe Ludwigs XIV., womit eine neue Gruppe von Architekten, Dekorateuren und Interieurkünstlern die holländische Architektur des 18. Jahrhunderts bestimmen sollte. In den kommenden fünfundsiebzig Jahren, bis zum Wiederaufschwung des Klassizismus im letzten Viertel des 18. Jahrhunderts, sollte das Erbe Palladios in den nördlichen Niederlanden keine relevante Rolle spielen[36].

1 Vingboons 1648.
2 Vos u. Leeman 1986.
3 van den Heuvel 1991.
4 de la Fontaine Verwey 1982.
5 van Mander 1604.
6 Bevers 1985.
7 Hitchcock 1978.
8 Palladio 1570; Scamozzi 1615; Terwen 1983 a.
9 Wittkower 1949.
10 Forssman 1961.
11 Rotterdam, Sammlung Hoogheemraadschap van Schieland. Terwen 1983 b.
12 Huisken u. a. 1995.
13 Kamphuis 1962.
14 Bodar 1984.
15 Worp 1911–1917. II (1634–1639), Nr. 1046.
16 Ebd. Nr.1088
17 Terwen 1979.
18 Vennecool 1661; Fremantle 1959. Goossens 1996.
19 Gabriels 1930.
20 Ottenheym 1995.
21 Palladio 1570, 2. Buch, 34.
22 Terwen u. Ottenheym 1993.
23 Palladio 1570, 2. Buch, 57.
24 Alberti 1485, Liber 6, Caput 2.
25 Temple 1972, 87.
26 Vingboons 1648; 1674; Ottenheym 1989; Lammerste u.a. 1989.
27 Meischke u. a. 1995; Zantkuijl 1975–1991.
28 Meischke u. Reeser 1983, 171–181.
29 Archiv Schloß Breitenburg (Schleswig-Holstein), Ottenheym 1989, 130–132.
30 de Werd 1979.
31 Kempen 1924, 195–266.
32 van der Wyck 1983, 141–155.
33 Palladio 1570, 2. Buch, 52.
34 Ebd. 2.Buch, 48.
35 Willem Goeree, D'Algemene Bouwkunde, 1679, (Handschrift Koninglijke Bibliotheek Den Haag). Diesen Hinweis verdanke ich Charles van den Heuvel.
36 Grijzenhout u. van Tuyll van Serooskerken 1989.

Renaissance und Palladianismus in Hamburg und Norddeutschland

Jörgen Bracker

Die Ankunft einer neuen Baukunst

»Zwölf Pfund Silber und 12 Schillinge wurden für einen Kupferstich mit dem festlichen Einzug der kaiserlichen Majestät in Bologna aufgewandt«, so lautet einer der reichlich trockenen Vermerke, der uns bei Durchmusterung der Hamburger Kämmereirechnungen für das Jahr 1538 kürzlich auffiel. Nur wenige Seiten später folgte ein Eintrag, der den Erwerb eines weiteren Kupferstichs für eine Summe in gleicher Höhe festhielt. Diesmal ging es um die Krönung nach dem feierlichen Einzug der kaiserlichen Majestät zu Bologna[1]. Bei dem in mehreren Phasen mit dem Zeichenstift aufgenommenen und in Kupfer gestochenen Ereignis handelt es sich zweifelsfrei um die Krönung Kaiser Karls V. durch Papst Clemens VII. am 24. Februar 1530 in Bologna. Gewiß wurden die Stiche bei Nikolaus Hogenberg erworben, der diesem spektakulären Thema einen ganzen Zyklus gewidmet hatte. Die Kupferstiche, soviel dürfen wir ganz sicher vermuten, wurden nur aus einem einzigen Grunde beschafft. Sie sollten einem Festausschuß dazu dienen, das Ritual des Herrschereinzugs und die hierfür notwendige Ausstattung genauer zu studieren. Stand doch in Hamburg genau für das Jahr 1538, in welchem die Kunstkäufe verzeichnet wurden, die feierliche Annehmung des Landesherrn, des dänischen Königs Christian III., zu erwarten. So griff man denn offensichtlich für die eigenen Vorbereitungsarbeiten auf das aktuellste Beispiel und die Vorbilder aus Italien zurück. Es mag die Tischler und Maler einige Anstrengungen gekostet haben, nach diesen Vorlagen den dekorativen Aufwand, natürlich auch ein Triumphtor im Stil der Renaissance mit den komplizierten korinthischen Kapitellen, einigermaßen ähnlich nachzuempfinden.

Verbindungen und Beziehungen nach Norditalien blieben überdies nicht auf einige wenige Zufälle beschränkt. Der Rat bestellte mehrfach »schiwen« oder »pannen« venezianischen Glases[2]. Einige Söhne reicher Eltern gingen auf Bildungsreisen und nahmen Studien in Ferrara, Padua oder Bologna auf. Freilich dürfen wir nicht den Schluß daraus ziehen, diese Kontakte seien geeignet gewesen, den seit wenigen Jahren lutherischen Hamburgern italienische Kultur und Lebensart sofort schmackhaft zu machen. In dieser Hinsicht hatte die Reformation, die den Bürgern immerhin einige Mitwirkungsrechte in den bürgerlichen Kollegien verschaffen konnte, kaum etwas an Veränderungen nach sich gezogen. Das Innere der Stadt blieb durch die geschlossene mittelalterliche Fachwerkbebauung und seine aus dem Häusermeer herausragenden gotischen Kirchen geprägt.

Als unerhörte Neuerung muß daher die von Markus Sprenger nach dem Entwurf eines Bildhauers Wenzel in den Jahren 1566 bis 1568 ausgeführte, viergeschossige Verkleidung der Westseite des mittelalterlichen Katharinenkirchturms gewirkt haben – des ersten Renaissancebauwerks in Hamburg (Abb. 1). Jedes Geschoß war von dem darauffolgenden durch einen Architrav mit Gesims darüber abgesetzt. Die Geschosse wirkten vergleichsweise niedrig und waren durch vorgeblendete Halbsäulenstellungen korinthischer Ordnung immer in drei nebeneinander liegende Felder aufgeteilt. Die Mittelfelder wurden jeweils von zwei Säulen begrenzt, während nur eine Säule den Beschluß der Seitenfelder zur Turmecke hin bildete. Beim Erdgeschoß wurde das Mittelfeld von dem Hauptportal eingenommen. Seitlich davon fanden sich zwischen den Säulen Reliefs mit der Kreuzigung und der Auferstehung. In die Mittelfelder der nächsten beiden Geschosse darüber waren Turmfenster eingebaut, die von Darstellungen der Tugenden begleitet wurden. Abweichend von den drei unteren Geschossen war das vierte Geschoß durch offene korinthische Bögen mit vorgeblendeten Halbsäulen gegliedert. Durch Balustraden zwischen den Bögen wurde die Begehbarkeit dieses Geschosses suggeriert. Im Jahre 1596 wurden auf das vierte zwei weitere Geschosse gleicher

Abb. 1: Vorgeblendete Loggien-Fassade an der Westseite des Kirchturms von St. Katharinen, Kupferstich von Johann Winterstein, datiert 3. Juli 1657, Museum für Hamburgische Geschichte.

Abb. 2: Der Alte Krahn – die Alte Waage – die Börse zu Hamburg; Titelkupfer zu Bohn 1719.

Bauart aufgesetzt. Man muß schon nach Norditalien gehen, wenn man vergleichbare Vorbilder entdecken will. Nördlich der Alpen finden sich sonst keine gebauten Entsprechungen. Am ehesten kämen Ableitungen von den klar gegliederten venezianischen Palastfassaden nach dem Geschmack des Giacomo Sansovino oder des Michele Sanmicheli in Betracht, die man auf Bildtafeln der Architekturtraktate jener Zeit studieren konnte[3]. Träger der neuen Formensprache mochte die Vorhut der Glaubensflüchtlinge aus Antwerpen gewesen sein, die in der Folgezeit für ihre Glaubensfreiheit in Hamburg kräftig zur Kasse gebeten wurden. Mit Abfindungssummen und reichlichen Spenden ließen sich *»die Skrupel, welche die hiesigen Zionswächter für den reinen Glauben ihrer Gemeinden aus der Aufnahme calvinistischer Niederländer schöpften«*, wirkungsvoll beseitigen. Ein finanzieller Beitrag zur Verfremdung des Katharinenkirchturms zum italienischen Campanile könnte ein solches Mittel gewesen sein, um den Niederländern den Weg zu einer Ansiedlung auf dem holländischen Brook zu ebnen.

Unsere Vermutungen zur Entstehung der Renaissancefassade an der Westseite der Katharinenkirche gewinnen durch die Tatsache, daß wir mit der durchaus vergleichbaren Finanzierung eines zweiten hamburgischen Bauwerks in diesem zukunftsweisenden Baustil eine gesicherte Parallele aufzeigen können, noch an Wahrscheinlichkeit. Die Rede ist von der alten Börse (Abb. 2) an der Stirnseite des Nikolaifleets. Auf diesem Areal sollte 1558 der Gemeine Kaufmann, hervorgegangen aus den Gesellschaften der Flandern-, England- und Schonenfahrer, die erste Börse Nordeuropas gründen. Zunächst entstand da nicht viel mehr als ein von Sitzbänken und Gittern rechteckig eingefaßter Versammlungsplatz der Kaufmannschaft von 112 Fuß Länge und 42 Fuß Breite mit drei Eingängen. Dieses eigentliche Kernstück, den umfriedeten Platz, vor unangenehmer Witterung zu schützen und unter ein Dach zu holen, war Hauptzweck des 1577 in Angriff genommenen und 1583 fertiggestellten Börsengebäudes. Folgerichtig bildete der Architekt das Erdgeschoß als zum Börsenplatz hin offene Halle aus. Eine Portikusanlage mit vierzehn hölzernen Säulen tuskischer Ordnung, paarweise auf Postamenten stehend und je zu zweit durch Ornamentriegel verbunden, trug das rundum von Fenstern eingefaßte, flache Obergeschoß. Zu seiner Gliederung wurden die Säulenpaare hier wieder aufgegriffen, jetzt in korinthischer Ordnung. Die Abstände jeweils zwischen den Säulenpaaren wurden im Obergeschoß außerdem durch einzeln stehende Säulen halbiert. Das weich vorkragende Gesims zwischen den beiden Geschossen verlieh dem Gebäude eine eigentümliche Wirkung – gelegentlich fühlte man sich an einen Aufsatzschrank erinnert, sah Einflüsse von Möbelarchitektur.

Offenkundig sollte dieser höchst sonderbare Stil des Timmermanns und Snitgers Jan (oder Johann) Andres(s)en aus Amsterdam – auch als Möbeltischler bekannt – bei den Hamburgern Beifall finden. Die Orientierung an der Lösung vergleichbarer Bauaufgaben im Veneto, etwa der Basilica Palladiana in Vicenza, ist trotz mancher Vereinfachungen gerade noch nachzuvollziehen.

Die reichen Gewandschneider und -bereiter haben diesen »Schrein« bestellt und ganz bezahlt, nachdem auch die *merchant adventurers* 1567 auf der Flucht vor Alba in Hamburg Aufnahme gefunden und ihren Tuchstapel aus Antwerpen hierher verlegt hatten. Mithin ist das Gebäude auch als trotziger Beweis ihrer Fortexistenz in einer neuen Heimat zu bewerten. Die Kostbarkeit wurde noch durch das 1579 bereits eingedeckte, seitlich schwungvoll und glockenartig abgewalmte Kupferdach mit drei großen und zwölf kleinen Ziertürmen sowie die fünf drachenköpfigen, von der Dachrinne zum Börsenplatz hin weit abgespreizten Wasserspeier entschieden betont. In ihrer Art blieb die alte Börse ein singuläres Bauwerk, das allerdings sehr viel später noch einmal den Klassizismus Hans Hamelaus beeinflussen sollte[4].

Die Ummantelung des Katharinenkirchturms und der Börsenbau – soviel ist sicher – bedeuteten die Aufforderung zur Auseinandersetzung mit einer zukunftsweisenden Architektur, die sich schließlich bis in die Struktur der Privathäuser hinein auswirken sollte. Beispielsweise war der Einbau der *»flämischen Schornsteine«*, eben der in Antwerpen längst gebräuchlichen großen Kamine, ohne konstruktive Veränderungen nicht denkbar. Sie waren nur in höheren Wohnräumen zu verwenden und setzten weiter dimensionierte Rauchabzüge voraus. Abgesehen von den reichen Neuankömmlingen gehörten die Hamburger Rats- und Bürgermeisterfamilien zu den frühesten Kunden der flämischen Ofenbauer, wie die schönen steinernen Kaminreliefs, jeweils mit den Familienwappen des Hausherrn und seiner Frau verziert, unschwer verraten. Die Darstellung heroischer Taten Einzelner aus den Zeiten der römischen Republik belehrt uns über ein neues politisches Selbstverständnis, das die Bereitschaft zur Auseinandersetzung mit den römisch inspirierten Idealen der staatstragenden Kräfte im Veneto erkennen läßt. Sogar vor die Haustür wagt sich jetzt das moderne Denken. Auf dem Fragment einer sogenannten Beischlagwange, die paarweise den Treppenaufgang vor dem Hause einfaßten, hat sich die Reliefdarstellung von der Anbetung des Christuskindes durch die Hirten (Abb. 3) bewahrt. Die Szene wird von rechts und links durch zwei mit Akanthusblättern verzierte klassische Säulen eingerahmt, und im Hintergrund findet sich sogar die Andeutung eines großen öffentlichen Gebäudes mit klassischen Bogen- und Säulenstellungen – man könnte eine Markt- oder Börsenhalle darin erkennen[5]. Wenn gegen Ende des 16. Jahrhunderts wenigstens ein Hauch von Antwerpener Atmosphäre bis nach Hamburg hinein wehte, so deswegen, weil die von dort emigrierten

Abb. 3: Anbetung der Hirten – Beischlagwange aus Kalksandstein mit Reliefdarstellung, 2. Hälfte 15. Jh.. Museum für Hamburgische Geschichte.

und hier bereits eingetroffenen Fremden alles daran setzten, sich neben ihrer Religion auch die ihnen liebgewordene Lebensart und Kultur zu bewahren. Sie erreichten dies, indem sie ihren Landsleuten halfen, soweit diese Unterstützung benötigten, und zwar nicht nur durch die Gründung der niederländischen Armenkasse (1586), sondern indem sie beispielsweise für die Beschäftigung von Künstlern aus der alten Heimat sorgten. So war es Jakob Mores[6], der einem über Wolfenbüttel nach Hamburg zugezogenen Flüchtling aus Antwerpen, Hans Vredeman de Vries[7], 1591 hier einen ersten Auftrag erteilte, die Herstellung eines großen Gemäldes für seine Grabkapelle in St. Petri mit der Darstellung des auferstehenden Heilandes, triumphierend über Teufel, Tod und Sünde. Besonders beeindruckend seien die optischen Täuschungen gewesen, die zu allerlei Wetten Anlaß geboten hätten. Ein weiteres Architekturgemälde fand in Heinrich von Rantzaus Beschreibung der Cimbrischen Halbinsel des Jahres 1597 Erwähnung. Es sei *»summo artificio optices«*, das heißt »mit größter optischer Kunst«, gemalt und von einem der »angesehensten Bürger«, *»a primario quodam cive ibi positum«*, in der Kirche aufgestellt worden. Vermutlich war wiederum Jakob Mores der Auftraggeber. In der Petrikirche gab es insgesamt drei Gemälde von de Vries, die oben beschriebene Auferstehung, eine Darstellung mit der Verstoßung des Heilands durch die Pharisäer aus dem Tempel und eine weitere mit der Vertreibung der Wechsler aus dem Tempel durch Christus.

Für drei Jahre war dann Hans Vredeman de Vries ab 1592 in Danzig gewesen und hatte sich als Festungsbaumeister durchgeschlagen, aber auch Gemälde für das Rathaus und den Artus-Hof geliefert. Als er von dort aufbrach und auf dem Wege nach Prag wieder durch Hamburg kam, erteilte ihm Hans Lommel den Auftrag zu einem »Plafondbild«. Es entstanden ein perspektivisches Gemälde mit Groteskendarstellungen und weitere »Plafondbilder«. Die reformierte Familie Lommel aus dem wallonischen Teil hatte nach einem Eintrag in die spanischen Inquisitionslisten als der Häresie Verdächtigte (Februar 1567) Antwerpen in Richtung Hamburg verlassen. Hier nahmen sie aktiv an dem Gemeindeleben der Niederländisch-Reformierten teil.

Fragt man nach der Bedeutung der beiden Familien Lommel und Mores, so wird man im Hinblick auf Erfolg, Reichtum und Einfluß ohne Zögern zuerst zweimal den gleichen Namen Jakob, und zwar Vater und Sohn aus dem Hause Mores nennen. Sie waren beide Goldschmiede und gehörten zum Kirchspiel St. Petri. Die Kunde von den besonderen künstlerischen Fertigkeiten hatten Jakob d. Ä. schon zu Beginn seiner Tätigkeit so weit bekannt gemacht, daß er bereits in den siebziger Jahren Aufträge für König Frederik II. (1559–1588) von Dänemark hatte erledigen dürfen. Zahlreiche Ehrengeschenke der Stadt für Fürsten und Könige sowie den Erzbischof von Bremen waren nach Ausweis der Kämmereirechnungen in den Folgejahren in seiner Werkstatt entstanden. Und als hier nach mancherlei Verzögerungen endlich für Ende Oktober des Jahres 1603 die Annehmungsfeierlichkeiten für König Christian IV. von Dänemark (1588–1648) festgesetzt wurden, trat der Rat nochmals an den greisen Kunsthandwerker heran, um durch ihn Staatsgeschenke für die erwarteten hohen Gäste herstellen zu lassen.

Die Interessen Jakobs d. Ä. gingen aber weit über den Rahmen seines Kunsthandwerks hinaus, wie einige aus seinem Nachlaß stammende Buchtitel verraten. Sie sind noch in den Listen der »seel. Verlassenschaft« Jakob Mores' d. J. (19. 2. 1649) nachzuweisen: *»Fredemanni Architectur«* in rotem Pergament; diverse Bücher mit Kupferstichen; 1 Buch, *»worin allerhand Klenodien gezeichnet«*; *»Architectur in folio in weiß Pergamen gebunden, Johann Jacob Ebelmans von Speyer«*; *»noch ein Buch ... von der Architectur«*. Von Jacob Ebelmann aus Speyer könnte das Werk *Architectura Lehr und Kunstbuch allerhant Portalen, Reisbetten undt Epitaphien ...* gemeint gewesen sein, das im Jahre 1600 in Köln erschienen war. Bei der eingangs genannten Architekturschrift handelte es sich um eine der zahlreichen Veröffentlichungen von Hans Vredemann de Vries, den von Jakob Mores persönlich beschäftigten Architekturtheoretiker und Perspektivmaler[8].

Die vorübergehende Tätigkeit des rastlosen Malers am Hofe Rudolfs II. von 1595 bis 1597 blieb für Hamburg möglicherweise nicht ganz folgenlos, wie wir noch zeigen werden. Um den Jahreswechsel muß er nach Hamburg zurückgekehrt sein, wo er – abgesehen von dem vergeblichen Versuch, eine Professur für sich in Leiden zu erwirken (1604) – bis zu seinem Tode im Jahre 1606 die letzten Lebensjahre verbrachte. In die Zeit seiner Rückkehr aus

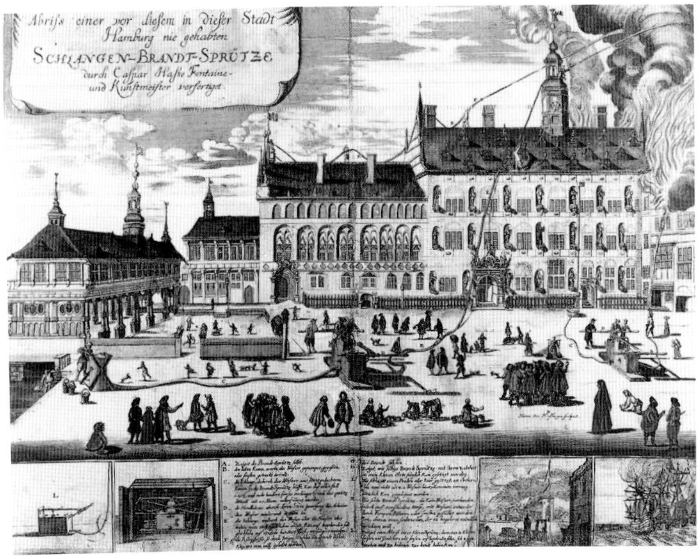

Abb. 4: Das Alte Rathaus in Hamburg und die Präsentation der von Caspar Hasse erfundenen »Schlangen-Brandt-Sprütze« – Kupferstich um 1680. Museum für Hamburgische Geschichte.

Prag nach Hamburg fiel die Planung des längst überfälligen Rathausanbaus. Neue Räume unterschiedlicher Zweckbestimmung wurden benötigt, da neben dem Senat jetzt die Bürgerschaft in allen Lebensfragen des Gemeinwesens auf Mitentscheidung und Mitwirkung drängte. Die Administration war schwieriger geworden, Juristen eroberten allmählich alle Felder der Innen- und Außenpolitik. Mit den Bauarbeiten konnte erst nach dem Abriß eines im Jahre 1600 hinzugekauften Hauses begonnen werden.

Die neue Fassade sollte mit einer bestimmten Auswahl von Figuren deutscher Kaiser von Karl dem Großen bis zu Karl V. geschmückt werden. Die Rathäuser bedeuteten nun einmal die wichtigsten Objekte öffentlicher Architektur und waren daher unausweichlich prädestiniert, als Symbolträger politischer Intentionen verwendet zu werden. Zwischen den Fenstern wurden im Erdgeschoß und den beiden Obergeschossen je fünf Nischen so angelegt, daß immer je drei übereinanderstanden. So bildeten sie zwischen den in Sandstein gearbeiteten Fenstern die senkrecht gliedernden Elemente. Zugleich erhielten sie eine tragende Funktion, welche an Renaissancebauten meist Pfeilern und Säulen wechselnder Ordnungen vorbehalten blieb. Die Geschosse wurden voneinander durch umlaufende waagerechte Gesimsbänder abgesetzt, auf denen die Indextäfelchen zur Benennung der jeweils darüberstehenden Statuen Platz fanden (Abb. 4). Als Vorlage diente übrigens, wie Theodor Schrader[9] herausgefunden hat, ein von Thomas Treterus, Canonicus zu St. Maria in Trastevere, 1590 in Rom ediertes Buch, das eine Sammlung von beispielhaften Lebensbeschreibungen rühmenswerter deutscher Herrscherpersönlichkeiten enthielt. Es war unter dem Titel *Romanorum imperatorum effigies...* erschienen, und Johann Baptist de Cavaleriis hatte dazu die jeweiligen Porträts in Kupfer gestochen[10]. Die Verwendung dieses Bildprogramms an der Hamburger Rathausfassade dürfte den Eindruck erweckt haben, als spiegelten sich hier die politischen Interessen Rudolphs II. an unserer Stadt wider und als sei Hamburg mit dem Status der Reichsfreiheit gänzlich einverstanden. Hans Vredeman de Vries könnte sowohl die Planidee als auch die Vorlagen vom Kaiserhof in Prag mitgebracht und hier unterbreitet haben, als er 1598 – also noch während der Planungsphase – von dort nach Hamburg zurückgekehrt war.

Das Hauptportal des Anbaus von 1602 – heute an der Nordwand im »Zunftsaal« des Museums für Hamburgische Geschichte – stand teils frei vor der Fassade (Abb. 5). In letztere eingebunden war lediglich die Grundform des Triumphbogens. Davor erheben sich je eine korinthische Säule mit hohen, reliefverzierten Schaftringen auf Postamenten. Sie tragen einen stark verkröpften Architrav und darüber als frei plastisch wirkende Gruppe die heraldischen Löwen mit dem Stadtwappen. Rechts und links werden sie von geharnischten Kriegern begleitet. Sie haben die Funktion von Seitenakroteren, wie übrigens auch die alles überragende weibliche Gestalt oberhalb des Stadtwappens, die Victoria mit dem Kranz, als Mittelakroter des völlig aufgelösten Giebels gesehen werden muß. Verteidigungsbereitschaft und die Hoffnung auf Sieg suggerieren diese drei Figuren. Ferner sind die beiden Frauenfiguren mit Kranz und Palme in den Bogenzwickeln als Allegorien für Sieg und Frieden zu deuten. Solche Themen lagen eben nahe, als Hamburg sich wegen der Notwendigkeit einer neuen Festungsanlage sorgte. Daß sich die Grundform, der von einem Wappen bekrönte Triumphbogen, nahezu identisch am Portal des Wladislawsaals der Allerheiligenkapel-

Abb. 5: Hauptportal des Alten Rathauses – Bleistiftzeichnung mit schwarzer Tusche von O. Elsner 1895.

Abb. 6: Portal des Wladislawsaals der Allerheiligenkapelle in Prag. Foto: Atelier Paul (Prag).

le in Prag (Abb. 6) wiederfindet, erlaubt, wenigstens den Gedanken in Erwägung zu ziehen, Hans Vredeman de Vries könnte über seine einflußreichen Gönner auf die Rathauspläne mit symbolträchtigen Ideen aus Prag eingewirkt haben.

Weit eher noch hätte Jakob Mores, eine der angesehensten Persönlichkeiten im Petrikirchspiel und Eigentümer einer eigenen Grabkapelle in der Petrikirche, seinen Landsmann um Rat fragen können, als es um die Neugestaltung des Südportals an St. Petri ging. Der Rathausbau war nämlich höchstens zur Hälfte vollendet, als Christian IV. im Jahre 1601 zum wiederholten Mal der längst fälligen Erbhuldigung wegen an die Stadt herantrat. Die Hamburger zögerten, sich durch Vollziehung des Huldigungsaktes offiziell zu ihrem Landesherren zu bekennen. Freilich bestand kein Anlaß, daran zu zweifeln, daß der Dänenkönig seine Rechte durchsetzen würde. Tatsächlich ordnete König Christian IV. im Juni 1603 den Termin der Erbhuldigung für Ende Oktober des gleichen Jahres einfach an. Die Hamburger befürchteten nicht gerade ohne Grund, die Gunst Rudolphs II. zu verspielen, der Hamburg neuerdings jede Form der von Christian geforderten Erbhuldigung durch ständig sich wiederholende, schriftliche Interventionen untersagte. Für Hamburg wünschte sich der Kaiser den Status einer reichsfreien und nur ihm tributpflichtigen Stadt.

Am 28. Oktober traf König Christian mit großem Gefolge tatsächlich in Hamburg ein. Das Programm sah Ringreiten auf dem Pferdemarkt und ein Turnier auf dem Hopfenmarkt vor, wozu beide Plätze eigens hergerichtet und geschmückt worden waren. Die wichtigsten Veranstaltungen waren auf Sonntag, den 30. Oktober, gelegt worden und begannen mit einer besonders prunkvoll ausgestatteten Prozession in Richtung der St. Petrikirche, wo der Festzug von Magister Johannes Schellhammer empfangen wurde, der hernach die Glückwunschpredigt hielt. Anschließend begaben sich die hohen Gäste mit ihren Gastgebern in das Rathaus, wo nach den Ansprachen der eigentliche Akt der Annehmung vollzogen wurde.

Besondere Aufmerksamkeit erregte, daß die Petrikirche aus diesem Anlaß *»gar schön renoviert und geschmückt«* worden war. Denkbar ist, daß Hauptpastor Schellhammer

Abb. 7: Südportal der Petrikirche. Blaustift und schwarze Tusche. O. Elsner, im Februar 1895, Museum für Hamburgische Geschichte

in weiser Voraussicht des glanzvollsten Ereignisses in seiner Laufbahn ein besonders prachtvolles Portal an deren Südseite (Abb. 7) scheinbar zufällig, aber doch rechtzeitig zum Königsempfang, vorweisen konnte. In den folgenden Jahren findet sich kein weiteres Ereignis, das einen derartigen Aufwand gerechtfertigt hätte. Wenn eine solche Interpretation des Portals bisher unterblieb, so deswegen, weil die knappen Notizen aus dem 18. Jahrhundert mit dem Jahre 1604 ein Datum zum Petriportal enthalten, das sich nicht auf die Errichtung des Bauwerks, sondern dessen Abrechnung bezog. Säulengliederungen und Statuennischen hat Georg Baumann an dem zweigeschossigen Südportal für St. Petri gleichzeitig verwendet und mit Hilfe dieser Elemente vor das mittelalterliche Gotteshaus die Fassade einer italienischen Renaissancekirche gestellt. Mit ionischen Säulen rahmte er rechts und links der Tür je zwei übereinandergestellte Nischen mit Muschelabschluß. In ihnen sollten die Sitzstatuen der vier Evangelisten Platz nehmen. Das Tympanon im Giebel begrenzte er seitlich durch zwei korinthische Säulen und teilte es noch einmal durch eine weitere korinthische Säule in der Mitte in zwei

Abb. 8: Haus der Deutschen Hanse in Antwerpen. Kupferstich 1588. Museum für Hamburgische Geschichte.

Relieffelder. Sie waren zur Aufnahme von Darstellungen von der Auferstehung Christi und der Ausgießung des Heiligen Geistes bestimmt. Den Portalsbogen füllten die Figuren Glaube und Gerechtigkeit. Oben auf dem Portal stand ehedem eine Petrusstatue als Mittelakroter. Beiderseits des Giebels saßen weibliche Figuren, die 1755 durch zwei Steinvasen ersetzt wurden. Wenn man nach Vorbildern Ausschau hält, so wird man schnell auf ein besonders treffendes Vergleichsbeispiel vor dem »Haus der deutschen Hanse« in Antwerpen (Abb. 8) aus dem Jahre 1568 stoßen[11].

Vergleichen wir einmal die öffentliche Bautätigkeit mit jener in Amsterdam an der Wende zum 17. Jahrhundert, so werden wir zu unserer Überraschung eine weit höhere Aktivität in Hamburg zum gleichen Zeitpunkt registrieren, die offensichtlich der Neugestaltung von Gebäuden im Zentrum der Stadt zugute gekommen ist. Wenn aber ab 1610 Hamburg von Amsterdam in dieser Hinsicht überrundet wurde, war dies vor allem einer Konsolidierung der politischen Verhältnisse in den Generalstaaten nach der Befreiung von der spanischen Herrschaft einerseits zuzuschreiben, während andererseits in Hamburg, eingeengt immer noch durch die mittelalterliche Stadtbefestigung, nach dem Rathausanbau nicht einmal mehr eine Baulücke zur Nutzung für einen Neubau zur Verfügung stand. Daher

Abb. 9: Haus am Grimm 25 in Hamburg. Abbildung der Bauzeichnung aus: Vingboons 1674, Taf. 11.

Abb. 10: Haus in Hamburg, Hüxter Nr. 6, Foto 1906. Museum für Hamburgische Geschichte.

sollte sich die nur der größeren Schußweiten der neuen Hinterladergeschütze wegen in den Jahre von 1616 bis 1625 durch Johann van Valckenborgh errichtete neue Befestigungsanlage in zweifacher Hinsicht auszahlen: Sie machte die Stadt für die im Dreißigjährigen Krieg miteinander streitenden Parteien uneinnehmbar und verdoppelte durch Ausweitung ihrer Grenzen nach allen Seiten das Stadtareal und ermöglichte so der baulichen Entfaltung nach Beendigung des Kriegs einen regelrechten Boom.
Sehr zu Recht also feierte Wolfgang Heinrich Adelungk den »*Teutschen Frieden=Schluß*« vom 27. Juli 1648 in großen Lettern als einschneidendes Ereignis[12]. Die zunehmende Rechts- und Verkehrssicherheit brachte allenthalben das Geschäftsleben und die auch in Hamburg bis dahin deutlich stagnierende Bauwirtschaft wieder in Gang. Neue Impulse zeigten sich umgehend sowohl bei öffentlichen als auch privaten Investitionen. Bei genauerem Hinsehen wird deutlich, daß die Hamburger im Rahmen des hier entfesselten Baubooms besonders diejenigen Erfahrungen aufzuholen bereit waren, die Amsterdam mit dem Palladianismus seit 1610 gemacht hatte.

Privataufträge für die neue Baukunst
Im ersten Jahr nach Friedensschluß kaufte Nikolaus Borchers das Grundstück Grimm 25, um dort für sich und seinen Bruder ein Haus errichten zu lassen. Als Architekten konnten sie Philips Vingboons aus Amsterdam gewinnen, der drei Zeichnungen zu diesem Auftrag im zweiten Band seiner *vornaemsten Gebouwen*[13] veröffentlicht hat. Das Bauwerk (Abb. 9) war viergeschossig in drei Achsen angelegt. Man betrat es durch einen dorischen Bogen, der das Portal bildete, und gelangte mit Hilfe einer Treppe über das Halb- zum Erdgeschoß hinauf. Zwischen dem Erdgeschoß und dem ersten Obergeschoß wurden ein glatter Fries und ein Gurtgesims eingeschoben, ein gleicher Absatz trennte das zweite und das dritte Obergeschoß. Das Dachgeschoß war als attikaähnliches Mansardengeschoß geplant. Entsprechend der Gesamthöhe der Diele wurden die unteren Geschosse optisch durch tuskische Kolossalpilaster verbunden, die Wohngeschosse darüber durch ionische Kolossalpilaster. Die sparsame Verwendung von Bauschmuck aller Art liegt ganz auf der Linie des von Vingboons bevorzugten palladianischen Klassizismus.

Abb. 11: Haus Katharinenstr. 10, um 1680.
Foto: Museum für Hamburgische Geschichte.

Abb. 12: Schaarmarkt Nr. 4–5. Fotopostkarte 1905.
Museum für Hamburgische Geschichte.

Wenngleich erst, wie auf der Inschrift einer Beischlagwange bezeugt wurde, 1680 geschaffen, lassen wir an dieser Stelle ein Wohn- und Geschäftshaus Hüxter Nr. 6 folgen (Abb. 10), das unverkennbar stark an ein Amsterdamer Giebelhaus Philips Vingboons aus dem Jahre 1643 erinnert. Die Pilaster wurden oberhalb der beiden Dielengeschosse auf Konsolen gegründet und durch die Gebälkzonen oberhalb der Stockwerke bis zum Dach hinauf durchgeschoben[14]. An vielen vergleichbaren Fällen läßt sich zeigen, daß die Hamburger Bauherren mit beinahe vierzigjähriger Verzögerung den Beispielen der Amsterdamer Baukunst folgen.

Eine besondere Aufgabe, die gesellschaftliche Stellung des Besitzers zu unterstreichen, hatte der Palladianismus an dem auf drei Achsen Breite angelegten Kaufmannshaus Katharinenstraße Nr. 10 (um 1680) zu erfüllen. Das schmale Traufenhaus (Abb. 11) beanspruchte zwar die für ein viergeschossiges Gebäude benötigte Höhe, die allerdings für nur drei Geschosse ausgenutzt wurde. Das Erdgeschoß sowie das erste darüberliegende, hinter denen sich die Diele und Wirtschaftsräume verbargen, wurden als schmuckloser, ungegliederter Sockel zusammengefaßt. Genau so hoch wie die unteren beiden Geschosse zusammen wurde das dritte Geschoß – üblicherweise ein Wohngeschoß – ausgebildet, dem nun nicht nur durch die doppelte Geschoßhöhe, sondern auch mit Hilfe der durch Konsolen abgestützten korinthischen Pilaster ein festlicher, repräsentativer Charakter appliziert wurde[15].

Schmucklos und streng, doch voller gebändigter Kraft in der Anordnung der Bauformen präsentierte sich das breite Gebäude am Schaarmarkt Nr. 4–5 (Abb. 12) von 1669. Der Verzicht auf üppige Dekorationen an dem stattlichen und besonders sorgfältig gegliederten Gebäude spricht von bewußter, programmatischer Zurückhaltung, wie sie schon Palladio aus Gründen der Angemessenheit seinen Auftraggebern oftmals erfolgreich empfohlen und entsprechend umgesetzt hatte. Hier nun handelte es sich um ein dreigeschossiges Traufenhaus mit gegiebeltem Zwerchhaus und sechs tuskischen Kolossalpilastern, die bis zum Dach hinaufreichten und die Fassade in fünf Achsen teilten. Hermann Heckmann erkannte darin ein Beispiel des von einem hiesigen Baumeister verarbeiteten niederländischen Palladianismus[16].

Abb. 13: »Das alte Schloß«, Haus an der Düsternstr. 51–53. Foto: Koppmann 1903. Museum für Hamburgische Geschichte.

Ähnlich in der Struktur, aber gleich in der Achseneinteilung, entstand 1671 an der Düsternstraße Nr. 51–53 – früher Neustädter Fuhlentwiete – das sogenannte »Alte Schloß« (Abb. 13). Sechs breite Kolossalpilaster mit Pfeilerpostamenten, klassisch profilierten Basen und fein ausgearbeiteten Kompositkapitellen reichten bis zum Dachgesims hinauf. Die vier mittleren trugen den Fronton wie einen römischen Giebel. Alle sechs Pfeiler zeigten oberhalb des zweiten Geschosses nischenförmige Eintiefungen. Vor diesen erheben sich links- und rechtsaußen ummantelte und behelmte Wappenschilde. Vor den vier Pfeilern unterhalb des Frontons standen die Büsten der vier Weltkaiser Ninus, Cyrus, Alexander der Große und Caesar. Rechts und links der Büsten waren in den Interkolumnien unter den Fenstern des dritten Stockwerks Frieden verheißende, gekreuzte Palmwedel angebracht. Das Haus hatte der Licentiat Schrötteringk für sich bauen lassen und sowohl durch die Architektur als auch die symbolische Verwendung der Weltkaiser seine klassisch-humanistische Bildung für jedermann sichtbar unter Beweis gestellt. Von der bedeutenden Ausstattung mit Bauschmuck sind neben den Weltkaisern und den Palmwedeln zwei Kompositkapitelle ins Museum für Hamburgische Geschichte gelangt (Abb. 14)[17].

Abb. 14: Kompositkapitell vom »Alten Schloß«, Düsternstraße 51–53. Foto: Museum für Hamburgische Geschichte.

Zu den Höhepunkten des Palladianismus in Hamburg gelangen wir mit drei Gebäuden am Neuen Wandrahm, nämlich den Nummern 5, 6 und 17. Es handelt sich um bemerkenswerte Stadtpaläste mit repräsentativen Funktionen. Das früheste von diesen, die Nr. 5, wurde im Auftrage des reichen niederländischen Arztes Theodor Kerkeringk um 1650 in Angriff genommen. Als Architekt konnte der *»Kunstmeister«* Johann Jacob Erasmus gewonnen werden, dessen Namen und Titel der Kupferstecher H. Westphalen auf ein Blatt mit Darstellung dieses Hauses gesetzt hat: *»Johann Jacob Erasmus – Architect. et Machinar. Hydraulicar. Director«* (Abb. 15). Erasmus ist im übrigen als führendes Mitglied der Bühnenbauwerkstatt der hiesigen Oper unter Gerhard Schott identifiziert worden, in welcher das einzigartige Modell vom Salomonischen Tempel im Museum für Hamburgische Geschichte entstand. Wenn man nun die phantastisch fein durchgebildeten Fassaden des Tempelmodells (Abb. 16) mit seinem Bauwerk am Wandrahm Nr. 5 vergleicht, wird man nicht nur dahinter den gleichen Architekten entdecken, sondern nebenbei auch sofort begreifen, warum dieser Erasmus für Gerhard Schott, einen ausgemachten Präzisionsfanatiker an Hamburgs Opernbühne, geradezu unentbehrlich gewesen sein

Abb. 15: Ansicht des Hauses Neuer Wandrahm Nr. 5. Kupferstich von H. Westphalen bezeichnet: 1702 mit ausdrücklichem Vermerk zum Architekten Johann Jacob Erasmus. Museum für Hamburgische Geschichte.

Abb. 16: Detail der Außenfassade des Tempelgebäudes vom »Hamburger« Modell des »Templum Salomonis«. Museum für Hamburgische Geschichte.

muß[18]. Die Fassade ist streng axialsymmetrisch geordnet. Vier kannelierte Kolossalpilaster, ruhend auf reich ornamentierten Piedestalen und fein profilierten Pfeilerbasen, wachsen vor der Front bis zum Dach hinauf, wo sie in korinthischen Kapitellen enden. Sie tragen einen umlaufend reich geschmückten Fries, der zum Dachgesims vermittelt. Die Interkolumnien zwischen dem ersten und dem zweiten Pilaster sowie dem dritten und vierten Pilaster bieten Platz für je zwei Fenster nebeneinander. Im mittleren Interkolumnium, das entsprechend breiter ausfällt, liegen drei Fenster nebeneinander, wobei die mittlere Fensterachse noch einmal etwas breiter angelegt wurde, um im Erdgeschoß genug Raum für den korinthischen Bogen mit vorgestellten Säulen des Portals zu gewinnen. Man erreichte es über eine doppelläufige Freitreppe. Die enorme Größe der Fenster führte beinahe zu der Vorstellung einer Ganzglasfassade, lägen nicht noch die reichen Fruchtgehänge dazwischen und gäbe es nicht die reich ornamentierten Segmentgiebel über jedem Fenster. Das mittlere Interkolumnium, um eine Fensterachse breiter als die seitlichen, springt mit dem Fronton darüber nur scheinbar wie eine gegiebelte Vorhalle vor.

Wenn man das soeben besprochene Gebäude mit dem Nachbarhaus Neuer Wandrahm Nr. 6 (Abb. 17) intensiv vergleicht, wird man Hermann Heckmann beipflichten müssen, der als Architekten der Nr. 6 ebenfalls Johann Jacob Erasmus vermutet[19]. Die axiale Aufteilung zwischen den korinthischen Kolossalpilastern, in den äußeren Interkolumnien je zwei und in der Mitte drei Fensterachsen zeigen das gleiche Grundschema. Wiederum wird das mittlere dreiachsige Interkolumnium gleich einem Mittelrisalit durch den runden Giebel darüber betont. Das Portal in der Mitte des Erdgeschosses besteht hier aus unkannelierten korinthischen Säulen und einem reich verzierten Architrav darüber. Gegenüber der Situation am Haus Nr. 5 bekam das Sockelgeschoß hier mehr Höhe und wurde so begehbar gemacht. Nur aufgrund solcher Voraussetzungen konnte 1868 nach Beseitigung der doppelläufigen Freitreppe das Portal in etwas bescheideneren Dimensionen in das Sockelgeschoß verlegt und das alte Portal zu einem überraschend reich eingerahmten Fester umgeändert werden.

So meisterlich und prinzipientreu die Bauten Neuer Wandrahm Nr. 5 und Nr. 6 proportioniert waren, so ungewohnt

Abb. 17: Fassade des Hauses Neuer Wandrahm Nr. 6; Federzeichnung von E. Niese, bezeichnet: 1884. Museum für Hamburgische Geschichte.

Abb. 18: Fassade des Hauses Neuer Wandrahm Nr. 17. Federzeichnung von E. Niese, bezeichnet: 1884. Museum für Hamburgische Geschichte.

und eigenwillig mochte von Anfang an die Fassadenaufteilung am Hause Nr. 17 jedem Betrachter erscheinen (Abb. 18). Weil sie sich an Regelwidrigkeiten störten, haben frühere Bearbeiter unseres Themas allzu voreilig das ganze Bauwerk abwertend beurteilt. Tatsächlich – mit Händen zu greifen ist das Schloß Driemond als Vorbild, nachzuschlagen bei Philips Vingboons im ersten Teil seines Abbildungswerks mit Darstellung seiner Bauten (vgl. Tafel 7). Dieweil das von Vingboons 1642 bei Weesp errichtete Gebäude mit sechs Pfeilern und fünf dazwischenliegenden Achsen ausreichende Möglichkeiten für eine zentrale Anordnung des Portals bot und in der Zueinanderordnung aller formalen Bestandteile den stets geforderten architektonischen Wohlklang nicht vermissen ließ, wurde – allerdings achtundzwanzig Jahre später! – am Neuen Wandrahm Nr. 17 gegen jede Regel und jede baumeisterliche Berufserfahrung gehandelt. Hier gab es nun plötzlich sieben Pfeiler und sechs Achsen, was soviel bedeutete, daß einer der Pilaster genau in der Mittelachse liegen und den Einbau eines zentral angeordneten Portals unmöglich machen würde. In Schrägansichten der Fassade wird hinter dem aufwendigen Rokokozierat ein schlichteres Portal mit rustizierten Pfeilern tuskischer oder dorischer Ordnung sichtbar (Abb. 19). Ein Regelfanatiker von damals mochte die Lösung vielleicht ebenso als »peinlich« verdammen, wie ein ordentlicher Baumeister sich seinerzeit gegen die Ausführung solcher Bauherrenwünsche gesträubt haben könnte. Zwar wurde das Portal mittig eingebaut, der Mittelpfeiler aber so gestaltet, daß er, um die Portalshöhe verkürzt, sich aus dem Scheitel über dem Portal hinauf in die Höhe entwickelte. Daß aber dieses abweichende Konzept tatsächlich mit Sorgfalt im Detail und feiner Ponderation im Ganzen ausgeführt worden ist und auf diesem Wege ein überraschend neuer Wohlklang entstand, darf der stilsichere Architekturhistoriker eigentlich nicht übersehen.

Was hier geschah, läßt sich nicht als verschrobene Hamburgensie abtun, wie Ulrich Nabel noch meinte: *»Aber auch Kerkeringk mußte sich als Bauherr dem Kunstwillen der ausführenden Handwerker fügen.«* Warum denn nur hier, nicht aber zuvor schon bei den Häusern in derselben Straße Nr. 5 und Nr. 6? Ebensowenig dürfen wir diese Erscheinung mit Meyer-Brunswick als Provinzialismus abtun. Hermann Heckmanns Erklärung erweist sich erst

Abb. 19: Schrägansicht der Fassade Neuer Wandrahm Nr. 17, Bleistiftzeichnung von Ebba Tesdorpf. Museum für Hamburgische Geschichte.

recht nicht als stichhaltig, wonach ein »unbedarfter Handwerksmeister« Vingboons' Pläne abgekupfert und leicht abgeändert hätte. Am wenigsten hätte gerade der Handwerksmeister sich aus freien Stücken solche Regelwidrigkeiten erlaubt. Da wir es überdies bei dem Auftraggeber mit einem in der Bauherrenpflicht seit Jahrzehnten gewitzten, vielseitig gebildeten und erfolgreichen Akademiker zu tun haben, der gewiß alles Wichtige an italienischen Architekturtraktaten gelesen hatte, müssen wir zu dem Schluß gelangen, daß die sieben Pilaster in der Fassade von ihm persönlich sogar präzise gefordert und von den Handwerkern exakt ausgeführt worden sind. Der bibelfeste, zum katholischen Glauben übergetretene Humanist Kerkeringk, der sich auch als Weisheitsfreund darstellen wollte, kannte die »Sprüche Salomonis« offensichtlich sehr gut aus seiner Vulgata (Kap. 9, Vers 1) und handelte wie nach einer Gebrauchsanweisung: *»Sapientia aedificavit sibi domum, (et) excidit columnas septem.«*, das heißt: *»Die Weisheit baute sich ein Haus und hieb sieben Säulen hinein«*[20].

Es konnte nicht ausbleiben, daß in einer Stadt, die in jenen Tagen die Entstehung eines großartigen Modells vom *templum Salomonis* miterlebte, so manche Anregungen aus der Heiligen Schrift als symbolische Anspielungen in Fassadenentwürfe eingingen. Vor dem verputzten Giebelhaus Rödingsmarkt Nr. 38 wurde sogar ein Portal mit gewundenen Säulen und korinthischen Säulen errichtet. Säulenstellungen dieser Art, wie sie besonders schön Vignola abgebildet hat, wurden von einer bestimmten Schulrichtung der Architekturtheorie als *salomonische Ordnung* angesprochen[21].

Palladianismen im kommunalen Bauwesen

Neben der Durchführung öffentlicher Bauten (Abb. 20) von der Planung bis zur Fertigstellung oblag dem Hamburger Bauhof die Ausübung der Kontrolle über Bauleitungen von Großbaumaßnahmen wie der neuen Stadtbefestigung, welche von 1616 bis 1625 erweitert und völlig erneuert wurde. Der Konzentration aller Kräfte und Mittel auf dieses Jahrhundertbauwerk und wiederum den Auswirkungen des Dreißigjährigen Krieges war es zuzuschreiben, daß der Bauhof im Laufe der ersten Hälfte des 17. Jahrhunderts mit bedeutenderen Leistungen auf anderem Gebiet nicht aufwarten konnte. Es versteht sich von allein, daß eine solche Einrichtung aufgrund notorischen Personalmangels und der fehlenden Mittelausstattung gar nicht effektiver arbeiten und kaum Ansehen in der Öffentlichkeit erringen konnte. Dessen ungeachtet sind doch mehrere Bauhofleiter über dieses Niveau hinausgewachsen und sogar nachweislich mit modernen Strömungen der Architektur in Berührung gekommen.

Soviel gilt wenigstens für Hans Hamelau, der hier mit einigen wenigen Bauten, soweit sie für unser Thema belangvoll sind, vorgestellt sei. Um 1620 wurde Hans Hamelau im Holsteinischen geboren. Eine Zimmermannslehre, die Gesellenzeit und die Meisterprüfung wird er in seiner Heimat erlebt haben. Mit dem Meisterbrief eines Kunstmeisters in der Tasche erwarb er 1653 das Hamburger Bürgerrecht. Sechs Jahre später wurde er zum Leiter des Hamburger Bauhofs bestellt. Dieses Amt hielt er bis zu seinem Tode im Jahre 1670 inne. In den wenigen Amtsjahren hat er durch die von ihm verantworteten Bauten entscheidend an der Prägung des Stadtbildes mitgewirkt.

Abb. 20: Die öffentlichen Bauten Hamburgs. Stich von Ladomin um 1690. Museum für Hamburgische Geschichte.

Abb. 21: Frontispiz der *Quattro Libri* des Andrea Palladio, herausgegeben 1570.

Abb. 22: Das Baumhaus von Hans Hamelau, Foto um 1855. Museum für Hamburgische Geschichte.

Der Neubau des Millerntores (1659–1663), welches eine hölzerne Konstruktion des Festungsbaumeisters Johann van Valckenborgh ersetzen sollte, gehörte mit zu den ersten Aufgaben des jungen Bauhofleiters. Das hier beinahe nur Ingenieurleistungen gefragt waren, hat Michael Gottlieb Steltzner nach den ihm vorliegenden Quellen ungefähr achtzig Jahre später beschrieben: »*Das alte äusserste höltzerne Millern-Thor fing man an in diesem Sommer (1659) an abzubrechen, und von Grund aus mit Quater- und anderen Steinen, nach der Art, wie das Stein- und Damm-Thor gebauet, ein neues aufzuführen. Der Baumeister hieß Hanns Hamelow. Er bauete in solchen ein gantz steinernes Gewölbe. Es ward solches nebst der Brücke, und allen Zierrathen in dem 1663. Jahr erst vollkommen fertig*«[22]. Zur Landseite hin wirkte es äußerst wehrhaft durch den klassischen tuskischen, von Halbsäulen auf Piedestalen begleiteten Bogen mit rustizierten Quadern, wie Hamelau ihn in den Abbildungswerken Vignolas oder Scamozzis hätte nachschlagen können. Sehr viel aufwendiger wandte sich die gegenüberliegende Seite (Tafel 10) der Stadt zu. Hier benutzte Hamelau den dorischen Bogen, flankiert von paarweise auf einem Piedestal aufgerichteten Säulen und setzte einen gesprengten Segmentgiebel darüber, der sich zur Aufnahme eines Sockels für eine Akroterfigur nach oben öffnet. Wenn man für den hier gewählten, häufig verwendeten Typus ein Vorbild sucht, braucht man nur den Buchdeckel der Originalausgabe der *Vier Bücher zur Architektur* Palladios zu öffnen und die schön gestaltete Titelseite, das Frontispiz, zu betrachten (Abb. 21). Man wird dort in allem Übereinstimmung finden

Wir übergehen hier die nächste Bauaufgabe, die sich Hans Hamelau in seiner neuen Funktion stellte, das gewaltige Kornhaus (1660–1661), eine reine Fachwerkkonstruktion (Abb. 20), um uns sogleich der Entstehungsgeschichte des neuen »Niederbaumhauses« an der Ecke Steinhöft/Baumwall zuzuwenden. Noch vor Beginn des Jahres 1662 erteilte der Rat einen Auftrag an Hamelau, das an gleicher Stelle baufällig gewordene alte Haus durch ein neues Bauwerk zu ersetzen. Der erste Entwurf ließ ein hier nicht erwünschtes schloßartiges Gebäude erwarten. Mag sein, daß es stilistisch als eine konsequente Weiterentwicklung des Millerntores mit Sprenggiebeln und Säulenpaaren gedacht war. Der Rat war entsetzt und schickte seinen Bauhofleiter erst einmal auf eine Dienstreise nach Amsterdam, wo es alle Tage ähnliche Probleme zu lösen galt. Vor allem aber war es nötig, den Zimmermann mit der Vielzahl schöner

Abb. 23: »Die neue Pastey« – Ausschnitt aus der Gesamtansicht. Dresdens an der Elbe. Kupferstich von Wolfgang Kilian, Augsburg; um 1620. Museum für Hamburgische Geschichte.

Gebäude im palladianischen Stil zu beeindrucken, mit denen Pieter Post, Jakob van Campen und die Brüder Philips und Justus Vingboons Amsterdam mittlerweile verschönt hatten. Bevor wir erfahren, was Hamelau an Eindrücken und Beispielen für sein Baumhaus verwenden konnte, müssen noch einige Bemerkungen zur Bauaufgabe hinzugefügt werden.

Das Gebäude mußte in das Elbufer hineingebaut und auf Steinpfähle gegründet werden. Es hatte eine Grundfläche von 22,6 x 11,8 m. Es wurde zur Unterbringung einer Zollstation am Eingang des Binnenhafens benötigt, nämlich dort, wo zwischen Steinhöft und Kehrwieder die Hafeneinfahrt des Nachts gegen Schmugglerschiffe und andere ungebetene Gäste mit einer floßartigen Sperre verschlossen wurde. Tagsüber war die Kontrolle des Schiffsverkehrs von der Sicht abhängig. Um einen guten Rundblick über den Binnenhafen und die Elbe zu gewinnen, schob Hamelau das Gebäude weit über das Wasser vor und plante auch in der Höhe einen prachtvollen Ausguck mit ein. In seinem Reisehandbuch aus dem Jahre 1674 beschrieb Greflinger den Hamelauschen Bau am *»Niederbaum, da ein schönes Haus und ein herrlicher Prospect ist, die gantze Stadt und unzählbare Schiffe zu sehen«.*

Die Zierlichkeit des hohen, schlanken Gebäudes wurde durch die Pfeilergliederung noch betont, die eine eigentümliche Austauschbarkeit von klassischer Bauordnung und solider Fachwerkkonstruktion verspüren ließ. Die schmale Schauseite am Wasser gliederten im Untergeschoß fünf, auf der Langseite neun tuskische Pfeiler, denen oberhalb des Gurtgesimses am Obergeschoß korinthische Pfeiler entsprachen. In der Regel wurde die volle Breite zwischen den Pilastern durch Fenster genutzt.

Dem Baumhaus (Abb. 22) gab Hamelau folgerichtig – und kaum wegzudenken – einen turmartigen Abschluß, welcher schon in den Bereich der Stadtsilhouette, dazumal unbestritten die künstlerische Domäne des Turmbaumeisters Peter Marquard, hineinragte. Wie dieser zwischen aufeinandergetürmte Kugelformen Galerien mit Pfeilern und Säulen einrückte, schnitt Hamelau das schwungvoll konturierte Walmdach des Baumhauses auf halber Höhe horizontal ab, bildete hier mit einer umlaufenden Balustrade eine Terrasse aus und erhob mitten in diesem Dachgarten den glockenförmigen Oberteil des Walmdaches zum Helm eines Tempietto. Im Verhältnis zu dem einzigen bis dahin vergleichbaren Dachkontur der alten Börse mußte sich diese Gestaltung als eine reizvolle Variation auf ein mittlerweile heimisch empfundenes Renaissancethema ausnehmen.

Schon früh ist erkannt worden, daß zu der eigenwilligen Gestalt des Baumhauses auch noch ein anderes Vorbild beigetragen hat. Gemeint ist das Lusthaus auf der Bastei in Dresden (Abb. 23), das Giovanni Maria Nosseni 1590 auf steinernen Vorsetzen in die Elbe hinein gebaut hatte. Zwar fehlten dem Vorbild die Höhe und die durch Pfeiler gegliederten Fassaden, doch stimmt die Dachlandschaft in beiden Fällen überein, weil hier wie dort ein von Balustraden eingefaßter Dachgarten und ein Dachtempietto benötigt wurden. Darunter lag jeweils ein sogenannter »ägyptischer Saal«, der durch eine Dachlaterne in Tempiettoform Oberlicht erhielt[23].

Ganz unauffällig standen übrigens auf dem Dach des Baumhauses noch vier hohe Schornsteine jeweils vor einer Ecke der Balustrade. Diese optisch geschickte Verbindung

Abb. 24: Portal des Spinnhauses von Hans Hamelau, Bleistift, Tusche laviert v. O. Elsner, bez. Febr. 1895. Museum für Hamburgische Geschichte. Das Portal ist von Fritz Schumacher in die Westseite des Museums eingelassen worden.

Abb. 25: Ansicht des Zuchthauses am Alstertor, erbaut von Hans Hamelau – Kupferstich von Gottfried Chr. und Thomas Albrecht Pingeling, bezeichnet: 1757.
Museum für Hamburgische Geschichte.

verdiente hier kaum der Erwähnung, käme sie nicht so selten vor, und wäre sie nicht gerade kennzeichnend für die Dachlandschaft des gleichzeitig errichteten Coleshill House, Berkshire (1650–62), von Sir Roger Pratt. Pratt stand ganz unter dem Einfluß der Bauten des Inigo Jones, dem die Wiederentdeckung Palladios in England zu verdanken war. Als Pratt und Hamelau ihre charakteristischen Schornsteine setzten, war die Erfindung nicht mehr ganz neu: Sie stammte von Francois Mansart, der sie 1642 bereits am Maison-Lafitte verwendet hatte.

An der Ostseite des Alsterbassins schuf Hans Hamelau zwei moderne Zweckbauten, streng, wie es ihre Bestimmung verlangte. Für die Errichtung des Spinnhauses (Abb. 20), *»da leichtfährtige Personen, und die unter des Scharffrichters Hand gewesen sind, sitzen und ihre Arbeit auff eine gewisse Zeit thun müssen«* (Greflinger), hatte der im Jahre 1662 verstorbene Senator Dr. Peter Rentzel eine größere Summe hinterlassen. Zur Verwirklichung kam es 1665/66. Hamelau legte das Gebäude mit dem First quer zum Werk- und Zuchthaus von 1618/20 und mit der Rückseite an die heutige Ferdinandstraße, damals noch ein einfacher, am Alsterufer entlang geführter Holzdamm. Der Verzicht auf jegliche Pilastergliederung zeigt an, daß für Hamelau die plastische Signifikanz des Baukörpers vorrangig blieb: das quergelagerte Bauwerk mit Walmdach und davor ein nur wenig hervortretender gegiebelter Mittelrisalit. Hamelau genügten die Fenster zur Gliederung der Fassade. Neun Fensterachsen, von denen die mittlere ganz durch das Portal beansprucht wurde, bildeten die Grundlage des axialsymmetrischen Aufbaus. Das Portal begleitete rechts und links in beiden Geschossen je ein Fenster (Abb.24). Dieser Teil wurde als breiter Mittelrisalit nach vorn geschoben, darüber ein riesiges Giebeldreieck mit Reliefdarstellungen im Tympanon. Frontispiz und Portal enthielten den einzigen Bauschmuck[24].

Kaum stand das Spinnhaus, brannte das Zuchthaus (Abb. 20 u. 25) ab. Hans Hamelau ließ es dann zwischen 1666 und 1670 wieder neu erstehen. Diesem Bau gab er die gleiche Grundform wie dem Spinnhause, nur wesentlich größer und breiter noch. Er legte ihn rechtwinkelig gegen die Südostecke des Spinnhauses, so daß die Fassaden der beiden Bauten die Ost- und Südseite eines größeren Platzes begrenzten. Am Zuchthaus wurde nun wieder die Ein-

Abb. 26: Die »Neue Waage«, Bleistiftzeichnung von Ebba Tesdorpf, datiert 1882. Museum für Hamburgische Geschichte.

Abb. 27: Der Bauhof am Deichtor von der Wasserseite, Baubeginn unter Hans Hamelau. Foto um 1851, Museum für Hamburgische Geschichte.

wirkung des Palladianismus spürbar, indem das Bauwerk auf ein Podium gestellt wurde und die Fassade eine Gliederung aus lisenenhaft dünnen und strengen Pfeilern tuskischer Ordnung erhielt. Da diese vom Podium bis zum Dach über zwei Geschosse reichten, sollten sie als Kolossalpilaster verstanden werden. Geradezu bedrohlich wirkt das Portal, hier als ionischer Bogen mit vorgeblendeten Pilastern und einer Supraporte gestaltet, die das Hamburger Wappen in den Pranken zweier Löwen zeigt. Der eigentliche Torbogen wirkt so bedrohlich wegen der rustizierten Quader und wird dadurch der Landseite des Millerntors sehr ähnlich. Steinmetz- und Bildhauerarbeiten wurden ausschließlich für das Portal und das Frontispiz aufgewendet[25].

Noch zu Lebzeiten Hamelaus wurde die alte Börse renoviert und nach dem Wasser hin erweitert (1669/70), wobei man den neuen Trakt stilistisch anglich. Im gleichen Jahre wurden (1669) die »Alte« Waage und das sogenannte Commercium (Abb. 2) errichtet. Auch dieses Gebäude wurde der Börse angepaßt. Es nahm den gleichen verspielten Möbelstil auf und wirkte mit seinem geschwungenen Walmdach wie eine Kopie des Pavillons aus dem Dachgarten des Baumhauses, nur daß das als Halle geöffnete Untergeschoß gleich dem der alten Börse mit einem aus vier Säulenpaaren gebildeten Portikus geschmückt war. Zur Dachbekrönung war eine Statue der Justitia mit Schwert und Waage gewählt worden[26].

Die Neue Waage bei der Hohen Brücke, welche 1590 schon erwähnt wurde, brannte 1676 zusammen mit dem Neuen Krahn daneben ab. Beide wurden anschließend wieder aufgebaut, wobei in Proportionen und Stil für die Neue Waage (Abb. 26) das Commercium zum Vorbild genommen wurde. Bis zum völligen Verbrauch wurden so die Börse und das Baumhaus stilistisch ausgeschöpft und zu einer charakteristischen Prägung des Hafenbereichs von der Trostbrücke bis zum Steinhöft im italienischen Stil verwendet[27].

Schließlich hat Hans Hamelau im Jahre 1666 den Neubau des Bauhofes (Abb. 20 u. 27) am Deichtor noch in Gang gesetzt. Erst 1675, und damit fünf Jahre nach dem vermuteten Tode Hamelaus, wurde der Bauhof ganz fertig. Die Verlegung von der Wandrahminsel zum Deichtor bewirkte nebenbei ein Stück Stadtsanierung, denn der Abzug des Großbetriebes und der Wiederaufbau an der Peripherie schufen Platz für eine Reihe ansehnlicher Wohnpaläste, von denen bereits die Rede war.

Wer sich ehedem von Westen her dem Bauhof näherte, erblickte über dem Hauptportal ein von Holzvoluten umrahmtes Sandsteinrelief mit den vier Wappen der Bauherren und Baubürger, in der Mitte eine Inschrift auf einer

Abb. 28: Die Göttin der Baukunst, die eigenhändig das Baumodell eines Palastes demonstriert – Zwickelfigur von einem der hölzernen Bauhofportale, die jetzt im Museum für Hamburgische Geschichte eingebaut sind.

besonders großen Kartusche, welche mit der Jahresangabe 1675 das Datum der Fertigstellung des Bauhofes enthält. Das Nordtor zeigt an der gleichen Stelle ein Holzrelief mit der Verarbeitung von Getreide zu Mehl und Stroh zu Häcksel sowie das Anmengen von Pferdefutter. Dazu passen thematisch die kräftig proportionierten Pferde in den Bogenzwickeln. Das Portal an der Fleetseite bekrönte wiederum ein Sandsteinrelief mit der Vorführung der vielfältigen Aufgaben eines Bau- und Zimmermanns am Hamburger Bauhof am Beispiel der Konstruktion einer Wassermühle. Alle Stadien von der Aufrichtung des Baugerüstes, der Erstellung des Fachwerks, der Ausfachung und des Dachdeckens sind angedeutet. Eine Hälfte des Mühlrades ist bereits auf die Leitachse gesetzt, dieweil an dem Gegenstück noch gearbeitet wird. Am Fleetportal und am Hauptportal finden sich in den Bogenzwickeln, spiegelbildlich gegeneinander austauschbar, allegorische Darstellungen, in welchen die Göttinnen der Architektur und der Bautechnik zu erkennen sind. Die letztere erinnert, bekleidet mit einem Harnisch, an die griechische Schirmherrin von Wissenschaft und Technik, Pallas Athene. Sie demonstriert die komplizierte Mechanik von Wasser- und Windmühlen, die schon Vitruv in dem plötzlich wieder so aktuellen Werk ausführlich beschrieben hatte. Gegenüber, in langfließendem, eine Brust amazonenhaft freilassendem Gewand die personifizierte »Architectura« mit der Idealschöpfung eines klassizistischen Stadtpalasts in Händen (Abb. 28). Wie ein römischer Podiumstempel ist er auf einen hohen Sockel gegründet, aus dem bereits die Postamente für sechs Kolossalpilaster hervortreten. Sie gliedern die Fassade des zweigeschossigen Bauwerks nach korinthischer Ordnung. In der Mittelachse durchbricht ein reich gestaltetes Portal das Podium, ein Triumphbogen mit ionischen Pfeilern, darüber ein Giebel, der von einem nicht ausgeführten Wappen durchbrochen wird. Große Fenster im Erd- und Obergeschoß füllen die Zwischenräume von Pfeiler zu Pfeiler, die oberen reichen bis an das Dachgesims. Angedeutete Stoffdraperien markieren zwischen den übereinanderstehenden Fenstern den Geschoßwechsel. Eine zierliche Balustrade, die einen Dachgarten umgibt, krönt das riesige Walmdach. Darüber erheben sich zwei zierliche Tempietti mit schwungvoll gestalteten Helmspitzen. Dieses Idealmodell folgt in jeder Hinsicht den Vingboonsschen Entwürfen zum Schloß Driemond, wie es Hondecoeter so schön gemalt hat (Tafel 7). Außerdem zeigt sich einmal mehr die Nähe zu dem oben beschriebenen Stadtpalast Neuer Wandrahm Nr. 17. Die soeben beschriebenen Reliefs zeichnen sich im Vergleich zu der sonst üblichen »Kunst am Bau« jener Zeit durch eine ganz hervorragende Qualität aus[28].

Wenn man bis dahin noch einmal die Auswirkungen der palladianischen Baukunst auf Hamburg betrachtet, wird man zunächst auf die erstaunlichen Frühformen im 16. Jahrhundert, beginnend mit der Loggienfassade des Katharinenkirchturms bis zur Errichtung des Südportals an der Petrikirche verweisen dürfen, zumal es dergleichen vor 1600 weder in London noch Amsterdam gab. Auf der anderen Seite dürfte deutlich geworden sein, daß Hamburg danach seit 1605 bis zum Ende des Dreißigjährigen Krieges an der in England und den Niederlanden jetzt aufblühenden Entwicklung des Palladianismus nicht teilgenommen hat. Erst in den ausgehenden vierziger Jahren beginnt der »Import« des niederländischen Palladianismus, wobei in manchen Fällen hiesige Bauten ihren niederländischen Vorbildern mit Jahrzehnte währender Verspätung folgten. Spürbar wird aber auch eine Blüte des Palladianismus ab 1680 bis zum Ende des Jahrhunderts, was mit Sicherheit auf die lebhafte Theoriediskussion und die tüchtigen Spezialisten in der Umgebung Gerhard Schotts in jenem Augenblick zurückzuführen ist, als dieser sich und der gebildeten Welt eine anschauliche Vorstellung von der ursprünglichen Gestalt des Salomonischen Tempels zu Jerusalem anhand eines Modells zu verschaffen wünschte.

Palladianismus in Norddeutschland

In der Tat zog das Hamburger Modell des Salomonischen Tempels, obwohl nur unfertig in einem Nebenraum der Oper aufgestellt, zahlreiche Interessenten an, wie man nach der Aufnahme in Leonhard Christoph Sturms Kunstführer *»Die Geöffneten Raritäten- Und Naturalienkammer, worinnen Der Galanten Jugend andern Courieusen und Reisenden gewiesen wird wie sie Galerin, Kunst- und Raritäten-Kammern mit Nutzen besehen....«* – in einer Erstauflage im Jahre 1700 –, vermuten darf[29]. Sogar Zar Peter der Große soll an diesem Ort einen Blick darauf geworfen haben. Sturm, Baumeister sowie Architekturtheoretiker und damals als Mathematikprofessor an der Wolfenbütteler Ritterakademie tätig (1694–1702), war in besonderer Weise wissenschaftlich an diesem Modell interessiert, weil es, wie auch Zacharias Conrad von Uffenbach wußte, *»nach der Schrift (=Heilige Schrift) und der herrlichen Beschreibung von dem Tempel, die der berühmte Villalpandus geschrieben, gemacht...«*[30]. Mit diesem Thema hatte er sich auseinandersetzen müssen, seit ihm im Laufe eines Studienaufenthaltes in Leipzig (1690–1694) ein an Mathematik und Architektur gleichermaßen interessierter Gönner, der Leipziger Ratsherr Georg Bose, ein umfangreiches Konvolut an Manuskripten aus dem Nachlaß des Architekturtheoretikers Nicolaus Goldmann (1611–1665) zur Herausgabe anvertraut hatte. Dabei lag auch ein Rekonstruktionsversuch des Salomonischen Tempels nach dem Ezechiel-Kommentar des spanischen Jesuitenpaters Juan Bautista Villalpando (gest. 1608). Gestützt auf diese vom Schöpfer aller Dinge inspirierte *»architectura sacra«*, hatte Goldmann seine Ideen von einem orthodoxen Klassizismus und einer in göttlichem Recht verewigten Festschreibung architektonischer Gesetze entwickelt. Goldmanns Ziel war es gewesen, von der biblisch begründeten Architektur die »heidnische« Architektur Vitruvs abzuleiten[31]. Es konnte nicht ausbleiben, daß Sturm (1669–1719) in einzigartiger Faszination für den zwei Generationen älteren Goldmann eher in einer atavistischen Formensprache befangen blieb, als daß er in der Lage gewesen wäre, schöpferische Kräfte für neue Konzepte zu entwickeln. Nicht ohne Grund hatte er sich darüber zu beklagen, daß ihm bedeutendere Bauaufgaben während seines Berufslebens nie gestellt worden seien. Zu den weniger wichtigen Ausnahmen praktischer Betätigung gehörte der Umbau des in Hamburg um 1650 zur öffentlichen Belustigung erbauten »Ball-Hauses« in der Neustädter Fuhlentwiete im Auftrage des Herzogs Friedrich Wilhelm von Mecklenburg (1692–1713). Aus dem anmutigen, fünfzehnachsigen Traufendachhaus mit dreiachsigem Mittelrisalit (Abb. 29) wurde ein wenig vorzeigbares, eigentümlich trockenes Gebilde, das zur großen Peinlichkeit seines Baumeisters wegen Baufälligkeit schon bald wieder abgerissen werden mußte. In seiner Residenzstadt hatte Friedrich Wilhelm

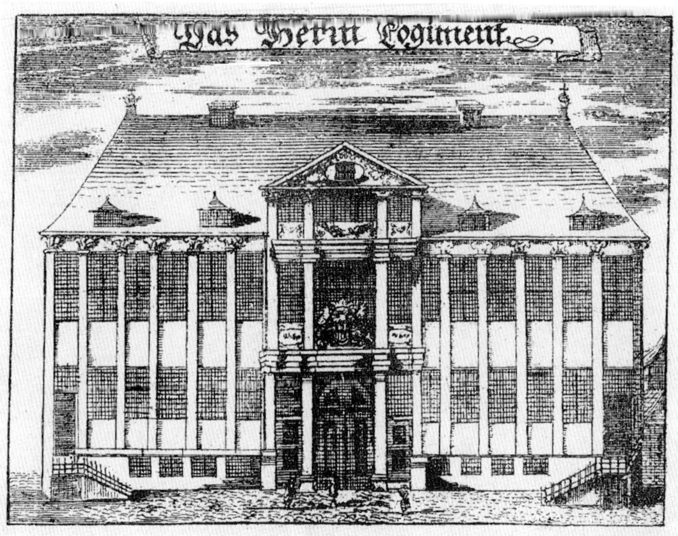

Abb. 29: Das stark palladianisch stilisierte »Ballhaus« von 1650 in der Neustädter Fuhlentwiete zu Hamburg vor dem Umbau – Radierung von Ladomin um 1690. Museum für Hamburgische Geschichte.

Abb. 30: Ansicht vom Schloß Salzdahlum, Hofseite, Romano de Hooghe, Foto: Wolfenbüttel.

dem für ihn seit dem 27. März 1711 tätigen Baudirektor jedenfalls keine angemessene Tätigkeit zuweisen können, zumal im gleichen Jahre der Nordische Krieg (1700–1721) Mecklenburg in ein Heerlager und Durchzugsgebiet fremder Truppen verwandelte[32].

Auf der anderen Seite galt Sturm seinen Zeitgenossen als der wichtigste Architekturtheoretiker und -lehrer Norddeutschlands. Nach dem Studium in seinem Geburtsort Altdorf und in Leipzig war er 1694 einem Ruf an die Ritterakademie in Wolfenbüttel gefolgt. Es muß ihn gekränkt haben, daß man ihn dort als Mathematikprofessor beschäftigte, aber doch davon absah, ihm das Amt eines Hofbaumeisters anzutragen. Hierauf jedenfalls könnten seine kritischen, teilweise unfreundlichen Bemerkungen zu dem bedeutendsten Bauwerk zurückzuführen sein, das unter der Herrschaft Herzog Anton Ulrichs in Auftrag gegeben werden konnte. Die Verwendung der Baumaterialien, Holz und Fachwerk, fand er eines Fürstensitzes unwürdig. Gemeint ist das 5 Kilometer außerhalb Wolfenbüttels erbaute und 1694, als Sturm gerade berufen wurde, feierlich eingeweihte Schloß Salzdahlum.

Der hochgebildete Fürst hatte die schon seit dem Kauf der hierfür notwendigen Grundstücke ins Auge gefaßten Planungen, wie Gerkens in seiner Dissertation über Salzdahlum glaubhaft machen konnte, im Zusammenhang mit einer Reise ins Veneto und besonders nach Venedig im Jahre 1687 in Gang gesetzt. Das Erlebnis der Villen Palladios und der Stadtpaläste in Venedig könnte nach Gerkens zu dem Entschluß geführt haben, nun endlich den lang gehegten Traum zu verwirklichen. Mit Johann Balthasar Lauterbach gewann er offenkundig den Baumeister seiner Wünsche, der ihm ein breites Hauptgebäude mit drei gegiebelten Risaliten und dazwischenliegenden zweigeschossigen Arkaden in den Verbindungstrakten empfahl. Korinthische Kolossalpilaster schmückten die Risalite, während die Fassaden der Verbindungstrakte im Erdgeschoß rustizierte und im ersten Obergeschoß wahrscheinlich ionische Bögen zeigten. Die Risalite wurden gegenüber den Zwischentrakten noch zusätzlich dadurch erhöht und betont, daß zwischen dem ersten Obergeschoß und dem Giebel jeweils ein Mezzaningeschoß zwischengeschaltet wurde. Akroterfiguren über den Giebeln und auf den Dachbalustraden über den Zwischentrakten unterstrichen den gewollt heiteren, mediterranen Charakter dieser Architektur (Abb. 30)[33].

Ehe man das Hauptgebäude erreichte, wurde man durch ein Portal mit triumphaler Gestik über einen von Arkaden umgebenen Vorhof geleitet. Hinter dem Schloß fanden sich ausgedehnte Gartenanlagen. Für die innere Ausstattung sorgten Hofbildhauer, italienische Stukkateure, aber auch Maler wie Johann Oswald Harms und Joachim Luhn, die zeitweilig auch in Hamburg tätig waren. Dieses hauptsächlich in Fachwerk und Holz ausgeführte »Beispiel einer Vereinigung von Gelehrsamkeit, poetischem Sinn und fürstlicher Prachtentfaltung« (Gerkens) hatte schon Hubala in die Nähe Palladios gerückt[34]. Gerkens hat dann unter Hinweis auf die angewendete Kolossalordnung für den Entwurf Salzdahlums überzeugend die Parallelen zu Palladios Palazzo Valmarana in Vicenza und der Loggia del Capitaniato herausgearbeitet. Mit Recht hat er Salzdahlum »eines der reinsten Beipiele ... in der Verarbeitung palladianischer Ideen« genannt[35].

Sieht man von Hamburg ab, so steht Salzdahlum in Norddeutschland zu diesem Zeitpunkt insofern einzig da, als nirgendwo sonst die künstlerische Anverwandlung durch einheimische Architekten unter Berücksichtigung landschaftlicher Gegebenheiten und heimischer Baumaterialen, wie von Hans Vredeman de Vries noch gefordert[36], versucht wurde. Gerkens verweist in diesem Zusammenhang auf die Vergabe ganzer Bauvorhaben an Italiener wie Philippo Carato, der das Osnabrücker Residenzschloß nach dem Vorbild des Palazzo Madama in Rom errichtete, Hieronymus Sartorio, dem man das Corps-de-Logis in Herrenhausen anvertraut hatte, und die beiden Baumeister des Schlosses in Celle, Luca Bedoni und Giuseppe Arighini – nicht zu vergessen die Clemenskirche des Venezianers Tomaso Giusti in Hannover[37].

Da zeigte schon Johann Arnold Nering (1659–1695) weit mehr Statur, als er in Auftrage Friedrichs von Brandenburg-Preußen für dessen Gemahlin einen Landsitz an der westlichen Peripherie Berlins schuf – das Schlößchen Lützenburg (1695–1699), aus dem später das Schloß Charlottenburg wurde[38]. Nach Forssmans Dafürhalten läßt jedenfalls der Kern des Gebäudes deutlich den Versuch erkennen, die Vorstellungen des Plinius und des Palladio von einer »villa suburbana« umzusetzen, wobei eindeutig eine holländische Färbung palladianischer Stilelemente zum Zuge kam. Der einfache, elfachsige Altbau – im Erdgeschoß rustiziert und darüber korinthische Kolossalsäulen, welche das erste Obergeschoß mit einem darüberliegenden Mezzaningeschoß verbanden – wurde späterhin durch Ansetzen eines Vorbaus und der Bekrönung durch die Riesenkuppel in ein gewaltiges Repräsentationsgebäude umstilisiert. Eine Zeichnung hiervon, die heute in Stockholm verwahrt wird, ist möglicherweise mit jener identisch, die dem schwedischen Hofarchitekten Nicodemus Tessin d. J. aus Berlin zugesandt worden war.

Schließlich sei noch, soweit es uns möglich ist, auf eine Sonderform des Palladianismus verwiesen, die ganz und gar von einer Persönlichkeit her bestimmt wurde, nämlich durch König Friedrich den Großen in Potsdam. Hier hätte eigentlich ein Beitrag unseres Kollegen Hans-Joachim Giersberg folgen sollen, den er zu seinem eigenen Bedauern leider einer schweren Erkrankung wegen nicht rechtzeitig liefern konnte. So sei es erlaubt, sich im Folgenden auf ältere Äußerungen Giersbergs zu diesem Thema zu berufen. In Gesprächen mit Francesco Algarotti und weiteren Beratern verfolgte der Preußenkönig das ehrgeizige Ziel, das Landstädtchen Potsdam durch den Nachbau von Palästen in Rom und Vicenza so weit zu verändern, daß dieser Ort zu einer Schule der Baukunst werde (Algarotti)[39]. Mit eigenen Zeichnungen zu allen wichtigen Projekten verdeutlichte der König, wie er sich die Hebung des Architekturniveaus in Potsdam und Berlin dachte. In besonders inniger Weise nahm er sich hierbei der Potsdamer Bürgerhäuser an, die oftmals mit Randbemerkungen hinsichtlich des bei der Ausführung erwünschten Stils angereichert wurden: *»Palladio« – »Vitruv« – »korinthisch« – »ionisch«* konnte man da am Rande lesen. So wurden denn über die öffentlichen Gebäude hinaus, wie unter anderem das Rathaus, noch zahlreiche weitere Gebäude der Stadt wenigstens mit palladianischen Fassaden versehen, die als Vorbilder für weitere Bautätigkeit auf vergleichbarem Niveau Impulse geben sollten. In Fotos und Dokumenten läßt sich zeigen, daß die Vorstellungen Friedrichs des Großen wenigstens bis zu diesem Punkt verwirklicht wurden.

1 Vgl. unter den Ausgaben des Jahres 1538 Kopppmann 1883, 694 Z. 23 *»3 Pfd. 12 ß pro carta quadam impressa de introitu cesaree majestatis in Bononiam.«* Zum zweiten Blatt vgl. unter den Ausgaben des gleichen Jahres ebd. 702 Z. 34f.. 3 Pfd. 12 ß *»pro impresso introitu cesaree majestatis in Bononiam ad coronacionem ibidem.«*

2 Vgl. unter den Ausgaben für das Jahr 1542 Koppmann 1892, 72 Z. 28f. : *»22 Pfd. soluta sunt Iohanni Luchtenmaker pro 2 1/2 pannen Venedischen glases, actum sabbato post Bartholomei (26. August) ad usum...«* (bricht hier ab). Vgl. auch unter den Ausgaben des Jahres 1543 ebd. 111 Z. 9f. *»10 Pfd. soluta Francisco Oldehorst pro 20 schiven Venetici vitri«.*

3 Zur Renaissancefassade an der Katharinenkirche vgl. Bracker 1992, 94 f.; Wendt 1852; Klée Gobert 1968, 110.

4 Kirchenpauer 1841; Nabel 1930, 223 f.; Bracker 1977, 52; 1992, 95. Die gleichzeitige Verwendung von korinthischen Bögen, Säulenpaaren, Reliefs und Balustraden in einer Fassade vgl. an der Loggetta des Sansovino auf dem Markusplatz in Venedig 1537–1542.

5 Beischlagwange, Inv. Museum für Hamburgische Geschichte AB. V 46, Zugangs-Inv. St. 46. Gensler 1878, 140.

6 Jakob Mores d. Ä., zwischen 1540 und 1550 als Sohn des Joachim Mores geboren, der ein Haus in der Deichstraße besaß. Es blieb bis 1590 in Familienbesitz. Joachim, vermutlich Kaufmann, ab 1558 Mitglied in der Schonenfahrergesellschaft. Sohn Jakob d. Ä., 1592 in die noch vornehmere Gesellschaft der Englandfahrer aufgenommen, einer der vier Älterleute des Goldschmiedeamtes.

7 Zu Hans Vredeman de Vries u. seinen Sohn Paul vgl. Hamburger Künstlerlexikon s.v. »de Vries« und Thieme–Becker a. O.

8 Meyer–Brunswick 1990, 28 u. 88.

9 Schrader 1894.

10 Romanorum imperatorum effigies, elogiis ex diversis scriptoribus per Thomam Treterum S. Mariae Trastyberim Cannonicum collectis, illustratae. Opera et studio Jo. Baptae. de Cavalleriis aeneis tabulis incisae. Romae Anno Domini MDLXXXX. Das eine dieser Bücher zeigt eine handschriftliche Dedikation auf dem Titelblatt für *»Henningo Grevio, Hamburgensi, Ao. 1603, 24. Febr«*, vgl. Schwindrazheim 1932, 172 Anm. 5.

11 vgl. Riedel 1762, 8: *»1604. 1605 ist daß Leichenhaus nebst dem großen Portal im Süden erbauet worden und vom H. Leichnam bezahlt.«* Adelungk (1696) fußt auf den gleichen Belegen: 1604 *»das neue Portal«* und 1605 *»ein neues Beinhaus an der Mittagsseite, neben dem Haupteingange...«*. Die Bauabrechnung für das Südportal der Petrikirche ist, wie so häufig, wohl erst ein Jahr später angefallen. So mußte die Kämmerei im Rechnungsband des Jahres 1604 eine besondere Rubrik für die noch nicht abgeschlossenen Vorgänge betreffend die *»Unkosten der konnigl. Huldigung«* einrichten, und zwar mit der ausdrücklichen Begründung: *»Effe woll de Konnigliche annehmung in Ao. 1603 geschehen, so sind doch de meisten rechnungen in dissem ghare geslichtet und derwegen hir her in dit boek ingebracht...«*. Zum *»domus Hansae Teutonicae«* farbiger Kupferstich im Museum für Hamburgische Geschichte. Das dort dargestellte Tor folgt genau einem Entwurf Serlios in seinem *Extrasordinario Libro* von 1551, vgl. Ottenheym 1989, 32 Abb. 18 b.

12 Adelungk 1696, 121.

13 Vingboons 1674, Taf. 11, 12, 13 u. Text S. 3. Nabel 1930, 233 f. mit Abb. 7 u. 8. Ottenheym 1989, 91, 129 f., 132 mit Abb. 113 F, 174–176. Heckmann 1990, 29 mit Abb. 13.

14 Hauptbuch d. Erb. St. Cath. Bd. B alt 303 – B neu 5345. Hausbeschreibung: Inv. 722. 3. 1719. Nabel 1930, 235 mit Abb. 10, mit Hinweis auf Vingboons 1648, Taf 14.

15 Heckmann 1990, 30 Abb. 15.

16 Heckmann ebd. 30 Abb. 14. Weitere Bauten ähnlich strengen Charakters setzt Heckmann mit dem 13achsigen Haus Hohe Bleichen Nr. 11–13 sowie Neuer Wandrahm Nr. 10/Ecke Brandstwiete in die Nähe des holländischen Palladianismus.

17 Bracker 1977, 54; Meier-Brunswick 1990, 91 ff. Heckmann 1990, 31 f. mit Abb. 16. Die Weltkaiserbüsten und Palmwedel wurden von Fritz Schumacher an der Ostseite zum Holstenwall hin in die Fassade des Museums für Hamburgische Geschichte eingelassen.

18 Heckmann 1990, 33 u. 34 Abb. 19. Zum Modell des *»templum Salomonis«* ebd. S. 34 mit Abb. 20. Die grundsätzlichen Überlegungen von Reuther (1980) zu diesem Modell sind inzwischen durch neuere Forschungen modifiziert worden, vgl. Vogelsang 1981; Jaacks 1982; 1993. Zu Erasmus siehe Vogelsang ebd., 34 f., 402 Anm. 96 mit archivalischen Nachweisen. Gerhard Schott beklagt sich brieflich über die hinter seinem Rücken geschehene Entlassung des *»Erasmi«*, vgl. die Wiedergabe bei Schulze 1938, 145 ff.; Meyer-Brunswick 1990, 175 f.

19 Nabel 1930, 240 Abb. 14; Heckmann ebd. 35 f. Abb. 21.

20 Schmerber 1902, 133; Nabel ebd. 238 Abb. 12 u. 13; Meyer-Brunswick 1990, 128 ff. Auf meiner Suche nach einem gewollten Symbolismus für die Verwendung von sieben Säulen in der Gebäudefront wies mich Frau Gisela Jaacks dankenswerterweise auf die schlagend überzeugende Bibelstelle hin. Zum Vorbild vgl. Ottenheym 1989, 60 Farbtafel u. 61 Abb. 67 a, ferner 214 Nr. I 40 (nach Vingboons 1648, 40).

21 Heckmann 1990, 39 f. mit Abb. 29.

22 Steltzner 1733, 753. Meyer-Brunswick 1990, 100, 101, 105, 109, 114, 116. Heckmann ebd. 62 f. mit Abb. 69–70.

23 Faulwasser 1918; Nabel 1931, 184; Bracker 1977, 56; 1992, 116 f. mit Abb. 87; Meyer-Brunswick 1990, 106, 109; Heckmann ebd. 64–66 mit Abb. 73–78. Zu sogenannten ägyptischen Sälen vgl. Palladio 1991, Buch II, Kap. 10, 156 u. Abb. S. 157.

24 Bracker ebd. 57; Meyer-Brunswick ebd. 103, 107, 111; Heckmann ebd. 68 f. mit Abb. 82 u. 83.

25 Bracker ebd.; Heckmann ebd. 71 mit Abb. 89.

26 Bracker ebd. 56; Meyer-Brundwick 1990, 47.

27 Bracker ebd.; Meyer-Brunswick ebd. 104, 108, 109, 141; Heckmann 1990, 69 u. S. 70 mit Abb. 85.

28 Bracker ebd. 58; Meyer-Brunswick ebd. 105 f.; Heckmann ebd. 66 ff. mit Abb. 79– 81.

29 Sturm 1707, 143 zitiert nach Reuther 1980, bes. 162 mit Anm. 7. Weitere Literatur zur Wirkungsgeschichte ebd. 162 ff.

30 von Uffenbach 1753, 115–117. Bei Reuther ebd. als Excurs III, S. 191 abgedruckt.

31 Thieme-Becker, s.v. Leonhard Christoph Sturm. Kruft 1991, 198–201, 202, 204, 206, 208, 252, 336, 571; vgl. bes. 198. Abb. 110–111.

32 Erichsen 1995, 316.

33 Gerkens 1974. Zur Baugeschichte und stilistischen Einordnung vgl. bes. 51 ff. u. 56 ff. mit älterer Literatur.

34 Hubala 1959.

35 Gerkens 1974, 68 u. 70.

36 Verf. s.o. im Kapitel »Vom Veneto in den Norden«, pass.

37 Gerkens 1974, 76.

38 Forssman 1980 b, 16 Nr. 3 mit älterer Literatur.

39 Giersberg 1993, 21–24, bes. 21.

Palladio nördlich der Alpen: Nürnberg unter Wolf-Jacob Stromer (Ratsbaumeister 1561–1614)

Wolfgang von Stromer

Seit Otto dem Großen und dem Jahre 962 waren Deutschland und Italien durch das Römische Kaisertum verbunden. Der Friede von Venedig und mit ihm Barbarossas Kaiser-Pactum von 1177 eröffneten den Venezianern freien Handel im ganzen Reich der Staufer, zugleich aber auch deutschen Kaufleuten den Handel in Venedig. Um diese Zeit drangen die Deutschen auch über Genua zum westlichen Mittelmeer vor. Im Jahre 1228 war die deutsche Kaufmannskolonie in Venedig schon so bedeutend, daß für sie der berühmte Fondaco dei Tedeschi gegründet wurde. Dort überwogen zunächst die Regensburger Kaufleute. Sie wurden von Nürnberg überrundet und abgelöst, als Regensburg durch den gescheiterten Aueraufstand (1337–1339) eine erhebliche Schwächung erlitt. Die Kriege der Staufer mit den Städten Oberitaliens führten viele Sprosse des deutschen Adels als Söldner, Capitani di ventura, und selbst als Condottieri nach Italien. Von dort brachten die Kaufleute die Güter der Levante und der Mittelmeerländer und reiche Handelsgewinne, die Condottieri Sold, Beute und Lösegelder in riesigen Beträgen nach Hause.

Zugleich vermittelten Kaufleute und Krieger ihrer Heimat ihre enormen Lebenserfahrungen und Begabungen an Logistik und Technik. Die Pilgerströme führten zahlreiche Mitteleuropäer durch die Kulturlandschaften Oberitaliens nach Rom und wieder zurück. Auf ihren Gesellenwanderungen erreichten zahlreiche deutsche Fachhandwerker die Mittelmeerwelt, lieferten dorthin ihr Können und steigerten es. Im Gegenzug brachten sie in Italien erlernte Praktiken wie zum Beispiel die Barchentweberei nach Deutschland mit, die sich alsbald zum beherrschenden Gewerbe Augsburgs und Ulms entwickelte. Vielerorts in Oberitalien und bis nach Rom gab es große Kolonien deutscher Handwerker, die zum Teil ganze Gewerbezweige besetzten, wie Bäcker, Schuster, Maurer, Instrumentenmacher und Goldschmiede.

Auf solch unterschiedlichen Wegen fand bis in die frühe Neuzeit eine ständige, wechselseitige kulturelle und technische Befruchtung statt. Auch zum Beispiel im Ingenieurwesen und Bergbau kamen viele Anregungen von deutschen Experten. Unter anderem war das Bauwerk des Mailänder Doms ohne die Sachkunde deutscher Dombaumeister statisch nicht zu vollenden. Auch Brunelleschi konnte das Wunderwerk der Florentiner Domkuppel nur mit einem automatischen Kran ausführen, den ihm deutsche Magistri – vermutlich aus Nürnberg – konstruierten. Das gesamte Montanwesen Oberitaliens war beherrscht von deutschen Unternehmern und Experten, die allein die äußerst schwierigen Techniken des Untertagebergbaus beherrschten. Schließlich gelangten aus Deutschland die Techniken des Buchdrucks und der Druckgraphik nach Italien, wo sie auf fruchtbaren Boden fielen, zunächst aber von deutschen Buchdruckern praktiziert und gelehrt wurden.

Im Jahre 1503 erstellte Jacopo de Barbari aufgrund genauer Vermessungen ein erstaunlich exaktes Vogelschaubild Venedigs, das, in Holzschnitten vervielfältigt, von dem Nürnberger Kaufmann Anton Kolb in Auftrag gegeben und natürlich auch von ihm vertrieben wurde. Auf solchem und ähnlichem Wege gelangte, zusätzlich zu den oben erwähnten Mittlern, ein vielfältiges Bild der neuen Architektur Italiens nach Deutschland. Zahlreiche entsprechende Werke der Druckgraphik brachten vergleichbare Zeugnisse über die Alpen.

An den Universitäten Italiens studierte der nach Bildung und Karriere dürstende Nachwuchs städtischen Bürgertums, aus Kaufmanns-, Unternehmer- und Fachhandwerkerkreisen. Die deutschen Fürsten ließen sich auf ihren großen Kavalierstouren und diplomatischen Reisen von einem Hofstaat begleiten, zu dem regelmäßig auch ihr Baumeister gehörte. Dafür gab es einen unabweisbaren Grund und brennendes Interesse. Mit den nach Zahl und

Tauglichkeit zunehmenden schweren Feuerwaffen hatten sich die bisherigen Fortifikationen der Burgen, Stadtmauern und Residenzen als nicht mehr tauglich erwiesen. Der Abwehrkampf gegen die Türken aber hatte, vor allem ausgehend von der Belagerung Maltas, ein der Artillerie gewachsenes und deren Feuerkraft ausnutzendes Fortifikationswesen entstehen lassen.

In Nürnberg hatten diese Fragen auch das Genie Albrecht Dürers beschäftigt, der eine Festungslehre konzipierte und veröffentlichte. Der Rat dieser Stadt scheute keine Mittel und warb mit dem Maltesen Fazzuni den berühmtesten Festungsbaumeister seiner Zeit an, nach dessen Plänen die fast hypertrophen Bastionen der Stadt an der Kaiserburg errichtet wurden.

Die aus der staufischen Reichsministerialität hervorgegangenen Leiter der politischen Geschicke Nürnbergs hatten sich zwar dem Groß- und Fernhandel zugewandt, vergaßen aber darüber ihre militärischen und technischen Befähigungen nicht. Um 1500 war Nürnberg geradezu das europäische Epizentrum intellektueller und technischer Innovationen. Seine Ratsherren waren großenteils bedeutende gewerbliche Unternehmer, vor allem im Untertagebergbau, im Hüttenwesen und den Metallgewerben. Sie ließen ihren Nachwuchs entsprechend ausbilden und sandten ihn dazu auf die Außenstationen ihres Handels in ganz Europa und ebenso auf die neuen Hochschulen im deutschen Sprachraum wie auf die traditionellen Italiens.

Einer von ihnen war der 1561 geborene Wolf-Jacob Stromer[1], dessen Familie sich in vielen Generationen durch besonderen Erfindungsreichtum und innovatorisches Engagement hervorgetan hatte, darunter auch technische Erfinder und große Baumeister. Wolf-Jacob Stromers Vater Fritz Friedrich zwar hatte sich abenteuerlich 22 Jahre als Kriegsmann in halb Europa herumgetrieben, dann aber doch eine Tochter aus der damals prominenten Familie der Tucher gewonnen, zu deren Vorfahren der Verfasser eines berühmten Baumeisterbuches gehörte. Wolf-Jacob Stromer selbst studierte seit seinem fünfzehnten Lebensjahr zuerst in der reichsstädtisch-nürnbergischen Universität Altdorf, anschließend in Ingolstadt und 1579 in Bologna. Von dort aus besuchte er Venedig – wie seine Liber amicorum zeigt. Der aufgeweckte und an

Abb. 1: Wolf-Jacob Stromer als 18jähriger Student in Bologna am 8. August 1579. Miniatur im Stammbuch des in Bologna studierenden Nürnbergers Jacob Praun. Foto: Stadtbibliothek Nürnberg.

Architektur offensichtlich schon damals interessierte Student muß bei seinem Studium in Bologna (Abb. 1) die dort 1579 geführten, lebhaften Dispute und Kontroversen bewußt miterlebt haben, die um die Vollendung der Kirche San Petronio gingen, woran Palladio maßgeblich beteiligt war. Sein starkes Interesse an klassischer und moderner Baukunst erwies Wolf-Jacob Stromer durch den Erwerb des fabelhaften Tafelwerks von Antonio Lafreri, *Speculum Romanae Magnificentiae*. Lafreri faßte darin 1577 die zahlreichen von ihm seit 1540 herausgegebenen Kupferstiche über die antiken Bauten Roms und die großen Neubauten der Renaissance in rund 300 Blättern zusammen. In seinem späteren Leben hat dieses enorme Architekturwerk erheblich auf Stromers Interessen und auf seine Leistungen als Architekt eingewirkt.

Im Jahre 1584 heiratete Wolf-Jacob Stromer Sabine Scheurl, die Tochter des hochangesehenen Stadtrichters. Wenige Monate darauf wurde ihm das Amt des Obersten Forstmeisters des Nürnberger Reichswaldes Sebaldi übertragen. Zu den forstwirtschaftlichen Aufgaben trat

Abb. 2: Wolf-Jacob Stromer (Nürnberg 26. Mai 1561 bis 28. Juni 1614). Ratsbaumeister seit 10. April 1589. Kupferstich von Andreas Khol. Foto: Stromer'sche Kulturgut-Stiftung Burg Grünsberg.

die Versorgung der Stadt, ihrer Bürger und ihrer Gewerbe mit Werk- und Bauholz sowie mit Sandsteinquadern aus den Steinbrüchen des reichsstädtischen Landgebietes hinzu. Offenbar war dieses Amt von Stromer als eine entscheidende Stufe zu seiner Lebensaufgabe gedacht und benutzt. Nach fünf Jahren berief ihn der regierende Rat in seinen Kreis und übertrug ihm das Amt des Ratsbaumeisters (Abb. 2). Diese Aufgabe hatte vor ihm Hieronymus I. Holzschuher (gest. 1598), ein bedeutender Montanunternehmer, von 1584 bis 1589 geführt, zu dessen Verwandten mit Bertold Holzschuher (gest. 1582) einer der vielseitigsten deutschen Erfinder-Ingenieure seiner Generation zählte.

Der Ratsbaumeister residierte im großen Gebäudekomplex der »Peunt«, dem städtischen Bauhof, in dem sich die Werkstätten der Fachhandwerker mit ihren Lagern an Geräten und Material neben seinen Amtsräumen und seinem Architekturbüro befanden. Er war zuständig für alle öffentlichen – profanen wie kirchlichen – Bauten der Reichsstadt und ihres großen Landgebietes. Vor allem die Vollendung des enormen Festungswerkes beim Heraufdämmern des großen Konfessionskrieges machte Nürnberg damals zu einer der größten Baustellen des Abendlandes. Unter dem Ratsbaumeister wirkten mit dem »Anschicker« oder Stadtwerkmeister an ihrer Spitze hochqualifizierte *»stettmeister«* der Fachhandwerke des Bauwesens, die man zum Teil weitum aus ganz Mitteleuropa anwarb. Manch einer übertraf mit seinen Leistungen und mit seinem Ansehen den jeweiligen Ratsbaumeister, so daß unter ihrem und nicht unter seinem Namen Nürnbergs Großbauten laufen. So zu Beginn des 16. Jahrhunderts Hans Behaim und Jörg Unger, bei Stromers Amtsantritt Hans Dietmair. Stromer verstand es sogleich, vorzügliche Kräfte anzuwerben, so aus Bamberg den Steinmetz- und Baumeister Jakob Wolff d. Ä., und weitere in seinen 25 Amtsjahren heranzuziehen, auszubilden und zu fördern. Als erster der Ratsbaumeister zog er auch eine Aufsicht aller privaten Bauten an sich, die gerade damals in einem erheblichen Stilwandel begriffen waren.

Wie mancher aus den Generationen seiner Vorgänger übte Wolf-Jacob Stromer die vielfältigen Aufgaben seines Amtes erfolgreich aus. Er übertraf sie jedoch alle durch die Zahl und Art ungewöhnlicher Leistungen. Dazu gehörte die Vollendung der Stadtbefestigung, nächst der Chinesischen Mauer und vor der Maginot-Linie das größte Festungswerk überhaupt, das sich tatsächlich als uneinnehmbar erwies. Zu den Hochleistungen gehörte – wohl unvorhergesehen – die Erneuerung sämtlicher 18 Überbrückungen der Pegnitz und ihrer Arme.

Sein Amt benutzte er zu einer vor ihm noch nie und nach ihm kaum mehr genutzten Einflußnahme auf die Baugestalt der privaten Bauten der Bürger in der Stadt und der Herrenhäuser der Patrizierfamilien in ihrem Umland. Damit prägte er bis zu ihrem Ende das Gesicht der Reichsstadt in einem Stil der Nachgotik, der im 19. Jahrhundert noch Heideloffs Neugotik folgte.

Ungewöhnlich reich ist Stromers Nachlaß auch an persönlichen Zeugnissen und solchen seines Wirkens als Architekt. In zwölf großformatigen Baumeisterbüchern überliefern mehr als 1000 Handzeichnungen sein Wirken als Baumeister, seine Pläne, Konzepte und Ideen als Architekt und Erfinder-Ingenieur. Sie bergen außerdem

zahlreiche singuläre Darstellungen berühmter Bauwerke der Vergangenheit und seiner Zeitgenossen.
Als Wolf-Jacob Stromer sein neues Amt antrat, waren in Nürnberg schon seit drei Generationen die öffentlichen Bauten und die bedeutenderen privaten Bauwerke im Renaissancestil in einer für die Stadt typischen Ausprägung errichtet worden. Da die Bürgerstadt im Januar 1945 zu mehr als 90 Prozent in Trümmer sank, sind die Bauten der einfachen Bürgerschaft, die vermutlich stilistisch nachhinkten, zu selten, um sie stilistisch zu bewerten. Die öffentlichen Bauten zeigen in der Regel eine starke Rustizierung, wobei die zum Wahrzeichen der Stadt gewordenen dicken Rundtürme ersichtlich ihr Vorbild in jenen des Sforza-Kastells von Mailand haben. Die Familie Tucher dagegen errichtete ihr Schlößchen in der noch kaum besiedelten Vorstadt vor dem Laufer Schlagturm, an der Hirschel-Gasse, gestalterisch nach dem Vorbild der französischen Renaissanceschlösser an der Loire, vor allem nach dem Vorbild von Blois. Das Stromer-Haus zur Goldenen Rose hat mit seinem Arkadenhof, in der Gestalt die ihm Hans Behaim für die Welser-Firma gab, eine Parallele in Valladolid. 1584 hatte der Stadtwerkmeister Hans Dietmaier in italienischem Renaissancestil das Herrenschießhaus am Sand vollendet. In Stromers erstem Amtsjahr baute er das trutzige, stark rustizierte Portalgebäude des Zeughauses fast wie ein Festungstor. Die Zeitgenossen schrieben das Bauwerk dem Ratsbaumeister Stromer als Verantwortlichem zu. Unmittelbar nach Stromers Tod aber wurde 1615 der fünfstöckige Renaissanceneubau der »Peunt« vollendet und 1616 der Neubau des Rathauses begonnen. Beide Großbauten werden Stromers Schüler und bisherigem Mitarbeiter Jacob d.J. Wolff zugeschrieben. Jedoch wies Matthias Mende jüngst erhebliche Vorentwürfe Stromers für einen Rathausneubau nach, der unter starkem Einfluß des Palazzo Farnese von San Gallo in Rom stand. Die Vorlage dafür aber lieferte vermutlich die Darstellung dieses Palazzos in Stromers Exemplar von Lafreris *Speculum Romanae Magnificentiae*.
Stromer selbst war während seiner ganzen Amtszeit mit dem Ausbau und der fortifikatorischen Modernisierung der kleinen Nürnberger Festung Lichtenau befaßt. Sie war einst unter Fazzuni in einer kleinen Nürnberger Enklave inmitten markgräflichen Gebiets, in der Nähe von dessen Residenzstadt Ansbach errichtet worden und über alle Generationen ein Stein des Anstoßes und Anlaß zahlreicher Konflikte. Die Festung kann fast als ein Modell der in Italien wurzelnden Fortifikationskunst angesehen werden.
Die Stunde der Bewährung für den Ratsbaumeister und seine Mannschaft schlug, als ein großes Hochwasser vom 24.–28. Februar 1595 sämtliche Brücken der Pegnitz in der Stadt und in ihrer Bannmeile schwer beschädigte, so daß mehrere einsturzgefährdet und nicht mehr passierbar waren. Der Mittelpfeiler und die Widerlager der bis dahin zweijochigen Fleischbrücke, die Hauptachse des Transitverkehrs durch die Stadt und des innerstädtischen Verkehrs waren derart unterspült worden, daß sie abgetragen werden mußten. Die stromaufwärts nächstgelegene Barfüßerbrücke war zerstört und konnte zunächst nur durch einen Steg ersetzt werden. Der Henkersteg war schon am 17. Januar vom Eisgang zerbrochen worden. Zerstört war auch die zweijochige Brücke am Pegnitzausfluß vor dem Hallertor. Um wenigstens einen Teil des Durchgangsverkehrs um die Stadt herumleiten zu können, ließ Wolf-Jacob Stromer dort über die noch stehenden Widerlager und Pfeiler sogleich eine Holzbrücke errichten.
Für die Fleischbrücke jedoch war eine völlig neue Konstruktion unumgänglich. Wegen der Enge des Flußbetts und der Uferbebauung kam nur eine einbogige Brücke in Betracht (Abb. 3). Der wertvollen Häuser an den Zufahrten und des Fahrverkehrs wegen durfte sie weder lange Auffahrtsrampen, die Hausflure und Zugänge zu den Kramläden blockierten, noch eine starke Steigung bekommen. Vergleichbare Probleme hatte es wenige Jahre zuvor in Venedig 1588–1591 beim Bau der Rialtobrücke gegeben. Ein Hauptproblem, für das es erstmals in Venedig Lösungen gab, war hier wie dort die Fundierung der Widerlager in grundlosem Sumpf. Die Engstellen des Canal Grande und der Pegnitz erlaubten auch keine mehrjochige Brücke mit Pfeilern, die die Passage weiter verengten. Anders als in Venedig, wo nur ein Fußgängerverkehr zu ermöglichen war, der über 56 Stufen bis zum Scheitel hinaufführte, mußte die Brücke in Nürnberg in einem möglichst flachen Bogen geführt werden, weil die

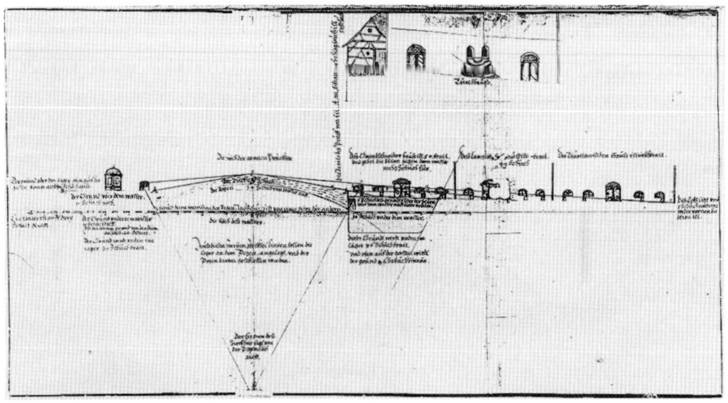

Abb. 3: Einige der Hauptprobleme der Fleischbrücke: Überspannen der Engstelle des Flusses von 30 m mit einem einzigen und möglichst flachen Segmentgewölbe, damit über die Brücke Fahrverkehr möglich ist und den höchst wertvollen Häusern nicht durch die Auffahrtrampen die Eingänge blockiert werden. Federzeichnung von Wolf-Jacob Stromer, 1596.
Foto: Graphische Sammlung der Stadt Nürnberg.

Fleischbrücke für einen starken Fahrverkehr unverzichtbar war. Außerdem bestand das Problem, daß die beiden Ufer sehr verschieden hoch waren und die Fleischbrücke, von den nächsten Brücken aus betrachtet, ein möglichst symmetrisch-harmonisches Bild bieten sollte.
Nach dem Vorbild des Ponte di Rialto veranstaltete Stromer noch 1595 einen Entwurfswettbewerb. An ihm nahmen neben einem guten Dutzend im Wasser- und Brückenbau erfahrenen Nürnberger Bau- und Steinmetzmeistern auch Baumeister aus Bamberg, Regensburg, Prag, Verona und Florenz teil. An ihm beteiligte sich auch Jacob Wolff d. Ä. aus Bamberg mit einer Denkschrift und mehreren Entwürfen. Mit ihnen kam er zwar nicht zum Zuge, wurde jedoch von Stromer als der leitende Steinmetz für den Neubau angeworben. Darüber hinaus besorgte sich Stromer Risse und Pläne berühmter älterer Steinbrücken, die heute oft die frühesten korrekten Darstellungen dieser Bauwerke sind: der Pont du Gard bei Nîmes, die steinerne Brücke von Regensburg, die Augustus-Brücke von Dresden, der Ponte Scaligero von Verona, Donau- und Blau-Brücke in Ulm, die Rathaus-Brücke von Bamberg. Der Florentiner Architekt Pietro Cecini reichte auf Anforderung Stromers Riß und Plan von Ammantis Ponte Santa Trinità ein und als eigenen Vorschlag für eine bessere statische Lösung den mittleren Korbbogen dieser schönsten Renaissancebrücke. Offenbar auf solchem Wege kam ein zerlegbares Modell des Ponte di Rialto im Maßstab 1:100 in einem besonderen Transportkasten in Stromers Hände. Nur dieses Modell zeigt auch das Lehrgerüst, das mit 29 Metern Spannweite freitragend die gesamte Last des Steingewölbes bis zum Moment des Bogenschlusses trug – eine phantastische Ingenieurleistung. Das Modell zeigt vor allem auch die Fundamente und Pfahlroste, die seither allen Blicken entzogen sind. Den Umständen nach handelt es sich um jenes Modell, mit dem Antonio da Ponte im Januar 1588 in Venedig den Wettbewerb gewonnen hatte (Abb. 4 u. 5).
Diese Pläne und Risse, Denkschriften und Entwürfe und die bei diesem Modell besonders herausgearbeiteten Konstruktionen des Lehrgerüsts und der Widerlager brachten wohl wichtige Anregungen, aber nicht tragbare Lösungen für die besonderen Probleme der neuen Fleischbrücke. Die Rialtobrücke – die irrtümlich bis heute als Vorbild der Fleischbrücke gilt – benötigte zwar wie diese im sumpfigen Baugrund der Lagune auch eine Pfahlgründung für die Widerlager, und sie überspannt den Canal Grande mit einer Stützweite von rund 28,4 Metern. Als reine Fußgängerbrücke war dies jedoch bei ihr über einem freitragenden Lehrgerüst mit einem Viertelkreisbogen möglich. Stromer mußte daher mit seinen Mitarbeitern eigene Konzepte entwickeln, um die ungewöhnliche Bauaufgabe und deren Probleme meistern zu können. Die Zimmermeister Mathes Herdegen und Peter Carl entwarfen ein Bockgestell und Pfahlrüstungen, die zunächst zeichnerisch und als Modelle in vielen Varianten entwickelt und schließlich in der endgültigen Größe und Gestaltung auf dem Tiergärtner Torzwinger dem Publikum zur Kritik ausgesetzt wurden, das in der Gewerbestadt Nürnberg für technische Probleme einen geschärften Blick besaß. Um die enormen Horizontalschübe des ungewöhnlich flachen Bogens aufnehmen zu können, hatte Peter Carl auf beiden Ufern Roste mit schräggestellten Pfählen konzipiert, die an die großen Steinfundamente anschlossen. Forschungen der letzten Jahre bestätigten, daß diese Maßnahme nicht nur zweckmäßig, sondern schlicht notwendig war. Man schlug, um den Baugrund zu verdichten, im Jahre 1596 nach Abbruch der Reste der alten Brücke dicht an dicht 2.123 doppelmannslange Pfähle,

Abb. 4: Zerlegbares Architekturmodell des Ponte di Rialto in Venedig, von Antonio da Ponte, 1588.
Foto: Germanisches Nationalmuseum Nürnberg.

Abb. 5: Originaler Transportkasten des Rialtobrückenmodells.
Foto: Germanisches Nationalmuseum Nürnberg.

davon 400 Schrägpfähle (Abb. 6). Durch eine besonders entwickelte Konstruktion der Rammen konnten die Pfähle so eingeschlagen werden, daß keiner aus der Richtung lief und so den folgenden den Weg blockierte. Um die Baugruben trocken zu halten, schlug man Spundwände und verwendete mit Wasserkraft betriebene Pumpen. Die Wasserkraft wurde von einem Mühlrad der nächsten stromab gelegenen Mühle mittels einer Stangenkunst auf die Pumpen übertragen – eine bergbautechnische Entwicklung, die hier erstmals zum Einsatz kam, bevor sie für die Wasserkünste des Harzbergbaus eine Hauptrolle spielte.

Die Bogenform wurde in zahlreichen Entwürfen und Modellen für die Brücke wie auch für das erforderliche Lehrgerüst durchgespielt, und zwar von einer Pfeilhöhe von 16 Schuh und einer Sehne von 80 Schuh bis zu einer Pfeilhöhe von 12 Schuh, wofür Carl auf Verlangen der Anlieger plädierte. Da das Risiko dafür zu groß erschien, kam man auf eine Pfeilhöhe von 14 Schuh, wogegen man die Stützweite auf 89 Schuh 6 Zoll zu vergrößern wagte (heute 27,0 Meter). Ein freitragendes Lehrgerüst wie jenes für die Rialtobrücke war dafür nicht zu erstellen. Carl erfand jedoch ein Lehrgerüst, das auf einem auf 5 Pfahlreihen im Flußbett zu errichtenden Notsteg aufzuführen war und durch Nachkeilen einigermaßen die geplante Bogenführung von nunmehr nur einem Fünftelkreis einhalten konnte (Abb. 7).

Schließlich war durch Herausschlagen von Keilen nach Bogenschluß das Gewölbe derart absenkbar, daß sich niemand darunter befinden mußte und durch das möglicherweise einbrechende Tragwerk gefährdet war (Abb. 8). Bei einem geschätzten Gewicht des Gewölbes von 2.325 Tonnen (je 150 Tonnen auf die Breite von 15,5 Metern) wurden beispiellose Lösungen für das Gewölbe und dessen Verbindung mit Widerlagern erforderlich. Nach der herkömmlichen Theorie Albertis sollten Segmentbogen so auf den Widerlagern aufliegen, daß der zum horizontal geschichteten Halbkreis ausgezogene Bogen in diesen lag. Stromer entschloß sich jedoch, die gesamten Steinschichten der Widerlager schräg anzuordnen, parallel zum letzen Radius des Brückenbogens am Kämpfer. Für diese Mauerwerksschichtung ist ein Einfluß aus dem Modell der Rialtobrücke denkbar. Jacob Wolff d. Ä. trug maßgeblich zu dieser Lösung durch eine bemerkenswerte Serie graphischer Entwürfe bei. Sie zeigen, wie ein Gedanke im Gehirn den Zeichenstift führt, um das graphische Ergebnis sogleich einer Selbstkritik und der Kritik der herangezogenen Experten auszusetzten. Die nächsten Schritte der Zeichnungen tragen jeweils diesen Zwischenergebnissen Rechnung und die schließlich gefundene Lösung kam zum

Abb. 6: Nürnberg, Baustelle der Fleischbrücke im Sommer 1597, Trockenpumpen der nördlichen Baugrube und Rammen der Fundamentpfähle. Federzeichnung im Baumeisterbuch I, fol. 39. Foto: Stromer'sche Kulturgut-Stiftung Burg Grünsberg.

Abb. 7: Entwurf der Fleischbrücke in Nürnberg mit Lehrgerüst und – von der endgültigen Ausführung abweichendem – gotisierendem Geländer. Lavierte Federzeichnung von Stromers Mitarbeiter Peter Schmdt, 1598. Aus: Baumeisterbuch I, fol. 34 v. Foto: Stromer'sche Kulturgut-Stiftung Burg Grünsberg.

Tragen und erwies sich über nun vier Jahrhunderte als optimal.

Das Widerlager auf dem sumpfigen, zum Hauptmarkt hin abfallenden Nordufer, wurde im Spätherbst 1597, nach Grundsteinlegung am 14. November, aus 5.261 Quadern in 20 Schichten hergestellt. Vom 3. Mai 1598 an setzte man am festeren Südufer das Widerlager aus 4.659 Quadern in 16 Schichten. Dann erst kam die eigentliche Meisterleistung, die man ohne weiteres mit heutigen Ingenieurhöchstleistungen des Großbrückenbaus gleichsetzen kann. In knapp neun Wochen, und zwar zwischen dem 11. Juli und dem 15. September 1598, schlossen unter der Oberleitung Stromers und der Leitung Wolffs 150 Steinmetze mit 160 Hilfsarbeitern in Tag- und Nachtarbeit aus 3.138 Quarzitkeilsteinen – 1.872 von der Marktseite, 2.166 von der Lorenzer-Seite her – den Bogen. Diese Eile, eine beispiellose organisatorische Meisterleistung, war zwingend geboten, denn vor Bogenschluß drohte jedes Sommergewitter ein Hochwasser auszulösen, das den Notsteg und das Lehrgerüst hinwegreißen und den schon weit getriebenen Bau hätte zum Einsturz bringen müssen.

Die Baustelle mit ihren Maschinen und den mit ihnen wirkenden Fachleuten und Arbeitern wurde gewissermaßen photographisch in ihren Fortschritten zeichnerisch festgehalten und samt den erwähnten Entwürfen in Stromers Baumeisterbüchern I und VII a–c festgehalten. Vier dieser Baustellenbilder zieren einen vergoldeten Silberpokal, den der Nürnberger Rat durch den berühmten Goldschmied Hans Petzold anfertigen ließ, um ihn Stromer in dem Augenblick überreichen zu lassen, als beim Herausschlagen des Lehrgerüsts der kritische Moment erreicht und gemeistert war (Abb. 9 a–d).

Eine der nächsten Brücken, die Stromer flußab der Fleischbrücke im Jahre 1604 entwarf und aufführte, ist ein echt palladianisches Bauwerk, die A.B.C.-Brücke. Sie nahm sich nämlich Palladios Brücke über die Brenta bei Bassano di Grappa zum Vorbild, die, bis heute erneuert, ihre Gestalt modernen Verkehrsbedürfnissen etwas angepaßt hat, von Palladio aber im neunten Kapitel seines dritten Buchs im ursprünglichen Zustand in Wort und Bild vorgestellt wird. Die Übernahme des Konzepts und der Gestaltung wird besonders deutlich bei Betrachtung der verschiedenen Entwürfe, die für die A.B.C.-Brücke in Stromers Baumeisterbuch Va und Vb überliefert sind. Allerdings erfuhr die Ausführung eine zusätzliche Übernahme eines anderen italienischen Vorbilds, Stromer nämlich setzte die Krambuden der Rialtobrücke, die nicht auf der Fleischbrücke Platz finden konnten, auf die Holzbrücke und bezeichnete sie dem Alphabet folgend, wonach die Brücke ihren Namen bekam (Abb. 10). Nach einem Jahrhundert war sie baufällig und wurde durch die steinerne Karlsbrücke ersetzt. Von allen Bauten aus

Abb. 8: Baustelle der Fleischbrücke in Nürnberg, der dramatische Augenblick des Fällens des Lehrgerüstes durch Herausschlagen der Keile am 17. September 1598. Federzeichnung, vermutlich F. Zierl. Aus: Baumeisterbuch I, fol. 43.
Foto: Stromer'sche Kulturgut-Stiftung Burg Grünsberg.

Stromers Amtszeit liefert die A.B.C.-Brücke das einzige Zeugnis eines direkten Einflusses Palladios oder seiner *Quattro Libri*.

Wie erwähnt, hat das große Befestigungswerk Nürnbergs zum Teil italienische Fachleute als Urheber oder doch sein Vorbild in Italien. Stromer führte dies fort, indem er die letzte der großen Bastionen, die Wöhrder Torbastei (Abb. 11), in diesem Stil errichtete, nach einem Entwurf des Obersten Graf Meinhard von Schönberg, der zwischen Fazzuni und Vauban der führende Festungsarchitekt Europas war. Das große Interesse Stromers am Fortifikationswesen, das ihm seine Pflichten abverlangten, dokumentiert sich nicht nur in zweien seiner Baumeisterbücher, die auch die Vorwerke im Umland der Stadt darstellen, sondern auch im Erwerb von Plänen bedeutender Festungsbauwerke aus Deutschland, den Niederlanden und Italien. Im Baumeisterbuch I finden wir unter anderem Bastionsentwürfe von der eigenen Hand Bonaiuto Lorinis, Caspar Schwabes und Wilhelm Dilichs, der Befestigungen von Wien, Ulm, Dresden, Spandau, Jülich und zahlreicher Städte der Niederlande. Detailreich sind die Wülzburg bei Weißenburg und die Fortezza di Basso von Florenz festgehalten. Mit allen einzelnen Ereignissen des Schlachtfelds sind die Doppelbelagerung von Ofen und Pest durch Erzherzog Matthias und den Großwesir vom Oktober 1602 und die Anfangs- und Schlußphase der Belagerung von Ostende von 1601 und 1604 dargestellt.

Fortifikationen im kleinen Stil waren tiefgestaffelt im Nürnberger Umland auch die befestigten Herrensitze des Nürnberger Patriziats. Nach ihrer Verwüstung im Markgrafen-Krieg von 1552 war ein großer Teil von ihnen in neuer Gestalt, meist burgartig im Stil der Renaissance drapiert, schon wieder aufgebaut. Stromer setzte dies fort mit Schlößchen für die Scheurl, Praun, Geuder, Ölhafen und die eigene Familie. Er stellte den Bauherren seine Entwürfe in zerlegbaren Holzmodellen vor, wovon einige bis heute erhalten sind. Die Verwandtschaft zu italienischen, sogar palladianischen Palazzi zeigt dabei das Geudersche, dann Welsersche Schloß in Neunhof (Abb. 12), das zum Dorf hin eine prächtige offene Halle aufweist, die beidseitig von Treppenhäusern und mehrstöckigen Flügeln flankiert ist. Auch das Schlößchen in Kirchensittenbach, das Stromer seinem Freunde Jobst Friedrich Tetzel erbaute, ist ein Renaissancebau mit südländischem Flair. Das Stammbuch, das Stromer Tetzel widmete, zeigt die köstliche Szene, wo er im Kreis seiner Freunde einen prunkvollen Willkommpokal überreicht (Tafel 11). Der Pokal und viele Objekte dieser Miniatur sind zum Glück bis heute erhalten. Die zu Stromers Zeit in der Stadt selbst gebauten patrizischen Stadtpalais', von denen bis heute das Kreß'sche (nunmehr Stadtmuseum unter dem Namen Fembo-Haus) und das Peller-Haus überdauern, sind schon stark manieristisch und atmen allenfalls etwas vom Geiste Scamozzis. Vielen anderen aber nötigte Stromer nachgotische Elemente auf, was seine Nachfolger im Amt bis zum Ende der Reichsstadt fortsetzten, bis Heideloffs Neugotik folgte.

Nicht unerwähnt dürfen Stromers Leistungen an technischen und großgewerblichen Bauten bleiben, die in einer Stadt wie Nürnberg einem schnellen Erneuerungsbedarf unterlagen. Von ihm selbst und aus seinem Amt sind zahlreiche Darstellungen von Wasserkraftwerken für unterschiedliche gewerbliche Installationen, wie zum Beispiel Hammerwerke überliefert. Sie sind zusammengefaßt in einem stark abstrahierten Plan des Flußlaufs der Pegnitz, der innerhalb der Bannmeile 131 gewerbliche Wasserkrafträder, verteilt auf 18 Mühlwerke aufweist. Die Wasserkraft wurde – schon seit 1397 – in der Breite des Durchflusses und der Wehrhöhe auf $^{1}/_{4}$ Zoll genau bemessen und zugeteilt. Der Flußlauf mit bescheidener Stärke

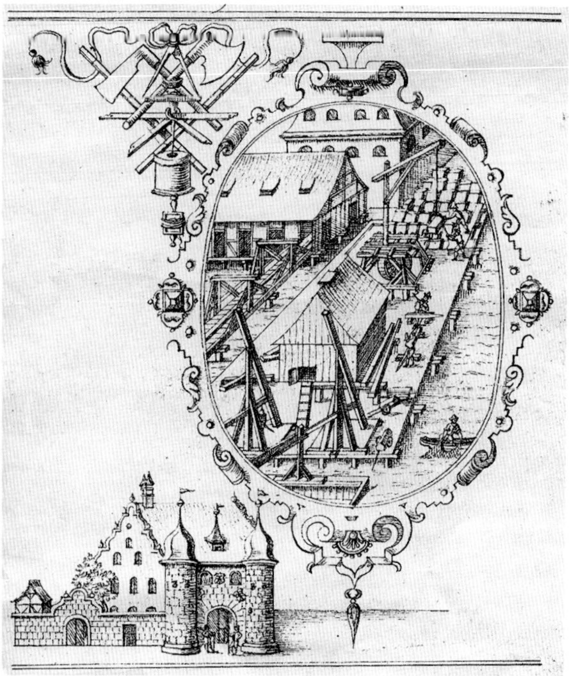

Abb. 9: Baustelle der Fleischbrücke in Nürnberg im Sommer 1597. Vier der von Hans Petzold (1551–1633) gravierten Medaillons auf dem vergoldeten Silberpokal, den der regierende Rat im Spätsommer 1598 Wolf-Jacob Stromer schenkte. Umzeichnungen von Keyl, 1768. a. Rammen der Pfähle für das Fundament auf der Marktseite. b. Setzen des Fundaments auf der Marktseite. c. Setzen der Gewölbequader am Kämpfer der Marktseite, ab 11. Juli 1598. d. Bau des Brückengewölbes über dem Notsteg und Lehr-

und Gefälle machte eine solche auf weniger als einen Zentimeter genaue Regelung nötig, wie sie der erwähnte Plan Stromers zeigt.

Der Verantwortliche für die Verteidigungsanlagen mußte sich auch mit den in Frage kommenden Angriffswaffen befassen. Er hielt daher Waffen und Baumaschinen in einem seiner Baumeisterbücher fest. Demgegenüber steht auch eine Dokumentation erfreulicherer Vorgänge, für die Stromer zuständig war: die Ausrüstung der Stadt mit dem Dekor für Fürsten- und Kaiserempfänge. Dafür waren Triumphpforten aus zerlegbaren Kulissen zu errichten, wie sie schon von Dürer und Peter Flötner für den Empfang Karls V. und wiederum 1570 für den Empfang Maximilians II. aufgeführt waren. Für den Einzug des frischgekrönten Kaisers Matthias 1612 installierte Stromer solch ein Kulissenbauwerk und auf einem der Festungszwinger eine Burgattrappe für ein Feuerwerk. Matthias verlieh Stromer eine gewichtige Denkmünze, die sein Porträt ziert, wie schon 1580 Rudolf II., von dem sich der Ratsbaumeister einen großen Gnadenbrief ausstellen ließ. Vermutlich bei der Vorsprache am Kaiserhof zu Prag erwarb er auch eine Zeichnung Arcimboldis, die Landschaft als Gesicht, die er in das Baumeisterbuch I. aufnahm.

Zu den Hochleistungen Stromers im Bereich der Kultur- und Baukunstgeschichte gehören die von ihm hinterlassenen zwölf Baumeisterbücher. Vergleichbares zeitgenössisches Material gibt es vielleicht in dem verstreuten Nachlaß Heinrich Schickhardts, der stärker als Stromer von Palladio beeinflußt war, und in der nächsten Generation die erst jüngst aufgefundenen und von Adolf Reinle 1994 herausgegebenen Codices der Zürcher Hans Heinrich Stadler (1603–1660) und Johann Ardüser (1585–1665). Die Forschung hat sich bisher fast nur mit Stromers Baumeisterbuch I befaßt, jedoch sein Wesen verkannt. Dies lag wohl daran, daß es 302 Handzeichnungen sehr unterschiedlichen Gegenstands und nahezu ohne

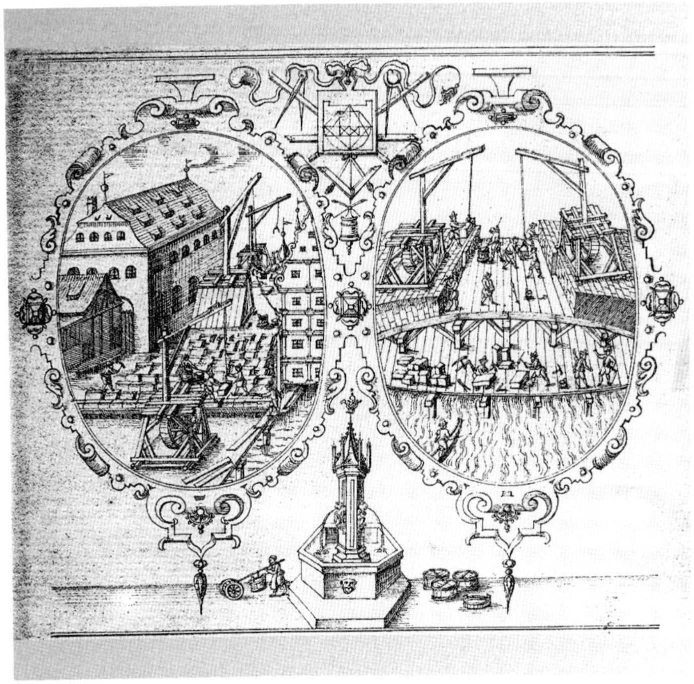

gerüst von beiden Uferseiten her in mehreren Quaderschichten zugleich, Baufortschritt bis zweite Hälfte August 1598.
Foto: Stromer'sche Kulturgut-Stiftung Burg Grünsberg.

Text enthält, so daß sein Konzept schwer durchschaubar ist. Es ließe sich jedoch als der Entwurf eines breitgefächerten Lehrwerks der Urbanistik und Baukunst deuten. Die folgenden elf Baumeisterbücher sind überwiegend Einzelthemen gewidmet, die meist im ersten Band schon angesprochen sind; wir sind oben schon wiederholt auf sie eingegangen. Die Baumeisterbücher lassen ein ungewöhnlich breites Feld von Interessen und Befähigungen Stromers erkennen. Sie sind Zeugnis eines weitgespannten Netzes von Beziehungen, die er mit Fachkollegen in Deutschland und Italien gesponnen hatte und pflegte. Aus den Zeichnungen von anderer Hand, die leider nur zum Teil Signaturen tragen, heben sich die seiner vorzüglichen Mitarbeiter aus 25 Amtsjahren heraus, zunächst Jacob d.Ä. und Jacob d.J. Wolff, Peter Carl, Peter Hochheimer, der mit Stromer persönlich befreundet war, Wolf Eisenmann später Jörg Gärtner, Andreas Albrecht und Hans Bien. Sie sind in Nürnbergs Kunst- und Baugeschichte gut bekannt. Zu ihnen treten Stromers Freund, der weitberühmte Kartograph Paulus d.Ä. Pfinzing und der Straßburger Architekturtheoretiker Wendel Dietterlin, der sein Hauptwerk in Nürnberg herausbrachte. Mit vielen Zeichnungen sind der Rothenburger Stadtwerkmeister Leonhard Weitmann, die Ansbachischen und Brandenburgischen Festungsingenieure Gideon Bacher und Caspar Schwabe sowie der Florentiner Pietro Ceccini vertreten. Besonders häufig sind Zeichnungen der Fortifikationen und von Hauptgebäuden aus Dresden und Südwestdeutschland, vor allem aus Ulm und Stuttgart, wie auch aus Heidelberg, Darmstadt und Gottesaue-Karlsruhe. Viele dieser Zeichnungen hat Stromer anscheinend durch persönliche Kontakte erworben. Seinem Sohn Hans Christoph und den begabten Söhnen seiner Mitarbeiter Wolff und Carl vermittelte er eine qualifizierte Ausbildung bei dem berühmten Festungsingenieur Graf Meinhard von Schönberg. Mit Heinrich Schickhardt, dem wahrhaft genialen Hofbaumeister des Herzogs von Württemberg, wirkte er stark bei gemeinsamen Gutachten zu großen Brücken und Festungsanlagen zusammen. Merkwürdigerweise ließ sich mit Augsburg und seinem großen Baumeister Elias Holl bisher nur ein mittelbarer Kontakt durch dessen Zusammenwirken mit Stromers Mitarbeitern an dem Schloß Schwarzenberg bei Scheinfeld in Unterfranken belegen. Nürnberg wahrte unter all diesen Umständen seinen außerordentlichen Rang, wie auf anderen Bereichen der Technik, gerade auch in der Baukunst. Es nahm aus allen Himmelsrichtungen moderne Ideen auf, besonders aus Italien und den Niederlanden. Es verwandelte sie in einen gewissermaßen Nürnbergischen Stil der Renaissance, und entwickelte diesen, gerade dank Stromers, weiter zu Manierismus und Frühbarock und zu dem ihm eigentümlichen Stil der Nachgotik. Mit Stromer ist ein bisher verkannter großer Architekt europäischen Rangs noch zu entdecken, dessen Werk der Erschließung harrt.

Abb. 10: Nürnberg, A.B.C.-Brücke, nach Vorbild von Palladios Brenta-Brücke und Entwurf »F« von Wolf-Jacob Stromer, 9. Nov. 1603. Aus: Baumeisterbuch 5 a.
Foto: Stromer'sche Kulturgut-Stiftung Burg Grünsberg.

Abb. 12: Schloß Neunhof, Fassade der Gartenfront. Kupferstich nach 1660.
Foto: Stromer'sche Kulturgut-Stiftung Burg Grünsberg.

Abb. 11: Nürnberg, Baustelle der Wöhrdertor-Bastei 1613. Federzeichnung von J. L. M. Keyl nach G. Weyer, 1614.
Foto: Germanisches Nationalmuseum Nürnberg.

1 Die wichtigste Literatur zu diesem Thema lautet: Bögle 1994; Borrmann 1992; Müller 1975, 39–54 Abb. 10–42; 1978, 41–46, Abb. 7 und 9 (Abb. 24); Reinle 1994; Sporhan-Krempel 1962; von Stromer 1977; 1984, 1988, 1997; Schwemmer 1971.

»Den Freunden der Natur und Kunst«[1] – Das Gartenreich Dessau-Wörlitz und Andrea Palladio

Thomas Weiss

»[...] Ich sage daher, daß die Architektur, [...], eine Nachahmerin der Natur ist und daher nichts duldet, was dieser fremd ist, und nur das erlaubt, was mit der Natur verbunden ist [...].«
Andrea Palladio

»[...] Learn hence for Ancient Rules a just Esteem, to copy Nature is to copy them [...].«
Alexander Pope

»[...] Drum so sehen wir auch daß die Natur verfährt, und sie ist allein die große Meisterin, der wir in unsren schwachen Wercken nachzuahmen bemüht seyn sollen.[...].«
Friedrich Wilhelm von Erdmannsdorff

Abb. 1: Johann Friedrich August Tischbein, Bildnis Friedrich Wilhelm von Erdmannsdorff, 1796, Öl auf Leinwand, Halberstadt, Gleimhaus. Foto: Bildarchiv Gleimhaus

Das Gartenreich Dessau-Wörlitz

Nach einem Besuch der Wörlitzer Anlagen im Jahr 1925 notierte der Kunsthistoriker Wilhelm van Kempen mit überschwenglicher Begeisterung, daß es sich bei diesem ersten, großen englischen Landschaftsgarten auf dem Kontinent nicht nur um eine regionale Besonderheit, sondern um ein Gesamtkunstwerk von europäischem Rang, *»eine Weltangelegenheit«* handelt. *»[...] Nirgends in Deutschland – selbst in Weimar nicht – schlägt so deutlich der Pulsschlag jener Zeit wie in Wörlitz, [...]«*[2].

Sein enthusiastisches Urteil – und das vieler anderer vor und nach ihm – über diese aufsehenerregende Schöpfung frühklassizistischer Gartenkunst basierte dabei nicht allein auf der hohen konzeptionellen Qualität dieser aneinandergefügten Bildungsgärten der Aufklärung mit ihren diversen dendrologischen Raritäten, sondern gleichfalls auf dem fundamentalen vielgestaltigen Reformwerk des Fürsten mit zahlreichen Neuerungen in ökonomischer, sozialer und pädagogischer Hinsicht. Nicht zuletzt aber beruht es auf den äußerst modernen, zumeist klassizistischen Bauwerken, die richtungweisend für die Entwicklung dieses Architekturstils in Deutschland wurden. Auf Initiative und im Auftrag von Leopold III. Friedrich Franz von Anhalt-Dessau (1740–1817) (Tafel 12) errichteten der aus Kössern bei Grimma stammende, sächsische Baron Friedrich Wilhelm von Erdmannsdorff (1736–1800) (Abb. 1), mit dem ihn seit seinem sechzehnten Lebensjahr eine bis zu seinem Tod andauernde enge Freundschaft verband, zusammen mit zahlreichen Fachleuten mehrere Gebäude und Denkmäler.

Auf einem seinerzeit siebenhundert Quadratkilometer umfassenden Gebiet (mit einer Bevölkerung von circa dreißigtausend Einwohnern beispielsweise nur halb so groß wie Sachsen-Weimar) entwickelte sich diese wohl früheste großräumige Landschaftsgestaltungsmaßnahme nicht nach einem von Anfang an fertigen Konzept, sondern folgerichtig aus den jeweils gewonnenen Erfahrungen etwa zwischen 1764 und 1800 ständig weiter. Meisterliche Bauwerke wie das klassizistische »Englische Landhaus« und das »Gotische Haus« in den Wörlitzer Anlagen zählen bis heute zu den herausragenden Beispielen dieser beiden, damals für Deutschland außergewöhnlich modernen Baustile.

Daneben existieren im Dessau-Wörlitzer Gartenreich – überlegt und variationsreich eingestreut – mehrere kleinere Gebäude, überwiegend im antiken Baustil. Diese, von der Größe vermeintlich unbedeutender, haben jedoch entscheidende Funktion nicht nur als Point de vues am Ende einer der zahlreichen Sichtachsen. Ganz dem feinen Sinn des Auftraggebers gemäß, plazieren sich diese Kleinbauten als Architekturreminiszenzen malerisch in einer Kunstlandschaft. Im Zusammenhang mit deren verschiedenartig gruppierten Bäumen und Niederhölzern, die farblich und in der Höhe gestaffelt angelegt wurden, liefern sie die berühmten Stimmungsbilder.

Auf der Grundlage einer ganz konkreten gesellschaftlichen Situation und einer in dieser Dimension einzigartigen Verbindung von scheinbar natürlich gewachsener Natur und Architektur schufen die Aufklärer von Dessau-Wörlitz eine Enzyklopädie des europäischen Geisteslebens und sahen darin ihr höchstes Ideal verwirklicht. Es ist nicht übertrieben festzustellen, daß es vor allem ein Verdienst dieses gebildeten Fürsten von Anhalt-Dessau war, der dieser Region das Aussehen verlieh, welches sie bis heute von allen anderen grundlegend unterscheidet.

Angesichts dieser Tatsache ist es gut zu verstehen, wenn sich in den letzten Jahrzehnten Wissenschaftler aus unterschiedlichen Fachrichtungen in zahlreichen Veröffentlichungen mit der Geschichte dieser Kulturlandschaft beschäftigten. Innerhalb dieser umfangreichen Literatur standen vornehmlich Fragen im Vordergrund, welche die Entwicklung der Gartenkunst im Auge hatten.

Trotz des oft zitierten hohen Ranges der Baudenkmäler im Dessau-Wörlitzer Gartenreich wurde deren Entstehungsgeschichte – und in diesem Kontext auch den architekturtheoretischen Grundlagen – nur in eingeschränktem Maß die notwendige Aufmerksamkeit geschenkt. In neuerer Zeit gewinnen neben der Untersuchung der allgemeinen Baugeschichte auch Detailfragen zunehmend an Bedeutung[3].

Der heutige Forschungsstand ist jedoch auch teilweise in der schwierigen Quellenlage begründet. Die verhältnismäßig wenigen, handschriftlich und in gedruckter Form überlieferten Aussagen des Architekten Erdmannsdorff sind vornehmlich Resultat seiner Studien während zahlreicher Reisen. Sie geben gerade hinsichtlich unserer Fragestellung einer Einwirkung der baukünstlerischen Theorien Andrea Palladios kaum befriedigende Auskunft. Um sich gültigen Aussagen über die Eigenständigkeit Erdmannsdorffscher Architektursprache wenigstens einigermaßen nähern zu können, sind in dem folgenden Beitrag die zeitgenössischen, baugeschichtlich relevanten Stichwerke und die Architekturtraktate berühmter Kollegen, die sich entweder in Erdmanndorffs eigener Bibliothek oder in derjenigen seines fürstlichen Auftraggebers befanden, bei der Beurteilung mit berücksichtigt worden.

Bis heute ist es noch nicht gelungen, den Grad der Einflußname des in der Architektur dilettierenden Auftraggebers Franz von Anhalt-Dessau auf die baulichen Inventionen seines Baumeisters Erdmannsdorff präzise zu bestimmen. Da das Verhältnis der beiden Männer eher freundschaftlicher Natur war, ist von einem Zusammenwirken auszugehen, bei dem sich bestimmte Ideen kaum isolieren und zuordnen lassen werden.

Weder der Fürst noch Erdmannsdorff waren Stilpuristen. Sie versuchten jeweils eine der Bauaufgabe angemessene individuelle Formensprache zu entwickeln, die sich entweder des klassizistischen oder des gotischen Formenrepertoires bedienen konnte.

Die eingangs zitierten Leitsätze zeigen allerdings sehr deutlich die gedankliche Nähe Erdmannsdorffs zu Andrea Palladios Auffassung von Architektur.

Im einzelnen wird es jedoch nur schwer zu bestimmen sein, inwieweit die architekturtheoretische Vorbildung Erdmannsdorffs (und gleichfalls die des Fürsten) sowie seine Kenntnis englischer Landsitze im Stil des Palladianismus seinen Blick auf die Originalbauten Palladios und die der römischen Antike geschärft und beeinflußt haben. Dem komplexen Phänomen von möglichen direkten architektonischen Vorbildern für Erdmannsdorffs Entwürfe wie auch den Einflüssen unterschiedlicher Architekturtraktate

und -theorien auf seine Architekturauffassung widmen sich kenntnisreich die in den Anmerkungen zitierten Aufsätze von Forssman oder Günther im Katalog von 1996 »Weltbild Wörlitz«.
Ziel der hier vorliegenden eher skizzenhaften Ausführungen ist es, zusammenzustellen, an welchen Stationen seiner Bildungsreisen Erdmannsdorff Palladio »begegnete« und bei welchen Bauten des Gartenreiches eine Nähe Palladios spürbar wird.

Einflüsse und Vorbilder

Nach dem Dreißigjährigen Krieg gelangten erste sichtbare Einflüsse palladianischer Architekturauffassung durch den Holländer Cornelis Ryckwaert nach Anhalt-Dessau. Dieser vermutlich aus der Schule Pieter Posts stammende Architekt und Festungsingenieur entwarf für die Fürstin Henriette Catharina von Anhalt–Dessau, eine geborene Prinzessin von Nassau-Oranien (1637–1708) in Nischwitz – heute Oranienbaum – bei Dessau von 1683 bis etwa 1698 als ihren Witwensitz eine dreiflügelige Schloßanlage (Abb. 2), die möglicherweise von derjenigen in Zeist in der Provinz Utrecht beeinflußt ist.
Im vorgegebenen Rahmen dieser bautypologisch bescheidenen, spezifisch regionalen Erfahrungen hielten Fürst Franz von Anhalt-Dessau und sein Baumeister Erdmannsdorff bereits sehr früh Ausschau nach internationalen Lösungen und Bereicherungen für die vorgesehenen Architektur- und Landschaftsplanungen in dem bis dahin in baulicher Hinsicht eher unbedeutenden Kleinstaat. Ausgedehnte Bildungsreisen, die beide zusammen mit anderen Begleitern durch verschiedene Länder Europas unternahmen, waren in der Folgezeit maßgebend für die Übernahme und die hier unverkennbar eigene Entwicklung des klassizistischen und neugotischen Baustils.
Im Zentrum der Gedanken des Landesfürsten stand sein Interesse, *»[...] gründliche Kenntnisse des Acker-, Garten-, Deich- und Straßenbaues [...]«* zu erwerben, um sie *»[...] auf die Verhältnisse seines Landes zu übertragen und aus diesem sumpfigen, unansehnlichen Ort, [...]* [Wörlitz, Anm. d. Verf.] *eine blühende Region zu machen [...]«*[4]. Erklärtes Ziel solcher Reisen aus der Sicht des Architekten Friedrich Wilhelm von Erdmannsdorff war es demgegenüber *»[....] in wenig Jahren in verschiednen Theilen, welche zur Baukunst und deren Verzierung gehören, Ihnen* [dem Fürsten, Anm. d. Verf.] *würdige Absichten und Ihrem guten Geschmack gemäß, Ihre Ideen mit einigem glücklichen Erfolg auszuführen«*[5].

Abb. 2: Jacobo Pozzi, Schloß Oranienbaum – Gartenseite, 1806, Stahlstich von G. Heisinger, Wörlitz, Kulturstiftung Dessau-Wörlitz. Foto: Bildarchiv Kulturstiftung Dessau-Wörlitz, M.-L. Werwick, 1997.

Zunächst bereiste Erdmannsdorff in den Jahren 1761/62, während des Siebenjährigen Krieges, Italien allein. In Venedig, Florenz und Bologna pflegte er erste Kontakte zu Sammlern, Gelehrten und Künstlern, studierte große Kunstsammlungen und kopierte Gemälde. Zusammen mit dem Gärtner Johann Friedrich Eyserbeck begleitete er dann in den Jahren 1763/64 den Fürsten von Anhalt–Dessau zum ersten Mal nach England. Die beeindruckenden Landgüter englischer Aristokraten lernten die Reisenden aus Dessau im Rahmen ihrer »Grand Tour« näher kennen, zu der sie am 18. Oktober 1765 von Dessau aus aufbrachen. Bis zum April 1767 führte diese große und für alle Teilnehmer wichtigste Bildungsreise durch Deutschland und Österreich nach Italien, Frankreich, England und Schottland.
Gerade im italienischen Teil der Reise, deren Verlauf dem für Kavaliere des 18. Jahrhunderts üblichen strengen Bildungsplan folgte, erreichte ihre umfassende Ausbildung in Architektur ihren Höhepunkt. Besonders in Rom fanden der Fürst und Erdmannsdorff das Repertoire monumentaler Baukunst, das ihren Vorstellungen entsprach. Ausgerüstet mit vorwiegend noch theoretischen Kenntnissen von

antiker Kunst und palladianischer Architekturauffassung aus Literatur und Stichwerken, brachte jetzt das Studium der damals zugänglichen römischen Bauten und der Bauwerke der Renaissance vor den Originalen beiden ein vertieftes Verständnis und größte Begeisterung. Hauptsächlich die Lagunenstadt Venedig und die nach Entwürfen Palladios erbauten berühmten Kirchen müssen einen starken Eindruck bei Erdmannsdorff hinterlassen haben. Das belegen nicht nur die fünf großformatigen Veduten, darunter auch San Giorgio Maggiore (Abb. 3), die er sich Anfang der siebziger Jahre an die Wände seines persönlichen Wohnzimmers in der ersten Etage des Wörlitzer Schlosses malen ließ.

Über die Schweiz reisten Fürst Franz, seine Gemahlin Luise und Erdmannsdorff im Jahr 1770/71 nach Rom, das der letztgenannte als Reisebegleiter des Erbprinzen Georg August von Braunschweig-Wolfenbüttel in den Jahren 1789/90 zum vierten und letzten Mal besuchen wird. Von Juni bis Ende September 1775 begleitete Erdmannsdorff den Fürsten und die Fürstin erneut nach England zusammen mit dem Gärtner Johann Christian Neumark (1741–1811), sowie dem Ökonomen Georg Karl von Raumer (1755–1822). Die letzte Reise des Fürsten nach England im Jahr 1785 mit dem Erbprinzen Friedrich (1769–1814) und dem späteren Geheimen Kabinettsrat August von Rode (1751–1837) fand ohne die Begleitung seines Freundes und Baumeisters Erdmannsdorff statt.

Die zwei wichtigsten Quellen, die uns neben einigen Korrespondenzen heute eine ungefähre Vorstellung dieser jahrelangen Reisetätigkeit vermitteln, sind zweifellos die Notizen von Georg Heinrich von Berenhorst (1733–1814), das sogenannte »Berenhorst-Journal« und das »Reisetagebuch« des Baukünstlers Erdmannsdorff selbst. Der damaligen Zeit entsprechend sind die beiden Handschriften in französischer Sprache abgefaßt. Das erstgenannte »Journal« ist leider nur in einer maschinenschriftlichen Abschrift von 1932 überliefert, wohingegen das Erdmannsdorffsche Tagebuch, bis heute ebenfalls unpubliziert, in der Originalhandschrift vorliegt[6].

Der Onkel des Fürsten Franz, der unter Friedrich II. von Preußen als bedeutendster theoretischer Militärreformer berühmt gewordene Berenhorst, berichtet in seiner Funktion als Reisemarschall eher allgemein über erwähnenswerte Begebenheiten der verschiedenen Reisen durch Italien, Frankreich, Großbritannien und Deutschland zwischen 1765 und 1768.

Abb. 3: Wandmalerei im Wohnzimmer (Westwand) von Friedrich Wilhelm von Erdmannsdorff, Dogenpalast und San Giorgio Maggiore, um 1775, Wörlitz, Schloß, Erste Etage. Foto: Bildarchiv Kulturstiftung Dessau-Wörlitz, M.-L. Werwick, 1997.

Demgegenüber legte der Dessauer Architekt bei seinen 1765/66 abgefaßten Notizen fast ausschließlich den Schwerpunkt auf die Kunstwerke Italiens, wobei Aussagen über Plastik und Malerei überwiegen. Aber auch von dessen Hochachtung der antiken Baukunst erfährt man einiges. Sein Urteil über die Bauten Andrea Palladios wird leider nur punktuell und in kürzeren Passagen greifbar – doch wird seine Begeisterung offenkundig. So notiert er beispielsweise am 22. November 1765 in Vicenza, wo er zum ersten Mal einem Bauwerk dieses hochangesehenen Baumeisters gegenüberstand: *»[...] Das Teatro Olimpico wurde von letzterem begonnen. [...] Dieser berühmte Architekt hat dabei ganz die Regeln des Vitruv befolgt und ein Theater ganz im Geschmack der Alten gebaut. Seine Bauordnung ist bewunderungswürdig. [...]«* Und am darauffolgenden Tag fährt er fort: *»[...] Sie* [Villa Capra, sog. Rotonda, Anm.d.Verf.] *ist nach dem Plan des Palladio gebaut und unter seiner Leitung begonnen. Das ist vielleicht in dieser Art und Weise ganz das, was man sich an Schönem für das Äußere ersinnen kann, und das Innere ist nicht weniger angenehm. [...] Und der Palazzo della Ragione ist ein ausgedehntes Gebäude, dessen Inneneinrichtung alt und gotisch ist, aber Palladio hat es ganz herum mit einer prächtigen Säulenhalle verziert, der ihm einen An-*

blick von höchstem Adel verleiht [...]«[7]. An keiner anderen Stelle des überlieferten Textes formulierte Friedrich Wilhelm von Erdmannsdorff so klar sein Urteil zur Baukunst Andrea Palladios und dessen Architekturtheorie sowie seinen Respekt vor dem Architekturtraktat Vitruvs. Ein sichtbarer Ausdruck dieser lebenslang andauernden Bewunderung sind die zwei Porträt-Felder an der Ostwand der Schloßbibliothek neben den Fensternischen über den Bibliotheksschränken. Während für das Porträt Palladios (Abb. 4) das Titelkupfer aus dem ersten Band des Werkes von Giacomo Leoni, *The Architecture of Andrea Palladio in Four Books*, das in der fürstlichen Bibliothek vorhanden war, als Vorbild diente, ist das Feld für Vitruv auf der gleichen Wand bis auf die Namenszeile am unteren Rand mangels Vorbild leer geblieben.

Auf seinen Reisen galt das Interesse Erdmannsdorffs den historischen Baudenkmälern im Norden Italiens ebenso wie denen des antiken Rom oder Neapel, aber auch Bauten zeitgenössischer Architekten, um davon für seine praktische Entwurfsarbeit zu profitieren. Obwohl in bezug auf das Studium antiker Kunst Neapel seiner Auffassung nach gegenüber Rom – weil hier mehr *»Unterrichtendes«* ist – eindeutig an zweiter Stelle rangiert, läßt er sich auch durch den strengen Winter des Jahres 1770/71 nicht davon abbringen, dorthin zu reisen: *»[...] um mich auch über verschiedene Künste in der Bau=Kunst mit dem Vanvitelli zu besprechen, welcher doch jetzt der geschickteste Bau=Meister unter den Italienern ist, und mit dem ich Gelegenheit haben werde eine genaue Bekanntschaft zu machen.[...]«*[8].

Neben dem Kennenlernen der antiken Bauwerke und der Renaissancebaukunst vor Ort beschäftigte sich Erdmannsdorff bereits während seiner ersten Italienreise (im Alter von zweiunddreißig Jahren) verstärkt mit der einschlägigen Architekturtheorie. Vor allem das Traktat über die Baukunst – die *Zehn Bücher über die Architektur* – des augusteischen Baumeisters und Ingenieurs Vitruvius riefen sein größtes Interesse hervor. Da Erdmannsdorff nie eine handwerkliche oder akademische Ausbildung erhalten hatte, lernte er zuerst hier die Regeln antiker Baukunst genauer kennen. Sie waren die Hauptquelle für seine persönlichen Studien und regten ihn später bei fast allen seinen Bauideen und Entwürfen an.

Abb. 4: Bildnis Andrea Palladios, Wandmalerei vor 1783, Schloß Wörlitz, Bibliothek. Foto: Bildarchiv Kulturstiftung Dessau-Wörlitz, M.-L. Werwick, 1997.

Die schon zu Lebzeiten berühmten Vitruv-Übersetzer Bernardo Galiani, Carlo Bianconi und Carlo Fea, die Erdmannsdorff auf seinen Italien-Reisen persönlich kennenlernte, bestärkten ihn sicherlich in seiner Absicht, dieses Werk in die deutsche Sprache zu übersetzen. Aus unerfindlichen Gründen brach er jedoch diese Arbeit nach dem fünften Kapitel des zweiten Buches ab, und erst August von Rode vollendete mit Unterstützung Erdmannsdorffs die Übersetzung dieses antiken Traktates. *»Dem Herrn von Erdmannsdorff zu Dessau«* ist denn auch die zweibändige Ausgabe, die in Leipzig im Jahr 1796 erschien, in Erinnerung an die Anfänge der Arbeit gewidmet.

Architekturbücher von anerkanntem Rang waren für den Fürsten wie auch für Erdmannsdorff als Inspirationsquelle unerläßlich für die eigene baukünstlerische Tätigkeit. So legten beide im Lauf der Jahre beachtliche Bibliotheken an, in denen neben anderen Wissensgebieten die wichtigsten Werke zur europäischen Baukunst vorhanden waren. Bedauerlicherweise geben heute nur noch zwei handschriftliche Listen – jeweils mit Kurztiteln – Auskunft über

die bibliophilen Schätze in der Schloßbibliothek sowie über die Kupferwerke des Gotischen Hauses und damit indirekt über die Architekturauffassung ihrer Eigentümer.
Die Schloßbibliothek beherbergte – laut 1788 datierter Liste – beispielsweise neben Leonis *Architectura* in fünf Bänden, das Buch *Prospectus urbis Venetiarum* und von *»Kambel«* (Campbell) die dreibändige Ausgabe des *Vitruvius Britannicus*.
Im Gotischen Haus standen – nach der 1818 verfaßten zweiten Aufstellung – die 1728 erschienene und von Castell illustrierte Ausgabe *The villas of the ancients* neben den *Architecture* von Scamozzi oder Vignolas *Architettura* neben derjenigen von Serlio. Tommaso Termanzos Ausgabe von Palladios *Architettura* war vorhanden wie auch die *Vita des Andrea Palladio* von 1762, sowie von Giovanni Montenari *Del Teatro Olimpico* (1749) und die *Description des Bains des Romains, enrichie des Plans de Palladio* in der Ausgabe von 1772 von Charles Cameron.
Carlo Feas *Progetto per una nuova editione dell'architettura di Vitruvio* vereinigte Erdmannsdorff in seiner eigenen Bibliothek ebenso wie insgesamt zehn weitere Vitruv-Ausgaben, darunter beispielsweise die älteste Ausgabe *Vitruvius Pollio de architectura. Romae 1521* oder *Vitruvs zehn Bücher von der Architectur. Basel 1548* sowie die *Exercitationes Vitruvianae Primae. Batavii 1739*.
Seiner Hauptaufgabe folgend, *»[...] neben dem noch unreinen Geschmack in der Baukunst unseres Vaterlandes [...]«* etwas den Bauaufgaben Zeitgemäßeres entgegenzustellen, veröffentlichte Erdmannsdorff drei Jahre vor seinem Tod, gleichsam als Resultat seines lebenslangen Strebens, ein eigenes Stichwerk als seinen ganz persönlichen, undogmatischen »Leitfaden«[9]. Obwohl davon noch lange kein geschlossenes System seines eklektizistischen Baustils abgeleitet werden kann, ist es gewissermaßen das Vermächtnis seiner Ansichten über die Baukunst. Er beginnt dort sein als *»Vorerinnerung«* betiteltes Einleitungskapitel: *»[...] Diese während meinem wiederholten Aufenthalte in Rom gemachten Studien scheinen mir nicht unwürdig zu seyn dem Publicum vorgelegt zu werden. Sie können denenjenigen von wahrem Nutzen seyn, die sich darum bemühen, den Geschmack der römischen Baukunst in ihren abgesonderten Theilen, und in ihrer Art sie zu verzieren näher kennen zu lernen.[...]«*[10]. Als Autor sieht er sich durchaus in der Tradition seiner berühmten, eben zitierten Vorgänger der Antike und Renaissance, nicht ohne mit gewissem Stolz extra zu erwähnen: *»[...] Eine Vergleichung mit den besten Werken, die wir in dieser Art haben, [...], wird unsern Blättern nicht nachtheilig seyn und, wahrscheinlich, als Studien betrachtet ihren Vorzug entscheiden [...]«*[11].

Das »Englische Landhaus« in Wörlitz

»[...] Ein herliches Denkmal seines reinen Geschmaks ist das Schloß im Garten zu Wörlitz [...].« schreibt im Jahr 1800 Carl August Boettiger[12] in seinem Nachruf auf den *»Baron von Erdmannsdorff«* und tatsächlich kann man das damals von Zeitgenossen gerne auch als *»Englisches«* oder *»Neues Haus«* bezeichnete Schloß mit seinem dominierenden Portikus und dem Dreiecksgiebel auf der Südseite als das Hauptwerk Erdmannsdorffs ansehen. (Tafel 13) Die topographische Situation des Hauses an der Stelle des extra für diese Zwecke abgebrochenen ehemaligen Barockschlosses in unmittelbarer Stadtnähe und gleichzeitig unweit des Wörlitzer Sees sowie die Proportionen des Baukörpers spiegeln alles wieder, was Erdmannsdorff in Anlehnung an palladianische Bauideen für die geplante Sommerresidenz des Dessauer Fürsten für angemessen hielt. Als »Villa suburbana« mußte dieses Gebäude niemals landwirtschaftliche Funktionen erfüllen, sondern diente ausschließlich dem angenehmen Aufenthalt seines Besitzers auf dem Lande. *»[...]. Hier ist auch der Ort«* – und Palladio stellt diesen Satz dem berühmten Kapitel voran, in dem von den Bauplätzen der Villen auf dem Lande die Rede ist –, *»wo der Körper durch die Ertüchtigung zu Fuß oder zu Pferde leichter seine Gesundheit und Widerstandsfähigkeit erhält und wo schließlich die von den Geschäften der Stadt ermüdete Seele Erfrischung und Trost findet und sich ruhig den Studien der Wissenschaft und der Kontemplation widmen kann. [...]«*[13].
Wenngleich Erdmannsdorff sich im Grunde dem Architektraktat Vitruvs, in der Interpretation von Palladios Villenbauten vermittelt, im wesentlichen verpflichtet fühlte, kann man annehmen, daß ihn der palladianische Klassizismus englischer Provenienz, zumindest was die äußere Form der Gebäude anbetrifft, gleichfalls in seiner persönlichen Architekturauffassung spürbar geprägt hat. Da Fürst Franz und Erdmannsdorff die britische Insel be-

kanntlich seit ihrer ersten Reise in den Jahren 1763/64 mehrmals besucht haben, ist es sicher richtig, daß ihnen die auch in der jüngsten Literatur als wichtige Vorbilder benannten Landsitze berühmter britischer Adelsfamilien wie etwa Broadlands oder Duddingston House in irgendeiner Form bekannt waren. Das in der Vergangenheit oftmals als musterhaftes Beispiel zitierte Schloß Claremont kommt wohl als solches nicht in Frage, da die Bauarbeiten dort nachweislich erst im Jahr 1771 – also zwei Jahre nach der Grundsteinlegung in Wörlitz – beginnen.

Auf der Grundlage der oben erwähnten Reiseberichte und anderer schriftlicher Quellen ist es heute aber nur noch ansatzweise zu klären, welches dieser stilistisch sehr ähnlichen Häuser damals für den Neubau in Wörlitz nun wirklich als Vorbild diente. Eine Entscheidung zur Lösung dieser Frage ist in diesem Kontext letztendlich von geringer Relevanz. Es ist aber festzuhalten, daß ganz generell die Gliederung des Fassadenaufrisses mit Portikus in England zu verbreitet ist, um die Gestaltung von Schloß Wörlitz auf ein bestimmtes Gebäude aus dieser Reihe zurückzuführen.

Aufgrund einer kürzlich in einzelnen Passagen wiederentdeckten, von der Hand Erdmannsdorffs stammenden Beschreibung der ersten Englandreise in den Jahren 1763/64, ist allerdings die genaue Kenntnis des Landschaftsgartens in Chiswick, Middlesex, mit seinem schon damals vielbewunderten neopalladianischen Landhaus als sicher vorauszusetzen. Dieses ließ der gelehrte Architekturdilettant Richard Boyle, 3rd Earl of Burlington, etwa zwischen 1724 und 1728 nach seinen Plänen erbauen. Wie hoch der Dessauer Architekt Erdmannsdorff Chiswick, das als wohl einflußreichster neopalladianischer Bau Englands gelten kann, in der Tat einschätzte, ist seiner verhältnismäßig ausführlichen, bislang unveröffentlichten Reisenotiz zu entnehmen: »*[...] Un matin nous allames voir Chiswick en Middlesex, où il y a une maison, qui apartient a présent au fils du Duc de Devonshire, mais qui fut batie par feu Milord Burlington.*«, notiert von Erdmannsdorff am 17. September 1763, und er fährt fort: »*Elle passe pour une des plus belles piéces d'architecture en Angleterre, et elle est veritablement dans le gout de l'ancienne Gréce. Une allée de Cédres extrémement hauts qui aboutit a la belle facade de la maison Vous présente une entrée des plus majesteuses et semble Vous conduire dans un temple. Un très bel escalier & un portique dans l'ordre corinthien devant l'entrée forment la facade principale. Dans la dedans il y a une sale en forme d'octogone qui termine en dome par lequel la lumière y tombe. Cette sale aussi bien que les autres apartemens sont ornés de marbre, de bronze & d'un bon nombre de beaux tableaux. La belle proposition et la noble simplicité tant dans le dedans que dans le dehors de cette maison méritent l'admiration de tout le monde. On pourroit souhaiter, qu'une architecture elegante eut été employée pour un batiment plus vaste*«, und schließlich gibt er doch kritisch zu bedenken und schränkt seine Begeisterung für dieses Bauwerk zumindest was das Interieur anbetrifft etwas ein: »*Il m'a encore paru que les apartemens ne sont pas assés clairs ce qui n'est pas l'avantage des tableaux.[...]*«[14].

Der Mustercharakter neopalladianischer Landsitze in England bezieht sich im Falle von Schloß Wörlitz neben der bewußten Einbindung in den englischen Landschaftsgarten hauptsächlich auf die souveräne Gliederung des Baukörpers, seine Kompaktheit mit dreigeteilter, die Mitte betonender Fassade und die Horizontaltendenz durch die strenge Reihung der Fenster mit flacher Bedachung. In Anlehnung an die Bauwerke auf der Insel führt auch in Wörlitz vom Park aus eine repräsentative Freitreppe in das Hauptwohngeschoß, das – obwohl der Öffentlichkeit zugänglich – in der Hauptsache dem Fürsten und seiner Familie vorbehalten war. Die Sockelzone ist ebenso vergleichbar mit einem Souterraingeschoß gestaltet. Dadurch bietet das Haus, wie von Palladio gefordert, seinen Bewohnern nicht nur nach allen Seiten eine schöne Aussicht, sondern der Baukörper erhält auf diese Weise gegenüber seiner Umgebung eine Richtung und wirkt insgesamt erhaben. Diesen Eindruck unterstreichen die vier Säulen des Portikus mit ihren Kapitellen korinthischer Ordnung und dem – entgegen den Vorstellungen Palladios hier allerdings schmucklosen – Giebelfeld, wobei aber die Friesinschrift wieder auf den fürstlichen Eigentümer und damit bautypologisch insgesamt auf seinen gesellschaftlichen Rang verweist.

Herrschen im Gesamteindruck dieses Bauwerkes auf den Betrachter auch die stilistischen Gemeinsamkeiten, die es mit einem neopalladianischen Gebäude verbinden, vor, so differieren die Maße manchmal im Detail nicht unerheb-

lich. Eine kurze Betrachtung der Säulen mag dies im einzelnen etwas veranschaulichen. Bei der Anzahl der Säulen hält sich Erdmannsdorff noch an die Forderung Palladios, demgemäß an der Fassade eines Gebäudes die Säulen in gerader Anzahl vorhanden sein sollen. Dadurch entsteht in der Mitte ein etwas breiteres Interkolumnium, *»[...] damit man um so besser die Türen und Eingänge sieht, die man gewöhnlich in die Gebäudemitte legen soll [...]«*[15].
Dagegen weicht die Säulenweite in Wörlitz etwas ab. Während sie hier $11^{1}/_{3}$ Fuß (3,56 m) beträgt und somit etwa 3,7 mal dem unteren Säulendurchmesser entspricht, empfiehlt Palladio bei einer solchen Säulenweite eine Säulenhöhe von $7^{1}/_{2}$ oder 8 unteren Säulendurchmessern. Am Schloß Wörlitz beträgt sie jedoch das Zehnfache.
Bei den Proportionen der einzelnen Säulen weicht Erdmannsdorff ebenfalls von dem auf Zahlenharmonien basierenden Kompositionsprinzip Palladios ein wenig ab.
Während das Verhältnis von unterem zu oberem Durchmesser laut Palladio bei einer Säulenhöhe von zwanzig bis dreißig Fuß wie acht zu sieben sein soll, ist dieses Verhältnis bei Erdmannsdorff für die Säulen im Wörlitzer Schloß auf sechs zu fünf angelegt. Hätte Erdmannsdorff Palladios Verhältnis angewendet, würde sein oberer Säulendurchmesser 2,625 Fuß statt 2,5 Fuß betragen, was eine Abweichung von 0,125 Fuß (3,92 cm) bedeutet.
Demgegenüber scheint sich die Grundrißdisposition von Schloß Wörlitz, vornehmlich die Führung der Treppen, zu den beiden Seiten der kleinen pantheonartigen Eingangshalle, eher an den antiken Entwürfen als an Grundrissen Palladios für eine Villa suburbana zu orientieren. Diese Vermutung unterstreicht ebenso der atriumartige, nach oben offene Innenhof.
Möglicherweise hat Erdmannsdorff seine Ideen aber auch den wesentlich früheren Architekturbeispielen englischer Architekten entlehnt, wie sie beispielsweise Colen Campbell in seinem *Vitruvius Britannicus* veröffentlicht hat. Dies wäre schon deshalb ziemlich naheliegend, da dieses dreibändige Foliowerk, das seinerzeit grundlegender für die Verbreitung des englischen Palladianismus als Leonis englische Palladio-Ausgabe wirkte, wie eingangs erwähnt, nachweislich in der fürstlichen Schloßbibliothek vorhanden war. Beispielsweise ähnelt die Disposition der zwei, wenig repräsentativen Treppen im Hauptbau des von Sir

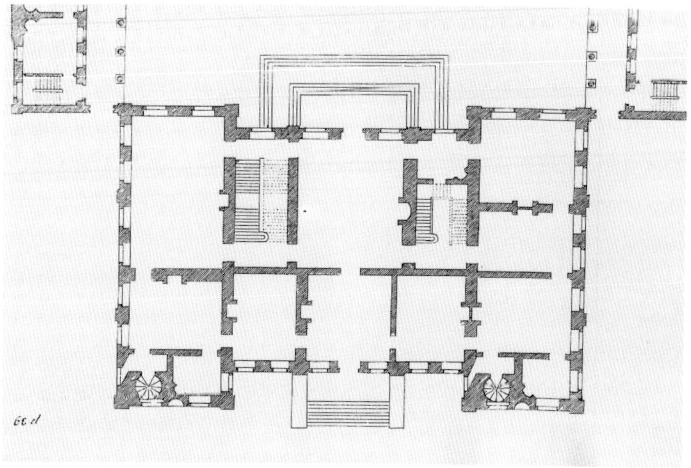

Abb. 5: Grundriß (Ausschnitt) von Marlborough House, St. James', London, Foto: Bildarchiv Kulturstiftung Dessau-Wörlitz, M.-L. Werwick, 1996; Reproduktion aus: VITRUV 1967, Vol 1, C.1, Pl.39.

Christopher Wren seit 1709 erbauten Marlborough House in London St. James (Abb. 5), derjenigen im Wörlitzer Schloß.
In Palladios Schriften formulierte Charakteristika, die ein Gebäude unbedingt auszeichnen sollten, Zweckmäßigkeit, angemessene Größe, Annehmlichkeit, Dauerhaftigkeit und Schönheit, übernimmt Erdmannsdorff ebenfalls als intendierte Grundeigenschaften. Er betont dies stets in seinen Briefen an Fürst Franz: *»[...] um die Anlage selbsten mit gutem Geschmack zu machen und einem jeden Theile nach der Bestimmung des Gebäudes, schickliche und gefällige Form zu geben [...]«*, oder er bemerkt: *»[...] Nächst einer wohlangegebenen Eintheilung und guten Verhältnißen aber besteht die gantze Schönheit und der gute Geschmack in der Bau=Kunst in nichts andres, als in einer eleganten Profilierung oder einem wohlgewählten Umriß des gantzen Gebäudes, wie auch eines jeden Theiles ins besondere[...]«*[16].
Bei aller gebotenen Zurückhaltung gegenüber seinem fürstlichen Auftraggeber war Erdmannsdorff bestrebt, sich genügend gestalterischen Freiraum für seine Planungen zu verschaffen. Nicht immer konnte er sich aber durchsetzen. So entschließt sich beispielsweise der in der Baukunst dilettierende Landesherr im Jahr 1784 nachträglich für den Anbau eines geschlossenen Raumes mit Laterne auf der

schon bestehenden Dachplattform des Schlosses: *»[...] Um der schönen Aussicht willen, die man wirklich von dem obersten Altane um die Attika herum in jeder Richtung genießt, mag man es dem Fürsten wohl verzeihen, daß er Erdmannsdorffs schön geregelte Schöpfung mit diesem Anhängsel begabte [...]«*, kommentierte C. A. Boettiger in der Beschreibung seiner *Reise nach Wörlitz* 1797 diese für englische Verhältnisse allerdings nicht außergewöhnliche Lösung[17].

Wie bereits bei den Landhäusern im Luisium (begonnen 1774) und im Georgenpark (begonnen 1780) bevorzugt Erdmannsdorff bei seinen Entwürfen für solche Dachaufsätze eine Fenstergestaltung mit Palladio-Motiv. Auch im Wörlitzer Schloß wirkt dieses Architekturzitat als wesentliches Gestaltungselement und dominiert innenarchitektonisch den sogenannten Palmensaal (Abb. 6).

Abb. 6: Wörlitz, Schloß, Palmensaal mit Fenstern in Form des Palladio-Motivs. Foto: L. Winkler; Leipzig 1996.

Einerseits befriedigt er damit seine hohen ästhetischen Ansprüche, andererseits erfüllt er gleichermaßen die speziellen Anforderungen an die praktische Nützlichkeit. In der Verbindung von klassisch-antiken Elementen und moderner Bauauffassung herrscht so eine angenehme Übereinstimmung zwischen der Besonderheit des Standortes und den Bedürfnissen seines Auftraggebers.

Landwirtschaft und Architektur

Leopold I. von Anhalt-Dessau (1676–1747), der Alte Dessauer, setzte das von seiner Mutter Henriette Catharina von Nassau-Oranien begonnene Werk fort und ließ die äußerst fruchtbare Auenwaldlandschaft im Niederungsgebiet entlang der mittleren Elbe und unteren Mulde aus rein nützlichen Gesichtspunkten kontinuierlich eindeichen. Mit der Eroberung ausgedehnter, ursprünglich für den Landbau ungeeigneter Flächen sollten vor allem die Erträge gesteigert werden.

Leopolds Enkel Franz setzte diese Arbeit in der zweiten Hälfte des 18. Jahrhunderts mit dem Anspruch fort, die allgemeinen Lebensverhältnisse der Bevölkerung zu verbessern. Parallel dazu verfolgte er das Ziel, die natürliche Landschaft mit ihren Besonderheiten umzuformen und sie auf diese Weise den ästhetischen Kategorien des englischen Landschaftsgartens anzupassen. Indem er der Landschaft somit nicht nur eine Nutzfunktion zuerkannte und sie gleichzeitig mit bewußt plazierten Bauwerken vornehmlich antikisierenden Stils versah, gelang ihm erst der Anschluß an die bewunderten Vorbilder. In der harmonischen Gemeinschaft von künstlich gestalteter, natürlich wirkender Landschaft und Architektur sollte sich nach Auffasssung des Fürsten die Philosophie des Nützlichen mit praktischer Erfahrung und dem Streben nach Schönheit in besonderer Weise verbinden.

Vom Leben und Wirtschaften in der freien Natur versprach er sich am ehesten die Verwirklichung seiner Reformziele, und so ist es nur zu verständlich, wenn bereits Zeitgenossen feststellten: *»[...] Es kann nicht in Abrede gestellt sein, daß der Fürst und sein Baumeister, Herr von Erdmannsdorff, alles getan haben, was bei einer von der Natur wirklich verwahrlosten Gegend zu tun möglich war.[...]«*[18].

In Erinnerung an die landschaftlichen Gegebenheiten der Terraferma mit ihren unendlich scheinenden weiten Ebenen längs des Po und an die mittelenglische Niederungslandschaft entlang der Themse, die beide in vielerlei Hinsicht der Region um Dessau mit den Flüssen Elbe und Mulde durchaus nicht unähnlich sind, bewirtschaftete er nun selbst mit großem unternehmerischen Geist und mit dem Ziel einer autarken Versorgung seine Landgüter.

Wie hervorragend der von Palladio für ländliche Villen definierte Rahmen zu den Bestrebungen des Fürsten paßte, zeigt der Entwurf Erdmannsdorffs für die große Domäne in Wörlitz. Unter der Bauleitung von Georg Christoph Hesekiel (1732–1818) entstand zwischen 1783 und 1785 als erstes landwirtschaftliches Mustergut ein Wirtschaftshof, der *»[...] sich, wie ein Tempel der Ceres, aus der Mitte von ihren Segnungen überschütteter Gefilde [...]«*[19] am südöstlichen Stadtrand von Wörlitz erhebt und später beispielge-

Abb. 7: Johann Gottlieb Boettger, Wirtschaftshof in Wörlitz, Kupferstich, 1808. Foto: Bildarchiv Kulturstiftung Dessau-Wörlitz, M.-L. Werwick 1996; Aus: VON BRUININGK 1808.

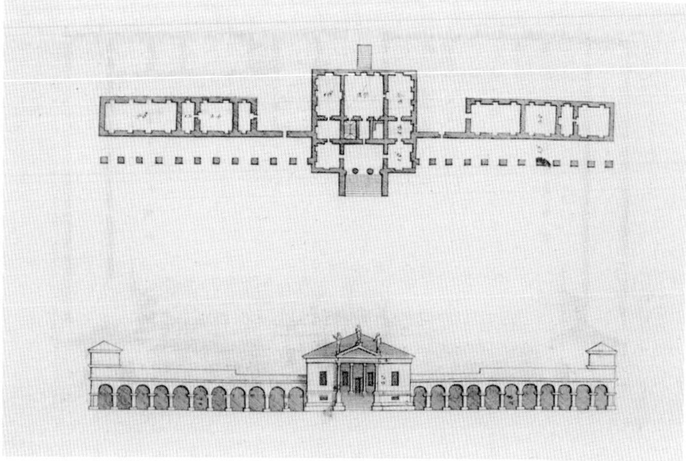

Abb. 8: Fanzolo, Villa Emo, Aufriß und Grundriß. Aus: PALLADIO 1570, II. Buch, Taf. 75.

bend für ästhetisch gestaltete Wirtschaftsbauten im Gartenreich wurde (Abb. 7).

In unmittelbarer Anlehnung an Palladios Villa Emo (Abb. 8) steht gleichsam als das Zentrum der breitgelagerten Gebäudegruppe über annähernd quadratischem Grundriß ein dreigeschossiger, aufragender Baukörper mit einem hohen Sockel, einem Haupt- und einem Mezzaningeschoß, bekrönt von einer Aussichtsplattform, wie sie etwa gleichzeitig im Wörlitzer Schloß nachträglich installiert wurde. Wie dort berücksichtigte er auch in der Domäne durch den massiven Unterbau die Widrigkeiten des Hochwassers und beugte damit den Bauschäden vor, die jährlich durch Überschwemmungen drohten. Gleichwohl unterstrich er dadurch aber auch – gemäß Palladios Forderung – die Erhabenheit des Bauwerks und erreichte, daß das Gebäude schon aus der Ferne sichtbar wurde. Die stadtauswärts in Richtung Rehsen gegen das offene Land gerichtete Hauptfassade dieses verputzten Ziegelbaues wird in der Mittelachse durch einen Portikus dorischer Ordnung betont (Abb. 9).

»[...] Ich habe bei allen Villen« – schreibt Palladio –, *»den Giebel auf der Vorderseite, an der sich die Haupttüren befinden, angebracht, damit diese Giebel den Eingang des Hauses anzeigen und der Größe und Herrlichkeit des Werkes in der Weise dienen, daß sie den vorderen Teil eines Gebäudes über die restlichen Teile erheben [...]«*[20]. In völliger Übereinstimmung mit dieser klaren Auffassung hat Erdmannsdorff entgegen dem bei Bruiningk im Jahr 1808 überlieferten falschen Grundriß keinen von vier Säulen getragenen Vorbau, den man über eine große Freitreppe erreicht, entworfen, sondern unter Beibehaltung der zwei mittleren Säulen hat er hier die zwei anderen, außen liegenden, tragenden Elemente in Wandpfeiler gleicher Ordnung umgewandelt und der Fassadennische vorgeblendet.

Wie schon im Wörlitzer Schloß verzichtete Erdmannsdorff auch hier auf den Giebelschmuck und fügte statt dessen in der Mitte des Tympanons ein einfaches hochovales Fenster ein. Durch diese erhabene Schlichtheit ohne übertriebenen Einsatz antikisierenden Formenschatzes unterstreicht das zentral gelegene Haus des Amtmannes aber gerade seine Vorrangstellung gegenüber den flankierenden, einstöckigen und deshalb optisch wie faktisch untergeordneten Flügelbauten mit ihren durch Pilaster gegliederten Blendarkaden. Die zwei seitlich an den blockhaft wirkenden Mitteltrakt sich direkt anschließenden niederen Anbauten stellen die Verbindung zu den Flügeln her und so wird hier besonders augenfällig, wie einzelne Baukörper vom Dessauer Architekten nach palladianischem Prinzip additiv zu einer Gesamtanlage zusammengefügt wurden.

Bei der Domäne in Wörlitz wird nachvollziehbar, wie wichtig der wechselseitige Bezug zwischen Wohnhaus und

Abb. 9: Wörlitz, Wirtschaftshof, Verwalterhaus, Ostfassade, erbaut zwischen 1783 und 1786. Foto: Bildarchiv Kulturstiftung Dessau-Wörlitz, U. Quilitzsch, 1996.

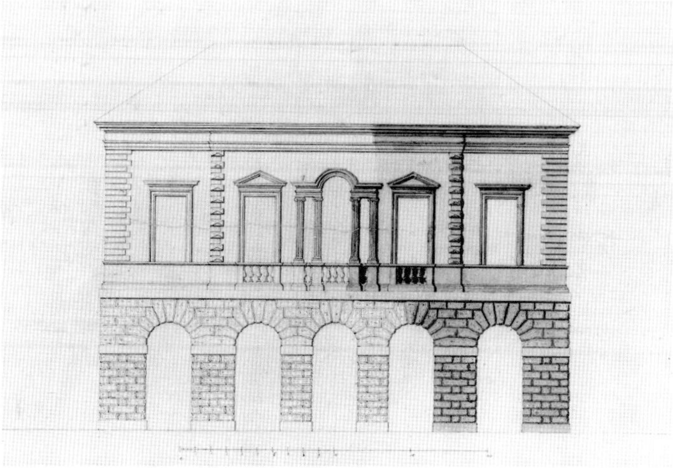

Abb. 10: Friedrich Wilhelm von Erdmannsdorff, Entwurf für die Fassade des Hauptbaues des Wallwachhauses Mittelhölzer, um 1775. Foto: Anhaltische Gemäldegalerie Dessau, Graphische Sammlung, 1997.

Natur für den Auftraggeber und seinen Architekten war. Daß sich als Vorbild dafür gerade die Villen Palladios nur zu gut eigneten, hatte schon Berenhorst während seiner Fahrt durch die Terraferma für sich entdeckt und in seinem Journal notierte er: »*[...] Qu'on lui ait donné une maison ordinaire à batir; par ses talens et par des ornemens choisis il scavait faire un Palais. L'Elégance simple de ses maisons de campagne est surtout inimitable, chacune d'elles inspire l'idée d'y terminer ses jours loin du monde et de ses agitations[...]*«[21].

Das musterhafte typologische Grundprinzip Palladios für ein solches dreigeteiltes Gebäude »*[...] der gemeinen Bau-Art [...]*« hat Erdmannnsdorff variantenreich und in Entsprechung der jeweiligen Funktion an verschiedenen Orten im Dessau-Wörlitzer Gartenreich immer wieder verwendet. Bei dem im Jahr 1775 nach einem Erdmannsdorff-Entwurf errichteten Großen Wachhaus, nach dem Flurstück auch Wachhaus Mittelhölzer genannt (Abb. 10), scheint Erdmannsdorff einerseits beeinflußt von Palladios Fassadenentwurf für einen nichtidentifizierten Palast (Palazzo da Monte in Vicenza?; Abb. 11). Andererseits könnte ebenso als Vorbild die Fassade des Royal Horse Guards House von William Kent in London gedient haben, das der Fürst und Erdmannsdorff während ihres Englandaufenthaltes besichtigt hatten.

Die Fassade des zweigeschossigen, fünfachsigen Mittelbaues zeichnet sich aus durch einen rustizierten Sockelbereich mit Arkadengliederung, über dem sich ein differenziert gestaltetes, antikisierendes Obergeschoß deutlich abhebt. Wie bei den eben erwähnten zwei möglichen Vorbildern dominiert die Mitte des Gebäudes auch hier das »palladian window« als zentrales Architektur-Motiv. Ganz im Sinne eines nach allen Seiten hin offenen englischen Landschaftsgartens fügt sich der imposant wirkende Mittelbau mit den zwei etwas abseits stehenden Nebengebäuden ein in die umliegenden, landwirtschaftlich genutzten Flächen. Am westlichen Rand der Wörlitzer Anlagen und damit am Ende einer Sichtachse als Blickpunkt für den Betrachter gedacht, erinnert der Gebäudekomplex beispielhaft an eine ideale Villa des Veneto.

Im Gebäudetypus ähnlich, wenn auch mit einer anderen Nutzung, sind hier gleichfalls die Schule in Griesen zu nennen, die nach Entwürfen von Erdmannsdorff und unter der Bauleitung von Hesekiel – seit 1786 Anhalt-Dessau-

Abb. 11: Andrea Palladio, Fassadenentwurf für einen nichtidentifizierten Palast (Palazzo da Monte, Vicenza ?). Foto: R.I.B.A. XVII, 19.

Abb. 12: Riesigk, Kommunalgebäude – erbaut um 1799 – mit Kirche, aquarellierte Handzeichnung, nach 1800. Foto: Bildarchiv Kulturstiftung Dessau-Wörlitz, M.-L. Werwick, 1996.

ischer Baudirektor – im Jahr 1788 errichtet wurde, sowie das elf Jahre später errichtete Kommunalgebäude in Riesigk (Abb. 12 u. 13). Die betonte Schlichtheit der Bauformen der beiden letztgenannten Gebäude hängt dabei wohl mit ihrer unterschiedlichen Nutzung zusammen.

In auffallender Weise ist für alle diese Bauwerke charakteristisch, daß sie sich typologisch im Grund- wie auch im Aufriß vor allem an Beispielen palladianischer Villen orientieren, die Erdmannsdorff bekanntlich auf seinen Reisen in der Po-Ebene aufgesucht und deren Architektur er besonders intensiv studiert hat.

Wie sehr Erdmannsdorff diese Gebäudeaufteilung mit einem zentralen Mittelbau und seitlich daran anschließenden Flügeln schon relativ früh schätzte, zeigt die Baugeschichte des sogenannten Gotischen Hauses. Dieses seit 1773 zunächst als neues Wohnhaus für den fürstlichen Gärtner Leopold Schoch in gotisierendem Stil errichtete Gebäude über einem annähernd quadratischen Grundriß wurde in der ersten Anlage begleitet von zwei kleinen, eingeschossigen Seitengebäuden, die als Wirtschaftsbauten funktionierten. Diese waren mit Flachdächern versehen, die sich hinter einem Zinnenkranz verbargen.

Damit würde auch das Gotische Haus in seiner gewählten Grundrißlösung grundsätzlich dem Schema palladianischer Villen entsprechen, wie sie von Erdmannsdorff knapp ein Jahrzehnt später dann in der oben erwähnten Wörlitzer Domäne realisiert werden sollte. Diesem Gebäude mit an sich palladianischem Grundriß ist somit lediglich eine gotische Form im Äußeren gegeben worden. Eine derartige Lösung würde nicht nur dem Klassizisten Erdmannsdorff näher liegen, sie entspräche wohl auch den zu diesem Zeitpunkt (vor der zweiten Englandreise des Fürsten) in Dessau vertretenen architekturtheoretischen Ansichten.

Das Palladio-Motiv

Während der mehr als dreißigjährigen Tätigkeit als Architekt im Auftrag des Dessauer Fürsten hat Friedrich Wilhelm von Erdmannsdorff für einige seiner Bauwerke das sogenannte »Palladio-Motiv« wohl als besonders passend empfunden.

Die dreiteilige Wandöffnung mit Rundbogen über der säulengetragenen Mitte und einem waagerechten Sturz über den Seiten, zu dem die Briten bezeichnenderweise »palladian window« oder auch »venetian window« sagen, beeindruckte beide – nach Italien 1761 – erneut während der ersten Englandreise 1763/64 im Landschaftsgarten von Stourhead in Wiltshire.

Das dort als »Temple on the Terrace« bezeichnete Gebäude, dessen unmittelbare Umgebung und Fassade eine

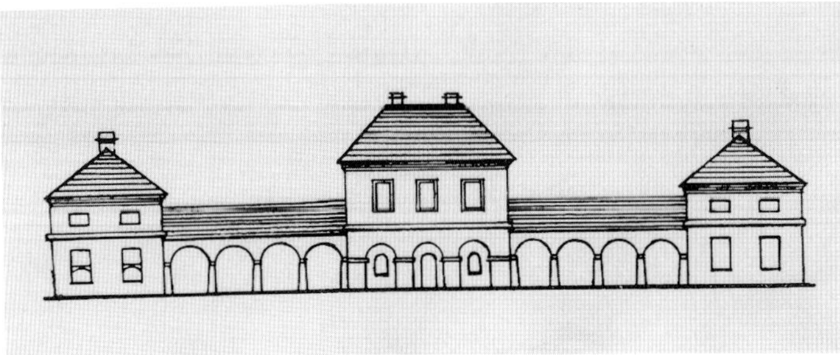

Abb. 13: Riesigk, Kommunalbau, Rekonstruktionszeichnung. Foto: Bildarchiv Kulturstiftung Dessau-Wörlitz, M.-L. Werwick 1997.

Abb. 14: Friedrich Wilhelm von Erdmannsdorff, Zeichnung zum »Englischen Sitz« nach dem Vorbild des »Temple on the Terrace« in Stourhead, um 1764/65. Foto: Anhaltische Gemäldegalerie Dessau, Graphische Sammlung, 1997.

1778 angefertigte Zeichnung des schwedischen Gärtners und Gestalters Frederik Magnus Piper überliefert, wird in Wörlitz nach dem Vorbild »Englischer Sitz« genannt.

Im Jahr 1765, als der planerische Prozeß für die Wörlitzer Anlagen schon ein Jahr andauerte, war der Nachbau des heute nicht mehr existierenden englischen Musters ohne eine wesentliche Veränderung nach einer Zeichnung Erdmannsdorffs am Südufer des Wörlitzer Sees im Schloßgarten fertiggestellt (Abb. 14 u. Tafel 14).

Bereits zu Lebzeiten Erdmannsdorffs wurde daran insgesamt die geringe schöpferische Eigenleistung sowie am Bauwerk *»[...] das Unentwickelte in seiner ganzen Form [...]«* kritisiert[22].

Fürst Franz und Erdmannsdorff, die tatsächlich zu diesem Zeitpunkt im Umgang mit den Formen der antiken Baukunst noch verhältnismäßig ungeübt waren, hatten damals – vielleicht ganz absichtlich – bei ihrer Entscheidung zum Nachbau noch keine eigene Schöpfung im Sinn. Der persönliche Eindruck vor dem seinerzeit vielbestaunten, klassisch wirkenden Architekturmotiv und seine Funktion als Gartensitz in einem englischem Landschaftsgarten waren einfach derart passend und sicher alleine ausschlaggebend für die Übernahme in Wörlitz.

An drei anderen Orten im Gartenreich, in und am Rande des Georgengartens im Nordwesten von Dessau, findet man einen solchen offenen Sitz in abgeänderter Form wieder. Sie alle ähneln dem berühmten Vorbild und variieren das Palladio-Motiv in unterschiedlicher Weise. Obwohl man außer über ihre Entstehungszeit zwischen 1780 und 1790, also parallel zur Entstehung des Georgengartens selbst, verhältnismäßig wenig darüber weiß, kann doch Erdmannsdorff als der für den Entwurf verantwortliche Architekt gelten.

Stilistisch dem »Englischen Sitz« am ähnlichsten ist der sogenannte Amaliensitz, der sich ostwärts auf dem Weg von der Stadt Dessau in Richtung Kühnau am Ende einer Sichtachse (heute Ebertallee) befindet. Wie schon beim »Englischen Sitz« ist auch die zur Stadt zeigende Fassade dieses verputzten Ziegelbauwerks durch das »Palladio-Motiv« geprägt. Die typologische Verwandtschaft zeigt sich in der rundbogigen Öffnung flankiert von zwei freistehenden glatten Sandsteinsäulen, die zu beiden Seiten von Öffnungen mit geraden Architraven auf Pfeilern eingefaßt sind. Die ionischen Kapitelle an den zwei Pfeilern und zwei Säulen sind dem Vorbild entlehnt wie auch die niederen Balustraden jeweils zwischen Säulen und Pfeilern. Anstelle des repräsentativen Dreieckgiebels in Wörlitz schließt Erdmannsdorff hier den offenen Gartensitz nach oben mit einem einfachen, mit Ziegeln gedeckten flachen Walmdach ab. Die zwei offenen Rundfenster über den Architraven hat der Architekt als wesentliches Element beibehalten. Die Seitenwände zeigen außen schmale Blendfenster, wie auch die Rückseite des Bauwerks das »palladian window« in Blendform wiederholt.

Neben diesem zweiten offenen Gartensitz entwarf Erdmannsdorff im Auftrag des jüngeren Bruders des Fürsten, des Prinzen Johann Georg (Hans Jürge) von Anhalt-Dessau (1748–1811), zwei weitere stilistische Varianten im Georgengarten: den sogenannten Gelben Sitz oder Fürstensitz auf dem Wall in unmittelbarer Nähe des Wallwitzsees und etwas südlich davon gelegen den Vorderen Sitz oder Schwarzen Sitz (Abb. 15) im Beckerbruch der gleichen Gartenanlage.

Die Rezeption einzelner antiker Motive und ihre Kombination bleibt den manchmal willkürlich scheinenden Kriterien anheimgestellt und reduziert sich bei diesen beiden Beispielen auf das typologische Muster im Grund- wie im Aufriß. Die Fenster werden jetzt bis zum Boden erweitert, die Maueröffnungen sind scharfkantig begrenzt und dieser eckige Eindruck wird noch dadurch verstärkt, daß nun keine Säulen, sondern Pfeiler die Frontseite bilden. Gegenüber dem verputzten Ziegelbau des Fürstensitzes, dessen Rückseite durch ein verkleinertes »palladian window« aufgelockert erscheint, ist der Schwarze Sitz ein unverputzter Ziegelbau mit einer bis auf den wenig überhöhten und etwas breiteren Mittelbogen annähernd uniformen Bogenstellung an der Frontseite. Wie in einer Loggia öffnen sich hier die Seitenwände zusätzlich durch jeweils einen rundbogigen Zugang, der von einer Blendarkade begleitet ist. Mit Palladios Formensprache ist das letztgenannte Beispiel nur in Grundzügen in Einklang zu bringen.

»*[...] Sie sind in ihrer Gestalt alle von einander verschieden; darin kommen sie aber insgesamt überein, daß sie gemauert und bedeckt sind. Sie sind zu angenehmen Zufluchtsorten bei einem plötzlichen Regen, zu Ruheplätzen, wo man vorzüglicher Aussichten und zugleich entweder seiner Gesellschaft oder der Einsamkeit mit Vergnügen genießen kann, daneben auch zur Verschönerung der Prospecte bestimmt.[...]*«, schreibt August von Rode und rühmt, ohne es genau zu benennen, indirekt die Wirkung des Palladio-Motivs als entscheidenden stilistischen Beitrag zur Erzeugung der beabsichtigten Stimmung beim Besucher der Anlagen[23].

Abb. 15: Dessau, Georgengarten, Vorderer oder Schwarzer Sitz, um 1780/90. Foto: Bildarchiv Kulturstiftung Dessau-Wörlitz, M.-L. Werwick. 1997.

Der vielzitierte »*gute Geschmack in der Bau=Kunst*« muß sich auf alle geplanten Bauvorhaben erstrecken und darf nicht enden bei der Planung »*kleinster Land=Häuser*« und »*niedrigster Gebäude [...]. Ich will hierdurch beweisen, daß es nicht der große Aufwand ist, der das Schöne oder das Gefällige hervorbringt und das ein geschickter Bau-Meister auch in geringen Wercken sein Genie zeigen könnte, wenn er das Gantze und einen jeden Theile deselben so angiebt und ausführet als es der Bestimmung der Sache selbst und deren Besitzern gebührlich ist und so wie es die Kosten erlauben, welche vernünftiger weise daran können gewandt werden [...]*«[24]. Demgemäß hat Erdmannsdorff in der Übertragung dieses Palladio-Motivs keine Grenzen in der Anwendbarkeit gesehen. Die beiden kleinen, über quadratischem Grundriß 1796/97 errichteten Muldbrücken-Torhäuser in Dessau (abgerissen 1937), deren ehemalige äußere Form in anschaulicher Weise durch eine 1845 datierte Zeichnung Friedrich Salathés überliefert ist (Abb. 16), zeigen an jeder Fassadenseite eine dreigliedrige Fensteranordnung. Eingerahmt durch einen hohen Blendbogen, der bis zum Boden führt, wird das jeweils mittlere Fenster optisch hervorgehoben durch einen von zwei vorgeblendeten Halbsäulen getragenen Architrav. Die wichtige Funktion, die beide Gebäude am Stadteingang zu übernehmen hatten, wurde durch eine derartige Gestaltung der Fensteröffnungen optisch unterstrichen.

Abb. 16: Friedrich Salathé, Die Muldbrücke mit den Torhäusern in Dessau, errichtet 1796/97, abgerissen 1937, lavierte Bleistiftzeichnung, 1845. Foto: Bildarchiv Kulturstiftung Dessau-Wörlitz, M.-L. Werwick, 1996.

Abb. 17: Friedrich Wilhelm von Erdmannsdorff, Entwurf (Ausschnitt) zum Grabmonument auf dem Drehberg, Querschnitt, lavierte Federzeichnung, um 1773. Foto: Anhaltische Gemäldegalerie Dessau, Graphische Sammlung, 1996.

Tatsächlich gibt es dafür noch weitere Anwendungsbeispiele außerhalb der Gartensitze und kleineren Pavillons, die Erdmannsdorffs gestalterische Vielseitigkeit erkennen lassen. Der Bogen spannt sich etwa von dem 1773 zu datierenden – für den Drehberg zwischen Wörlitz und Vockerode ausgeführten – Entwurf für das fürstliche Grabmonument mit einem eindrucksvollen »Palladio-Fenster« im einzigen Raum der überkuppelten Hauptetage (Abb. 17), bis zu dem zwischen 1791 und 1794 in Dessau errichteten Hofstallmeistergebäude. (Abb. 18)

Während er mit dem erstgenannten – mauerhaft wirkenden Monumentalbau – die französische »Revolutionsarchitektur« von Boullée und Ledoux im kleinen Format nachzuahmen schien, dokumentierte das auch als Lustgärtnerwohnung bezeichnete Haus (1945 zerstört) sehr gut, in welchem Maße für ein verhältnismäßig konventionelles innerstädtisches Wohnhaus dieses Motiv als durchaus zweckmäßig und den Anforderungen entsprechend empfunden wurde. Im Erdgeschoß wie in den zwei darüberliegenden Stockwerken wiederholte Erdmannsdorff das Palladio-Motiv. Die das Rundbogenfenster jeweils in der Mitte rahmenden Bauelemente und die Architrave über den flankierenden Seitenfenstern waren in Sandstein ausgeführt und akzentuierten für den Betrachter die Fassade. Während Parterre und erster Stock dieser ansonsten in ziegelsichtiger Bauweise errichteten Architektur aufgrund der Zeichnung eine etwa gleiche Raumhöhe vermuten lassen, ist die Etage unter dem Dach in der Geschoßhöhe deutlich niedriger.

Daß darüber hinaus dieses Palladio-Motiv als ein Architektur–Detail nicht nur auf Bauwerke beschränkt bleiben muß, die sich an antiken Vorbildern orientieren, zeigt Friedrich Wilhelm von Erdmannsdorff mit seinem ausgeführten Entwurf für die Wörlitzer Probstei aus dem Jahr 1796. (Abb. 19) Direkt an der Nahtstelle zwischen dem Ensemble gotischer Bauwerke um die St. Petri-Kirche und der Stadt Wörlitz, schließt der zweigeschossige verputzte Ziegelbau den Park gleichsam nach Süden hin ab. Das insgesamt in seiner Formensprache sehr schlichte, mit seinen Treppengiebeln und Fialen aber eindeutig an gotische Bauwerke erinnernde Gebäude, dessen traufseitige Fassade lediglich durch einen feinen Putzstreifen horizontal gegliedert ist, wird im ersten Stock des etwas vorspringenden und von einem Treppengiebel bekrönten Mittelrisalits

Abb. 18: Fassadenaufriß des Hauses Muldstrasse 24 in Dessau, auch Lustgärtner- oder Hofstallmeisterwohnung genannt, errichtet nach Plänen Friedrich Wilhelm von Erdmannsdorff zwischen 1791 und 1794, zerstört 1945. Foto: Bildarchiv Kulturstiftung Dessau-Wörlitz, M.-L. Werwick 1996. Aus : Riesenfeld 1913.

Abb. 19: Wörlitz, Probstei, Südfassade, errichtet nach Plänen von Friedrich Wilhelm von Erdmannsdorff, um 1796. Foto: Bildarchiv Kulturstiftung Dessau-Wörlitz, M.-L. Werwick 1996.

über dem repräsentativen Eingangsportal von einem dreigeteilten Fenster akzentuiert, dessen erhöhter Mittelteil von einem Rundbogen abgeschlossen ist.

Wenn auch bekannt ist, daß Andrea Palladio dieses nach ihm benannte Motiv bei seinen Bauwerken nicht besonders häufig verwendete, so ist bemerkenswert, daß für den Dessauer Baukünstler gerade diese Grundform Ausdruck seines klassizistisch geprägten Architekturverständnisses war.

Die Brücken

Unterschiedlich konstruierte Brückenbauwerke in einem Landschaftsgarten nach englischem Muster waren für Parkbesucher im 18. Jahrhundert hochgeschätzte Bestandteile ästhetischer Erbauung. Als einprägsame Gestaltungselemente wirkten sie darüber hinaus in technischer Hinsicht beispielhaft und lösten größte Bewunderung aus. So erstaunt es nicht, wenn auch Fürst Franz von Anhalt-Dessau an ausgewählten Orten in seinem Gartenreich zahlreiche Exemplare errichten ließ. Insgesamt sind bis jetzt allein in den Anlagen von Wörlitz, Oranienbaum und Luisium einunddreißig verschiedene Brücken nachgewiesen, die in der Mehrzahl noch existieren und die berühmten Gartenbilder maßgeblich mitbestimmen. Wenn wir heute das Aussehen einiger Brücken nur von historischen Bildquellen kennen und manchmal ärchäologische Grabungen lediglich den Standort klären helfen, so bilden dennoch alle zusammen ein differenziertes, pädagogisch zu nennendes Brückenbauprogramm von bemerkenswerter Qualität. Diese Tatsache unterstreichen die in letzter Zeit veröffentlichten Forschungsergebnisse[25].

Vor dem hier zu beleuchtenden thematischen Hintergrund einer Vorbildfunktion palladianischer Brückenbauentwürfe für die Brückenbauten Erdmannsdorffs verdienen vor allem zwei Brücken im Gartenreich Aufmerksamkeit: erstens die in den Wörlitzer Anlagen auf Schochs Insel im März 1773 errichtete sogenannte Stufenbrücke (Abb. 20) und zweitens die drei Jahre später im Park Luisium, direkt neben dem Schloß, gebaute Bogenbrücke (Abb. 21).

Trotz der unterschiedlichen Benennung ähneln die Brücken sich in Proportion, Konstruktion und Material und erinnern an einen Entwurf Palladios, den dieser im dritten Buch seiner *Quattro libri* veröffentlicht hat. Unter der Überschrift »*Was beim Bauen von Brücken beachtet werden muß, und welcher Ort zu wählen ist*«, wiederholt

Abb. 20: Georg Melchior Kraus, Stufenbrücke in den Wörlitzer Anlagen, erbaut im März 1773, aquarellierte Zeichnung (verschollen), 1783. Foto: Bildarchiv Kulturstiftung Dessau-Wörlitz, M. L. Werwick 1997. Aus: KUNSTDENKMALE 1939, Taf. 94 b.

Abb. 21: Dessau-Waldersee, Park Luisium, Bogenbrücke, erbaut 1776. Foto: Kulturstiftung Dessau-Wörlitz, M.-L. Werwick 1997.

Palladio auch hier seine grundsätzliche Forderung nach Zweckmäßigkeit, Schönheit und Dauerhaftigkeit. Allerdings ist es nach seiner Auffassung nicht möglich, gesicherte und bestimmte Regeln für Brücken aus Holz zu erstellen, so daß je nach Gelegenheit der Baumeister nach den beiliegenden Zeichnungen »*[...] und mit der Schärfe seines Geistes [...]*«[26] das für das jeweilige Projekt günstigste auswählen soll.

Für die Erdmannsdorffschen Nachbauten ist allerdings besonders dasjenige Kapitel wichtig, wo Palladio über Brückenentwürfe schreibt, die man bauen kann, ohne Pfähle in den Fluß zu setzen:»*[...] Dieser letzte Entwurf kann mit stärkerem oder geringerem Bogen ausgeführt werden, je nachdem, wie es die Beschaffenheit des Ortes und die Breite des Flusses erfordern. Die Höhe der Brücke, in der das Gerüst oder, sagen wir besser, die Verstrebungen liegen, die von einer Hängesäule zur anderen verlaufen, soll ein Elftel der Breite des Flusses ausmachen. Alle Keile der Hängesäulen sind nach der Mitte hin ausgerichtet, was das Werk außerordentlich widerstandsfähig macht. Wie in den vorgenannten Entwürfen stützen die Hängesäulen die Quer- und Längsbalken. [...]*«[27]. Wie Berechnungen jüngst ergaben, hat sich Erdmannsdorff beim Nachbau der gewölbten, weißgestrichenen Holzbrücke, die als erste über den Wolfskanal nahe seiner Mündung in das Kleine Walloch gebaut wurde, aber auch bei der zweiten Brücke im Park Luisium, recht genau an die Hinweise im Text und die Entwurfszeichnung Palladios gehalten.

Die funktionalen Besonderheiten der Brücken, zum einen die Spannweiten – Stufenbrücke 12,67 m, Bogenbrücke 11,60 m –, zum anderen die Auflager zur Aufnahme der horizontalen Kräfte, entsprechen annähernd dem Vorbild. Dies trifft auch auf den weitgespannten Bogenradius zu. Der Ober- und Untergurt ist bei beiden Brücken in Form eines Segmentbogens parallel geführt, wobei die Gurte nicht durchlaufen, sondern durch Pfosten unterbrochen sind. Während bei der Stufenbrücke in Wörlitz die Pfosten oben und unten über die Gurte hinausragen, geschieht das im Luisium nur am oberen Gurtband. Demgegenüber ist der Gurt unten durchgezogen und aus konstruktionstechnischen Gründen verbreitert. Dabei kommt den Diagonalen, die jedes der insgesamt elf quadratischen Segmente gliedern, eine aussteifende Funktion zu, wohingegen die innenliegenden Quadrate keine konstrukive Aufgabe erfüllen. Im Gegensatz zu Palladio läßt Erdmannsdorff die Diagonalen in Wörlitz im Knotenpunkt enden. Die Bogenbrücke im Luisium entspricht in diesem Punkt der Zeichnung des italienischen Baumeisters weit mehr.

So wie Erdmannsdorff bei der Auswahl der Brückenform offensichtlich ganz bewußt auf ein palladianisches Vorbild

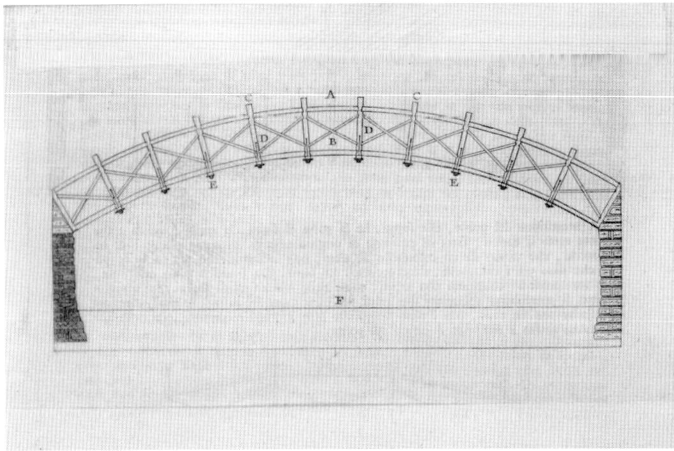

Abb. 22: Andrea Palladio, Entwurf für eine bogenförmige Holzbrücke, Holzschnitt, 1570. Foto: Anhaltische Landesbücherei Dessau, 1996. Aus: Palladio 1570, III. Buch, 8. Kap., S. 229.

zurückgegriffen hat, so liegt auch die Positionierung der Brücke innerhalb der Anlage einem konkreten Konzept zugrunde.

Unabhängig von welcher Richtung man in Wörlitz den Kanal befährt, bildet die Stufenbrücke zusammen mit dem ebenfalls hölzernen und weiss gestrichenen Vorgängerbau der Wolfsbrücke entweder den Auftakt oder die Endstation einer etwa einen Kilometer langen Bootsfahrt vorbei am Gotischen Haus, das an die venezianische Kirche Madonna dell'Orto erinnert – eine imaginäre Reise durch das Veneto. Bemerkenswert in diesem Zusammenhang ist darüber hinaus die Position der Stufenbrücke als Verbindungsglied zwischen dem naturnah gestalteten Areal des sogenannten Dianenhains auf Schochs Insel und der landwirtschaftlich genutzten Ackerfläche auf der gegenüberliegenden Uferseite. Die Brücke übernimmt hier gleichsam die Funktion eines Bindeglieds zwischen zwei vollkommen unterschiedlich genutzten Landschaftsräumen, die symbolhaft das Schöne und das Nützliche versinnbildlichen. Für die Bogenbrücke im Luisium ließ sich eine solche Rauminterpretation bisher nicht finden.

Ob Erdmannsdorff bei dem Gedanken, auch bogenförmige Holzbrücken im Dessau-Wörlitzer Gartenreich zu errichten, entweder vom Studium des achten Kapitels im dritten Buch von Palladios *Quattro libri* angeregt wurde (Abb. 22), oder aber der Entwurf von William Chambers mit dem

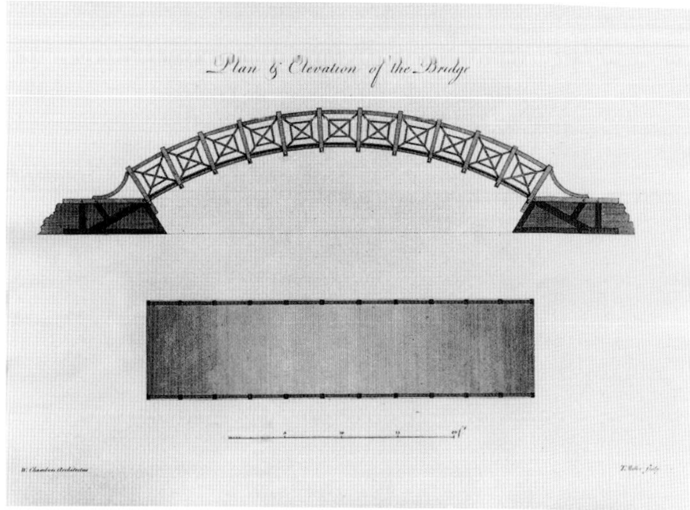

Abb. 23: William Chambers, Plan & Elevation of the Bridge, Kupferstich, 1763. Foto: Bildarchiv Kulturstiftung Dessau-Wörlitz, M.-L. Werwick, 1997. Aus: CHAMBERS 1763, hier Taf. 32.

Titel *Plan & Elevation of the Bridge* (Abb. 23) aus seinem Kupferwerk *Plans, Elevations, Sections, and Perspective Views of the Gardens and Buildings at Kew*, das bekanntlich ebenfalls in der fürstlichen Bibliothek vorhanden war, den Ausschlag gab, ist nicht mehr eindeutig festzustellen.

Für die Nähe der zwei Brücken im Gartenreich zum Palladio-Entwurf spricht aber, daß schon Chambers als Inspirationsquelle für seine in Kew Gardens errichtete Holzbrücke notiert: »*[...] The design is, in a great measure, taken from one of Palladio's wooden bridges. [...]*«[28].

Im Original haben der Fürst von Anhalt-Dessau und Friedrich Wilhelm von Erdmannsdorff während ihrer England-Reise 1763/64 diese hölzerne Brücke von Chambers in Kew Gardens wohl zum ersten Mal gesehen. Auf Grund der allgemeinen Bewunderung für die Werke dieses englischen Architekten erschien seine Brücke so geeignet, daß sie als einziges Modell gleich zweimal im Dessau-Wörlitzer Gartenreich zum Einsatz kam.

Für einzelne Archiv- und Literaturrecherchen, die als Grundlage für diesen Katalogbeitrag dienten, bedanke ich mich an dieser Stelle sehr gerne bei Daniela Clare, Wörlitz. Mein Dank gilt ebenso Charles Hind vom Royal Institute for British Architects, London und Berthold Burkhardt von der Technischen Universität Braunschweig. In Gesprächen gaben mir beide wertvolle Hinweise.

1 Inschrift über dem Eingangsportal des Pantheons in den Wörlitzer Anlagen.
2 Van Kempen 1925, 69.
3 Riesenfeld 1913; Speler 1981; 1986; Pfeifer 1995; Forsman 1996; Günther 1996.
4 Von Rode 1994, 9 u. 17.
5 Brief von Friedrich Wilhelm von Erdmannsdorff aus Rom an Fürst Franz von Anhalt-Dessau, Landesarchiv Oranienbaum, A 10 Nr. 187. (1761–98), B. 151f.
6 Georg Heinrich von Berenhorst, Journal de voyage des princes Léopold Frédéric Francois et Jean George d'Anhalt du 18. octobre 1765 jusqu'au 3. mars 1768, conduit par de Berenhorst le 19. avril 1775 (Abschrift einer Abschrift von 1932, Original verloren), Anhaltische Landesbücherei Dessau, Wiss. Bibl. u. Sondersammlungen, HB 23 841; Friedrich Wilhelm von Erdmannsdorff, Reisetagebuch der zweiten Italienreise 1765/66, Autograph, Anhaltische Landesbücherei Dessau, Wiss. Bibl. u. Sondersammlungen, Hs 10 012 a 4o.
7 Friedrich Wilhelm von Erdmannsdorff, Reisetagebuch, zitiert nach Speler 1981, Bd. 1, 198.
8 Von Rode 1994.
9 von Erdmannsdorff 1797, 1. H., 3.
10 Ebd. 8.
11 Ebd.
12 Boettiger 1800.
13 Palladio 1991, II. Buch, Kap. 12, 161.
14 *»[...] An einem Morgen haben wir uns Chiswick in Middlesex angesehen, wo es ein Haus gibt, das jetzt dem Sohn des Herzogs von Devonshire gehört, das aber zuvor Milord Burlington hatte bauen lassen. Das Gebäude gilt als ein herausragendes architektonisches Meisterstück in England, und es ist wahrlich im Geschmack des alten Griechenland. Eine Zedernallee mit sehr hohen Bäumen, die zu der schönen Fassade des Hauses führt, bereitet [Ihnen] einen majestätischen und würdevollen Empfang und scheint [Sie] in einen Tempel zu führen. Eine sehr schöne Treppe und ein Portikus in der korinthischen Ordnung vor dem Eingang bilden die Hauptfassade. Im Inneren gibt es einen Saal in der Form eines Oktogons, der durch eine Kuppel abgeschlossen wird, durch welche Licht einfällt. Dieser Saal ebenso wie die anderen Räume sind mit Marmor ausgeschmückt, mit Bronze und einer stattlichen Anzahl schöner Gemälde. Die schöne Anordnung und die vornehme Einfachheit sowohl der Innenräume als auch des Äußeren dieses Hauses verdienen jedermanns Bewunderung. Man könnte wünschen, daß eine solch elegante Architektur für ein geräumigeres Gebäude angewendet worden wäre. Es schien mir auch, daß die Räume nicht hell genug sind, was nicht vorteilhaft für die Gemälde ist [...]".* Passage aus einem bisher unveröffentlichten, 31 Seiten (ohne Paginierung) umfassenden Manuskript aus dem Nachlaß von Friedrich Wilhelm von Erdmannsdorff, heute in Privatbesitz. Der Baumeister beschreibt seine Eindrücke während der ersten Reise von Dessau aus über Holland und Flandern nach England in den Jahren 1763/64. Die überlieferten Seiten umfassen dabei in etwa den Zeitraum von Anfang Juli bis Mitte Oktober 1763, hier S. 21.
15 Palladio 1991, I. Buch, Kap. 13, 42.
16 Brief von Friedrich Wilhelm von Erdmannsdorff aus Rom an Fürst Franz von Anhalt-Dessau vom 24.06.1771, Landesarchiv Oranienbaum, A 10, Nr. 187, B. 165.
17 Boettiger 1797, 45.
18 Georg Friedrich Rebmann, Hans Kiekindiewelts Reisen in alle vier Erdteile, 1795, zitiert nach Kadatz 1986, 8.
19 Von Bruiningk 1808, 81.
20 Palladio 1991, II. Buch, Kap. 16, 190.
21 *»[...] Hatte man ihn beauftragt ein einfaches Wohnhaus zu bauen; durch seine Talente und die ausgewählten Verzierungen wußte er daraus einen Palast zu machen. Die einfache Eleganz seiner Landhäuser ist kaum nachzuahmen, ein jedes regt dazu an, dort fernab von der Welt mit ihren Zerstreuungen seine Tage zu verbringen [...].* Aus Georg Heinrich von Berenhorst, Journal de voyage, wie Anm. 6, hier S. 24f.
22 Boettiger 1797, 54.
23 Von Rode 1796, 62 f.
24 Brief von Friedrich Wilhelm von Erdmannsdorff aus Rom an Fürst Franz von Anhalt-Dessau vom 24. Juni 1771, Landesarchiv Oranienbaum, A 10, Nr. 187 (1761–98), B. 165.
25 Burkhardt 1994, 104–111; 1996.
26 Palladio 1991, III. Buch, Kap. 5, 219.
27 Ebd., Kap. 8, 229.
28 Chambers 1763, S. 6: *»[...] Der Entwurf ist, in den Maßverhältnissen, von einer der hölzernen Brücken Palladios übernommen [...]. Nichts ist daran besonders bemerkenswert, bis auf die Tatsache, daß sie in einer einzigen Nacht gebaut wurde [...]«.*

Palladianismus zwischen Nord- und Ostsee

Hakon Lund

1520, als Andrea Palladio zwölf Jahre alt war, reiste ein dänischer Adelsmann nach Italien. Wie wir wissen, war Rom sein eigentliches Ziel. Als er nach einem Aufenthalt von einigen Jahren in Italien nach Dänemark zurückkehrte, baute er den ererbten Herrensitz um. Johan Friis war der Name des Adligen und Hesselagergård im Südosten der Insel Fünen sein Besitz. Das Herrenhaus war ein einflügeliges Gebäude, das er mit zwei Türmen an den Ecken der Giebel versah und einem Treppenturm in der Mitte. Friis konnte zwar noch nicht von der Architektur Palladios beeinflußt worden sein, aber er ist das erste Beispiel, daß ein dänischer Privatmann, ja, vermutlich ein Däne überhaupt, architektonische Ideen mit nach Hause brachte. Die rundbogigen Giebelabschlüsse von Hesselagergård (Abb. 1) aus dem Jahr 1550 könnten darauf hindeuten, daß Friis auf seiner Reise Venedig besucht hat, wo diese Form der Giebelausschmückung verbreitet war. Die Scuola Grande di S. Marco und die Kirche S. Zaccharia zeugen davon. Den gleichen Giebeltyp gebrauchte Friis, als er vermutlich gleichzeitig mit dem Herrenhaus die Kirche in Hesselager ausschmückte. Und hier ist eine gewisse Übereinstimmung mit einer Tafel (Abb. 2) in Sebastiano Serlios 5. Buch, das 1547 erschien, belegbar. Otto Norn[1] hat vermutet, daß es Johan Friis' Maler Jacob Binck war, der vorgeschlagen hat, die rundbogigen Giebel zu verwenden. Das würde bedeuten, daß in Dänemark wenigstens einige Kenntnisse der architektonischen Strömungen in Italien, besonders in Venedig, vorhanden waren. Wenige Jahre später zeigte sich der gleiche Giebeltyp bei einem Umbau des Südflügels von Schloß Gottorp in Schleswig. Von einer Verbindung zu Palladio kann jedoch hier nicht ausgegangen werden. Die Architekturtraktate Serlios wurden mehr als 20 Jahre vor Palladio veröffentlicht, und allem Anschein nach waren es diese, mit denen man zunächst in Dänemark Bekanntschaft machte. Holmen Kirche in Kopenhagen, die ur-

Abb. 1: Hesselagergård, Exterieur. Foto: Kunstakademiets bibliotek.

sprünglich als Ankerschmiede für die dänische Flotte gebaut worden war, hat ebenfalls einen Giebel, der mit einer Tafel bei Serlio[2] verglichen werden kann (Abb. 3).

Vitruvius wird in Dänemark bekannt

1576 lud der bekannte Astronom Tycho Brahe seine Freunde und Bekannten auf die damals dänische Insel Hven mitten im Øresund ein. Der Anlaß war die Grundsteinlegung zu seinem Observatorium *Uraniborg* (Abb. 4) in der Mitte der Insel. Es lag für ihn als Mathematiker und Astronom und damit als Naturwissenschaftler nahe, die Geometrie als eine wesentliche Voraussetzung architektonischer Planung anzusehen. Er erklärt selbst: *»Sieht man solchermassen das Exterieur des Hauses von Osten oder Westen und vergleicht man diese Seiten mit den*

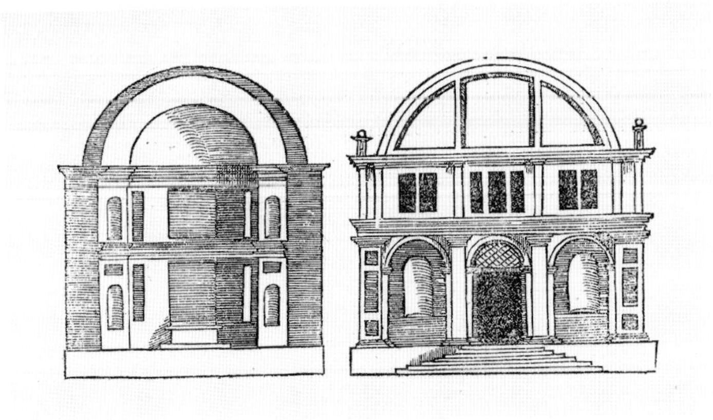

Abb. 2: Giebeltypen. Aus: Serlio 1619, Buch IV.

2b

Süd- und Nordseiten, so bemerkt man, daß alle das gleiche Aussehen haben, indem alles einander entspricht und streng symmetrisch angeordnet ist, was eine Forderung der Architektur ist, deren Arbeit in Übereinstimmung mit den Regeln der Kunst ausgeführt werden soll«[3]. Es besteht kein Zweifel darüber, daß Tycho Brahe seinen Bau mit eingehender Kenntnis des Vitruvius geplant hat. Vermutlich waren ihm auch die italienischen Theoretiker der Renaissance bekannt. Faktisch erwähnt Brahe Vitruvius in einem Brief vom 14. Februar 1576: *»Doch scheint Vitruvius in der Architektur bes-ser bewandert zu sein als in Astronomie und Geometrie…«*[4]. Selbst wenn er nicht ausdrücklich in den Vorlesungen erwähnt wird, die Tycho Brahe im Herbst 1574 an der Universität Kopenhagen hielt, so finden sich doch Berührungspunkte mit Vitruvius in der Vorrede *De disciplinis matematicis*, in der er ausführt, daß die Architektur zu jenen Disziplinen gehört, die er zur Geometrie rechnet. Das ist ein Gedanke, den man auch bei Vitruvius findet, der in seinem ersten Kapitel verlangt, daß der Baumeister in der Geometrie kundig sein soll[5]. Da die Universitätsbibliothek in Kopenhagen 1728 ausbrannte, hat man keine Belege, inwieweit sich dort eine oder mehrere Ausgaben der zehn Bücher des Vitruvius befunden haben können. Es ist wohl aber unwahrscheinlich, daß dies nicht der Fall war.

Uraniborg und die Villa Rotonda

1575 war Tycho Brahe in Norditalien gewesen, und es ist undenkbar, daß er nicht eine oder mehrere der Villen Palladios gesehen hat. Wie aus Brahes Beschreibung von Uraniborg hervorgeht, handelte es sich um einen Zentralbau. Die Villa Rotonda (Abb. 5), die Palladio um 1550 für Paolo Almerico gebaut hatte, war so ein aktueller und fast neuer Bau. Brahe kann bereits sehr wohl Grund- und Aufriß der Villa in Palladios *I quattro libri dell'architettura*, die in Venedig 1570 erschienen, studiert haben, bevor er sich möglicherweise entschloß, sie mit eigenen Augen zu sehen. Francis Beckett[6] hat geltend gemacht, daß die Villa Rotonda das direkte Vorbild für Uraniborg darstellt, wohlgemerkt nicht im ausgeführten Bau, sondern in der Form, in der sie in den *Quattro Libri* gezeigt wird. Als Argument nennt Beckett unter anderem die gleiche topographische Lage der Bauten.

Beide Bauten liegen hoch und frei, was aber nicht zwangsläufig auf eine direkte Beeinflussung zurückgeführt werden muß, da ein Observatorium notwendigerweise frei in der Landschaft stehen muß. Für Villen gab es andere Gründe, eine freie Aussicht zu bieten. Bei einem ersten Vergleich bietet das Äußere der beiden Bauten keine Gemeinsamkeiten. Tatsächlich ist der eine so italienisch wie nur möglich in seinem nüchternen, ein-

Abb. 3: Holmens Kirche, Kopenhagen, Giebelfassade.
Foto: Kunstakademiets bibliotek.

Abb. 4: Uraniborg auf Hven, Grundriß und Fassade.
Foto: Kunstakademiets bibliotek.

fachen Klassizismus, der andere dagegen sehr nordisch mit Erkern, Türmchen und hohen Dachkonstruktionen. Nicht in den Fassaden ist nach der palladianischen Inspiration zu suchen, sondern im quadratischen und symmetrischen Grundriß (Abb. 6). Die Rotunde in der Villa Almerivo beherrscht das ganze Haus. Sie ist es, in der seine Monumentalität liegt. Das Zentrum in Uraniborg, das nur eine Erweiterung der sich kreuzenden Korridore ist, wird dagegen von vier gleich großen Räumen umgeben[7]. Brahe und sein Baumeister könnten auch Serlios Fünftes Buch eingesehen haben, in dem sie den Grundriß einer Zentralkirche mit einem quadratischen Zentrum, umgeben von vier runden Kapellen, gefunden hätten. Diese könnten das Vorbild für die runden, als Observatorien dienenden Räume in Uraniborg bilden. Aber dies ist unleugbar eine sehr formale Betrachtungsweise, die übersieht, daß der eine Bau ein Observatorium ist und der andere eine Kirche mit vier gleichen Kapellen.

Das 17. Jahrhundert

1658 verfolgten drei junge Dänen eifrig Goldmanns Übungen und Vorlesungen über Architektur. Neben einem weiter nicht bekannten Jüngling waren es Willum Worm und Thomas Walgensteen. Sie haben eifrig Notizen gemacht, die noch in einer Handschrift der Königlichen Bibliothek in Kopenhagen bewahrt sind. Der Foliant umfaßt unter dem Titel *Elementa Architecturae collecta à Nicolao Goltmanno*[8] 252 Seiten mit lateinischem Text und 65 Seiten mit Zeichnungen. Thomas Walgensteen hatte an der Universität Kopenhagen Mathematik studiert, entwickelte sich aber zum Generalisten in den Naturwissenschaften mit großer Einsicht in und Respekt für die Naturphilosophie. Er trat später in Thévenets Kreis von Naturforschern auf und führte als einer der ersten eine Laterna magica vor. Goldmann lehrte in Leiden und gab 1643 drei Bände über Festungsbau heraus. Aber über ihn heißt es: *»So unternimmt denn Goldmann als der erste Mathematiker von Fach, die Civilbaukunst ähnlich zu behandeln wie die Kriegsbaukunst, indem er mit Definitionen und Axiomen anfängt und mit technischen Einzelheiten endet«*[9].

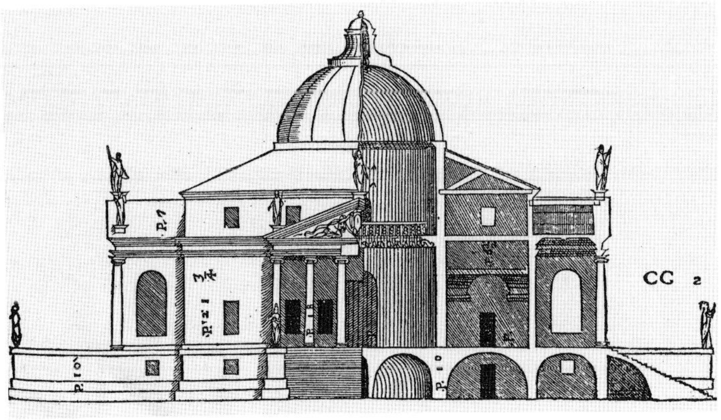

Abb. 5: Villa Rotonda. Aus: Palladio 1570.

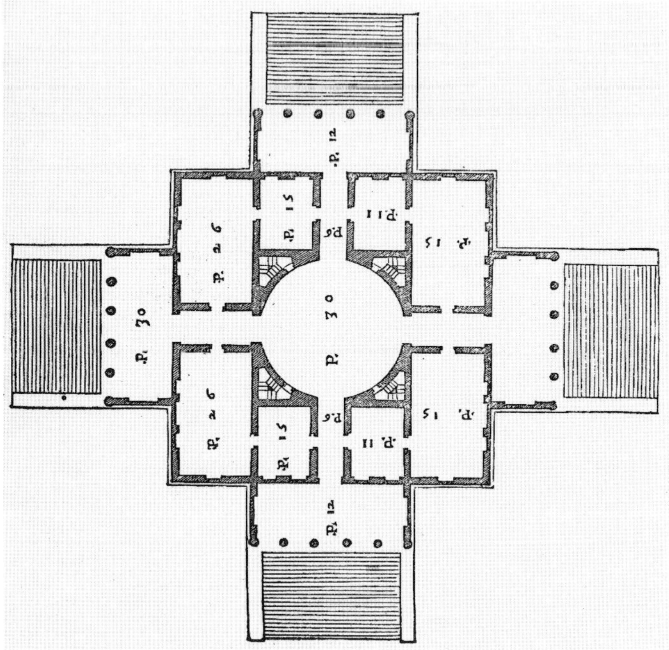

Abb. 6: Villa Rotonda, Grundriß. Aus: Palladio 1570.

1665 beginnt man in Kopenhagen mit den Planungen für einen neuen Bibliotheks- und Kunstkammerbau (Abb. 7). Das geschah unter Leitung des Königlichen Baumeisters Albert Matthiesen und bis zu einem gewissen Grade nach einem Modell der Bibliothek Kardinal Mazarins in Paris[10]. 1668 verstarb indessen Matthiesen, und Willum Worm, der Bibliothekar geworden war, wandte sich an Walgensteen, seinen Reisekameraden von Leiden. Bei der Einrichtung des Bibliothekssaales, die ihm 1670 übertragen worden war, konnte er all sein Wissen, das er sich während des Unterrichts bei Goldmann angeeignet hatte, sehr gut verwenden. Der überaus lange Bibliothekssaal war auf allen Seiten von Galerien mit korinthischen Säulen eingefaßt und mit einem Marmorboden versehen, in dem weiße und schwarze Felder ein Muster bildeten. Der Saal war nicht weniger als 80 Meter lang, aber recht schmal, und so waren seine Proportionen weit von den klassischen entfernt. Walgensteen starb 1681, und seine Tätigkeit blieb in Dänemark ohne unmittelbare Folgen. Aber die von ihm gestaltete korinthische Säulenordnung in einer relativ korrekten Ausführung erwies sich als wirkungsvolle Neuerung.

Will man im letzten Viertel des 17. Jahrhunderts von einem Palladianismus in Dänemark sprechen, muß man den Ursprung des Einflusses woanders suchen, nämlich in den Niederlanden. Einige Architekturzeichnungen, die vermutlich Gabriel Milan, der Kommissar des dänischen Hofes in den Niederlanden, an Ulrik Frederik Gyldenløve, einem außerehelichen Sohn des Königs, gesandt hat, deuten in diese Richtung. Teils sind es Aufrisse gewöhnlicher Giebelhäuser, teils offenkundige Kopien von Vingboons Bürgerhäusern und von Palais von Pieter Post und Van Campen[11]. Gyldenløves eigenes Palais, das er am Kongens Nytorv bauen ließ, zeigt ebenfalls deutlich einen holländischen Einfluß (Abb. 8). Leider ist der Name des Architekten nicht mit Sicherheit nachzuweisen. Wir wissen nur, daß Milan in einem Brief den Architekten des Grafen erwähnt, aber selbstverständlich nicht namentlich, denn Gyldenløve wußte ja bereits, um wen es sich handelte.

Man hat indessen versucht, den Mann zu finden und ist sehr überzeugend auf den holländischen Baumeister Evert Janssen[12] gekommen, der von anderen dänischen Bauten der Zeit bekannt ist. Das 1672–83 gebaute Palais wird zusammen mit dem Herrensitz Nysø (1671–73) als Neuland in der klassizistischen dänischen Architektur bezeichnet (Abb. 9). Es kann kein Zweifel darüber herrschen, daß der Anstoß dazu von Holland kam, gleich, ob das durch die übersandten Zeichnungen von zum Beispiel Vredenburg und Schwanenburg (Abb. 10) geschah oder durch Evert Janssens eigene Erfahrungen. Gyldenløves Palais (jetzt Charlottenborg) und Nysø haben

Abb. 7: Bibliothekssaal im Gebäude der Kunstkammer.
Foto: Kunstakademiets bibliotek.

Abb. 8: Charlottenborg, Fassade.
Foto: Kunstakademiets bibliotek.

beide Kolossalpilaster in der Hauptfassade, die sie mit den holländischen Beispielen verbinden. Nur Nysø hat einen Dreiecksgiebel über den Pilastern, doch findet sich auf einem frühen Plan für Charlottenborg auch ein ebensolcher Giebel. Dieser Plan zeigt außerdem Kuppeln über den Seitenrisaliten, die eine nicht geringe Verwandtschaft mit Vingboons nicht zur Ausführung gekommenem Vorschlag für das Rathaus in Amsterdam haben (Abb. 11). Das Fenster über dem Hauptportal auf dem Plan für Charlottenborg ist von zwei Löwen umgeben, die sich mit dem Kopf voran nach unten stürzen. Das Motiv konnte Evert Janssen in einem Interieurdetail finden, das in van Campens 1664 erschienenem Werk über das Rathaus in Amsterdam wiedergegeben ist. Die Grundrisse der beiden Häuser sind dagegen ganz vom französischen Typ. Zwei interessante Zeichnungen von Bauten mit Kolossalpilastern, die eine für ein Lustschloß (Abb. 12) und die andere für ein großes Palais, stammen vermutlich ebenfalls von Janssen. Sie unterstreichen seine enge Beziehung zur gleichzeitigen holländischen Architektur, wenn auch das Schloß mit zwei den baulichen Bedingungen angepaßten Palladio-Fenstern ausgestattet ist.

Diese Bauten bilden den Ausgangspunkt für eine lange Reihe von Gebäuden der gleichen Art: Das Palais des Admirals Niels Juel am Kongens Nytorv, vermutlich von Lambert van Haven (1683–86), das »kleine« Palais Gyldenløves in der Dronningens Tværgade von Ernst Brandenburger (1702), H. U. Lützows Palais in der Stormgade und das Opernhaus in der Fredericiagade, wahrscheinlich von W. F. von Platen (1701–02). Alle diese Bauten stehen als Repräsentanten für jenen »Palladianismus«, der mit einem gewissen Recht als »Kopenhagener Palladianismus« bezeichnet worden ist und der seine Blüte zu Beginn des 18. Jahrhunderts hatte. Die Grundlagen für diesen Stil sind prägnant charakterisiert worden: *»Und es erscheint angebracht, diesen Typ Klassizismus in Verbindung zu bringen mit Begriffen wie Vernunft, Selbstbeherrschung und Mässigkeit, die das Bildungsideal der Zeit durchdringen, eine Einheit zu sehen zwischen dem durch Tugend und Beherrschung seiner Triebe zivilisierten Menschen und dem neuen Stil mit seinen einfachen und nüchternen Bauelementen, durch klassische Tempelgiebel veredelt – oder in jedem Fall die Essenz hiervon – und gestrafft durch den festen Rhythmus der flachen Pilaster«*[13].

Auch Herrensitze und Lustschlösser wurden davon beeinflußt, sowohl in Dänemark wie auch in den Herzogtümern, wie beispielsweise Sorgenfri nördlich von Kopen-

Abb. 9: Nysø, Herrenhaus, Gartenfassade.
Foto: Kunstakademiets bibliotek.

hagen und Pronstorf in Holstein[14]. Über die Ausbildung von Evert Janssen ist nichts bekannt. Er tauchte plötzlich in Dänemark auf und und erhielt nach einiger Tätigkeit eine öffentliche Anstellung als Baumeister. Es gab zu der Zeit keine formelle Architektenausbildung im Königreich. Deshalb hatte man entweder – wie Walgensteen – in das Ausland zu reisen oder man wanderte – wie Janssen – ein. Die dritte Möglichkeit war das Militär, wo man bei dem holländischen Architekten Hendrik Rüse etwas über Festungsarchitektur lernen konnte.

Der dänische Architekt Lambert van Haven war zweimal auf Studienreise in Italien, auf der ersten als Maler, 1668–70 – auf der zweiten – gleichzeitig auch als Architekt. Er hielt sich vier Monate in Venedig auf, bevor er zu seinem Hauptziel Rom weiterzog. Aus seinen Rechenschaftsberichten[15] geht zwar hervor, daß er während seines Aufenthalts in Venetien Architekturbücher kaufte, aber nicht welche. Da Lambert keine Ausbildung zum Architekt in Dänemark erhalten hat, muß man davon ausgehen, daß er sich auf der Reise mit großer Gründlichkeit zum Architekten und Maler ausgebildet hat. In Rom erhielt er Unterricht durch die angesehendsten Künstler. Er tätigte außerdem Einkäufe von Kunstwerken für den König und erwarb Bücher und Kupferstiche für den eigenen Gebrauch. Ein Katalog über die Kupferstiche und Zeichnungen, die er bei seinem Tod hinterließ, ist für

Abb. 10: Schwanenburg, Fassade und Aufriß.
Foto: Rigsarkivet Kopenhagen.

das Verständnis seiner Interessen wichtig[16]. Der Katalog umfaßt nicht weniger als 12.000 Blatt. Die Blätter mit Architektur zeigen, daß seine Interessen weit reichten. So hatte er viele Stiche von italienischen, französischen, holländischen und deutschen Bauten. Bei weitem die meisten Eintragungen im Katalog nennen allerdings über den Namen des betreffenden Landes hinaus keine Einzelheiten. Aber es gibt Ausnahmen wie das Rathaus in Amsterdam, die Bauten Vingboons, Bauten und Schornsteine von Pieter Post, das Rathaus in Maastricht sowie Gebäude von Jan van Campen. Er nennt außerdem verschiedene, darunter venezianische, *»optrekninger«*, womit vermutlich eine Art Vermessungen oder Pausen gemeint sein müssen. Als er 1670 heimkehrte, war er sicher der in allen Gebieten am besten ausgebildete Künstler in Dänemark. In den nachgelassenen Papieren van Havens gibt es eine Anzahl Skizzen von italienischer Architektur. Von Interesse für den Palladianismus sind zwei Blätter, offenkundig von Venedig. Das eine zeigt eine Zeichnung der Fassade von S. Pietro di Castello (Abb. 13), das andere einen oder vielleicht zwei Schnitte durch ein Kirchen-

Abb. 11: Charlottenborg, Fassadenentwurf.
Foto: Nationalmuseet Kopenhagen.

schiff mit typisch palladianischen Zügen wie die Thermenfenster vom gleichen Typ in Il Redentore (Abb. 14). Das dokumentiert augenfällig das geringe Interesse an Palladio, und van Havens weitere Reise und ihre Resultate in seiner Architektur zeigen zudem, daß die römischen Erfahrungen vollkommen vorherrschend waren. Es besteht kaum Zweifel darüber, wenn auch keine eindeutigen Beweise dafür vorliegen, daß es van Haven war, der zwischen 1681 und 1683 Charlottenborg mit einem Ostflügel (Abb. 15) abschloß, und daß er für Admiral Niels Juel dessen pilastergeschmücktes Palais am Kongens Nytorv baute (1683–86).
Es war die Niederlage seines Lebens, als sein Plan für das Residenzschloß auf dem Slotsholm in der Hauptstadt verworfen wurde, und der schwedische Architekt Nicodemus

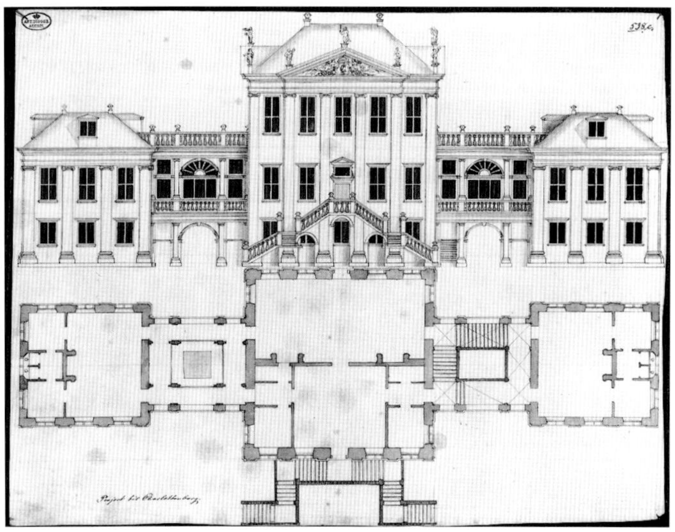

Abb. 12: Frederiksdal?, Fassadenentwurf.
Foto: Nationalmuseet, Kopenhagen.

Abb. 13: S. Pietro di Castello, Venedig, Aufriß der Fassade, Lambert van Haven. Foto: Kgl. Kobberstiksamling, Kopenhagen.

Tessin d. J. den Auftrag erhielt, nach dessen Entwurf den Bau zu verwirklichen.

Das 18. Jahrhundert

König Frederik IV., der 1699 den Thron bestieg, war von Italien begeistert. Er unternahm dorthin zwei Reisen, zunächst in den 1690er Jahren als Kronprinz und später 1708–09 als König. Selbst wenn er inkognito reiste, wurde der König, wohin er auch kam, mit all dem Pomp empfangen, den seine Gastgeber aufzubringen vermochten.
An mehreren Stellen, die der König besuchen sollte, bereitete man sich gründlich vor, unter anderem in Vicenza und Rom, wo Architekten an Zeichnungen für die Majestät arbeiteten. Nach Rom kam Frederik IV. deshalb nicht, weil sich Gerüchte über einen Ausbruch der Pest verbreiteten. Somit konnten die Zeichnungen, die Filippo Juvarra angefertigt hatte, nicht dem König überreicht werden. In Vicenza lebte der Architekt Francesco Muttoni, besser unter dem Pseudonym »*N.N.*« bekannt. Er war mit der Neuausgabe von Palladios Werken beschäftigt unter dem Titel *Architettura di Andrea Palladioum di nuovo ristampata... con le osservazioni dell'Architetto N.N.* Muttoni hatte die Absicht, im 10. Band eine Anzahl Zeichnungen zu veröffentlichen[17], die in erster Linie von ihm selbst waren, sich jedoch eng an die von Palladio an-

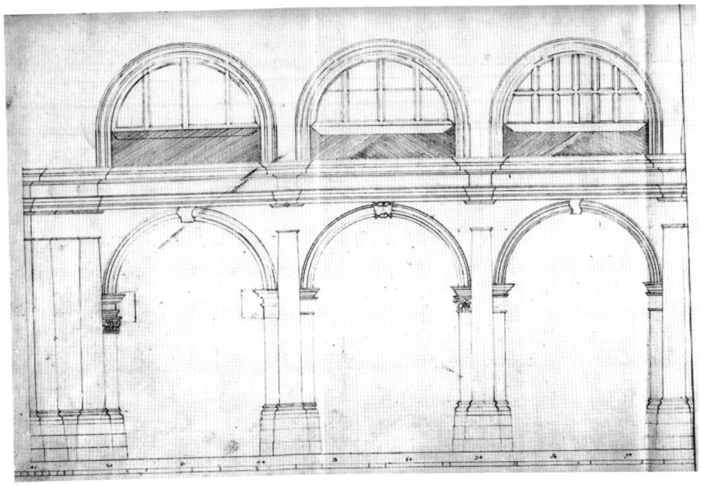

Abb. 14: Palladianische Kirche, Längsschnitte. Foto: Kgl. Kobberstiksamling, Kopenhagen.

Abb. 15: Charlottenborg, Gartenseite, Gemälde von Jacopo Fabris, 1690. Foto: Frederiksborgmuseet

lehnten. Nicht ohne Stolz betonte Muttoni, daß unter diesen Projekten Zeichnungen für einen königlichen Palast sein sollten, gefertigt auf Bestellung von *»Re Federigo IV di Danimarca«* und ausgeführt 1709. Band 10 des Werkes von Muttoni erschien niemals, so daß das Projekt unbekannt geblieben ist. Indessen sind zwei der Zeichnungen, die für diesen Band bestimmt waren, in der Library of Congress in Washington gefunden worden. Beide sind signiert *»Mutoni Arch. delin«* und numeriert *»Tav. XXXVII«* und *»TAV. XXXXVIII«*. Sie sind beschriftet mit *»pianta del Palazzo Reale delineato per Commissione del Re Federico IV di Danimarca dall'Autore N.N.«* bzw. *»Metta del prospetto, e Prospetto, e Profilo sive Spaccato, dell oltrascri«* (Abb. 16–17). Daß Muttoni eine Bestellung vom König entgegengenommen hatte, ist somit zweifelsfrei belegt. Er erwähnt dies sowohl auf den Zeichnungen wie auch in der Ausgabe der Werke Palladios. Inwieweit der König bei der Bestellung an einen bestimmten Platz für das Gebäude dachte, ist nicht bekannt.

Muttonis Zeichnung zeigt einen monströsen Bau mit einem Grundriß in Form einer riesengroßen Villa – vollkommen unrealistisch für ein bescheidenes Königreich wie das dänische. Die theoretisch-ideelle Symmetrie des Grundrisses würde das Schloß vollständig unbewohnbar gemacht haben. Es muß vermutet werden, daß Frederik IV. die Originalzeichnungen überreicht bekam, die heute unauffindbar sind. Offensichtlich gab es im folgenden auch von königlicher Seite Bedenken hinsichtlich der Bauausführung. Zumindest wurde kein Schloß in Kopenhagen unmittelbar nach Heimkehr des Königs 1709 gebaut. Muttonis Bau ist von einer Größe, die nur für ein Residenzschloß denkbar gewesen wäre. Sein doppelt symmetrischer Plan bietet die Möglichkeit für vier nahezu gleiche königliche Appartements für den König, die Königin und die Prinzen.

Zur Erinnerung an den für Dänemark glücklichen Abschluß des Großen Nordischen Krieges ließ der König 1720–24 Schloß Fredensborg in Nordseeland bauen (Abb. 18). Das Schloß ist in seinem Kern ein Zentralbau mit einem Kuppelsaal in der Mitte. Der Grundriß kann seine Verwandtschaft mit den zentralisierenden palladianischen Villen und im Prinzip auch mit Muttonis Bau nicht verleugnen[18]. Selbst wenn der Kern von Fredensborg im Vergleich zu dem italienischen Bauvorhaben sehr klein ist, gibt es andere Motive, die die beiden Bauwerke verbinden. Auf dem Schnitt des von Muttoni projektierten Baus sieht man zum Beispiel eine Wand mit Stukkaturen einer eigentümlichen Form, die sich in nahezu identischer Form auf den Wänden des Kuppelsaales von Fredensborg finden. Fredensborg ist der letzte Bau dieses Charakters in dänischem Gebiet, bevor das Rokoko für eine Periode von drei bis vier Jahrzehnten vorherrschend wurde.

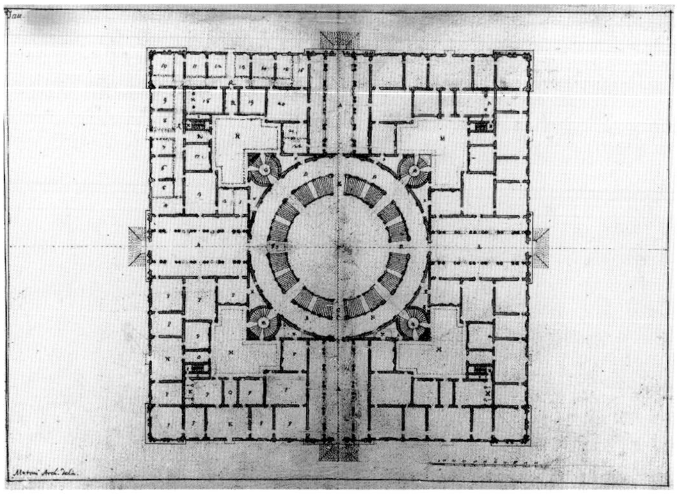

Abb. 16: Schloß für Frederik IV., Grundriß.
Foto: Library of Congress, Washington.

Det kgl. danske Kunstakademi wurde 1754 gegründet, wodurch die Architektenausbildung nunmehr geregelt wurde. Die Gewinner der Goldmedaille der Akademie sollten ein Reisestipendium für die Dauer von sechs Jahren zugesprochen bekommen, davon sollten die Architekten jeweils drei Jahre in Paris und drei in Rom verbringen. C. F. Harsdorff (1735–63) war der erste Architekt, der den Preis erhielt. Im Rahmen des Stipendiums verbrachte er fünf Jahre in Paris und begab sich danach für ein Jahr gezwungenermaßen nach Italien und Rom

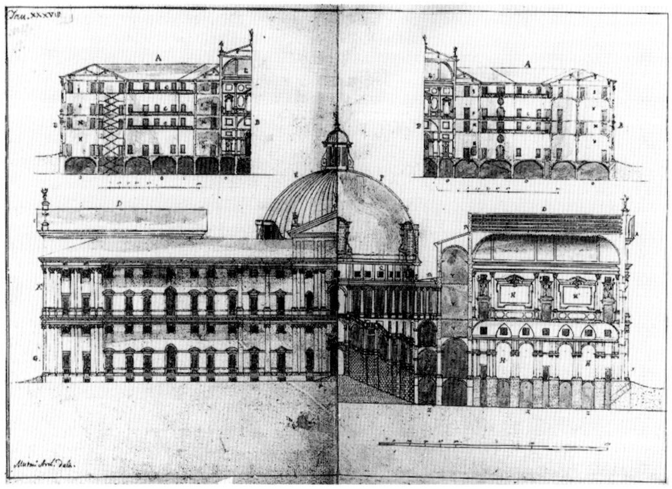

Abb. 17: Schloß für Frederik IV., Aufriß.
Foto: Library of Congress, Washington.

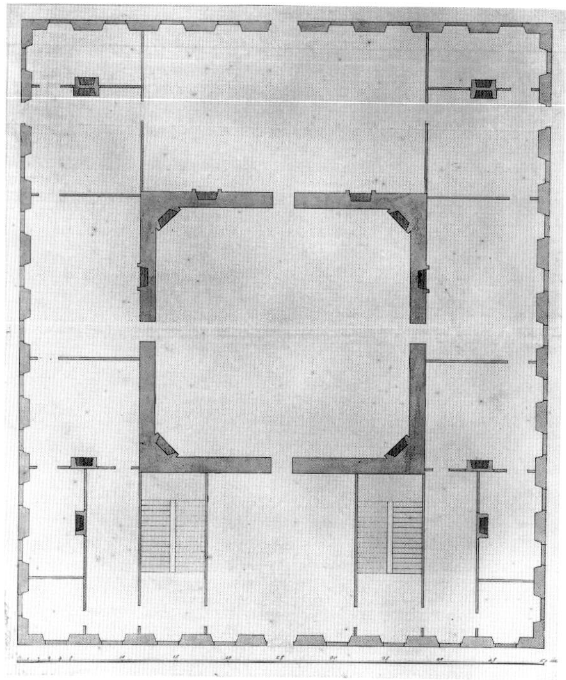

Abb. 18: Schloß Fredensborg, Grundriß, Den danske Vitruvius. Foto: Kunstakademiets bibliotek.

(1762–63). Dies bereute er später sehr. In seiner Bibliothek fand man *Les 4 Livres d'Architecture de Palladio* (1650), eine Vignola-Ausgabe und *Gront Regulen der Bouwkonst van Scamozzi*[19], insgesamt überwogen jedoch deutlich Werke zur französischen Architekturtheorie und Bücher über die römische Antike. Es waren Paris und das antike Rom, von denen er die stärksten Impulse erhielt. Die skizzenhaften Vermessungen, die er in den Ruinen der Villa Adriana in Tivoli vornahm, bestätigen, daß er in dieser Hinsicht in den Fußspuren Palladios wanderte[20]. Ein gewisser Einfluß des großen Vicentiners ist in einigen der Bauten Harsdorffs sichtbar. So kann das Innere der gräflich Moltkeschen Grabkapelle an der Kirche von Karise (1766–69) als ein veritabler *»sala di quattro colonne«* aufgefaßt werden (Abb. 19), der direkt aus den Büchern Palladios übernommen wurde, wenn auch die dekorative Ausstattung aus Rom stammt, nämlich aus dem Palazzo Massimo delle Colonne[21]. Ein Palais, das er 1797–99 für den reichen Kaufmann Erichsen am Kongens Nytorv in Kopenhagen baute (Abb. 20), ist mit seinem hoch angebrachten Säulenfronton mit der Villa Malcontenta ver-

Abb. 19: C. F. Harsdorff, Begräbniskapelle in Karise, Perspektive. Foto: Kgl. Håndbibliotek, Kopenhagen.

wandt, wie ein jeder, der die Brenta passierte, sehen konnte.

Christian Frederik Hansen

C. F. Harsdorffs bedeutendster Schüler, C. F. Hansen, wurde 1783–84 nur ein kurzer Aufenthalt in Rom bewilligt, ungeachtet dessen, daß er 1779 die Goldmedaille gewann. Aber er besuchte sowohl Vicenza als auch, auf der Hinreise, Venedig. Eine kleine, sehr flüchtige Skizze bezeugt seinen Besuch im Teatro Olimpico[22] in Vicenza (Abb. 21). Gerade das sehr Flüchtige beweist, daß er an Ort und Stelle war und nicht nach einem Buch kopiert hat. Seine reichhaltige Buchsammlung, die aus dem Auktionskatalog[23] bekannt ist, enthielt in erster Linie die modernsten Architekturtraktate. Aber er besaß auch zwei Palladio-Ausgaben, nämlich Bertotti Scamozzis von 1784 und *The architecture of A. Palladio, with several notes and observations by Inigo Jones,* die 1715 in London erschien.

Vor einer Reise, die er nach Berlin unternehmen sollte, versprach Hansen seinem Freund und alten Lehrer, Zeichnungen von Knobelsdorffs Opernhaus in dieser Stadt zu beschaffen[24]. Die Fassade des Opernhauses zeigt ja deutliche palladianische Züge, die Harsdorff näher zu studieren wünschte. Nach seiner Rückkehr trat C. F. Hansen 1785 seine Stellung als Landbaumeister in Holstein an, damals eines der Herzogtümer unter dänischer Herrschaft. In den ersten Jahren wurden ihm fürwahr nicht viele öffentlichen Aufgaben aufgetragen. Deshalb konnte er für eine Reihe wohlhabender privater Bauherren arbeiten, besonders für die Kaufleute und Bankiers aus Hamburg. Hansen ließ sich in Altona nieder, der Stadt im Herzogtum, die dicht an der Grenze zur Hansestadt lag. Für J. C. Godeffroy baute er 1789–92 ein Landhaus, das spätere Hirschparkhaus an der Elbchaussee in Nienstedten (Abb. 22). Die Hauptfassade des Baus (Tafel 15) ist eine Paraphrase von Palladios Villa Emo mit dem großen Säulenmotiv in der Mitte. Doch zieht Hansen die Säulen in den Bau zurück und er gebraucht nicht die flankierenden äußeren Säulen, wodurch der Dreiecksgiebel ebenfalls wegfällt. Nicht weit von diesem Bau, aber auf der anderen Seite der Elbchaussee, liegt ein verhältnismäßig gleichartiger Bau mit quadratischem Grundriß. Über dem Dach erhebt sich eine niedrige Kuppel. Das Haus wurde 1804–06 für J. H. Baur gebaut, den Bruder und Kompagnon von Hansens größtem Bauherrn, G. F. Baur. Der Grundriß des Hauses (Abb. 23) zeigt einen kleinen runden Salon in der Mitte, umgeben von

Abb. 20: C. F. Harsdorff, Erichsens Palais, Kgs. Nytorv, Kopenhagen. Foto: Kunstakademiets bibliotek.

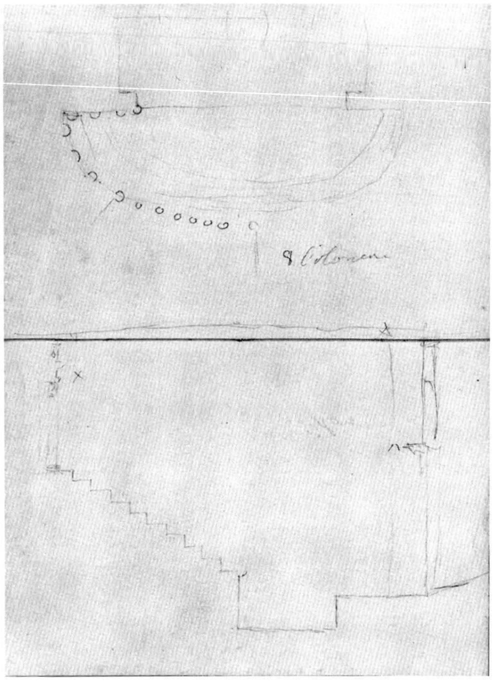

Abb. 21: C. F. Hansen, Skizzenbuch, Teatro Olimpico, Vicenza, Grundriß. Foto: Kunstakademiets bibliotek.

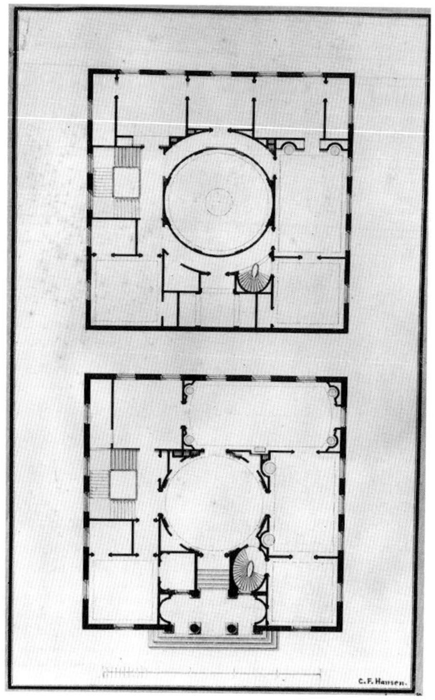

Abb. 23: C. F. Hansen, Elbschlösschen, Elbchaussee, Grundriß. Foto: Kunstakademiets bibliotek.

einem Kreis von Räumen, die aber nicht symmetrisch angeordnet sind wie in der Villa Rotonda, die als der Archetyp für einen solchen Bau angesehen werden muß. In G. F. Baurs Haus Palmaille 49 in Altona gebrauchte Hansen eine ovale Treppe, ein Element, das er später oft verwenden sollte und das er sowohl in den *Quattro Libri*

Abb. 22: C. F. Hansen (?), Landhaus Godeffroy, Elbchausee, Ansicht der Fassade in Phantasielandschaft. Foto: Kunstakademiets bibliotek.

gesehen haben konnte wie auch im Convento della Caritá in Venedig.

Ebenfalls auf der Palmaille baute Hansen 1803–04 mit der Nr. 116 ein Haus für sich selbst (Abb. 24), ein Bau, zu dem zweifelsfrei die Anregung seinem Besuch in Vicenza 1763 zu verdanken ist. In eben diesem Jahr wurde ein Bau ausgeführt, den Enea Arnaldi für den Arzt Pigatti gezeichnet hatte. Ohne eigentlich einem Haus von Palladio zu gleichen, bringt die schmale Fassade mit der überlegenen Ausnutzung des sparsamen Platzes die Casa Cogollo in Erinnerung, die, wie man glaubte, Palladios Wohnung gewesen ist[25].

Im Jahr 1800 erhielt Hansen die größte Aufgabe seines Lebens mit dem Bauauftrag für zwei niedergebrannte öffentliche Bauten in Kopenhagen, dem Residenzschloß und dem Rat-, Gerichts und Arresthaus der Stadt. Die Planung des Schlosses wurde durch Teile der Ruine des abgebrannten Barockbaus von 1731–46 bestimmt, die im Neubau Verwendung finden sollten. Deshalb kann nur die Hauptfassade (Abb. 25) zum Schloßplatz für eine Beurteilung möglicher Einflüsse durch Palladio oder eher Sca-

Abb. 24: C. F. Hansen, Palmaille 106, Haus CFH, Fassade. Foto: Kunstakademiets bibliotek.

Abb. 26: C. F. Hansen, Rat- und Gerichtshaus, Nytorv, Kopenhagen. Foto: Kunstakademiets bibliotek.

mozzi herangezogen werden. Eine Palastfront mit der über die Eingangspartie angehobenen Säulenstellung eines Hexastylos ist ein sicher recht gewöhnliches Motiv. Hier aber wird es durch die großen Mauerflächen der Seitenrisalite betont, ein Effekt den Hansen durch das Zumauern einiger Fenster des abgebrannten Barockschlosses zustandebrachte. Das Rat- und Gerichtshaus auf dem Nytorv, das Hansen 1803–16 baute, erinnert an eine sehr große palladianische Villa. Die Villa Badoer in Fratta Polesine kommt dem am nächsten. Wieder ist es die Fassade (Abb. 26), die die Aufmerksamkeit besonders auf sich zieht. Sie strahlt die gleiche Einfachheit wie die palladianische Villa aus, aber sie hat ihren Platz auf dem Markt einer Stadt. Umgeben von fünfgeschossigen Bürgerhäusern erhebt sich das Gerichtshaus mit nur zwei Geschossen zur gleichen Höhe und betont dadurch die Monumentalität des öffentlichen Baus.

Zusammenfassend ist zu betonen, daß man nicht eine ganze Periode in der dänischen Architektur als spezifisch palladianisch bezeichnen kann. Alles in allem muß die holländische Architektur als ein sehr wesentliches Bindeglied zwischen dem Meister von Vicenza und Dänemark gesehen werden. Für die Zeit zwischen 1650 und 1750 sind die Spuren einer direkten Verbindung sehr spärlich und entsprechend schwach. Erst mit C. F. Harsdorff und besonders C. F. Hansen zeigen ausgeführte Bauten Zeichen eines mehr persönlichen Gebrauchs der Kenntnis von Palladios Architektur.

Abb. 25: C. F. Hansen, Schloss Christiansborg, Kopenhagen, Fassade. Foto: Kunstakademiets bibliotek

1 Norn 1961, 54.
2 Norn 1960, 109–11.
3 Raeder u. Strömgren 1946, 131.
4 Jern 1976, 70.
5 Ebd.
6 Beckett 1921, 4.
7 Jern 1976, 72.
8 Kgl. Bibliotek, håndskriftafdelingen, Thott 267 fol.
9 Semrau 1916, 348–61; 463–73.
10 Bøgh 1965, 7 ff.
11 Rigsarkivet, Krigsministeriets aflevering, nr.32.
12 Nørregård-Nielsen 1984, 140–160.

13 Kaspersen 1988, 35.
14 Hirschfeld 1974, Abb. 90.
15 Wanscher 1939, 401 f.
16 Stiiyr 1939, 143 ff.
17 Puppi 1981, 281–291.
18 Lund 1988, 45-50.
19 Katalog Harsdorff 1800, Nr. 16, 17.
20 Lund 1982, 41–52.
21 Ders. 1964, 150–163.
22 Lund u. Thygesen 1995, 17 ff.
23 Katalog Hansen 1846, Nr.22-25, 52.
24 Weilbach 1928, 267.
25 Lund u. Thygesen 1995, 74–161, Thygesens Abschnitt über Altona usw.

Palladios Erben in Schweden: Probleme der Legitimität

Lars Olof Larsson

Die in Schweden tätigen Architekten und Baumeister des 16. und 17. Jahrhunderts können nur in sehr eingeschränktem Maße als Erben Palladios bezeichnet werden[1]. Es hat dort keinen Palladianismus gegeben; in der Rezeption der antiken Bauformen und der italienischen Renaissancearchitektur spielte Andrea Palladio keine herausragende Rolle. Die *Quattro libri* wurden zwar neben anderen theoretischen Schriften studiert; wichtiger als Palladios Traktat waren aber die Schriften von Vitruv, Serlio und Vignola. Für die persönliche Auseinandersetzung der Architekten mit der italienischen Architektur selbst, die erst seit Mitte des 17. Jahrhunderts stattfand, war Rom, nicht Vicenza und Venedig prägend.

Ob die ersten schwedischen Architekten, die zu Studienzwecken nach Italien reisten, Jean de la Valleé (1620–1696) und Nicodemus Tessin d. Ä. (1615–1681), auch Vicenza besuchten, ist nicht bekannt. Des letzteren Sohn aber, Nicodemus Tessin d. J. (1654–1728) besichtigte die Bauten Palladios 1687[2]. Am meisten scheint ihn das Teatro Olimpico als *»imitation des antiques«* interessiert zu haben, er erwähnt aber auch die Basilica und einige Paläste, allerdings ohne eine persönliche Meinung darüber zu äußern. Die Villa Rotonda scheint er nicht gesehen zu haben. Der gut ausgebildete Tessin war sicher schon vor seiner italienischen Reise mit der Architektur Palladios durch die *Quattro libri* vertraut, einen besonderen Rang unter den großen italienischen Architekten der Neuzeit scheint er ihm aber nicht eingeräumt zu haben, und er war offenbar auch nicht sonderlich beeindruckt von den Bauten, die er in Vicenza zu Gesicht bekam.

Als Erik Palmstedt (1741–1803) knapp 100 Jahre später, 1780 nach einem längeren, arbeitsintensiven Romaufenthalt, Vicenza besuchte, war Palladios Stern deutlich gestiegen[3]. Für Palmstedt war Palladio *»le Prince des architectes modernes«*, sein Verdienst lag vor allem darin, daß er eingehender als alle anderen die antiken Bauten studiert und seine Erfahrungen in den eigenen Werken mit mehr *»Elegance«* und *»höherem Geschmack«* umgesetzt habe. *»Der einzige Weg, in der Architektur zur Reife und Höhe der Kunst zu gelangen, besteht darin, die Antike mit Palladio genau zu studieren«* lautet Palmstedts künstlerisches Credo.

Mit einer oberflächlichen Nachahmung war es aber nicht getan, dessen war sich Palmstedt wohl bewußt. Klimatische Unterschiede, verschiedene Sitten und Religion machten die Übernahme antiker Bauweisen zu einem schwierigen Problem. Es sei daher die Aufgabe eines jeden Architekten, für sein Land den richtigen Weg zu finden. Nur *»der Grundregel der Kunst, ihrem HAUPT ESPRIT, welchen die alten in ihren Bauten und in ihrem Geschmack gefolgt sind, können überall und unverändert gefolgt werden; diese Grundregel, dieser HAUPT ESPRIT ist die Natur selbst«*, schreibt er in seinem nicht veröffentlichten Bericht *Über die antiken Denkmäler in Rom*, in dem er die Erkenntnisse seiner langen Studienreise zusammenfaßt[4].

In Vicenza widmete Palmstedt dem Teatro Olimpico und der Villa Rotonda (Abb. 1) begeisterte Beschreibungen. Zwar ließ er, stets sehr kritisch, auch hier nicht alle Kritik aus; es war vor allem Palladios Gebrauch von Säulen an Privathäusern, die Palmstedt mit seiner Auffassung von »decorum« schwer verbinden konnte. Allerdings seien diese *»mit solchem Esprit und Geschmack angebracht, daß kaum ein Architekt seiner Zeit mit ihm verglichen werden«* könne. Palladios Stellung als *»le Prince des architectes modernes«* sei ungeachtet der Kritik unangefochten.

Nach Palmstedt haben viele schwedische Architekten Vicenza besucht. Besonders hervorzuheben ist sein jüngerer Zeitgenosse Gustaf af Sillén (1762–1825), der dort 1787 auf seinem Weg nach Rom mehrere Gebäude von Palladio in Zeichnungen festhielt (Abb. 2)[5]. Für Sillén hatte Palladio aber nicht die Sonderstellung inne wie für Palmstedt. Er

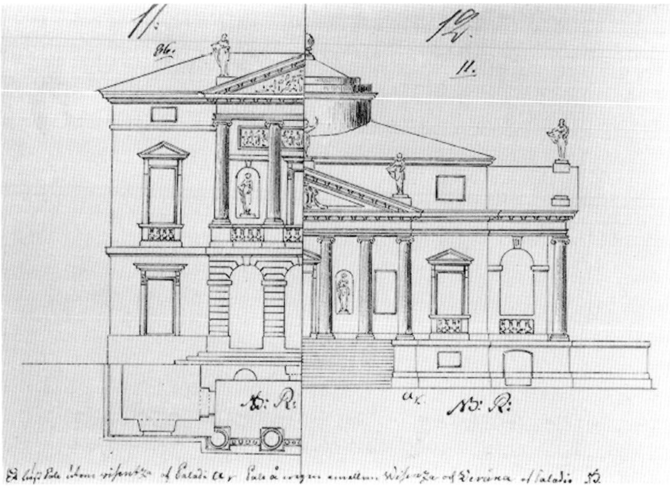

Abb. 1: Erik Palmstedt, Villa Rotonda und Zeichungen von der italienischen Reise 1780. Kungl. Akademien för de fria Konsterna. Foto: Kurt Eriksson.

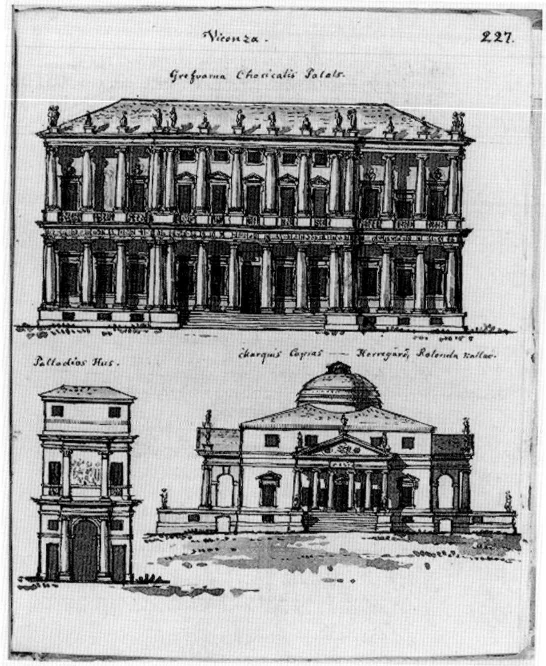

Abb. 2: Gustaf af Sillén, Palazzo Chiericati, »Palladios Haus« und Villa Rotonda. Aus dem Reisetagebuch, 1787, Uppsala UB.

sah Palladio in seinem historischen Zusammenhang als einen von mehreren vorbildlichen Architekten der Neuzeit. Zu einem Palladianismus führte Silléns Studium seiner Architektur auch nicht.

Palladios Einfluß war also bis ins späte 18. Jahrhundert begrenzt und scheint sich, wie noch ausführlicher zu zeigen sein wird, weniger in der Bautypologie oder in der architektonischen Formensprache zu äußern als in der Entwicklung differenzierterer Grundrisse in der Profanarchitektur. Auch wenn es gerade hier oft schwer ist, palladianische Motive von französischen zu unterscheiden, so lassen sich doch Beispiele nennen, wo der Architekt eindeutig auf Palladio zurückgegriffen hat.

In der folgenden Darstellung soll versucht werden, den Anteil palladianischer Elemente in der schwedischen Architektur des 16. und 17. Jahrhunderts herauszuarbeiten[6].

Die Rezeption der antiken Architekturformen in Schweden, das heißt vor allem die der klassischen Säulenordnungen und der dazugehörenden Schmuckformen, war angeregt durch die Renaissancearchitektur West- und Südeuropas und darf als Teil einer allgemeinen Anpassung an die Kultur- und Lebensformen dieser Länder gesehen werden. Eine besonders wichtige Rolle spielte hier wie andernorts die Verbreitung der humanistischen Bildung, zu der jedenfalls ein rudimentäres Wissen über die klassischen Säulenordnungen und, nicht weniger wichtig, die Überzeugung von der Vorbildlichkeit der antiken Kultur gehörten. Die modernen – das heißt die antiken oder die von der Antike abgeleiteten – Formen und Motive wurden durch Traktate und Vorlagenblätter vermittelt. Ein persönliches Studium der Ruinen der antiken Architektur oder der italienischen Baukunst der Renaissance läßt sich vor Mitte des 17. Jahrhunderts weder bei Bauherren noch bei Baumeistern nachweisen. Zuerst finden wir die neuen Formen an Portalen, Kaminen, in Holztäfelungen etc. verwendet. Auf die Gesamtgestaltung der Bauten und auf die Systematik der Grundrißbildung blieb der Einfluß zunächst gering.

Eine Vorreiterrolle bei der Adaption der neuen Architektursprache spielten die Bauvorhaben der Könige Gustav Vasa und seiner Söhne Erik XIV. und Johan III. Zwar ist heute wenig von ihren Bauwerken erhalten, an den Schlössern von Vadstena und Kalmar läßt sich diese erste Stufe der Anpassung an die Stilformen der Renaissance aber recht gut studieren. Die mittelalterliche Burg Kalmar, vor der Einverleibung der südlichen Landschaften Schonen und Blekinge durch Schweden eine der wichtigsten Festungen des Reiches, wurde ab 1540 zu einer repräsentativen Residenz mit modernen Befestigungsanlagen ausgebaut[7]. Dabei lassen sich zwei Hauptphasen unterscheiden, die gleichzeitig von fortschreitender Entwicklung des Architekturverständnisses zeugen. Unter Gustav Vasa und Erik XIV. wurden im nördlichen Trakt des Schlosses Wohn- und Repräsentationsräume für den König und die Königin eingerichtet. Sie wurden von zwei geräumigen Treppen aus erreicht. Planung und Ausführung dieser Arbeiten lagen in der Hand von Jacob Richter (gest. 1571), einem deutschen Tischler aus Freiburg, der sich in Kalmar zu einem tüchtigen Baumeister entwickelte und großes Vertrauen am Hofe genoß. Im Zusammenhang mit diesen Baumaßnahmen wurden die bemerkenswert stilreinen dorischen Portale im Hof errichtet.

Kamen nun die entscheidenden Ideen zur architektonischen Gestaltung des neuen Schlosses vom Bauherrn oder von seinem Baumeister? Ein übergreifender Plan für die Arbeiten ist nicht bekannt, vielleicht hat es einen solchen auch nicht gegeben. Die aufeinanderfolgenden Baumaßnahmen dürften zum großen Teil mündlich zwischen Bauherrn und Baumeister besprochen und beschlossen worden sein. Von Gustav Vasa wird berichtet, daß er sehr gut über die Baukunst zu urteilen verstand, es ist aber kaum anzunehmen, daß er mit den neuesten Entwicklungen auf diesem Gebiet bekannt war. Anders verhielt es sich wahrscheinlich mit seinem Sohn Erik, der eine moderne humanistische Bildung genossen hatte und in dessen Besitz sich auf jeden Fall eine Vitruv-Ausgabe befand[8]. Von ihm ist daher anzunehmen, daß er sich eingehender und sachkundiger als sein Vater mit der architektonischen Gestaltung des neuen Schloßtraktes beschäftigte.

Die Portale zeichnen sich durch ihre reine strenge Form aus (Abb. 3). Wie Martin Olsson gezeigt hat, ist die Quelle dafür in der Traktatenliteratur zu finden[9]. Der Bildhauer hat wahrscheinlich sowohl die Komposition der Portale als auch die Form und Proportionierung der Säulen aus Sebastiano Serlios *Regole*... (1537) übernommen.

Ehe die hier beschriebenen Baumaßnahmen abgeschlossen waren, wurde Erik auf Betreiben seines Bruders Johan abgesetzt (1568), die Bauarbeiten gingen aber weiter. Ein Memorial des Königs vom Februar 1574 gibt Auskunft

Abb. 3: Kalmar Schloß. Portal im Hof. 1567–68.
Foto: Iwar Andersson, ATA, 1942.

über die geplanten Vorhaben[10]. Es sollten zum Beispiel die Fußböden des großen Saales und auch anderer Räume gesenkt werden, damit alle Räume des Hauptgeschosses eine Ebene bildeten. Die Turmkammer sollte in eine korrekte Kreisform gebracht werden, und alle Türme die gleiche Höhe bekommen. Außerdem sollten die Fenster, die mit Stichbögen abgeschlossen waren, in eine viereckige Form gebracht werden, damit sie *»nach architektonischer Manier gut aussehen«*. Hier äußert sich eine stärker theoretisch begründete Auffassung von Architektur als noch bei Erik XIV.: Die geforderten Maßnahmen können auf Begriffe wie Regelmäßigkeit und Symmetrie zurückgeführt werden und verraten eine Zielsetzung, die dem Schloß als ganzem und nicht nur einzelnen Raumfolgen gilt. Vielleicht hängt diese neue Sichtweise mit der kurzen Tätigkeit des aus Mecklenburg nach Schweden übergesiedelten Giovanni Battista Pahr (gest. nach 1586) zusammen, der nach Jacob Richters Tod 1571 die Leitung der Bauarbeiten übernommen hatte. 1574 übernahm der Bruder Giovanni Battistas, Domenicus Pahr (gest. 1602), die Leitung über die geplanten Baumaßnahmen. Jetzt wurde unter ande-

Abb. 4: Kalmar Schloß. Sog. Rautensaal. Nach 1574.
Foto: Martin Olsson, ATA, 1919.

Abb. 5: Schloß Svartsjö. Aus: *Svecia antiqua et hodierna*, 1716.
Foto: Anette Henning.

rem der schöne einem Tempietto ähnliche Brunnen im Hof errichtet, und der sogenannte Rautensaal erhielt seine Holztäfelung und eine reiche Kassettendecke[11]. Der Raum wird von dorischen Säulen, die nur auf Plinthen, ohne Piedestal, direkt an der Wand stehen, gegliedert (Abb. 4). Die Interkolumnien, abwechselnd breite und enge, sind mit Intarsien, die an Reliefplatten und Nischen denken lassen, geschmückt. Das in Nordeuropa relativ seltene Motiv einer Holztäfelung mit vollrunden Säulen ohne Piedestal erlaubt die Frage, ob hier vielleicht eine freilich recht frei umgesetzte Anregung von Palladios und Vitruvs »korinthischem Saal«, für den trotz der Bezeichnung die korinthische Ordnung nicht vorgegeben war, vermutet werden darf[12].

Johan III., der von sich sagte, das Bauen sei seine *»Lust und besonderes Begehren«*, wurde einer der baufreudigsten schwedischen Monarchen. Seine Bauprojekte sind, wie wir gesehen haben, stärker von einem theoretisch geprägten Architekturverständnis gekennzeichnet als diejenigen seiner Vorgänger und unmittelbaren Nachfolger. Er wußte zwischen den Verwendungsbereichen der Säulenordnungen zu unterscheiden, wie ein Brief an seinen Baumeister Willem Boy beweist, in dem er ausdrücklich Säulen *»nach korinthischer Manier«* für einen der Repräsentationsräume des Stockholmer Schlosses verlangt[13]. Wie sein Bruder Erik besaß Johan Architekturtraktate und durch seine Heirat mit der polnischen Prinzessin Katharina Jagellonica stand er in Verbindung mit dem kulturell hochentwickelten polnischen Hof. Auch auf diesem Wege kann er Anregungen erhalten haben – vor allem dürfte die Verbindung mit Polen das Anspruchsniveau auf den Gebieten des Wohnens und der architektonischen Repräsentation ganz allgemein wesentlich erhöht haben. Vor diesem Hintergrund sind zwei Schloßprojekte, von denen heute fast nichts mehr erhalten ist, besonders interessant. Am besten dokumentiert ist das Schloß Svartsjö, das auf einer Insel im Mälarsee unweit von Stockholm gelegen war. Das Schloß brannte 1687 ab und wurde nicht wieder aufgebaut. Zwei Kupferstiche in Erik Dahlbergs *Svecia antiqua et hodierna* und mehrere Vorzeichnungen dazu geben aber eine gute Vorstellung von der originellen Anlage (Abb. 5).

Als Johan III. Svartsjö übernahm, lag dort bereits ein viereckiges Steinhaus mit zwei Ecktürmen und einem Treppenturm in der Mitte. Diese Anlage ließ er mit einer hohen Rotunde an der Rückseite des Hauses und einem kreisrunden, von Arkaden in zwei Etagen umstellten Hof vor dem Haupteingang ergänzen. Die Idee zu dieser eigenartigen und an sich wenig organischen Komposition dürfte vom König selbst stammen, der sich wahrscheinlich durch französische Architekturtraktate inspirieren ließ. Für die Ausführung war der Niederländer Willem Boy (ab 1558 in

Schweden; gest. 1592) verantwortlich, was die charakteristische niederländische Formensprache des Gebäudes erklärt[14]. Svartsjö war ein Lustschloß ohne fortifikatorische Funktion, man kann vielleicht sogar von einer Villa sprechen. Anleihen bei Palladio sind aber nicht auszumachen, weder im Grundriß noch in der architektonischen Formensprache.

Einen Bezug zu palladianischen Planvorstellungen finden wir dagegen in einem nie vollendeten Lustschloßprojekt Johans III. bei Kungsör am westlichen Ende des Mälarsees, auf das Sten Karling aufmerksam gemacht hat[15]. Nach den noch erhaltenen Grundmauern zu urteilen, war ein großes Gebäude in der Art der Villa Rotonda geplant, gelegen auf einem Hügel mit Blick über den See. Das Projekt ist nur durch die vorhandenen Baureste und die Einzeichnung auf einer Landkarte dokumentiert; über die geplante architektonische Gestalt können daher nur Vermutungen angestellt werden. Der Umstand, daß Willem Boy auch für diesen Bau herangezogen wurde, läßt allerdings gewisse Rückschlüsse zu. Der Bezug zu Palladio war wohl lediglich auf den Grundriß und auf die wahrscheinlich ästhetisch begründete Plazierung des Gebäudes auf dem Hügel beschränkt. Die Idee zu diesem Projekt dürfte vom König selbst stammen und als ein Zeugnis dafür gelten, daß er Palladios *Quattro libri* aus eigener Anschauung kannte. Diese beiden Projekte stellen auf jeden Fall einen Beweis dafür dar, daß die Rezeption der antikisierenden Formensprache und der Architekturvorstellungen der italienischen und französischen Renaissance sich nicht nur im Bereich des Baudekors vollzog, sondern auch zu Neuerungen in der Bautypologie führen konnte. Johan III. hat sich offensichtlich von den modernsten Architekturideen inspirieren lassen und Gebäude geplant, die von einem neuen architektonischen Denken geprägt waren.

Auch in der ersten Hälfte des 17. Jahrhunderts sind die Bauvorhaben des Hofes und der ihnen nahestehenden adeligen Kreise im Lande tonangebend gewesen. Festzustellen ist aber, daß der Anteil des Adels jetzt deutlich gewachsen war. Im großen und ganzen blieb aber die Bautätigkeit bis um die Mitte des 17. Jahrhunderts aufgrund der ständigen Kriege relativ gering.

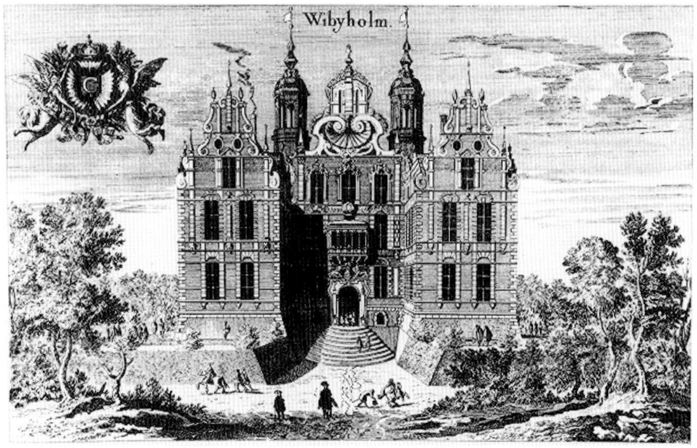

Abb. 6: Schloß Vibyholm. Hauptfassade. Aus: *Svecia antiqua et hodierna*, 1716. Foto: Anette Henning.

Zwei Bauten gaben der Epoche allerdings einen gewissen Glanz. Für die Königinwitwe Kristina d. Ä., die Mutter Gustav Adolfs, baute der aus Amsterdam berufene Baumeister Kasper Panten (ca. 1585–1630) in den Jahren 1622–1626 das Schloß Vibyholm auf einer kleinen Insel im Båvensee in Södermanland[16]. Das Gebäude steht noch, allerdings bis zur Unkenntlichkeit verändert. Die reiche Dach- und Giebelarchitektur ging bei einem Brand des damals stark verfallenen Schlosses im 18. Jahrhundert verloren. Danach wurde das Gebäude in vereinfachter Form wiederaufgebaut. Wie der Stich in *Svecia antiqua* (Abb. 6) und die zahlreichen Vorzeichnungen (Abb. 7) dazu zeigen, konnte Vibyholm in seinem architektonischen Anspruch als ebenbürtig mit den Schloßbauten Christians IV. in Dänemark angesehen werden. Bemerkenswert ist auch der Grundriß. Die Anlage besteht aus drei etwa gleich breiten, parallel gelegenen Häusern, von denen das mittlere etwas zurückgesetzt ist, so daß an der Vorderseite ein kleiner Hof, ein Cour d'honneur entsteht, während auf der Gartenseite der mittlere Teil gleich weit vorspringt. Über eine breite halbkreisförmige Treppe gelangte man in das große Vestibül; in der Verlängerung der Mittelachse lag der große Saal, links und rechts von der Hauptachse lagen die Appartements. Dieser Grundriß weist in seiner Systematik auf palladianische Ideen, ohne daß ein direkter Rückgriff vorliegt. Kasper Panten kann auch von französischen Vorbildern ausgegangen sein, die ihrerseits palladianische Ideen verarbeiteten. Auf jeden Fall steht Vibyholm am Anfang einer Reihe von Projekten, in denen französische und

Abb. 7: Schloß Vibyholm. Seitenfassaden. Nicht gestochene Zeichnungen für: *Svecia antiqua et hodierna*. KB, Stockholm.

Abb. 8: Sigismund Vogel, Makalös. Stadtpalais Jacob de la Gardies. ca. 1642. Uppsala UB.

palladianische Grundrißformen verschmolzen werden. Stärker als alle früheren bekannten Bauten in Schweden hat es den Charakter einer Villa, deren Architektur sich auf die schöne Situation in der Natur bezieht. Nach Süden hatte das Schloß in beiden Hauptgeschossen offene Loggien zum See, ein Motiv, das eindeutig darauf schließen läßt, daß die Natur der Umgebung die Planung mit beeinflußt hat.

Einen Grundriß, der auf Palladios *Quattro libri* zurückgehen kann, hatte auch der Palast, den der Feldherr Jacob de la Gardie in den Jahren 1634–42 unter der Leitung von Hans Jacob Kristler (1592–1645) in Stockholm bauen ließ[17]. Auf Grund seiner prachtvollen, reich geschmückten Architektur wurde das Gebäude Makalös (Ohnegleichen) genannt. Makalös lag im Herzen der Stadt, direkt am Wasser gegenüber dem königlichen Schloß. Es brannte Anfang des 19. Jahrhunderts ab. Sein Aussehen ist aber durch Kupferstiche und Zeichnungen relativ gut dokumentiert.

Nach außen präsentierte sich Makalös als rechteckiger roter Backsteinbau mit vorspringenden Ecktürmen und einem hohen steilen Dach, das von einer Terrasse mit einem Aussichtspavillon, einem Belvedere, gekrönt war (Abb. 8). An beiden Längsseiten verbanden Arkaden die Türme, vor dem ersten Obergeschoß befand sich eine Wandelterrasse. Das hohe Dach war mit Fenstern in drei Etagen gegliedert. Etwas besonderes für Stockholm und Schweden war der sehr reiche Skulpturen- und Reliefschmuck in grauem Sandstein, der sich effektvoll gegen das Rot der Ziegelmauern und das Kupferdach abzeichnete.

Die Grundrisse der beiden Hauptgeschosse weisen eine ähnliche Struktur auf (Abb. 9). Das Haus war in der Mitte durch einen breiten Flur geteilt, an dessen beiden Seiten die Wohn- und Aufenthaltsräume lagen. Der große Festsaal nahm im ersten Obergeschoß die ganze Tiefe des Hauses ein. Dieser Plan erinnert an den Grundriß von Palladios Villa Valmarana in Lisiera (Abb. 10), wir finden dort ebenfalls turmartige Eckbauten und Loggien an beiden Längsseiten und einen durchgehenden Flur in der Hauptachse des Gebäudes. Die architektonische Gestalt und die Formensprache weisen aber auch hier auf westeuropäische Vorbilder und haben nichts gemeinsam mit Palladios Architektur. Bei der Gestaltung der Wasserseite des Pa-

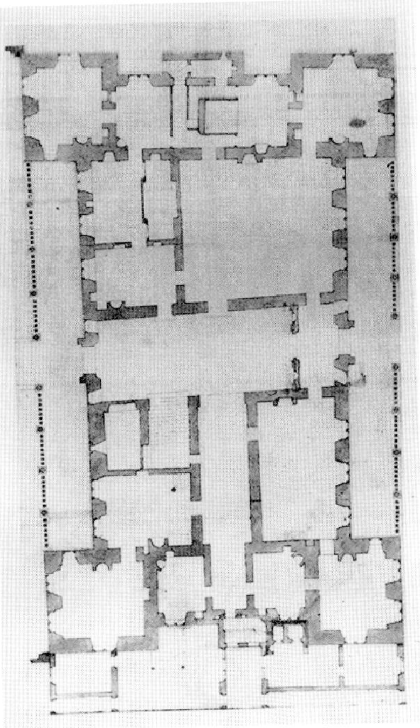

Abb. 9: Schloß Makalös. Grundriß des Erdgeschosses.
Nach Axel-Nilsson, 1984.

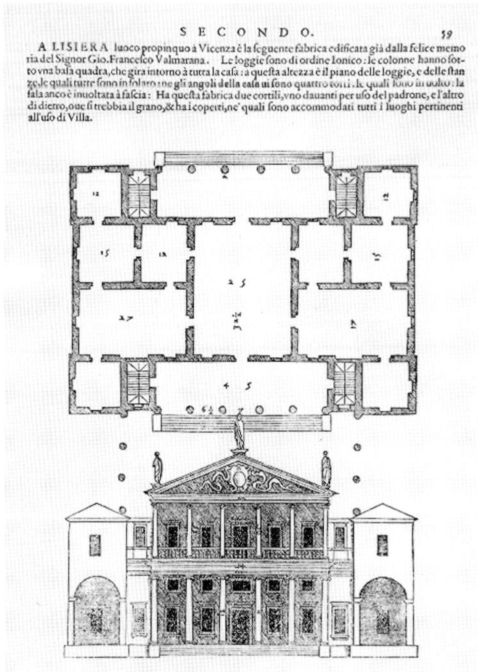

SECONDO. 59

A LISIERA luoco propinquo à Vicenza è la ſeguente fabrica edificata già dalla felice memoria del Signor Gio. Franceſco Valmarana. Le loggie ſono di ordine Ionico: le colonne hanno ſotto vna baſa quadra, che gira intorno à tutta la caſa: a queſta altezza è il piano delle loggie, e delle ſtanze, le quali tutte ſono in ſolaro: ne gli angoli della caſa ui ſono quattro torri, le quali ſono in uolto: la ſala anco è inuoltata à faſcia: Ha queſta fabrica due cortili, vno dauanti per uſo del padrone, e l'altro di dietro, oue ſi trebbia il grano, & ha i coperti, ne' quali ſono accommodati tutti i luoghi pertinenti all'uſo di Villa.

Abb. 10: Andrea Palladio, Villa Valmarana in Lisiera.
Aus: *Quattro Libri* ... Foto: Anette Henning.

lastes als repräsentative Fassade mit einem Bootsanleger vor dem Eingang dürften Erinnerungen an venezianische Paläste eine Rolle gespielt haben – die Nähe zum königlichen Schloß am anderen Ufer mag den Anstoß dazu gegeben haben, zum ersten Mal in der Geschichte Stockholms die Wasserfassade eines Palastes würdig zu gestalten.

In Hans Jacob Kristler begegnet uns zum ersten Mal in der schwedischen Architekturgeschichte ein Baumeister, der als selbstbewußter Architekt in neuzeitlichem Sinne auftritt: Auf einem als Unikat erhaltenen Kupferstich von Makalös (siehe Abb. 8 links unten), der wohl im Zusammenhang mit der Fertigstellung des Palastes entstanden sein dürfte, sehen wir Kristler inmitten von Zimmerleuten und Steinmetzen, die er anleitet. Er ist vornehm gekleidet und zeigt mit stolzer Geste auf sein Werk. An seiner Seite sitzt ein großer Pudel, ein weiteres Attribut seiner übergeordneten Stellung. Die Inschrift lautet: *»Hans Jacob Christler von Straßburg. Inventor und Baumeister dieses Werckes«.* Für schwedische Verhältnisse neu ist in diesem Zusammenhang der Begriff »Inventor«. Er bezeichnet Kristler als jemanden, der das Gebäude »erfunden« und nicht bloß erstellt hat. Damit werden der schöpferische Aspekt der Baukunst und die entscheidende Rolle des Architekten auch im Verhältnis zum Bauherrn hervorgehoben. Das ist durchaus bemerkenswert, denn nach geläufiger Meinung war noch im 17. Jahrhundert die Rolle des Architekten eher von untergeordneter Natur. Zwar rät zum Beispiel Schering Rosenhane in seiner *Oeconomia* den Bauwilligen *»... in dem einen und anderen Ratschläge und Inventionen eines Architekten einzuholen, damit das Gebäude nicht allzusehr von Unkenntnis des Bauherrn zeugt und zum Spotte anderer wird«*; von einer übergreifenden Planungsverantwortung des Architekten ist aber auch hier keine Rede[18]. In Kristlers Fall war aber vielleicht der Anspruch des Architekten tatsächlich begründet. Soweit bekannt, besaß der Bauherr, Jacob de la Gardie, zwar eine recht umfangreiche Bibliothek, erstaunlicherweise befanden sich aber keine Architekturtraktate darunter[19]. Vielleicht gehörte Jacob de la Gardie nicht zu den Adeligen, die in Architektur dilettierten und aktiv in die Bauplanung eingriffen.

Ein Künstlerverständnis ganz in modernem Sinne verband Kristler mit dem Begriff »Inventor« vielleicht nicht. Auf einem zweiten Kupferstich, ebenfalls von Sigismund Vogel gestochen, wird Kristler, neben einer Wasserhebeanlage in ähnlicher Pose wie auf dem Makalös-Stich dargestellt, als deren »Inventor« bezeichnet. Einen nennenswerten Unterschied zwischen der technischen Erfindung und dem architektonischen Entwurf sah er also offensichtlich nicht. Das ist aber wiederum ganz im Geiste Vitruvs, dessen zehntes Buch unter anderem Pumpen, Wassermühlen und Hebewerke zum Thema hat. Es ist demnach nicht von der Hand zu weisen, daß Kristler von seinem Selbstverständnis her ein Erbe Palladios war, auch wenn seine Architektur keine stilistische Ähnlichkeit mit dessen Werken zeigt.

Simon de la Valleé (1590–1642), ein französischer Architekt, wurde 1637 nach Schweden berufen[20]. Er stand damals im Dienste des Statthalters Frederik Hendrik in Den Haag. 1639 wurde er zum königlichen Architekten in Stockholm ernannt. Als solcher war er verantwortlich für das königliche Schloß und alle anderen Bauten der Krone. Seine Instruktion, die nach seinen eigenen Anweisungen formuliert wurde, bestätigt die Gesamtverantwortung des Architekten für Entwurf und Durchführung des Bauvorhabens. Damit war die Rolle des neuzeitlichen Architekten in Schweden etabliert.

Simon de la Valleés wichtigste Arbeit in Schweden ist der Plan für das Haus der Ritterschaft, das am nordwestlichen Ufer der Altstadt errichtet werden sollte[21]. Er entwarf eine große schloßähnliche Flügelanlage mit zwei Höfen in der Art französischer Schlösser dieser Zeit (Abb. 11). Das gilt auch für den reichen Fassadenschmuck. Als Baumaterial war roter Ziegelstein mit Schmuckformen in grauem Sandstein vorgesehen. Zwei Gesamtansichten zeigen eine größere und eine kleinere Alternative dieses Projektes. Das sind die ersten erhaltenen Architekturentwürfe in Schweden. Wir wissen auch, daß Simon de la Valleé ein Holzmodell seines Projektes herstellen ließ, dessen Verbleib bis heute unbekannt ist.

Simon de la Valleé starb, kurz nachdem die Bauarbeiten angefangen hatten. Im November 1642 wurde er auf offener Straße nach einem Streit mit einem Mitglied der Familie Oxenstierna erschlagen. 1647 wurden die Bauarbeiten wieder aufgenommen, jetzt unter der Leitung von Heinrich Wilhelm (ca. 1585–1652), einem Hamburger Architekten und Bildhauer, der für die Familie Oxenstierna vielfach

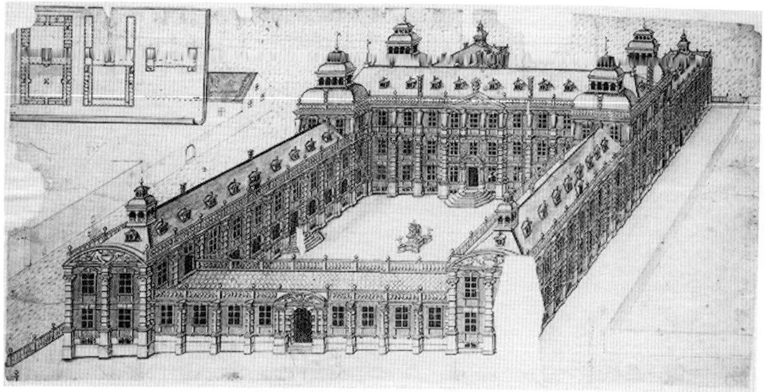

Abb. 11: Simon de la Valleé, Entwurf für das Ritterhaus in Stockholm. 1642. Riddarhuset, Stockholm. Foto: K. A. Ottenheym.

tätig war. Heinrich Wilhelm erarbeitete einen etwas veränderten Plan, nach dem der Bau weitergeführt wurde. Als er 1652 starb, waren die Mauern bis zur Höhe des ersten Obergeschosses errichtet. Das Knorpelwerk der unteren Fensterumrahmungen weist noch deutlich darauf hin. Seine charakteristische Form erhielt das Ritterhaus durch den Nachfolger Heinrich Wilhelms, Justus Vingboons (1620/21–1698), der 1653 die Leitung des Baus übernahm[22]. Justus Vingboons war ein jüngerer Bruder und Mitarbeiter des berühmten Amsterdamer Architekten Philips Vingboons. Wahrscheinlich bestand in Stockholm der Wunsch, Philips Vingboons für das Projekt zu gewinnen, der es wohl aber vorgezogen hat, den Bruder zu entsenden.

Vingboons vereinfachte den Baukörper und entwarf eine glatte korinthische Kolossalordnung, die den Bau an allen Seiten umgibt und ihm seinen besonderen Charakter verleiht (Abb. 12). Der nur schwach vorspringende Mittelrisalit wird von einem Dreiecksgiebel gekrönt. Als Dachabschluß war ein gewalmtes Satteldach vorgesehen. So wäre es ein Gebäude ganz im Geiste des holländischen Palladianismus geworden.

1656 verließ Vingboons Schweden. Die Fertigstellung des Baus wurde nun dem Sohn Simon de la Valleés, Jean de la Valleé, übertragen, der das originelle zweigeteilte Dach, das lange Zeit für die Bauten des Adels vorbildlich bleiben sollte, und die ganze Innendekoration entwarf. Durch die geschwungene Form des unteren Daches erhält das Gebäude eine seinem Zweck durchaus angemessene festli-

Abb. 12: Justus Vingsboons, Entwürfe für das Ritterhaus in Stockholm, 1653. Riddarhuset, Stockholm. Foto: K. A. Ottenheym.

chere Note, als nach Vingboons Plänen vorgesehen (Abb. 13). Man wird an Palladios Basilica in Vicenza erinnert, die Jean de la Valleé durch die *Quattro libri* und vielleicht auch aus eigener Anschauung kannte, zwingend ist die Annahme einer direkten Verbindung aber nicht.

Das Ritterhaus war nicht das erste Beispiel des holländischen Palladianismus in Schweden. Schon in den Jahren 1646–51 hatte Louis de Geer, ein holländischer Industrieller, der eine zentrale Rolle in der schwedischen Wirtschaft des 17. Jahrhunderts spielte, in der Stockholmer Südstadt einen Palast in der Art des Mauritshuis bauen lassen (Abb. 14). Der Architekt ist unbekannt, es ist aber anzunehmen, daß es sich um einen Holländer handelt[23].

Schweden erhielt also seine ersten palladianischen Bauten in holländischer Fassung und durch holländische Architekten. Insofern bedeuten sie, was die internationale Orientierung der schwedischen Baukunst betrifft, keine eigentliche Kursänderung; sie spiegeln lediglich eine neue Strömung in der niederländischen Baukunst wider, mit der Schweden seit dem 16. Jahrhundert eng verbunden gewesen war.

In rascher Folge wurden in der Hauptstadt jetzt Adelspaläste und vornehme Bürgerhäuser im Stil des holländischen Palladianismus errichtet. Der Palast Eric Flemings, an prominenter Stelle in der Nähe des Schlosses gelegen, zeigt noch heute, trotz vieler Umgestaltungen, die charakteristische Kolossalordnung (Abb. 15). Das gleiche gilt für die Paläste Seved Bååts und Karl Sparres (nicht erhalten), um nur einige Beispiele zu nennen. In einzelnen Fällen erhielten die Gebäude auch ein schlichteres Gewand, ohne Pilasterordnung. Das Palais Schering Rosenhanes, auf einem

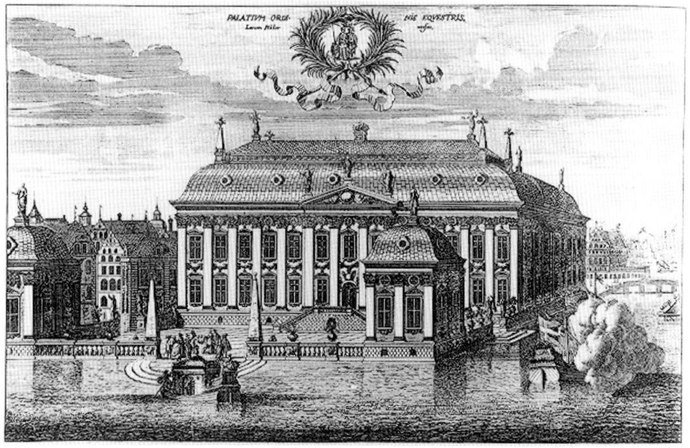

Abb. 13: Ritterhaus in Stockholm. Aus: *Svecia antiqua et hodierna*, 1716. Foto: Anette Henning.

hohen Felsen über dem Mälarsee auf Riddarholmen gelegen, ist das beste Beispiel dafür (Abb. 16). Die Fassade ist mit glatter Putzrustika und Blendbögen gegliedert. Als einer der gebildetsten Vertreter seines Standes in Schweden verband Schering Rosenhane sicher bestimmte Vorstellungen mit dem Verzicht auf eine Pilasterordnung und der Entscheidung für eine sehr zurückhaltende Architektur. Wahrscheinlich kommt darin seine Überzeugung zum Ausdruck, daß die Säulenordnungen für das Haus eines Privatmannes nicht angemessen, sondern ein Verstoß gegen das »decorum« seien. Welchen Einfluß die zu Rate gezogenen Architekten auf die Gestaltung des Palastes genommen haben – Nicodemus Tessin d. Ä. und auch Jean de la Valleé scheinen beide daran beteiligt gewesen zu sein –, ist schwer zu sagen. Seine entscheidende Prägung hat der Palast wohl auf jeden Fall holländischen Vorbildern von der

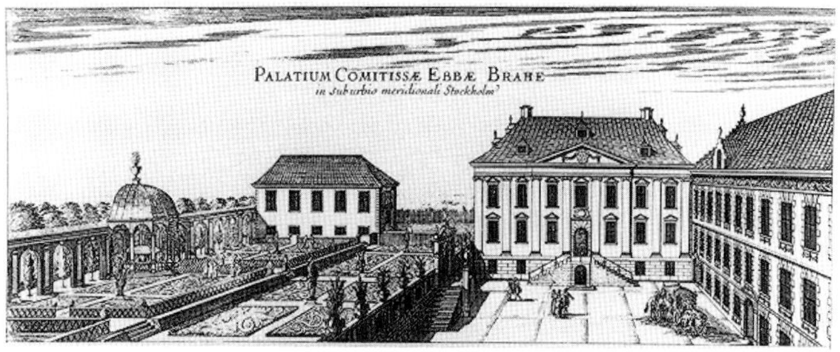

Abb. 14: Stadtpalais Louis de Geers in Stockholm, 1646. Aus: *Svecia antiqua et hodierna*, 1716. Foto: Anette Henning.

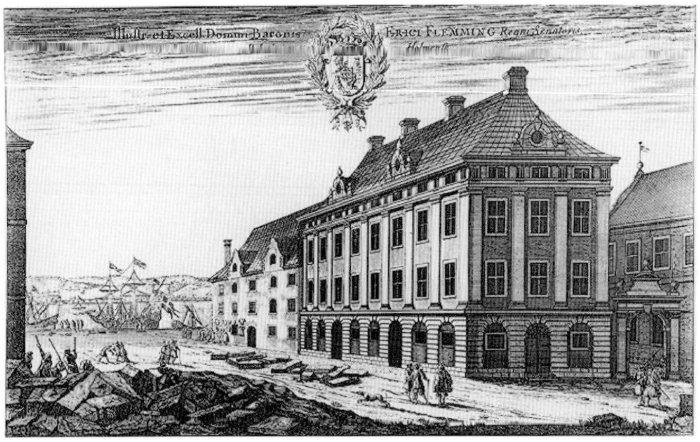

Abb. 15: Stadtpalais Eric Flemings in Stockholm. Aus: *Svecia antiqua et hodierna*, 1716. Foto: Anette Henning.

Abb. 16: Stadtpalais Schering Rosenhanes in Stockholm. 1652–56. Aus: *Svecia antiqua et hodierna*, 1716. Foto: Anette Henning.

Art der Entwürfe Philips Vingboons' zu verdanken. Diese waren durch die Herausgabe seiner Werke 1648 leicht zugänglich und haben in Schweden großen Einfluß ausgeübt[24].

Im Stil des holländischen Palladianismus war auch das Landhaus Hornsberg (Abb. 17), das der Feldherr Gustaf Horn auf der äußersten Spitze der Insel Kungsholmen vor den Toren der Stadt in den fünfziger Jahren des 17. Jahrhunderts errichten ließ. Mit seiner fast kubischen Gestalt erinnert es an holländische »Buitenplaetsen« der Zeit, das aufwendige Dach spiegelt den Einfluß des Ritterhauses wider. Seiner Funktion nach war Hornsberg eine »Villa Suburbana« und zeigte somit auf einer allgemeinen sozio-kulturellen Ebene eine gewisse Verwandtschaft etwa mit Palladios Villa Rotonda. Als Architektur war Hornsberg aber ganz und gar ein Ausdruck des starken holländischen Einflusses in Schweden zu dieser Zeit. Zu bedenken ist allerdings auch, daß die kubische Form des Hauses einer schwedischen Tradition, die ins Mittelalter zurückreicht, entspricht. Verglichen mit solchen Bauten oder mit Per Brahes Lustschloß Brahehus (Abb. 18) bei Gränna am Vätternsee vom Anfang des 17. Jahrhunderts, wird die holländisch-palladianische Prägung von Hornsberg besonders deutlich.

Die hier beschriebene Entwicklung, die durch das Hervortreten eines neuartigen Spezialisten im Baugewerbe – des Architekten – gekennzeichnet wird, änderte zunächst wenig an der Tatsache, daß die meisten auch anspruchsvolleren Gebäude hauptsächlich von Maurermeistern und Steinbildhauern, ohne Hilfe eines Architekten, errichtet wurden. Auch von den Handwerkern wurde jetzt aber die Kenntnis der klassischen Architekturformen verlangt, und die erfolgreicheren unter ihnen besaßen nicht selten mehrere der geläufigen Architekturtraktate. Im Nachlaß des Bildhauers Johan Wendelstam befanden sich eine Vitruv-Ausgabe mit Kupferstichen und die Traktate von Serlio und Palladio. Die 1640 festgelegte Ordnung des neugegründeten Stockholmer Steinbildhaueramtes legte als Forderung für die Meisterwürde die Kenntnis der Säulenordnungen fest[25]. Als eine Art Gründungsurkunde des neuen Amtes kann das Rathausportal gelten, das die Gründungsmitglieder gemeinschaftlich schufen und der Stadt als Geschenk übergaben[26].

Von der Mitte des 17. Jahrhunderts an fand eine direkte Auseinandersetzung schwedischer Architekten mit der italienischen Architektur und der Architektur der Antike in Italien selbst statt. 1646 bis 1650 besuchte Jean de la Valleé Frankreich und Italien, ein paar Jahre später trat Nicodemus Tessin d. Ä. seine Auslandsreise an, die ihn auch nach Italien führte. Beide reisten als Stipendiaten des Staates, ihre Reisen dienten also einer bewußten Kulturpolitik. Wie bereits erwähnt, war für beide Rom die wichtigste italienische Station auf der Reise. Römische Einflüsse sollten nun auch für eine längere Zeit die Architektur vor allem in der Hauptstadt Schwedens mit prägen. Ihren

Abb. 17: Hornsberg. Landhaus Gustaf Horns bei Stockholm. 1650er Jahre. Vorzeichnung für den Stich in: *Svecia antiqua et hodierna*, 1716. Ausschnitt. KB, Stockholm.

Höhepunkt erreichte sie in dem von Nicodemus Tessin d. J. entworfenen neuen Königlichen Schloß. Den Auftakt dieser römischen Orientierung bildete der Triumphbogen (Abb. 19), der nach Plänen von Jean de la Valleé und nach dem Vorbild des Konstantinbogens in Rom zur Krönung der Königin Christina auf dem heutigen Gustaf Adolfs torg errichtet wurde[27].

Ganz und gar den Charakter eines römischen Palazzo zeigt das Gebäude der Reichsbank, das 1675–80 nach Entwürfen von Nicodemus Tessin d. Ä. errichtet wurde[28]. Das Hauptportal ist eine genaue Nachbildung von Vignolas Portal für den Palazzo Farnese in Caprarola. Für die innere Disposition des Gebäudes griff Tessin aber auf Palladios Villa Pisani in Montagnana zurück, deren symmetrischer Grundriß offensichtlich den Bedürfnissen der in zwei Hauptabteilungen – eine Leih- und eine Wechselbank – gegliederten Institution entgegenkam.

Auch auf dem Lande hat der Adel in der zweiten Hälfte des 17. Jahrhunderts viel gebaut, und auch hier machen sich die gleichen Tendenzen bemerkbar wie in der Hauptstadt. Erik Oxenstiernas Fullerö von 1656 sieht aus wie eine kleine Kopie vom Ritterhaus, und auch viele andere Herrenhäuser und Landschlösser zeigen den Einfluß des holländischen Palladianismus. Zu nennen sind hier vor allem die Herrenhäuser Mariedal und Höjentorp in Västergötland, die Magnus de la Gardie errichten ließ (Abb. 20). Auf ein besonders anspruchsvolles, holländisch geprägtes Projekt, in dem gleichzeitig die Nähe zu Palladios Villenarchitektur spürbar wird, hat Sten Karling aufmerksam gemacht. Es handelt sich um den Entwurf eines königlichen

Abb. 18: Brahehus bei Gränna. Aus: *Svecia antiqua et hodierna*, 1716. Foto: Anette Henning

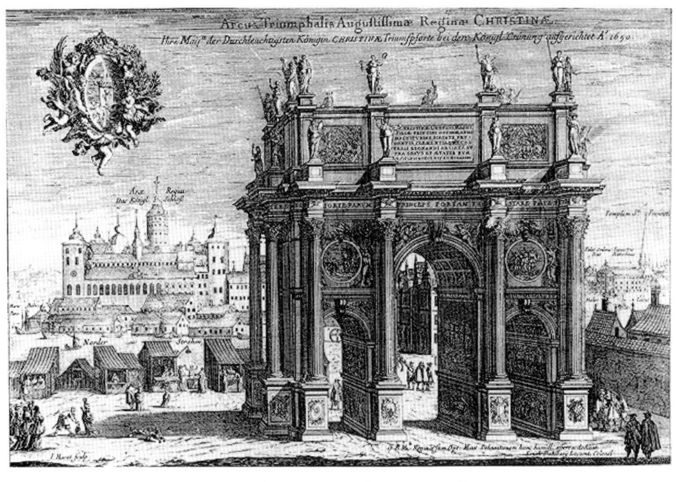

Abb. 19: Jean de la Valleé, Triumphbogen auf Norrmalm in Stockholm, 1650. Aus: *Svecia antiqua et hodierna*, 1716. Foto: Anette Henning.

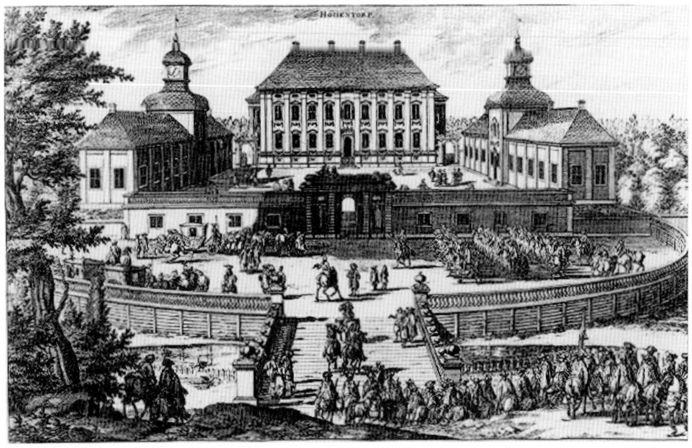

Abb. 20: Herrenhaus Höjentorp in Västergötland.
Aus: *Svecia antiqua et hodierna*, 1716. Foto: Anette Henning.

Abb. 21: Nicodemus Tessin d.Ä., Projekt für ein Lustschloß bei Gripsholm. Nationalmuseum, Stockholm.

Lustschlosses bei Gripsholm, das Nicodemus Tessin d. Ä. für Königin Hedwig Eleonora entworfen hat (Abb. 21)[29]. Während die Fassadenarchitektur vor allem französischen Vorbildern folgt, stellt der Grundriß, wohl nach dem Vorbild von Huis ten Bosch in Den Haag, eine Weiterentwicklung der Villa Rotonda dar.

Von seiner Funktion her war das schwedische Herrenhaus mit den palladianischen Villen gut vergleichbar, und es stellt sich daher die Frage, ob nicht hier direkte Rückgriffe auf Palladio zu entdecken sind. Erik Forssman hat darauf hingewiesen, daß das Herrenhaus Öster Malma, nach einem Entwurf von Jean de la Valleé in den 1660er Jahren gebaut, ohne das Vorbild der Villenanlagen Palladios kaum denkbar ist[30]. Jean de la Valleé scheint auch bei anderen Gelegenheiten Palladio zu Rate gezogen zu haben. Das kleine Herrenhaus Runsa (Abb. 22) in der Nähe von Sigtuna, das er für Pontus de la Gardie um 1660 entwarf, zeigt in der Gliederung der Baumassen deutlich palladianische Züge. In dem Verzicht auf offene Arkaden und in der zurückhaltenden Formensprache ist der Entwurf aber deutlich dem nördlichen Klima und der schwedischen Bautradition angepaßt.

In diesem Zusammenhang ist auch Carl Gustaf Wrangels Gripenberg, das der Feldherr in den sechziger Jahren errichten ließ, interessant[31]. Das Haus ist aus Holz in herkömmlicher Blockbauweise gebaut und war ursprünglich rot gefärbt. Einen Architekten für diesen Bau hat die Forschung noch nicht nennen können, möglicherweise hat aber Nicodemus Tessin d. Ä., der 1661 auf Borgholm mit Wrangel verhandelte, Anregungen geben können. 1664 erwähnt Wrangel in einem Brief ein *»dessien und modell«*, nach denen gearbeitet werden sollte; wahrscheinlich ist das noch erhaltene Holzmodell (Abb. 23–24) auf Skokloster identisch damit. Wrangel, der eine reiche Sammlung von Architekturtraktaten besaß, hatte wahrscheinlich auch selbst die nötigen Kenntnisse, um eigene Vorstellungen entwickeln zu können[32].

Mit seinen vier Ecktürmen macht Gripenberg einen eher altertümlichen Eindruck – dieser Typus war aber auch in der zweiten Hälfte des 17. Jahrhunderts sehr verbreitet. Der Grundriß mit seinen doppelten Enfiladen und dem zentral gelegenen Treppenhaus ist durchaus auf der Höhe der Zeit. Er weist in seiner Anlage Ähnlichkeit mit Palladios Villa Valmarana in Lisiera auf, die ja bereits für die Disposition der Räume im Schloß Makalös eine Rolle gespielt haben dürfte. Die zentrale Plazierung des Treppenhauses bedeutet allerdings eine Abweichung von dem palladianischen Modell. Die Ähnlichkeit mit Palladios Villengrundriß sollte wohl auch nicht als direkter Rückgriff verstanden werden. Es handelt sich vielmehr darum, daß dieser Typus, unter anderem durch die Auseinandersetzung Nicodemus Tessins d. Ä. mit der palladianischen Grundrißsystematik, um diese Zeit in Schweden heimisch geworden war.

Abb. 22: Jean de la Valleé, Herrenhaus Runsa in Uppland, um 1660. Foto: Iwar Andersson, ATA, 1950.

Abb. 23: Schloß Gripenberg. Holzmodell, um 1664. Skokloster. Foto: G. Sandstedt/JLM, 1994.

Eine teilweise andere Annäherungsweise an die Architektur als die bisher vorgestellten Architekten hatte der gelehrte Professor an der Universität Uppsala, Johannes Rudbeck, zu dessen vielfältigen Aufgaben sowohl der Elementarunterricht in Architektur als auch die Lösung praktischer Bauaufgaben gehörten[33]. Für die Universität wie auch für die Stadt Uppsala und auch für private Auftraggeber auf dem Lande hat Rudbeck zahlreiche architektonische Aufträge ausgeführt. In unserem Zusammenhang am interessantesten sind die Projekte für die Universität, von denen viele einen eher phantastischen Charakter aufweisen und nie verwirklicht wurden. Rudbeck hat sie aber in seiner *Atlantica* publizieren lassen.

In seiner architektonischen Auffassung erweist sich Rudbeck als strenger Vitruvianer; seine Quellen sind, wie Ragnar Josephson nachgewiesen hat, vor allem Vitruv, den er unter anderem in der illustrierten Auflage von Philander kannte, und Donatus' Rekonstruktion des antiken Rom[34]. Auf Palladio oder andere Theoretiker der italienischen Renaissance beruft er sich nie. Gerade in seinem Bemühen, die Bauaufgaben der Gegenwart im Geiste der römischen Antike zu bewältigen, beweist er, obwohl *»dilettant«*, in gewissem Sinne dennoch eine größere Verwandtschaft mit Palladio als seine Zeitgenossen unter den professionellen Architekten. Wie diese war er aber auch von der klassizistischen niederländischen Architektur, die er von seinem Studium in Leiden her aus eigener Erfahrung gekannt haben muß, sehr stark beeinflußt. Mehrere seiner Projekte tragen, ungeachtet der Berufung auf Vitruv und die römische Antike, unverkennbar eine holländische Prägung. Das gilt für seinen Entwurf eines Universitätsgebäudes mit dorischer Kolossalordnung (Abb. 25) ebenso wie für das anatomische Theater oder die Orangerien im Botanischen Garten.

Von Rudbecks realisierten Bauprojekten ist das noch erhaltene anatomische Theater (Abb. 26) das bedeutendste. Über dem in fünf Reihen steil emporsteigenden amphitheatralischen Auditorium verläuft eine von jonischen Säulen getragene Galerie. Darüber wölbt sich eine hohe, elegant geschwungene Kuppel, die für eine ausgezeichnete Beleuchtung des Raumes sorgt. Die Brüstungen des Auditoriums sind durch Pilaster gegliedert, die ein anschauliches Bild der vitruvianischen Superposition darstellen und wohl auch für den Anschauungsunterricht in der Architektur gedient haben.

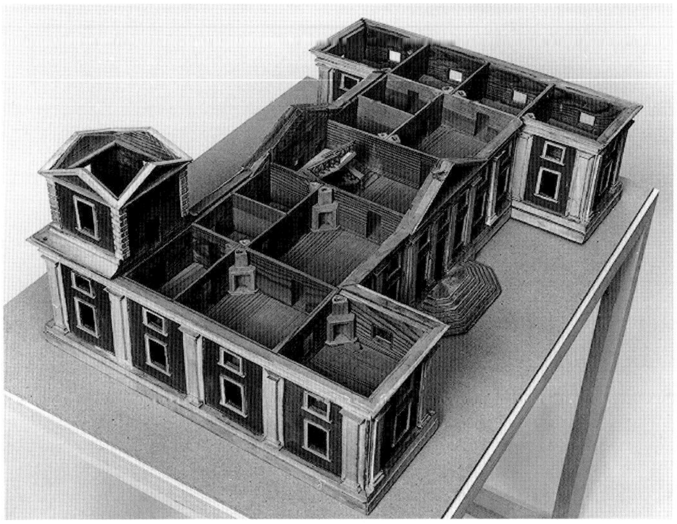

Abb. 24: Schloß Gripenberg. Holzmodell, um 1664. Skokloster. Foto: G. Sandstedt/JLM, 1994.

Ihre Krönung und ihren Abschluß fand die hier beschriebene Entwicklung in der reichen und vielseitigen Tätigkeit Nicodemus Tessins d. J. Er vereint in seinem Werk Elemente verschiedenen Ursprungs, wobei die römische Renaissance- und Barocktradition und der französische Barockklassizismus die wichtigsten Quellen waren. In dieser reich orchestrierten Architektur sind palladianische Motive nicht unwichtig, sie gehen aber, wie zum Beispiel die schöne Serliana in den Treppenhäusern des Stockholmer Schlosses oder die auf die Villa Rotonda zurückgehende Gestalt des nie ausgeführten Apollotempels für den Garten von Versailles (Abb. 27), in einer höheren Einheit auf, die von ihrem Charakter her wenig mit dem palladianischen Erbe gemein haben[35].

Zurückblickend läßt sich die hier dargelegte Entwicklung folgendermaßen kurz zusammenfassen. In einer ersten Phase, die bis ins frühe 17. Jahrhundert reicht, werden die Architekturformen der Antike bzw. der Renaissance über Traktatenliteratur und Vorlagenblätter rezipiert. Sie kommen vor allem an Portalen und Kaminen, in Holztäfelungen etc. zur Verwendung. Einen tiefergehenden Einfluß auf die Baugestaltung haben sie nicht, vielleicht mit der Ausnahme der besprochenen Projekte Johans' III. Die wichtigste Quelle war Sebastiano Serlios Traktat, aber auch Vignola wurde verwendet. Warum Palladios *Quattro libri* eine geringere Rolle spielten, läßt sich wahrscheinlich mit der Art der Illustrationen erklären: Während man aus Serlios Traktat fertige Muster für Portale etc. entnehmen konnte, fehlen solche bei Palladio. Um so wichtiger scheinen die *Quattro libri* für die Entwicklung moderner, differenzierterer Grundrisse geworden zu sein, die für die Entwicklung der Profanarchitektur um die Mitte des 17. Jahrhunderts kennzeichnend ist. Hier lassen sich mehrere Beispiele offensichtlicher Rückgriffe auf Palladio nennen. Ne-

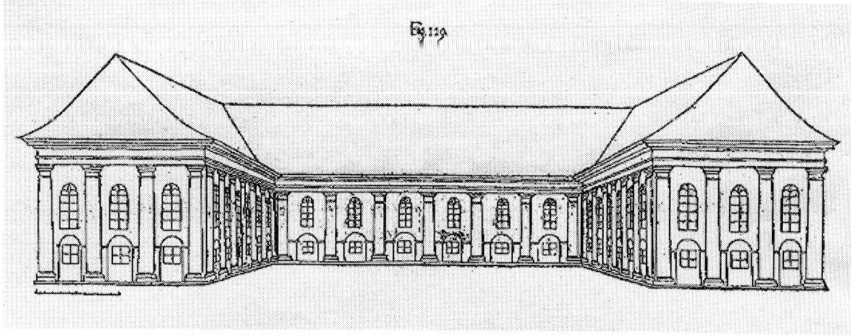

Abb. 25: Olof Rudbeck, Projekt für Universitätsgebäude in Uppsala. Aus: Rudbeck *Atlantica*.

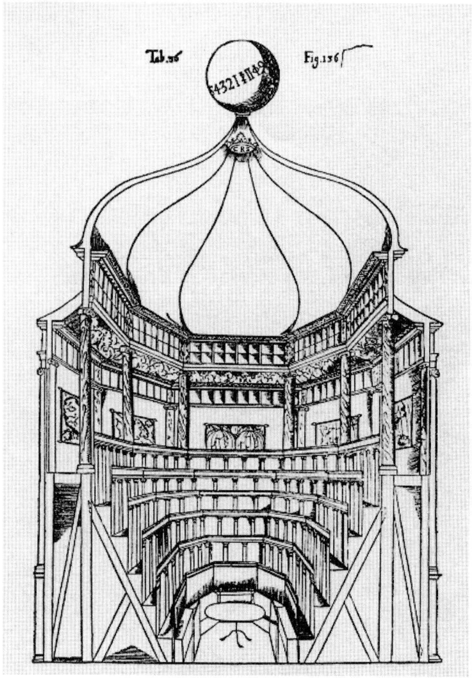

Abb. 26: Olof Rudbeck, Projekt für das anatomische Theater in Uppsala. Aus: Rudbeck *Atlantica*.

Abb. 27: C. Palmcrantz nach Nicodemus Tessin d. J., Projekt eines Apollotempels für Versailles. 1714.
Foto: Nationalmuseum, Stockholm.

Abb. 28: Erik Palmstedt, Theater im Schloß Gripsholm, 1781 – 84.
Foto: Iwar Andersson, ATA, 1945.

ben Palladio waren in diesem Bereich allerdings auch französische und holländische Vorbilder von Bedeutung, die ihrerseits oft auf Palladio zurückgehen.
Um die Mitte des 17. Jahrhunderts wird ein palladianischer Klassizismus holländischer Prägung der beherrschende Architekturstil in Schweden. Gleichzeitig machen sich aber auch starke römische Einflüsse bemerkbar. Der holländische Einfluß wurde wahrscheinlich hauptsächlich durch die Veröffentlichung von Philip Vingboons' Entwürfen von 1648 vermittelt. Die tonangebenden Architekten wie Nicodemus Tessin d. Ä. und Jean de la Valleé und auch viele einflußreiche Bauherren kannten aber die moderne holländische Architektur auch aus eigener Anschauung. Mit einer direkten Auseinandersetzung mit Palladio und seinem Werk hat diese Architektur nichts zu tun. Erst mit Erik Palmstedt, der den beginnenden Neoklassizismus in Schweden vertritt, kam es zu einer tiefergehenden Auseinandersetzung mit Palladio. Für Palmstedt war Palladio *»le Prince des architectes modernes«*, und der wahre Lehrmeister bei der Bewältigung der Aufgabe, die ewig gültigen Prinzipien der antiken Architektur, die die Prinzipien der Natur selbst waren, in die Aufgaben der Gegenwart umzusetzen. So verstanden, verbot aber die Bewunderung für Palladio seine oberflächliche Nachahmung: Vielleicht ist das der tiefere Grund dafür, daß auch mit Erik Palmstedt kein wirklicher Palladianismus in Schweden entstehen konnte. In dem kleinen Theater, das er nach seiner Italienreise in einem der Türme von Schloß Gripsholm errichtete (Abb. 28), findet aber seine Bewunderung für Palladio und dessen Teatro Olimpico einen schönen Ausdruck.

1 Forssman 1980, S. 97 ff.; ders. 1994, 191–204.
2 Sirén 1914, 207 ff.
3 Olsson 1927, XIII. u. 138 ff.; Setterwall 1945, 154 ff.
4 Setterwall 1945, 154 f. Der Nachlaß Palmstedts mit seinen Zeichnungen von der Italienreise befinden sich in der Bibliothek der Kgl. Akademie der Künste in Stockholm.
5 Wahlberg 1977, 108 ff. Das Reisetagebuch Silléns befindet sich in der Universitätsbibliothek, Uppsala.
6 Vgl. auch Forssman 1980; 1994.
7 Olsson 1961.
8 Forssman 1959, 16.
9 Olsson 1961, 193 ff.
10 Ebd. 218 ff.

11 Ebd. 257, 322 f. und 437 ff.

12 Zur Rezeption des »korinthischen Saales« in der europäischen Architektur des Barock vgl. Forssman 1996, 102 f.

13 Forssman 1959, 16.

14 Hahr 1910, 119 ff.

15 Karling 1958.

16 Nordberg 1931, 114 ff. Kjellberg u. Svensson 1966–1971, Södermanland II, 276–284.

17 Axel-Nilsson 1984.

18 Rosenhane 1944; vgl. auch Ellenius 1967, 79 f. und Östnäs 1984, S. 174.

19 Axel-Nilsson 1984 237 ff. Dagegen enthielt die reich bestückte Bibliothek natürlich zahlreiche Arbeiten über Fortifikation und andere militärische Themen.

20 Nordberg 1970.

21 Ebd. 89 ff. u. 132–150. Siehe auch Östnäs 1984, 40 ff.

22 Silfverstolpe 1926; Lang 1965; Ottenheym 1989, 132 ff.; Slothower 1934, 73 ff.

23 Dahlgren 1919.

24 Vingboons 1648. Ein zweiter Teil erschien 1674. Diese Ausgabe von 1648 befand sich z. B. in der Bibliothek Carl Gustaf Wrangels. Vgl. Losman 1972, S. 9.

25 Axel-Nilsson o. J., 114 f. u. 433 ff.

26 Ebd. 115 ff. u. 267 ff.

27 Karling 1966.

28 Larsson 1976, 27 ff.

29 Karling 1958, 71 ff.

30 Forssman 1994, 201 f.

31 Eimer 1961, 150–164.

32 'In Wrangels Besitz befanden sich Traktate von u. a. J. van Campen (1661), Ph. Delorme (1648), J. A. Ducerceau (1561), J. Furttenbach d. Ä. (1627, 1635, 1640, 1641), Palladio (1642), Serlio, Vignola (1644), Ph. Vingboons (1648) und Vitruv. Siehe Losman 1972.

33 Josephson 1940.

34 Donatus 1630; spätere Auflagen 1639 und 1665. Philander 1543.

35 Laine 1980, 91–107; Josephson 1930.

Palladianische Architektur in Polen (17. und 18. Jahrhundert)

Stanisław Mossakowski

Die Blüte der humanistischen Kultur im Polen der Jagiellonen am Ende des 15. Jahrhunderts sowie die damit einhergehende Verbreitung von Vitruvs Traktat, die durch Quellenhinweise und die in polnischen Büchersammlungen erhaltenen Exemplare seines Werkes bezeugt ist (darunter eine von Jan Kropidła angefertigte handschriftliche Kopie aus dem Jahre 1465), bereitete in hervorragender Weise den Grund für die Rezeption von Formen und Motiven der klassischen Architektur in der Prägung durch die italienische Renaissance[1].

Diese Rezeption vollzog sich im ersten Viertel des 16. Jahrhunderts mit der Tätigkeit der Werkstätten zweier toskanischer Architekten und Bildhauer am Hofe der Jagiellonen in Krakau, Giovanni da Firenze (gest. 1516) und Bartolomeo Berrecci da Pontasieve (gest. 1537). Vor allem war es Berreccis Werk – das königliche Mausoleum an der Krakauer Kathedrale (1517–1526) –, das in die polnische Architektur klassische Kompositionsmuster einführte, wie den mit einer kassettierten Kuppel überwölbten sakralen Zentralbau, das Motiv des Triumphbogens, Thermenfenster, und ebenso, wenn auch noch nicht vollständig kodifiziert, die antiken Ordnungen: die dorische, ionische und Kompositordnung.

In der Anfangszeit war die Übernahme antiker Architekturform und Skulptur nicht so sehr das Resultat einer allgemeineuropäischen Mode, als vielmehr eine gezielte Bezugnahme auf die Traditionen des Imperium Romanum durch den polnischen König Zygmunt I. (1506–1548, mütterlicherseits Nachfahre der Kaiserdynastien der Luxemburger und Habsburger). Die humanistische Bildung der polititschen und geistigen Elite des Landes bewirkte, daß in Polen – im Gegensatz zu den Bauten italienischer Architekten des 15. Jahrhunderts auf dem Moskauer Kreml, welche im Zarenreich ohne Fortsetzung blieben – die antikisierenden Formen der Renaissance sofort und auf Dauer von breiten Kreisen der Gesellschaft übernommen wurden. Auf diese Weise bestimmten die Jagiellonen-Gründungen der frühen Renaissance die weitere Entwicklung der neuzeitlichen Architektur und Skulptur in Polen und ihre spezifisch klassischen Formen, die sich in dem weiten Territorium des polnisch-litauisch-ruthenischen Staates verbreiteten.

Das humanistische Ideal des gelehrten »Otium« und das Lob der »Vita contemplativa« im Schoß der Natur, weit weg vom Lärm der Stadt, trugen früh auch in Polen mit einer Reihe vorstädtischer Residenzen vom Typus der »Villa suburbana« Früchte. Leider sind diese Bauten nicht erhalten oder von Grund auf umgebaut. Man darf jedoch annehmen, daß zumindest einige von ihnen in »modo italiano« errichtet worden waren, so wie die Villa des Humanisten und Bischofs Samuel Maciejewski in Prądnik bei Krakau (um 1547), die der berühmte Dichter Jan Kochanowski in einer lateinischen Ode besungen hat: *Ad villam Promnik: »Salve: laborum perfugium [...] mater otii, hospitiumque novem sororum«* (»Sei gegrüßt, Zuflucht vor den Mühen [...], Mutter der Muße und Herberge der Neun Musen«) und die als Schauplatz in der durch Lukasz Górnicki (1566) besorgten polnischen Fassung von Baldassare Castigliones *Il Cortigiano* erscheint. Durch Ausgrabungen wurde der quadratische Grundriß der Villa freigelegt, der seine Verwandtschaft mit einigen Villen der venezianischen Terraferma verrät.

Daß die Kompositionsschemata der norditalienischen Villen allgemein seit der Mitte des 16. Jahrhunderts auch in Landresidenzen des Adels verwendet wurden, war nicht nur das Ergebnis der Tätigkeit italienischer Architekten, sondern lag auch an der Verbreitung italienischer Musterbücher und Architekturtraktate, mit Serlios Werk an der Spitze. Eine besondere Rolle spielte hier der ausdrückliche Wille der Auftraggeber aus dem Kreis der Magnaten und des Adels, die selbst oftmals Laienarchitekten waren. Ihr Kunstgeschmack formte sich unter dem Einfluß einer hu-

Abb. 1: Villa in Wola Justowska bei Krakau, um 1625.
Foto: Polska Akademia Nauk, Instytut Sztuki, Warschau.

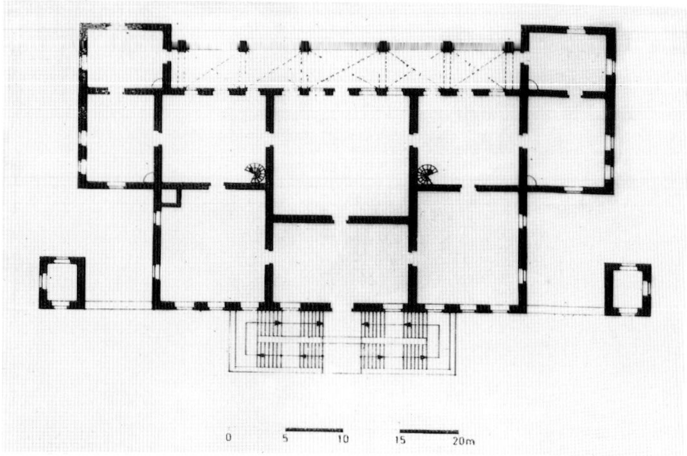

Abb. 2: Villa Regia in Warschau, 1634–1639. Grundriß.
Foto: Polska Akademia Nauk, Instytut Sztuki, Warschau.

manistischen Ausbildung und der damals fast obligatorischen Italienreise sowie auch häufig durch Studien an der Universität zu Padua.

Eine symptomatische Begebenheit notierte der Kanzler Jarzy Ossoliński in seinem Tagebuch. Der spätere Bauherr eines großartigen Palastes in Warschau (um 1641), mit dem typischen Grundriß einer Villa und einem Baukörper, der in Anlehnung an norditalienische, als antike Basiliken verstandene Rathäuser errichtet war, begeisterte sich während seiner Reise durch das Veneto im Jahre 1633 so sehr für eine der Villen bei Padua, daß er für sich ihre Vermessung vorzunehmen anordnete: *»Palaciolum cuius pulchritudine adeo delectatus fuit et latitudinem eius palacioli demensurari fecerit«*.

In den polnischen Adelsresidenzen des 17. Jahrhunderts übernahm man von der norditalienischen Villa besonders gern unter anderem die Fassadenkomposition mit offenen, von einem Turmpaar oder von Pavillons eingefaßten Loggien. Dieses Schema mit seinem antiken Ursprung, als dessen frühe Realisierung im Veneto die Villa Trissino in Cricoli (1530–38) angesehen werden kann und das auch im Werk von Michele Sanmicheli (Villa La Soranza) und Palladio auftrat (die Villen Pisani in Bagnolo, Valmarana in Lisiera und Thiene in Cicogna), erschien im 17. Jahrhundert in zahlreichen polnischen Herrenhäusern und Palästen. Das früheste Beispiel ist die Villa in Wola Justowska bei Krakau (umgebaut um 1625, Abb.1); die prächtigsten Bauten dieser Art waren die in Warschau am Rande des hohen Weichselufers angelegten Residenzen: die Villa Regia der Könige Władysław IV. und Jan Kazimierz (1634–39, Abb. 2) sowie das Hauptstadtpalais des Hetmans Stanisław Koniecpolski (1643–1645).

Bei der Verbreitung dieses Kompositionsschemas in Polen spielten – wie es scheint – die Illustrationen in Serlios Traktat die wichtigste Rolle, und hierbei besonders die nördlich der Alpen so beliebte Variante der Villa Poggio Reale, gestaltet nach dem Entwurf von Baldassare Peruzzi. Aus dieser Serlio-Vorlage leitet sich die Grundrißanordnung mit Appartements in Pavillons her, die besonders oft in polnischen Residenzen verwendet wurde. Manchmal

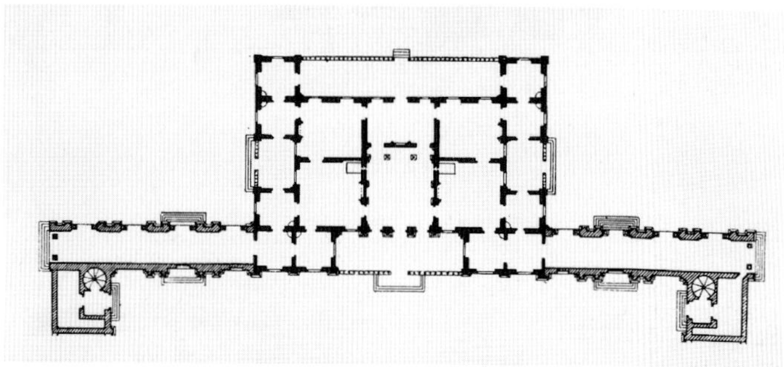

Abb. 3: Agostino Locci, königliches Schloß in Wilanów, 1677–1682. Grundriß: aus Starzyński 1933.

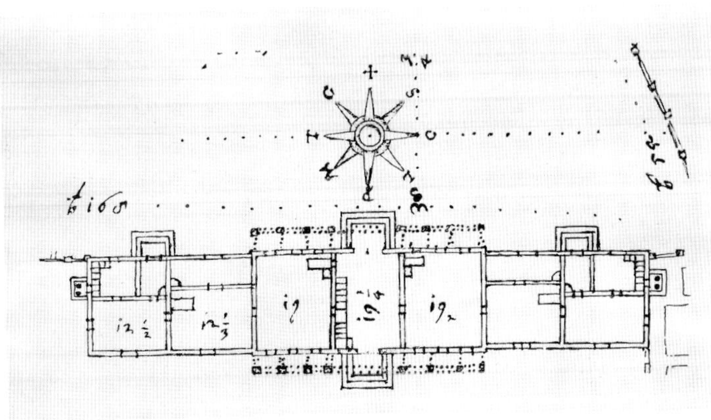

Abb. 4: Villa in Ujazdów bei Warschau, um 1575. Grundriß.
Foto: Polska Akademia Nauk, Instytut Sztuki, Warschau.

verriet sie im übrigen eine deutlich an Palladios Villa Valmarana in Lisiera angenäherte Fassung, wie zum Beispiel in dem ab 1677 ausgebauten Schloß des Königs Jan III. Sobieski in Wilanów bei Warschau (Abb. 3).

Die außergewöhnliche Beliebtheit der norditalienischen »Casa in villa« muß man vor allem damit erklären, daß sie sich den Bedürfnissen des polnischen Adels mit seinem gutsherrlichen Lebensstil so hervorragend anpaßte; und dieser entsprach der Lebensweise der venezianischen Patrizier und des Adels aus der Umgebung von Padua und Treviso, Vicenza und Verona auf dem Lande.

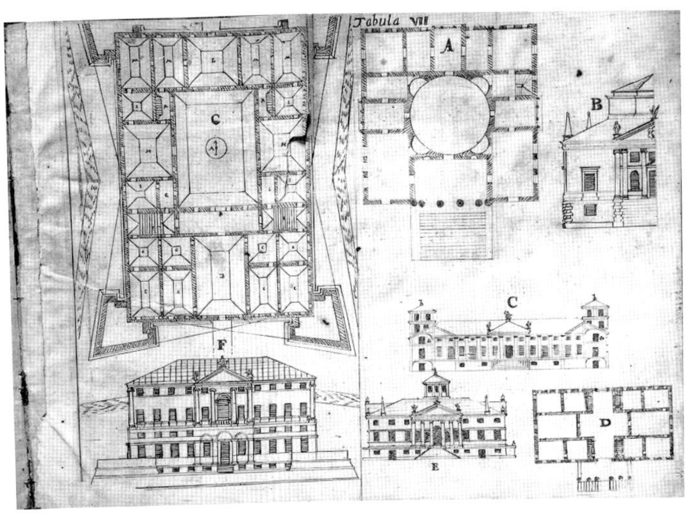

Abb. 5: Vincenzo Scamozzis Entwürfe u.a. für das Schloß in Zbaraż. Aus: Wąsowski 1678, Taf. VII.

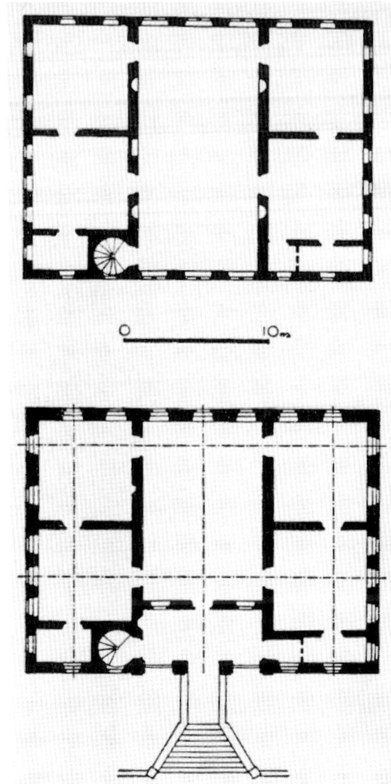

Abb. 6: Villa in Czemierniki, um 1622.
Grundriß: aus Miłobędzki 1980.

Ein vollständiges Bild von der Rezeption der als Vorbilder dienenden italienischen Villen, und darunter auch der von Palladio entworfenen, in der Architektur des 16. und 17. Jahrhunderts in Polen läßt sich nicht erstellen. Der Residenzbau dieser Epoche war bei uns in der Mehrzahl ein Holzbau und existiert heute nicht mehr. Aus Holz »in modo italiano« waren nicht nur einfache Herrenhäuser des Adels in abgelegenen Gegenden errichtet, sondern auch große Herrscherpaläste, die durch die Pracht ihrer Ausführung fremde Diplomaten in Erstaunen setzten; so zum Beispiel das Schloß der Königin Anna Jagiellonka in Ujazdów bei Warschau, mit seiner hierarchischen, bezüglich der Hauptachse symmetrisch angelegten Innenaufteilung (Abb. 4), das der Nuntius Caligari im Jahre 1580 bewunderte, oder die Residenz des Königs Zygmunt III. in Nieporęcie am Narew (nach 1619): *»d'une magnifique charpenterie«*, wie ein Franzose nach seinem Besuch bemerkte. Daher ist es auch verständlich, daß man dem Traktat Palladios in Polen am häufigsten Informationen entnahm, die praktische Dinge, technisch-konstruktive Fragen und Materialien betrafen. Besonders genau studierte man die Bemerkungen über Holz und die Prinzipien der Holzkonstruktion.

Neben den Werken Serlios und Vignolas gehörten *I quattro libri dell'architettura* des Meisters aus Vicenza (Venedig 1570) zu den in Polen bekanntesten italienischen Architekturtraktaten. Dieses Werk benutzten im 17. Jahrhundert zahlreiche Architekten, vor allem Italiener, aber auch Baumeister polnischer Abstammung. Es bildete eine Hilfe für die Zunftmeister der Baugewerke, die ihre Meisterstücke in Anlehnung an seine Holzschnitte anfertigten; und die gebildeten Magnaten, die Auftraggeber der Architekten, kannten und studierten es. Der Einfluß Palladios ist ebenso im zeitgenössischen polnischen Schrifttum über Architektur nachzuvollziehen. So wiederholten zum Beispiel der älteste polnische, höchstwahrscheinlich von dem Magnaten, Schriftsteller und Kunstmäzen Łukasz Opaliński geschriebene Architekturtraktat mit dem Titel *Krotka nauka budownicza dworów, pałaców, zamków podług nieba i zwyczaju polskiego* (»Kurze Baulehre für Herrenhäuser, Paläste und Schlösser gemäß dem polnischen Himmel und dem polnischen Brauche«), anonym herausgegeben im Jahre 1659 in Krakau, sowie das Werk *Callitectonicorum seu de pulchro architecturae sacrae at civilis compendio collectorum liber* (Poznań 1678, Abb. 5), das der Architekt und Jesuit Bartłomiej Nataniel Wąsowski verfaßt hat, nach Palladio einige Prinzipien zur Bestimmung der Proportionen in Palastinnenräumen. Besonders Wąsowski, aber ebenso ein anderer Jesuit, Wojciech Tylkowski, Autor der umfangreichen Schrift *Philosophia curiosa* (Oliwa 1680–82), die unter anderem Malerei und Architektur behandelt, bezogen aus eben derselben Quelle ihr Wissen über die klassischen Prinzipien der Proportionen von Tür- und Fensteröffnungen.

Das allgemeine theoretische Konzepte des Meisters aus Vicenza spiegelte sich nur sporadisch im polnischen Fachschriftentum wider. Zum Beispiel fand bei unseren Autoren Palladios Lehre von den harmonischen Proportionen kein Verständnis, obwohl ihr Einfluß unzweifelhaft in einigen Bauwerken des 17. Jahrhunderts sichtbar ist, wie zum Beispiel in der um 1622 errichteten einstöckigen Villa des Bischofs von Płock Henryk Firlej in Czemerniki (Abb. 6). Deren kompakter und wohlgeordneter Plan mit Räumen, deren Höhe absichtlich differenziert ist, ist deutlich den

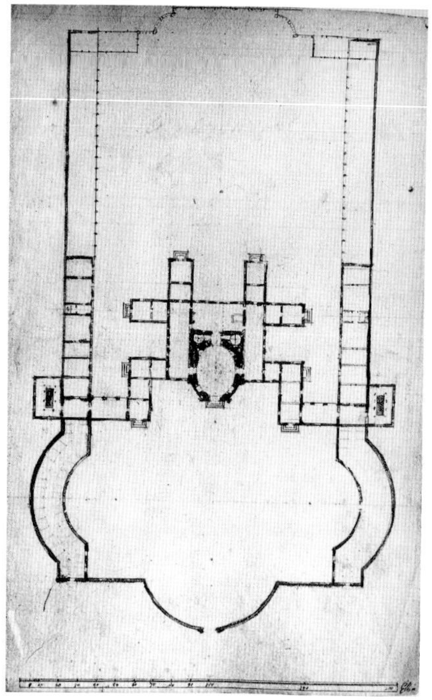

Abb. 7: Tilman van Gameren, Entwurf für einen Palast in Holzbau, um 1700. Graphisches Kabinett der Bibliothek der Universität Warschau, Tilman-Archiv – 481.
Foto: Polska Akademia Nauk, Instytut Sztuki, Warschau.

Grundrissen der Villen Palladios nachgebildet und zeigt die konsequente Anwendung eines Proportionssystems, das auf den Verhältnissen kleiner ganzer Zahlen 1:1, 1:2 und 2:3 basiert.

Selten berief man sich auf Palladio bei der Behandlung der Theorie von den architektonischen Ordnungen. Der Autor der *Krótka nauka budownicza...* hielt sie sogar für ein nicht notwendiges Element ländlicher Herrenhäuser oder Paläste, wo *»häufige spectatores«* fehlen und eine *»so kalte constitutio aeris kostbare Ornamenta nicht erträgt«*. Es gab jedoch auch andere Stimmen, wie die Aussage des bereits erwähnten Bartłomiej Wąsowski bezeugt. Für ihn waren die Ordnungen ein die Schönheit des architektonischen Werkes entscheidend prägender Faktor und ein wesentliches Kriterium für die Bestimmung seines Wertes. Die von Wąsowksi vorgeschlagenen Größen für die Grundelemente der Ordnungen zeigen im übrigen Übereinstimmungen mit Palladios System, vor allem in bezug auf die toskanische, ionische und Kompositordnung. Erwähnt

Abb. 8: Tilman van Gameren, Palais Gniński in Warschau, um 1683. Foto: W. Wolny.

Abb. 9: Tilman van Gameren, Palais Krasiński in Warschau, 1689–1695. Foto: J. Langda.

werden muß auch, daß die Lehre von den architektonischen Ordnungen und Proportionen am Ende des 16. Jahrhunderts in Polen in den Unterricht der allgemeinbildenden Schulen eingeführt worden ist. Für die Ausbildung der Bürger unerläßlich, war sie auch Gegenstand privater Studien der heranwachsenden Magnaten.

Die Werke Palladios waren den polnischen Auftraggebern nicht nur durch seinen Traktat zugänglich, sondern ebenfalls unmittelbar während ihrer Aufenthalte in Italien. Aus eigener Anschauung kannte sie zum Beispiel der Wojewode und Kastellan von Krakau, Wawrzyniec Spytek Jordan, der an der Wende der fünfziger und sechziger Jahre des 16. Jahrhunderts zu Kuraufenthalten nach Caldero bei Verona gereist war und von seinen Reisen unter anderem Kunstwerke sowie Künstler aus dem Veneto mitgebracht hatte. Jordan, der ein naher Vertrauter des Königs Zygmunt August war, ließ um 1562 einen der engsten Mitarbeiter Palladios holen, den Stukkateur Bartolomeo Ridolfi, der die Stuckdekorationen in Palladios Palazzo di Iseppo da Porto, Palazzo Thiene und Palazzo Chiericati in Vicenza sowie in der Villa Poiana in Poiana Maggiore geschaffen hatte. Leider haben sich keine Objekte erhalten, die sich mit Ridolfis Tätigkeit in unserem Land in Verbindung bringen ließen. Aber die Erwähnung Vasaris (ed. Milanise, V. S. 326), daß dieser Künstler für polnische Auftraggeber *»molti disegni di palazzi ed altre fabriche«* ausgeführt habe, läßt die Vermutung zu, daß die Formen dieser Werke nicht von den Vorbildern des Meisters abwichen. Wir wissen auch, daß das Teatro Olimpico den späteren König Władysław IV. während seines Aufenthaltes in Vicenza im Jahre 1624 begeistert hat.

Zur Nachahmung der Landsitze Palladios muß die polnischen Auftraggeber die Einfachheit von Grundriß und Komposition ihres Baukörpers, die Beschränkung auf ein Minimum an Dekoration und im besonderen die Verwendung von auch in Polen leicht zugänglichen und verhältnismäßig billigen Materialien wie Ziegel, Putz und Stuck veranlaßt haben.

In der polnischen Residenzarchitektur des hier besprochenen Jahrhunderts ist Palladios Einfluß am stärksten in Bauten mit sogenanntem vieltraktigem Grundrißschema sichtbar. Dieses beruht (in Übereinstimmung mit dem palladianischen Grundsatz einer »natürlichen« Symmetrie und der dreifachen Hierarchie der Bauglieder) darauf, die größten Säle mit den ihnen vorgelagerten Loggien in der Mitte des Baues unterzubringen und sie an den Seiten durch die kleineren und niedrigeren Räume der Wohnappartements, die sich in die Tiefe des Gebäudes erstrecken, einzufassen. Ein gutes Beispiel hierfür ist die oben erwähnte Villa Firlej in Czermierniki (Abb. 6), die mit ihrer

Innenaufteilung an Palladios Villa Pisani in Montagnana erinnert. Man kann annehmen, daß das vieltraktige Grundrißschema in den polnischen Herrenhäusern des Adels ebenso häufig verwendet worden ist, wie die Serlio-sche Anordnung der Appartements in Pavillons (sogenannte Poggio Reale-Variante), da es das populäre Handbuch *Ziemianska generalna oekonimika* (»Allgemeine landadelige Ökonomie«) von Jakub Kazimierz Haur (Kraków 1679) als das für Adelssitze auf dem Lande am besten geeignete empfahl. Die wenigen Herrenhäuser in Holzbau aus dem 17. Jahrhundert, die wir durch alte Ansichten, Risse oder Photographien kennen, bestätigen diese Annahme.

Ein tieferes Verständnis für die Kunst Palladios offenbart das Schaffen des bedeutendsten Architekten, der in unserem Land in der zweiten Hälfte des 17. Jahrhunderts arbeitete, Tilman van Gameren. Geboren um 1630 in Utrecht, ausgebildet in Venedig, wo er bis 1660 als Schlachtenmaler tätig war, arbeitete van Gameren vierzig Jahre seines Lebens in Polen als Entwurfsarchitekt am Hofe der Magnatenfamilie Lubomirski sowie im Dienste der Könige. Sein ungewöhnlich reiches Lebenswerk, das eine Vielzahl von Bauten sowie über eintausend erhaltene Entwurfsskizzen umfaßt, zeichnet sich entschieden durch einen ausgesprochen individuellen Charakter aus und repräsentiert die nordeuropäische, klassizistische Variante des Barocks, unter deren Vertretern er einer der bedeutendsten war.

Die Kunst van Gamerens mit ihrer komplexen Genese besitzt eine deutliche palladianische Komponente. Das kann nicht verwundern, zumal der Künstler zahlreiche Werke des Meisters aus Vicenza aus eigener Anschauung kannte. In seiner reichen Bibliothek besaß er selbstverständlich *I quattro libri dell'architettura*, in einer Ausgabe von 1642. Mit dem theoretischen Gedankengut und den Werken Palladios verbanden den holländisch-polnischen Architekten vor allem der tiefe Glaube an die Richtigkeit von überzeitlichen, klassischen Grundsätzen einer »die Natur nachahmenden« Architektur, die pythagoräisch-platonische Überzeugung von der kosmischen Vollkommenheit der Zentralform und von der Rolle grundlegender Proportionsprinzipien sowie die Vorliebe für Logik, Klarheit und Symmetrie. Im Residenzbau van Gamerens zeigte sich die planmäßige Anlage des Inneren, der einheitlich mit den

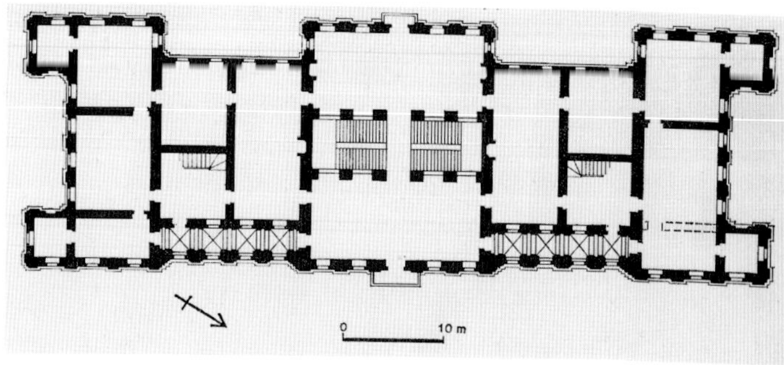

Abb. 10: Tilman van Gameren, Palais Krasiński in Warschau, Grundriß. Aus: Miłobędzki 1980.

Achsen verknüpften Fluchten, nach außen hin in der Komposition des Baublocks und der Fassaden, in welcher in der Regel der Mittelteil dominierte.

Mit Palladio verband van Gameren schließlich auch der Zeichenstil der Entwürfe: die bevorzugt streng orthogonale geometrische Projektion der Grund- und Fassadenrisse sowie der Schnitte, eine Art des Entwurfes, die für jene Architekten charakteristisch ist, welche in den Kategorien von Proportionen in der Ebene dachten. Seine Entwürfe entwickelte er auf der Grundlage eines geometrischen Liniennetzes, wobei er mit Vorliebe Quadrate und Rechtecke mit den Seitenverhältnissen 1:2 und 2:3 verwendete. Es ließ sich jedoch nicht feststellen, ob und in welchem Maße er sich auf das arithmetische System von Proportionalität und »Harmonie« stützte, das der Meister aus Vicenza in seinem Traktat propagiert hatte.

Van Gameren entwarf im Auftrag polnischer Magnaten und Adliger vor allem auf dem Land oder in Vorstädten gelegene Paläste und Herrenhäuser in Ziegel- oder Holzbau. Dabei knüpfte er natürlich an dieselben norditalienischen Bauten vom Typus »Casa in villa« an, die schon seinen Vorgängern in Polen als Vorlage gedient hatten, und so auch an das Serlio-Schema der Appartements in Pavillons (Poggio Reale-Variante). Dennoch verstand er es in seinen Entwürfen zu Landresidenzen nach dem Muster der Villen Palladios besser als jene, die Funktionen eines bequemen Herrenhauses und der Wirtschafts- und Nebenräume, wie Pferdestall, Remise, Küche, Gästeappartements und Wohnungen für die Bediensteten, harmonisch miteinander zu verbinden.

Abb. 11: Tilman van Gameren, Badepavillon Łazienka in Ujazdów bei Warschau, 1683–1689, Grundriß. Zeichnung von Ch. Eltester. Foto: G. Peschken.

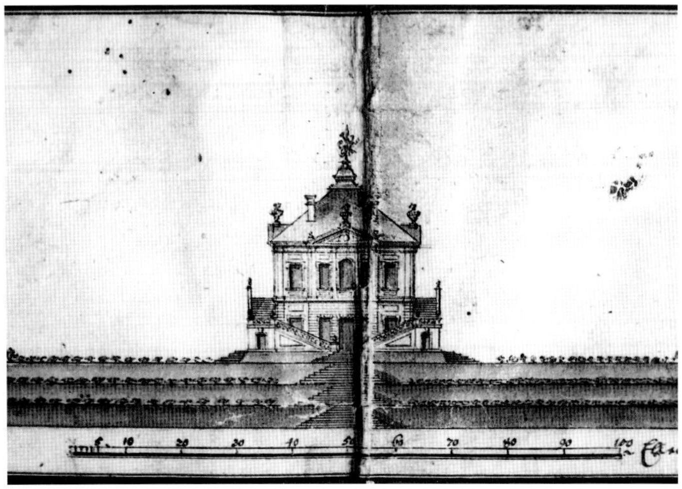

Abb. 12: Tilman van Gameren, Pavillon »Marie mont« bei Warschau, um 1693. Zeichnung aus dem 18. Jahrhundert. Aus: Hentschel 1967, Abb. 212/213.

Zu van Gamerens bevorzugten Kompositionsmotiven gehörte auch der Grundriß in Form eines griechischen Kreuzes, häufig – in holländischer Manier – mit abgeschrägten Innenecken. Er verwendete diesen Grundriß nicht nur für Sakralbauten, sondern ebenso bei Entwürfen zu Sälen und Salons in Palästen, Herrenhäusern und Gartenpavillons. Bisweilen erinnerten diese Säle an das »Atrium a crociera« von Palladios Villen Pisani in Bagnolo, Foscari genannt Malcontenta und Barbaro in Maser. Man darf dabei nicht vergessen, daß jene Raumform ebenfalls auf den Holzschnitten in den Traktaten Serlios und Scamozzis erscheint, und in Polen durch das Werk von Bartłomiej Wąsowski Verbreitung fand (Abb. 5).

Mit dem Einfluß der Palladio-Villen Emo in Fanzolo oder Barbaro in Maser lassen sich die Seitenflügel in Form von offenen Pfeilergalerien verbinden, die wir im Entwurf van Gamerens für das Lubomirski-Schloß in Puławy sowie in Entwürfen für einige Residenzen in Holzbau finden (Tilman-Archiv 481, Abb. 7). Diese Art der Lösung war im übrigen auch durch die Holzschnitte im Traktat Scamozzis bekannt (Teil 1, Buch III, Kap. XVI und XIV). Hinzuzufügen ist hier, daß die offenen Gartenflügel mit turmartigen Pavillons, wie sie ein anderer in Polen tätiger Architekt, Agostino Locci, in den Jahren 1681–1682 in der Residenz des Königs Jan III. Sobieski in Wilanów bei Warschau ausgeführt hat, sicherlich ihren Ursprung bei Palladio haben (Abb. 3).

Klassische Giebel hingegen, die die Mittelachse der Fassade betonen und die so charakteristisch für Palladios Villen sind, fanden als ein bis in die Gegenwart fast verbindliches Fassadenelement polnischer Adelssitze durch die Werke Tilman van Gamerens Eingang in den festen Formenapparat unserer Architektur. Diese Giebel schufen zusammen mit den entsprechenden architektonischen Gliederungselementen in van Gamerens Werken üblicherweise das vollständige Motiv einer Tempelfront. Sparsamkeit, die örtlichen Gegebenheiten, der Mangel an gutem Stein und das Fehlen entsprechend qualifizierter Handwerker bedingten jedoch, daß hier die freistehenden Säulen der Portiken Palladios durch ihre flachen Entsprechungen ersetzt wurden – durch Pilaster, »Pseudopilaster« oder aus Putz gearbeitete Lisenen (Abb. 8, 9, 12), so wie sie von Scamozzi entworfen wurden. Am Rande muß man hinzufügen, daß der umfangreiche Traktat Scamozzis, *L'idea della architettura universale* (Venezia 1615), bei uns auch deshalb so

Abb. 13: Palais Łoś in Narol, 1776–1781.
Foto: Polska Akademia Nauk, Instytut Sztuki, Warschau.

Abb. 14: Ferdynand Nax, Palais Dembiński in Szczekociny, 1770–1780. Foto: W. Wolny.

verbreitet war, weil Scamozzi im Jahre 1612 für den polnischen Fürsten Krzysztof Zbaraski dessen Residenz in Zbaraz entworfen hatte (Teil I, Buch III, Kap. VIII, cf. Abb. 5). Ebenso resultiert die Verwendung der Serliana, bekannt auch als Palladio-Motiv, die – in Form einer besonderen Komposition der Fenstereinfassungen – in van Gamerens Werken so häufig erscheint (Abb. 8, 9), aus der Kenntnis des Scamozzi-Traktats.

Bisweilen stattete van Gameren, wie es auch Palladio getan hatte, prächtigere Paläste mit einer großen Pilasterordnung über rustiziertem Sockelgeschoß aus. So kann man es vorzüglich an dem großartigen Palast des Jan Bonawentura Krasiński in Warschau sehen (1689–1695). Das System der Fassadengliederung mit Arkadengalerien in zwei Geschossen erinnert an die Hoffassade des Palazzo Thiene in Vicenza, wie sie der Holzschnitt in Palladios Traktat zeigt. Gleichzeitig realisiert die fünfteilige Fassadenkomposition, die in hervorragender Weise die Innenaufteilung widerspiegelt, Palladios Prinzip von der Übereinstimmung von Grundriß und Fassade. Nicht zuletzt finden das Treppenpaar und die Säle zu beiden Seiten des mittleren Repräsentationsteiles (Abb. 10) ihre Entsprechungen in den von Palladio entworfenen Palazzi Antonini in Udine und Trissino in Vicenza (*Quattro libri*, III. Kap. III und XVIII). Die Ausstattung des Vestibüls mit antikisierenden Nischenstatuen verrät schließlich den Einfluß der Säle in Palladios Rekonstruktion der *»Casa degli antichi Romani«* (*Quattro libri*, II, Kap. IX–X).

Die Beispiele für Bezüge, die van Gamerens Werke zum Schaffen des Meisters aus Vicenza aufweisen, könnte man vermehren. Zu den wichtigsten muß man den Einfluß der Villa Rotonda bei Vicenza und der Villa Trissino in Meledo zählen, der in der planmäßigen Anlage des Gartenpavillons Łazienka in Ujazdów bei Warschau zu sehen ist (1683–1689, Abb. 11). Der Salon Palladios wurde hier jedoch in eine runde barocke Grotte mit Wasserbecken und Springbrunnen abgeändert. Die Anlage der Seitenräume knüpfte allerdings weniger an Palladios Werke als an die sie nachahmende Villa Rocca-Pisani von Scamozzi an, deren Grundriß und Fassade der Traktat Wąsowskis in Polen verbreitet hat.

Zu dem Vorbild der abstrakt-vollkommenen Kompositionen der beiden gerade erwähnten Bauten Palladios, besonders aber zu der Terrassenlage der Villa in Meledo, kehrte van Gameren noch einmal zurück, als er für die Königin Maria Kazimiera den Aussichtspavillon »Marie mont«, eine Art Belvedere, bei Warschau entwarf (um 1693, Abb. 12). Der frei auf einer künstlich erhöhten Hügelterrasse stehende Pavillon erhielt einen streng zentralen Grundriß, der nach außen durch vier gleichartige Risalite in Form einer aus Pilastern gebildeten Tempelfront betont wurde.

Die palladianisch-klassische Komponente der Kunst Tilman van Gamerens bewirkte, daß seine Werke in der zweiten Hälfte des 18. Jahrhunderts von neuem in Mode kamen, als man sich in der Zeit des aufgeklärten Klassizis-

Abb. 15: Domenico Merlini, Palais Raczyński in Rogalin, 1782–1784. Foto: Polska Akademia Nauk, Instytut Sztuki, Warschau.

Abb. 16: Efraim Schroeger, Primas von Polen-Palais in Warschau, 1777–1783. Foto: Polska Akademia Nauk, Instytut Sztuki, Warschau.

mus auch in Polen wieder mit Interesse der Architektur des Meisters aus Vicenza zuwandte.

»(Die Bauten sollten) so mit dem Herrenhaus verbunden werden, daß der Hausherr überdacht an jeden Ort gelangen kann, damit weder Regen noch Sonnenhitze im Sommer ihm dabei hinderlich sind, seine Besitztümer aufzusuchen.[...]. Solche Vorkehrungen gereichen auch anderen Dingen zu großem Nutzen [...]. Abgesehen davon, gereichen diese Säulengänge der Anlage zu großer Zierde« lesen wir im Kapitel *»Del compartimento delle case di villa«* bei Palladio (*Quattro libri*, II. Kap. XIII). Gerade dieser praktische Aspekt war entscheidend dafür, daß Palladios Prinzip, die Residenz des Hausherrn mit den Wirtschafts- und Nutzgebäuden durch Pfeiler- oder Säulengalerien zu verbinden, im Laufe des 18. Jahrhunderts schon sehr früh Wertschätzung genoß und Nachahmung fand.

Um die Gründe für diesen Einfluß in Polen zu verstehen, muß man daran erinnern, daß sich während des 17. Jahrhunderts in unseren Magnaten- und Adelssitzen die Tradition ausgebildet hatte, die Küche in einem separaten Gebäude unterzubringen. Dieses faßte zusammen mit einem ähnlichen Bau, der Stallungen, Remise oder Wohnungen für Gäste und Bedienstete enthielt, symmetrisch den Cour d'honneur ein. Eben ab der Mitte des folgenden Jahrhunderts begann man, die beiden wie Flügel mit dem Hauptbau durch viertelkreisförmige Galerien zu verbinden, wobei man sich Palladios Villen Badoer in Fratta Polesine bei Rovigo, Trissino in Meledo und Thiene in Cicogna wie auch die für Leonardo Mocenigo entworfene zum Vorbild nahm (*Quattro libri*, II, Kap. XIV, XV und XVII). Dabei ist es sehr charakteristisch, daß die ersten dieser »palladianischen Anlagen«, wie man sie in der polnischen Fachliteratur zu nennen pflegt, von Architekten entworfen wurden, die noch den Stilformen des Spätbarocks verbunden waren. Die Galerien waren, nebenbei bemerkt, nicht immer offen. Sie erhielten oft mit Rücksicht auf das nördliche Klima die Form von eingeschossigen oder einstöckigen geschlossenen Gängen, die allerdings immer niedriger als der Hauptbau waren. Als früheste Lösung dieses Typus

Abb. 17: Szymon Bogumił Zug, Palais Stecki in Międzyrzecze Koreckie, 1789–1792.
Foto: Polska Akademia Nauk, Instytut Sztuki, Warschau.

Abb. 18: Karl Gotthard Langhans, Palais Mielżyński in Pawłowice,1779–1783. Foto W. Wolny.

Abb. 19: Hilary Szpilowski, Palais Mikorski in Słubice, 1789. Foto: Polska Akademia Nauk, Instytut Sztuki, Warschau.

gelten die Galerien des Palastes der Grafen Zamoyski in Łabunie aus der Zeit um 1750, ähnlich denen im Palast der Grafen Łoś in Narol (1776–1781, Abb. 13) und jenen zwar nicht ausgeführten, aber aus einem Entwurf bekannten Galerien für den Palast der Grafen Grocholski in Hryców in Wolhynien (um 1780). Für Bauten mit spätbarocken Formen wurden Galerien fast überall in Polen von folgenden Architekten entworfen: Francesco Placidi (Palast der Krakauer Bischöfe in Wobórz, um 1770), Ferdynand Nax (Palast der Familie Dembiński in Szczekociny, 1770–1780, Abb. 14), Domenico Merlini (Palast der Grafen Raczyński in Rogalin, 1782–1784, Abb. 15) und Jan Samuel Becker (Palast der Fürsten Spieha in Różana in Weißrußland, um 1784).

Im letzten Viertel des 18. Jahrhunderts erstarkte im Zusammenhang mit der Entwicklung neuer, klassizistischer Stilformen das Interesse an Palladio ein weiteres Mal. Neben den Originalausgaben seines Traktates begann man das Schaffen des Meisters aus Vicenza durch die reich illustrierten Publikationen von Giacomo Leoni (London 1715, Den Haag 1726), Francesco Muttoni (Vicenza 1740–1748), und vor allem Ottavio Bertotti Scamozzi (Vicenza 1776–1783) besser kennenzulernen. Eine nicht geringe Rolle bei der Verbreitung eines eigenständigen klassizistischen Palladianismus spielte England, und hierbei besonders das Beispiel solcher Residenzen wie Stroke Bruerne Park (Inigo Jones, 1629–1635), Buckingham House in London (William Winde, 1703–1705) oder Goodwood Palace (Colen Campbell, 1724), welche unter anderem Colen Campbells illustriertes Werk *Vitruvius Britannicus* (London 1715–1725) in ganz Europa berühmt gemacht hatte. Diese Publikation war auch in den Kreisen der polnischen Bauherren und Kunstliebhaber bekannt, was die in den Sammlungen des Königs Stanisław August, des Fürsten Michał Hieronim Radziwiłł und des Grafen Stanisław Potocki erhaltenen Exemplare bezeugen. Die britischen Inseln kamen im übrigen damals als Reiseziel der polnischen Aristokraten, wie der Familien Poniatowski, Czartoryski, Lubomirski, Mielżyński und Potocki in Mode.

Es ist daher nicht verwunderlich, daß im letzten Jahrzehnt des 18. Jahrhunderts auch weiterhin viertelkreisförmige Verbindungsgalerien verwendet wurden, nur nahm jetzt die Residenzarchitektur mit dem obligatorischen Säulen-

Abb. 20: Stanisław Zawadzki, Palais Gorzeński in Śmiełów, 1797. Foto: Polska Akademia Nauk, Instytut Sztuki, Warschau.

Abb. 21: Jakub Kubicki, Palais Małachowski in Białaczów, 1797.
Foto: Polska Akademia Nauk, Instytut Sztuki, Warschau.

portikus vor dem Hauptportal ein klassizistisches Gewand an. Wahrscheinlich war der erste klassizistische Bau mit solchen Verbindungen der Palast des Primas von Polen in Warschau (Efraim Schroeger, 1777–1783, Abb. 16). Die Galerien erhielten hier die Form geschlossener einstöckiger Flügel. In einer den Vorbildern des Meisters aus Vicenza stärker angenäherten Fassung benutzten fast alle bedeutenden Architekten der Regierungszeit von Stanisław August Poniatowski Viertelkreisgalerien, meistens Kolonnaden. Neben dem bereits erwähnten Efraim Schroeger waren das: Szymon Bogumił Zug (Entwurf für den Palast der Fürsten Sanguszko in Warschau, 1777, sowie die Paläste der Fürsten Jabłonowksi in Kock, 1779–1780, und in

Abb. 22: Hilary Szpilowski, Palais Walewski in Walewice, 1783.
Foto: Polska Akademia Nauk, Instytut Sztuki, Warschau.

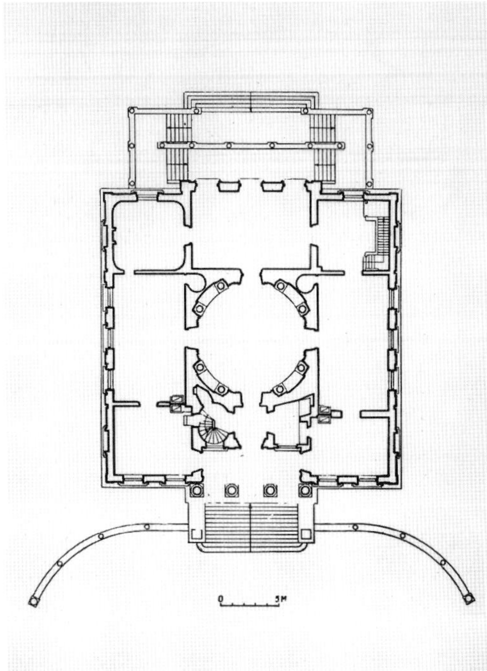

Abb. 23: Domenico Merlini, Villa Królikarnia bei Warschau, 1786–1789, Grundriß. Aus: Tatarkiewicz 1955.

Wolhynien der Familien Stecki in Kustyń, um 1775, und in Międzyrzecze Korecki, 1789–1792, Abb. 17), Karl Gotthard Langhans (Palast der Grafen Mielżyński in Pawłowice, 1779–1783, Abb. 18), Chrystian Piotr Aigner (Entwürfe für die Grafen Potocki von 1778 und zu dem Palast in Kurów, nach 1787), Hilary Szpilowski (Palast der Familie Mikorski in Słubice, 1789, Abb. 19), Stanisław Zawadzki (Palast der Grafen Gorzeński in Śmiełów, 1797, Abb. 20), Jakub Kubicki (Palast der Grafen Malachowski in Białaczów, 1797, Abb. 21) und Fryderyk Albert Lessel (Palast der Familie Radolilski in Żelasków, 1796–1798). Bis zum Ende des 18. Jahrhunderts entstanden Lösungen dieses Typus nicht nur im polnischen Kernland, sondern auch in den Gebieten des damaligen polnisch-litauisch-ruthenischen Staates, das heißt in den heutigen Ländern Weißrußland und Ukraine. In Wolhynien sind folgende Paläste zu erwähnen: Palast der Grafen Chodkiewicz in Młynów (Leonard Szlegiel, 1785), Palast der Grafen Walewski in Tuczyn (Falendyn Merk, 1790–1798), Paläste der Grafen Czacki in Boremel (Charles Pierre Coustou) und in Sielec, sowie der Palast der Grafen Chołoniewski in

Abb. 24: Domenico Merlini, Villa Królikarnia bei Warschau.
Foto: Polska Akademia Nauk, Instytut Sztuki, Warschau.

Abb. 25: Stanisław Zawadzki, Villa Skórzewski in Lubostroń, 1795–1800.
Foto: Polska Akademia Nauk, Instytut Sztuki, Warschau.

Chołoniów (die drei letzten Ende 18. Jahrhundert); im ukrainischen Podolien waren es: der Palast der Grafen Potocki in Tulczyn (Ausbau um 1786) sowie zwei Paläste der Grafen Grocholski in Woronowica (1780–1790) und in Pietniczany (Ende 18. Jahrhundert). Die »palladianische Anlage« verlor auch nach dem Untergang des polnischen Staates nicht an Bedeutung, vor allem nicht in den östlichen Gebieten, und dort bis in die Mitte des 19. Jahrhunderts.

Eines sehr viel geringeren Zuspruchs erfreute sich in Polen die Art, den Hauptbau einer Residenz mit den Nebenbauten durch gerade Galerien zu verbinden, wie es Palladio in der Villa Emo in Fanzolo und in der Villa Barbaro in Maser (*Quattro libri*, III, Kap. XIV) getan hatte, und wie nach ihm Scamozzi in den Villen Contarini in Oregiola und Cornaro al Paradiso (Teil I, Buch III, Kap. XIV, XVI). Zu den wenigen Beispielen des 18. Jahrhunderts für diese Lösung zählen die offenen Kolonnaden des königlichen Łazienki-Palastes in Ujazdów bei Warschau (Johann Christian Kamsetzer, 1792–1793), die Arkadengalerien im Palast der Grafen Walewski in Walewice (Hilary Szpilowski, 1783, Abb. 22) sowie in Litauen die Kolonnaden im Palast Morykoni in Towiany (1795–1802). Nur wenige Male griff man auf dieses Muster im Laufe des ersten Viertels des 19. Jahrhunderts zurück.

Palladios originellste Idee im Bereich des Residenzbaues – die Villa Rotonda, die eigentlich ein vorstädtisches Belvedere war und in England in der ersten Hälfte des 18. Jahrhunderts nachgeahmt wurde (Mereworth Palace, Colen Campbell, 1723 und Chiswick House, Lord Burlington, ab 1725) – fand in der zweiten Jahrhunderthälfte ihren Widerhall auch in der polnischen Architektur. Wenn man von einigen nicht ausgeführten Entwürfen absieht, unter anderem von Szymon Bogumił Zug und Johann Christian Kamsetzer aus den achtziger Jahren, spielen zwei Paläste eine Rolle, die Palladios berühmte Komposition umgestalten: das Królinkarnia-Palais des Grafen Karol Thomatis bei Warschau (Domenico Merlini, 1786–1789, Abb. 23 u. 24) sowie der Palast der Grafen Skórzewski in Lubostroń (Stanisław Zawadzki, 1795–1800, Abb. 25 u. 26). Beide Bauten, auf einer Anhöhe gelegen und über quadratischem Grundriß errichtet, erhielten um einen kreisrunden, durch eine Rundkuppel mit Tambour überwölbten Mittelsaal herum angelegte Innenräume, wie die Villa Trissino in Meledo. Ihre Fassaden waren durch ionische Portiken betont. Von der abstrakten Vollkommenheit des Werkes Palladios unterscheidet die beiden polnischen Bauten nicht nur die asymmetrische Anordnung der Räume, die den Wohnbedürfnissen in einem nördlichen Klima angepaßt waren, sondern auch eine andere Behandlung der Portiken. Portiken mit Vollsäulen erhielten nämlich nur die Hauptfassaden der Paläste, wobei im Królikarnia-Palais ein Portikus mit vortretenden Säulen durch das Zurücksetzen der

Abb. 26: Stanisław Zawadzki, Villa Skórzewski in Lubostroń. Rundsaal, um 1800.
Foto: Polska Akademia Nauk, Instytut Sztuki, Warschau.

Abb. 27: Domenico Merlini, Palais Łazienki bei Warschau. Rundsaal, um 1788. Foto: Polska Akademia Nauk, Instytut Sztuki, Warschau.

Wand entstanden ist; der Palast in Lubostroń zeigt hingegen einen klassischen, das heißt der Flucht vorgelagerten Portikus. Die verbleibenden Fassaden des Królikarnia-Palais wurden mit einfachen Pilaster-Portiken versehen, die des Palastes in Lubostroń hingegen mit Halbsäulen-Portiken. Eine solche Modifikation des Palladiokonzeptes, die unter anderem aus der Notwendigkeit erfolgte, beide Bauten des Bedingungen der Umgebung anzupassen, bedeutete auch eine Realisierung der durch den Traktat des Meisters aus Vicenza propagierten Ideen. Nur eine Komponente des Inneren der Villa Rotonda spielte eine größere Rolle in der polnischen Residenzarchitektur des 18. Jahrhunderts: der mit einer Kuppel gedeckte hohe Rundsaal (Abb. 26 u. 27). Allerdings lag er hier nicht in der Mitte des Gebäudes, sondern man setzte ihn nach hinten auf die Gartenseite. Solch einen palladianischen Saal, oft mit Säulen oder Pilastern ausgestattet sowie mit einem Balkon in Höhe des zweiten Geschosses versehen, finden wir in Residenzen am Ende des Jahrhunderts fast überall auf dem Territorium des polnisch-litauisch-ruthenischen Staates: bei Warschau in Jabłonna (D. Merlini, 1775–1779); in Großpolen in den Orten: Serniki (J. Ch. Kamsetzer, 1786–1788); in Kleinpolen: in Moszków (Ende 18. Jahrhundert) und Igołomnia bei Krakau (Ch. P. Aigner, um 1800, Abb. 28); in Litauen: in Szczorse (J. de Sacco, 1770–1776) und Pojeziory (M. Knakfus, 1795–1799); und in Wolhynien: in Tuczyn (F. Mark, 1790–1798) und Samczyki (um 1795, Abb. 29); und schließlich im ukrainischen Podolien: in Antopol und Napadowka (beide Ende 18. Jahrhundert).

Die Holzschnitte in den *Quattro libri*, die Stiche in den Werken Leonis, Muttonis oder Ottavio Bertotti Scamozzis und die Publikationen der englischen Palladianisten bildeten jedoch nicht die einzigen Quellen für Kenntnis und Einfluß des Werkes Palladios im 18. Jahrhundert. Denn die Reisen der Kunstliebhaber und der Künstler nach Italien hörten nicht auf, und die Besichtigung Venedigs und Vicenzas war auch für die gesellschaftliche Elite Polens, die zukünftigen Auftraggeber, eine fast obligatorische Etappe auf der Grand tour. Während eines Aufenthalts polnischer

Abb. 28: Christian Piotr Aigner, Palais Igołomia bei Krakau. Rundsaal, um 1800. Foto: Polska Akademia Nauk, Instytut Sztuki, Warschau.

Abb. 29:. Palais Czeczel in Samczyki, um 1795. Foto: Polska Akademia Nauk, Instytut Sztuki, Warschau.

Aristokraten in Venedig im Jahre 1785 zum Beispiel beschrieb Graf Stanisław Potocki in einem Brief an seine Ehefrau die Eindrücke seiner Mutter, der für ihren ausgereiften Geschmack berühmten Fürstin Izabella Lubomirska, folgendermaßen: »*Les palais, les marbres, les tableaux de Venise l'on singulierement frappé, elle rend justice au Palladio, et convient de la meilleure foi du monde, qu'on ne voit rien de pareil en France*«; und nach dreitägiger Besichtigung von Vicenza berichtete er: »*une bonne partie de notre temps s'est passée à admirer Palladio*«.

Potocki selbst, Kunstliebhaber und -sammler, Laienarchitekt und polnischer Übersetzer Johann Joachim Winckelmanns, kannte die Werke Palladios aus der Zeit seiner früheren Reisen und schätzte ihn auf dem Gebiet der Architektur als eine fast absolute Autorität. In seinem Tagebuch schrieb er während seines Italienaufenthaltes im Jahre 1779 über Palladio: »*C'est sans contredit celui de tous les grands architectes de l'Italie qui par la simplicité de son goût prise dans l'étude de l'antique aprocha le plus de ce inimitables modèles et les adopta à notre façon de bâtire*«. Auch eigenhändige Kompositionsskizzen zu Kirchenfassaden, die er als »*in der Art*« von S. Giorgio Maggiore und »*in der Art*« von Il Redentore bezeichnete, sind in Potockis Notizbuch erhalten. Es ist also nicht verwunderlich, daß er, als es ihm nicht viel später zufiel, zusammen mit dem Architekten Chrystian Piotr Aigner die Fassade für die Warschauer Annenkirche (Kirche der Bernhardiner, Abb. 30) zu entwerfen, eben auf ein venezianisches Palladio-Vorbild zurückgriff.

Nach der Überzeugung des Meisters aus Vicenza sollte – wie bekannt – eine Kirchenfassade die Anlage des Innenraumes widerspiegeln. Da im Falle der einschiffigen Warschauer Kirche nicht das Problem bestand, zwei architektonische Ordnungen von verschiedener Höhe zu harmonisieren, war eine genaue Nachahmung der Fassaden dreischiffiger Kirchen von Palladio nicht möglich. Infolgedessen beschränkte sich, obwohl Potocki selbst die inspiratorische Rolle der Fassade von S. Giorgio Maggiore unterstrichen hat, ihre Verbindung mit der Warschauer Kirche in Wirklichkeit auf die Anwendung des gleichen Formen-

Abb. 30: Christian Piotr Aigner und Stanisław Potocki, Fassade der St. Anna-Kirche in Warschau, 1786.
Foto: Polska Akademia Nauk, Instytut Sztuki, Warschau.

apparates sowie auf einen verwandten stilistischen Ausdruck des Ganzen. Der plastische Portikus mit seinen korinthischen Halbsäulen und mit den aus der Mauerflucht herausgeschobenen Sockeln, der dem analogen Motiv in Venedig tatsächlich sehr ähnlich ist, ist hier der Wand vorgelegt worden. Diese ist in Form eines Triumphbogens mit Seitennischen komponiert, und zwar in der Art des gründlich von Palladio studierten römischen Arco dei Gavi in Verona (1. Jahrhundert). Die Fassade der Annenkirche ist somit nicht nur eine Kopie oder Umbildung der venezianischen Fassaden, sondern wirklich ein Werk »dans le goût« des Meisters aus Vicenza.

Eine bedeutende Neuerung, die durch Palladio in den Residenzbau eingeführt worden ist, war die Ausstattung des Hauptportals mit einem Säulenportikus, einem aus der antiken Sakralarchitektur übernommenen Motiv, das – wie der Autor des Traktates *I quattro libri* (Buch II, Kap. XVI) meinte – im Altertum aus der Architektur des privaten Wohnhauses abgeleitet worden ist. So wurde der Säulenportikus, vor allem ionischer Ordnung, zu einem der charakteristischen Merkmale des europäischen Palladianismus. Einer besonderen Beliebtheit erfreute er sich in der polnischen Architektur, wo er zum spezifischen Kennzeichen ländlicher Adelssitze wurde. Eingeführt in der Zeit der Aufklärung durch Bauten solcher Architekten wie Efraim Schroeger (1727–1783), Domenico Merlini (1730–1797), Szymon Bogumił Zug (1733–1807), Johann Christian Kamsetzer (1753–1827), Stanisław Zawadzki (1743–1806), Hilary Szpilowski (1753–1827), Chrystian Piotr Aigner (1756–1841) und Jakub Kubicki (1758–1833), vervielfältigt in Hunderten von größeren und kleineren Palästen und Herrenhäusern auf dem Gebiet des gesamten ehemaligen polnisch-litauisch-ruthenischen Staates verlieh der Säulenportikus in diesem Teil Europas bis in die Zeiten der großen gesellschaftlichen Umwälzungen hinein der Residenzarchitektur ein Merkmal sui generis des Palladianismus. Den Bewohnern jener Paläste und Herrenhäuser wären sicher die Empfindungen des Grafen Potocki vertraut gewesen, der in einem Brief an seine Frau am 30. September 1785 aus Vicenza schrieb: *»Me voilà, mon Ange, dans la patrie de mon confrère Palladio tu sçais que c'est un des endroits de l'Italie ou je suis le plus chez moi«.*

1 Als wichtigste Literatur zu diesem Thema ist zu nennen: Ostrowska-Kębłowska 1969; Jaroszewski 1971; Kowalczyk 1976; Malkiewicz 1976; Kowalczyk 1973; 1979, Miłobędzki 1980; Jaroszewski 1982; Mossakowski 1982; 1993; 1994; Aftanazy 1991–1996.

Ideologische Aspekte

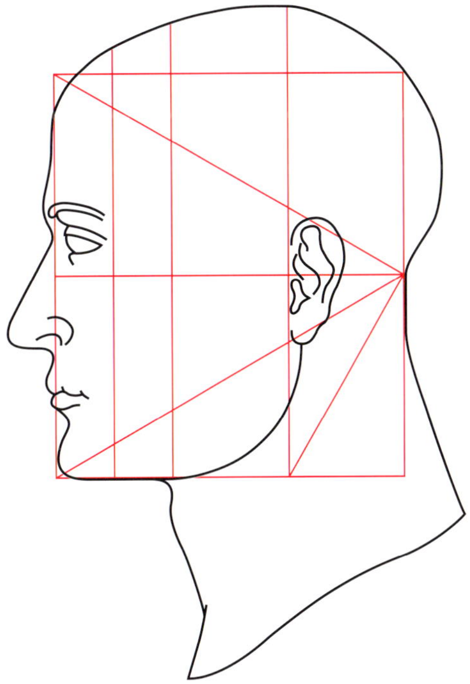

Leier und Steine. Die Metaphysik der harmonischen Proportionen

Gisela Jaacks

»Je place en toi l'origine de l'ordre ...
Et désormais s'accompliront
Sur la face de la terre
Des actes vénérables
Où paraîtra la céleste sagesse! ...
Je te remets l'arme prodigieuse,
La Lyre! ...
Tu chercheras, tu trouveras sur les cordes bien tendues
Les chemins que suivent les Dieux! ...
Excite la nature! Arme-toi de la Lyre!
Que ma lyre enfante mon Temple ... !«

Mit dieser Aufforderung des Sonnengottes Apoll[1] läßt Paul Valéry in seinem 1929 von Arthur Honegger komponierten Melodram *Amphion* die irdische Musik entstehen, die ihrerseits die Architektur erschaffen wird. Beide – Musik und Architektur – sind nach diesem göttlichen Gebot zugleich Ausdruck der himmlischen Ordnung und Weisheit. Allein in der dieser Ordnung folgenden Musik und Architektur gewinnt der Mensch ein Abbild des göttlichen Wesens, wie Valérys Amphion erschauernd ahnt, nachdem er zum ersten Mal die Saiten der Leier harmonisch gestimmt hat:

»Ai-je, sans le savoir,
Ému la substance des cieux
Et touché l'Etre même que nous cache
La présence de toute chose? ...
Et la Cité qui doit paraître aux yeux des hommes
Est déjà toute concue étincelante
Dans les Hautes demeures des Immortels!«

Valéry greift in seiner Dichtung auf den antiken Mythos von dem Thebanerkönig Amphion zurück, der als Erfinder der Musik galt und – wie es ein Fragment des Hesiod aus dem 7. vorchristlichen Jahrhundert überliefert – durch sein Saitenspiel die Steine zur thebanischen Mauer zusammengefügt hatte. Architektur war »Musik im Raume«, »erstarrte Musik«, wie es später die idealistische Philosophie formulieren sollte[2]. Beide konnten dem Menschen die kosmischen Ordnungen akustisch bzw. optisch wahrnehmbar vermitteln, sofern der schaffende Künstler die Gesetze der himmlischen Harmonie erkannte und befolgte. Der »ersehnten Weisheit Maß«, das rechte Zueinander-Gestimmtsein der einzelnen Teile untereinander, war nach der im ausgehenden 7. Jahrhundert v. Chr. geschriebenen »Musenelegie« des Solon das Geschenk der Musen an die Menschen. Die personifizierte »Harmonia« wurde im griechischen Mythos zur Tochter der Schönheits- und Liebesgöttin Aphrodite und des Kriegsgottes Ares und damit als Versöhnung der Gegensätze definiert. Harmonia ihrerseits war mit dem thebanischen König Kadmos vermählt, der in der späteren mystischen Auslegung mit dem Begriff des ordnenden Kosmos verschmolz.

Die von Harmonie geprägte Ordnung des Kosmos aber wurde – dieser Vorstellung gemäß – von einem Zahlensystem bestimmt, dessen arithmetische Gesetze zur zentralen Voraussetzung für die Entwicklung der musikalischen Konsonanzen und der architektonischen Proportionen wurden. Ausgehend von den pythagoräischen Ideen, entwarf im 4. Jahrhundert v. Chr. Platon in seinen Schriften das Bild von den acht Himmelssphären und ihren acht Tönen, die harmonisch zueinander klingen (Politeia, 616/617), und von der nach den als harmonisch erkannten arithmetischen Proportionalsystemen konstruierten Weltseele (Timaios, 35–39). Die schönen Künste, allen voran Musik und Architektur, müßten sich der Rechen- und Meßkunst bedienen, um sich diesen Systemen anzupassen und damit die der außerirdischen Idee entsprechende Reinheit des absolut Schönen, Guten und Wahren zu erreichen (Philebos, 51– 56). Von Platon übernahm der griechische Astronom Klaudios Ptolemaios in der Mitte des 2. Jahrhunderts v. Chr. in seinen drei Büchern der *Harmoniké* den Zentralbegriff der dem Weltganzen innewohnenden »harmonischen Kraft«, die in der musikalischen har-

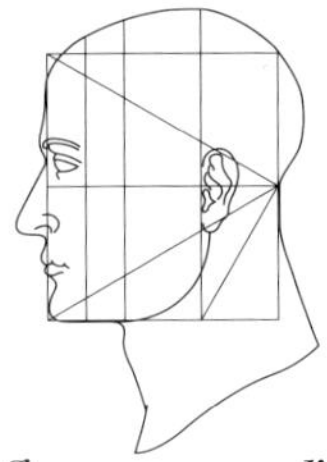

monischen Ordnung ihre mikrokosmische Entsprechung fände, und aus Ptolemaios' Schriften schöpften dann die spätantiken Gelehrten und frühchristlichen Kirchenväter und später die Musik- bzw. Architekturtheoretiker und Astronomen, bis hin zu Johannes Keplers 1619 erschienenen *Harmonices mundi*, ihre Vorstellungen vom Zusammenhang zwischen Kosmos, Musik und Architektur[3].

Für die christlichen Gelehrten war es um so leichter, sich diesen »heidnischen« Ideen der Antike anzuschließen, weil sie auch in der Bibel derartigen Hinweisen auf eine zahlhaft bestimmte Schöpfung der Welt begegneten. *»Aber du hast alles geordnet nach Maß, Zahl und Gewicht«*, heißt es im deuterokanonischen Buch der *Weisheit Salomonis* (Kap.11, v. 21, nach der Vulgata-Zählung). Auch die von Gott gegebenen Bauvorschiften zur Stiftshütte (2. Mose, Kap. 25–31), zum Tempel (1. Könige, Kap. 6 / 2. Chronik, Kap. 3) und die Tempelvisionen des Ezechiel sowie die darauf fußende des Johannes (Ezechiel, Kap. 40–42, und Offenbarung, Kap. 21) enthalten Angaben, die den Proportionsgesetzen der antiken Philosophie entsprechen. Die irdischen musikalischen Konsonanzen und harmonischen Proportionen waren damit auch für die Christen ein Abbild der gottgewollten Schöpfungsordnung, der sie schon auf Erden nacheiferten, und jedes durch diese himmlischen Gesetze inspirierte menschliche Kunstschaffen war beispielsweise für Augustinus ein *»praeludium vitae aeternae, ut a corporeis ad incorporea transeamus«* (De musica VI,2). Allegorische Deutungen der Zahlen und Zahlenverhältnisse blieben das ganze Mittelalter hindurch lebendige Tradition der Gelehrten und Mystiker aller Disziplinen und theologischen Richtungen und erlebten mit den Wiederentdeckungen vieler antiker Schriften seit dem 15. Jahrhundert eine neue Blütezeit. Der neuplatonische Hermetismus in Renaissance und Barock glaubte, mit solchen Zahlenspekulationen den Geheimnissen des göttlichen Schöpfungs- und Heilsplanes und damit den Geheimnissen der Natur auf die Spur zu kommen. In den Werken der Theologen und der Naturwissenschaftler dieser Epoche spiegelt sich dieser Glaube an einen verborgenen Sinn der Zahlen, den zu entdecken die Aufgabe des Menschen sei, um sich letztlich eins zu wissen mit Gott und der Natur.

Der Musik kam dabei eine entscheidende Bedeutung zu. *»Die Seele empfängt die zartesten Harmonien und Intervalle über das Gehör. Durch diese Bilder wird sie erinnert und angespornt, über diese göttliche Musik nachzusinnen, unter Zuhilfenahme des subtilen und scharfsinnigen Gemütes. In der Dunkelheit ihrer körperlichen Gefangenschaft gebraucht unsere Seele das Gehör als Botschafter. Und so empfängt sie die Bilder der unvergleichlichen Musik«*, schrieb der Florentiner Gelehrte und Platon-Übersetzer Marsilio Ficino um 1490 (Epitomae I,17). Am Ausgang der Epoche verfaßte denn auch ein Musiker eine Art Kompendium, das die Zahlenallegoresen von der Antike bis zu seiner eigenen Zeit auswertete und als Grundlage des rechten Komponierens begriff, obwohl der Autor in seiner Harmonie- und Temperaturlehre durchaus zu den fortschrittlichen Theoretikern seiner Zeit gerechnet werden muß: Der sächsische Organist Andreas Werckmeister interpretierte auf diese Weise in seinen 1707 posthum erschienenen *Musicalischen Paradoxal-Discoursen* sowohl Zahlen wie Intervalle, so daß deren Verwendung in der Musik gleichsam einen höheren Sinn, aber auch eine festgelegte Bedeutung erhielt[4]. Die Prim, der Ganzton als Ursprung aller Intervalle und Unität, wurde von Werckmeister Gottvater zugeordnet, die Oktave (1:2) entsprach Christus als Gottessohn und vollkommenste Harmonie, die Quinte (2:3) symbolisierte den Heiligen Geist und die Quarte (3:4) schließlich stand für die Engel. Alle übrigen, arithmetisch komplizierteren und nicht aus den vier pythagoräischen Grundzahlen zu bildenden Intervalle deuteten auf irdische und menschliche Phänomene hin, die nicht mehr »himmlisch rein« waren.

In der Musik dieser Epochen wurden tatsächlich, vor allem in der Sakralmusik, diese spekulativen Deutungsmuster beachtet, und die Vorliebe für die streng geregelten Formen der kontrapunktischen Fuge, der Chaconne oder der Passacaglia beruhte auf dem metaphysischen Gehalt ihrer Ziffernfolgen. Bei allen vermeintlichen Gemeinsamkeiten mit der ursprünglichen himmlischen Harmonie blieb die von Menschen geschaffene Musik auch im Bewußtsein ihrer Verfasser jedoch nur ein Annäherungsversuch an die Musik der Sphären, ein schwacher Nachklang des mit menschlichem Ohr nicht Wahrnehmbaren.

»There's not the smallest orb which thou behold'st
But in his motion like an angel sings,
Still quiring to the young-ey'd cherubins;

Such harmony is in immortal souls,
But whilst this muddy vesture of decay
Doth grossly close it in, we cannot hear it«,
läßt William Shakespeare seinen Lorenzo in einer Mondnacht seiner Jessica vorschwärmen (The Merchant of Venice V,1), um dann zu erklären:
»*The man that hath no music in himself,*
Nor is not mov'd with concord of sweet sounds,
Is fit for treasons, stratagems, and spoils; ...
Let no such man be trusted.«
Die Musik war also für den Menschen die Lehrmeisterin der Harmonien und damit der kosmischen Proportionen, aber sie war zugleich auch ethischer Prüfstein. Ein Mensch ohne Empfinden für den harmonischen Wohlklang war nicht vertrauenswürdig, denn ihm mangelte das Wissen um die göttlichen Ordnungsgesetze, und damit stellte er auch eine Gefährdung der menschlichen Sozialordnung dar.

Der Architektur, die sich mehr als jede andere Kunst auf Proportionen gründete, fiel demgemäß die Aufgabe zu, die akustischen Harmoniegesetze auch optisch erfahrbar zu machen und einen räumlichen Abglanz des himmlischen Bauplanes auf Erden zu verwirklichen. Folglich sollten die Architekten von den Musikern die harmonischen Proportionen lernen: »*Ex musicis igitur quibus ii tales numeri exploratissimi sunt; atque ex his praeterea quibus natura aliquid de se conspicuum dignumque praestat tota finitionis ratio producetur*« (Leon Battista Alberti, De re aedificatoria IX,5). Schon Vitruv hatte vom Baumeister gefordert, daß er etwas von Musik verstehen müßte, damit er über die gesetzmäßigen Proportionen und die Zahlenverhältnisse Bescheid wüßte (De architectura I,1), und erläuterte im vierten Kapitel seines fünften Buches ausführlich die Harmonielehre des bedeutendsten antiken Musiktheoretikers vom Ende des vierten vorchristlichen Jahrhunderts, des Aristoxenos von Tarent. Andrea Palladio nahm allerdings in seinen *Quattro libri dell'architettura* keinen ausdrücklichen Bezug mehr auf die musikalischen Grundlagen seiner Proportionen, doch entsprach deren praktische Anwendung in seinen Bauplänen durchaus den klassischen Traditionen, und noch im Barock wurde in den Architekturtheorien auf die Verwandtschaft bzw. Abhängigkeit von Musik und Architektur angespielt, wenn beispielsweise Francois Blondel in seinem *Cours d'architecture* (erschienen 1675–1683), fußend auf dem Musiktheoretiker und Musikdirektor an der Sainte Chapelle in Paris René Ouvrard, der 1679 seine eigene *Architecture harmonique ou Application de la Doctrine des Proportions de la Musique à l'Architecture* herausgab, erneut die Bedeutung der musikalischen Harmonien für die Architektur beschwor.

Die reinen Proportionen ließen sich jedoch in der Praxis auf Grund der jeweiligen faktischen Bedingungen nur selten verwirklichen. Eine um so größere Rolle spielten sie dagegen in der Idealarchitektur, mochte es sich nun um Entwürfe zu tatsächlich geplanten Gebäuden – zumeist sakralen oder profanen Repräsentationsbauten – handeln oder um Rekonstruktionen vergangener, als vorbildlich empfundener Baudenkmäler, um Modelle oder gemalte Darstellungen von Architekturphantasien oder um philosophisch begründete Utopien zur Idealstadt[5]. Als Archetypus des vollkommenen Bauwerks, das sich wegen seiner ihm zugeschriebenen Funktionen als exemplarisch sowohl für sakrale wie für profane Bauten und darüber hinaus sogar für die Stadtplanung darstellte, galt den Christen der Tempel Salomos, dessen Bauplan, wie sich aus der Bibel interpretieren ließ, von Gott selbst dem König David bzw. seinem Sohn und Nachfolger Salomo vorgezeichnet worden war. Salomos Tempelbau, der für Juden wie Christen eine gleich wichtige, wenn auch kultisch unterschiedliche Bedeutung hatte[6], war jedoch bereits 586 v. Chr. zerstört worden, ohne daß sein Aussehen durch irgendeine genaue Baubeschreibung oder gar bildliche Darstellung überliefert worden wäre. Lediglich einzelne Maßangaben zum Grundriß und zur Fassadenabwicklung waren in biblischen Berichten festgehalten. Der gestalterischen Spekulation war damit Tür und Tor geöffnet, und da der Tempel als wahrhaft vom Himmel geplante Architektur den göttlichen Baugesetzen am nächsten kommen mußte, bemühten sich Theologen wie Architekten viele Jahrhunderte hindurch, Rekonstruktionen des Salomonischen Tempels zu versuchen, der sich durch sein angegliedertes Areal von priesterlichen Wohn- und Verwaltungsgebäuden und dem Königspalast zum städtischen Komplex erweitern ließ. In die jeweiligen Rekonstruktionen dieses vollkommensten Bauwerks, das es je auf Erden gegeben haben konnte, flossen konsequenterweise auch jeweils die zeitgenössischen äs-

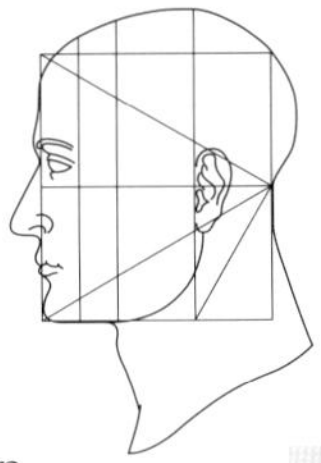

thetischen Architekturideale ein. Folglich entdeckte schon das Mittelalter, daß die Proportionen des Tempels mit den reinen harmonischen Konsonanzen zusammenstimmten[7], wodurch der Tempel in Pierre Abälards *Theologia Christiana* (um 1120/30) zum wahrhaften Himmelsabbild werden konnte.

Als folgenreichste, wenn auch aus archäologischer Sicht am meisten anfechtbare – und am meisten umstrittene –, das zeitgenössische, aus Vitruv und damit zugleich aus allen musikalischen Harmoniegesetzen gewonnene Architekturideal mit den biblischen Texten am konsequentesten verbindende Tempelrekonstruktion der Renaissance erwies sich dann die Deutung der spanischen Jesuiten Jeronimo Prado und Juan Bautista Villalpando in deren gemeinschaftlichem Werk *In Ezechielem Explanationes et Apparatus Verbis, ac Templi Hierosolymitani Commentariis et Imaginibus illustratus Opus Tribus Tomis*, erschienen in Rom 1596–1605. Der zweite Teil des zweiten Bandes, von Villalpando allein verfaßt, entwarf nach der biblischen Vision des Propheten Ezechiel einen gewaltigen, streng symmetrischen Tempelkomplex auf quadratischem Grundriß, dessen Fassadenaufrisse und Ornamentik den vitruvianischen Lehren, so wie sie die Renaissance interpretierte, folgten (Abb. 1 u. Tafel 9). Die dem Band beigegebenen Zeichnungen illustrierten die harmonischen Proportionen des Baues und dienten ein dreiviertel Jahrhundert später auch als Vorlage für das großartige Tempelmodell, das der Hamburger Jurist und spätere Ratsherr Gerhard Schott um 1680 in Auftrag gab und das maßstabsgetreu im Verhältnis 1:500 die Angaben Villalpandos in die gängige Hamburger Elle umsetzte[8]. Insgesamt nach harmonischen Gesetzen konstruiert, spiegelten auch die Details diese Ideale wider. So erklärt sich beispielsweise die vertikale Fassadengestaltung aus der Unterteilung der gesamten Höhe, aufgefaßt als Oktave, in Quinte und Quarte: Das Erdgeschoß verhält sich in der Höhe zum ersten Obergeschoß wie 4:3, zwischen erstem und zweitem Obergeschoß besteht das Verhältnis 3:2. Ausdrücklich verweist Villalpando auf die Beziehung zwischen dem Tempel und der musikalischen Harmonie: »*Illud vero huius aedificii proprium est, ac maxime observandum, idque ad harmonicam proportionem spectat; quod non alia ratione visus huius aedificii partibus contemplandis delectari videatur, quam auditus vocum, aut instrumentorum suavi modulatione perfruatur*« (In Ezechielem Explanationes II,458), und ein Diagramm unterstreicht die musikalischen Konsonanzen, die die Proportionen zwischen Triglyphen und Metopen an den Fassaden und zugleich auch der Ordnungen der drei Tempelteile zueinander bestimmen. Villalpando hält sich dabei ausdrücklich an Daniele Barbaros Vitruvkommentar von 1556 und läßt von Vitruvs sechs »symphonischen« Konsonanzen (De architectura V,4) nur die drei einfachen – Diapason (= Oktave, 1:2), Diapente (= Quinte, 2:3) und Diatessaron (= Quarte, 3:4) – und zwei der zusammengesetzten – Disdiapason (= Doppeloktave, 1:4) und Disdiapente (= Duodezime, 1:3) –, also nur die auf den vier Grundzahlen aufbauenden Intervalle gelten, schließt aber die sechste bei Vitruv zugelassene Proportion – Disdiatessaron (= Undezime, 3:8) – aus. Damit folgte Villalpando allerdings einer strengen Richtung, die in der Architektur – aber auch in der Musik – bereits als überholt galt, da inzwischen der Wohlklang der arithmetisch schwierigeren Intervalle Terz und Sext und die optisch befriedigende Harmonie der darauf beruhenden Proportionen erkannt und sogar durch philosophische Begründungen untermauert worden waren. Die komplizierteren mathematischen Gesetze der berühmten »platonischen Körper« sollten den Kanon der »reinen« Harmonien seit dem 16. Jahrhundert beträchtlich erweitern, spielten aber für die Tempelrekonstruktionen dieser Zeit noch keine Rolle, da sie keine Entsprechung in den Bibeltexten fanden.

Sphärenharmonie und ideale, göttliche Architektur waren damit in dem Salomonischen Tempel zu einem Symbol des kosmischen Bauplans vereint, das über Jahrhunderte gei-

Abb. 1: Das »Hamburger« Modell des Templum Salomonis nach der Rekonstruktion durch Juan Bautista Villalpando, gebaut 1680–1692. Foto: Fischer-Daber.

stesgeschichtlich wirksam blieb und noch von Ernst Bloch in *Das Prinzip Hoffnung* als *»höchstgemeinte Form-Utopie«* charakterisiert wurde (Kap. 51 der durchgesehenen Fassung von 1959). Als Widerspiegelung der allem von Gott Geschaffenen innewohnenden Struktur war er für die emblematisch assoziierenden Epochen der Renaissance und des Barock zugleich ein Sinnbild der Natur[9] und ihrer Ordnung, die der Tempel seinerseits durch seine Funktion als Zentrum religiöser und weltlicher Macht verkörperte und mit seiner ideellen Ausstrahlungskraft für den irdischen Staatsbegriff hierarchisch stabilisierte. Die Anwendung der wahren Proportionen erfüllten Vitruvs Forderungen nach *»Eurhythmia«* und *»Symmetria«* (De architectura I,2), von denen Leon Battista Alberti seine Definition architektonischer Schönheit ableitete, *»ut sit pulchritudo quidem certa cum ratione concinnitas universarum partium in eo cuius sint, ita ut addi, aut diminui, aut immutari possit nihil, quam improbabilius reddat«* (De re aedificatoria VI,2), und dieses geordnete Verhältnis aller Teile zueinander bedeutete nicht nur die höchste, weil der Schöpfung nächste Schönheit, sondern garantierte – nach der Lehre des Kirchenvaters Augustinus (De civitate Dei XIX,13) – als sichtbares Vorbild auch Eintracht und Friede innerhalb der menschlich-irdischen Staatsgebäude. Wer diese proportionalen Regeln beachtete, durfte sich demnach auch mit dem irdischen Bauherrn dieses schlechthin vollkommenen Bauwerks identifizieren und sich als zweiter Salomo betrachten, ihm gleich an Weisheit und Gottwohlgefälligkeit und Sorge für das Wohl der Menschen und des Friedens im Lande.

Für eine derartige Identifikation bot die Architekturtheorie ein weiteres »Ordnungs«-Modell in den *»Ordini«* der Säulen, die Andrea Palladio im ersten Buch seiner *Quattro libri* ausführlich erläuterte (Kap. 12–20), ohne allerdings irgendeine der spekulativen Interpretationen vorzunehmen, in denen andere Architekturtraktate dieser Epoche oft geradezu schwelgten. Schon Vitruv hatte die Entstehungslegenden der Säulenformen aufgezeichnet. Der niederländische Architekt, Maler und Architekturtheoretiker Hans Vredeman de Vries entwickelte daraus in seinem 1577 in Antwerpen erschienenen Stichwerk *Theatrum vitae humanae* eine spezielle »Säulenphilosophie« und verglich die einzelnen Säulenordnungen mit Lebensaltern und Lebensformen: Die Composita entsprach der Kindheit, die Corinthia der Jugend, die Ionica der Familie, die Dorica dem Gelehrtendasein, die Toscana dem Greisenalter und schließlich der Säulenstumpf dem Tod und der Vergänglichkeit[10]. Für Filarete repräsentierten die Säulenordnungen in seinem mehr als hundert Jahre zuvor geschriebenen *Trattato di architettura* (1461–1464) die gottgewollte Hierarchie des Ständestaates. Da sein Traktat als architektonische Anleitung für einen jungen Fürsten verfaßt war und in die Utopie der Idealstadt Sforzinda mündete, gewann seine Deutung eine politische, gesellschaftlich systemstabilisierende Dimension.

Namensgleichheit zwischen einigen der antiken Säulenordnungen und einigen der antiken Tonarten führte – und verführte – die Theoretiker überdies zu weitläufigen Parallelen zwischen den Säulenformen und den musikalischen Modi. Ein spätes barockes Beispiel für diese Assoziationen bietet die berühmte illustrierte Musikhandschrift *La Rhétorique des Dieux*, eine Sammlung von Lautenstücken, die um 1652 im Auftrag des wahrscheinlich im Dienste der französischen Fronde um den Prinzen Condé tätigen Anne de Chambré von Denis Gaultier komponiert und von Abraham Bosse und anderen Künstlern mit Zeichnungen ausgestattet wurde[11]. Die Lautensuiten gruppieren sich nach den authentischen und plagalen Modi in der Musik, und die Illustrationen ordnen den Modi bildlich Architekturformen, Musikinstrumente und im Verhalten der dargestellten Figuren bestimmte Eigenschaften und Tugenden oder Laster zu. Die Zuweisung von Affekten zu den Tonarten hatte ihrerseits bereits eine lange Tradition und konnte sich wieder auf Platon und seine *Politeia* (398d–399a) berufen, wenn sich auch die Aussagen in den einschlägigen Musiktraktaten von Antike, Mittelalter, Renaissance und Barock sehr stark unterschieden[12]. Nur zwei der musikalischen Modi jedoch konnten durch die parallele Bezeichnung »dorisch« und »ionisch« direkt mit den architektonischen Säulenordnungen verglichen werden, die denn auch in Bosses Illustrationen regelgerecht auf die jeweilige Hintergrundsgestaltung übertragen werden. Das »Dorische« galt allgemein als ernster, würdevoller, strenger und heldischer Modus, was mit der Charakterisierung der Dorica durch Vitruv (De architectura IV,1) als »männlich« gut übereinstimmte; der ionische Modus wurde dagegen über-

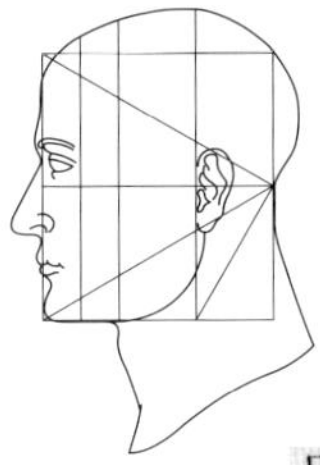

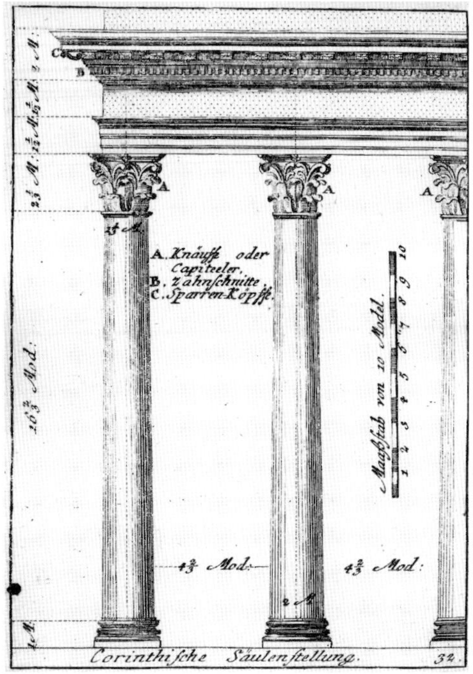

Abb. 2: Korinthische Säulenstellung, nach der deutschen Ausgabe von Vignolas Baukunst, Nürnberg 1761 (Vignola 1761). Foto: Fischer-Daber.

wiegend als »heiter, angenehm, lieblich und milde« und – nach Platon – als »weiblich« bezeichnet, was wiederum zu Vitruvs Erklärung der Ionica paßte.
Ohne Entsprechung in den musikalischen Tonarten war es jedoch die Corinthia, die als prächtigste und schönste Säulenordnung angesehen wurde. Ihre Proportionen aber, so wie sie von Vitruv und dann in den Modulberechnungen Andrea Palladios angegeben wurden, stimmten am ehesten mit den »reinen Konsonanzen«, aufbauend auf den vier pythagoräischen Grundzahlen, überein, womit sich die Corinthia als harmonischste und den kosmischen Strukturen am nächsten verwandte Säulenordnung empfahl (Abb. 2). Für die Architekturtheorie im christlichen Abendland kam überdies hinzu, daß die korinthische Ordnung mit den Säulen des Salomonischen Tempels gleichgesetzt wurde. Der Baumeister Hans Blum wußte schon 1550 in seinem zunächst in Latein erschienenen Säulenbuch zu berichten, daß die Kunst der Corinthia *»nit erst von nüwem erdicht sye, sonder vor etlich hundert jaren, zu den zyten Salomonis, dess Künigs, welcher den tempel zu Jerusalem uff Corinthische art hat lassen machen, und das Künigklich huss, wie dann Josephus meldet«* (zitiert nach der deutschen Ausgabe *Von den fünff Seülen Grundlicher bericht, unnd deren eigentliche contrafeyung...*, Zürich 1579). Der im ersten nachchristlichen Jahrhundert lebende jüdische Geschichtsschreiber Flavius Josephus beschrieb in seinen *Antiquitates Judaicae* an der von Blum angeführten Stelle nun zwar tatsächlich die Kapitelle des Tempelareals als korinthisch (Buch XV,11), bezog sich dabei aber ausdrücklich auf den Neubau des Tempels unter König Herodes. Aber auch Villalpando orientierte sich bei seiner Tempelrekonstruktion für seine »salomonische Säulenordnung« an der Corinthia und deren Proportionen, obwohl das Dekor bei Villalpando eher der Composita gleicht und auch Elemente der Dorica eingeflossen sind[13]. Doch fortan wurde die Identifizierung von korinthischer mit salomonischer Ordnung in den Architekturtraktaten des 17. und frühen 18. Jahrhunderts gleichsam kanonisch. Noch Johann Bernhard Fischer von Erlach charakterisierte in seinem 1721 erschienenen *Entwurf einer historischen Architektur* die Säulen des Salomonischen Tempels als *»von einer Ordnung, der die Corinthische ihre Schönheit zu danken hat«* (Buch I, fol.12), und nutzte sie – wie die meisten Baumeister seiner Zeit – vor allem für Kirchen und Paläste, als Ausdruck höchster Weisheit und erhabener Majestät. Die Corinthia war geadelt durch ihre reinen Proportionen und damit als Zier dem vollkommensten irdischen Bauwerk, dem Tempel Salomos, adäquat; durch diese Verknüpfung wurde sie zum Symbol der Weisheit, die aus der Ehrfurcht und Erkenntnis der göttlichen Allmacht entsprang, und zum Symbol der Reinheit der Seele vor dem Angesicht des Allerhöchsten – *»quest' Ordine rappresenta la sincerità dell'animo, il quale doveranno havere verso la Maestà del sommo Iddio«*, wie sich 1615 Vincenzo Scamozzi in seiner *Idea dell'architettura universale* äußerte (Parte seconda, 121).
Die Verbindung der Säulenordnungen mit bestimmten Eigenschaften oder Lebensformen fand ihren Widerhall auch in einer speziellen Gattung der Bildenden Kunst: in der Architekturmalerei, die sich im 17. Jahrhundert vor allem in Nordeuropa besonderer Beliebtheit erfreute und durch ihre exakt konstruierten Perspektiven im Betrachter sowohl ein Staunen über die illusionistische Perfektion weckte wie

ein intellektuelles Vergnügen an der gelehrten Handhabung optischer Erkenntnisse bereitete, zugleich aber in der zweidimensionalen Vermittlung räumlicher Proportionen wieder auf die höhere Weltordnung und ihre ethische Botschaft verweisen konnte. Diese sogenannten »Perspectiven«, wie sie die Zeitgenossen kurzerhand bezeichneten, bildeten hochgeschätzte Sammlungsstücke der fürstlichen Kunstkammern und wurden als besondere Kostbarkeiten fremden Besuchern vorgeführt. Zu den frühen Spezialisten dieser Kunstgattung gehörten der schon erwähnte Hans Vredeman de Vries und sein Sohn Paul, die zeitweilig für Kaiser Rudolf II. in Prag tätig waren und später mehrere Jahre in Hamburg arbeiteten. Pauls 1604 entstandene und später von Hendrick Hondius für die 1620–1628 in Amsterdam erschienenen *Les Cinq rangs de l'architecture* gestochene Serie von fünf zentralperspektivischen Phantasiearchitekturen verbindet – ganz in der allegorischen Tradition – jeweils eine Säulenordnung mit einem der fünf Sinne: Zur Toscana gehört der Gesichtssinn, zur Dorica das Gehör, zur Ionica der Geruchssinn, zur Corinthia der Geschmack und zur Composita das Gefühl[14], womit die Säulenordnungen wiederum zu Parallelen der Organisation des menschlichen Mikrokosmos umgedeutet wurden. Vermutlich bei Vredeman de Vries lernte der bedeutendste Hamburger »Perspectiv«-Maler Gabriel Engels seine Kunst. Etliche seiner Architekturphantasien erwarb der Gottorfer Hof[15], und für mehrere Hamburger Kirchen sind solche Gemälde von Engels urkundlich bezeugt, die heute allerdings alle nicht mehr erhalten sind. Besonders berühmt war das im Zweiten Weltkrieg zerstörte große Gemälde, das Engels 1630 für die Westwand des nördlichen Seitenschiffes der Hamburger Katharinenkirche schuf und das das Innere des Jerusalemer Tempels als dreischiffige Basilika in Zentralperspektive darstellte. Der Fluchtpunkt des Bildes war präzise auf den Betrachter kalkuliert, der durch den nördlichen Haupteingang im fünften Joch unmittelbar vor dem Chor die Kirche betrat und, nach rechts blickend, das Gemälde in etwa 33 Metern Entfernung sah und als schier endlose Verlängerung der realen Architektur wahrnehmen sollte. Die Erwähnung der *»ausbündigen Perspective«* in der Katharinenkirche fehlt in keiner Hamburg-Beschreibung jener Zeit, und auch der vierzehnjährige Herzog Ferdinand Albrecht von Braunschweig-Lüneburg notierte 1650 in seinem Itinerar als besonderes Glanzlicht seines Besuches in der Katharinenkirche: *»Ein schön Perspectivisch gemahlet stück, welches bei eingang in der kirchen, gar weit entlegen anzusehen war«*[16].

Die Entwicklung der Perspektive in der Malerei war allerdings keine nordeuropäische Leistung, sondern nahm ihren Anfang im Italien des frühen 15. Jahrhunderts. Die damals als neuartig empfundene Entdeckung deutet wiederum auf den Stellenwert hin, den die Renaissance dem richtigen Maß und den richtigen Proportionen, den wahren Verhältnissen der Dinge und Phänomene dieser Welt zueinander beilegte (Abb. 3 u. Tafel 8). Diese neue »Wahrheit« aber bezog sich jetzt auf den Menschen und dessen Wahrnehmung der irdischen Realität, die in der bildlichen Darstellung in einer mathematisch korrekten Ordnung wiedergegeben werden sollte. Die Kenntnis der mathematischen Verhältnisse war ein wichtiger Bestandteil praktischen Wissens jener Zeit, und im Lehrplan des deutschen Humanisten Rudolf Agricola diente in den achtziger Jahren des 15. Jahrhunderts die Mathematik vorrangig der Erkenntnis der geometrischen, arithmetischen und harmonischen Proportionen[17]. Die Perspektive in der notwendigen Verbindung mit den richtigen Größenverhältnissen bedeutete für den Menschen eine optische Orientierungshilfe, zunächst einmal innerhalb seiner irdischen Umgebung, doch zugleich wurde sie zur Metapher für den moralischen Blickwinkel und lenkte damit den Betrachter wieder zu Gedanken über die richtige Sicht auf die Dinge und Ereignisse sub specie aeternitatis. So zog das 1496 gedruckte *Libro del occhio morale*, eine italienische Adaption des hundert Jahre älteren *De oculo morali et spirituali* des Peter von Limoges, eine deutliche Parallele zwischen den naturwissenschaftlich-optischen Beweisen der Perspektive und der unterschiedlichen Wahrnehmung im Ausmaß der menschlichen Sünden.

Das strenge System der auf den vier pythagoräischen Grundzahlen beruhenden einfachen Proportionen war – wie schon kurz angedeutet – zu dieser Zeit jedoch bereits abgeschwächt. Die Musik hatte den Wohllaut des akkordischen Dreiklangs mit Terzen und Sexten entdeckt, die wegen ihrer komplizierteren arithmetischen Verhältnisse nicht zu den reinen Konsonanzen der Antike zählten. Doch

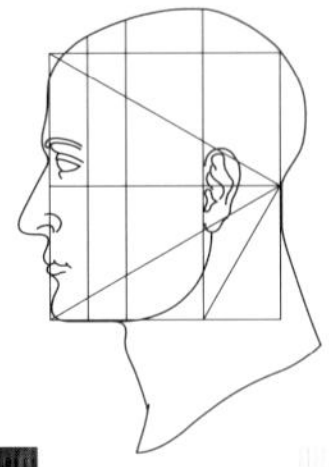

Abb. 3: Gerrit Houckgheest, Architekturphantasie, um 1650, Beispiel der Perspektivmalerei. Foto: Fischer-Daber.

Abb. 4: Sonnenuhr in Form eines Pentagon-Dodekaeders, aus einer Hamburger Gartenanlage, erste Hälfte 18. Jahrhundert. Foto: Fischer–Daber.

eben die antike Philosophie, auf die sich die Theorie der reinen Konsonanzen gründete, bot nun auch die metaphysische Grundlage, um die Terzen und Sexten in den Kanon der zugelassenen Konsonanzen und Proportionen aufzunehmen. Platons berühmte fünf »regelmäßige Körper« aus seinem *Timaios* gipfelten in dem Pentagon-Dodekaeder, der vollkommensten Form, die alle übrigen in sich birgt und die bei Platon das Weltganze bedeutet (Timaios, 55c). Die Flächen eines Dodekaeders bilden regelmäßige Fünfecke, deren geometrische Besonderheit darin besteht, daß sich ihre Diagonalen nicht in einem Punkt schneiden, sondern die Figur des Pentagramms ergeben, das seinerseits wieder ein regelmäßiges Fünfeck umschließt, was sich bis ins Unendliche fortsetzen läßt (Abb 4). Durch diesen vollkommensten Körper war nun auch die nicht zur pythagoräischen Tetraktys gehörende Zahl 5 geheiligt, die in den arithmetischen Verhältnissen der Terzen und Sexten die wesentliche Rolle spielt – große Terz = 4:5, kleine Terz = 5:6, große Sext = 3:5, kleine Sext = 5:8. Zugleich aber lieferte das Pentagramm eine weitere wichtige Proportion, die »göttliche Proportion« – *»divina proportione«* – schlechthin, wie sie der in Mailand wirkende Gelehrte Luca Pacioli unter Berufung auf Euklid 1497 in seinem *Compendio de divina proportione* bezeichnete und die heute allgemein als »Goldener Schnitt« bekannt ist. Der Goldene Schnitt, die Teilung einer Strecke in zwei ungleiche Abschnitte, deren kleinerer sich zum größeren verhält wie dieser zum ganzen, läßt sich jedoch nicht in rationalen Zahlen ausdrücken, so daß er als das geheimnisvolle, dem menschlichen Geist letztlich nicht faßbare Grundprinzip der Schöpfung interpretiert werden konnte.

Die neuen, die Zahl 5 einbeziehenden Proportionen fanden nach dem Gebrauch in der Musikpraxis darum auch seit dem ausgehenden 15. Jahrhundert ihre Verankerung in der Musiktheorie. Marsilio Ficino verglich in seiner Mitte der achtziger Jahre verfaßten *Epistola de rationibus musicae* die drei Grazien mit Terz, Quinte und Oktave und bietet somit einen frühen Beleg für die Anerkennung des Tonikasextakkords[18]. Lodovico Foglianos 1529 in Venedig erschienene *Musica theorica* etablierte dann endgültig Terzen und Sexten als harmonische Konsonanzen, die fortan von Musik und Architektur ausgiebig genutzt wurden. Auch Palladios Entwürfe in seinen *Quattro libri* setzen die Legitimation dieser Proportionen voraus. Allerdings spielten die metaphysischen Überlegungen zu den Proportionen für die Praktiker im weiteren Verlauf der Architektur-

und Musikgeschichte eine immer geringere Rolle, und schon im ausgehenden 17. Jahrhundert leugneten die Radikalsten unter den frühen Aufklärern jede einheitliche, von Gott proportionierte Struktur der natürlichen Phänomene, die darum auch von den menschlichen Schöpfungen nicht imitiert zu werden brauche. Die einstmals so bedeutungsvollen vermeintlichen Zusammenhänge gerieten damit in Vergessenheit und wurden höchstens als müßige Spekulationen belächelt.

Mit jedem Auftreten eines wie auch immer gearteten Klassizismus lebte jedoch auch das Gedankengut der reinen, in den kosmischen Grundprinzipien verankerten Proportionen wieder auf. Die Architektur des 20. Jahrhunderts hat ihr berühmtestes Beispiel im Werk des französisch-schweizerischen Architekten Charles-Edouard Jeanneret, der sich Le Corbusier nannte. Die französischen Klassizisten unter den Komponisten unseres Jahrhunderts besannen sich unter dem Eindruck von Jean Cocteaus 1926 veröffentlichtem Essay *Le Rappel à l'Ordre*, dessen Titel zu einer Art Schlachtruf wurde[19], auf die »geordneten« Formstrukturen von Kontrapunkt, Fuge und Ostinato. Sollte die Musik die höchste Reinheit ausdrücken, griffen die Musiker nach den ehemals »heiligen« Proportionen, konstruierten den Aufbau ihres Werks nach dem Goldenen Schnitt, wie es Joonas Kokkonen in seiner 1975 uraufgeführten Oper *Die letzten Versuchungen* tut, um musikalisch ein Symbol für die innere Gewißheit der Existenz Gottes zu setzen, oder kehrten zu den sakrosankten »Urintervallen« Oktave, Quinte und Quarte zurück, wenn Aulis Sallinen in seiner 1986–1988 entstandenen Oper *Kullervo* durch die Verwendung der reinen Konsonanzen die Möglichkeit der Erlösung seines Titelhelden andeutet. Bestimmend wurde diese Symbolik vor allem auch für Carl Orffs letztes großes Werk *De temporum fine comoedia*, 1973 bei den Salzburger Festspielen uraufgeführt, das konsequent die zahlhaften musikalischen Ordnungen der spätmittelalterlichen und frühneuzeitlichen Meister nutzt und nach dem Klangchaos des Weltuntergangs in die reinen Quinten der Voces caelestes als Zeichen der Apokatastasis in der höchsten Spiritualisierung mündet[20]. Diese Beispiele aus der jüngsten Vergangenheit mögen genügen.

Auch die von den heutigen Zuhörern häufig als stärkster Kontrast zu der Musik der »Klassizisten« empfundene Zwölftonmusik und alle übrigen seriellen Kompositionsverfahren beruhen letztlich auf einem Glauben an eine Gesetzmäßigkeit der Zahlenreihen und Zahlenverhältnisse, wobei es von der mathematischen zur spirituellen Begründung oft nur ein kleiner Schritt ist. Der Wunsch nach perfekten Strukturen und nach der vom menschlichen Geist leistbaren Berechenbarkeit dieser Strukturen leitet diese Systeme genauso wie einst die Überlegungen der Renaissancetheoretiker, die damit den Bauplan der Welt und die Gesetze der Natur ergründen wollten, um ihrerseits Richtlinien für vollkommene Menschenwerke aufstellen zu können. Begleitet wurde diese Suche aber immer auch von dem Zweifel, ob der Mensch überhaupt imstande und berechtigt sei, Vollkommenes zu errichten, wie schon eine jüdische Überlieferung zum Salomonischen Tempel, auf die Flavius Josephus anspielt (De Bello Judaico VI, 5), die Verwirklichung des quadratischen Idealmaßes der künftigen Heilszeit vorbehalten wissen wollte und jede vorzeitige Anwendung als Hybris und Anlaß zum selbst verschuldeten Untergang erklärte[21]. Trotz aller Fragwürdigkeit und aller religiöser wie rationalistischer Einwände blieb jedoch die Sehnsucht nach einer irdischen Widerspiegelung der himmlischen Vollkommenheit den Menschen erhalten, auch wenn nur eine Annäherung und eine eingeschränkte Wahrnehmung der göttlichen Strukturen möglich war.

»Wenn du unter 'Hören' die genaue Realisierung der Mittel im einzelnen verstehst, durch die die höchste und strengste Ordnung, eine sternensystemhafte, eine kosmische Ordnung und Gesetzlichkeit zustande kommt, nein, so wird man's nicht hören. Aber diese Ordnung wird oder würde man hören, und ihre Wahrnehmung würde eine ungekannte ästhetische Genugtuung gewähren« (Adrian Leverkühn zur Zwölftonreihe in Thomas Manns »Doktor Faustus«, 22.Kapitel).

1 Zitiert nach dem Textabdruck im Beiheft zur CD mit Arthur Honeggers »Amphion« und Orchestersuite aus »L'Impératrice aux roches«, Timpani 1C1035, 1996.

2 Schelling 1966, 220.

3 Zu diesem Themenkreis vgl. vor allem: Naredi-Rainer 1982; 1985; Walker 1987.

4 Werckmeisters Allegoresen werden ausführlich diskutiert bei Gravenhorst 1995, 69–72.

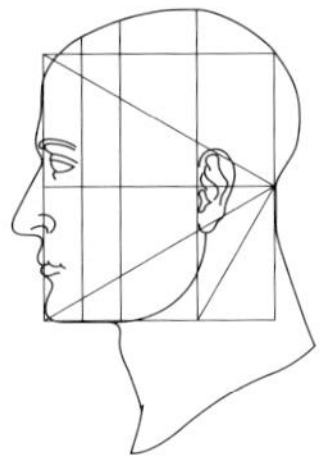

5 Vgl. KRUFT 1989; KATALOG KARLSRUHE 1990.
6 Zur religiösen Tradition siehe.: JAACKS 1993; NAREDI-RAINER 1994; ROSENAU 1979; VOGELSANG 1981.
7 Dazu SIMSON 1968, 56–67.
8 Zu dem Hamburger Modell siehe JAACKS 1982; REUTHER 1980.
9 So ausdrücklich in der »Hierographia« des Prager Hofhistoriographen Jacobus Typotius, erschienen 1618.
10 Vgl. dazu FORSSMAN 1956, 156.
11 Kupferstichkabinett der Staatlichen Museen Preußischer Kulturbesitz, Berlin, MS 78C12. Vgl. dazu BUCH 1989.
12 Vgl. die Zusammenstellung von CORDES 1993.
13 Zu Villalpandos »Salomonischer Ordnung« vgl. FORSSMAN 1956, 209 f.; 1961, 92 f.
14 Die Serie der Vorzeichnungen, ohne die fehlende fünfte zur dorischen Ordnung, wird heute in der Ecole des Beaux-Arts in Paris bewahrt; vgl. KATALOG HAMBURG 1986, 148–151.
15 Vgl. die Belege bei SCHMIDT 1916. Einige dieser Gemälde werden jetzt im Statens Museum for Kunst in Kopenhagen bewahrt.
16 Eintragung vom 8.Juli 1650, zitiert nach BEPLER 1988, 137.
17 Zu diesem Thema vgl. BAXANDALL 1987, 105–128. Speziell zu Agricola siehe DOLCH 1959, 186 f.
18 Vgl. zu diesem Wandel LAUBENTHAL u. SACHS 1989, 133; und REMPP 1989.
19 Dazu BOEHM 1996, 16.
20 Vgl. THOMAS 1983.
21 Vgl. den Kommentar von Otto Michel und Otto Bauernfeind in der Ausgabe: FLAVIUS JOSEPHUS 1969, 190.

Funktionelle und politische Aspekte öffentlicher Architektur

Renate Paczkowski

An der Wende vom 15. zum 16. Jahrhundert drängte in den großen Städten Nordeuropas das immer mehr an Einfluß gewinnende Bürgertum zunehmend auch auf eine größere Beteiligung an den kommunalen Aufgaben. Das neue bürgerliche Selbstbewußtsein suchte nach geeigneten künstlerischen Ausdrucksformen, in denen es sich darstellen und Machtansprüche gegenüber dem fürstlichen Landesherrn oder dem bischöflichen Stadtherrn deutlich geltend machen konnte.

Mit dem Instrumentarium der vitruvianischen Lehre von den fünf Säulenordnungen, die im Norden Europas zunächst durch Sebastiano Serlios 1537 erschienene *Regole sopra cinque maniere degli edifici* immerhin über dreißig Jahre vor den *Quattro libri...* des Andrea Palladio Verbreitung gefunden hatte, verfügte das humanistisch gebildete Bürgertum endlich über eine Architektursprache, in der es seine Ansprüche sinnfällig zum Ausdruck bringen konnte. So weist Alfred Hartlieb von Wallthor auch darauf hin, daß sehr bald Kenntnisse von dieser vereinfachten Vitruvbearbeitung in den Bereich der sogenannten Weserrenaissance gelangt sein müssen. Da es sich bei den zu jener Zeit in dieser Gegend für die Errichtung von Bauwerken Verantwortlichen in den meisten Fällen noch um »*Werckleute*« und nicht um gelehrte Baumeister handelte, muß das Wissen um das vitruvianische Lehrgebäude von den humanistisch gebildeten Auftraggebern ausgegangen sein[1]. Der programmatische Gehalt der Lehre wurde in der Vielschichtigkeit seiner möglichen Deutungen durchaus verstanden und ganz im Sinne der bürgerlichen Selbstdarstellung ausgelegt. Bei einer ikonologischen Interpretation der in diesem Geiste entstandenen Kunstwerke braucht man sich nach Günter Bandmann nicht mehr auf literarische Quellen zu beschränken: »Wir können untersuchen, an welchen Stellen ein bestimmtes Ornament angebracht wird, um eine Vorstellung von der im Kunstwerk abgebildeten Ordnung und Hierarchie zu gewinnen«[2].

Aufgrund ihrer dynastischen und wirtschaftlichen Verbindungen zu den ober- und mittelitalienischen Handelsmetropolen haben die großen süddeutschen Städte und die der benachbarten europäischen Länder sehr bald die dort neu entwickelten architektonischen Formen sowie die reiche Vielfalt des Decorum als willkommene Neuerung aufgenommen, so zum Beispiel Landshut (Residenz, 1543 vollendet), München (ehemalige Münze 1563–67), Basel (Geltenzunfthaus 1578; Spießhof um 1580), Straßburg (Neuer Bau 1582–85).

Doch erstaunlich früh warteten auch die großen Handelsmetropolen im Norden, Nordwesten und Osten Europas mit reifen Leistungen in der Verwendung des neuen architektonischen Formenrepertoires mit den fünf Säulenordnungen auf. Zunächst sind zwar noch keine selbständigen Großbauten zu verzeichnen, doch an einer Vielzahl von An- bzw. Umbauten von bereits bestehenden feudalen und kommunalen Bauten, an Kleinarchitekturen, wie Giebeln, Erkern, Portalen, Freitreppen und Lauben, läßt sich die neue architektonische Gesinnung der Auftraggeber ablesen. Erst in der zweiten Hälfte des 16. Jahrhunderts bis etwa 1618 entstanden für die verschiedenen öffentlichen Aufgaben auch eigene, zum Teil typenbildende Bauten, wie zum Beispiel das 1561–1565 nach Plänen des Cornelis Floris entstandene Rathaus in Antwerpen, das unter anderem in dem 1594 begonnenen Rathaus in Vlissingen/Seeland und in dem 1574–1576 nach Plänen des Antwerpener Stadtbaumeisters Laurenz Steenwinkel in Emden errichteten sehr bemerkenswerte Nachfolgebauten erhielt.

Außer den Rathäusern zählten Kanzlei- und Gerichtsgebäude, Zeughäuser, Kauf- und Tuchhallen, Waagen, Zunft- und Gildehäuser sowie die Befestigungsbauten, hier vor allem die auf Repräsentation angelegten Stadttore, zu den kommunalen Bauaufgaben. In vielen Fällen bestanden bereits mittelalterliche Vorgängerbauten und diese wurden im 16. und 17. Jahrhundert vielfach durch aufwendig gestaltete Schaufassaden oder Giebelaufsätze unter Verwendung der neuen Architektur- und Ornamentformen zeitgemäß verändert und in neue Bedeutungszusammenhange gestellt.

In der zweiten Hälfte des 15. Jahrhunderts und zu Beginn des 16. Jahrhunderts sind an den Rathäusern aller großen Städte wegen der Übernahme von immer weiteren Amtsbereichen viele An- und Umbauten zu beobachten. Die Rathäuser stellen nach Ernst Ullmann »den genauen Spiegel der gesellschaftlichen Verhältnisse in den einzelnen Städten dar. Ihre architektonische Erscheinung und ihr Raumprogramm sind Ausdruck der verschiedenen Bereiche tatsächlich ausgeübter stadtbürgerlicher Macht, nicht selten aber auch Ausdruck eines Machtanspruchs«[3]. *»In einer freien Stadt sollte das Rathaus in Schönheit und magnificence allen anderen voran stehen«*, forderte bereits Leon Battista Alberti in seinem 1485 erschienenen Traktat *De re aedificatoria*[4], und noch in Zedlers Universallexikon läßt sich 1737 diese Auffassung finden: »Durch eines Rathauses Zierlichkeit und Schönheit suchet offtermahls eine Stadt ihre Macht und Ansehen denen Fremden beyzubringen«[5]. Die Bedeutung und politische Stärke eines Stadtregiments drückt sich also nicht unbedingt in der monumentalen Größe des Rathauses aus, sondern vor allem in der auf der richtigen Anwendung des Decorum beruhenden Würde und Schönheit.

Als besonders frühes und doch gleich sehr markantes Beispiel für die Anwendung der Lehre von den fünf Säulenordnungen und die Übernahme architektonischer Formen nach oberitalienischen Vorbildern ist in Nordwestdeutschland die Vorhalle am mittelalterlichen Rathausbau in Köln anzuführen (Abb. 1). Raymond M. Lemaire ist der Auffassung, sie sei »d'une grande sobriéte, tant dans la composition que dans le décor; elle était constituée par la superposition de deux ordres de colonnes dans l'esprit des galéries du Pal. Chiericati ou Pal. Bonin Thiene«[6].

Wie der Lübecker Rathausvorbau am Markt, auf den weiter unten noch ausführlich eingegangen wird, besaß auch die Kölner Vorhalle bereits einen mittelalterlichen Vorgängerbau. Dieser ist als eine zweigeschossige, auf fünf Pfeilern aus Drachenfels ruhende Laube vorzustellen, deren gewölbtes Obergeschoß aus Holz mit einem Bleidach abgedeckt war[7]. Diese Laube war in der ersten Hälfte des 16.

Abb. 1: Köln, Vorhalle des Rathauses, Zustand vor der Kriegszerstörung. Foto von 1930.

Jahrhunderts den Quellen zufolge so baufällig, daß ein Neubau erforderlich wurde[8]. Im Historischen Archiv der Stadt Köln haben sich mehrere Blätter mit sauber ausgeführten Architekturzeichnungen erhalten, die als die Entwürfe anzusehen sind, die dem Rat auf seiner Sitzung am 23. Juli 1567 vorgelegen haben, auf der schließlich der Beschluß gefaßt wurde, die Vorhalle nach den eingereichten Entwürfen ganz neu errichten zu lassen. In dem entsprechenden Ratsprotokoll heißt es: *»Nachdem das portail am Rathuis gar bawfellich ist, und die hohe notturfft erfordert, daß es umb des Raths ehren willen gebawet werden moiß, haben die herrn Renthmestere etliche patrone zu Rath bracht...«*[9]. Bereits aus dem Jahre 1557 datieren zwei Entwurfszeichnungen, die mit den Initialen *»C.F.«* monogrammiert sind.

Die Stilkritik hat diese beiden Blätter sicherlich zu Recht einem der bedeutendsten niederländischen Künstler des 16. Jahrhunderts zugeschrieben, dem Baumeister des von dem Altmeister der deutschen Kunstgeschichtsschreibung, Johannes Jahn, als »Musterbau der flämischen Renaissance« bezeichneten 1561–1565 entstandenen Antwerpe-

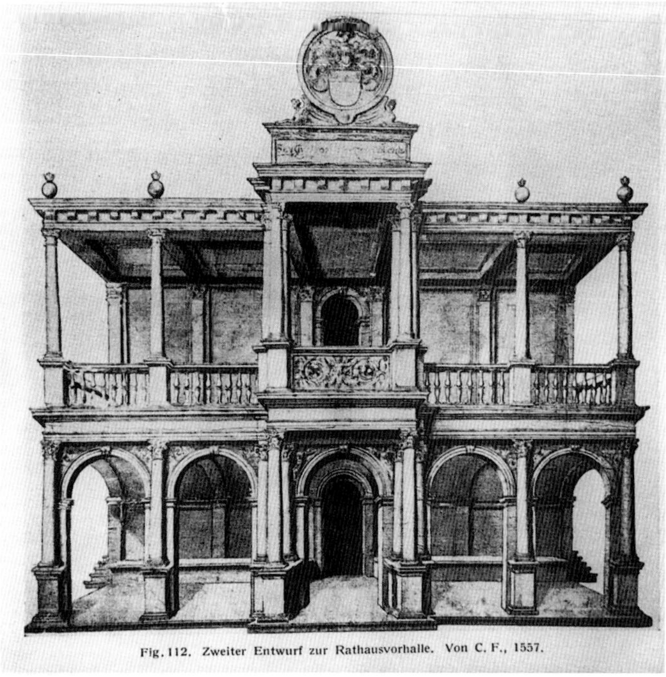

Abb. 2: Köln, Vorhalle des Rathauses. Zweiter Entwurf von Cornelis Floris, 1557. Foto: Kölnisches Stadtmuseum.

Abb. 3: Köln, Vorhalle des Rathauses. Erster Entwurf von Cornelis Floris, 1557. Foto: Kölnisches Stadtmuseum.

ner Rathauses: Cornelis Floris (1514–1575). Cornelis Floris, dessen Bruder Frans als einem der Hauptvertreter der Italianisanten in der niederländischen Malerei ebenfalls eine große Bedeutung in der Kunstgeschichte des 16. Jahrhunderts zukommt, hat nicht nur als Architekt, sondern auch als Bildhauer und als Ornamentzeichner stilbildend für das nördliche Europa gewirkt[10]. Seine beiden getuschten Federzeichnungen zeigen die Modifizierung eines architektonischen Grundgedankens, der im wesentlichen durch den Aufriß des mittelalterlichen Vorgängerbaus schon weitgehend vorbestimmt war. Die Umsetzung in die um 1550 gültige Architektursprache paßt ihn nun auch inhaltlich neuen, dem Zeitgeist entsprechenden Vorstellungen an.

Die Zeichnung des sogenannten zweiten Entwurfs (Abb. 2 und Tafel 5) gibt eine zweigeschossige, flachgedeckte Architektur mit fünf Achsen wieder. Das offenbar mit einem Tonnengewölbe versehene Erdgeschoß öffnet sich in Rundbogenarkaden, vor deren Pfeiler Halbsäulen auf Sockeln in der korinthischen Ordnung gestellt sind, so daß die aus der römischen Antike entlehnte Würdeform, das Tabularium-Motiv, zitiert wird. Das Obergeschoß sollte mit einer flachen Kassettendecke versehen werden. Schlanke Säulen in der kompositen Ordnung, die auf brüstungshohen Sockeln stehen, tragen das abschließende gerade Kranzgesims. Die vorgekröpfte Mittelachse akzentuiert zusätzlich ein auf einem attikaartigen Sockel ruhendes, von Sphingen gestütztes Wappenmedaillon.

Im ersten Entwurf des Cornelis Floris (Abb. 3) bestimmt die Dorica den ernsten Charakter der gegenüber dem Alternativentwurf auch in strengeren architektonischen Formen aufgeführten Vorhalle. Nach Vitruv kennzeichnet diese Ordnung Gottheiten mit sprichwörtlich physischer Stärke: *»Minervae et Marti et Herculi aedes doricae fient; his enim diis propter virtutem sine deliciis aedificia constitui decet«*[11]. Die Stärke, nicht nur die physische, sondern auch die moralische, die Tugendhaftigkeit des Kölner Ratsregiments sollte in dieser Architektur ihren Ausdruck finden. Im zweiten Entwurf schlägt Cornelis Floris eine andere Tonart an. Mit der korinthischen Ordnung werden nach Vitruv die Tempel der anmutigen jungfräulichen Gottheiten geschmückt. Statt des *»mos severus«* des von der Dorica

Abb. 4: Köln, Vorhalle des Rathauses. Entwurf für die Ausführung, vermutlich von Wilhelm Vernukken, 1571?. Foto: Kölnisches Stadtmuseum.

Abb. 5: Köln, Vorhalle des Rathauses. Entwurf für die Ausführung, vermutlich von Wilhelm Vernukken, 1571?, mit Veränderungen. Foto: Kölnisches Stadtmuseum.

bestimmten ersten Entwurfs spricht aus dem zweiten ein auf Festlichkeit angelegter Repräsentationswille. Mit diesen Entwurfsvarianten versuchte sich zeitlich sehr früh ein nicht aus Italien stammender Künstler sehr entschieden unter weitgehendem Verzicht auf ornamentales und figürliches Beiwerk, in einem rein klassischen Architekturvokabular auszudrücken, das er aber nicht nur in der Syntax beherrschte, sondern auch in den sich anbietenden Bedeutungsnuancen gezielt einzusetzen wußte. Keiner der beiden Entwürfe von Cornelis Floris gelangte jedoch zur Ausführung. Warum sich der Neubau verzögerte und 1562 sowohl von Lambert Suderman (alias Suavis) als auch von Henrick van Hasselt noch zwei weitere Entwürfe geliefert wurden, die auch erhalten sind, blieb bisher ungeklärt.
Im Juli 1567 fällt im Rat der Stadt Köln schließlich die Entscheidung für einen *»mittelmessigen«* Entwurf (Ratsprotokoll 23,142b), der wohl dem im September 1569 im Ratsprotokoll 25, 317b/318a namentlich genannten Bildhauer Wilhelm Vernukken zuzuschreiben ist (Abb. 4).
Vernukken hat eindeutig auf den zweiten mit C. F. bezeichneten Entwurf zurückgegriffen. Die Fünfachsigkeit der Fassade hat er beibehalten, auch die deutliche Akzentsetzung durch das räumliche Vorspringen der Mittelachse. Doch er verkröpft auch die äußeren Traveen, wenn auch nicht so entschieden wie die mittlere. Neu an dem Entwurf ist das von zwei Reihen mit kleinen Gauben besetzte Dach, vor welches über der Mittelachse und den Seitenachsen Ädikulagiebel treten. Die Spitze des Dreiecksgiebels über der Mitte krönt die Figur des Kölner Bauern, unter dem sich die allegorische Frauengestalt in der rundbogigen Nische wegen ihrer Attribute unschwer als »Iustitia« bestimmen läßt (Abb. 5).
Die südlich-heitere Arkadenarchitektur der Vorhalle ist in bewußtem Kontrast zu dem ehrwürdigen mittelalterlichen Bau des Kölner Rathauses gesetzt. Der Engländer Thomas Coryate, der 1608 auf seiner Rückreise von Venedig Köln besucht, reagiert entsprechend einfühlsam auf die überraschende Wirkung der noch als ganz neu empfundenen Architektur. Er schreibt: *»Gleich neben diesem Bau (dem alten Rathaus), der von beträchtlichem Alter zu sein scheint, hat man kürzlich ein anderes stolzes Gebäude errichtet, das ebenfalls einen Teil des Rathauses vorstellt und diesem zur größten Zierde gereicht. Es besteht aus einer schönen Galerie und unter dieser einer wohlproportio-*

nierten Arkade, die aus marmornen Säulen gebildet ist, deren Basen in künstlerischer Weise profiliert und verziert sind. Um den Eindruck des Festlichen zu erhöhen, hat man die Säulen oben und unten vergoldet«[12]. Die Vorhalle wird in den historischen Quellen auch als »Portal« bezeichnet. In der Tat führte über sie ja der Weg in die im Erdgeschoß des alten Rathauses liegende queroblonge Halle und über die in den seitlichen Traveen aufsteigenden Treppenläufe in den im Obergeschoß darüber liegenden stattlichen Hansasaal.

Wegen seiner Verwandtschaft im Formalen wie auch im Funktionellen sei hier auf den »Portique dit de Serlio« am Nordtrakt der »Cour Ovale« in Fontainebleau hingewiesen. Hier ist dieselbe architektonische Idee, einen aus mehreren Arkadengeschossen bestehenden Portikus vor einen älteren, architektonisch ganz andersartigen Bau zu setzen, im feudalen Bereich ausgeführt worden[13]. In beiden Fällen wird auf die klassische Würdeform, auf das Theatermotiv, zurückgegriffen. Die in Köln die Bogenzwickel der Mittelachse verzierenden Genien gehören zum festen dekorativen Repertoire antiker Triumphbögen.

In der Kunst des 16. bis 18. Jahrhunderts erfreute sich der Triumphgedanke sowohl im sakralen wie auch im profanen Bereich äußerster Beliebtheit. Besonders in der Memorialkunst (Epitaphien, Grabdenkmäler) sind unzählige Beispiele von Denkmälern anzuführen, bei deren Konzeption, im Formalen wie auch im Ideengeschichtlichen, der architektonischen Würdeform des Triumphbogens eine vorrangige Rolle zukommt. Und in der Tat wird auch die Vorhalle durchaus in diesem Sinne verstanden: »Es ist ja auch nach seinen Reliefs – die Szenen aus der Frühgeschichte der Stadt zeigen – als ein Denkmal der Geschichte der Stadt gedacht, die aus römischer Gründung und deutscher Volkskraft erwuchs...«[14].

Von der Kölner Vorhalle aus wurden nachweislich mehrmals im Jahr den auf dem Vorplatz versammelten Bürgern die Ratsbeschlüsse in der sogenannten Morgensprache verkündet (Abb. 6). Insofern besaß sie die für das politische Gemeinwesen äußerst wichtige Funktion einer Verkündlaube, wie sie sich in einfacher Form in ländlichen Gemeinden nachweisen läßt, aber an den Rathäusern der bedeutenderen Städte stets als besonders signifikant hervorgehobenes Architekturmotiv oder gesonderter Anbau sorgfältige künstlerische Ausgestaltung erfährt (Halberstadt, Halle, Lemgo, Herford).

Abb. 6: Köln, Einzug der Ratsherren in die Rathauslaube, 1573. Stich von Altzenbach nach Zeichnung von J. Toussyn, 1655. Foto: Rheinisches Bildarchiv.

Die Entwürfe des Cornelis Floris für die Rathausvorhalle in Köln gemahnen aber im Aufbau ganz offenkundig auch an die Lettnerarchitekturen jener Zeit, an die sogenannten Laubenlettner, deren 1548 vollendeten Prototyp Jacques Dubrœucq für die Kirche Ste. Waudru in Mons schuf[15]. Als weitere bedeutende Beispiele für diesen Typus ist der 1572 datierte Lettner von Cornelis Floris in der Kathedrale von Tournai zu nennen, der von Coen van Noremberg entworfene für die Kathedrale von s'Hertogenbosch (heute im Victoria-and-Albert-Museum in London) und die zweigeschossige, 1554 für die Kirche von Oosterend geschaffene Architektur. Im Niederländischen werden diese Lettneranlagen als »koordoksal« bezeichnet[16]. Der Terminus hat auch im benachbarten Rheinland Aufnahme gefunden. Kölner Stadthistoriker haben Belege dafür erbracht, daß er auch auf den Laubenanbau des Rathauses angewendet wurde: »*...daß Meister Wilhelm Vernucken unserer Herren vom Rathe Doxal aufgerichtet und allerlei Bildwerk und Zierrath dabei durch sich und die Seinigen gemacht habe...*«[17]. Die Funktion des Doxals als Bühne zum Verlesen biblischer Texte und für den liturgischen Gesang, als Ort der Verkündigung von Wahlproklamationen und von Urteilen kirchlicher Rechtssprechung, den Bürgern im sakralen

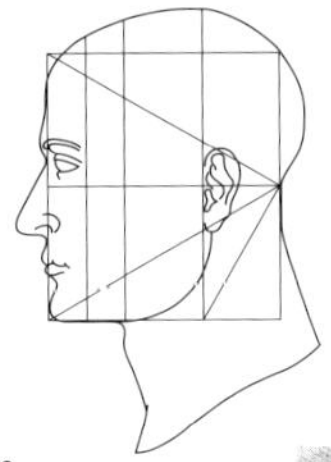

Bereich ganz und gar vertraut, wurde nun durchaus überlegt in den profanen Raum übertragen. Mit der Übernahme der architektonischen Gestalt des Ortes der Verkündigung verband sich ohne Zweifel die Absicht, auch etwas von der sakralen Würde auf die profane Zeremonie zu übertragen: »Diese Funktion der Lesebühne hängt außer mit dem praktischen Vorteil der erhöhten Bühne einerseits mit der Rolle als öffentlicher Ort des Rechts zusammen, andererseits auch mit ihrem Charakter als besonders würdige und geheiligte Stätte«[18].

In Lübeck, der bedeutendsten Handelsstadt des Mittelalters im Ostseeraum, ist ein vergleichbarer Anbau am Rathaus nachzuweisen. Am Beispiel des Lübecker Rathauses läßt sich besonders gut erkennen, wie im Laufe der Jahrzehnte immer wieder bauliche Erweiterungen notwendig wurden, um den ständig wachsenden Anforderungen des Rates Rechnung zu tragen. Es entstand ein für das späte Mittelalter typischer Gemengebau, das heißt ein zwar zusammenhängender, aber aus mehreren Einzelbauten bestehender Komplex. Jedes dieser Gebäude in Lübeck ist von architekturgeschichtlicher Bedeutung: der sogenannte Kriegsstubenbau oder auch »Neue Bau«, welcher an der Ostseite des Marktes nach den Plänen des Nikolaus Peck 1442–1444 errichtet wurde, oder aber die leider nicht mehr im Originalzustand erhaltene großartige Fassade an der Nordseite, die den eigentlich aus drei Parallelhäusern bestehenden Hauptbau zusammenfaßte und architektonisch auf die Marienkirche, die Ratskirche, antwortete. Es fehlte aber ein verbindendes architektonisches Glied, das repräsentativ für den gesamten Rathausbereich Macht und Anspruch des Rates versinnbildlichte und zwischen Rat und Bürgern vermitteln konnte. Mit dem Laubenanbau vor der mächtigen gotischen Schildmauer an der dem Marktplatz zugewandten Südseite des Hauptbaus erhielt der Rathauskomplex 1570/71 eine neue Ausrichtung auf den Marktplatz hin, die noch bis auf den heutigen Tag ihre Gültigkeit hat (Abb. 7)

Die Lübecker entschlossen sich bezeichnenderweise zu einem Neubau ihrer Verkündlaube zu einem Zeitpunkt, als der Stadt 1570 im Friedenskongreß zu Stettin noch einmal zumindest auf dem Papier alle Privilegien im Ostseeraum zugestanden wurden, die sie in ihrer Hochzeit als »Königin der Hanse« hatte erwerben können. Der als Hansischer Syndikus seit 1556 tätige Kölner Rechtsgelehrte Dr. Heinrich Suderman(n) hatte alle seine Kräfte eingesetzt, um den alten Hansebund nach den sieben Jahre währenden kriegerischen Auseinandersetzungen im Ostseeraum wieder neu zu beleben, woran den Lübeckern natürlich besonders gelegen war. Obwohl die Arbeiten sich bis in das Jahr 1572 hinzogen, erscheint an der Fassade die für Lübeck so schicksalsträchtige Jahreszahl 1570. So kann man die Lübecker Fassade – ähnlich wie die Kölner Vorhalle – durchaus auch als historisches Erinnerungsmal verstehen, als eine Art Triumphbogen oder Ehrenpforte für die am politischen Geschehen beteiligten Personen wie den Bürgermeistern, den Vertretern der ratsfähigen Lübecker Familien und dem Hansischen Syndikus, deren Familienwappen unter den Giebeldreiecken friesartig erscheinen.

Abb. 7: Lübeck, Marktplatz mit Rathaus, vor 1828. Kupferstich nach einer Bleistiftskizze von A. Radl. Foto: Museum für Kunst und Kulturgeschichte der Hansestadt Lübeck.

Die Fassade des Anbaus ist durchgängig in ortsfremdem hellen Sandstein aufgeführt und zeigt eine *»schickliche«*, das heißt der Funktion angemessene Anwendung der Säulenordnungen: Die sechs Rundbögen des Erdgeschosses ruhen auf abgefasten Stützen aus Granit, das Hauptgeschoß mit kannelierten Pilastern und Hermen zwischen den Steinkreuzfenstern kennzeichnet eine ionische Ordnung und die Steigerung der formalen Prachtentfaltung in den drei Ziergiebeln – reine Schaugiebel, hinter denen sich nur ein Bodenraum befindet – erfährt durch die festliche korinthische Ordnung eine entsprechende Auslegung (Abb.

Abb. 8: Lübeck, Vorhalle des Rathaus. Zustand vor der Kriegszerstörung. Foto von 1930.

8). Wie in Köln als Verkündlaube für die Bursprake, als Tribüne für die Ratsherren und als Sitz des Niedergerichts genutzt, erhält dieser Anbau seine besondere Bedeutung als eine zwischen dem Rat und den Bürgern vermittelnde Architektur. Das verwendete architektonische und dekorative Formenrepertoire hat wenig mit palladianischem Klassizismus zu tun, die Vermittlung erfolgte über die Niederlande durch architektonische und dekorative Stichvorlagen und Musterbücher.

Auch in Lübeck gab es ähnlich wie in Köln einen gotischen Vorgänger für den Laubenanbau, von dem aus viermal im Jahr die sogenannte Bursprake verkündet wurde. Auf dem ersten Termin im Jahr am 22. Februar erfolgte auch die Ratssetzung, das heißt die Zuteilung der Ämter für das neue Geschäftsjahr. In der Beschreibung des Pastors Melle heißt es: *»der ... Senat ... besetzet so, daß alle Mitglieder in ihrer Ordnung bey einander stehen, die Fenster der Gallerie und zeiget sich in seinem Ornate, der auf dem Markte befindlichen Versammlung«*[19]. Dem Begriff der Ordnung, lateinisch ordo, kommt in der Standeskultur mit ihrer determinierten Vorstellung von Rangordnung ein hoher Stellenwert zu. »Der Drang zur Repräsentation und damit zur Dokumentation des eigenen Ranges hatte sich zunächst in den prächtigen Schauspielen der zahlreichen feierlichen Aufzüge und Einzüge von Fürsten und Korporationen ... Bahn gebrochen«[20].

Hier in Lübeck wird weniger als in Köln die Funktion der »Lesebühne« als wichtig empfunden, sondern die zeremonielle Demonstration der Hierarchie des Ratsregiments, die durch die Aufstellung der Ratsherren in ihrer Rangordnung verdeutlicht wurde. Der Laubenanbau wird hier in Lübeck eher als Ehrentribüne oder Ehrenloge verstanden. In dieser Funktion, die durch den Fries mit den Wappen der ratsfähigen Familien auch außerhalb des beschriebenen Zeremoniells gegenwärtig war, stellte sie ein Beispiel für die Standesarchitektur des 16. Jahrhunderts dar, sie ist »Ausdruck und Abzeichen einer ständischen Ordnung und tut etwas von dem Wesen des Standes kund, den sie vertritt«[21]. Die einstige Vorstellung vom Rathaus als »domus communis« ist zugunsten einer Demonstration von standesrechtlichen Privilegien aufgegeben worden.

Ionische Kapitelle kennzeichnen das wichtige Fenstergeschoß der Lübecker Vorhalle, und damit bestimmt diese Ordnung den eigentlichen Charakter der Fasssade. Es fällt auf, daß die ionische Ordnung besonders häufig in Deutschland und den Niederlanden in der Dekoration der Rathausfassaden Verwendung findet. Zum einen fügt sich diese Ordnung nach der Architekturtheorie der Zeit am besten zu den weiblichen Tugendgestalten, die zum repräsentativen Dekorationsprogramm gehören. »Sodann war aber die Jonica schon an sich geeignet, der Rathausfassade den Habitus bürgerlich-mäßiger Gesinnung mitzuteilen, wodurch die Mitte zwischen heroischem Anspruch und triumphalem Aufschwung, zwischen Dorica und Corinthia eingehalten wurde«[22].

Trotz aller Bereitschaft, italienische Architekturformen aufzunehmen und auch den Bedeutungscharakter der einzelnen Säulenordnungen ganz im Sinne der eigenen Interessen auszulegen, haben die verantwortlichen Ratsbauherren die mittelalterliche Laube nicht zu einem selbständigen Bautyp gemacht. Sie bleibt stets Anbau als Portikus oder Galerie, auch bei den beiden ikonographisch und ikonologisch besonders sorgfältig ausgebildeten Beispielen in Köln und Lübeck.

Es gab allerdings einen einzigen Versuch auf deutschem Boden, eine selbständige Loggia nach dem Vorbild oberitalienischer Städte zu errichten, und zwar in dem Bemühen der Augsburger Stadtväter, im Laufe des 16. Jahrhunderts dem Perlachplatz in der Bürgerstadt ein deutlicher urbanes Aussehen zu verleihen[23]. 1562 wurde dort die Geschlechterstube neu errichtet, der bereits 1589 geplante Augustusbrunnen 1594 vollendet. 1602 entstand das sogenannte Beckenhaus nach Plänen des Augsburger Stadtwerkmeisters Elias Holl. Als störend empfand man bereits 1593 die alte Metzig, das Amtshaus der Fleischer. Als 1607 Pläne zum Bau einer neuen Metzig an einem anderen Standort diskutiert wurden, verfolgte man in diesem Zusammenhang erneut eine Umgestaltung.

Elias Holl erhielt bereits 1609 den Auftrag, sich Gedanken darüber zu machen, ob anstelle der Läden unter dem alten Rathaus am Perlach eine Loggia anzubringen sei. Der hochgeschätzte, in Prag tätige Joseph Heintz (1564–1609) wird noch in demselben Jahr in die Planungen eingeschaltet und erhält *»per ein Visierung und Modell, was anstatt der alten Metzg möchte zu bauen sein«*[24] 200 Gulden. Ohne Zweifel handelt es sich dabei um das erste der erhaltenen Holzmodelle (Abb. 9). Der zweigeschossige Bau öffnet sich im Erdgeschoß in acht gleichmäßigen rundbogigen Erdgeschoßarkaden mit korinthischen Säulen vor den Rundbogenpfeilern. Das Obergeschoß weist ebenso viele mit Dreiecksgiebeln versehene Fensterachsen auf.

Dieser Loggienbau sollte nicht, wie die Forschungen ergeben haben, den Rathausbau ersetzen, sondern die durch den Abriß der alten Metzig entstehende Lücke im städtebaulichen Ensemble schließen. Hier hat sich Heintz ganz eindeutig an italienischen Vorbildern orientiert und im Gegensatz zur Kölner Vorhalle, die gern zum Vergleich als Beispiel für die Realisierung eines Loggiabaus auf deutschem Boden herangezogen wird, ein selbständiges, freistehendes Gebäude geplant. Die repräsentative Aufgabe, die dieser Bau in seinem städtebaulichen Zusammenhang zu leisten gehabt hätte, wurde schließlich von dem Neuen Rathaus des Elias Holl, der in den Jahren 1615–1620 entstand, wirkungsvoll geleistet. Der Beschluß zur Errichtung dieses Neubaus wird allgemein auch als der Grund angesehen, weshalb die Idee der Stadtloggia von den Verantwortlichen im Rat nicht mehr weiter verfolgt wurde.

Das Augsburger Modell des Joseph Heintz zeigt im Erdgeschoß eine offene zweischiffige Halle, das Obergeschoß sollte einen großen Saal aufnehmen. Die Wahl der Säulenordnung läßt auf die Bestimmung als repräsentatives Festgebäude schließen.

Abb. 9: Augsburg, Entwurfsmodell von Joseph Heintz d. Ä. für eine Loggia am Rathaus, 1609. Foto: Städtische Kunstsammlungen Augsburg.

In Palladios Erläuterung zur Bedeutung der Loggien im 2. Buch, Kapitel 21, seiner *Quattro libri* heißt es: *»Im Erdgeschoß nennt man sie gewöhnlich Eingänge, im oberen Gebäudeteil Säle. Sie sind gleichsam öffentliche Plätze«*[25]. In Italien diente die Loggia als monumentaler Rahmen für rechtsverbindliche feierliche Akte bzw. auch für solche mit einem rein repräsentativen Charakter, bei denen aber die Öffentlichkeit durchaus erwünscht war. Der öffentliche Charakter bestimmter Handlungen, die in den Loggien stattfanden, erhielt seinen sinnfälligen Ausdruck in der Offenheit der Architektur. Hier ist noch nachzutragen, daß unter einem Arkadenbogen der Lübecker Vorhalle das Niedergericht seinen Platz hatte. Nach der damaligen wohl noch auf germanisches Brauchtum zurückgehenden Auffassung hatte die Rechtsprechung unter freiem Himmel stattzufinden. In Lübeck hat sich diese Tradition, wie wir aus schriftlichen und bildlichen Quellen wissen, bis 1812 gehalten, wenn auch seit dem 18. Jahrhundert hinter einer schützenden gläsernen Wand. Im revidierten Lübecker Stadtrecht heißt es 1586: *»...Sintemal die Gerichte und audientien nicht heimlich, sondern öffentlichen vor menniglichen auch bey eröffneter Thür gehalten werden«*[26]. Die eigentlich sittliche Forderung nach offener Darlegung aller das politische und rechtliche Denken und Handeln bestimmenden Grundsätze wurde ganz konkret genommen und sowohl in zeremonieller Handlungsweise als auch in der Architektur anschaulich gemacht. So berichtet auch Eberhard von Künßberg in seiner »Rechtlichen Volkskunde«, daß das Augsburger Bekenntnis 1530 bei offenem Fenster verlesen wurde[27].

Das zweite Augsburger Modell, das im Jahre 1611 Johann Matthias Kager schuf, stellt eine fast direkte Übernahme der Basilica in Vicenza dar (Abb. 10). Das auf drei Achsen ausgelegte Bauwerk wirkt gegenüber dem eleganten Entwurf des Joseph Heintz mit der Vielfalt der Architekturformen überladen und ungeschickt in den Proportionen. Die Idee der Loggia wurde, wie gesagt, mit dem neuen Rathausbau des Elias Holl hinfällig. Um den Platzraum aber zu schließen, entwarf dieser nach Abriß der alten Metzig den sogenannten »Neuen Bau«. Dieser dient nur noch insoweit einer öffentlichen Aufgabe, als er dem Platz zur Zierde gereicht und dem Augustusbrunnen einen würdigen, kulissenartigen Hintergrund verschafft.

Auch der architekturgeschichtlich bedeutsame Umbau des Bremer Rathauses erfolgte an der Wende vom 16. zum 17. Jahrhundert. Der Chronist Peter Koster (1640–1709) weiß darüber zu berichten: *»Anno 1612 ist zu Bremen das Rathhauss an der Süderseiten nach dem Marckete auf den beyden Gallereyen und den drei Giebeln, auch sonsten inwendig mit einigen logimentern geziert und verbessert worden. Der Stein- und Bildhauermeister ist gewesen Mr. Lüder von Bentheim...«*[28]. Der 1405 bis 1409 errichtete gotische Rathausbau erhielt seinen Standort an exponierter Stelle in der Mitte des Marktplatzes in direkter Nachbarschaft zum Dom und in Angrenzung an das Palatinum des Erzbischofs. Die Grundrißfläche des querrechteckigen zweigeschossigen Baus hatte dieselben Ausmaße wie der heutige. Die beiden aus gotischer Zeit erhaltenen Schmalseiten, von denen die östliche der Domfassade zugewandt ist, weisen im Erdgeschoß jeweils ein spitzbogiges, zweifach gestuftes Eingangsportal und im Obergeschoß eine Dreiergruppe von spitzbogigen Maßwerkfenstern auf, zwischen denen vier große Sandsteinfiguren unter fialenartigen Baldachinen stehen.

Die Front zum Markt hin zeigt im Erdgeschoß elf gleichmäßige Arkadenbögen, über denen nach einem kurz vor 1604 entstandenen Kupferstich ein mit einem Pultdach bedeckter Gang entlanglief, der in der Mitte der Fassade von einer kleinen Laube unterbrochen wurde. Die Gliederung

Abb. 10: Augsburg, Entwurfsmodell von Johann Matthias Kager für eine Loggia am Rathaus, 1611.
Foto: Städtische Kunstsammlungen Augsburg.

im Obergeschoß bestand aus hohen rechteckigen, vielfach unterteilten Fenstern und dem Standfigurenzyklus mit dem Kaiser und den sieben Kurfürsten.

Wie in den anderen großen norddeutschen Handelsstädten hatte sich die Stellung des Rates gefestigt. Die einstige Abhängigkeit von dem erzbischöflichen Stadtherrn war nur noch in einigen formalen Rechten des Stadtvogts zu erkennen. Nachdem bereits mehrere am Marktplatz gelegene öffentliche Bauten wie der Schütting, das von Johann Buscheneer aus Antwerpen 1536–1538 erbaute Zunfthaus der Kaufleute, die Ratsapotheke und die Akzise im 16. Jahrhundert repräsentative Umbaumaßnahmen erfahren hatten, folgte auch die bauliche Erneuerung des Rathauses. Der gotische Baukörper blieb im wesentlichen unberührt. Das Hauptaugenmerk galt der Umgestaltung der dem Marktplatz zugewandten Fassade. »Die Umformung der Rathausfassade ist zugleich als krönender Abschluß einer Reihe von Maßnahmen zur Aufwertung des Marktplatzes als dem eigentlichen politischen und wirtschaftlichen Zentrum der Stadt zu verstehen«[29]. Mit dieser deutlichen »Abwendung« der Rathausfassade vom Dombereich zum Marktplatz hin wird auch den veränderten Machtverhältnissen in der Stadt Rechnung getragen.

Über den drei mittleren Erdgeschoßarkaden mit den Säulen in toskanischer Ordnung treten die drei Achsen des

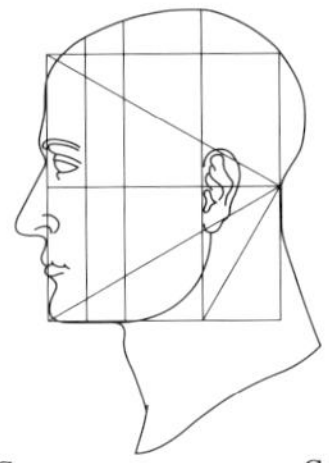

Mittelrisalits kräftig vor die Mauerflucht des Hauptbaus. Wenn sich der prächtige Mittelgiebel auch architektonisch auf den Mittelrisalit als Unterbau bezieht, so führt er vom Dekorationsprogramm her eine Eigenexistenz. Die ihn in drei Geschosse gliedernden Säulenordnungen folgen wieder der Superposition. Oberhalb der drei Fenstergeschosse erscheint das von Löwen gehaltene Stadtwappen und die Jahreszahl 1612. Die Dreiergruppe von Mittel- und Seitengiebeln ist als triumphale Würdeform zu verstehen.

Die gesamte Fassade zeigt eine verwirrende Fülle von dekorativen Zierformen, die einerseits aus den ornamentalen Musterblättern entnommen sind, zum anderen aber auch aus den bildlichen Darstellungen der Emblembücher umgesetzt sind. Allegorische Figurenzyklen wie Tugenddarstellungen, Jahreszeiten, die fünf Sinne, die Freien Künste, Planetengottheiten, die fünf Elemente und wehrhafte Kriegergestalten spiegeln das enzyklopädische Wissen der Zeit wider und belegen die vielseitige Bildung der verantwortlichen, humanistisch gebildeten Bauherren, lassen sich jedoch nicht zu einer einheitlich programmatischen, inhaltlichen Aussage zusammenfügen. »Der umfangreiche neuzeitliche Zyklus kommt vollkommen ohne schriftliche Hinweise aus. Die konnotative Bedeutung der Ikonographie war dem zeitgenössischen Rezipienten so klar, daß auf weitere Hilfen verzichtet werden konnte. ... Die Gelehrsamkeit muß eine ganz hervorragende Rolle im gesellschaftlichen Leben spielen, so daß sie unverzichtbare Voraussetzung für die Ausübung von Macht darstellt«[30].

Die überreiche Vielfalt an dekorativer Zier und gelehrsamen Bildprogrammen repräsentierten für die Zeitgenossen Ansehen, Würde und politische Macht des uneingeschränkt regierenden Rates.

In den Städten, in denen Tuchherstellung und -verarbeitung in besonderem Maße zum Wohlstand des Gemeinwesens beitrugen, ließen Gewandschneider und Tuchmacher architektonisch aufwendige Zunfthäuser errichten, die die Bedeutung dieser Zünfte sichtbar zur Schau trugen. In Zwickau entstand 1522–1525 vermutlich nach einem Entwurf von Jakob Heilmann durch Friedrich Schultheiß ein doppelgeschossiger Bau auf rechteckigem Grundriß, dessen dem Markt zugewandte Fassade ein steiler Spitzgiebel mit fünf in der Höhe nach oben hin abnehmenden Geschossen ziert. Das Giebeldreieck erfährt durch die Gesimse eine horizontale, durch die die Fensterachsen gliedernden Halbsäulen eine vertikale Einteilung. Gegen diese Rasterstruktur werden spielerisch rippenartige, kurvig um die Fenster geführte Stege gesetzt. Hier signalisiert allein die auffällige Art der Dekoration die besondere Bedeutung des Gebäudes, die aber weder vom Bautyp noch von der Art der Bauornamentik Schlüsse auf die eigentliche Funktion des Gebäudes zulassen.

Im Jahre 1591 wurde die Fassade des Gewandhauses in Braunschweig vollendet, nach Erik Forssman »das großartigste Beispiel vitruvianischer Superposition im 16. Jahrhundert«[31].

Der gestreckte Rechteckbau des Gewandhauses, das Kaufhaus der Tuchhändlergilde, ist bereits im 14. Jahrhundert nachgewiesen. Es erhielt im 16. Jahrhundert zwei Schaufassaden. Die Westfront in einfachen gotisierenden Formen schuf der aus Hildesheim stammende Meister Wolter. Die eigentliche repräsentative Schauseite aber wurde die Ostfassade, womit der Bau eine eindeutige Ausrichtung als Point de vue auf den Kohlmarkt erhielt. Sie ist das in den Jahren 1590/91 entstandene Meisterwerk des aus Baden stammenden Balthasar Kircher. In allen vier Geschossen und dem reich verzierten, ebenfalls viergeschossigen Ziergiebel zeigt sie die richtige Anwendung der Säulenordnungen.

Zusammen mit dem figürlichen Programm, den Kardinaltugenden, Spes, Fortitudo und Justitia, den starken Kriegergestalten als vollplastischen Figuren auf den Giebelabsätzen und dem Stadtwappen in der Giebelkartusche ergeben sie eine Ikonographie, in der ein stolzer Bürgersinn seine Vorstellungen von Macht und Ansehen und seinen ethischen Idealen zum Ausdruck bringt. Forssman beschreibt die Fassade sehr treffend: »An diesem prächtigen Schaustück hat der Baumeister seine Kenntnis der Ordnungen überzeugend dokumentiert. Jede einzelne Säule ist wohlproportioniert, und die Ordnungen sind korrekt übereinandergestellt ... horizontal betrachtet sind aber die Säulen innerhalb der einzelnen Etagen bzw. Ordnungen ohne Zusammenhang miteinander geblieben ... Das bedeutet, daß man die Säulen wohl als Individuen und Charaktere aufgefaßt hat, ... daß man sie aber nicht als Glieder einer einheitlich konzipierten Fassade zu behandeln wußte ... Als Ausdruck einer höheren Dignität hat man dem traditionellen Bürgerhaus einen prachtvollen Vorhang gegeben...«[32].

Neben dem Rathaus zählte in den Städten auch das Zeughaus zu den vorrangigen Bauaufgaben, in denen sich das Repräsentationsbedürfnis des Ratsregiments besonders wirkungsvoll zur Anschauung bringen ließ. Die Funktion dieses im 16. Jahrhundert neu auftretenden Gebäudetyps war die Aufbewahrung von Waffen, Munition und anderem der Sicherheit des städtischen Gemeinwesens dienenden Verteidigungsmaterial. Vordem hatten die in Rathäusern untergebrachten Rüstkammern diese Aufgabe zu erfüllen gehabt. Bereits in den an den Rathäusern des 16. Jahrhunderts verwendeten ikonographischen Programmen tauchten immer wieder martialische Kriegerfiguren sinnbildlich für die Stärke und Wehrhaftigkeit des Ratsregiments auf. An den Fassaden der Zeughäuser erfährt diese Bildsprache noch eine weitere Steigerung. Sowohl die Verwendung architektonischer Formen, die auf unüberwindbare Stärke hinweisen, wie Bossenquader, Rustikaverzierungen, Beschlagwerk, kräftige toskanische oder dorische Säulen als auch die Auswahl des plastischen Schmucks zum Beispiel in Form von schwer gerüsteten Kriegerfiguren oder starken Heldengestalten aus der Mythologie – hier erfreut sich Herakles mit seinen Heldentaten besonderer Beliebheit – geben dem Betrachter Aufschluß über die Funktion des Hauses (Danzig, Zeughaus oder Arsenal, 1602–1605 von Antonis van Obbergen; als oberste Giebelzier waren der Bestimmung gemäß feuerspeiende Granaten angebracht; Portal des Kölner Zeughauses, 1594–1606 von Peter Cronenborch).

In ihren Befestigungsanlagen erfährt die Rechts- und Schutzgemeinschaft der Städte ihren sichtbarsten Ausdruck. Den seit dem Mittelalter oft mit großem architektonischen Aufwand gestalteten Stadttoren kamen als Ausdrucksträger für Macht und Ansehen der Kommune ein besonderer Rang bei der Anwendung von repräsentativen Würde- und Hoheitsformen zu.

Im nordeuropäischen Raum haben sich einige eindrucksvolle Beispiele aus dem 16. Jahrundert erhalten. Von dem leider bereits 1853/54 abgebrochenen äußeren Holstentor in Lübeck können wir uns dank zahlreicher alter Stiche und gemalter Ansichten eine gute Vorstellung machen (Abb. 11). 1585 wurde es vermutlich von dem damaligen Ratsbaumeister Hans von Roden im Stil der niederländischen Spätrenaissance errichtet[33]. An der reicheren, dem Land zugewandten Außenfassade wird die gegenüber dem Mittelalter deutlich gewandelte Auffassung deutlich. Das Tor präsentierte sich als festlicher Eingang, nicht mehr als trutzig abweisende Wehranlage. Das ikonographische Programm, das sich in den Architekturdetails und den figürlichen Dekorationsformen zu erkennen gab, brachte zwar durchaus noch Macht und Stärke zum Ausdruck: das Untergeschoß mit dem Durchgangsbogen verzierten zum Beispiel Halbsäulen in der toskanischen Ordnung. Die Säulenschäfte waren nicht glatt ausgearbeitet, sondern mehrfach von Bändern aus Sandstein umgeben. Das Motiv der bandartigen Zierquader hatte bereits Sebastiano Serlio als Dekoration für fortifikatorische Architektur vorgeschlagen. Statt der Halbsäulen seitlich des Torbogens zierten Pilaster die Außenseiten. Die beiden Fenster zwischen den Ordnungsgliedern wären in früherer Festungsarchitektur undenkbar gewesen. Über dem Gebälk erhob sich eine Attikazone, über welcher ein schlanker dreigeschossiger Giebel aufstieg, dessen Silhouette Voluten, Kriegerstatuen und Zierobelisken abwechslungsreich belebten. Die Attikazone schmückte zudem über dem Durchgangsbogen der lübsche Doppeladler, in den beiden seitlichen Attikafeldern erschien der geteilte lübsche Schild. Noch bis 1811 bekrönte die Figur des Reichsadlers die oberste Spitze des Giebels. Im Gegensatz zu dem erhaltenen inneren Torbau mit den wehrhaften runden Seitentürmen wirkte das äußere Tor entschieden freundlicher und einladender. Seiner Gestaltung haftete nichts festungshaft Abweisendes mehr an. Die dem Anreisenden zugewandte Fassade war eher einem repräsentativen Schaugiebel vergleichbar, wie er auch an anderen kommunalen Gebäuden anzutreffen war. Gut zum Vergleich heranziehen läßt sich zum Beispiel die Waage in Alkmaar, die 1582 aus einer einschiffigen spätmittelalterlichen Kapelle umgebaut wurde. Anstelle des Chores entstand in der für die Niederlande typischen Bauweise ein Renaissanceanbau mit Backsteingiebel und Sandsteingliederungen.

Eines der bedeutendsten Stadttore in Dresden, das Pirnaische Tor, 1590/91 erbaut und ebenfalls Anfang des 19. Jahrhunderts abgerissen, vertritt dagegen ikonographisch eine extrem entgegengesetzte Auffassung. Der Unterschied

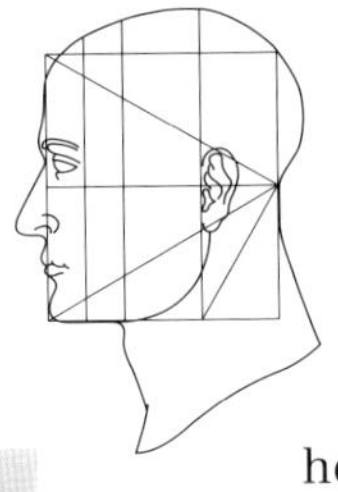

Abb. 11: Lübeck, äußeres Holstentor vor dem Abbruch 1853/54. Aquarell. Foto: Museum für Kunst und Kulturgeschichte der Hansestadt Lübeck.

ist aber nicht allein nur darin zu suchen, daß es sich bei diesem fortifikatorischen Bauwerk um die Repräsentanz feudaler Macht handelte.

In Anlehnung an Michele Sanmichelis 1533 bis 1540 entstandene Porta Nuova in Verona, die wohl als Prototyp vieler im 16. und 17. Jahrhundert errichteter Befestigungsarchitekturen gelten darf, entstand eine Toranlage mit drei Durchgängen, von denen der große mittlere Rundbogen von einer Art Ädikulagiebel bekrönt wurde. Dieser wiederum zeigte in seinem Mittelfeld eine Nische mit der vollplastischen Figur des Kurfürsten Christian I. (1560–1591) in Rüstung und zu Pferde. Die niedrigen seitlichen Durchgänge wurden von schweren toskanisch-dorischen Halbsäulen gerahmt, auf denen über einem kräftigen Gebälk flache Dreieckgiebel ruhten. Große auf Sockeln stehende Wächtergestalten, mit Hellebarde und Schild ausgerüstet, ragten von den seitlichen Giebelspitzen fast bis zum Ansatz des mittleren auf.

Der gesamte Torbau war ganz in enger Anlehnung an seine italienischen Vorbilder – hier fällt besonders die große Ähnlichkeit mit der Darstellung der Porta Decumana von Sebastiano Serlio auf (München Staatsbibl. Cod. icon.190) – vollständig aus Rustikaquadern errichtet. So wurde dem anreisenden Fremden die Begrenzung des fürstlichen Hoheitsgebietes für jeden eindeutig verständlich vor Augen geführt, ebenso die Bereitschaft, dieses auch Angreifern gegenüber mit aller Kraft zu verteidigen.

In ebenfalls eindrucksvoller Weise werden uns martialische Kraft und Verteidigungswille am Hohen Tor in Danzig vorgeführt, das 1586–1588 von Johannes Kramer erbaut wurde. Schwere toskanisch-dorische Pilaster, Rustika, Löwen und Kanonenkugeln auf dem Gesims erwecken den Eindruck von Uneinnehmbarkeit und trutziger Stärke. Monumentale Relieffiguren von dem aus Mecheln stammenden Wilhelm van dem Blocke verzieren die imposante Attikazone. Über dem mittleren Durchgang stehen zwei wappenhaltende Genien, unter denen der Sinnspruch *»Iustitia et Pietas duo sunt regnorum omnium fundamenta«*, womit die ethischen Grundlagen des Stadtregiments jedermann deutlich vor Augen geführt wurden.

Von dem Maler und Ornamentstecher Hans Vredeman de Vries (1527–1604) hat sich eine Entwurfszeichnung zu der nach Osten gerichteten Außenfassade des Kaisertores in Wolfenbüttel aus dem Jahre 1589 im Germanischen Nationalmuseum in Nürnberg erhalten. Auch hier finden wir den wehrhaften Charakter ausgedrückt in den mit Rustikabändern verzierten dorischen Halbsäulen und Pilastern seitlich der rundbogigen, ebenfalls mit rustizierten Quadern verzierten Durchfahrt. In den Nischen zwischen den Außenpilastern und den Halbsäulen stehen gerüstete Kriegergestalten mit Schilden. Starke, zum Sprung bereite Löwengestalten flankieren den Giebelaufsatz mit dem sich über die gesamte Breite der Durchgangsachse ausdehnenden herzoglichen Wappen. Den Regeln der Superposition entsprechend wird dieser Bereich nach der im Erdgeschoß verwendeten Dorica von der ionischen Ordnung gekennzeichnet.

Der Artushof in Danzig, Ort der Geselligkeit, an der aber ausschließlich das städtische Patriziat und das wohlhabende Bürgertum teilhaben durften, gehörte zweifellos zu den markantesten öffentlichen Bauwerken der Stadt. Das aus dem Mittelalter stammende Gebäude erhielt 1616/17 einen Giebel in Spätrenaissanceformen, die auf den Entwurf des niederländischen Baumeisters Abraham van der Blocke zurückgehen. Den Giebel bekrönte eine Figur der »Fortuna«, unter deren Schutz sich die Danziger Kaufleute immer gern gestellt hatten. In den Nischen des Giebels

fanden allegorische Gestalten der »Justitia« und der »Podestas« Aufstellung, wobei der Volksmund kritisch gespöttelt haben soll: *»Die zweite herrscht über die Stadt, die erste mußt du suchen!«*[34], womit ein deutlicher Beweis dafür vorliegt, daß die Bild- und Architektursprache des 16. Jahrhunderts durchaus auch im Volke verstanden wurde.
Die Bossage, das rustizierte Mauerwerk, versinnbildlicht trotz der großen Fensteröffnungen einen eher abweisenden Charakter. Mit der Fassade des Artushofs entstand ein markantes Beispiel für eine Standesarchitektur, die sich in repräsentativer Gestalt in den städtebaulichen Zusammenhang einfügt, sich aber nicht für alle Mitglieder der städtischen Gesellschaft offenhält, sondern gerade dem exklusiven Anspruch eines bestimmten Kreises privilegierter Bürger dienlich ist.
Dieser kurze Überblick sollte deutlich machen, daß die Funktion der öffentlichen Bauten im 16. bzw. 17. Jahrhundert kaum durch neu entwickelte Typen von Bauwerken zur Anschauung gebracht wird. Wie Forssman treffend bemerkte, verlangte »man nicht nach irgendwelcher reinen Architektur, sondern nach Ansehen und Würde, die man durch 'Decor' zu erreichen suchte«[35]. Man bemühte sich, in immer wieder überraschend neuen Varianten die Bestimmung des jeweiligen Bauwerks an der Schaufassade durch die Kombination von bedeutungshaltigen Architektur- und Dekorationsformen ablesbar zu machen, wobei sich im Laufe der Jahre so etwas wie ein kanonischer Apparat für die einzelnen Bauaufgaben herausbildete.
Während Vitruv nur für die Tempel der verschiedenen Gottheiten eine Differenzierung im Gebrauch des »Decorum« forderte, so erweiterte Serlio diesen Gedanken auch auf die zeitgemäßen Bauaufgaben wie Kirchen, Stadttore, kommunale Gebäude und Privathäuser. Damit schuf er die Voraussetzung für zahlreiche architekturtheoretische Schriften, die für eine Popularisierung seiner Ideen sorgten, so daß diese bald auf fast allen künstlerischen oder handwerklichen Betätigungsfeldern angewendet wurden. Die Funktion der öffentlichen Gebäude erschließt sich dem Betrachter also weniger durch seine architektonische Ausgestaltung, sondern durch seine Dekoration. Diese muß nach den zeitgenössischen Vorstellungen dem Charakter des Gebäudes und seinen Aufgaben entsprechen. Die Anwendung der vitruvianischen Regeln von den fünf Säulenordnungen und dem ihrem jeweiligen Charakter angemessenen dekorativen und figürlichen Schmuck auf alle zeitgemäßen Bauaufgaben gab den Bauherren und Baumeistern das erforderliche Instrumentarium in die Hand.

1 Vgl. von Wallthor 1966.
2 Bandmann 1958/59, 244.
3 Ullmann 1981, 193.
4 Alberti 1912.
5 Zedler 1737, Sp. 953.
6 Lemaire 1964, 111.
7 Hässlin 1964, 378.
8 Vgl. Merlo 1895, Sp. 896.
9 Ratsprotokoll 23.142b (Historisches Archiv der Stadt Köln).
10 Hedicke 1913.
11 Vitruv 1964, 38/40.
12 Coryate 1970, 338.
13 Pobé 1963, Abb. 2.
14 Vogts 1940.
15 Hedicke 1904.
16 Steppe 1952, Abb. 121.
17 Ennen 1876, 284.
18 Kirchner-Doberer 1946, 215.
19 von Melle 1787, 110.
20 Schieder 1971, 14.
21 Hubala 1951, Exkurs: Zierobelisken als bildnerisches Mittel bei Hans Vredeman de Vries.
22 Forssman 1961, 87.
23 Augsburg 1985.
24 Katalog Augsburg 1980, Bd. 1, 292.
25 Palladio 1991, 84.
26 »Ad lectorem«, in: Der Kayserlichen Freyen und des [sic] Heiligen Reichs-Stadt Lübeck Statuta und Stadt Recht. Auffs Newe ubersehen / Corrigiret / und ... in Hochteudsch gebracht, Lübeck 1586, S. ii.
27 von Künssberg 1936, 102.
28 Albrecht 1993, 79.
29 Ebd. 24.
30 Ebd. 59/60.
31 Forssman 1961, 45.
32 Ders. 1956, 31 f.
33 Bruns u. Rahtgens 1939, 204–210.
34 Bogucka 1987, 97.
35 Forssman 1956, 60.

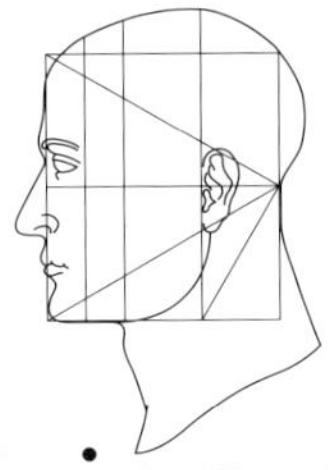

Abbild der Realität, Vision oder Fiktion? – Architektur im Spiegel der Medaillen von 1400 bis 1750

Ralf Wiechmann

»Die zahlreichen Schaumünzen in Gold, Silber und Erz, welche dieses Fürsten Bildnis der Nachwelt überlieferten, seien in die Fundamente und Mauern der Gebäude, welche er errichtet, vergraben und vermauert oder an auswärtige Fürsten versandt worden« (Brief an Sigismondo Malatesta aus dem Jahr 1453[1]).

Die Medaille als Kind der Renaissance

Bei dem Gedanken an die italienische Kunst der Renaissance werden einem in erster Linie die herausragenden Leistungen der Baumeister, Bildhauer und Maler vor Augen schweben. Angesichts der Fülle des überlieferten Materials wird jedoch eine wichtige Schöpfung der Renaissance häufig übersehen: die Medaille. Ihrer Gestalt nach ist die Medaille ein münzähnliches Gebilde. Ihr Wesen wird treffend durch den Begriff »Schaumünze« ausgedrückt. Zumeist liegt ihre Größe jedoch über der einer Kursmünze und weist zudem ein stärkeres Relief auf. Dies verwundert nicht, denn Medaillen haben keine Geldfunktion, sondern müssen als reine Kunstwerke en miniature aufgefaßt werden. Nach der prägnanten Definition von Habich ist die Medaille »eine Münze, die nicht dem Geldverkehr dient, sondern vornehmlich den Zweck hat, beschaut zu werden. Ein doppelseitiges Rundrelief, das in plastisch-bildlicher Form eine Person oder eine Begebenheit in dauerndem Material festhalten soll [...]«[2]. Das Wort »Medaille« hat seinen Ursprung im antiken Sprachbereich. Griechisch *métallon* und lateinisch *metallum* bedeuten Bergwerk, *metalléus* und *metallicus* meinen den Bergmann. Im weiteren wandelte sich der Sinn dieses Wortes etwas: Im mittelalterlichen Latein bezeichnet *medalia* eine Metallscheibe. Zu betonen ist jedoch, daß im 12. und 13. Jahrhundert eine scharfe Trennung zwischen Medaille und Münze noch nicht vorgenommen wurde.

Im Gegensatz zu Italien hatte man um 1500 in Deutschland, als auch hier die Medaillenkunst aufkam, noch keinen eigenen Namen für diese neue Kunstrichtung. In Anlehnung an die Münzterminologie kam es hier zu vielfältigen Bezeichnungen wie Pfennig, Schilling, Schau-, Bildnis- oder Contrafeitgroschen oder Contrafeitmünz. Dies änderte sich erst durch die italienischen Beziehungen der in den süddeutschen Reichsstädten arbeitenden Künstler, der sogenannten »Kontrafetter«, mit den großen Fernhandelshäusern, die den Begriff der *medaglia*, *medeya* auch in Deutschland einbürgerten. Die Entstehung dieser neuen Kunstgattung vollzog sich nicht zufällig, sondern ist als folgerichtige Entwicklung in einer Zeit anzusehen, in der die antike Welt und Kunst neu und richtungsweisend wiederentdeckt wurden. In der Renaissance wurde es Mode, antike Münzen, vor allem römische, zu sammeln. Diese antiken Münzen waren zwar nicht unmittelbar Vorbild, gaben aber entscheidende Anregungen. Wenngleich die Wurzeln der Medaillenkunst bis in die Antike hineinreichen, ist die Medaille im eigentlichen Sinne ein Kind der Renaissance. Als erste Medaille gilt allgemein jene von Antonio Pisano, genannt Pisanello (Pisa? ca. 1395–1451 oder 1455 Rom; zu Pisanello siehe Panvini Rosati 1966, 15 ff.), die er im Jahr 1438 auf Johannes VIII. Paläologos, Kaiser von Konstantinopel, gegossen hat, als jener anläßlich des Konzils zu Ferrara nach Italien kam. Es sind zwar einige Stücke bekannt, die der Arbeit von Pisanello vorausgehen, so zwei Goldmedaillons, die mutmaßlich am Ende des 14. oder in den ersten Jahren des 15. Jahrhunderts in Paris hergestellt wurden, zwei Medaillen, die Francesco II. da Carrara il Novello 1390 im Andenken der Befreiung Paduas aus den Händen der Visconti gießen ließ, sowie die von der venezianischen Graveur-Familie Sesto in Imitation der Antike geprägten Medaillen[3]; insgesamt blieben diese jedoch isolierte Einzelstücke. Dagegen fand Pisanello eine neue künstlerische Ausdrucksform, die sich der Technik der Bronzeplastik, des Gusses, bediente und von ihrer Konzeption her weder in der klassischen Antike noch in der mittelalterlichen Welt Vorläufer hatte. Das entscheidend Neue an den Medaillen Pisanellos war gegenüber dem Mittelalter die wirkliche Darstellung einer lebenden Person. Voraussetzung dafür war das erwachende Ich-Bewußtsein, die Erweckung der Persönlichkeit, der Individualität des italienischen Renaissancemenschen. Mit der Loslösung aus der mittelalterlichen Vorstellungswelt, in der das Individuum wenig galt, war es überhaupt erst möglich, ein wirkliches Bildnis auf die Medaille zu setzen. Der Blick war nicht mehr auf ein transzendentales Dasein im Jenseits gerichtet, im Vordergrund stand die diesseitige reale Welt. In dieser Welt wollte man sich behaupten und auch nach dem Tod nicht in Vergessenheit geraten. Hierzu bot sich die Medaille besonders an, denn sie versprach, in haltbarem Material ausgeführt, die Zeiten zu überdauern. Die Medaillenkunst avancierte zu einem beliebten Mittel, um dem Ruhmes- und Verewigungsbedürfnis der Renaissancefürsten und generell der Menschen der damaligen Zeit Rechnung zu tragen.

Schon sehr bald wurde es zu einer beliebten und weitverbreiteten Gewohnheit, sich auf einer Medaille porträtieren zu lassen. Dabei lehnten sich die Medaillen zunächst eng an die Vorbilder Pisanellos an. Sie tragen meist auf der Vorderseite das Bildnis, dem eine erläuternde Umschrift mit Namen und Titel des Dargestellten hinzugefügt ist; die Rückseite zeigt entweder die Impresa (Sinnbild) der Person, eine Begebenheit aus ihrem Leben oder eine auf ihr Schicksal bezügliche Darstellung. Verteilt wurden Medaillen als Erinnerungsstücke an Freunde, Verwandte und Günstlinge. Erst langsam weitete sich der Rahmen und erreicht im 16. und 17. Jahrhundert eine breite Palette von Themen, mit denen die Medaille befrachtet wurde. Mit Kaiser und Papst zeichnet sich die hohe Politik auf der Medaille ab. Hinzu kommen Religion, Moral und Satire, fürstliche Gnade und Gunst sowie bürgerliche Freundschaft. Die historische Medaille berichtet nicht nur von Krieg und Frieden, sondern sie widmet sich auch den Familienereignissen, vor allem der fürstlichen Häuser, ihren Taufen und Hochzeiten. Hunger, Seuchen und Tod finden auf der Medaille einen sichtbaren Ausdruck. Zu nennen sind zudem Neujahrs- und Schützenmedaillen, Prämienmedaillen für Schule und Jagd, Wallfahrtsmedaillen und andere Gelegenheitsprägungen.

Eine Reihe von Medaillen würdigt darüber hinaus Jubiläen, zum Beispiel von Städten, Universitäten und sonstigen Einrichtungen, widmet sich der Errichtung von Bauten, geistlichen wie weltlichen und verherrlicht den Segen von bestimmten Bauwerken. Während die Menge von Medaillen, die die Porträts bestimmter Personen wiedergeben, recht groß ist, ist die Anzahl von Medaillen mit Architekturdarstellungen dagegen sehr gering. Zwar nimmt ihre Zahl im 16. und 17., vor allem aber im 18. Jahrhundert kontinuierlich zu, insgesamt steht ihre Anzahl jedoch weit hinter der der anderen Medaillendarstellungen zurück. Zwei Gruppen von Architekturmedaillen lassen sich grundsätzlich unterscheiden. Zum einen sind dies Medaillen, die Allegorien zeigen, bei denen Architektur als Beiwerk Verwendung findet, zum anderen sind es naturalistische Darstellungen bestimmter Bauwerke. Während die ersten Medaillen alle gegossen waren, erfolgte mit der Entwicklung der Münzprägetechnik, wie die zum ersten Mal von Benvenuto Cellini um 1530 beschriebene Spindelpresse, die es ermöglichte, größere Schrötlinge zu prägen, der Übergang zum Prägen von Medaillen.

In einer besonderen Beziehung stehen Architektur und Medaillen, wenn diese in den Grundstein von Gebäuden und Denkmälern, auch in den Turmknauf von Kirchen, eingelegt werden. Neben den Medaillen finden sich hier auch Kursmünzen, Tageszeitungen, Fläschchen mit Wein, Getreide des entsprechenden Jahres oder auch eine Urkunde über die näheren Umstände des Neubaus. Dieser Brauch hat sich aus dem Bauopfer entwickelt, das die Dämonen vertreiben und das Wohlwollen der Götter erkaufen sollte. Die vereinzelt in Zapflöchern des Dachstuhls von Kirchen und Häusern gefundenen Münzen haben wohl noch länger die ursprüngliche Funktion des Bauopfers bewahrt.

In der Zeit der Renaissance ist der Brauch, Medaillen in den Grundstein von Gebäuden einzumauern, auch schriftlich belegt. So ließ Papst Paul II. (1464–1471) in den Grundstein und die Mauern seiner Bauten, zum Beispiel in den Palazzo di Venezia in Rom, goldene und silberne Porträtmedaillen in großer Menge verbergen. Auch Sigismondo Malatesta, der bekannte Condottiere des 15. Jahrhunderts, ließ ebenfalls eine ganze Reihe von Porträtmedaillen in seine Burgen und Häuser einmauern[4]. Darüber hinaus

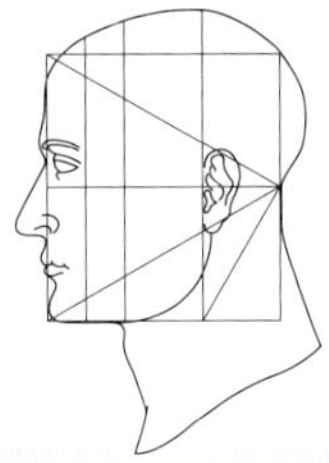

Alle Medaillen sind im Maßstab 1:2 abgebildet.

Abb. 1: Sigismondo Pandolfo Malatesta, Br.-Medaille, 1446. Medailleur: Matteo de Pasti, um 1420–1468. Foto: Staatliche Museen zu Berlin – Preußischer Kulturbesitz, Münzkabinett.

Abb. 2: Sigismondo Pandolfo Malatesta, Br.–Medaille, 1454. Medailleur: Matteo de Pasti, um 1420–1468. Foto: Staatliche Museen zu Berlin – Preußischer Kulturbesitz, Münzkabinett.

Abb. 3: Hz. Francesco I. Sforza (1401–1466), Br.-Medaille, um 1466. Medailleur: Sperandio, um 1425–1504. Foto: Staatliche Museen zu Berlin – Preußischer Kulturbesitz, Münzkabinett.

Abb. 4: Julius II. (1503–1513), Br.–Medaille, Grundsteinlegung von S. Peter in Rom (nach Bramante), 1506. Medailleur: Cristoforo Foppa, genannt Caradosso, 1452?–1527. Foto: Staatliche Museen zu Berlin – Preußischer Kulturbesitz, Münzkabinett.

Abb. 5: Alvise Mocenigo I. (1570–1577), Venedig, silb. Osella 1576, mit der Votivkirche, wie sie nach den Plänen Palladios ausgeführt wurde. Foto: Aus: Werdnig 1889, Taf. III 1,3

Abb. 6: Alvise Mocenigo I. (1570–1577), Venedig, silb. Orsella 1576, mit einem nicht ausgeführten Entwurf der Votivkirche. MHG, Münzkabinett. Foto: Fischer-Daber.

begleiteten sie ihn sogar bis in sein Grab: sechs Medaillen wurden unter seinem Körper, zu einem Kreuz arrangiert, gefunden[5].

Architekturdarstellungen auf Medaillen

Eine der frühesten Darstellungen eines eindeutig zu identifizierenden Bauwerks stammt von Matteo de Pasti (um 1420–1468). Der in Verona geborene Medaillenkünstler war ebenfalls Architekt und Bildhauer. Er ist der einzige, bei dem man von einem wirklichen Schülerverhältnis zu Pisano ausgehen kann. Er stammte wie Pisano aus Verona und hielt sich gleichzeitig mit ihm in Ferrara und in Rimini auf. Dorthin ging er im Jahr 1446, um in den Dienst des Herrn der Stadt Sigismondo Pandolfo Malatesta zu treten. Er modellierte eine Serie von Medaillen auf Sigismondo und dessen Geliebte Isotta degli Atti. Besonders hervorzuheben in diesem Zusammenhang ist die Rückseite einer Medaille aus dem Jahr 1446, die das zinnenbewehrte Kastell von Rimini zeigt (Abb. 1). Zwar sind solche Burgdarstellungen schon in mittelalterlichen Siegeln bekannt, aber die sichere Perspektive in dem malerisch vorgeschobenen Gebäude gibt einen Hinweis auf den erfahrenen Architekten. Darüber hinaus ist die hervorragende Lösung des Architekturproblems im Medaillenrund hervorzuheben, die Panvini Rosati dazu veranlaßte, diese Wiedergabe als eine »... der besten Darstellung[en] einer Architektur auf einer Renaissancemedaille ...« zu beurteilen[6].

In Rimini leitete Matteo de Pasti die Arbeiten an der Malatestakirche San Francesco, die zu einem »Renaissancetempel«, dem *Tempio Malatestiano*, umgebaut werden sollte. Die Pläne hierfür stammten von Leon Battista Alberti (1404–1472), dem berühmten italienischen Baumeister der Frührenaissance. Dies neue Projekt wird mit einem Eid in Verbindung gebracht, den Sigismondo anläßlich seines Sieges über Ferdinand von Aragon bei Vado 1452/53 geschworen hatte. Möglicherweise hatte dieser Eid eine deutliche Veränderung des Bauprojektes in den Jahren 1453/54 zur Folge, die auf einer Medaille festgehalten wurde[7]. Diese von Matteo de Pasti um 1454 geschaffene kleine Medaille (Abb. 2) ist architekturgeschichtlich deshalb äußerst wichtig, weil sie das Projekt Albertis mit der nicht zur Ausführung gelangten Kuppel überliefert. Interessant ist zudem, daß eine Reihe der in Rimini entstandenen Medaillen Anklänge an die bildhauerische Ausstattung von San Francesco aufweisen. Obwohl Pisanello unterlegen, bezeugt die kraftvolle Ausführung der Medaillen die Vertrautheit Matteos mit Pisanellos Technik des Tiefschnitts.

Ebenfalls eine sehr frühe Architekturdarstellung findet sich als Rückseite auf einer Medaille von Bartolommeo Savelli, genannt Sperandio (um 1425–1504). Der in Mantua geborene Sperandio war einer der fruchtbarsten Medailleure Italiens im Quattrocento, die Zahl seiner Medaillen beläuft sich auf über fünfzig. Zwar wird er auch als Goldschmied genannt, aber vor allem war er Bildhauer. Um den vielfältigen Ansprüchen seiner Auftraggeber zu genügen, verstand er es jedoch auch sehr geschickt in Bronze, Marmor und Terrakotta zu arbeiten. So entfaltete er um die Mitte des 15. Jahrhunderts zuerst in Mantua am Hof der Gonzaga, dann zehn Jahre später bei den Sforza in Mailand und in den sechziger und siebziger Jahren in Ferrara eine außergewöhnliche Produktivität. Zu seinen frühesten Arbeiten gehört das Porträt des Francesco Sforza. Im Gegensatz zu dem nicht sehr geglückten Porträt auf der Vorderseite, zeigt die Rückseite ein phantastisches Bauwerk (Abb. 3). In diesem Zentralbau in lombardischem Stil kann möglicherweise das von Lodovico Sforza geplante und von dem italienischen Bildhauer und Baumeister Filarete (um 1400–1469) entworfene große Mausoleum der Sforza, der *»Tempio della Gloria«* vermutet werden[8]. Zudem gibt es typologische Ähnlichkeiten zwischen dem Bau auf der Medaille und den Illustrationen in Filaretes *Trattato d'architettura* (1464 vollendet) mit Plänen einer Idealstadt Sforzinda über sternförmigem Grundriß[9]. Der wiedergebene Renaissancebau mit zentraler und drei kleineren Kuppeln sowie den drei großen Torbögen auf der Medaillenvorderseite wurde jedoch nicht ausgeführt.

Spürte man bei den vorher beschriebenen Medaillen die Hand des Bildhauers, so ist der Mailänder Cristoforo Foppa, genannt Caradosso (tätig um 1475–1527) auch in seinen Medaillen ganz und gar Goldschmied. Mit seinen Arbeiten markiert er einen Umschwung im Medaillenstil, der hauptsächlich von den Goldschmieden getragen wurde und den expressiven Stil der Quattrocentomedaille zugunsten einer eleganteren Wirkung verdrängt. Caradosso war Bildhauer, Goldschmied und Medailleur, der in Mailand im Dienst der Sforza stand. 1505 ließ er sich in Rom nieder,

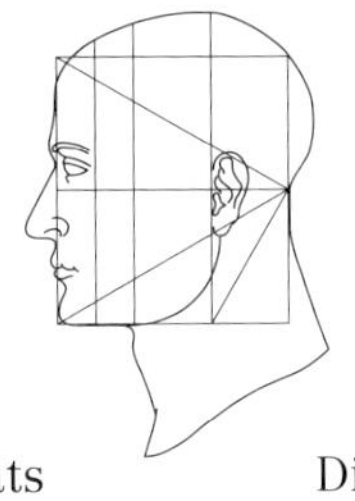

wo er für Papst Julius II. arbeitete. Die Münzporträts zeichnen sich durch die Lebendigkeit der Gesichtszüge und eine besondere Ausdruckskraft aus. Caradosso gehört zu den ersten, die sich bei den Medaillen der Technik des Prägens bedienten, was wohl auf seine Tätigkeit als Goldschmied und Münzstempelschneider zurückzuführen ist. Von der Medaille auf die Grundsteinlegung von St. Peter in Rom aus dem Jahr 1506 (Abb. 4) sind mehrere Varianten belegt, von denen bei der Grundsteinlegung am 18.4.1506 vom Papst Exemplare in Gold und Silber beigefügt wurden. Baugeschichtlich ist die Medaille insofern bemerkenswert, weil sie die Ansicht von St. Peter mit Kuppel und zwei Seitentürmen so darstellt, wie sie Bramante im Jahr 1505 geplant hatte[10]. Dieser Entwurf markiert jedoch nur einen ersten Schritt der facettenreichen Baugeschichte dieses Gebäudes[11].

Die nächste Medaille stellt das einzige Stücke dar, auf der ein von Palladio entworfenes Bauwerk abgebildet ist. Es handelt sich um ein Osella, ein venezianischer Medaillentyp, der in gewissem Umfang auch als Kursmünze benutzt wurde. Die Dogen waren seit der Aufgabe der monarchistischen Staatsordnung in der zweiten Hälfte des 13. Jahrhunderts der Aristokratie verpflichtet. Deshalb mußten sie als Zeichen ihrer Abhängigkeit dem Adel jährlich symbolische Tribute zahlen. Seit 1521 geschah dies in Form von Geschenkmünzen. Ein Dekret des großen Rates von 1521 erwähnt, daß alle Edelleute, die im Rat eine Stimme hatten, eine solche Münze erhalten sollten. Die unter dem Dogen Alvise Mocenigo I. (1570–1577) in den Jahren 1576 und 1577 geprägten Osellen zeigen verschiedene Entwürfe der Kirche Il Redentore, einer Votivkirche, die dem Erlöser gestiftet werden sollte, um die Stadt von einer schweren Pestepidemie zu befreien. Von den insgesamt vier verschiedenen Kirchenentwürfen, die auf diesen Prägungen überliefert sind, läßt sich allerdings nur einer mit dem dann verwirklichten Palladio-Bau in Übereinstimmung bringen (Abb. 5; vgl. auch S. 67). Die Fassade ist hier jedoch mit größeren Fenstern und einem Rundfenster über der Tür gezeichnet. Die Fassadenskulpturen fehlen hier ebenfalls – sie sind erst eine Zutat aus der zweiten Hälfte des 17. Jahrhunderts. Dagegen zeigt ein anderes Stück ein zweigeschossiges, langes, basilikaähnliches Gebäude mit halbrundem Dach und reichem Figurenschmuck (Abb. 6). Diese Darstellung erinnert an die ebenfalls von Palladio gebaute Basilica in Vicenza (vgl. auch S. 59). Ganz offensichtlich sind hier verschiedene Entwürfe der zu bauenden Kirche »veröffentlicht« worden.

Ebenfalls zwei völlig verschiedene Darstellungen des gleichen Gebäudes finden sich auf zwei Medaillen, die unter dem Pontifikat Papst Alexanders VII. (1655–1667) in Rom entstanden sind und der Einschleppung der Beulenpest aus Alexandrien gedenken. Die von dem Medailleur G. Francesco Travani (ca. 1625 – ca. 1675) aus dem Jahr 1662 stammende Medaille (Abb. 7) zeigt auf der Rückseite den Aufriß von St. Maria in Campitelli nach dem Entwurf des römischen Baumeisters Carlo Rainaldi (1611–1691). Die Kirche ist hier als Kuppelbau wiedergegeben, dessen Fassade einen stark konvex vorgebauchten Mittelteil mit drei Portalen zeigt. Dagegen stellt die nur fünf Jahre später von Gaspare Morone (ca.1610 – ca.1670) entworfene Medaille eine zweigeschossige Fassadengliederung mit ionischer Säulenordnung dar. Das Untergeschoß ist fünfteilig mit drei Portalen, das Obergeschoß dreiteilig (Abb. 8). Zum einen tragen die unterschiedlichen Darstellungen derselben Kirche sicherlich den veränderten Plänen innerhalb der Gesamtplanung Rechnung. Zum anderen waren die Medaillen aber offensichtlich ein probates Mittel, um Geld für den Bau solch großer Bauwerke zu beschaffen. Durch den Verkauf von Medaillen wurde nicht nur dem entsprechenden Herrscher ein Andenken bereitet, sondern darüber hinaus wurde Geldgebern hiermit ein Objekt mit einem gewissen ideellen Gegenwert an die Hand gegeben.

Um 1510 gelangte die Sitte, sich medaillenartige Bildnisse anfertigen zu lassen, von Italien in das Gebiet nördlich der Alpen. In Deutschland ist die Medaillenkunst jedoch aus der Bildschnitzerei erwachsen. Die älteren Medaillen sind zum großen Teil einseitig, die Rückseite bleibt leer oder trägt nur wenige Schriftzeilen. Die umlaufenden Schriftzeichen werden zuerst getrennt hergestellt und einzeln in die Form gedrückt. Erst in der Mitte der zweiten Hälfte des 16. Jahrhunderts werden die Steinmodelle endgültig von den Wachsmodellen verdrängt. Auch hier wurde die Schrift meist erst beim Abgießen aufgesetzt, was an der Gleichförmigkeit der Schrift der jeweiligen Meister erkennbar ist. Zudem war es so möglich, die Schrift einer Medaille gegebenenfalls zu ändern.

Waren es in Italien die glänzenden Renaissancehöfe der Fürsten mit ihren Gelehrten und Staatsmännern, die die neue Kunst förderten, so war dies in Deutschland gänzlich anders. Hier war es vor allem das Bürgertum, das die Entwicklung der Medaillenkunst trug. Dies lag in erster Linie daran, daß sich im Bürgertum die wirtschaftliche Hauptkraft des Landes vereinte. Die Fürsten, besonders die Habsburger, waren vielfach von ihren Hauptvertretern abhängig. Das Handelshaus Fugger, das zum Beispiel die Wahl Karls V. zum deutschen Kaiser finanzierte, ist hier nur exemplarisch zu nennen.
Der Höhepunkt der deutschen Renaissancemedaille liegt in der ersten Hälfte des 16. Jahrhunderts. Hier sind vor allem vier Namen zu nennen: die Augsburger Bürger Hans Schwarz, Christof Weiditz und Friedrich Hagenauer sowie der Nürnberger Matthes Gebel. Von diesen frühen Medaillen des 16. Jahrhunderts sind jedoch keine Architekturdarstellungen bekannt.
Im weiteren sollen eine Handvoll von Medaillen aus wichtigen Produktionszentren nördlich der Alpen besprochen werden, die stellvertretend für eine kleine Anzahl von Medaillen mit Architekturdarstellungen stehen.
Den Anfang macht eine Medaille auf einen weiteren Bauabschnitt des neuen Rathauses in Nürnberg aus dem Jahr 1619. Der schon 1616 begonnene Rathausbau konnte wegen der Wirren des Dreißigjährigen Krieges nicht nach den ursprünglichen Plänen vollendet werden. Die Mittel reichten nur für einen Erweiterungsbau, der 1622 abgeschlossen wurde. Als im Zweiten Weltkrieg das Rathaus Beschädigungen erfuhr, wurde im Zuge von Renovierungsarbeiten 1958 die originale Grundsteinmedaille aus dem Jahr 1616 entdeckt[12]. Sie gehört zu einer Variante des im folgenden besprochenen Typs[13]. Die Medaille aus dem Jahr 1619 (Abb. 9) zeigt das vierflügelige Rathaus aus der Vogelperspektive mit Einblick in den Hof; darüber das gekrönte Reichswappen. Genannt sind auf der Medaille Wolff Jakob (Sohn), der als Steinmetz und Baumeister in Nürnberg tätig war; Georg Holdermann, vermutlich ein Goldschmied aus Nürnberg, der in der ersten Hälfte des 17. Jahrhunderts lebte und dessen Medaillenschaffen sich auf die Jahre zwischen 1610 und 1629 beschränkt[14], und sein Lehrer Hieronymus Berckhausen, der zwischen 1567 und 1657 als Goldschmied in Nürnberg belegt ist[15]. Zwar kann das Rathaus die ihm zugrundeliegenden italienischen Baugedanken nicht verbergen, jedoch ist das Gebäude im Grunde ein Nürnberger Bau, der sich stark an zeitgleiche Nürnberger Häuser anlehnt[16].
Ebenfalls ein Rathaus ist auf einer kleinen Medaille aus Schwäbisch Hall abgebildet (Abb. 10). Nachdem ein furchtbarer Brand einen Großteil der Stadt vernichtet hatte, wurde 1735 nach den Plänen von Eberhard Friedrich Heim ein neues Rathaus gebaut, dessen Errichtung mit dieser Medaille gedacht wurde. Im Auftrag der Stadt kam es zur Ausprägung von 251 Exemplaren dieses Stückes[17], für die der Haller Maler Johann Michael Roscher die zeichnerische Vorlage lieferte und der bekannte Nürnberger Medailleur Peter Paul Werner (1689–1771) die Stempel anfertigte. Diese Medaillen wurden an die Mitglieder des Rates und die am Bau beteiligten Handwerker verschenkt. Die verbliebenen Stücke waren als Gastgeschenke für hochgestellte Besucher oder als Gaben zu besonderen Anlässen vorgesehen[18].
Als Beispiel für ein sakrales Gebäude sei hier eine Medaille mit der Darstellung der Dreieinigkeitskirche in Regensburg genannt (Abb. 11). Als Baumeister ist der Nürnberger Johann Karl belegt, über den weiter nichts bekannt ist. Die zwischen 1627 und 1631 erbaute Kirche galt – obwohl sie in ihrer Formensprache noch stark der Gotik verhaftet ist – nach den zahlreichen Kupferstichen und Abbildungen auf Miniaturen ehemals als eine Kunstschöpfung ersten Ranges.
Erst mit dem Erstarken des Bürgertums im 16. und 17. Jahrhundert kam es zur Prägung von privaten Medaillen. Von diesen sind jene mit Darstellungen von Privathäusern wiederum sehr selten. Eines der frühesten Beispiele ist eine Medaille, die Johann Friedrich Sichart von Sichartshofen anläßlich des Neubaus seines Hauses in Nürnberg 1726 prägen ließ (Abb. 12). Als Medailleur konnte er den bekannten Nürnberger Künstler Peter Paul Werner (1689–1771) gewinnen, der eine große Menge von Medaillen produzierte und zahlreiche Münzstempel für verschiedene Münzstätten anfertigte[19]. Das noch heute erhaltene Sichartsche Haus, am Weinmarkt 10 gelegen, ist mit seiner streng symmetrisch angelegten und reich gegliederten Fassade mit Betonung des Portals als »Stadtpalais« anzusehen[20].

Alle Medaillen sind im
Maßstab 1:2 abgebildet.

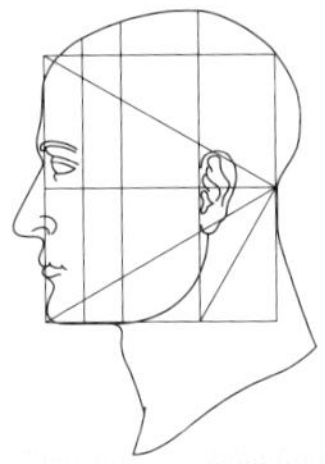

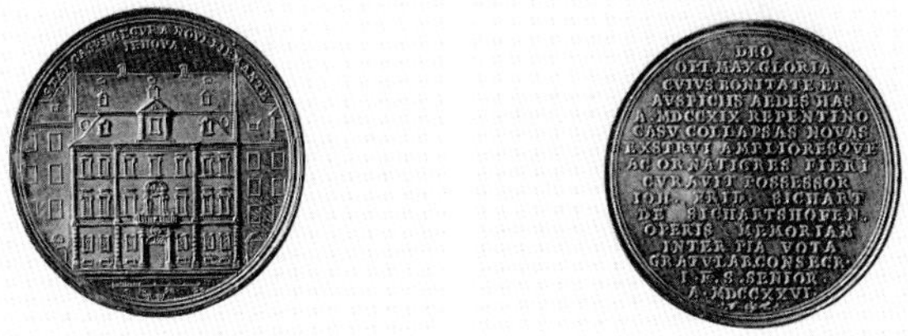

Abb. 7: Papst Alexander VII. (1655–1667), Rom, Br. Medaille 1662 auf die Einschleppung der Beulenpest aus Alexandrien; Medailleur G. Francesco Travani, ca. 1625–ca. 1675. MHG, Münzkabinett. Foto: Fischer-Daber.

Abb. 8: Papst Alexander VII. (1655–1667), Rom, Br. Medaille 1667 (1662) auf die Einschleppung der Beulenpest aus Alexandrien; Medailleur Gaspare Morone, ca. 1610–ca. 1670. MHG, Münzkabinett. Foto: Fischer-Daber.

Abb. 9: Nürnberg, Medaille auf die Erbauung des Rathauses, 1619. Medailleure: G. Holderman, 1. Hälfte 17. Jahrhundert, u. H. Berckhausen, ca. 1567–1657. Foto: Germanisches Nationalmuseum Nürnberg, Münzkabinett.

Abb. 10: Schwäbisch Hall, Silb.-Medaille 1735, auf den Wiederaufbau der Stadt und des Rathauses nach dem großen Brand von 1728; Medailleur: Peter Paul Werner, 1689–1771. MHG, Münzkabinett. Foto: Fischer-Daber.

Abb. 11: Regensburg, Medaille auf die Dreieinigkeitskirche, 1627. Medailleur HG – BR. Foto: MHG, Münzkabinett.

Abb. 12: Joh. Friedrich Sichart von Sichartshofen, Medaille auf den Neubau seines Hauses in Nürnberg 1726. Medailleur: Peter Paul Werner, 1689–1771. Foto: Germanisches Nationalmuseum Nürnberg, Münzkabinett.

In Skandinavien ist die Zahl von Medaillen mit Architekturdarstellungen in der Zeit von 1600 bis 1750 sehr klein. Als Beispiele seien hier einige Stücke aus Schweden und Dänemark angeführt.

Neben dem berühmten Medailleur Karlsteen (1647–1718) setzte in Schweden vor allem der gebürtige Schweizer Johann Carl Hedlinger (1691–1771), der seit 1718 dessen Stellung als Hofmedailleur des schwedischen Königs innehatte, neue Maßstäbe in der Medaillenkunst[21]. Hedlinger war an der Pariser Münze und der ihr übergeordneten »Académie des Inscriptions et des Médailles« ausgebildet worden, welche Ludwig XIV. zur Verherrlichung seines Königtums ins Leben gerufen hatte. Diese Institution galt damals als hohe Schule der europäischen Medaillenkunst. Dank Hedlinger und seiner entstehenden Schule war Schweden auf dem Gebiet der Stempelschneidekunst in ganz Nord- und Osteuropa führend. Darüber hinaus übte der Medailleur des Ancien régime eine nicht unbedeutende kulturpolitische Funktion aus. Er war Porträtist der Herrscher und Würdenträger, Reporter von höfischen Festen und Feiern und nahm dazu als Propagator der fürstlichen Ruhmestaten einen wichtigen Platz im Kunstetat des absolutistischen Staatshaushaltes ein. Eine von König Friedrich gewährte 18monatige Bildungsreise durch halb Europa nach Italien war für Hedlinger, der sich schon durch die klassisch-akademische Schule von Paris mit der Kunstauffassung der Antike auseinandergesetzt hatte, das große Bildungserlebnis schlechthin. Durch Hedlinger gelangte die höfische Porträtmedaille zu letzter Vollendung, »deren stärkster Glanz aus den Kaiser- und Königsbildnissen hervorleuchtet«[22]. Die höfische Medaille war vor allem ein Herrscherabzeichen, dessen sich der Fürst gleich dem öffentlichen Standbild bediente, um den Untergebenen Respekt einzuflößen, aber auch um Liebe und Zuneigung zu wecken. Auch Hofmedailleur Hedlinger sah im Porträtieren fürstlicher Häupter seinen vornehmsten Wirkungsbereich. Auf eigene Gebäudedarstellungen legte er offensichtlich nicht so viel Wert. Dies mag ein Grund dafür sein, daß seine Medaillen mit Architekturdarstellungen vom Bankhaus und vom Ritterhaus in Stockholm direkt von zeitgenössischen Stichen kopiert sind. Die 1729 entstandene Medaille mit der perspektivischen Ansicht des Bankgebäudes von rechts und dem belebten Hafen mit Schiffen im Hintergrund (Abb. 13) hat eindeutig den Kupferstich von W. Swidde aus dem Jahr 1691 zum Vorbild[23]. Ähnlich verhält es sich mit der Medaille von 1731, die auf der Rückseite das Ritterhaus zeigt (Abb. 14) und die als Ehrengabe des Herren- und Ritterstandes diente. Als Vorlage benutzte Hedlinger hier den kupfergestochenen Prospekt von Jean Le Pautre[24]. Beide Werke stammen aus der großen Stichkollektion *Suecia antiqua et hodierna*, die 1668 bis 1715 publiziert wurde und für die Hedlinger eine ganze Serie von Medaillen plante.

Aus Dänemark stammt eine Medaille, die Johann Bagge (1707–?) zur Einweihung von Schloß Christiansborg 1740 entwarf (Abb. 15). Als Schüler von Hedlinger, dessen künstlerische Qualität er jedoch nie erreichte, war Bagge Hofkünstler Christians VI. (1699–1746). Dieser hatte als eine seiner ersten Regierungshandlungen den Befehl gegeben, das im Kern mittelalterliche Kopenhagener Schloß niederzureißen (1730). An seiner Stelle entstand das wohl ehrgeizigste dänische Bauvorhaben des 18. Jahrhunderts: Schloß Christiansborg. Die vierflügelige Anlage mit fünf Stockwerken ist das Werk des Deutschen E. D. Häusser (1687–1745), was zur Folge hatte, daß das Schloß äußerlich im süddeutsch-österreichischen Barockstil erbaut wurde.

Eine weitere Medaille ließ Christian VI. 1744 auf die zweite Einweihung von Schloß Hirschholm, das 1739 ungefähr 20 Kilometer nördlich von Kopenhagen gebaut worden war, prägen (Abb. 16). Die von dem Medailleur Georg Wilhelm Wahl (1706–1778) entworfene Medaille zeigt auf der Rückseite eine Ansicht des Schlosses aus der Vogelperspektive. Der zweigeschossige, vierflügelige Bau lehnt sich in seiner Fassadenkonzeption an Schloß Christiansborg an. Auch Wahl war auf Kosten der dänischen Regierung bei Hedlinger in die Lehre gegangen. Um 1726 arbeitete er jedoch zunächst in Hamburg. 1730 wurde er als Münzschneider nach Kopenhagen berufen, wo er zwischen 1761 bis 1764 als Meister angestellt war[25]. Von der Hirschholm-Medaille wurden 10 Gold- und 100 Silberabschläge hergestellt[26], die der König während des Festessens austeilen ließ[27].

Verbindung zur antiken Baukust werden auch in dem von Jacob van Campen (1596–1657) entworfenen Rathaus in Amsterdam deutlich. Der zwischen 1647 und 1654 erstell-

Alle Medaillen sind im
Maßstab 1:2 abgebildet.

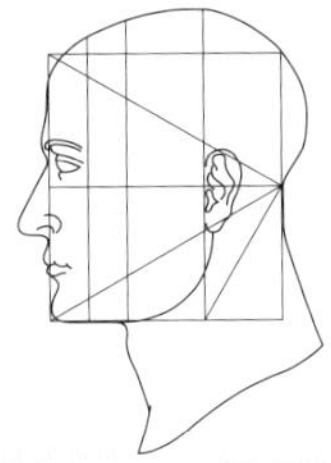

Abb. 13: Bankhaus Stockholm 1729,
Medailleur: Johann Carl Hedlinger, 1691–1771. Nationalmuseet København, Den Kongelige Mønt- og Medaillesamling.
Foto: MHG.

Abb. 14: Ritterhaus in Stockholm 1731, Silbermedaille.
Medailleur: Johann Carl Hedlinger, 1691–1771. Nationalmuseet København, Den Kongelige Mønt- og Medaillesamling. Foto: MHG.

Abb. 15: Einweihung von Schloß Christiansborg 1740, Silbermedaille,
Medailleur: Johann Bagge, 1707–?. Nationalmuseet København, Den Kongelige Mønt- og Medaillesamling. Foto: MHG.

Abb. 16: Einweihung von Schloß Hirschholm 1744, Silbermedaille,
Medailleur: Georg Wilhelm Wahl, 1706–1778. Nationalmuseet København, Den Kongelige Mønt- og Medaillesamling. Foto: MHG.

Abb. 17: Amsterdam, Silb.-Medaille 1655 (1659) auf die Einweihung des neuen Rathauses; Medailleur: Jerian Pool, Mitte 17. Jahrhundert. MHG, Münzkabinett. Foto: Fischer-Daber.

Abb. 18: Hamburg, Medaille auf die Eheschließung von Bernd Moller und Elisabeth Wegedorn, ohne Jahr (ca. 1573); unsigniert, Medailleur: vermutlich »Meister der Jacobea von Bayern«. MHG, Münzkabinett. Foto: Fischer-Daber.

te Bau wurde in einem großen Festakt am 29. Juli feierlich eingeweiht. Zu diesem Anlaß ließ der Rat der Stadt Medaillen prägen, von denen drei verschiedene Varianten bekannt sind[28]. Offensichtlich sind diese Medaillen aber auch noch später zu besonderen Anlässen vergeben worden, denn das hier gezeigte Stück (Abb. 17) trägt eine Randschrift mit der Jahreszahl 1659 und den Namen der sechs Magistraten dieses Jahres[29]. Auch auf der Medaille wird direkt Bezug zur Antike genommen: vor dem Rathaus und der davor versammelten Menschenmenge sitzt – auf den Trümmern des alten Rathauses – der sagenhafte Amphion, der durch sein Leierspiel selbst Steine bewegen konnte. Der in Amsterdam ansässige Medailleur Jerian Pool, über dessen Leben nahezu nur sein Medaillenschaffen aus der Mitte des 17. Jahrhunderts Auskunft gibt[30], demonstriert auch mit dem vorliegenden Stück seine Fähigkeit, äußerst qualitätvolle Medaillen herzustellen.

Hamburgs Bauten im Spiegel der Medaillen von 1600 bis 1750

Im Gegensatz zu vielen anderen europäischen Städten, von denen keine oder nur einzelne Medaillen mit Gebäudedarstellungen bekannt sind, liegen aus Hamburg eine ganze Reihe von Prägungen mit Bauwerken vor. Für die Architekturdarstellungen Hamburgs spielen die sogenannten Portugaleser die entscheidende Rolle. Diese imitierten anfangs die unter König Manuel I. von Portugal (1495–1521) zuerst 1499 geprägten Goldstücke, entwickelten sehr bald jedoch als Medaillen einen eigenen Bilderkanon. Aus der Reihe der Medailleure ragen bedeutende Künstler ihrer Zeit wie Johann Reteke und Sohn sowie Sebastian Dadler heraus, die in verschiedenen nordeuropäischen Städten gearbeitet haben. Grundsätzlich lassen sich die Darstellungen in zwei Gruppen teilen. Zum einen sind dies Stadtansichten – meist von der Elbe her – die toposhaft in vielerlei Varianten immer wieder auftauchen. Zum anderen sind es einzelne Gebäudedarstellungen.

Die früheste hamburgische Medaille, die hier besprochen werden soll, ist undatiert und stammt ungefähr aus dem Jahr 1573 (Abb. 18). Sie ist keine Architektur- sondern eine reine Porträtmedaille. Sie wurde auf die Eheschließung von Bernd Moller und Elisabeth Wegedorn geschlagen und zeigt auf der einen Seite den bärtigen Bernd Moller im geblümten Rock mit Spitzenhalskrause, auf der anderen Seite seine Frau Elisabeth Wegedorn in Rock mit Spitzenkrause und Haube. Als Medailleur des unsignierten Stückes wird ein unbekannter, vermutlich niederländischer Wanderkünstler angenommen, der nach seinem wichtigsten Werk als »Meister der Jacobea von Bayern« bezeichnet wird und der nach Aussage der Medaillen in Hamburg und in München gearbeitet hat[31]. Charakteristisch für sein Werk ist die breite, zu Ligaturen neigende Schrift. Habich betont jedoch, daß die Zusammengehörigkeit der bayerischen Stücke mit der Moller-Medaille aufgrund der starken Zisolierung der ihm bekannten Stücke der Jacobea-Medaille als nicht absolut gesichert gelten kann[32].

Der um ungefähr 1534 geborene Bernd Moller war hamburgischer Gewandschneider und Englandfahrer. Nach Kellinghusen wurde er Mitglied der Englandfahrergesellschaft und neun Jahre später, am 31. Januar 1568, entrichtete er der Kämmerei die Gebühr für die Gewinnung des Wandschnitts[33]. In diesem Jahr hat er vermutlich auch das Bürgerrecht erworben. Zu Michaelis 1571 wurde er vom Wandschneideramt mit der Würde eines Stahlbürgers betraut. In dieser Funktion oblag ihm die Aufgabe, die Tücher der Färber zu stahlen, das heißt diese auf die Echtheit der Farben zu prüfen. Die für gut befundenen Stücke stempelte er dabei mit dem Stadtwappen. Bernd Moller hatte dieses Amt bis zum 30. Januar 1573 inne. Inzwischen ließ seine finanzielle Lage es zu, zusammen mit seiner Frau Elisabeth, geb. Wegedorn, ein Haus in der Großen Reichenstraße zu erwerben, welches er bis zu seinem Tod besaß. Seine gutgehenden Geschäfte reflektieren zwei Renten im Kapitalwert von 3.200 Mark, die er zum Kauf des Hauses aufnahm, aber schon 1575 wieder auslöste.

Abgesehen davon, daß diese Gußmedaille als älteste Porträtmedaille Hamburgs angesehen werden kann, spielte Bernd Moller für die Architektur in Hamburg eine ganz herausragende Rolle. Als sich nämlich das Wandschneideramt im Jahr 1577 entschloß, statt der bisherigen offen abgehaltenen Börse ein geschlossenes Gebäude zu errichten, das vor Wind und Regen Schutz bot, wurde Bernd Moller zum ersten Bauleiter bestimmt. Er leitete diese Arbeiten von Juni bis November 1577. Danach wurde er

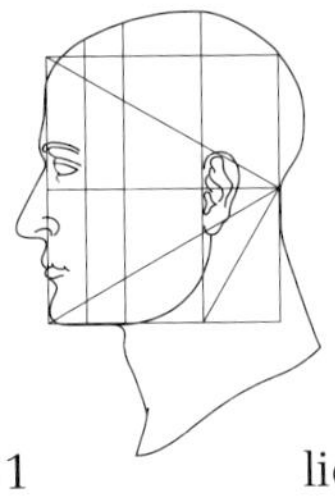

durch Joachim Wichmann abgelöst, der den Bau bis 1581 weiterführte und in wesentlichen Teilen zum Abschluß brachte. Da Moller sich offensichtlich beim Bau der Börse den Ruf eines guten Bauleiters erworben hatte, wurde er 1580/81 vom Rat in das Amt eines Bauhofbürgers berufen. Dem Bauhof unterstand das gesamte öffentliche Bauwesen der Stadt. Geleitet wurde er von zwei Ratsherren und zwei Bürgern, von denen jährlich einer ausschied. Abgesehen von der Kämmerei war der Bauhof die wichtigste Behörde, an der bürgerliche Selbstverwaltung möglich war.

Obwohl Moller 1583 zusammen mit Joachim Wichmann das Amt des Schaffers der Wandschneiderhöge bekleidete, hatte er hiermit den Zenit seines Erfolges offensichtlich auch erreicht, denn 1587 war er genötigt, eine Hypothek auf sein Haus aufzunehmen, was als Indiz für einen erheblichen geschäftlichen Rückschlag gewertet werden kann. Allem Anschein nach zwang ihn diese Geschäftskrise, keine weiteren Ämter mehr in bürgerlicher oder kirchlicher Verwaltung anzunehmen, so daß der Name Bernd Moller aus dem öffentlichen Leben Hamburgs verschwindet. Nicht lange vor 1588 hat Moller ein zweites Mal geheiratet, und zwar Elisabeth Sillem, eine Tochter des Ratsherrn Jakob Sillem. Bernd Moller starb nach kurzer Krankheit am 26. April 1605[34].

Die Gußmedaille gehört in eine Zeit, als Bernd Moller eine im öffentlichen Leben Hamburgs geachtete Persönlichkeit geworden war. Noch als Ausläufer der Renaissance anzusehen, legt die Moller-Medaille Zeugnis ab von dem aufstrebenden selbstbewußten Bürgertum in der zweiten Hälfte des 16. Jahrhunderts in Hamburg.

Auch die nächste hier aufgeführte Medaille ist keine reine Architekturmedaille im eigentlichen Sinne. Das von Sebastian Dadler im Jahr 1636 hergestellte Stück ist jedoch so exzeptionell, daß es hier kurz besprochen werden soll (Abb. 19). Die Gedächtnismedaille auf das kaiserliche Elbprivileg zeigt Merkur als »Koloß von Rhodos«, der mit einem Bein auf dem Land und mit dem anderen auf einem Schiff steht. Die Umschrift auf der Medaille gibt selbst die Interpretation dieser Darstellung: »Was bedeutet das Bild des Merkurs? Den Handel. Was steht ihm zur Seite? Der mit der Arbeit verknüpfte Fleiß. Die aus den Wolken hervorgehende Hand zeigt den Segen Gottes an, der, wenn er zu den vorher genannten hinzukommt, uns einen glücklichen Ausgang in allen Dingen verspricht. Dieses zeigt der Schlangenstab, dies zeigen die beiden Füllhörner, dieses zeigen der Ölzweig und die Kornähren an«[35]. Es ist jedoch nicht nur der Rückgriff auf eines der sieben Weltwunder der Antike, welches die Macht und Größe der Handelsmetropole Hamburg widerspiegeln soll. Zugleich hat Dadler den Merkur kompositorisch so ins Medaillenrund gestellt, daß der Betrachter unwillkürlich an die berühmte Zeichnung von Leonardo da Vinci erinnert wird, die die Proportionen des menschlichen Körpers ebenfalls im Kreis darstellt. Vermutlich hat sich Dadler jedoch eher an die 1528 von Dürer verfaßten *Vier Bücher von menschlicher Proportion* angelehnt, in denen es Dürer im Gegensatz zu seinen Vorgängern zum ersten Mal gelang, seine Proportionslehre nicht nur schriftlich und bildlich zu systematisieren, sondern auch zu veröffentlichen[36]. Sebastian Dadler, einer der herausragenden Medailleure des 17. Jahrhunderts, wurde um 1579/80 in Straßburg geboren und war in Augsburg, Nürnberg, Dresden, Danzig und seit etwa 1647 in Hamburg tätig. Er arbeitete für verschiedene europäische Herrscherhäuser, so zum Beispiel für Kurfürst Johann Georg I. in Dresden sowie den schwedischen Hof. Dadler, im Entstehungsjahr der Medaille auf dem Höhepunkt seiner Schaffenskraft befindlich, brillierte mit seinem ersten für Hamburg hergestellten Stück folglich nicht nur durch seine gekonnte künstlerische Leistung, sondern dokumentierte, daß er sich sowohl in der antiken Überlieferung als auch in dem nur ungefähr hundert Jahre vor ihm liegenden Kunstschaffen sehr wohl auskannte.

Auch die Rückseite der Medaille mit der Darstellung Hamburgs in Gestalt einer Bildkarte ist sehr ungewöhnlich. Der minuziöse Stempelschnitt läßt die Straßenzüge und Fleete, die Brücken, den Hafen, Alster, Elbe sowie die wichtigsten Gebäude, hier vor allem die Kirchen, detailliert erkennen. Das Ganze ist umschlossen von dem zwischen 1616 bis 1626 durch Johan van Valckenburgh errichteten Befestigungskranz, der sich ungezwungen dem Medaillenrund annähert. Die Übereinstimmung mit dem prächtigen, bis ins Detail ausgearbeiteten Kupferstich von Arnoldus (Arndt) Pitersen (Pietersen, Petersen), »*niederländischer Buch vnd Kundsthandeler bey der Boerse*«[37], ist so evident, daß dieser mutmaßlich als Vorlage für die Medaille angesehen werden kann[38]. Dadler lebte zwar damals noch in

Danzig, hat jedoch möglicherweise schon einen Vorabzug des im Entstehen begriffenen und erst 1644 datierten Planes gesehen. Bemerkenswert ist die Detailfreude, mit der die Kirchen auf der Medaille dargestellt sind. Die Nikolaikirche trägt zum Beispiel gut erkennbar den Turmhelm aus der Zeit vor 1644 von Hans Petersen[39]. Dagegen ist die Katharinenkirche nicht ganz exakt dargestellt. Hier wird nämlich nicht der durch die Zimmermeister J. Behn und J. Rustmann in den Jahren 1601–1603 errichtete Turmhelm abgebildet[40], sondern die Darstellung lehnt sich sehr an die der Nikolaikirche an. Allerdings scheint die wahrscheinlich als Erinnerungsmal an die Pestepidemie von 1564/65 errichtete und 1596 durch zwei Geschosse aufgestockte westliche Turmfassade aus Sandstein mit ihrer architektonischen Gliederung in mehrere Geschosse mit Säulenordnungen, Nischen und Loggien[41] mit zarten Querstrichen angedeutet zu sein. Den durch den Bildhauer Wenzel ausgeführten Skulpturenschmuck konnte Dadler natürlich nicht wiedergeben. Dagegen sind die Türme der Petrikirche sowie des Domes mit ihren charakteristischen spitzen Turmhelmen exakt abgebildet. Wichtig war Dadler offensichtlich auch die Börse, bei der er sogar die signifikante offene Nordseite andeutete. Insgesamt war Dadler somit bemüht, ein möglichst detailgetreues und realistisches Abbild der Stadt Hamburg wiederzugeben.

Ebenfalls von Sebastian Dadler stammt ein Portugaleser aus dem Jahr 1653 (Abb. 20). Die Vorderseite zeigt die Hamburger Stadtansicht von der Elbe her mit den verschiedenen Kirchenbauten und Befestigungsanlagen, auf der Elbe im Vordergrund kleine und große Segelschiffe. Hervorzuheben ist die Gestaltung des Turmes der Nikolaikirche. Der Turmhelm war 1644 während eines planmäßigen Abbruchs durch einen Sturm auf den Hopfenmarkt gestürzt. Nachdem der Turm in den darauffolgenden Jahren ohne Dach mit offenen Mauern und Gewölben gestanden hatte, erhielt er erst 1649 ein vorläufiges Dach, durch das der Turm wieder dasselbe Aussehen erhielt, das er 165 Jahre vorher gehabt hatte[42]. Dieser Bauzustand ist auf der Medaille abgebildet. Ungewöhnlich ist die Darstellung der Michaeliskirche am linken Medaillenrand – denn diese gab es 1653 noch gar nicht! Die Wiedergabe ist jedoch zu genau, um eine reine Erfindung zu sein. Dieser scheinbare Widerspruch ist jedoch insofern lösbar, als der für den Bau auserwählte Zimmermeister Peter Marquardt schon 1651 ein Modell für das Dach erstellt hatte[43]. Zwar vollendete Marquardt das ausführliche Turmmodell erst 1667[44], das Modell könnte jedoch schon mit einem vorläufigen Turmentwurf versehen gewesen sein, den der seit 1648 in Hamburg lebende Dadler vermutlich gekannt hat. Ungeklärt bleibt es, wie Dadler auf die Gestaltung des Katharinenkirchturms kam. Der Turm war 1648 durch einen Sturm zerstört worden und war bis zum Jahr 1656 nur mit einem Schutzdach versehen[45]. Marquardt wurde frühestens 1654 mit dem Auftrag versehen, einen Turm für die Katharinenkirche zu bauen. Somit kann der Darstellung Dadlers noch nicht der Entwurf Marquardts vorgelegen haben.

Eine weitere höchst interessante Medaille ist ein gegossenes silbernes Stück auf den Bürgermeister Barthold Moller und die Einweihung der neuen St. Michaeliskirche 1661 (Abb. 21). Der Medailleur Joachim Henne war zwischen 1663–1665 in Hamburg tätig. Das vermutlich in den Niederlanden hergestellte Stück zeigt auf der Rückseite die Ansicht der Michaeliskirche von Südwesten, deren unvollendeter Turm mit geschweiften Giebeln und Turmuhr versehen ist. Die spätere Turmspitze ist noch nicht ausgeführt. Sowohl Gaedechens als auch schon Langermann datieren diese Medaille in das Jahr 1661[46]. Dieses ebenfalls auf der Medaille genannte Datum bezieht sich jedoch nur auf die Einweihung der Kirche und kann schon deshalb nicht stimmen, weil zu dieser Zeit der Turm noch gar nicht existierte. Laut Faulwasser wurde erst im Mai 1663 das erste Holz für den Turmbau gekauft[47]. 1664 waren die Arbeiten bis zum Aufmauern des oberen Turmgeschosses angelangt. »Am 18. August 1666 hatte das Mauerwerk seine Höhe erreicht und war mit dem aus Sandstein hergestellten oberen Hauptgesimse bekrönt, wonach die Kirche den Arbeitern einen Freudentag durch eine Tonne Bier bereitete und Pastor Edzardi am 10. Sonntag nach Trinitatis eine Dankpredigt hielt«[48]. Erst jetzt vollendete Peter Marquardt sein Turmmodell, so daß am 1. Mai 1667 mit dem Behauen der großen Eichenstämme für die Dachkonstruktion des Turmhelmes begonnen werden konnte. Vermutlich mußte der Turm in den Jahren 1664–66 mit einem Notdach gegen die Witterung versehen werden. Vielleicht hat es auch eine Bauunterbrechung, die durch eine Finanzierungslücke hervorgerufen wurde, gegeben, wie es schon

Alle Medaillen sind im
Maßstab 1:2 abgebildet.

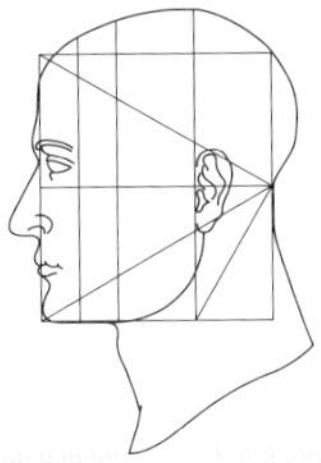

Abb. 19: Hamburg, 1636, silb. Gedächtnismedaille auf das kaiserliche Elbprivileg; Medailleur: Sebastian Dadler, um 1570/80 bis 1654. MHG, Münzkabinett. Foto: Fischer-Daber.

Abb. 20: Hamburg, Silberabschlag des Portugalesers von 1653. Medailleur: Sebastian Dadler, um 1570/80 bis 1654. MHG, Münzkabinett. Foto: Fischer-Daber.

Abb. 21: Hamburg, Silb.-Medaille (Hohlguß) ohne Jahr (1665), auf den Bürgermeister Barthold Moller und die Einweihung der neuen St. Michaeliskirche 1661; Medailleur: Joachim Henne, tätig 1663–1665 in Hamburg. MHG, Münzkabinett. Foto: Fischer-Daber.

Abb. 22: Hamburg, Goldener Bankportugaleser, 1673; Medailleur: Johann Reteke. MHG, Münzkabinett. Foto: Fischer-Daber.

Abb. 23: Hamburg, Goldener Bankportugaleser, 1688. Medailleur: Johann Rethe (Reteke) d. J., ca. 1645–1720. MHG, Münzkabinett. Foto: Fischer-Daber.

Abb. 24: Hamburg, Silberabschlag eines Bankportugalesers, 1690. Medailleur: Anton Meybusch, †1701. MHG, Münzkabinett. Foto: Fischer-Daber.

Rohde vermutet[49]. Obwohl durch die kluge Planung Marquardts das Baumaterial schon seit 1663 vollständig zusammengekauft worden war[50], mußte offensichtlich eine Zwischenlösung gefunden werden, um den Turmbau vorläufig zu beenden. Diese Zwischenlösung gibt die Medaille wieder. Der Bauzustand fällt in die Zeit unmittelbar vor Fertigstellung des oberen Hauptgesimses. Der Turm trägt zwei geschweifte Giebel, die durch große Turmuhren ausgefüllt werden. Interessanterweise wird dieser Bauzustand auch durch einen Kupferstich belegt, den B. Stoopemdael nach dem Vorbild von Hans Martin Winterstein im Jahr 1681 anfertigte[51]. Der Stich gibt den Blick von der Binnenalster auf den Jungfernstieg am 16. Juli 1665 wieder. Hier trägt der Turm der Michaeliskirche ebenfalls noch keinen Helm, sondern wird nur durch zwei Giebel abgeschlossen. Somit ist der von dem Bildnismaler in Miniatur, Wachsbossierer und Elfenbeinschneider Joachim Henne auf der Medaille dargestellte Turmabschluß keine Fiktion. Diese Darstellung verwundert insofern, weil die hier abgebildeten Zifferblätter der Turmuhr erst im Januar 1668 für 2.600 Mark gekauft worden sein sollen[52]. Offensichtlich sind jedoch zwei der insgesamt vier Zifferblätter schon vorher eingebaut worden.

Eng mit der vorliegenden Medaille verknüpft sind nun ein ovales, aus zwei Platten bestehendes »Joachim Henne 1665« bezeichnetes Relief sowie eine Elfenbeinmedaille[53]. Letztere kann als unmittelbares Vorbild für die Gußmedaille angesehen werden. Allerdings ist die Elfenbeinmedaille im Abschnitt signiert: *J.H.F. A.º 1665*. Auch das ovale Relief bildet die Ansicht der Michaeliskirche ab und trägt zudem auf der Rückseite eine Inschrift, die einen gewissen, aus einer holländischen Familie stammenden, Adam von Sorgen als Auftraggeber nennt. Gewidmet ist die Plakette dem Bürgermeister Barthold Moller. Auch dieses Relief ist durch die Inschrift in das Jahr 1665 datiert. Offensichtlich hat Adam von Sorgen den Künstler, nachdem dieser für ihn die Reliefarbeit ausgeführt hatte, veranlaßt, in Anlehnung an das Relief eine Elfenbeinmedaille herzustellen. Diese konnte dann als Modell für die Gußmedaille benutzt werden. Der Guß selbst wird in Holland ausgeführt worden sein, wo im 17. Jahrhundert die Heimat dieser Gußtechnik war[54]. Die vorliegende Medaille in Verbindung mit ihren Elfenbeinvorbildern verdeutlicht folglich interessante Details über ein Baustadium der Michaeliskirche, das nur eine sehr kurze Zeitspanne, vermutlich nur ein bis zwei Jahr, abdeckt. Vielleicht muß sogar in Betracht gezogen werden, daß sich Marquardt erst recht spät zu der dann ausgeführten Baulösung mit spitzem Turmhelm entschieden hat.

Der goldene Bankportugaleser von 1673 (Abb. 22) gibt, ähnlich dem Portugaleser aus dem Jahr 1653, die Ansicht Hamburgs von der Elbseite wieder. Sämtliche großen Kirchen sind recht detailgetreu dargestellt. Auch die Nikolaikirche, deren Turm am 21. Oktober 1657 feierlich eingeweiht wurde, fehlt hier nicht. Die Rückseite ist eine nahezu vollständige Kopie der von Dadler geschnittenen silbernen Medaille von 1636 auf das kaiserliche Elbprivileg: Merkur als »Koloß von Rhodos«, der durch die Hand Gottes aus den Wolken gesegnet wird. Abweichungen zu der genannten Medaille sind das Schiff, das zwischen den Beinen des Merkur hindurchsegelt und die Inschriften. Der vorliegende Portugaleser ist nicht signiert. Die Vorderseite ist jedoch stempelgleich mit einem Bankportugaleser von 1672, der wiederum auf der Vorderseite die Signatur J R zeigt[55]. Somit kann davon ausgegangen werden, daß hier derselbe Künstler am Werk gewesen ist, nämlich Johann Rethe oder auch Reteke. Der Goldschmied, Münzstempelschneider und Medailleur Johann Rethe d. Ä. (ca. 1615–1685) war zunächst in Riga und Stockholm, ab 1656 in Hamburg tätig. Sein Sohn Johann Rethe (Reteke) d. J. (ca. 1645–1720) war wie sein Vater Goldschmied und Medailleur. Eine Unterscheidung ihrer Produkte ist aufgrund der Namensgleichheit und der geschäftlichen Zusammenarbeit nur bei wenigen Medaillen möglich[56]. Auch bei den Bankportugalesern der Zeit 1670/75–1685 läßt sich eine eindeutige Zuweisung nicht vornehmen. Vater und Sohn fertigten zwischen 1664 und 1695 eine ganze Reihe von Stempeln für die berühmten und für Hamburg so typischen Portugaleser, ohne daß die einzelnen Stücke dem einen oder anderen zuzuweisen wären. Interessant ist der Rückgriff auf das Vorbild der Dadler-Medaille deshalb, weil Rethe d. Ä. 1647 oder früher ein Schüler Dadlers gewesen ist, vermutlich besuchsweise von Riga aus[57]. Somit ist es auch kein Zufall, daß er 1656 oder 1657, dem Sterbejahr Dadlers, von Stockholm nach Hamburg umzog. Dort gelangte der gleichnamige Sohn als »Portugaleser-Macher«

zu Ansehen und Wohlstand. Dorfmann geht davon aus, daß Rethe erst etwa 1670–75 in der Lage war, selbständige, eigene Arbeiten zu liefern[58]. Somit besteht sehr wohl die Möglichkeit, daß die Vorderseite, ein schon älterer Stempel, von Rethe d. Ä. geschnitten wurde, die Rückseite dagegen von dem noch nicht so erfahrenen Rethe d. J. hergestellt wurde, der eine ältere Medaille als Vorbild nahm. Mit der hier aufgezeigten Übernahme von älteren Vorlagen, die regelrecht »abgekupfert« wurden, zeigt sich eine typische Tendenz im Kunstschaffen des 17. Jahrhunderts. Ornamentbücher und Stichvorlagen, die unter Architekten, Bildhauern und Kunsthandwerkern in einer großen Zahl bekannt waren, wurden ausgiebig genutzt. Sicherlich griffen auch die Medailleure jener Zeit zu graphischen Vorlagen oder eben, wie im aufgezeigten Fall, schon vorhandenen Medaillen. Man spricht deshalb insbesondere vom 17. Jahrhundert als der Zeit des Niedergangs der Medaille. Ein fester Typenvorrat an Bildmotiven und symbolischen Zeichen hatte sich herausgebildet, dessen man sich allenthalben gern bediente. Eine ausgesprochene Neigung zur Typisierung bestand. Leicht konnten ein Medaillenbild und seine Details Anklang finden, so daß sie ihrerseits typenbildend wirkten. Dabei war es durchaus nicht ungewöhnlich, daß ein Künstler die Medaille eines anderen mehr oder weniger frei nachahmte und mit eigener Signatur versah. Im Vergleich zur Einführung eines neuen Medaillen- oder Bildtypus kam der Art der Neuformulierung, der »Manier« der Wiederholung erhöhte Bedeutung zu. Angesichts der großen Zahl von Portugalesern mit Hamburger Stadtansichten von der Elbseite her, ist auch hier festzustellen, daß die frühen Stücke aus den sechziger Jahren des 17. Jahrhunderts noch eine gewisse Eigenständigkeit erkennen lassen, während die Darstellungen am Ende des 17. Jahrhunderts zur toposhaften Imitation erstarrten. Als Beispiel sei hier ein goldener Bankportugaleser aus dem Jahr 1688 genannt, der von Johann Rethe (Reteke) d. J. (ca. 1645–1720) geschnitten wurde (Abb. 23). Abgesehen von den sehr ähnlich ausgeführten Kirchtürmen und den Befestigungswerken sind sogar die zwei Flößer am Bildrand rechts unten exakt von dem Bankportugaleser aus dem Jahr 1673 übernommen.

Die Börse ist wohl jenes Gebäude, an dem sich für Hamburg die Einflüsse der über die Niederlande vermittelten Architekturformen der italienischen Renaissance besonders deutlich feststellen lassen. Nach Brügge, wo 1409 die erste Börse Europas gegründet wurde, folgten Antwerpen 1460 und Lyon 1462. In Deutschland kam es erst im 16. Jahrhundert zu ersten Börsengründungen unterschiedlicher Bedeutung und Provenienz, wobei Schwerpunkte in Oberdeutschland, hier in Augsburg und Nürnberg (1540), und in der zweiten Jahrhunderthälfte in Hamburg (1558), Köln (1566) und Danzig (1593) lagen. Die Börse in Hamburg war zunächst nur ein umhegter Platz gegenüber dem Rathaus, auf dem sich die Kaufmannschaft versammelte. Erst als die Merchant adventurers 1567 vor Alba aus Antwerpen geflohen und den englischen Tuchstapel nach Hamburg verlegt hatten, ließen die Gewandschneider zwischen 1577 und 1583 die offene Halle auf dem hinteren Teil des Platzes erbauen. Das hamburgische Börsengebäude, 1669/70 vergrößert, war ein beliebtes Motiv auf verschiedenen Bankportugalesern. Als Symbol für Prosperität, Handel und Stabilität der Wirtschaft war die Darstellung der Börse prädestiniert für die Darstellung auf einer Medaille. Als Beispiel sei hier ein Silberabschlag des Bankportugalesers aus dem Jahr 1690 angeführt, der von Anton Meybusch entworfen wurde (Abb. 24). Der in Kopenhagen geborene Meybusch war vermutlich holländischer Abstammung und arbeitete in Stockholm und Paris, kehrte jedoch 1690 nach Kopenhagen zurück, wo er 1701 starb. Ein 1691 datierter halber goldener Bankportugaleser – mutmaßlich von Johann Reteke geschnitten – zeigt auf seiner Vorderseite nahezu die gleiche Börsenansicht aus der Zentralperspektive. Einzig die Staffagefiguren im Vordergrund fehlen hier (Abb. 25).

Eine kleine Anzahl weiterer Medaillen zeigen Gebäude aus der Hamburger Innenstadt. An erster Stelle ist hier eine Silbermedaille aus dem Jahr 1696 zu nennen, die aus unbekanntem Anlaß gefertigt wurde und eine Ansicht des alten Rathauses mit dem angebauten Niedergericht zeigt (Abb. 26). Das gotische Rathaus war um 1600 baufällig geworden, so daß die Vorderseite des Hauptbaus 1602 eine neue Fassade bekam. Während sich bei der Börse die Renaissance im Fachwerkbau schon in der Mitte des 16. Jahrhunderts bemerkbar macht, kann als erster bedeutender Steinbau in dieser Stilart das Hamburger Rathaus angeführt werden. Der Medailleur der Rathausmedaille hat vermutlich den um 1700 zu datierenden Kupferstich von D. Lemkus zur Vorlage gehabt[59], von dem, die Staffagefiguren ausgenommen, nahezu alle Details, bis hin zum Anschnitt der Gebäude am Bildrand, übernommen wurden.

Unklar bleibt die Darstellung der Gebäude auf der Begräbnismedaille des Bürgermeisters Johann Schulte aus dem Jahr 1697 (Abb. 27). Die Rückseite bildet in der Mitte einen dreigeschossigen Bau mit Walmdach, Turm und großem Tor ab. Daran rechts angebaut ist ein zweigeschossiger Bau mit Walmdach sowie dreieckigem Schmuckgiebel. Links an das Mittelgebäude schließt sich ein zweigeschossiger Bau an, der links durch einen Turm begrenzt wird. Langermann schreibt zu diesen Baulichkeiten[60]: *»Auf der andern Seite siehet man nach einiger Nennung das Nieder–Gericht, Rath–Haus und Banco, oder, wie andere wollen, eine Kirche, das Rath–Haus und die Schule* [...]«.

Ähnlich verhält es sich mit dem Gebäude auf einer Silbermedaille, die auf Pastor Dr. Christian Crumbholz und die durch ihn hervorgerufenen Unruhen im Jahr 1708 geprägt wurde (Abb. 28). Sie soll nach Gaedechens eine Ansicht des Eimbeckschen Hauses wiedergeben[61]. Dieser, bereits 1270 belegte Bau, hatte als Zweigstelle des Rathauses die Funktion eines öffentlichen Gebäudes. Das Eimbecksche Haus bestand nach einem Kupferstich von F. Ladomin aus drei Giebelhäusern, von denen zwei noch mit gotischer Fassade versehen waren, während das dritte schon eine Renaissancefassade trug[62]. Offensichtlich ist auf der Medaille jenes randlich gelegene, gotische Haus dargestellt, in dem sich der »*RahtsWein=Keller*« befand.

Ebenfalls nur durch die beigegebene Bezeichnung zu identifizieren ist die Darstellung von Petrikirche und Rathaus auf einer Silbermedaille, die aus dem gleichen Anlaß im Jahr 1708 entstand (Abb. 29). Der unbekannte Medailleur strebte offensichtlich keine realistische Darstellung der beiden Gebäude an, sondern für ihn stand die symbolhafte Verkürzung, die nur einen Wiedererkennungseffekt haben sollte, im Vordergrund.

Im Gegensatz zu diesen keinen Realismus anstrebenden Gebäudedarstellungen ist das fantastisch anmutende Gebäude auf der Silbermedaille, die anläßlich der Feier der Geburt des Erzherzogs Leopold im Jahre 1716 geschlagen wurde, wider Erwarten durchaus ein Abbild der Realität (Abb. 30). Die Ehrenpforte mit ihren sechs Säulen und den allegorischen Darstellungen der Tugenden ist im Rahmen des oben genannten Festes in Holz erbaut worden. Gaedechens schreibt zu den Festlichkeiten[63]: »*Wegen der am 13. April geschehenen erfreulichen Geburt des Erzherzoges Leopold von Oesterreich, Sohnes Kaiser Carl VI. und Elisabeth Christine von Braunschweig, welcher aber schon am 4. November desselben Jahres starb, wurde allhier am 17. Mai in allen Kirchen ein öffentliches Dankfest gehalten, das Te Deum laudamus abgesungen, unter Pauken- und Trompetenschall, des Vormittags von 10 bis 11 Uhr und Nachmittags von 4 bis 5 Uhr mit allen Glocken geläutet und auf den Türmen musiciert, um 5 Uhr alle Kanonen auf den Wällen und Schiffen zu dreienmalen abgefeuert und mit Rührung der Glockenspiele geschlossen.*

Der Kaiserliche Envoyé Graf Fuchs gab zur Feier jenes Ereignisses am 15., 16. und 17. Juni ein grosses Freudenmahl in seiner Wohnung, einem grossen Hause der Neustädter Fuhlentwiete, der Bremer Schlüssel genannt.«

Bei Steltzner findet sich dazu eine ausführliche Beschreibung, die im folgenden wiedergebenen werden soll[64]: »*Es hatte Hochgedachter Herr Graf einige Zeit vorhero ungemeine Anstalten von den besten Künstlern, Bau–Meistern und Mahlern, nebst 100. andern Personen, zu Vollführung des angegebenen prächtigen Saals, und Illumination des Hauses, der neuen Opera, einer schönen Musike von zwen Paar Paucken, 12 Trompeten, und 70. andern Instrumentisten, und vielen Vocalisten machen lassen.*

Das grose Haus, der so genannte Bremer-Schlüssel, war mit dem Fronton 66. Fuß hoch, und mit den beyden Seiten–Pforten 70. fuß breit, hatte 6. Pilare, dahero der Erfinder villeicht aus gedachten 6. Pilaren, zu Ehren Caroli VI. von aussen transpirant, und aus dem ganzen Gebäude den Tempel der Ehren zu machen.

Dieser Tempel mit den Fronton der Corniche, Fenster-Pilaren und 2. Seiten-Pforten, bestunden aus Corinthischer Arth, dessen Architrave und Gesimse auf 6. Wand-Pilaren ruhete, auf welchem Architrave eine Gallerie gesetzet, worauf Ihro Kaiserl. Mayt. unter andern eigenthümlichen Helden–Tugenden mit 6. Sinn-Bildern, so an Lorbern, und Palmen Festons darauf geheft, zu sehen. [...].

In Fronton war der große Reichs-Adler an der Cupula, oder gewölbten Himmels, doch mit grosen Tropheen und

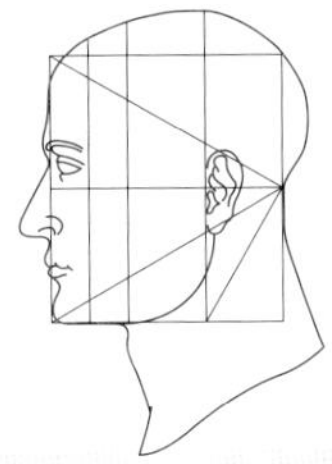

Alle Medaillen sind im
Maßstab 1:2 abgebildet.

Abb. 25: Hamburg, halber goldener Bankportugaleser, 1691, Medailleur: vermutlich Johann Rethe (Reteke) d. J., ca. 1645–1720. MHG, Münzkabinett. Foto: Fischer-Daber.

Abb. 26: Hamburg, Silb.-Medaille, unbekannter Anlaß, Ansicht des alten Rathauses, 1696; Medailleur unbekannt. Foto: MHG, Münzkabinett.

Abb. 27: Hamburg, Silb.-Medaille, auf das Begräbnis des Bürgermeisters Johann Schulte, 1697; Medailleur unbekannt. MHG, Münzkabinett. Foto: Fischer-Daber.

Abb. 28: Hamburg, Silbermedaille, auf Pastor Dr. Christian Crumbholz und die durch ihn hervorgerufenen Unruhen, 1708, mit Ansicht des Eimbeckschen Hauses; Medailleur unbekannt. Foto: MHG, Münzkabinett.

Abb. 29: Hamburg, Silbermedaille, auf Pastor Dr. Christian Crumbholz und die durch ihn hervorgerufenen Unruhen, 1708, mit Ansicht der Petrikirche und des Rathauses; Medailleur unbekannt. MHG, Münzkabinett. Foto: Fischer-Daber.

Abb. 30: Hamburg, Silbermedaille auf die Feier der Geburt des Erzherzogs Leopold, 1716; Medailleur unbekannt. MHG, Münzkabinett. Foto: Fischer-Daber.

Armaturen gestellet [...]. Aus gedachter Cupula ragte ein 6. eckigter Stern, so den geschlungenen Nahmen Carolus VI. in seinem Glantz führete, und über 9. Fuß hoch war, hervor. [...].

In der Mitten aber, unter dem zwischen Armaturen schwebenden Adler, war, der Solidite und bessern Simmetrie halber, an statt eines Traille-Wercks, ein im Feuer vergoldetes metallnes Gewand gesetzet, und war jetzt berührtes Gesims-Werck aus rohten und weisen Marmor in richtig Corinthischer Ordnung gezeichnet.

Die darauf gesetzten, und auf jeden Wand-Pfeiler über die Architrave auf ihre Piedestaur stehende 6. Tugenden waren Fortitudo, Justitia, Pietas, Constantia, Temperantia und Magnanimitas, an deren jeden Wand-Pfeiler, worüber sie stehen, sechs ovale Schilde mit Lorber-Festons gehefftet, worinnen sechs Emblemata gemahlet, so theils auf Ihro Mayt. Tugenden, theils auf die Geschichte unter Dero Regierung, theils auf den gegenwärtigen Staat, Conjuncturen und Geburth des Erzherzogs zieleten.

Alle diese Statuen waren mit lebhafftigen und jeder Tugend anständigen Farben abgebildet, und bey der Tapferkeit war zu mercken, daß sie nicht mit einer Keule, sondern als eine kluge und tapffere Pallas, die anstatt des Kopfs der Medusa ein Wild-Schein und Löwen im Schilde führete. [...].

Die Capitälen der Wand-Pfeihler, so die Festigkeit des ganzen Gebäudes machten, und worüber die Tugenden placiret waren, hatten eine nette proportionirte Architectur von goldenen Adlern, in behöriger Corinthischer Symmetrie. [...].

Zwischen besagten Pfeilern sahe man vier herrlich gezeichnete Nichen oder Bilder-Blindten mit Kroppischen Statuen, nach gleicher behörigen Architectur von weisen Marmor, porphirnen Krack-Steinen, und dergleichen Muscheln.

Diese 4. Statuen stelleten Morgen, Mittag, Abend und Mitternacht vor. [...].

Bey oberzehlten allen war die Symmetrie dergestalt in acht genommen, daß, obgleich die Wercke auf Erden in einer enormen Gröse sich zu präsentiren schienen, dieselben dennoch, als sie zusammen gesetzet waren, in einer vollständigen Proportion sich zeigten.

Das Fundament war aus lauter gehauenen sechs-eckigten starcken grauen Marmor-Steinen, wovon die beyden Ehren-Pforten gleichfalls gezeichnet, woran man gefesselte Mohren und Türcken-Sclaven erblickte, so nicht schöner gemahlet werden können.

Uber derselben Häupter waren eroberte Tropheen in unvergleichlicher Ordnung geheftet.

Die Thore aber an sich selbsten mit den stärcksten und besten Armaturen und Sieges-Zeichen ausgeschmückt.

Die Pforte des Ehren-Tempels war von weisen Marmor und Porphirnen Kracksteinen, worzu man auff einer gebrochenen sechs eckigten Treppe gelangete, und über diese Pforte sahe man eine Fama, so das Vivat Caroli VI. mit einer hell-leuchtenden Glorie umgeben jen Himmel bließ, und diesen Rahmen verewigte. [...].

Der Inventor davon, und von der Opera war Hr. Lic. Bartholdus Feind. Hamburg.

Der Delineator und Erecutor Herr Zimmermann.

Die Musick war vom Hrn. Capell-Meister Käysern.

Der Mahler der Säulen Herr Querfurth.

Der Mahler des Tempels Herr Giovanni Murari.

Der Tischler zum Sahl Herr Hertel. [...].

Hinsichtlich der genannten Künstler ist anzumerken, daß diese alle an der Hamburger Oper beschäftigt waren. Die Verbindung von schriftlicher Quelle und Medaille ermöglicht es somit, sich ein recht genaues Bild der Ehrenpforte zu machen. Darüber hinaus ist bemerkenswert, wie stark dieses nur für kurze Zeit errichtete Bauwerk nicht nur in der Form, sondern auch in der inhaltlichen Konzeption von antikem Gedankengut geprägt ist.

Schwieriger ist der Nachweis von der realen Existenz jenes Gebäudes zu führen, welches sich auf der Silbermedaille abgebildet findet, die 1732 auf die 50jährige Hochzeitsfeier des Ratsherrn Matthias Mutzenbecher geprägt wurde (Abb. 31)[65]. Neben der großen Menge von Hamburger Medaillen, die Stadtansichten und Stadthäuser zeigen, ist dies die einzige Medaille, die ein Landhaus wiedergibt. Die Vorderseite zeigt das Mutzenbechersche Haus, vor dem ein Weinstock steht. Dieser verzweigt sich symmetrisch in zwei Ranken, an denen links sechs und rechts acht Reben hängen. Diese 14 Reben symbolisieren die Kinder, die aus dieser Ehe hervorgingen, nämlich sechs Mädchen und acht Jungen. Auf der Rückseite findet sich das Mutzenbechersche Wappen rechts, das der Familie Ecken links der Inschrift.

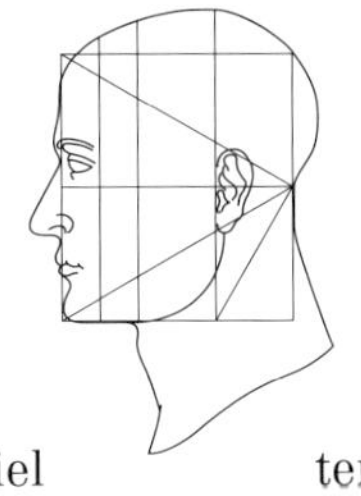

Matthias Mutzenbecher wurde am 22. April 1653 in Kiel geboren. Seine Eltern schickten ihn 1669 nach Hamburg *»zur Erlernung der Handlung«*, das heißt, er kam bei einem vornehmen Kaufmann in die Lehre. Im weiteren nahm der Lebensweg Mutzenbechers einen ungeheuer erfolgreichen Verlauf. Durch sein außerordentliches kaufmännisches Geschick konnte er 1678 sein eigenes Geschäft eröffnen. Nachdem sich der geschäftliche Erfolg eingestellt hatte, ließ ebenfalls der gesellschaftliche Aufstieg nicht auf sich warten. Sein Ansehen war bald so groß, daß man ihm öffentliche Ämter antrug. Neben den vielen städtischen und kirchlichen Ämtern, die er innehatte[66], seien hier nur die wichtigsten herausgegriffen: 1702 wurde Mutzenbecher zum Kämmerei-Bürger, 1710 zum Oberalten des Nikolai-Kirchspiel gewählt. Im gleichen Jahr wurde er auch Senator des Hamburger Senats. 1718 war er zweiter, 1719 erster Prätor (Vorsitzender) des Niedergerichts. 1722 trug man ihm die Stelle als Obrist des Bürger-Regiments zu St. Katharinen auf.

Anscheinend erlaubten es Mutzenbechers finanzielle Verhältnisse im Laufe der Zeit, Eigentum zu erwerben. 1694 kaufte er ein Haus in der Deichstraße. Das Haus blieb durch den Hamburger Brand von 1842 verschont und ist in seiner dem Nikolai-Fleet zugewandten Seite noch heute vorhanden (heute Nr. 25). Schon 1706 war es ihm dann möglich, noch ein Landhaus zu erstehen. Ganz standesgemäß hatte er sich ein Anwesen in Hamm ausgesucht. Hier lag die am frühesten von Hamburg aus mit Gartenhäusern besiedelte Gegend. Schon im Jahr 1648 werden in einer Liste *»Inventarium Aller Heuser und Landes zum Borgest hehorig«* viele Lusthäuser aufgeführt[67]. Viel Land wurde in der folgenden Zeit zu Lustgärten aufgeteilt, die meist reichen Hamburgern gehörten. Matthias Mutzenbechers Anwesen gehörte zu den zehn Hammer Höfen, so genannt um sie von den zahlreichen bäuerlichen Besitzungen zu unterscheiden. Der Hof lag an der Ecke der heutigen Carl-Petersen-Straße und der Schwarzen-Straße. Das oben genannte Inventar listet für den damaligen Besitzer Ditrich von Eitzen folgenden Besitzstand auf: *»1 schon lusthaus, 1 vorwercks hauß, 1 gruße schune, 2 lustgarten, 1 kate mit Garten, samt 1 morgen landes und 5 wispel infal gestland«*. Ein Stich aus dem Jahr 1685, der die Entführung von Hieronymus Snitger darstellt[68], zeigt im Hintergrund eben jenen Hof. Leider versperrt ein großer langgestreckter Zaun den freien Blick auf das Anwesen, so daß nur die Dächer mehrerer Häuser, von alten Bäumen umgeben, zu erkennen sind. Eindeutig handelt es sich bei allen Häusern um in Fachwerk ausgeführte Gebäude. 1693 wurde nun dieser Besitz geteilt und Mutzenbecher konnte 1706 den nördlichen Teil erwerben. Vermutlich hat er im folgenden manches verändert und vergrößert. Jedenfalls weist eine Karte aus dem Jahr 1714 sein Haus als das größte unter den in Hamm gelegenen Gebäuden aus[69].

Auch in Hamm gehörte Mutzenbecher bald zu den einflußreichen Persönlichkeiten. Wie schon in Hamburg selbst bekleidete er auch hier öffentliche Ämter: 1729 bis 1735 war er Erster Landherr zu Hamm, Horn und dem Hamburger Berge. Mutzenbecher wird – dem Zeitgeist folgend – in Hamm wohl kaum einen landwirtschaftlichen Betrieb unterhalten haben. Wahrscheinlicher ist, daß er den Besitz vor allem als Sommeraufenthalt für seine Familie und möglicherweise zu Repräsentationszwecken genutzt hat. Vor allem wird ihm der Garten – so die allgemeine Bezeichnung für einen Sommersitz – zur Erholung gedient haben.

Zum 50jährigen Hochzeitstag wollte die Familie Mutzenbecher ein besonderes Fest ausrichten. Dies war insofern etwas besonderes, weil die Sitte, fünfzig Jahre nach Eingehung einer Ehe, die Wiederkehr des Hochzeitstages durch eine Gedenkfeier festlich zu begehen, in Hamburg erst um die Mitte des 17. Jahrhunderts bezeugt ist[70]. Da das sogenannte Gartenleben erst mit den drei Pfingsttagen begann, konnte die Familie Mutzenbecher die Goldene Hochzeit nicht in ihrem Landhaus feiern. So wich man in das Haus des ältesten Sohnes aus, das in der Katharinenstraße lag. Hierher kamen seine zahlreichen Nachkommen, viele Bürger und fast alle Mitglieder des Rates. Zum Ablauf des Festes heißt es[71]: *»Der Senior Winckler segnete die Ehe aufs neue ein. Sieben Glückwunsch-Karmina wurden dem vornehmen Paare huldigend dargebracht. Richey verherrlichte das Fest durch seine poetische, Telemann durch seine musikalische Kunst. Ein Festmahl bildete den Abschluß der Jubelfeier«*. Für das Fest der goldenen Hochzeit hatte sich Mutzenbecher etwas besonderes ausgedacht: zu diesem Anlaß ließ er eine silberne Gedächtnismedaille prägen. Nach einem tüchtigen Medailleur mußte Mutzenbecher nicht lange suchen. Zu dieser Zeit, nämlich von 1730 bis 1749 arbeitete der auf Gotland geborene Daniel Haesling (um 1700 – um 1750) als Stempelschneider in der hamburgischen Münze. Als Schüler des berühmten Medailleurs Johann Karl Hedlinger (1691–1771) schuf er hier eine Reihe von Portugalösern und arbeitete für polnische und dänische Auftraggeber[72].

Die Hochzeitsmedaille zeigt auf der Vorderseite das Landhaus von Matthias Mutzenbecher frontal von der vermutlichen Eingangsseite her. Das Gebäude besteht aus einem hohen Mittelbau, an den sich zu beiden Seiten zwei niedrigere und etwas zurückspringende Flügel anschließen. Somit kann angenommen werden, daß der Grundriß eine Kreuzform hatte. Der Mittelteil überragt die Flügel um ein Geschoß und wird von einer Kuppel überwölbt, welche wiederum durch einen kugelförmigen Abschluß bekrönt wird. Das Dach der Seitenflügel ist flach abgewalmt und trägt am äußeren Ende jeweils einen Schornstein. Ein breites Gesimsband verbindet den Haupt- und die beiden Seitenteile. Auch die leicht rechteckigen Fenster im unteren Bereich verlaufen in einer Höhe. Die geschlossene Komposition des Bauwerks wird einzig durch den bogenförmigen Eingang gestört, dessen Einfassung sich offensichtlich an italienische Palazzi anlehnt, hier jedoch durch die überdimensionierten Steinblöcke etwas unproportioniert erscheint.

Sowohl aus schriftlichen wie aus bildlichen Quellen ist nicht ersichtlich, wie das Landhaus der Familie Mutzenbecher ausgesehen hat. Auch spätere Nachrichten lassen keinen Rückschluß auf die Gestalt des Baus zu. Einzig die vorliegende Medaille vermag einen Eindruck von diesem Gebäude zu geben. Allerdings ist fraglich, inwieweit die Darstellung auf der Medaille die Realität widerspiegelt. Jedoch kann wohl angenommen werden, daß es sich bei dem abgebildeten Gebäude um kein Fantasiegebilde handelt.

Wer das Haus entworfen hat, ist ebenso ungewiß wie seine genaue Erbauungszeit. Letztere läßt sich jedoch zumindest ungefähr erschließen: Sie muß zwischen 1706 (Kauf des Grundstücks) und 1732 (Datierung der Hochzeitsmedaille) liegen. Nach der Biographie Mutzenbechers wird am ehesten eine Zeitspanne nach 1710 in Frage kommen – dies ist das Jahr, in dem er Senator wurde und seine finanzielle Situation vermutlich größere Baumaßnahmen zuließ. Wie lange das Haus gestanden hat, läßt sich ebenfalls nicht feststellen. Nach dem Tode Mutzenbechers im Jahre 1736 wurde der »Garten« verkauft. Im weiteren sind die Besitzverhältnisse unklar. Im Jahr 1763 hat jedoch die Familie Danckert das Anwesen erworben. Auf jener Karte, die die Ortschaft Hamm bei der Überschwemmung 1771 zeigt, ist allerdings kein Gebäude abgebildet, das Ähnlichkeit mit dem auf der Medaille hätte[73]. Allerdings liegt hier der Ausschnitt so ungünstig, daß nur der südliche Teil des ehemaligen Mutzenbecherschen Grundstücks zu erkennen ist. Offensichtlich stellt folglich die Medaille den einzigen Nachweis für das Aussehen des Gebäudes dar. Für den Beginn des 18. Jahrhunderts ist der Entwurf dieses Zentralbaus für diese ländliche Gegend recht kühn und hebt sich deutlich von den umliegenden zeitgleichen Fachwerkhäusern ab. Mutzenbecher erbaute sich somit einen villenartigen Landsitz, der zugleich innovativ die Entwicklung vorwegnahm, große Repräsentationsbauten außerhalb der Stadtmauern zu errichten. Damit zeichnet sich hier gleichzeitig eine erstaunliche Platzkontinuität von bedeutenden Villenbauten ab, denn das Haus der Familie Danckert ging in den Besitz der Familie Ruperti über[74]. Dieser verkaufte das dort erbaute Landhaus an den Freiherrn von Ohlendorf, der wiederum dort eine stattliche Landvilla errichtete[75]. Heute sind die ehemaligen Gärten durch die sich vorschiebende Großstadt vollständig überbaut, und nichts deutet mehr auf die ehemalige Nutzung hin.

Die letzte hier zu nennende Medaille ist eine Goldprägung, die 1750 auf die durch einen Blitzschlag zerstörte St. Michaeliskirche geschlagen wurde (Abb. 32). Während die Vorderseite eine Ansicht der Michaeliskirche von Süden mit dem von Peter Marquardt entworfenen und im Winter 1668/69 fertiggestellen Turm wiedergibt, zeigt die Rückseite eine Ansicht der durch einen Blitzschlag völlig ausgebrannten Michaeliskirche von Norden. Der Turmhelm und der gesamte Dachstuhl fehlen, Teile des Nordportals sind zerstört. Beide Darstellungen sind durch den Medailleur Paul Heinrich Gödecke (1730–1764) direkt von zeitgenössischen Stichen übernommen.

Architekturdarstellungen auf Medaillen können folglich sehr unterschiedlich zu bewerten sein. Wiedergegeben werden vor allem zum einen geplante, aber aus unter-

Alle Medaillen sind im Maßstab 1:2 abgebildet.

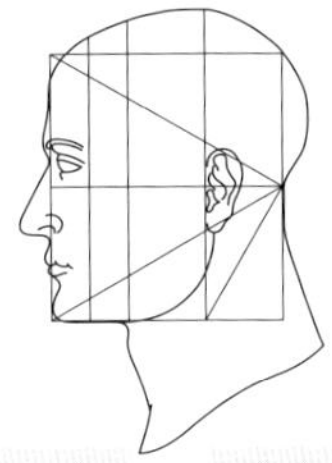

Abb. 31: Hamburg 1732, Silb.-Medaille auf die 50jährige Hochzeitsfeier des Ratsherrn Matthias Mutzenbecher im Jahr 1732; Medailleur: Daniel Haesling, um 1700–um 1750. MHG, Münzkabinett. Foto: Fischer-Daber.

Abb. 32: Hamburg, Goldmedaille 1750, auf die durch einen Blitzschlag zerstörte St. Michaeliskirche; Medailleur: Paul Heinrich Gödecke, 1730–1764. MHG, Münzkabinett. Foto: Fischer-Daber.

schiedlichen Gründen nicht realisierte Gebäude, zum anderen Bauwerke, die in dieser Weise wirklich existiert haben. Nur in Kombination mit weiteren Quellen lassen sich jedoch konkrete Antworten hinsichtlich der Baugeschichte eines spezifischen Gebäudes finden. Allerdings scheinen in wenigen Fällen Medaillen die einzige Quellengattung zu sein, die einen bildlichen Nachweis für bestimmte Bauwerke darstellen.

1 Zitiert nach Suhle 1950, 10.
2 Habich 1922, 1.
3 Panvini Rosati 1966, 5.
4 Veit 1982, 52.
5 Evers 1995, 164.
6 Panvini Rosati 1966, 25.
7 Evers 1995, 164.
8 Habich 1922, 55.
9 Evers 1995, 248.
10 Ebd. 317.
11 Siehe hierzu Katalog München 1973, 211 ff..
12 Veit 1982, 51 Nr. 81.
13 Vgl. Habich 1929–1934, 2.1, Nr. 2804.
14 Forrer 1970, II, 528 ff..
15 Ders. I, 72 f.
16 Siehe allgemein zum Rathaus Grisebach 1907.
17 Raff 1986, 14.
18 Ebd. 18.
19 Forrer 1970, VI, 453.
20 Schwemmer 1972, 48 u. Taf. 36 c.
21 Allgemein zu Hedlinger Felder 1978.
22 Ebd. 59.
23 Wideen 1951, 116 f..
24 Ebd. 118 f..
25 Forrer 1970, VI, 345.
26 Galster 1936, 238.
27 Ebd. 237.
28 Loon 1732–1737, Bd. II, 387 f..
29 Ebd. 387 Var. I.
30 Forrer 1970, IV, 665 ff..
31 Habich 1929–1934, 2.2, 466 Nr. 3208.
32 Ebd.
33 Kellinghusen 1920–22, 74.
34 Ebd. 79.
35 Übersetzung nach Langermann 1753, 57 Nr. 1.

36 Evers 1995, 19?
37 Koppmann 1880; Kowalewski 1908.
38 Hatz 1989, 164.
39 Faulwasser 1926, 13; Abb. 9
40 Ders. 1896, 31, Abb. 17.
41 Ebd. 28 f..
42 Siehe Faulwasser 1926, 15.
43 Ebd. 1901, 17.
44 Ebd. 21.
45 Ders. 1896, 34.
46 Gaedechens 1876, 93 Nr. 1568; Langermann 1753, 34 Nr. 1.
47 Faulwasser 1901, 21.
48 Ebd.
49 Rohde 1925, 490.
50 Faulwasser ebd.
51 Schellenberg 1975, 37.
52 Faulwasser ebd. 22.
53 Siehe Rohde 1925, Abb. 4, 5, 9.
54 Ebd. 497.
55 Gaedechens 1876, 98 Nr. 1603.
56 Dorfmann 1960, 118.
57 Ebd. 113.
58 Ebd. 123.
59 Schellenberg 1975, Abb. 98.
60 Langermann 1753, 578.
61 Gaedechens 1876, 113.
62 Melhop 1925, 138 Abb. 108.
63 Gaedechens 1854, 33.
64 Steltzner 1739, 415–422.
65 Mutzenbecher 1911; Winckler 1914.
66 Siehe Deutsches Geschlechterbuch Bd. 19, 295 f.
67 Sieveking 1899 b, 302.
68 Ders. 1899 a, 50
69 Ders. 1899 b, Tafel I.
70 Finder 1930, 63.
71 Ebd. 64 f.
72 Siehe Forrer 1970, II, 375.
73 Sieveking 1899 a, Abb. gegenüberliegend S. 52.
74 Schramm 1943, 467.
75 Katalog Hamburg 1975, 151.

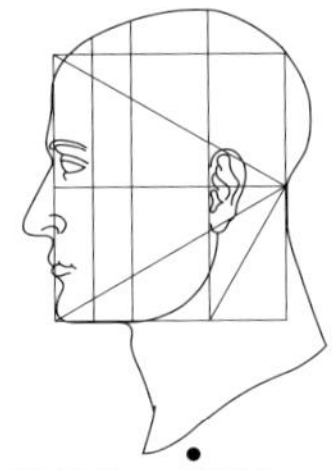

Palladios Spuren führen in die Gegenwart

Volkwin Marg

Die architektonische Formensprache war eine Verständigungsfrage der Bildungsbürger der alten Welt Europas und ist Kontinuum der abendländischen Baukultur geblieben:
– Vor zwei Jahrtausenden verfaßte der römische Bildungsbürger Vitruv in Anlehnung an griechische Schriften das zehnbändige Regelwerk *De architectura* für die Architekturtheorie der griechisch-römischen Antike.
– Fünf Jahrhunderte später begründete der mittelalterliche Bildungsbürger Andrea Palladio auf diesem Regelwerk und der Vermessung römischer Bauten in seinen Lehrbüchern eine ganzheitliche Auffassung von der klassischen Architektur, die im Verbund mit dem Werk Vitruvs zum kanonischen Werk für das Formenvokabular der Renaissance des 16. Jahrhunderts wurde.
– Die antikische Gestaltsprache des Mittelmeerraumes verbreitete sich im 17. und 18. Jahrhundert diesseits der Alpen weiter, in die Niederlande, nach England, Irland, Frankreich, Deutschland, Polen, Skandinavien. Für das gebildete nordeuropäische Bildungsbürgertum des 19. Jahrhunderts blieb die Verständigung in dieser Architektursprache eine Selbstverständlichkeit, ganz gleich, ob in Paris, Hamburg, Kopenhagen, Berlin, Helsinki oder Petersburg klassizistisch formuliert wird.

Erst die Kulturrevolutionen des 20. Jahrhunderts verwerfen mit dem vermeintlichen Ballast der Traditionen und der humanistischen Allgemeinbildung auch die altbewährten architektonischen Sprachkonventionen, in der Überzeugung, neuen Inhalten der zur Kunst ideologisierten Technik nur mit Schöpfungen in einer noch nicht dagewesenen Sprache neuer Formen Ausdruck verleihen zu können.

Goethe mochte diese Entwicklung geahnt haben, als er 1810 in einem Gespräch skeptisch äußerte: *»Die Vollkommenheit der Technik schließt die Kunst aus in allem, was zum Lebensgenuß, zum Komfort und so weiter gehört, weil sie auf das Mathematische, d. h. auf das Notwendige geht«.*

Seit Vitruv galt in der Baukunst der Zusammenhang von utilitas, firmitas, venustas, – oder wie die englischen Palladianer des 18. Jahrhunderts sagten: commodity, firmnes, delight. Die Ausgewogenheit dieser Ansprüche wurde im Sinne der palladianischen Architektursprache wie ein baumeisterliches esperanto verständlich formuliert und zur europäischen Tradition.

Diese Ausgewogenheit wurde im Bildersturm gegen das traditionelle Bildungsbürgertum mitsamt der platonischen Trias vom Wahren, Guten, Schönen mißachtet oder geringgeschätzt. Die ideologischen Einseitigkeiten der Architekturauffassungen seit Anfang des 20. Jahrhunderts fraktionierten die Architekten zum Beispiel der sogenannten »Moderne« oder des »Neuen Bauens« schlagwortartig in Funktionalisten, Konstruktivisten und Formalisten.

Die bildungsbürgerlichen Traditionalisten unter der damaligen Architektenschaft setzten dieser ideologischen Fraktionierung die Gestalt-Synthese mit dem kulturellen Erbe der tradierten Baukunst entgegen. Die Wechselwirkung von Bewahrung und Veränderung sahen sie im Ästhetischen nicht revolutionär im Umbruch, sondern evolutionär in der Verschmelzung.

Peter Behrens, Fritz Schumacher, Tessenow, Asplund, Terragni, Mies van der Rohe sind unter anderem in diesem Zusammenhang ungeachtet ihrer persönlichen Eigenheiten als Bewahrer der vergangenheitsbewußten sprachlichen Kontinuität in der Architektur der zwanziger Jahre zu nennen.

Wie sehr in der ersten Hälfte dieses Jahrhunderts die auf die Architekturtradition bezogene architektonische Gestaltungssprache in breiten Gesellschaftsschichten noch umgangssprachlich als »selbstverständlich« eingeschätzt wurde, läßt sich daran erkennen, daß in den dreißiger Jahren eine weltweite Rückwendung zu einer quasi klassischen Architekturgestaltung stilistisch festzustellen ist, sei es beim Bau von Regierungsgebäuden in Washington – USA, bei der Pariser Weltausstellung oder bei der Berliner Olympiade.

Alle damaligen autoritären Gesellschaftssysteme griffen populistisch auf eine Art Neoklassizismus zurück, wenn sie sich bei den Massen verstanden wissen wollten:

sei es der Faschismus nach seinem stilistischen Flirt mit der italienischen Moderne a la »casa del facio« in Turin;

sei es der Bolschewismus nach Ausschaltung der russischen Konstruktivisten im Zuge der stalinistischen »Säuberungen« auch in der Intelligenzia;

sei es der Nationalsozialismus in seiner bewußtseinsspaltenden Mehrdeutigkeit von Blut und Boden-Idylle, Industrie-Moderne und hoheitlichem Neoklassizismus im »Deutschen Stil«.

Die am klassischen Vokabular orientierte Architektursprache galt in der 2. Hälfte des 20. Jahrhunderts als politisch diskreditiert, vor allem im traumatisierten Westdeutschland.

Der deutsche Schuldkomplex belastete die Anwendung der von den Nazis mißbrauchten traditionsorientierten Formensprache und forderte die Wiedergutmachung an der von den Nazis diskriminierten Moderne, und damit die Hinwendung zu deren Gestaltsprache. (Im Unterschied zu Westdeutschland entstand gleichzeitig zur internationalen Bauausstellung des Hansaviertels 1957 in Westberlin die neoklassizistische Stalinallee der DDR in Ostberlin).

Nach Stalins Tod wird dann auch im Ostblock die traditionsbezogene verständliche Formensprache in Architektur und Städtebau aufgegeben und gegen den technologisch bestimmten Ausdruck der industrialisierten Massenproduktion ausgewechselt. Der Kapitalismus soll eingeholt und überholt werden, die Konkurrenz der Gesellschaftssysteme soll architektonisch und städtebaulich mit den analogen gestalterischen Mitteln der Industriegesellschaft ausgefochten und architektonisch formuliert werden. Der Bezug der Formsprache auf die Baugeschichte wird nun auch hier als antiquiert und nicht mehr als wichtig erachtet.

Als Gegenreaktion entwickelt sich analog zum Zukunftsskeptizismus des Club of Rome, die zur Vergangenheit rückkoppelnde Bewegung für den Denkmalschutz und die mit der Baugeschichte in den Dialog tretende »Postmoderne«.

Unter der Parole »Vorwärts – wir müssen zurück!« wendet sich der Blick in die Vergangenheit und greift auf die klassische Gestaltungssprache zurück.

Die retrospektive Nostalgie des fundamentalistisch verirrten Leon Krier erträumt sogar ein neu gebautes Atlantis. Gegenwartsbewußte Architekten, wie James Stirling, beschränken sich zum Beispiel bei der Staatsgalerie in Stuttgart auf Anspielungen und kennzeichnen ihre historischen Formulierungen als Zitat oder ironische Verfremdung, weil sie ihr Gegenwartsbewußtsein demonstrieren wollen.

Während sich die »Postmoderne« angesichts der technologisch geprägten Wirklichkeit schnell in der Unglaubwürdigkeit ihrer altgierigen Vergangenheitsbeschwörungen erschöpft, überpointiert das neugierige »high tech design« der späten Moderne vor allem in England die Apotheose der Technik.

Diese entgegengesetzten Tendenzen haben die Biennale 1996 in Venedig beherrscht, die nostalgische Altsprachlichkeit mit karikaturhaften Projekten der prominenten Postmodernisten für Walt-Disney-Parks oder mit den Kuriositäten–Ensembles eines Aldo Rossi für Berlin; die technizistischen Avantgardisten mit einem Wirrwarr dekonstruktivistischer Installationen oder metaphorischer Banalitäten, wie coop Himmelblau oder Peter Eisenmann.

Die intellektuellen westlichen Bilderstürme in den Kulturrevolutionen gegen das Bildungsbürgertum und die weitgehende klassenkämpferische Ausrottung des Bürgerlichen im Ostblock haben ein Trümmerfeld auch in der Formensprache hinterlassen.

Der Bildungsverlust von Syntax, Grammatik und Wortschatz hat anstelle eines gemeinverständlichen Sprechens mit Formen ein schwer verständliches Stammeln zur Folge, das sich im Verlust von städtebaulichen Konventionen und dem Chaos der Stadtgestaltung ebenso manifestiert wie in der Unfähigkeit vieler Architekten, sich zur kooperativen Inszenierung städtebaulicher Ensembles auf eine übergeordnete Gestaltsprache für die Architektur zu einigen.

Der fundamentalistische Streit unter Architekten und solchen, die Architektur (be-)deuten wollen, aus Anlaß des Wiederaufbaus des kriegs- und ideologiegeschändeten Berliner Stadtzentrums, ist hierfür ein deutliches und peinliches Zeichen.

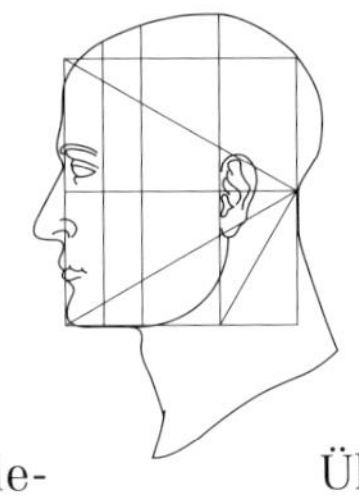

Auch die entsetzliche Banalität der Stadtrand-Verschandelungen infolge eines urbanistisch ungeordneten Potpourris architektonischer Verstümmelungen in ganz Europa und besonders in Ostdeutschland, sind der gebaute Beweis eines um sich greifenden Analphabetismus im Umgang mit der Formensprache der Baukunst.

Jede Sprache ist unendlich viel älter als der, der sich ihrer bedient und sie schreibend und zeichnend weiterträgt. Worte sind Begriffskonventionen, Grammatik die Methode, Begriffe in den sinnvollen Kontext fügen zu können, um mittels der Syntax gedankliche Zusammenhänge verständlich ausdrücken und gestalten zu können.

Was für die Wortsprache gilt, gilt auch für die Gestaltsprache.

Die Wirklichkeit ändert sich in einem mehr oder minder kontinuierlichen Prozeß, und die Architektursprache paßt sich in dem Bemühen, die Wirklichkeit mitsamt ihrer Entwicklung ordnend zu bilden, den realen Änderungen evolutionär an.

Der lang gewachsene Sprachstamm verästelt sich in neue Triebe zur Entfaltung aus einer alten Wurzel, umgekehrt läßt sich das sich entfaltende Neue nur aus der Wurzel und dem gewachsenen Stamm im Zusammenhang verstehen.

Es gibt Versuche, angesichts der Sprachverwirrung und des Sprachverlustes Brücken zwischen der konventionellen Architektursprache und neuen architektonischen Strukturen und Zwecken zu schlagen.

Ein solcher Versuch ist die 1996 eröffnete neue Messe in Leipzig, bei der es mein Anliegen als Architekt war, innovative Stahl-Glas-Strukturen und neue Technologien für Belichtung, Belüftung, Akustik und Kommunikation für den zukünftigen Gebrauchszweck auf gemeinverständliche Weise zu inszenieren, indem ich zur Formulierung auf die abendländischen Konventionen für die architektonische Verständigung zurückgegriffen habe:

Palladios axiale Ordnung eines baulichen Ensembles in der räumlichen Tiefe, die Komposition mittels symmetrischer Spiegelbildlichkeiten, das serielle Ordnungsprinzip von Säulen und Kolossalordnungen und Kolonnaden, die Säulenhalle (Tempel), das Säulenkapitell, das Bogengewölbe, der Campanile, die Geometrie der Garten-Architektur (Tafel 16). Alle diese Gestaltungsmittel sind eingesetzt in Übereinstimmung mit den neuen Strukturen und Technologien und nicht nur als bloßes Zitat der Vergangenheit oder gar als deren ironische Verfremdung.

Die ironische Verfremdung überspielt Berührungsängste mit der architektonischen Konvention. Die Angst vor der Konvention ist eine Folge des Unwissens oder der Unsicherheit.

Die sind freilich – und da schließt sich der Kreis – eine Frage der mangelnden Bildung, der fehlenden Übertragung der Kultur von gestern an die Generation von morgen als Handlungshilfe für heute. Ohne Bildung fallen die bildenden Künste in die atavistische Sprachlosigkeit der Anfänge zurück, auch und gerade die älteste und Mutter der Künste, die Architektur.

Anhang

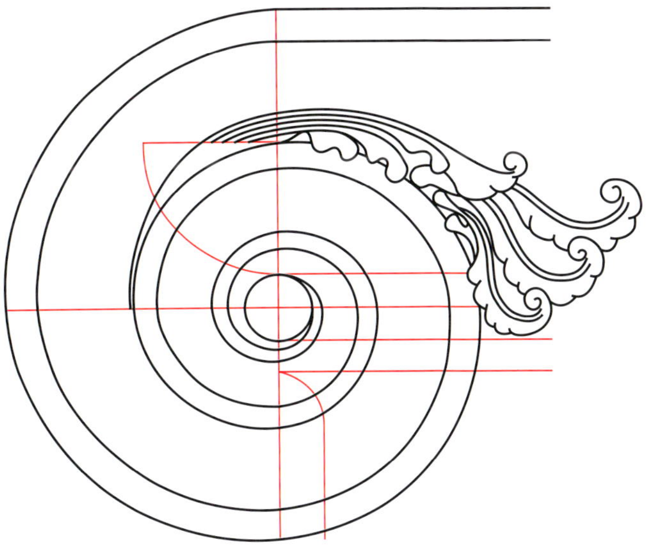

Einige Anmerkungen zum Einfluß Palladios auf die Bautätigkeit in Berlin und Potsdam unter Friedrich II. Silke Großer

Zu den ersten Bauprojekten nach Regierungsantritt Friedrichs II.[1] 1740 gehörte das »Forum Fridericianum« in Berlin an der Straße Unter den Linden, für das ein Residenzschloß, eine Oper und eine Akademie der Wissenschaften geplant war. Ausgeführt wurde nur das Opernhaus (1741 bis 1743). Der Architekt Georg Wenzeslaus von Knobelsdorff hielt sich in der Gestaltung des Außenbaus an zwei Entwürfe aus Campbells *Vitruvius Britannicus*. Die Nordfassade ist dem Entwurf des Landhauses Stourhead entlehnt (*Vitruvius Britannicus*, Vol. III), die Westseite der Fassade des Wanstead House (*Vitruvius Britannicus*, Vol. I).

Vermittelt wurde die englische Palladio-Rezeption vom italienischen Gelehrten Francesco Algarotti, der in England auf dem Landsitz Chiswick House des 3rd Earl of Burlington Zugang zu künstlerischen Kreisen fand und den englischen Klassizismus studierte. Im Oktober 1739 traf Algarotti in Rheinsberg erstmalig den späteren Friedrich II., der Gefallen an den klaren Formen des englischen Palladianismus fand. Fünfundzwanzig Jahre lang, bis zu seinem Tod 1764, blieb Algarotti in architektonischen Fragen ein wichtiger Ratgeber des Königs, der sich für Baufragen interessierte und in die Planung der Bauten selbst eingriff.

Von dem maßgeblichen Einfluß Friedrichs II. auf die Gestaltung der Berliner Oper gibt die Dedikationsmappe Zeugnis, mit deren Widmung Knobelsdorff die Architekturidee dem König zuschreibt: *»Sire, J'ai l'honneur de presenter à Vôtre Majesté les Plans de la Maison de l'Opera qu'Elle à formé Elle même [...].«*

Friedrich II. besaß in seinen fünf Bibliotheken mehrere Palladio-Ausgaben. Francesco Algarotti besorgte dem König die Palladio-Edition Francesco Muttonis' (Paris 1740 bis 1748, befand sich in der Bibliothek im Neuen Palais im Park Sanssouci), wohl auch Campbells *Vitruvius Britannicus or the British architect* (London 1731), der in der Bibliothek des Potsdamer Stadtschlosses stand. Beide Potsdamer Exemplare sind Kriegsverluste. Erhalten ist nur die französische Ausgabe von 1726 aus der Bibliothek in Schloß Sanssouci.

Nach 1750 ließ Friedrich II. den Alten Markt, das am Stadtschloß gelegene Zentrum Potsdams, unter der Leitung von Georg Wenzeslaus von Knobelsdorff nach teilweise italienischen Vorlagen neu gestalten. Ein Gemälde C. Chr. W. Barons von 1772 zeigt die Fassade der Nikolaikirche, den Obelisk und den nach dem gleichnamigen römischen Vorbild gerade erst 1771/72 von Gontard fertiggestellten Palazzo Barbarini. Die Ostseite des Marktes dominiert das 1753 bis 1755 vom königlichen Baudirektor Johann Boumann errichtete Rathaus, eine modifizierte Kopie des Palazzo Angarano von Vicenza, abgebildet im 2. Buch der *Quattro Libri dell' Architettura* auf Seite 75 der Originalausgabe von 1570. Von dem Entwurf war – wie auch bei den anderen Potsdamer Kopien nach Bauten Palladios – nur die Fassade von Interesse, die hier bereits von weitem in der Flucht der Schloßstraße sichtbar war. Da das benachbarte Haus eines Bäckers nicht, wie ursprünglich geplant, in den Neubau des Rathauses miteinbezogen werden konnte, verringerte man die neun Achsen des Palazzo Angarano auf sieben. Die Unterbrechung des Sockels durch die seitlichen Eingangstüren, vor allem aber die hohe Tambourkuppel mit der Figur des Atlas ließen den Bau mehr vertikal als sein Vorbild ausgerichtet erscheinen.

Von 1753 bis 1755 entstanden in Potsdam mehrere Bürgerhäuser nach dem Vorbild Palladios, die alle 1945 zerstört wurden. Das Haus Am Alten Markt 12 war um 1753 von Carl Ludwig Hildebrant in Anlehnung an die Fassade von Palladios nicht ausgeführtem Palazzo Giulio Capra errichtet. Die Potsdamer Fassade hält sich eng an die Vorlage. Augenfälligste Veränderung war die Einfügung einer Fensterreihe über dem Piano nobile, die an den von Briseux variierten Entwurf des Palazzo Capra im 1752 erschienenen *Traité du Beau essentiel dans les Arts* erin-

nert. Nach der Beschreibung von Manger zu urteilen, besaß das Potsdamer Eckhaus zwei zentrale Risalite mit korinthischer Säulenstellung im Obergeschoß, jeweils einer zum Alten Markt und zur späteren Kaiserstraße hin.
Friedrich II. hatte seinen Architekten mit Feder, Bleistift oder Rötel freihändig skizzierte Fassadenaufrisse angefertigt, die oft mit Maßangaben, knappen Instruktionen zu der Farbgebung oder dem Stil versehen sind. Er zeichnete das Haus am Markt, wie es erbaut werden sollte: mit zusätzlichem Mezzaningeschoß und Vasen an den Ecken, statt der den Giebel bekrönenden Figuren bei Palladio und Briseux. Der König versäumte nicht, die Gestaltung der zweiten nicht gezeichneten Fassade des Eckhauses nach der Seitenstraße anzuweisen. Er wünschte in der Kirchstraße die gleiche Fassade wie am Markt zu haben, aber ohne Giebel.

Gegenüber dem Haus am Alten Markt 12 wurde das Haus Schwertfegerstraße 1, ebenfalls von Hildebrant, um 1753 als Pendant ausgeführt. Als Vorlage wählte Friedrich II. Palladios Palazzo Montano Barbarano, dessen Entwurf er vielleicht der in seinem Besitz befindlichen Palladio-Ausgabe von 1726 entnahm. Friedrich vereinfachte die Architektur, indem er die korinthischen Pilaster des Obergeschosses durch Lisenen ersetzte. Die Fassade hatte eine Achse weniger als das palladianische Vorbild und zwei Eingangsportale.

Das Eckhaus Schloßstraße 7 (Gasthof »Prinz von Preußen« oder Plögersche Gasthof, später Kommandanturgebäude), erbaut 1754 von Carl Ludwig Hildebrant, war eine Kopie des Palazzo Valmarana. Im Unterschied zu dem Palazzo in Vicenza, der in eine Häuserreihe einer engen Straße eingefügt ist, war der Plögersche Gasthof in Potsdam ein weit sichtbares Eckgebäude. Von den bei Palladio gezeichneten beiden seitlichen Karyatiden übernahm Hildebrant nur eine als Eckfigur. Die Anzahl der Achsen und der Balkon über dem Eingangsportal wichen vom Vorbild ab, nicht nachgeahmt wurde auch die Verkleinerung der Fenster in den äußeren Achsen.

Ein Jugendwerk Palladios, der 1542 entworfene und wenig später in Vicenza gebaute Palazzo Thiene, stand Pate für Johann Gottfried Bürings Haus Am Neuen Markt 5 (erbaut 1755). Die elf Achsen lange Fassade in Vicenza ist bei Briseux im *Traité du Beau essentiel dans les Arts*, Paris 1752, auf Tafel 5 vollständig abgebildet, während die frühen Palladio Ausgaben nur zwei Achsen wiedergaben. Die auf fünf Achsen reduzierte Potsdamer Nachahmung wirkte wie ein Ausschnitt aus einer langgestreckten Fassade. Zwei zusätzlich eingefügte Zwischengeschosse machten die Durchfensterung der Lünetten des Erdgeschosses und eine zusätzliche Fensterreihe über dem oberen Stockwerk notwendig.

Ein weiteres Beispiel für die funktions- und situationsbedingte Anpassung der palladianischen Fassaden bietet auch das Haus Blücherplatz 2. Wiederum lief der Vermittlungsweg von dem Vicentiner Architekten des Cinquecento über den englischen Palladianismus des frühen 18. Jahrhunderts. Der 3rd Earl of Burlington, in dessen Besitz sich etwa 250 Blätter Palladios aus dem Nachlaß von Inigo Jones befanden, kopierte 1723 für seinen Entwurf des Hauses für General Wade eine Palladio-Zeichnung (heute im Royal Institute of British Architects), die nur wenig verändert auch im dritten Band des *Vitruvius Britannicus* Aufnahme fand. Die Zeichnung von Burlington sandte 1752 Algarotti an König Friedrich II., der sie dem Hofarchitekten Johann Gottfried Büring gab als Vorlage für das Bürgerhaus Am Blücherplatz 2 (1945 zerstört). Burlingtons Blatt zeigte eine zweistöckige fünfachsige Fassade, deren Rechteckfenster von rustizierten Blendbögen gerahmt sind. Das Obergeschoß war durch die Pilasterstellung und das Palladio-Motiv des Mittelfensters ausgezeichnet. In Potsdam wurde die Fassade einem viergeschossigen Wohnhaus vorgeblendet, weshalb an Stelle der Blendbögen niedrige Mezzaningeschoßfenster eingefügt sind. Die vom König geforderte repräsentative Fassade war für das bürgerliche Wohnbedürfnis sehr unpraktisch, da zu hohe Geschosse mit niedrigen und mangelhaft beleuchteten alternierten.

1 Die wichtigste Literatur zu diesem Thema lautet: Manger 1789, 202 f.; Streichhan 1932; Müller 1940; Giersberg 1965; Spielmann 1966; Mielke 1972; Guinnes u. Trousdale Sadler 1976; Keller 1988; Wegener 1988; Giersberg u. Schendel 1990; Giersberg 1986; 1991; 1992.

Literatur

Ackerman 1966: J. Ackerman, Palladio (Harmondsworth 1966).

Ackerman 1967: Ders., Palladio's Villas (Glückstadt 1967).

Ackerman 1980: Ders., Palladio (Stuttgart 1980³).

Adelungk 1696: W. H. Adelungk, Kurze historische Beschreibung der uhralten Kayserlichen und des Heiligen Römischen Reichs Freien AnSee Kauff= und Handels=Stadt Hamburg (Hamburg 1696).

Aftanazy 1991–1996: R. Aftanazy, Dzieje rezydencji na dawnych kresach Rzeczypospolitej, Bd. 1–9 (Wrocław 1991–1996).

Alberti 1485: L. B. Alberti, De re edificatoria. Florenz 1485 (ed. Mailand 1966).

Alberti 1912: Ders., De re aedificatoria. Zitiert nach der deutschen Übersetzung: Zehn Bücher über die Baukunst, hrsg. v. Max Theuer (Wien/Leipzig 1912).

Albrecht 1993: St. Albrecht, Das Bremer Rathaus im Zeichen städtischer Selbstdarstellung vor dem 30jährigen Krieg. Materialien zur Kunst- und Kulturgeschichte in Nord- und Westdeutschland, Bd. 7 (Marburg 1993).

Anderson 1984: J. C. Anderson, The Historical Topography of the Imperial Fora. Collection Latomus 182, 1984, 65–100.

Arnaud 1985: P. Arnaud, Il Foro di Augusto. In: Roma Antiqua, L'area archeologica centrale, catalogo della mostra (Roma 1985).

Augsburg 1985: Augsburg und sein Rathaus 1985. Eine Dokumentation, hrsg. von der Stadt Augsburg, Hochbauamt (Augsburg 1985).

Axel-Nilsson 1984: G. Axel-Nilsson, Makalös. Fältherren greve Jacob De la Gardies hus i Stockholm (Stockholm 1984).

Axel-Nilsson o. J.: Ders., Dekorativ stenhuggarkonst i yngre Vasastil. Monografier utgivna av Stockholms kommunalförwaltning (Lund o. J.).

von Bahrfeldt 1923: M. von Bahrfeldt, Münzen Constantinus d. Gr. und seiner Zeit aus dem Münzfunde von Köln a. Rh. 1895 (Halle 1923).

Bandmann 1958/59: G. Bandmann, Ikonologie des Ornaments und der Dekoration, in: Jahrbuch für Ästhetik und allgemeine Kunstwissenschaft 4, 1958/59, 232–248.

Barbieri 1962: F. Barbieri, Il palazzo Chiericati sede del Museo Civico di Vicenza. In: F. Barbieri (Hrsg.), Il Museo Civico di Vicenza. Dipinti e sculture dal XIV al XV secolo (Venedig 1962), 9–62.

Barbieri 1968: Ders., La Basilica Palladiana. Corpus palladianum Bd. II (Vicenza 1968).

Barbieri 1970: Ders., Palladio in villa negli anni quaranta; da Lonedo a Bagnolo. Arte Veneta 24, 1970, 70–72.

Barbieri 1973: Ders., Palazzo Chiericati (ora del Museo Civico). In: L. Puppi (Hrsg.), Andrea Palladio (Mailand 1973) Bd. II, 281–286.

Barbieri 1984: Ders., Vicenza. Storia di un'avventura urbana (Mailand 1984).

Barbieri 1987: Ders., Palazzo Chiericati. In: F. Barbieri, Vicenza città di palazzi (Mailand 1987), 74–76.

Barbieri 1992: Ders., Palazzo Chiericati. In: Vicenza interni (Vicenza Interiors). Palazzi del '500 e del '600 [Sixteenth and Seventeenth Century Palatial Homes] (Vicenza 1992), 133–147.

Barbieri 1995: Ders., Il Museo di Palazzo Chiericati, Guida breve (Vicenza 1995), 24–28 u. 69.

Barroero u. a. 1983: L. Barroero, A. Conti, A. M. Racheli u. M. Seri, Via dei Fori Imperiali (Roma 1983).

Bartoli 1914–1922: A. Bartoli, I monumenti antichi di Roma nei disegni degli Uffizi di Firenze, 5 Bde. (Roma/Firenze 1914/1922).

Battilotti 1980: D. Battilotti, La chiesa del Redentore, in: L. Puppi (Hrsg.), Architettura e Utopia nella Venezia del Cinquecento (Mailand 1980), 265–266.

Battilotti 1990: Ders., Le ville di Palladio (Mailand 1990).

Bauer 1985: H. Bauer, Ricerche sul muro perimetrale e sul portico del Foro di Augusto. In: Roma – Archeologia nel Centro. Lavori e studi di archeologia pubblicati dalla Soprintendenza di Roma 6, I (Roma 1985).

Baxandall 1987: M. Baxandall, Die Wirklichkeit der Bilder. Malerei und Erfahrung im Italien des 15. Jahrhunderts. Dtsch. Ausg. (Frankfurt a. Main 1987).

Beckett 1921: F. Beckett, Uraniborg og Stjerneborg (København 1921).

Bepler 1988: J. Bepler, Ferdinand Albrecht Duke of Braunschweig-Lüneburg (1636–1687). A Traveller and his Travelogue. Wolfenbütteler Arbeiten zur Barockforschung Bd.16 (Wiesbaden 1988).

Berger 1978: U. Berger, Palladios Frühwerk (Berlin 1978).

Berghaus 1968: P. Berghaus, Die ältesten Münzen Münsters in schwedischen Funden. Commentationes de nummis saeculorum IX-XI in Suecia repertis. Pars secunda. Kungl. Vitterhets Hist. och Antikvitets Akad. Handl. Antikvariska Ser. 19 (Stockholm 1968), 39–93.

Bernheimer 1984: F. Bernheimer, Georg Wilhelm Vestner und Andreas Vestner. Zwei Nürnberger Medailleure. Miscellanea Bavarica Monacensia. Dissertationen zur Bayerischen Landes- und Münchner Stadtgeschichte Heft 110 (München 1984).

Bertotti Scamozzi 1776–1783: O. Bertotti Scamozzi, Le fabbriche e i disegni di Andrea Palladio raccolti ed illustrati. 4 Bde. (Vicenza 1776–1783).

Bevers 1985: H. Bevers, Das Rathaus von Antwerpen (1561–1565). Architektur und Figurenprogramm (Hildesheim/Zürich/New York 1985).

Beyer 1996: A. Beyer, Palladio, Andrea [Gondola, Andrea di Pietro della], in: The Dictionnary of Art (London1996), Bd. 23, 861–872.

Białostocki 1976: J. Bia_ostocki, The Art of the Renaissance in Eastern Europe. Hungary – Bohemia – Poland (Oxford 1976).

Bodar 1984: A. Bodar, Vitruvius in de Nederlanden. Bouwen in Nederland. Leids Kunsthistorische Jaarboek 3, 1984 (1985), 55–104.

Bödefeld u. Hinz 1987: G. Bödefeld u. B. Hinz, Die Villen im Veneto (Köln 1987).

Boehm 1996: G. Boehm, Eine andere Moderne. Zur Konzeption und zu den Grundlagen der Ausstellung. In: G. Boehm, U. Mosch u. K. Schmidt (Hrsg.), Canto d'Amore. Klassizistische Moderne in Musik und bildender Kunst 1914–1935. Ausstellungskatalog Basel (Basel 1996), 15–38.

Boettiger 1797: C. A. Boettiger, Reise nach Wörlitz 1797. Aus der Handschrift ediert und erläutert von E. Hirsch (Wörlitz 1988).

Boettiger 1800: Ders., Nachruf auf Erdmannsdorff. Allgemeine Zeitung, Nr. 89, vom 30. März 1800, S. 361 f.

Bøgh 1965: K. Bøgh, Kardinal Mazarin og Frederik III's biblioteksal. Fund og Forskning XII, 1965, 7–30.

Bøgh 1973: Ders., Omkring Frederik III's biblioteksal og dens arkitekt. Fund og Forskning XX, 1973, 7–44.

Bögle 1994: A. Bögle, Untersuchung historischer Steinbrücken am Beispiel der Fleischbrücke in Nürnberg (Stuttgart 1994).

Bogucka 1987: M. Bogucka, Das alte Danzig (München 1987).

Bohn 1719: G. Chr. Bohn, Der wolerfahrne Kauffman (Hamburg 1719).

Borrmann 1992: M. Borrmann, Historische Pfahlgründungen. Materialien zu Bauforschung und Baugeschichte Bd. 3 (Karlsruhe 1992).

Boucher 1975: B. Boucher, Villa Pisani, Bagnolo di Lonigo. In: H. Burns (Hrsg.), Andrea Palladio 1508–1580 (London 1975), 185–189.

Boucher 1994: Ders., Andrea Palladio. The Architect in his Time (New York/London/Paris 1994).

Bracker 1977: J. Bracker, Stadtbild und Baukunst in Hamburg zur Zeit der Operngründung. In: 300 Jahre Oper in Hamburg. (Hamburg 1977), 50–60.

Bracker 1992: Ders., Hamburg von den Anfängen bis zur Gegenwart (Hamburg 1992[3]).

de Bray 1631: S. de Bray, Architectura Moderna (Amsterdam 1631).

von Bruiningk 1808: H. F. von Bruiningk, Bemerkungen über das Landwirthschaftliche System der Herzoglichen Oekonomie zu Wörlitz. In Briefen (Dessau/Leipzig 1808).

Bruns u. Rahtgens 1939: F. Bruns u. H. Rahtgens, Die Bau- und Kunstdenkmäler der Hansestadt Lübeck. 1. Teil: Stadtpläne und -ansichten, Stadtbefestigung, Wasserkünste und Mühlen (Lübeck 1939).

Buch 1989: D. J. Buch, The Coordination of Text, Illustration, and Music in a Seventeenth-Century Lute Manuscript: La Rhétorique des Dieux. Imago Musicae VI, 1989, 39–81.

Burger 1909: F. Burger, Die Villen des Andrea Palladio (Leipzig 1909).

Burkhardt 1994: B. Burkhardt, Die Rekonstruktion historischer Brücken im Gartenreich. In: Th. Weiss (Hrsg.), Das Gartenreich an Elbe und Mulde. Ausstellungskatalog Wörlitz (Wörlitz 1994), 104–111.

Burkhardt 1996: Ders., Das Brückenprogramm in Wörlitz. In: F.-A. Bechtoldt u. Th. Weiss (Hrsg.), Weltbild Wörlitz, Entwurf einer Kulturlandschaft. Ausstellungskatalog Wörlitz (Wörlitz 1996), 207–218.

Burns 1973 a: H. Burns, I disegni del Palladio. Bolletino del Centro Internazionale di studi di architettura Andrea Palladio XV, 1973, 169–192.

Burns 1973 b: Ders., I disegni. In: Andrea Palladio. Ausstellungskatalog Mailand (Mailand 1973), 133–134, 145–146.

Burns 1975 a: Ders., The logge of the Basilica, Vicenza. In: H. Burns, L. Fairbairn u. B. Boucher (Hrsg.), Andrea Palladio 1508–1580. The Portico and the Farmyard. Katalog (London 1975), S. 27–28.

Burns 1975 b: Ders., Andrea Palladio 1508–1580. The Portico and the Farmyard (London 1975).

Burns 1980: Ders., I monumenti antichi e la nuova architettura. Le antichità di Verona e l'architettura del Rinascimento. In: Palladio e Verona. Ausstellungskatalog Venedig (Venedig 1980), 103–117.

Canova 1985: A. Canova, Le ville del Palladio (Treviso 1985).

Cevese 1971: R. Cevese, Ville della provincia di Vicenza (Mailand 1971).

Cevese 1973 a: Ders., Basilica palladiana (Vicenza) XXXV. In: Andrea Palladio. Ausstellungskatalog Mailand (Mailand 1973), 112–117.

Cevese 1973 b: Ders., L'Opera del Palladio. Mostra del Palladio. Ausstellungskatalog Mailand (Mailand 1973), S. 55–56.

Cevese 1976: Ders., I modelli ligniei della Mostra del Palladio (Venedig 1976).

Chambers 1763: W. Chambers, Plans, Elevations, Sections, and Perspective Views of the Gardens and Buildings at Kew in Surry. The Seat of Her Royal Highness The Princess Dowager of Wales (London 1763).

CNI IV: Corpus Nummorum Italicorum. Primo Tentavio di un Catalogo Generale delle Monete Medievale e Moderne coniate in Italia o da Italiani in altri paesi. Vol IV: Lombardia, Zecche minori (Roma 1913).

Cordes 1993: M. Cordes, Tonart und Affekt in der Musik des 16. Jahrhunderts. Jahrbuch Alte Musik 2, 1993, 9–25.

Coryate 1970: Th. Coryate, Die Venedig- und Rheinfahrt A. D. 1608. Auswahl in deutscher Übersetzung von Hans E. Adler (Stuttgart 1970).

Dahlgren 1919: E. W. Dahlgren, Louis de Geers hus i Stockholm. Samfundet St. Eriks årsbok 1919, 59–101.

Dalla Pozza 1964–1965: A. M. Dalla Pozza, Palladiana X, XI, XII. Odeo Olimpico, 1964– 1965, 224–225.

Dannenberg 1876–1905: H. Dannenberg, Die deutschen Münzen der sächsischen und fränkischen Kaiserzeit. 4 Bde. (Berlin 1876-1905).

De Jonge 1988: K. De Jonge, La serliana di Sebastiano Serlio. Appunti sulla finestra veneziana. In: Sebastiano Serlio, Sesto Seminario Internazionale di Storia dell'Architettura. Vicenza, 31. August bis 4. September 1987 (Mailand 1988).

Dolch 1959: J. Dolch, Lehrplan des Abendlandes. Zweieinhalb Jahrtausende seiner Geschichte (Ratingen 1959).

Domanic 1907: K. Domanic, Die Deutsche Medaille in Kunst- und Kulturhistorischer Hinsicht. Nach dem Bestande der Medaillensammlung des allerhöchsten Kaiserhauses (Wien 1907).

Donatus 1630: A. Donatus, Roma vetus et recens (Rom 1630).

Dorfmann 1960: B. Dorfmann, Die Medailleure Johann Rethe (Reteke) Vater und Sohn, in Riga – Stockholm – Hamburg um 1615/20 bis 1720. Zeitschr. d. Ver. f. Hamburg. Gesch. 46, 1960, 105–129.

Eimer 1961: G. Eimer, Carl Gustaf Wrangel som byggherre i Pommern och Sverige. Acta universitatis Stockholmiensis, Stockholm Studies in History of Art 6 (Stockholm 1961).

Ellenius 1967: A. Ellenius, Konst och miljö. In: S. Dahlgren, A. Ellenius, L. Gustafsson u. G. Larsson (Hrsg.), Kultur och samhälle i stormaktstidens Sverige (Stockholm 1967), 41–94.

Ennen 1876: L. Ennen, Das Rathausportal zu Köln. Zeitschr. für Bildende Kunst 7, 1876, 284.

von Erdmannsdorff 1797: F. W. von Erdmannsdorff, Architectonische Studien, in Rom gezeichnet. Chalcographische Gesellschaft (Dessau 1797).

Erichsen 1995: J. Erichsen (Hrsg.), 1000 Jahre Mecklenburg. Geschichte und Kunst einer europäischen Region. Ausstellungskatalog Güstrow (Rostock 1995).

Evers 1995: B. Evers (Hrsg.), Architekturmodelle der Renaissance. Die Harmonie des Bauens von Alberti bis Michelangelo. Ausstellungskatalog Berlin, 7. Oktober 1995 – 7. Januar 1996 (München/New York 1995).

Faulwasser 1896: J. Faulwasser, Die St. Katharinenkirche in Hamburg (Hamburg 1896).

Faulwasser 1901: Ders., Die St. Michaeliskirche in Hamburg (Hamburg 1901).

Faulwasser 1918: Ders., Blockhaus und Baumhaus im alten Hamburger Hafen (Hamburg 1918).

Faulwasser 1926: Ders., Die Nikolai-Kirche in Hamburg (Hamburg 1926).

Felder 1978: P. Felder, Medailleur Johann Carl Hedlinger 1691–1771. Leben und Werk. Veröffentl. d. Schweiz. Num. Ges. (Frankfurt a. M./Salzburg 1978)

Finder 1930: E. Finder, Hamburgisches Bürgertum in der Vergangenheit (Hamburg 1930).

Flavius Josephus 1969: Flavius Josephus, De Bello Judaico – Der jüdische Krieg. Griechisch und Deutsch. Bd.II, 2 (Darmstadt 1969).

De la Fontaine Verwey 1982: H. de la Fontaine Verwey, Pieter Coecke van Aelst en zijn boeken over architektuur. In: H. de la Fontaine Verwey (Hrsg.), Uit de wereld van het boek, I. Humanisten, dwepers en rebellen in de zestiende eeuw (Amsterdam 1982), 57–79.

Forrer 1970, L. Forrer, Biographical Dictionary of Medaillists. Coin-Gem- and Seal-Engravers, Mint-Masters &c. Ancient and Modern with References to their works B.C. 500 – A.D. 1900. 8 Bde (1904). Reprint: Burt Franklin: Bibliography & References Series 319 (New York 1970).

Forssman 1956: E. Forssman, Säule und Ornament. Studien zum Problem des Manierismus in den nordischen Säulenbuchern und Vorlageblättern des 16. und 17. Jahrhunderts (Stockholm 1956).

Forssman 1959: Ders., Dorisk stil i svensk arkitektur. Konsthistorisk Tidskrift 1959, 13–33.

Forssman 1961: Ders., Dorisch, Jonisch, Korinthisch. Studien über den Gebrauch der Säulenordnungen in der Architektur des 16.–18. Jahrhunderts (Stockholm 1961).

Forssman 1965: Ders., Palladios Lehrgebäude (Uppsala 1965).

Forssman 1980 a: Ders., Il palladianesimo nei paesi scandinavi. In: Palladio, La sua eredità nel mondo. Ausstellungskatalog Vicenza (Venedig 1980), 97–98.

Forssman 1980 b: Ders., Il Palladianesimo in Germania. In: Palladio: La sua eredità nel mondo. Ausstellungskatalog Vicenza (Venedig 1980), 13–14.

Forssman 1994: Ders., Schwedische Baukunst in der frühen Neuzeit und im Dreißigjährigen Krieg. In: R. Bohn (Hrsg.), Europa in Scandinavia. Kulturelle und soziale Dialoge in der frühen Neuzeit. Studia Septemtrionalia 2 (Frankfurt a. M. 1994), 191–204.

Forssman 1996: Ders., Erdmannsdorff und die Architektur der Aufklärung. In: F.-A. Bechtoldt u. Th. Weiss (Hrsg.), Weltbild Wörlitz. Entwurf einer Kulturlandschaft. Ausstellungskatalog Wörlitz (Ostfildern 1996), 99–115.

Fremantle 1959: K. Fremantle, The Baroque Townhall of Amsterdam (Utrecht 1959).

Gabriels 1930: J. Gabriels, Artus Quellien de Oude, 'kunstryck beelthouwer' (Antwerpen 1930).

Gaedechens 1854: O.C. Gaedechens, Hamburgische Münzen und Medaillen. Zweite Abteilung: Die Ergänzung des in den 1741 bis 1753 erschienenen Langermannschen Hamburgischen Münz– und Medaillen-Vergnügens (Hamburg 1854).

Gaedechens 1876: C. F. Gaedechens, Hamburgische Münzen und Medaillen. Dritte Abteilung: Ergänzungen und Fortsetzung (Hamburg 1876).

Galster 1936: G. Galster, Danske og Norske Medailler og Jetons ca. 1533 – ca. 1788 (København 1936).

Ganzert 1988: J. Ganzert, Der Mars-Ultor Tempel auf dem Augustusforum in Rom. Mitt. des Deutschen Arch. Inst. Roms 92, 1988, 201 ff.

Ganzert u. a. 1989: J. Ganzert, V. Kockel, S. Storz, H. Bauer u. M. Hofter, Augustusforum und Mars-Ultor-Tempel. In: Kaiser Augustus und die verlorene Republik, catalogo della mostra (Mainz am Rhein 1988), 149–199.

Gensler 1878: M. Gensler, Hamburger »Beischläge« aus dem 14., 15. und 16. Jahrhundert. Mitt. d. Ver. Hamb. Gesch. I, 1878, 137–141.

Gerkens 1974: G. Gerkens, Das fürstliche Lustschloß Salzdahlum und sein Erbauer Anton Ulrich von Braunschweig–Wolfenbüttel. Quellen und Forschungen zur Braunschweigischen Geschichte, hg. v. Braunschweigischen Geschichtsverein, Bd. 22 (Braunschweig 1974).

Germann 1987: G. Germann, Einführung in die Geschichte der Architekturtheorie (Darmstadt 1987[2]).

Giersberg 1965: H.-J. Giersberg, Das Potsdamer Bürgerhaus um 1800 (Potsdam 1965).

Giersberg 1986: Ders., Friedrich als Bauherr. Studien zur Architektur des 18. Jahrhunderts in Berlin und Potsdam (Berlin 1986).

Giersberg 1992: Ders., Die Bauten Friedrich des Großen. In: Friedrich der Große. Sammler und Mäzen. Katalog der Ausstellung in der Kunsthalle der Hypo-Kulturstiftung München vom 28. Nov. 1992 bis 28. Februar 1993 (München 1992), 52–82.

Giersberg 1993: Ders., Friedrich der Große als Baumeister. Anmerkungen zu seinen Skizzen. In: Potsdamer Schlösser und Gärten. Bau- und Gartenkunst vom 17. bis 20. Jahrhundert (Potsdam 1993) 21–24.

Giersberg u. Schendel 1990: Ders. u. A. Schendel. Potsdamer Veduten. Stadt- und Landschaftsansichten vom 17. bis 20. Jahrhundert (Potsdam 1990).

Goedicke u. a. 1980: Chr. Goedicke, K. Slusallek u. M. Kubelik, Primi risultati sulla datazione di alcune ville palladiane grazie alla termolminescenza. Bollettino Centro Internazionale di studi dell'archiettura Andrea Palladio Bd. XXII/I, 1980, 106–112.

Goossens 1996: E.-J. Goossens, Schat van beitel en penseel. Het Amsterdamse stadhuis uit de Gouden Eeuw (Amsterdam/Zwolle 1996).

Gravenhorst 1995: T. Gravenhorst, Proportion und Allegorie in der Musik des Hochbarock. Untersuchungen zur Zahlenmystik des 17. Jahrhunderts mit beigefügtem Lexikon (Frankfurt/Main/Berlin/Bern/New York/Paris/ Wien 1995).

Grijzenhout u. van Tuyll van Serooskerken 1989: F. Grijzenhout u. C. van Tuyll van Serooskerken, Edele eenvoud. Neo–classicisme in Nederland 1765–1800 (Zwolle 1989).

Grisebach 1907: A. Grisebach, Das Deutsche Rathaus der Renaissance (Berlin 1907).

Guinnes u. Trousdale Sadler 1979: D. Guinnes u. J. Trousdale Sadler, Palladio. A Western Progress (New York 1976).

Günther 1988: H. Günther, Deutsche Architekturtheorie zwischen Gotik und Renaissance (Darmstadt 1988).

Günther 1996: Ders., Anglo-Klassizismus, Antikenrezeption, Neugotik in Wörlitz. In: F.-A. Bechtoldt u. Thomas Weiss (Hrsg.), Weltbild Wörlitz – Entwurf einer Kulturlandschaft. Ausstellungskatalog Wörlitz (Ostfildern 1996), 131–161.

Habich 1922: G. Habich, Die Medaillen der italienischen Renaissance (Stuttgart/Berlin 1922).

Habich 1929–1934: Ders., Die deutschen Schaumünzen des XVI. Jahrhunderts. Erster Teil: Die deutschen Schaumünzen des XVI. Jahrhunderts geordnet nach Meistern und Schulen. 1. Bd. Erste Hälfte (München 1929), 1. Bd. Zweite Hälfte (München 1931), 2. Bd. Erste Hälfte (München 1932), 2. Bd. Zweite Hälfte (München 1934).

Hahr 1910: A. Hahr, Studier i Johan III: s renässans, II. (Uppsala 1910).

Hässlin 1964: J. J. Hässlin (Hrsg.), Das Buch Weinsberg. Aus dem Leben eines Kölner Ratsherrn (München 1964[2]).

Hatz 1952: G. Hatz, Die Anfänge des Münzwesens in Holstein. Die Prägungen der Grafen von Schauenburg bis 1325. Num. Stud. 5 (Hamburg 1952).

Hatz 1989: G. Hatz, Topographisches zur Hamburger Dadler-Medaille von 1636. De beeldenaar 13, 1989, H. 5, 163–165.

Heckmann 1990: H. Heckmann, Barock und Rokoko in Hamburg (Berlin 1990).

Hedicke 1904: R. Hedicke, Jacques Dubroeucq von Mons (Straßburg 1904).

Hedicke 1913: Ders., Cornelis Floris und die Florisdekoration. 2 Bde. (Berlin 1913).

Hentschel 1967: W. Hentschel, Die sächsische Baukunst des 18. Jahrhunderts in Polen (Berlin 1967).

van den Heuvel 1991: Ch. van den Heuvel, Papiere bolwercken. De introductie van de Italiaanse stede- en vestingsbouw in de Nederlanden (1540–1609) en het gebruik van tekeningen. Alphen aan den Rijn 1991. Diss. (Groningen 1991).

Hildebrand 1874/75: B. E. Hildebrand, Svenska Konungshusets minnespenningar praktmynt och Belöningsmedaljer. 2 Bde. Första delen (Stockholm 1874), andra delen (Stockholm 1875).

Hill 1930: G. F. Hill, A Corpus of Italian Medals of the Renaissance before Cellini (London 1930).

Hirschfeld 1959: P. Hirschfeld, Herrenhäuser und Schlösser in Schleswig-Holstein (o. O. 1959).

Hitchcock 1978, H.-R. Hitchcock, Netherlandish Scrolled Gables of the Sixteenth and Early Seventeenth Centuries (New York 1978).

Hubala 1951: E. Hubala, Zierobelisken. Studien zur Architektur des 16. Jahrhunderts, Diss. München (München 1951).

Hubala 1959: Ders., Palladio und die Baukunst in Deutschland im 17. Jahrhundert – Palladio und die Baukunst in Berlin und München, 1720–1820. Bolletino del Centro Internazionale di studi d'architettura Andrea Palladio 1, 1959, 38–50.

Huisken u. a. 1995: J. Huisken, K. A. Ottenheym u. G. Schwartz (Hrsg.), Jacob van Campen (1596–1657). Het klassieke ideaal in de Gouden Eeuw (Amsterdam 1995).

Isermeyer 1972: C. A. Isermeyer, La concezione degli edifici sacri palladiani, in: Bollettino del Centro Internazionale di studi architettonici Andrea Palladio 14, 1972, 129–131.

Jaacks 1982: G. Jaacks, Abbild und Symbol. Das Hamburger Modell des Salomonischen Tempels. Hamburg-Porträt, H.17 (Hamburg 1982).

Jaacks 1993: Dies., Der Tempel in Jerusalem in jüdischer und christlicher Überlieferung. Rekonstruktion und Ideal. In: A. Bekemeier (Bearb.), Reisen nach Jerusalem. Das Heilige Land in Karten und Ansichten aus fünf Jahrhunderten. Ausstellungskatalog Berlin (Wiesbaden 1993), 25–34.

Jaroszewski 1971: T. St. Jaroszewski, Architektura doby Oświecenia w Polsce (Wrocław 1971).

Jaroszewski 1973: Ders., Andrea Palladio und die polnische Architektur des 18., 19. und 20. Jahrhunderts. In: Vierhundert Jahre Andrea Palladio (1580–1980). Colloquium der Arbeitsstelle des 18. Jahrhunderts, Gesamthochschule Wuppertal, der Deutschen UNESCO-Kommission, der Akademie der Architektenkammer Nordrhein–Westfalen, Wuppertal 25.–28. November 1980 (Heidelberg 1982), 115–130.

Jern 1976: C. H. Jern, Uraniborg – Herresäte och Himlaborg (Lund 1976).

Josephson 1930: R. Josephson, L' Architecte de Charles XII Nicodème Tessin à la cour de Louis XIV (Paris/Brüssel 1930).

Josephson 1940: Ders., Det hyperboreiska Uppsala (Stockholm 1940).

Kadatz 1986: H.-J. Kadatz, Friedrich Wilhelm von Erdmannsdorff 1736–1800 (Berlin 1986).

Kamphuis 1962: G. Kamphuis, Constantijn Huygens, Bouwheer of Bouwmeester, Oud Holland 77, 1962, 151–180.

Karling 1958: St. Karling, Villa Rotonda och Huis ten Bosch vid Mälaren. In: Vision och gestalt. Studier tillägnade Ragnar Josephson (Stockholm 1958), S. 59–70.

Karling 1966: Ders., L'Arc de triomphe de la Reine Christine à Stockholm. In: M. von Platen (Hrsg.), Queen Christina of Sweden. Documents and Studies. Nationalmusei skriftserie 12 (Stockholm 1966), 159–186.

Kaspersen 1988: S. Kaspersen, Købmand Michelbekers palæ og den københavnske palladianisme, i Forblommet Antik – Klassicismer i dansk arkitektur og havekunst. Studier tilegnede Hakon Lund 18. oktober 1988 (København 1988), 9–57.

Katalog Augsburg 1980: Welt im Umbruch. Augsburg zwischen Renaissance und Barock. Ausstellungskatalog Augsburg 1980, 3 Bde. (Augsburg 1980).

Katalog Dresden 1995: H. Wilderotter u. M. Dorrmann (Hrsg.), Das große Sterben. Seuchen machen Geschichte. Ausstellung im Deutschen Hygiene-Museum Dresden 8. Dezember 1995 bis 10. März 1996 (Dresden 1995).

Katalog Hamburg 1975: Gärten, Landhäuser und Villen des hamburgischen Bürgertums. Kunst, Kultur und gesellschaftliches Leben in vier Jahrhunderten. Ausstellung 29. Mai – 26. Oktober 1975 Museum für Hamburgische Geschichte. Aus den Schausammlungen des Museums für Hamburgische Geschichte Heft 4 (Hamburg 1975).

Katalog Hamburg 1986: E. Brugerolles (Hrsg.), Renaissance des Nordens. Meisterzeichnungen aus der Ecole Nationale Supérieure des Beaux-Arts in Paris. Ausstellungskatalog Hamburg (Hamburg 1986).

Katalog Hansen 1846: Fortegnelse over endeel Effecter, Lösöre, Böger og Kunstsager. Alt tilhörende Boet efter afgangne Conferentsraad og Overbygningsdirecteur Chr. Fr. Hansen (København 1846).

Katalog Harsdorff 1800: Auktionskatalog Harsdorff. Auktion Weidemann am 5.5. 1800 (København 1800).

Katalog Karlsruhe 1990: Klar und lichtvoll wie eine Regel. Planstädte der Neuzeit vom 16. bis zum 18. Jahrhundert. Ausstellungskatalog Karlsruhe (Karlsruhe 1990).

Katalog Mantua: Giulio Romano. Ausstellungskatalog Mantua, 1. September bis 12. November 1989 (Mailand 1989).

Katalog München 1973: H. Küthmann, B. Overbeck, D. Steinhilber u. I. Weber, Bauten Roms auf Münzen und Medaillen. Ausstellung der Staatlichen Münzsammlung München vom 16. Oktober bis 2. Dezember 1973 in den Ausstellungsräumen des Bayerischen Hauptstaatsarchivs München, Ludwigstr. 14 (München 1973).

Keller 1988: F. E. Keller, Probleme der spätfriderizianischen Architektur. Zeitschrift des Deutschen Vereins für Kunstwissenschaft 42, 1988, H. 1, 61–77.

Kellinghusen 1920–22: H. Kellinghusen, Eine Hamburgische Medaille des 16. Jahrhunderts. Mitt. d. Ver. f. Hamburg. Gesch. 40, 1920–1922, 74–85.

van Kempen 1924: W. van Kempen, Der Baumeister Cornelis Ryckwaert. Marburger Jahrbuch für Kunstwissenschaften 1, 1924, 195–266.

van Kempen 1925: Ders., Stätten der Kultur. Bd. 35: Dessau u. Wörlitz (Leipzig 1925).

Kirchenpauer 1941: G. H. Kirchenpauer, Die alte Börse. Ihre Gründung und ihre Vorsteher. Ein Beitrag zur Hamburgischen Handelsgeschichte (Hamburg 1841).

Kirchner-Doberer 1946: E. Kirchner-Doberer, Die deutschen Lettner bis 1300. Diss. Wien (Wien 1946).

Kjellberg u. Svensson 1966–71: S. T. Kjellberg u. A. Svensson (Red.), Slott och herresäten i Sverige. Ett konst- och kulturhistorisk samlingsverk. Bd. 1–18 (Malmö 1966–1971).

Klée Gobert 1968: R. Klée Gobert, Innenstadt. Die Hauptkirchen St. Petri, St. Katharinen, St. Jacobi. Die Bau- und Kunstdenkmale der Freien und Hansestadt Hamburg, Bd. 3 (Hamburg 1968).

Kockel 1983: V. Kockel, Beobachtungen zum Tempel des Mars Ultor und zum Forum des Augustus. Mitt. des Deutschen Arch. Inst. Roms 90, 1983, 421 ff.

Kockel 1995: Ders., Forum Augustum. In: M. Steinby (Hrsg.), Lexicon Topographicum Urbis Romae, Bd. II (Roma 1995), 289–295.

Koppmann 1880: K. Koppmann, Nachricht über die Karte von Arndt Pietersen. Mitt. d. Ver. f. Hamburg. Gesch. 3, 1880, 29–31.

Koppmann 1883: Ders., Kämmereirechnungen der Stadt Hamburg (1350–1562). Bd. 5 (Hamburg 1883).

Koppmann 1892: Ders., Kämmereirechnungen der Stadt Hamburg (1350–1562). Bd. 6 (Hamburg 1892).

Kowalczyk 1973: J. Kowalczyk, Sebastiano Serlio a sztuka polska (Wrocław 1973).

Kowalczyk 1976: Ders., Wille w Polsce w XVI i pierwszej połowie XVII stulecia. Kwartalnik Architektury i Urbanistyki, 21, 1976, 277–322.

Kowalczyk 1979: Ders., Vitruvio in Polonia dal XV al XVII secolo. In: Polonia – Italia. Relazioni artistiche dal Medioevo al XVIII secolo. Atti del convegno tenutosi a Roma 21–22 Maggio 1975 (Wrocław 1979), 59–81.

Kowalewski 1908: G. Kowalewski, Zum Plan des Arnoldus Pitersen 1644–1688–1690. Mitt. d. Ver. f. Hamburg. Gesch. 9, 1908, 520–521.

Krieger 1914: B. Krieger, Friedrich der Große und seine Bücher (Berlin/Leipzig 1914).

Kruft 1989: H.-W. Kruft, Städte in Utopia. Die Idealstadt vom 15. bis zum 18. Jahrhundert zwischen Staatsutopie und Wirklichkeit (München 1989).

Kruft 1991: Ders., Geschichte der Architekturtheorie (München 1991[3]).

Kubelik 1974: M. Kubelik, Gli edifici palladiani nei disegni del magistrato veneto dei Beni Inculti. Bollettino Centro Internazionale di studi dell'architettura Andrea Palladio 16, 1974, 447–449.

von Künßberg 1936: E. von Künßberg, Rechtliche Volkskunde (Halle 1936).
Kunstdenkmale 1939: Die Kunstdenkmale des Landes Sachsen-Anhalt, Teil 2, Stadt, Schloß und Park Wörlitz (Burg 1939).

Laine 1980: A. Laine, Nicodemus Tessin d.y:s projekt till en »Grand pavillon d´Apollon« i Versailles. Konsthistorisk tidskrift 49, 1980, 91–107.
Lammerste u.a. 1989: F. Lammerste, K. A. Ottenheym u. K. Zantvliet, Het kunstbedrijf van de familie Vingboons. Schilders, architekten en kaartmakers in de Gouden Eeuw (Den Haag/Amsterdam 1989).
Lang 1965: S. Lang, The House of Nobles in Stockholm (Stockholm 1965).
Langermann 1753: J. P. Langermann, Hamburgisches Münz– und Medaillen–Vergnügen. Abbildung und Beschreibung Hamburgischer Münzen und Medaillen. Nebst einem Verzeichnis gedruckter Hamburgischer Urkunden, Documente und anderer Briefsachen (Hamburg 1753).
La Rocca 1995: E. La Rocca, I Fori Imperiali (Roma 1995).
Larsson 1976: L. O. Larsson, Riksbankens hus. In: Sveriges Riksbank (Hrsg.), Riksbankens hus (Stockholm 1976), 27–99.
Laubenthal und Sachs 1989: A. Laubenthal u. K.-J. Sachs, Theorie und Praxis. In: L. Finscher (Hrsg.): Die Musik des 15. und 16. Jahrhunderts. Neues Handbuch der Musikwissenschaft, Bd. 3 (Laaber 1989), 129–157.
Lemaire 1964: R. M. Lemaire, L'influence de Palladio et l'architecture du XVIe siècle aux Pays-Bas (Vicenza 1964).
Lewis 1981: D. Lewis, The Drawings of Andrea Palladio. Ausstellungskatalog Washington (Washington 1981), 106–110.
Loon 1732–1737: G. van Loon, Histoire Metallique des XVII Provinces des Pays-Bas, depuis l'abdication de Charles-Quint, jusqu'à la Paix de Bade en MDCCXVI. 5 Bde. (La Haye 1732 [I–III], 1736 [IV], 1737 [V]).
Losmann 1972: A. Losman, C. G. Wrangels Litteratur om byggnadskonst. Arkitektur 4, 1972, 9.
Lund 1964: H. Lund, Interiørperspektiven og den romantiske klassicisme. In: Guldålderen i dansk konst (Stockholm 1964), 150–163.
Lund 1982: Ders., Eine Vermessung des 18. Jahrhunderts der Villa Adriana. Analecta Romana Instituti Danici 10, 1982, 41–52.
Lund 1988: Ders., Frederik IV's italienske tegninger – To arkitektoniske episoder fra italiensrejsen 1708–09. Architektura 10, 1988, 45–55.
Lund u. Thygesen 1995: Ders. u. A. L. Thygesen, C.F. Hansen I–II (København 1995).

Magrini 1845: A. Magrini, Memorie intorno alla vita e alle opere di Andrea Palladio (Padua 1845).
Małkiewicz 1976: A. Małkiewicz, Teoria architektury w nowożytnym piśmiennictwie polskim (Kraków 1976).
van Mander 1604: C. van Mander, Het Schilder-Boeck (Haarlem 1604).
Manger 1789: H. L. Manger, Baugeschichte von Potsdam, besonders unter der Regierung König Friedrichs des Zweiten (Berlin/Stettin 1789).
Meischke u. Reeser 1983: R. Meischke u. H. E. Reeser (Hrsg.), Het Trippenhuis te Amsterdam (Amsterdam/Oxford/New York 1983).
Meischke u. a. 1995: R. Meischke, H. J. Zantkuijl, W. Raue u. P. T. T. E. Rosenberg, Huizen in Nederland (Amsterdam/Zwolle 1995).
Melhop 1925: W. Melhop, Alt–Hamburgische Bauweise. Kurze geschichtliche Entwicklung der Baustile in Hamburg dargestellt am Profanbau bis zum Wiedererstehen der Stadt nach dem großen Brande von 1842 nebst ortskundlichen und lebensgeschichtlichen Angaben (Hamburg 1925[2]).
von Melle 1787: J. von Melle, Gründliche Nachricht von der ... Kaeyserlichen und Freyen und des H. Röm. Reichs Stadt Lübeck (Lübeck 1787[3]).
Merlo 1895: J. J. Merlo, Kölnische Künstler in alter und neuer Zeit (Düsseldorf 1895).
Meyer-Brunswick 1990: U. Meyer-Brunswick, Palaisartige Hamburger Bürgerhäuser des 17. Jahrhunderts und ihre Geschichte (Hamburg 1990).
Mielke 1972: F. Mielke, Das Bürgerhaus in Potsdam. Das deutsche Bürgerhaus XV (Tübingen 1972).
Milizia 1781: F. Milizia, Memorie degli architetti antichi e moderni (Parma 1781[3])
Miłobędzki 1980: A. Miłobędzki, Architektura polska XVII wieku (Warszawa 1980).

Mossakowski 1982: St. Mossakowski, Andrea Palladio und die polnische Architektur des 16. und 17. Jahrhunderts. In: Vierhundert Jahre Andrea Palladio (1580–1980). Colloquium Wuppertal (Heidelberg 1982), 95–114.

Mossakowski 1993: Ders., Bartolomeo Berrecci à Cracovie: la chapelle Sigismond. Revue de l'Art 101, 1993, 67–85.

Mossakowski 1994: Ders., Tilman van Gameren. Leben und Werk (München 1994).

Müller 1940: K. E. Müller, Johann Peter Benckert und Johann Gottlieb Heymüller – Bildhauer am Hofe Friedrichs des Großen. Diss. Berlin (Berlin 1940).

Müller 1975: W. Müller, Die Zeichnungsvorlagen für Friedrich Hoffstadts »Gothisches A.B.C. Buch« und der Nachlaß des Nürnberger Ratsbaumeisters Wolf–Jacob Stromer. Wiener Jahrb. f. Kunstgesch 28, 1975, 39–54.

Müller 1978: Ders., Friedrich Hoffstadts und Carl Alexander Heideloffs Turmkonstruktionen vor dem Hintergrund der oberdeutschen Steinmetzlehre des 16. bis 18. Jahrhunderts. Zeitschr. f. Kunstgesch. 41, 1978, 41–46.

Muraro 1981–82: M. Muraro, Andrea Palladio e la committenza signorile nel basso vicentino. Odeo Olimpico 1981–82 , 33–45.

Muraro 1986: Ders., Civiltà delle Ville Venete (Udine 1986).

Muttoni 1740: F. Muttoni, Architettura di Andrea Palladio Vicentino con le osservazioni dell'architetto N. N (Venedig 1740).

Mutzenbecher 1911: Wilhelm Mutzenbecher, Beiträge zur Geschichte der Hamburger Familie Mutzenbecher [als Manuskript gedruckt] (o. O. 1911).

Nabel 1930: U. Nabel, Der niederländische Einfluß auf den bürgerlichen Backsteinbau Hamburgs im 17. Jahrhundert. Zeitschr. f. Hamb. Gesch. 31, 1930, 217–242.

Nabel 1931: Ders., Die Kunstgeschichte des Baumhauses am Althamburger Binnenhafen. Der Künstler und sein Werk. Mitt. d. Ver. f. Hamburg. Gesch. 16, 1931, 184–187.

Naredi-Rainer 1982: P. von Naredi-Rainer, Architektur und Harmonie. Zahl, Maß und Proportion in der abendländischen Baukunst (Köln 1982).

Naredi-Rainer 1985: Ders., Musiktheorie und Architektur. In: F. Zaminer (Hrsg.): Geschichte der Musiktheorie, Bd.1: Ideen zu einer Geschichte der Musiktheorie (Darmstadt 1985), 148–174.

Naredi Rainer 1994: Ders., Salomos Tempel und das Abendland. Monumentale Folgen historischer Irrtümer (Köln 1994).

Neddermeyer 1832: F. H. Neddermeyer, Topographie der Freien und Hanse Stadt Hamburg (Hamburg 1832).

Niero 1979: A. Niero, I templi del Redentore e della Salute: motivazioni teologiche. In: Venezia e la Peste (Venedig 1979), 294–296.

Nordberg 1931: T. O. Nordberg, Gustav II Adolf som byggherre. Fornvännen 1931, 94–131.

Nordberg 1970: Ders., De la Vallée. En arkitektfamilj i Frankrike, Holland och Sverige. Kungl. Vitterhets, Historie och antikvitets akademien; Antikvariska serien 23 (Stockholm 1970).

Norn 1960: O. Norn, Serlio and Denmark. Analecta Romana Instituti Danici 1, 1960, 105–120.

Norn 1961: Ders., Hesselagergaard og Jacob Binck – En Tilskrivning. Hesselagergaard und Jacob Binck – Eine Zuschreibung (København 1961).

Nørregård-Nielsen 1984: H.–E. Nørregård-Nielsen, Omkring Evert Janssen – Af Charlottenborgs bygningshistorie. Architektura 6, 1984, 140–160.

Olsson 1927: M. Olsson (Hrsg.), Erik Palmstedts resedagbok 1778–1780 (Uppsala 1927).

Olsson 1961: Ders., Kalmar slotts historia II. (Uppsala 1961).

Östnas 1984: A. Östnäs, Arkitekterna och deras yrkesutveckling i Sverige. Diss. (Göteborg 1984).

Ostrowska–Kębłowska 1969: Z. Ostrowska–Kębłowska, Architektura pałacowa drugiej połowy XVIII wieku w Wieljkopolsce (Poznań 1969).

Ottenheym 1989: K. Ottenheym, Philips Vingboons (1607–1678). Architect (Zutphen 1989).

Ottenheym 1995: Ders., 'Architectuur'. In: Huisken u. a. 1995, 154–199.

Palladio 1570: A. Palladio, I Quattri Libri dell'Architettura (Venedig 1570).

Palladio 1744: Ders., Architettura di Andrea Palladio vicentino ... con le osservazioni dell'architetto N.N. (Venedig 1744).

Palladio 1980: Ders., I Quattro Libri dell'Architettura. Hrsg. von P. Marini und L. Magagnato (Mailand 1980).
Palladio 1988: Ders., I Tre Libri dell'Architettura. Stralci Frammenti e Ritocchi 1554–1556 e 1561–1565. In: L. Puppi (Hrsg.), Andrea Palladio. Scritti sull'architettura [1554–1579] (Vicenza 1988).
Palladio 1991: Ders., Die vier Bücher zur Architektur. Nach der Ausgabe Venedig 1570: I Quattro libri dell'architettura aus dem Italienischen übertragen und herausgegeben von A. Beyer u. U. Schütte (Darmstadt 1991).
Pane 1961: R. Pane, Andrea Palladio (Turin 1961).
Panvini Rosati 1966: F. Panvini Rosati, Italienische Medaillen und Plaketten von der Frührenaissance bis zum Ende des Barock. Hamburger Kunsthalle 28. Mai bis 3. Juli 1966 (Köln 1966).
Pereswet–Soltan 1978: A. Pereswet–Soltan, Il restauro della villa Pisani ora Ferri a Bagnolo, in: Bollettino Centro Internazionale di studi dell'archiettura Andrea Palladio 20, 1978, 283– 296.
Pfeifer 1995: I. Pfeifer, Die kunsttheoretischen Ansichten in Anhalt–Dessau in der 2. Hälfte des 18. Jahrhunderts und ihre Auswirkungen auf die bildenden Künste. Diss. (Halle a. d. Saale 1995).
Pfeiffer u. Ruland 1882: L. Pfeiffer und C. Ruland, Pestilentia in Nummis. Geschichte der grossen Volkskrankheiten in numismatischen Documenten. Ein Beitrag zur Geschichte der Medicin und der Cultur (Tübingen 1882).
Slg. Pfeiffer 1942: »Pestilentia in nummis«. Auktionskatalog Hans Meuss-Münzenhandlung vom 15. bis 16. April 1942 (Hamburg 1942).
Philander 1543: G. Philander, Annotationes a Vitruvio. Zusammen mit Vitruvs Zehn Bücher über Architektur (Straßburg 1543).
Pobé 1963: M. Pobé, Das klassische Frankreich (Wien/München 1963).
da Portogruaro 1930: P. D. da Portogruaro, Il tempio del Redentore ed il convento dei Cappuccini a Venezia. Rivista della città di Venezia 9 (Venezia 1930).
Probszt 1975: G. Probszt, Die Münzen Salzburgs. Publications de L'Association Internationale des Numismates Professionnels No. 1 (Graz 1975[2]).
Puppi 1973: L. Puppi, Loggie del Palazzo della Ragione (Basilica 1546–1549), in: Andrea Palladio (Mailand 1973), Bd. I, 15–16, Bd. II, 266–271. (deutsche Ausg.: Stuttgart 1977), Bd. I, 13–14, Bd. II, 266–267.
Puppi 1977: Ders., Andrea Palladio. Das Gesamtwerk, 2 Bde. (Stuttgart 1977).
Puppi 1981: Ders., Un progetto di Francesco Muttoni per Federico IV di Danimarca. Il Veltro 1–3, 1981, 281–291.
Putowska 1991: J. Putowska, Architektura Warszawy XVII wieku (Warszawa 1991).

Quincy 1830: A. Chr. Quatremère de Quincy, Geschichte der berühmten Architekten und ihrer Werke vom XI. bis zum Ende des XVIII. Jahrhunderts (Paris 1830). 2 Bde. Übersetzt von Friedrich Heldmann (Darmstadt/Leipzig 1830).

Raeder u. Strømgreen 1946: H. E. Raeder u. B. Strømgreen, Tycho Brahes Description of his Instruments and his scientific Work as given in Astronomiae Instauratae Mechanica (København 1946).
Raff 1986: A. Raff, Die Münzen und die Medaillen der Stadt Schwäbisch Hall. Die Münzen und Medaillen der Niederschwäbischen Städte Bd. I: Schwäbisch Hall (Freiburg 1986).
Reinle 1994: A. Reinle, Italienische und deutsche Architekturzeichnungen 16. und 17. Jahrhundert (Zürich 1994).
Rempp 1989: F. Rempp, Elementar– und Satzlehre von Tinctoris bis Zarlino. In: F. Zaminer (Hrsg.), Italienische Musiktheorie im 16. und 17. Jahrhundert. Antikenrezeption und Satzlehre. Geschichte der Musiktheorie, Bd.7 (Darmstadt 1989), 39–220.
Reuther 1980: H. Reuther, Das Modell des salomonischen Tempels im Museum für Hamburgische Geschichte. Niederdeutsche Beitr. zur Kunstgesch. 19, 1980, 161–198.
RIC: P.M. Bruun, The Roman Imperial Coinage. Vol. VII: Constantine and Licinius A.D. 313–337 (London 1966).
Riedel 1762: R. M. Riedel, Auszug des Hauptsächlichsten aus den Protokollen der Kirchen St. Petri... (Hamburg 1762).
Riesenfeld 1913: P. Riesenfeld, Friedrich Wilhelm von Erdmannsdorff. Der Baumeister des Herzogs Leopold Friedrich Franz (Berlin 1913).
Rigon 1980: F. Rigon, Palladio (Bologna 1980).
von Rode 1796: A. von Rode, Wegweiser durch die Sehenswürdigkeiten in und um Dessau (Dessau 1796).

von Rode 1994: Ders., Leben des Herrn Friedrich Wilhelm von Erdmannsdorff. Dessau 1801. Reprint (Wörlitz 1994).

Rohde 1925: A. Rohde, Der Elfenbeinschnitzer Joachim Henne. I. Joachim Henne in Hamburg (1663–1665). Der Cicerone XVII, 1925, 489–497.

Rosenau 1979: H. Rosenau, Vision of the Temple. The Image of the Temple of Jerusalem in Judaism and Christianity (London 1979).

Rosenhane 1944: Sch. Rosenhane, Oeconomia. Lychnosbiblioteket (Uppsala 1944).

Saponieri 1826: F. Saponieri, Tempio detto di Marte Ultore, 1822–1826. In: G. Valdier (Hrsg.), Raccolta delle più insigni fabbriche di Roma antica (Roma 1826).

Scamozzi 1615: V. Scamozzi, L'Idea dell'Architettura universale (Venedig 1615).

Schellenberg 1975: C. Schellenberg, Das alte Hamburg. Eine Geschichte der Stadtentwicklung und Baukunst dargestellt in Gemälden, Zeichnungen, Stichen und Photos zeitgenössischer Künstler (Hamburg 1975).

Schelling 1966: F. Schelling, Philosophie der Kunst, aus dem Nachlaß hrsg. 1859. Reprograf. Nachdruck (Darmstadt 1966).

Schieder 1971: Th. Schieder, Handbuch der europäischen Geschichte, 3 (Stuttgart 1971).

Schmerber 1902: H. Schmerber, Studien über das Schloß und Bürgerhaus im 17. und 18. Jahrhundert. Studien zur Kunstgeschichte Nr. 35 (Straßburg 1902).

Schmidt 1916: H. Schmidt, Gottorffer Künstler aus urkundlichen Quellen im Reichsarchiv zu Kopenhagen. T. I. Quellen und Forschungen zur Geschichte Schleswig-Holsteins 4, 1916, 179–321.

Schrader 1894: T. Schrader, Die Kaiserstatuen von alten Rathhause. Mitt. d. Museumsvereins in Hamburg (1888–1897) 1894, H. 9, 140–152.

Schramm 1943: P. E. Schramm, Hamburg, Deutschland und die Welt. Leistung und Grenzen hanseatischen Bürgertums in der Zeit zwischen Napoleon I. und Bismarck. Ein Kapitel deutscher Geschichte (München 1943).

Schulze 1938: W. Schulze, Die Quellen der Hamburger Oper (1678–1738). Mitt. aus d. Biblioth. d. Hansestadt Hamburg, N. F. Bd. 4 (Hamburg/Oldenburg 1938).

Schwemmer 1971: W. Schwemmer, Architektur und Malerei im Zeitalter des Manierismus. In: G. Pfeiffer (Hrsg.), Nürnberg – Geschichte einer Europäischen Stadt (München 1971), 291–295.

Schwemmer 1972: Ders., Das Bürgerhaus in Nürnberg. Das deutsche Bürgerhaus XVI (Tübingen 1972).

Schwindrazheim 1932: H. Schwindrazheim, Plastik in Hamburg aus der ersten Hälfte des 17. Jahrhunderts, Teil III. Zeitschr. d. Ver. f. Hamb. Gesch. 32, 1932, 167–196.

Semrau 1916: M. Semrau, Zu Nikolaus Goldmanns Leben und Schriften. Monatshefte für Kunstwissenschaft IX, 1916, 349–361 u. 463–473.

Serlio 1619: Sebastiano Serlio Bolognese, Tutte l'opere d'Architettura et Prospettiva (Venedig 1619).

Setterwall 1945: Å. Setterwall, Erik Palmstedt, 1741–1803 (Stockholm 1945).

Sinding Larsen 1965: S. Sinding Larsen, Palladio's Redentore: a compromise in composition. The Art Bulletin 47, 1965, 419–437.

Sieveking 1899 a: G. Sieveking, Die Geschichte des Hammerhofes. I. Teil (Hamburg 1899).

Sieveking 1899 b: Ders., Die Hammer Höfe. Zeitschr. d. Ver. f. Hamburg. Gesch. 10, 1899, 301–335.

Silfverstolpe 1926: G. M. Silfverstolpe, Riddarhuspalatset. In: C. Hallendorff (Hrsg.), Sveriges Riddarhus (Stockholm 1926), 85–196..

Sillem 1883: W. Sillem, Zur Geschichte der Niederländer in Hamburg von ihrer Ankunft bis zum Abschluß des Niederländischen Contracts 1605. Zeitschr. d. Ver. f. Hamburg. Gesch. 7, 1883, 481–598.

Simson 1968: O. von Simson, Die gotische Kathedrale. Beiträge zu ihrer Entstehung und Bedeutung (Darmstadt 1968).

Sirén 1914: O. Sirén, Nicodemus Tessin d.y:s studieresor (Stockholm 1914).

Slothower 1934: D. F. Slothower, Arkitekten Justus Vingboons och Stockholms Riddarhus. Konsthistorisk tidskrift 3, 1934, 73–77.

Speler 1981: R.-T. Speler, Friedrich Wilhelm von Erdmannsdorff – Begründer der klassizistischen Baukunst in Deutschland. Leben und Werk unter besonderer Berücksichtigung des Nachlasses und der Familienakten, der Italienbriefe und unveröffentlichten Manuskripte sowie einer Auswahl des zeichnerischen Oeuvres zu den Italienreisen. Diss. (Halle a. d. Saale 1981).

Speler 1986: Ders., Erdmannsdorff, Palladio und England. In: Staatliche Schlösser u. Gärten Wörlitz, Oranienbaum, Luisium (Hrsg.), Friedrich Wilhelm von Erdmannsdorff 1736–1800. Zum 250. Geburtstag. Ausstellungskatalog Wörlitz (Ostfildern 1986), 27–37.

Sporhan–Krempel 1962: L. Sporhan-Krempel, Wolf-Jacob Stromer 1561–1614 Ratsbaumeister zu Nürnberg. Nürnberger Mitteilungen (MVGN) 51 (Nürnberg 1962).

Starzyński 1933: J. Starzyński, Wilanów – dzieje budowy pałacu za Jana III (Warszawa 1976).

Steltzner 1733: M. G. Steltzner, Versuch einer zuverlässigen Nachricht von dem Kirchlichen und Politischen Zustande der Stadt Hamburg in den neuen Zeiten, nehmlich von Kayser Ferdinand des II. biß auf die Zeiten Kayser Leopolds des I., 3. Teil (Hamburg 1733).

Steltzner 1739: Ders., Beschluß des Versuchs einer zuverlässigen Nachricht von dem kirchlichen und politischen Zustande der Stadt Hamburg in den allerneuesten Zeiten, nehmlich von Kaiser Joseph des I. bis auf die Zeiten Kaiser Carls des VI. [Bd. 5]. Erste Abteilung. Nebst einem vollständigen Register (1739).

Steppe 1952: J. Steppe, Het koordoksaal in de Nederlanden (Leuven 1952).

Sthyr 1939: J. Sthyr, Et Inventar over Lambert van Havens Samling. Kunstmuseets Aarsskrift 26, 1939, 143–149.

Streichhan 1932: A. Streichhan, Knobbelsdorff und das friderizianische Rokoko. Burg bei Magdeburg (Magdeburg 1932).

von Stromer 1977: W. von Stromer, Brunelleschis automatischer Kran und die Mechanik der Nürnberger Drahtmühle. Technologietransfer im 15. Jahrhundert. Architectura 7, 1977, H. 2, 163–174.

von Stromer 1984: Ders., Ein Lehrwerk der Urbanistik aus der Spätrenaissance. Die Baumeisterbücher des Wolf–Jacob Stromer 1561–1614, Ratsbaumeister zu Nürnberg. In: Willibald-Pirckheimer-Gesellschaft (Hrsg.) Jahresgabe 2/1984 (Sigmaringen 1984). Ebenfalls abgedruckt in: La città italiana del Rinascimento fra utopia e realtà »Centro tedesco di Studi Veneziani. Quaderni 27« a Cura di August Buck e Bodo Guthmüller (Venezia 1984), 70–115.

von Stromer 1988: Ders., Pegnitzbrücke Nürnberg (Fleischbrücke). In: Der Bundesminister für Verkehr (Hrsg.), Steinbrücken in Deutschland Bd. 47 (Düsseldorf 1988).

von Stromer 1997: Ders., Kreuzkirche, Augustusbrücke, Stadtschloß und Stallhof in Dresden um 1600 in den Baumeisterbüchern des Wolf-Jacob Stromer. In: J. Matzerath u. U. John (Hrsg.), Festschrift für Karl-Heinz Blaschke (Dresden 1997).

von Stromer [in Vorbereitung]: Ders., Problemlösung »vorwissenschaftlicher« Technik mittels Experiment, graphischen und räumlichen Modellen. In: XXth International Congress of History and Science, Lüttich, 20.–26. July 1997 [in Vorbereitung].

Sturm 1707: J. Chr. Sturm, Die Geöffnete Raritäten- und Naturalien-Kammer Worinnen Der Galanten Jugend und andern Courieusen und Reisenden gewiesen wird wie sie Galerin, Kunst– und Raritäten-Kammern mit Nutzen besehen ... , = Des Geöffneten Ritterplatzes Dritter Theil (Hamburg 1707[3]).

Suhle 1950: A. Suhle, Die deutsche Renaissance-Medaille. Ein Kulturbild aus der ersten Hälfte des 16. Jahrhunderts (Leipzig 1950).

Tatarkiewicz 1955: W. Tatarkiewicz, Dominik Merlini (Warschau 1955).

Tavernor 1991: P. Tavernor, Palladio and Palladianism (London 1991).

Temple 1972: W. Temple, Observations upon the United Provinces of the Netherlands, 1682 (Oxford 1972).

Terwen 1979: J. J. Terwen, The Buildings of Johan Maurits. In: E. van den Boogaart, H. R. Hoetik u. P. J. P. Whitehead (Hrsg.), Johan Mauritz van Nassau–Siegen 1604–1679. A Humanist in Europe and Brazil (Den Haag 1979), 54–141.

Terwen 1983 a: Ders., Mag de bouwkunst van het Hollands classicisme 'palladiaans' genoemd worden? Nederlands Kunsthistorisch Jaarboek 33, 1983, 169–189.

Terwen 1983 b: Ders., 'Het mathematisch systeem van de gevel', in: R. Meischke u. H. E. Reeser (Hrsg.), Het Trippenhuis te Amsterdam (Amsterdam/Oxford/New York 1983), 171– 181.

Terwen u. Ottenheym 1993: Ders. u. K. Ottenheym, Pieter Post (1608–1669), architekt (Zutphen 1993).
Thomas 1983: W. Thomas, Carl Orff – Das Spiel vom Ende der Zeiten. In: Carl Orff, Theatrum Mundi. Carl Orff und sein Werk. Dokumentation. Bd. VIII. (Tutzing 1983), 189– 344.
Timofiewitsch 1968: W. Timofiewitsch, Die sakrale Architektur Palladios (München 1968).
Timofiewitsch 1969: Ders., La Chiesa del Redentore. Corpus Palladianum, Bd. III (Vicenza 1969).

von Uffenbach 1753: Z. C. von Uffenbach, Merkwürdige Reisen durch Niedersachsen Holland und Engelland, Zweyter Teil (Ulm 1753).
Ullmann 1981: E. Ullmann, Deutsche Architektur und Plastik 1470–1550 (Leipzig 1981).
Ungaro u. Milella 1995: L. Ungaro u. M. Milella (Hrsg.), Il foro di Augusto. In: I luoghi del consenso imperiale. Il Foro di Augusto, il Foro di Traiano. Introduzione storico–topografica (Roma 1995).

Vasari 1568: Vasari, Le Vite de' più eccelenti architetti, pittori, et scultori italiani ..., 1568. Hrsg. von G. Milanesi (Florenz 1906).
Veit 1982: L. Veit, Geheiligtes Geld – Münzvotive. In: H. Maué u. L. Veit (Hrsg.), Münzen in Brauch und Aberglauben. Schmuck und Dekor – Votiv und Amulett – politische und religiöse Selbstdarstellung. Ausstellungskatalog Nürnberg (Mainz 1982) 51–64.
Vennecool 1661: J. Vennecool, Afbeelding van't stadthuys van Amsterdam. In dartigh coopere Platen geordineert door Jacob van Campen (Amsterdam 1661).
Vignola 1761: J. B. von Vignola, Bürgerliche Baukunst nach den Grundregeln der fünf Säulenordnung mit nöthigen Anmerkungen vermehrt von Rudolph Fäsch (Nürnberg 1761)
Vingboons 1648: Ph. Vingboons, Afbeeldsels der voornaemste Gebouwen uyt alle die Philips Vingboons geordineert heeft (Amsterdam 1648).
Vingboons 1674: Ders., Tweede deel van de Afbeeldsels der voornaemste gebouwen uyt alle die Philips Vingboons geordineert heeft (Amsterdam 1674).
Vitruv 1964: Zehn Bücher über Architektur, hrsg. von Curt Fensterbusch (Darmstadt 1964).
Vitruv 1967: C. Campbell, Vitruvius Britannicus, London 1715–25, hier Reprint (London/New York 1967).
Vogelsang 1981: B. Vogelsang, »Archaische Utopien«. Materialien zu Gerhard Schotts Hamburger »Bühnenmodell« des Templum Salomonis. Phil. Diss. (Köln 1981).
Vogts 1940: H. Vogts, Köln. Rheinische Kunststätten (Köln 1940).
Vos u. Leeman 1986: R. Vos u. F. Leeman, Het nieuwe ornament. Gids voor de renaissance-architectuur en -decoratie in Nederland in de 16de eeuw (Den Haag 1986).

Wahlberg 1977: A.-G. Wahlberg, Svenska konstnärers väg till antiken 1755–93. Diss. (Stockholm 1977).
Walker 1987: D. P. Walker, Keplers Himmelsmusik. In: F. Zaminer (Hrsg.), Hören, Messen und Rechnen in der Frühen Neuzeit. Geschichte der Musiktheorie, Bd.6. (Darmstadt 1987), 81–107.
von Wallthor 1966: A. H. von Wallthor, Bauherren und Förderer von Kunst und Bildung im Weserraum in der frühen Neuzeit. In: Kunst und Kultur im Weserraum. 800–1600 (Ausstellungskatalog Corvey 1966), Bd. 1: Beiträge zu Geschichte und Kunst (Münster 1966), 272–279.
Wanscher 1929: V. Wanscher, Architekturens Historie III (København 1929).
Wąsowski 1678: B. N. Wąsowski, Callitectonicorum seu de pulchro architecturae sacrae et civilis compendio collectorum liber unicus (Posaniae 1678).
Wegner 1988: R. Wegner, Friedrich der Große und die englische Kunst. Zeitschr. d. Deutschen Ver. f. Kunstwiss. 42, 1988, H. 1, 49–59.
Weilbach 1928: F. Weilbach, Architekten C. F. Harsdorff (København 1928).
Wendt 1852: H.-H. Wendt, Geschichte des Thurmes der St. Catharinen-Kirche in Hamburg (Hamburg 1852).
de Werd 1979: G. de Werd (Hrsg.), Soweit der Erdkreis reicht. Johann Moritz van Nassau–Siegen 1604–79 (Kleve 1979).
Werdnig 1889: G. Werdnig, Die Osellen oder Münz-Medaillen der Republik Venedig (Wien 1889).
Wideen 1951: H. Wideen, Karlsteen, Hedlinger och Grafiken. Nord. Num. Årskrift 1951, 109– 120.
Więcek 1962: A. Więcek, Sebastian Dadler medalier gdański XVII wieku (Gdańsk 1962).

Winckler 1914: J. F. Winckler (Hrsg.), Materialien betreffend die Goldene Hochzeit von Senator Matthias Mutzenbecher 1732. Festgabe der Johann-Arnold-Linie zum Mutzenbecherschen Familientage 1914. Zugleich Heft 3 des ersten Anlagen–Bandes zur Geschichte der Familie Mutzenbecher (Hamburg 1914).

Wittkower 1949: R. Wittkower, Architectural Principles in the Age of Humanism (Harmondsworth 1949).

Wittkower 1952: Ders., Architectural Principles in the Age of Humanism (London 1952[2]).

Worp 1911–1917: J. A. Worp, De briefwisseling van Constantijn Huygens I–VI (Den Haag 1911–1917).

Worsley 1995: G. Worsley, Classical Architecture in Britain: the Heroic Age (New Haven – London 1995).

van der Wyck, H. W. M. van der Wyck, De Nederlandse Buitenplaats (Alphen aan den Rijn 1983).

Zanker 1984: P. Zanker, Il Foro di Augusto (Roma 1984).

Zantkuijl 1975–1991: H. J. Zantkuijl, Bouwen in Amsterdam (Amsterdam 1975–1991).

Zedler 1737: J. H. Zedler, Grosses vollständiges Universal-Lexicon aller Wissenschaften und Künste, hrsg. von Johann Heinrich Zedler, Bd. 30/31 (Halle/Leipzig 1737).

Zeitler 1964: R. Zeitler, Una lettera falsificata del Palladio. Bollettino del Centro Internazionale di studi architettonici Andrea Palladio VI, II, 1964, 318–319.

Zeller 1883: G. Zeller, Des Erzstiftes Salzburg Münzrecht und Münzwesen nebst Verzeichnis der Salzburgischen und auf Salzburg bezug habenden Münzen und Medaillen (Salzburg 1883).

Zorzi 1967: G. G. Zorzi, Le chiese e i ponti di Andrea Palladio (Vicenza 1967).

Zorzi 1969: Ders., Le ville e i teatri dell'Andrea Palladio (Venedig 1969).

Glossar der wichtigsten Fachbegriffe

Ädikula
architektonischer Aufbau zur Rahmung von Fenstern, Nischen, Statuen, Gemälden o.ä.

Akroter
bekrönender Schmuck – zunächst Tonscheiben mit Bemalungen, dann plastische Gebilde verschiedenster Motive – von Giebelfirst und -ecken antiker Tempel

Architrav, *architrave*
einfacher oder in mehrere Bänder eingeteilter Steinbalken, der quer über Säulen oder Pfeilern liegt und den Oberbau trägt

Atrium, *atrio*
von Kammern umgebener, in der Regel offener Hauptraum des altrömischen Wohnhauses; Innenhof

Aufriß, *alzato, impiedo, diritto*
längen- und winkelgetreue, meist verkleinerte Darstellung der Außenansicht eines Gebäudes auf einer vertikalen Bildebene *(vgl. Projektion)*

Balkon, *poggio, poggiuolo*
mit einem Geländer oder einer *Balustrade* eingefaßter offener Austritt aus Obergeschossen von Gebäuden; im Sinne Palladios auch der vordere Abschluß eines Ganges etwa über einem darunterliegenden Portikus

Balustrade
Geländer aus unterschiedlich profilierten kleinen Säulen oder Pfosten, sog. Balustern

Barchesse (Einzahl: Barchessa)
Wirtschaftsflügel einer Villa, meist mit Arkadengängen versehen

Basilika, *basilica*
altrömische Markt- oder Gerichtshalle; frühchristlicher Kirchenbau. Palladio definiert die Basilika als römisches Gebäude der Rechtsprechung. Es handelt sich um einen langgestreckten Baukörper mit inneren Portiken. Dem Eingang gegenüber liegt als eigentlicher Ort der Rechtsprechung das Tribunal, das durch ein zumeist halbkreisförmiges Zurückweichen der Wand, die Apsis, ausgezeichnet ist

Basis, *base*
unterer, auf der *Plinthe* aufliegender Teil einer Säule oder eines Postaments

Beletage, *piano nobile*
architektonisch hervorgehobenes Hauptgeschoß eines Profangebäudes

Belfort
Glockenturm mittelalterlicher, vor allem flandrischer Rathäuser und anderer kommunaler Bauten; bei Burgen und burgähnlichen Schlössern der Hauptturm

Brüstung, *poggio*
durchbrochen aufgemauerte Absicherung von Terrassen o.ä.

Cavea
im Halbkreis treppenartig ansteigender Zuschauerraum des antiken Theaters

Cour d'honneur (Ehrenhof)
nach vorn offener Hof eines Barockschlosses, gebildet vom Corps de logis (Hauptgebäude) und von den Seitenflügeln

Enfilade
Anordnung von Räumen hintereinander, bei der die Türen in einer Achse liegen und geöffnet einen vollständigen Durchblick ermöglichen

Feston
plastisch ausgebildete durchhängende Girlande aus Zweigen, Früchten, Blumen und Bändern

First, *colmo*
Linie des Zusammentreffens zweier Dachflächen

Flügel, *ala*
einem Hauptgebäude beigeordneter Gebäudeteil; auch der Raum zwischen der Wand des Hauptgebäudes und einer *Kolonnade*

Forum, *foro*
größerer Platz einer Stadt mit den wichtigsten öffentlichen Sakral- und Profanbauten

Interkolumnium, *intercolumnio*
Abstand der Säulen voneinander; Zwischensäulenweite

Isometrie
längentreue, d. h. nicht perspektivisch verkürzte, zeichnerische Darstellung eines Gebäudes in Parallelprojektion *(vgl. Projektion)* über seinem Grundriß

Kapitell, *capitello*
zwischen Stütze und Aufbau vermittelnder Kopfteil einer Säule oder eines Pilasters; die Gestaltung erfolgt entsprechend dem Säulentyp *(vgl. Säulenordnung)*

Kolonnade, *colonnato*
Säulengang.

Konche
halbrunde, mit einer Halbkuppel versehene Nische

Lisene
senkrechte, leicht vorstehende Mauerstreifen ohne Basis und Kapitell, ggf. durch Blendbögen in Form nicht begehbarer Arkaden miteinander verbunden

Loggia, *loggia*:
offener, im Unterschied zum Balkon jedoch nicht vorspringender gedeckter Raum an der Fassade eines Wohnhauses; im Sinne Palladios eine offene Halle als Vorbau

Metopen
häufig reliefgeschmückte Felder im Gebälk dorischer Tempel, in abwechselnder Anordnung mit dem *Triglyphen*

Mezzanin
Halb- bzw. Zwischengeschoß

Mutulus
rechteckige, mit nach unten weisenden Stiften besetzte Hängeplatte, die an der Gesimsunterseite dorischer Tempel angebracht ist; die Mutuli sind durch schmale Zwischenräume voneinander getrennt

Narthex
Vorhalle einer Basilika

Okulus
runde Wandöffnung; von Palladio häufig in Verbindung mit der *Serliana* eingesetzt

Pfeiler, *pilastro*
Stützelement von zumeist rechteckigem bzw. als Rundpfeiler sich nicht verjüngendem Querschnitt

Piedestal
sockelartiger Unterbau einer Statue, einer Säule oder eines Pfeilers

Pilaster, *pilastro*
zumeist nur wenig aus einer Mauer herausragender dekorativer Wandpfeiler, ausgebildet wie die Typen der *Säulenordnungen*

Plinthe, *orlo, plinta, zocco*
quadratische Grundplatte der Säulen- oder Pfeilerbasis

Portikus, *portico*
Säulenvorbau an der Seite des Haupteinganges zu einem Gebäude

Projektion
Wiedergabe eines Gebäudes (bzw. jedes anderen dreidimensionalen Gegenstandes) mit Hilfe gedachter Strahlen: Auf eine horizontale Bildebene wird ein Grundriß, auf eine vertikale Bildebene ein Auf– oder Seitenriß projiziert

Protom, Protome
Schmuck von Architekturgliedern o.ä. durch plastische Darstellungen menschlicher oder tierischer Oberkörper oder Köpfe

Säule, *colonna*
baustilprägendes, gegliedertes Stützelement mit kreisförmigem, im Unterschied zum Rundpfeiler sich verjüngendem Durchmesser

Säulenordnung, *ordine*
System von Bauelementen, das die ästhetische Ordnung einer Fassade gewährleisten soll. Bestandteile einer Säulenordnung sind das lastende Gebälk, die stützende Säule sowie in der Regel deren Postament. Es werden fünf verschiedene Säulenordnungen mit jeweils unterschiedlichen Proportionen, differierenden Verzierungen und Bedeutungen unterschieden: Dorische Ordnung, Ionische, Korinthische, Toskanische/Tuskische, Komposite

Serliana
auch Palladio-Motiv genannte Zusammenfassung von drei eng beieinanderstehenden Öffnungen zu einer Gruppe, wobei die mittlere mit einem Rundbogen, die seitlichen mit einem geraden Gebälk abschließen

Verjüngung, *diminutione*
Abnahme des Säulendurchmessers vom Säulenfuß zum Säulenhals hin

Travée (Joch)
durch eine Gewölbefolge gebildeter Raumabschnitt; allgemein der Zwischenraum senkrechter Wandunterteilungen

Triade
dreiteiliges Kompositionsschema als Grundlage einer axialsymmetrischen Fassadenkompostion

Triglyphe
durch drei senkrechte Stege gegliederte (und damit an Balkenköpfe erinnernde) Steinplatte, die in abwechselnder Anordnung mit den *Metopen* den dorischen Tempelfries bildet

Trompe
Verbindung von zwei rechtwinklig zusammenstoßenden Wänden durch einen Bogen und ein Eckgewölbe, so daß über einem quadratischen Grundriß ein Oktogon entsteht

Tympanon
Giebelfeld bei griechischen Tempeln bzw. Bogenfeld bei Portalen

Villa, *villa*
altrömisches bzw. italienisches Landgut mit einem architektonisch herausgehobenen Hauptgebäude inmitten oft parkähnlich gestalteter Landschaft

Versurae
in Vitruvs Beschreibung des antiken Theaters die Eckseitenwände der Vorderbühne (proscenium), die im rechten Winkel zur Hauptfront (scenae frons) stehen